Jörg Meibauer / Ulrike Demske / Jochen Geilfuß-Wolfgang /
Jürgen Pafel / Karl Heinz Ramers / Monika Rothweiler /
Markus Steinbach

Einführung in die germanistische Linguistik

3., überarbeitete und aktualisierte Auflage

Verlag J. B. Metzler
Stuttgart · Weimar

Die Autorinnen und Autoren

Jörg Meibauer, Mainz – Ulrike Demske, Potsdam – Jochen Geilfuß-Wolfgang, Mainz – Jürgen Pafel, Stuttgart – Karl Heinz Ramers, Rostock – Monika Rothweiler, Bremen – Markus Steinbach, Göttingen.

Literaturempfehlung

Markus Steinbach et al.: *Schnittstellen der germanistischen Linguistik* (2007) Dieses Einführungsbuch versteht sich als nötige Ergänzung zu dem vorliegenden Werk. In sieben Kapiteln werden folgende weitere Gebiete der germanistischen Linguistik behandelt: Methoden des empirischen Arbeitens, Psycholinguistik, Zweitspracherwerb, Gebärdensprache, Variationslinguistik (Dialektologie und Soziolinguistik), Text- und Gesprächslinguistik sowie Linguistik und Literatur.

Bibliografische Information Der Deutschen Nationalbibliothek
Die Deutsche Nationalbibliothek verzeichnet diese Publikation in der Deutschen Nationalbibliografie; detaillierte bibliografische Daten sind im Internet über <http://dnb.ddb.de> abrufbar.

ISBN 978-3-476-02566-1
ISBN 978-3-476-05424-1 (eBook)
DOI 10.1007/978-3-476-05424-1

© 2015 Springer-Verlag GmbH Deutschland
Ursprünglich erschienen bei J. B. Metzler'sche Verlagsbuchhandlung und Carl Ernst Poeschel Verlag GmbH in Stuttgart 2015
www.metzlerverlag.de
info@metzlerverlag.de

Vorwort

Dieses Lehrbuch ist eine Einführung in die germanistische Linguistik, die während des ganzen Studiums benutzt werden kann. In der Einleitung wird der Gegenstand ›Sprache‹ als ein soziales und historisches Phänomen und zugleich als eine biologisch und kognitiv fundierte Fähigkeit des Menschen charakterisiert. In den fünf folgenden Kapiteln werden die linguistischen Kerngebiete ›Lexikon und Morphologie‹, ›Phonologie‹, ›Syntax‹, ›Semantik‹ und ›Pragmatik‹ behandelt. Diese Kapitel erläutern jeweils sprachwissenschaftliche Grundbegriffe, illustrieren sie an Beispielen aus dem Deutschen und geben einen Einblick in die linguistische Theoriebildung. Daran anschließend werden mit dem kindlichen Spracherwerb und dem Sprachwandel zwei Gebiete vorgestellt, die von großer Bedeutung für ein tieferes Verständnis der menschlichen Sprache sind. In alle Kapitel sind Übungen integriert, die die Kontrolle des Verständnisses erleichtern und zu selbstständiger Analyse und kritischer Reflexion anleiten. Musterlösungen zu diesen Übungen finden Sie unter www.egli-online.de.

Zu jedem Kapitel wird auf ausgewählte Fachliteratur verwiesen. Darüber hinaus gibt es eine allgemeine Bibliographie mit gezielten Hinweisen auf andere Einführungen, auf Lexika und Handbücher, auf Grammatiken, Wörterbücher und Fachzeitschriften und ein kleines Verzeichnis ausgewählter, linguistisch interessanter Internetadressen. Ein umfangreiches Glossar mit knappen Erläuterungen der wichtigsten Fachtermini und ein Sachregister schließen dieses Lehrbuch ab.

Insgesamt ist unser Ziel, die Anfängerin und den Anfänger für das Studium der germanistischen Linguistik zu motivieren und fortgeschrittene Studierende an den aktuellen Stand der Disziplin heranzuführen, wobei wir uns an der internationalen Diskussion in der Linguistik orientiert haben, ohne dass einseitig eine bestimmte theoretische Richtung bevorzugt wird. Die Auswahl der Gegenstände in den einzelnen Kapiteln erfolgte aufgrund langjähriger Lehrerfahrung; Vollständigkeit konnte jedoch allein schon aus Platzgründen nicht angestrebt werden. Die einzelnen Kapitel, in denen immer auch grundlegendes Wissen über die deutsche Grammatik behandelt wird, sind in intensiver Diskussion aufeinander abgestimmt worden. Sie können unabhängig voneinander gelesen werden, wobei sich das Lehrbuch zum Selbststudium genauso eignet wie als Kurslektüre.

Wir danken den folgenden Personen, die uns bei der Arbeit geholfen haben: Anne-Katrin Heymann, Caroline Mannweiler, Juliane Möck, Ingo Reich, Carmen Scherer, Melani Vukosav, Tanja Werner und last but not least Ute Hechtfischer vom Metzler Verlag.

Im Juni 2002
Die Autor/innen

Vorwort zur 2. Auflage

Unsere »Einführung in die germanistische Linguistik« (EGLI) ist sehr freundlich aufgenommen worden. Die vorliegende, aktualisierte Fassung enthält Korrekturen von Fehlern, behutsame Verbesserungen hinsichtlich Terminologie und gewählten Beispielen, aktualisierte Literaturhinweise und auf vielfachen Wunsch das Internationale phonetische Alphabet (IPA). Zeitgleich mit dieser 2. Auflage wird ein weiterer Einführungsband »Schnittstellen der germanistischen Linguistik« erscheinen, der das Spektrum vorgestellter Gebiete der germanistischen Linguistik beträchtlich erweitert und deshalb eine ideale Ergänzung darstellt. Dieser Band enthält die Gebiete Methoden des empirischen Arbeitens, Psycholinguistik, Zweitspracherwerb, Gebärdensprache, Variationslinguistik (Dialektologie und Soziolinguistik), Text- und Gesprächslinguistik sowie Linguistik und Literatur. Bei der Aktualisierung waren uns kritische Hinweise der folgenden Personen besonders wertvoll: Daniel Gutzmann, Martin Neef und Christiane Thim-Mabrey. Ihnen möchten wir herzlich danken. Eva Gressnich danken wir für die so umsichtige wie sorgfältige Betreuung redaktioneller Arbeiten.

Im November 2006
Die Autor/innen

Vorwort zur 3. Auflage

In dieser 3. Auflage der *Einführung in die germanistische Linguistik* (EGLI) wurden bei grundsätzlicher Beibehaltung des Umfangs kleinere Fehler behoben, einige Ergänzungen vorgenommen und vor allem die Literatur aktualisiert. Wir möchten die Gelegenheit nutzen, noch einmal auf den Schwesterband *Schnittstellen der germanistischen Linguistik* (Steinbach et al. 2007) hinzuweisen, der weitere wichtige Kapitel zur germanistischen Linguistik enthält. Beide Werke, im Umfang von über 670 Seiten, bieten die reichhaltigste Einführung in die germanistische Linguistik, die auf dem Markt ist.

Die Musterlösungen der Übungsaufgaben sind verfügbar auf der Homepage von EGLI (www.egli-online.de; dort auch weitere Informationen) sowie auf der Webseite des Verlags (www.metzlerverlag.de) beim Titel.

Allen, die an dieser Auflage mitgearbeitet haben, sei an dieser Stelle herzlich gedankt.

Im April 2015
Die Autor/innen

Inhalt

1 | Einleitung

1.1 | Sprache in Literatur und Alltag

Dass man fremde Sprachen mühevoll lernen muss, ist uns allen bekannt. Ohne Grundkenntnisse des Vokabulars und der Grammatik kommt man nicht weit. Aber dass man sich auch mit der deutschen Sprache beschäftigen soll, ist nicht unmittelbar einzusehen. Das tut man höchstens in Bezug auf die literarische Sprache, deren Verständnis oft einer zusätzlichen Anstrengung bedarf. Linguistinnen und Linguisten vertreten jedoch die Meinung, dass grundsätzlich alle sprachlichen Äußerungen oder Texte Gegenstand linguistischer Untersuchung sind, also auch nicht-literarische, ganz alltägliche Äußerungen.

Sehen wir uns dazu einige kurze Texte an. Die folgenden Texte haben gemeinsam, dass sie in deutscher Sprache geschrieben sind, aber es gibt auch einige Unterschiede:

(1) Da nun Ulenspiegel geteufft ward und sie daz Kind wider wollten geen Knetlingen tragen, also wolt die Taufgöttel, die daz Kind truge, endlich uber ein Steg gon, daz zwische Knetlingen und Ampleven ist, und sie hetten dazu vil Birs getruncken nach der Kindtöffe […] Also fiel die Göttel in die Lachen und besudelt sich und das Kind so jämmerlich, das daz Kind schier erstickt was. Da halffen die andern Frauwen der Badmumen mit dem Kind wider uß und giengen heim in ihr Dorff und wuschen das Kind in einem Kessel und machten es wider suber und schon. Da ward Ulenspiegel eins Tags dreimal geteufft, einmal im Tauff, einmal in der Lachen und eins im Kessel mit warmen Wasser. (Die erst Histori von Dil Ulenspiegel, frühes 16. Jh.)

(2) Jemand mußte Josef K. verleumdet haben, denn ohne daß er etwas Böses getan hätte, wurde er eines Morgens verhaftet. Die Köchin der Frau Grubach, seiner Zimmervermieterin, die ihm jeden Tag gegen acht Uhr früh das Frühstück brachte, kam diesmal nicht. Das war noch niemals geschehen. (Franz Kafka: Der Prozeß)

(3) WENDLA Warum hast du mir das Kleid so lang gemacht, Mutter?
FRAU BERGMANN Du wirst vierzehn Jahre heute!
WENDLA Hätt' ich gewußt, daß du mir das Kleid so lang machen werdest, ich wäre lieber nicht vierzehn geworden.
(Frank Wedekind: Frühlings Erwachen)

(4) Das leichte und schlagfeste, für hohe Stabilität und geräuscharmen Betrieb geformte Gehäuse ist aus Silumin, eine Legierung aus Aluminium und Silicium. Hochfliegende Steine können dem aus einem Stück gegossenen Gehäuse nichts anhaben, eventuell entstehende Dellen können ausgeschlagen werden, und es rostet nicht.
(Manufactum Katalog, Frühjahr 2002)

(5) Mutter: »Sing doch mal ein Lied!«
Frederik: »Ja!/(singt) Laa-la-Laa!«
Mutter: »Fein!/›O Tannenbaum‹ kannst des (=du das)?«
Frederik: »Ma auch!« (=Mama soll auch singen)
(Wagner 1996, 136)

Die Texte (1), (2) und (3) sind Ausschnitte aus literarischen Texten. Es handelt sich um einen Ausschnitt aus »Die erst Histori von Dil Ulenspiegel« eines unbekannten Autors, sowie um die Anfänge des Romans »Der Prozeß« von Franz Kafka und des Dramas »Frühlings Erwachen« von Frank Wedekind. Die Texte (4) und (5) sind dagegen nicht-literarisch. Text (4) ist ein Gebrauchstext, der einem Warenkatalog entnommen ist, es handelt sich um die Beschreibung eines Rasenmähers. Text (5) ist ein Ausschnitt aus einem Dialog zwischen einer Mutter und ihrem zweieinhalb-jährigen Sohn.

All diese Texte kann man sprachwissenschaftlich beschreiben, wobei es keinen prinzipiellen Unterschied macht, aus welcher Zeit ein Text stammt; aber nur Texte wie in (1), (2), (3) sind zugleich auch Gegenstand der literaturwissenschaftlichen Analyse. Nur die beiden Texte (3) und (5) sind dialogisch, wobei auch hier wieder ein Unterschied zu bemerken ist: Der erste enthält einen künstlichen Dialog, der zweite einen authentischen Dialog. Durch die Dialogizität unterscheiden sich auch die beiden nicht-literarischen Texte (4) und (5) voneinander.

Während sich also die Literaturwissenschaft vorwiegend mit solchen Texten beschäftigt, die ästhetischen Charakter haben, beschäftigt sich die Sprachwissenschaft grundsätzlich mit allen Texten (vgl. Vater 1992, Abraham 1998). Texte mit nicht-ästhetischem Charakter stehen dabei aber meist im Vordergrund. Und unter diesen sind Texte mit authentischen Dialogen wie in (5) besonders wichtig. Um das zu verstehen, muss man sich den Unterschied zwischen geschriebener Sprache und gesprochener Sprache klar machen.

Zunächst einmal kann man beobachten, dass **gesprochene Sprache** lautbasiert ist, während **geschriebene** Sprache schriftbasiert ist. Gesprochene Sprache wird relativ schnell produziert, mit einer Geschwindigkeit von etwa 2,5 Wörtern in der Sekunde, während die Produktion von schriftlichen Texten vergleichsweise langsam ist. In einer typischen mündlichen Kommunikationssituation sind Sprecher und Hörer anwesend und die Rezeption der Sprecheräußerungen geschieht über das Hören. Liest man dagegen einen Text, ist die Schreiberin nicht präsent. Das Geschriebene ist konservierend und kann tradiert werden, während das Gehörte flüchtig ist. Man muss es in Transkriptionen wie unter (5) aufzeichnen, um es überliefern zu können. Korrekturen werden in gesprochener Sprache hörbar, im geschriebenen Text dagegen sind sie normalerweise unsichtbar. Geschriebene Sprache wird in der Schule gelehrt, gesprochene Sprache wird im natürlichen Erstspracherwerb erlernt. Es gibt durchaus Sprachen ohne Schriftkultur, aber eine Sprache existiert nur dadurch, dass sie gesprochen wird oder wenigstens gesprochen wurde.

All die genannten Unterschiede zeigen, dass die gesprochene Sprache gegenüber der geschriebenen Sprache primär ist. Und daher kommt es, dass sich Linguisten mit besonderem Interesse der gesprochenen Sprache zuwenden, und in Bezug auf geschriebene Texte auch Gebrauchstexte berücksichtigen, denn diese sind in ihren kommunikativen Funktionen der gesprochenen Sprache näher als literarische Texte. Das Primat der gesprochenen Sprache gegenüber der geschriebenen Sprache bedeutet übrigens nicht, dass Letztere für die Linguistik unwichtig wäre. Die Linguistik untersucht auch das Schriftsystem, die **Graphematik**, die Teil des grammatischen Systems ist.

Die Texte in (1) bis (5) kann man – mit etwas Wohlwollen gegenüber (1) – als deutsche Texte identifizieren. Außer Deutsch kennen die meisten von uns noch zwei bis drei Fremdsprachen. Aber dass es ungefähr 5.500 Sprachen auf der Welt gibt, die man im Prinzip alle lernen könnte, macht man sich selten klar (vgl. Voegelin/ Voegelin 1977, Comrie 1987 und Moseley/Asher 1994). Für uns scheint es ganz selbstverständlich, dass der Mensch eigentlich nur eine Sprache perfekt lernen kann, die er als Kind erwirbt (zum Spracherwerb s. Kap. 7).

Weil das so ist, haben Forscher/innen immer wieder darüber nachgedacht, ob es nicht für alle Sprachen der Welt gemeinsame Eigenschaften geben muss. Solche gemeinsamen Eigenschaften nennt man auch **Universalien**. Zum Beispiel weisen wohl die meisten Sprachen der Welt verschiedene Satztypen wie z. B. Deklarativsatz (Aussagesatz), Interrogativsatz (Fragesatz) und Imperativsatz (Aufforderungssatz) auf. Dies lässt sich dadurch erklären, dass die Sprechakte, die sich mit diesen Satztypen realisieren lassen, in der Kommunikation aller Menschen eine fundamentale Rolle spielen. Während dies eine funktionale Begründung von Universalien ist, weil sie auf die Zwecke abzielt, mit denen man Sprache verwendet, gibt es auch Erklärungen von Universalien, die auf die gleiche biologische Ausstattung des Menschen abzielen. Solche Erklärungsansätze identifizieren oft die möglicherweise angeborene Fähigkeit zum Erwerb einer Sprache, die den Menschen ja von den Tieren unterscheidet, mit der sog. **Universalgrammatik** (vgl. Pinker 1996).

Wenn wir von ›Deutsch‹ reden, meinen wir immer die deutsche Standardsprache. Unter der **Standardsprache** ist die überregionale, normierte und schriftsprachlich basierte Sprachform zu verstehen, die durch das Bildungssystem vermittelt wird. Die Norm betrifft vor allem die Bereiche Grammatik, Aussprache und Rechtschreibung. Dagegen sind die **Dialekte** regional gebunden und unterliegen keiner besonderen Normierung. Dialekte weisen Ähnlichkeit mit der Standardsprache auf, so dass Sprecher/innen der Standardsprache die Dialektsprecher mehr oder minder gut verstehen können und umgekehrt. Außerdem sprechen viele Sprecher/innen neben der Standardsprache auch einen Dialekt. Sowohl die Standardsprache als auch die Dialekte werden in der germanistischen Linguistik untersucht.

1.2 | Sprache als soziales Phänomen

Ein wesentlicher Zweck von Sprache ist es, der Kommunikation in der Gesellschaft zu dienen. Die Gesellschaft ist selbst nicht homogen, sondern vielfältig gegliedert. Solche Gliederungen betreffen zum Beispiel den Wohnort, den sozialen Status, die Zugehörigkeit zu einer bestimmten Gesellschaftsschicht, die Ausbildung und den Beruf, die Religionszugehörigkeit und das Geschlecht. Es ist daher zu erwarten, dass nicht alle Mitglieder der Gesellschaft exakt die gleiche Sprache verwenden, sondern dass sie von **Varietäten** Gebrauch machen, wobei unter Varietäten allgemein Sprachausprägungen in Abhängigkeit von geographischen Variablen (Dialekte) oder sozialen Variablen (Soziolekte) zu verstehen sind. Auch Fachsprachen, zum Beispiel die Sprachen der Wissenschaft, Technik oder Verwaltung sowie Sondersprachen, zum Beispiel die Sprachen von Weinbauern oder Studierenden, gelten als Varietäten. Varietäten werden in der **Soziolinguistik** untersucht (vgl. Veith 2005).

Als eine Varietät wollen wir die **Jugendsprache** betrachten. Die Jugendsprache ist offensichtlich eine Sprech- oder Schreibweise von Jugendlichen, die zur sozialen Abgrenzung gegen andere Jugendliche oder gegen Erwachsene und damit der Ausbildung einer eigenen, gruppenspezifischen Identität dient. So kann man in der Jugendsprache wieder verschiedene Subvarietäten identifizieren, je nachdem, zu welcher ›Szene‹ die jugendlichen Sprecher gehören.

Elemente der Jugendsprache lassen sich auf verschiedenen Ebenen des Sprachsystems und der Sprachverwendung nachweisen, z. B. im Wortschatz, bei der Wortbildung und in der Phraseologie, bei bestimmten syntaktischen Mustern und im Diskurs (vgl. Androutsopoulos 1998, dem die folgenden Beispiele entnommen sind). Zum Beispiel gehören Verben wie *anmachen, angraben, anbaggern, andröhnen, anlabern, anknipsen* zum jugendsprachlichen Wortfeld ›jd. ansprechen‹. Man sieht hier auch, wie ein bestimmtes Wortbildungsmuster, nämlich an+Verb, ausgenutzt wird. Genauso ist das Muster auf *–er(ei)* wie zum Beispiel in *Ablästerei, Abripperei, Laberei, Wichserei, Klugscheißerei, Prollerei* sehr aktiv. Bestimmte Verbindungen von Adjektiv und Nomen wie *fetter Sound, geile Mucke, cooler Schlitten, korrekter Preis, miese Ratte, arrogantes Arschloch* sind wie Redewendungen fest gespeichert. Viele Ausdrücke, die in der Standardsprache nur als Nomen verwendet werden können, werden in der Jugendsprache zu flexionslosen Adjektiven, z. B. *du hast völlig panne argumentiert* oder *weil sie nicht so scheiße abgehoben rüberkommen*. Gespräche können eröffnet werden durch bestimmte Anredeformeln wie zum Beispiel *hey Boris Mann, hey Mann Alter, na du Schnulli*.

Allerdings ist es nicht ganz einfach, die Jugendsprache genau zu beschreiben und von der Standardsprache abzugrenzen. Dies hat verschiedene Gründe. Zunächst ist es nicht so, dass jeder Jugendliche auch Jugendsprache spricht. Dann gibt es aber auch vielfältige Überlappungen mit anderen Varietäten, zum Beispiel der Sprache der Werbung, die sich den emotionalen Charakter und die Innovativität der Jugendsprache gerne zunutze macht. Außerdem unterliegt die Jugendsprache einem raschen Wandel. Gerade deshalb ist sie sehr interessant für die Untersuchung des allgemeinen Sprachwandels.

Selbst wenn ein Jugendlicher Jugendsprache spricht, so wird er dies nicht in allen Kommunikationssituationen tun. Zum Beispiel wird er Jugendsprache nicht in der Kommunikation mit dem Pfarrer oder der Polizei verwenden. Vielmehr wird er hier ein anderes **Register** benutzen. Unter einem Register versteht man eine Sprech- oder Schreibweise, die charakteristisch für einen bestimmten Kommunikationsbereich ist.

Dass soziale Aspekte die Sprache beeinflussen, lässt sich auch an den Personenbezeichnungen sehen. Ein Ausdruck wie *Pilot* hat ein bestimmtes grammatisches Geschlecht (Genus), das sich bei der Kombination mit dem Artikel zeigt: *der Pilot*. Durch den Ausdruck *der Pilot* kann man sich auf jeden Fall auf ein männliches Lebewesen (biologisches Geschlecht, Sexus) beziehen. Will man sich eindeutig auf eine Frau beziehen, muss man den Ausdruck ›movieren‹, das heißt, ein -in anhängen: *die Pilotin*. Schwierig wird es in Fällen wie *Der Pilot des Airbus 913 wird gebeten, zum Ausgang zu kommen*. Nach einer Meinung kann sich hier *der Pilot* auch auf eine Frau beziehen (dann wird der Ausdruck ›generisch‹ verwendet), nach einer anderen Meinung nicht. In jedem Fall legt eine sozial begründete, stereotypische Vorstellung über Geschlechterrollen (›Gender‹) nahe, dass es sich eher um einen Mann handelt.

Eine sprachpolitische Reaktion ist, solchen Vorstellungen entgegenzuwirken, indem man Beidbenennung anwendet, z.B. in *Die Pilotinnen und Piloten haben sich zur diesjährigen Weihnachtsfeier getroffen* (vgl. Bußmann 1995).

1.3 | Sprache als historisches Phänomen

Ein weiterer wichtiger Aspekt von Sprache ist, dass sie kein statisches, unveränderliches System darstellt, sondern sich ständig wandelt. Müssten wir uns mit einer deutschen Muttersprachlerin aus dem 14. Jahrhundert unterhalten, hätten wir erhebliche Verständigungsprobleme, obwohl wir beide Deutsch sprächen. Dies wird offenkundig, wenn wir uns ältere Texte aus dem Deutschen wie zum Beispiel den Textauszug aus »Till Eulenspiegel« in (1) ansehen. Im Gegensatz zu Texten aus dem Mittelhochdeutschen können wir diesen Text aus dem frühen 16. Jahrhundert noch einigermaßen gut verstehen. Je älter der Text ist, desto größer werden normalerweise die Verständnisschwierigkeiten. Abgesehen von zahlreichen orthographischen Unterschieden finden wir in Text (1) auch einige Wörter oder Wortformen wie zum Beispiel *geteufft*, *Birs*, *gon*, *Kindertöffe* oder *Göttel*, die wir so nicht (mehr) verwenden würden. Interessant ist auch, dass das Genus des Wortes *Tauff* im Text maskulin ist (*im Tauff*). Das Genus des entsprechenden neuhochdeutschen Wortes *die Taufe* ist dagegen feminin. Um festzustellen, dass sich Sprachen wandeln, müssen wir allerdings nicht unbedingt mittelalterliche Texte heranziehen. Manchmal genügt ein Gespräch mit den Großeltern oder ein Blick auf die Jugendsprache, um (zumindest kleine) Veränderungen festzustellen.

Ältere Texte sind unter anderem deshalb schwer zu lesen, weil wir dort Wörter und Wortformen finden, die uns aus dem heutigen Deutsch nicht bekannt sind. Umgekehrt gibt es auch viele Wörter, die erst in letzter Zeit entstanden sind und mit denen unsere Sprecherin des Mittelhochdeutschen Probleme hätte. Prominente Beispiele sind die Wörter *Elchtest* und *Handy*, die (zumindest in ihrer heutigen Bedeutung) mit Sicherheit in keinem älteren Wörterbuch zu finden sind. Es kann uns außerdem passieren, dass wir in einem älteren Text ein uns bekanntes Wort lesen, aber feststellen, dass es eine andere Bedeutung hat. So hatte zum Beispiel das Wort *Arbeit* im Alt- und Mittelhochdeutschen eine andere Bedeutung als im Neuhochdeutschen. Im »Althochdeutschen Wörterbuch« (Schützeichel 1989) wird die Bedeutung von *arbeit* wie folgt angegeben: ›Drangsal‹, ›Unglück‹, ›Mühe‹, ›Mühsal‹, ›Last‹, ›Anstrengung‹, ›Arbeit‹, ›Werk‹ (vgl. auch Fritz 1998). Zusätzlich zur Bedeutung eines Wortes kann sich auch sein grammatischer Status ändern. Ein Beispiel hierfür ist das Pronominalsystem des Deutschen. Im Neuhochdeutschen haben wir zwei verschiedene Arten von Pronomen, das Reflexivpronomen und das Personalpronomen. Etwas vereinfacht kann man festhalten, dass wir Erstere verwenden, wenn sich Pronomen und Bezugswort, die sich auf dieselbe Person beziehen, im selben Satz befinden. Dies ist in (6a) zu sehen. Letztere verwenden wir dagegen, wenn sich Pronomen und Bezugswort wie in (6b) nicht im selben Satz befinden (mit dem Stern * bezeichnet man in der Linguistik ungrammatische Ausdrücke).

(6) a. **Der Politiker** hat wieder einmal nur **sich/*ihm** geholfen.
  b. **Der Politiker** beteuert, dass das Geld nicht für ***sich/ihn** bestimmt war.

Unsere Sprecherin des Mittelhochdeutschen hatte zwar auch Reflexivpronomen, wie in (7a) zu sehen ist. Das Reflexivpronomen *sich* konnte sie allerdings, anders als im Neuhochdeutschen, nur im Akkusativ verwenden. (Die folgenden Beispiele sind Grimm/Grimm 1854–1971 und Behaghel 1923 entnommen).

(7) a. so **si sich** erkennent beide
  b. andern hat **er** geholfen und kann **im** selber nicht helfen
  c. ... daz **si ir** selber hat bereit kumer, not und arebeit

Im Dativ gab es noch kein Reflexivpronomen und deshalb musste sie die Personalpronomen *im* (ihm) und *ir* (ihr) auch dann verwenden, wenn sich Pronomen und Bezugswort im selben Satz befanden. Dies ist in (7b und c) illustriert. In diesem Kontext wurde oft das Wort *selber* hinzugefügt, um anzuzeigen, dass das Bezugswort des Personalpronomens im selben Satz zu finden ist. Dies hat wiederum im Englischen zur Entstehung der Ihnen bekannten Reflexivpronomen *herself, himself* und *itself* geführt. Im Deutschen setzte sich dagegen das Reflexivpronomen *sich* im Laufe der Zeit auch im Dativ durch.

Diese Beispiele illustrieren, dass sich Sprachen im Lauf der Zeit ändern. Sprachwandel ist auf allen Ebenen der Grammatik, die wir in diesem Buch noch eingehender vorstellen werden, zu finden: auf der Ebene der Aussprache, des Wortschatzes, des Satzbaus, der Bedeutung und auch des Gebrauchs.

Mit dem Phänomen des Sprachwandels befasst sich die **historische Sprachwissenschaft**, die nicht nur frühere Sprachstufen einer Sprache beschreibt, sondern auch versucht, zu beantworten, wie und warum sich Sprachen überhaupt wandeln. Von Generation zu Generation kommt es zu kleinen und manchmal auch größeren Veränderungen, die im Lauf der Zeit dazu führen, dass uns frühere Sprachstufen unserer Muttersprache wie zum Beispiel das Althochdeutsche wie eine Fremdsprache vorkommen. Diese Veränderungen können durch externe Faktoren ausgelöst werden. Dazu gehört unter anderem der Einfluss einer benachbarten Sprache auf eine andere. Sie können aber auch durch interne Faktoren, die sich aus der Grammatik einer Sprache ergeben, ausgelöst werden. So kann zum Beispiel eine unwesentliche lautliche oder morphologische Veränderung eine ganze Reihe weiterer Veränderungen auslösen (zum Sprachwandel s. Kap. 8).

1.4 | Sprache als biologisches Phänomen

Alle Sprachfunktionen sind eine Leistung des menschlichen Gehirns. Das sieht man am deutlichsten an **Aphasien**, worunter man zentrale Sprachstörungen nach weitgehend abgeschlossener Sprachentwicklung versteht. Ursachen sind spezifische Schädigungen des Gehirns, z.B. aufgrund von Durchblutungsstörungen, Gehirntumoren oder Schädel-Hirn-Traumata. Ungefähr 0,6 Prozent der Bevölkerung ziehen sich im Jahr eine Behinderung durch Aphasie zu, wobei sich etwa ein Viertel der Patienten in den ersten drei Monaten wieder erholt. Danach sinkt die Genesungsrate und viele Patienten bleiben auch langfristig sprachbehindert.

Man geht davon aus, dass eine der beiden Hälften des Großhirns, der sog. **Hemisphären**, bei bestimmten Gehirnfunktionen mehr oder minder dominant ist. Die Frage ist, ob sich die Dominanz der Hemisphären auch in Bezug auf sprachliche Funktionen nachweisen lässt. Durch das Studium von Aphasien hat man erste Indizien für die Arbeitsteilung zwischen den Großhirnhälften.

Die Klassifikation der Aphasien ist nicht ganz einfach, weil sich medizinische Symptome nur schwer zu bestimmten Syndromen zusammenfassen lassen. Im Allgemeinen unterscheidet man aber drei Arten der Aphasie, die Broca-Aphasie (expressive Aphasie), die Wernicke-Aphasie (rezeptive Aphasie) und die globale Aphasie.

Die **Broca-Aphasie** ist nach dem französischen Chirurgen Paul Broca (1824–1880) benannt. Der klassische Ort der Läsion bei dieser Aphasieform ist das sog. Broca-Zentrum und seine Umgebung. Patienten mit Broca-Aphasie bzw. expressiver/motorischer Aphasie sprechen meist auffällig langsam und stockend. Die Artikulation ist gestört, die Patienten sprechen im ›Telegrammstil‹ und sind unfähig zu komplexen syntaktischen Konstruktionen; einzelne Wörter werden häufig wiederholt. Das Sprachverstehen der Patienten ist aber deutlich weniger eingeschränkt. Unter (8) sieht man einen typischen Interview-Ausschnitt (Keller/Leuninger 1993, 221):

(8)   I: Was machen Sie denn, wenn Sie nach Hause kommen?
P: Nur auftehn, un hier äh Betten un hier Kaffee un un hier immer so helfen, arbeiten hier ... un immer hier immer mittag Arbeit, ich weiß nich, das is so schlimm zählen, das genau ... Frau B. ... ne, Frau L. gut, is gut, auch Arbeit immer... un eins, zwei hier so hier so Rek, Brett un das so hier so, un hier so Kartoffel un Rüben un alles, alles gut ... so is gut ... Heinrich auch selber koch, Heinrich prima Essen, ja, nit Mann, gar nit Mann, un aber Heinrich is gut.

Die **Wernicke-Aphasie** ist nach dem deutschen Neuropsychiater Carl Wernicke (1848–1905) benannt. Der klassische Ort der Läsion bei dieser Aphasie ist das Wernicke-Zentrum. Patienten mit Wernicke-Aphasie bzw. sensorischer/rezeptiver Aphasie haben eine flüssige Sprachproduktion. Die Artikulation ist nicht behindert, doch kommt es zu unvermuteten Pausen. Die Äußerungen der Patienten enthalten viele stereotype Muster, unverständliche Sequenzen, Fehler bei der Auswahl von Wörtern und Lauten. Das Sprachverstehen der Patienten ist erheblich beeinträchtigt. Unter (9) finden Sie ein Beispiel für die Sprache eines Patienten mit Wernicke-Aphasie (Keller/Leuninger 1993, 221 f.):

(9)   I: Sie waren doch Polizist, haben Sie mal einen festgenommen?
P: Naja ... das ist so ... wenn Sie einen treffen draußen abends ... das ist ja ... und der Mann ... wird jetzt versucht ... als wenn er irgendwas festgestellt hat ungefähr ... ehe sich macht ich ... ich kann aber noch nicht amtlich ... jetzt muss er sein Beweis nachweisen ... den hat er nicht ... also ist er fest ... und wird erst sichergestellt festgemacht ... der wird erst festgestellt werden und dann wird festgestellt was sich dort vorgetragen hat ... nicht ... erst dann ... ist ein Beweis mit seinem Papier dass er nachweisen kann ... ich kann ihm aber nicht nachweisen ... wird aber bloß festgestellt vorläufig ... aber er kann laufen.

Bei der **globalen Aphasie** entsprechen die Symptome der kombinierten schweren Broca- und Wernicke-Aphasie. Fast alle Aspekte der gesprochenen und geschriebenen Sprache sind betroffen; die Ausdrucks- und Kommunikationsfähigkeit der Patienten ist minimal.

Broca und Wernicke ist durch ihre Forschungen die grobe Lokalisation des menschlichen Sprachzentrums gelungen. Allerdings ist der Sitz des Sprachzentrums bei Rechts- und Linkshändern verschieden verteilt. Bei etwa 95 % der Rechtshänder und etwa 60 % der Linkshänder sitzt es in der linken Hemisphäre. Was die Erforschung der Hemisphären-Dominanz kompliziert macht, ist die Tatsache, dass es auch ›gemischte Dominanz‹ gibt; zum Beispiel gibt es Menschen, bei denen Rechtshändigkeit, Linksfüßigkeit und Rechtsäugigkeit kombiniert vorkommt. Die Theorie, nach der bestimmte Gehirnfunktionen in bestimmten Teilen des Gehirns zu lokalisieren sind, bezeichnet man als Theorie der ›zerebralen Lokalisation‹. Es ist auch die Gegentheorie vertreten worden, derzufolge alle Gehirnbereiche an allen Funktionen zugleich beteiligt sind; diese Theorie heißt die Theorie der ›Äquipotenzialität‹. Gegen die Lokalisationstheorie scheint zu sprechen, dass es Patienten mit anscheinend identischen Läsionen, aber völlig voneinander abweichenden Sprachstörungen gibt. Umgekehrt können Läsionen in unterschiedlichen Gehirnbereichen ganz ähnliche Sprachstörungen zur Folge haben. Es gibt auch Patienten, deren Broca- und Wernicke-Zentrum intakt ist, die aber dennoch beeinträchtigte Sprachfähigkeiten haben. Schließlich können manche Patienten ihr Sprachvermögen behalten, obgleich ihr Broca- und Wernicke-Zentrum entfernt wurde. Solche Beobachtungen haben zu der Hypothese geführt, dass neben den Broca- und Wernicke-Zentren auch noch andere neuronale Bereiche an der Sprachverarbeitung beteiligt sein müssen.

1.5 | Sprache als kognitives Phänomen

Eng verknüpft mit der Frage nach den biologischen Grundlagen von Sprache ist die Frage nach ihrer kognitiven Funktion. Sprache ist eine der zentralen kognitiven Leistungen des Menschen, die ihn von anderen Lebewesen unterscheidet. Die **kognitive Linguistik** untersucht und beschreibt die menschliche Sprachfähigkeit als einen wesentlichen Teil der Kognition (vgl. Schwarz 1992). Die Sprachwissenschaft leistet somit einen wichtigen Beitrag zur Erforschung des menschlichen Denkens. Alle Sprachfunktionen sind Leistungen des menschlichen Gehirns und haben eine neurophysiologische Basis. Die Sprachfunktionen bilden ein komplexes kognitives System, das sich aber auch ohne direkten Bezug zu seiner neurophysiologischen Basis untersuchen lässt. Zur Illustration dieses Unterschieds wird gerne der Vergleich mit dem Computer herangezogen (vgl. Johnson-Laird 1996). Die kognitive Linguistik interessiert sich vor allem für die Software, d. h. für die Programme, die man für Sprache benötigt, und nicht so sehr für die Hardware, d. h. für die biologischen Grundlagen. Letztere sind Untersuchungsgegenstand der **Neurolinguistik** (s. Kap. 1.4). Die kognitive und die biologische Perspektive auf Sprache sind allerdings eng miteinander verknüpft, so dass die jeweiligen Forschungsergebnisse dieser beiden sprachwissenschaftlichen Disziplinen immer wieder aufeinander bezogen werden.

Die kognitive Linguistik entwickelt Modelle, die alle Sprachfunktionen und ihre Interaktion mit anderen kognitiven Systemen korrekt beschreiben. Ähnlich wie in der Neurolinguistik gibt es auch hier zwei gegensätzliche Theorien. Die Vertreter des einen Ansatzes gehen davon aus, dass die Sprache genauso wie zum Beispiel das Sehen und das Hören ein eigenständiges kognitives System mit eigenen Gesetzmäßigkeiten (ein sog. **Modul**) bildet. Das Sprachsystem besteht zudem selbst wiederum aus verschiedenen Teilmodulen. Zu diesen Teilmodulen gehören unter anderem die **Phonologie**, die die Lautung betrifft, die **Morphologie**, die die Wortstruktur betrifft, die **Syntax**, die die Satzstruktur betrifft, und die **Semantik**, die die Bedeutung von Wörtern und Sätzen betrifft. Diese Teilsysteme (die in den einzelnen Kapiteln dieses Buchs ausführlich beschrieben werden) können genauso wie die Interaktion der einzelnen Teilsysteme untereinander und mit anderen kognitiven Systemen wie dem Sehen und Hören gesondert untersucht werden. Es ist allerdings nicht immer einfach, eine klare Trennlinie zwischen den Teilsystemen zu ziehen. Der modulare Ansatz entspricht der im vorherigen Abschnitt vorgestellten Theorie der ›zerebralen Lokalisation‹.

Die holistische Gegentheorie, die der Theorie der ›Äquipotenzialität‹ entspricht, besagt, dass es allgemeine Prinzipien gibt, die allen kognitiven Fähigkeiten zugrunde liegen. Die Sprache und die ihr eigenen Module bilden nach dieser Hypothese kein eigenständiges kognitives System. Vielmehr funktionieren sie nach denselben Prinzipien wie alle anderen kognitiven Fähigkeiten auch.

Im Gegensatz zur traditionellen Linguistik interessiert sich die kognitive Linguistik nicht nur für den strukturellen Aufbau des Sprachsystems, sondern auch dafür, wie die Sprachfähigkeit erworben und wie sie angewandt wird. Damit stehen die folgenden drei Fragen im Mittelpunkt einer kognitiv ausgerichteten Linguistik (vgl. Schwarz 1992):

(i)   Worin besteht die (spezifische) Sprachkenntnis eines Menschen?
(ii) Wie erwirbt er diese Sprachkenntnis?
(iii) Wie wendet er diese Sprachkenntnis an?

Wie die Sprachkenntnis eines Sprechers, der Deutsch als Muttersprache hat, beschaffen ist und wie sie erworben wird, wird in diesem Buch noch ausführlich behandelt (s. Kap. 7). Was man sich unter der dritten Frage vorzustellen hat, soll kurz an einigen Beispielen erläutert werden. **Psycholinguistische** Untersuchungen der Sprachverarbeitung können in zwei Teilbereiche unterteilt werden: Analysen der **Sprachproduktion** und Analysen der **Sprachrezeption**. Eine Möglichkeit, Einblick in den Prozess der Sprachproduktion und in den Aufbau unseres Sprachproduktionssystems zu erhalten, sind **Versprecher**. Ein Versprecher ist die unbeabsichtigte sprachliche Fehlleistung eines gesunden Sprechers. Die folgenden Beispiele sind Leuninger (1998) entnommen:

(10)   a. Schlecken Sie den Stüssel ins Loch.   →   Stecken Sie den Schlüssel ins Loch.
       b. Unser Stirbchen bäumt.   →   Unser Bäumchen stirbt.
       c. Wir waren Pilze fangen.   →   Wir waren Pilze sammeln.

In (10a) liegt ein phonologischer Versprecher vor. Zwischen dem ersten und vierten Wort (*stecken* und *Schlüssel*) wurden die beiden Laute vor dem ersten Vokal vertauscht. In (10b) handelt es sich um einen morphologischen Versprecher. Die beiden Wortstämme *Bäum* und *stirb* wurden vertauscht. Die dazugehörenden Endungen *-chen* und *-t* sind von diesem Versprecher nicht betroffen. Der letzte Versprecher in (10c) ist semantisch. In diesem Fall wurden zwei Wörter mit ähnlicher Bedeutung (*sammeln* und *fangen*) verwechselt. Beide Wörter bezeichnen unter anderem Tätigkeiten des Nahrungserwerbs. Die Beispiele in (10) zeigen, dass im Sprachproduktionsprozess verschiedene Teilsysteme der Sprache (nämlich Phonologie, Morphologie und Semantik) von Versprechern betroffen sein können. Diese Beispiele zeigen außerdem, dass Versprecher durchaus systematisch sind. Sie beziehen sich normalerweise nur auf die Teile eines Wortes oder Satzes, zwischen denen bestimmte phonologische, morphologische oder semantische Beziehungen bestehen.

Aufschluss über die Sprachrezeption erhält man vor allem durch Experimente, in denen zum Beispiel getestet wird, ob ein bestimmter Satz schneller verarbeitet wird als ein ähnlicher zweiter Satz. Mithilfe solcher Experimente hat man festgestellt, dass Hörer beginnen, Sätze strukturell und inhaltlich zu interpretieren, lange bevor sie sie zu Ende gehört haben. Dies kann man am folgenden Beispiel selbst überprüfen:

(11)   Jetzt trinkt die Frau die Limonade schon immer verabscheut hat.

Die meisten Menschen müssen Satz (11), in dem die korrekte Interpunktion absichtlich weggelassen wurde, mindestens zweimal lesen, um ihn richtig zu verstehen. Woran liegt das? Sobald sie das Wort *trinkt* hören, erwarten sie, dass nun Subjekt und Objekt des Verbs kommen (›Wer trinkt was?‹). Deshalb werden *die Frau* und *die Limonade* sofort als Subjekt bzw. Objekt von *trinkt* gedeutet, obwohl man sich eigentlich, wie (11) zeigt, nicht sicher sein kann, dass dies immer die richtige Interpretation ist. In (11) hat man dann auch das Problem, dass sich nach dieser Vorentscheidung der Rest des Satzes nicht mehr integrieren lässt. Deshalb bleibt einem nichts anderes übrig, als mit der Interpretation des Satzes noch einmal von vorne anzufangen. Im zweiten Anlauf, in dem man etwas schlauer geworden ist, interpretiert man *die Limonade* nicht mehr als Objekt von *trinkt*. Stattdessen wird der Artikel *die* als Relativpronomen interpretiert und *Limonade* als artikelloses Objekt des zweiten Verbs *verabscheut*. Die Beispiele in (12) zeigen, dass vergleichbare Sätze keine Probleme bereiten, wenn die Objektinterpretation entweder durch eine veränderte Wortstellung oder durch ein Relativpronomen mit einem anderen Genus blockiert ist.

(12)   a. Die Frau, die Limonade schon immer verabscheut hat, trinkt jetzt.
        b. Jetzt trinkt der Mann, der Limonade schon immer verabscheut hat.

In diesem Fall wird unser Sprachrezeptionssystem nicht auf einen Holzweg geführt (man nennt Sätze wie (11) auch **Holzwegsätze**).

1.6 | Linguistik als Geisteswissenschaft

Wir haben in den letzten Abschnitten gesehen, dass die Sprache ein soziales, historisches, biologisches und kognitives Phänomen ist. Damit hängt zusammen, dass die meisten wissenschaftlichen Disziplinen einen Bezug zum Gegenstand Sprache haben. Die **germanistische Linguistik** gehört an den meisten deutschen Universitäten zum Fach Deutsch bzw. Deutsche Philologie. Man rechnet dieses Fach im Allgemeinen zu den Geisteswissenschaften. Ist die Linguistik eine **Geisteswissenschaft**? Man könnte vielleicht Folgendes antworten: Sie ist einerseits eine **Naturwissenschaft**, weil sie die

Gesetze natürlicher Sprachen aufdecken will, sich dabei auf Beobachtungsdaten, nämlich die menschlichen Äußerungen, stützt und dabei von typisch empirischen Verfahren wie z. B. dem Experiment Gebrauch macht. Anderseits ist sie aber auch eine Geisteswissenschaft, denn sie rekonstruiert die Geschichte der Sprache und die sozialen und kulturellen Bedingungen des Sprachwandels. Gerade dieses Spannungsverhältnis zwischen geistes- und naturwissenschaftlicher Methodik und die Vielzahl der verwendeten Methoden machen die Linguistik zu einer attraktiven Wissenschaft. Nimmt man den Begriff ›Geisteswissenschaft‹ wörtlich, im Sinne von ›Erforschung des menschlichen Geistes‹, so könnte man sogar sagen, dass die Linguistik eine ganz zentrale Geisteswissenschaft ist; nichts scheint den menschlichen Geist so sehr zu prägen wie die menschliche Sprache. Dies ist wohl auch der Grund dafür, dass die Linguistik sehr gute und intensive Beziehungen zu anderen Wissenschaften (wie z. B. der Philosophie, Psychologie, Soziologie, Biologie, Mathematik, Informatik) unterhält.

Klar ist auch, dass die germanistische Linguistik mit den Linguistiken der benachbarten Fremdsprachenphilologien, z. B. der romanistischen oder anglistischen Linguistik, viele Fragestellungen teilt. Dies gilt auch in Hinsicht auf die Allgemeine und Vergleichende Sprachwissenschaft, die sich auf den empirischen und theoretischen Vergleich von Sprachen unterschiedlichen Bautyps konzentriert. Alle diese Linguistiken sind unverzichtbar, denn jegliche Theoriebildung muss von der Beschreibung einer Einzelsprache ausgehen. Und nach allem, was man weiß, ist es so, dass bislang keine einzige Sprache der Welt vollständig und korrekt beschrieben wurde. Für viele Sprachen liegt sogar keinerlei Beschreibung vor.

1.7 | Zum Nutzen der Linguistik

Die germanistische Linguistik vermittelt Kenntnisse, die in den verschiedensten Bereichen nötig sind, z. B. für **Deutschlehrer/innen** an den Schulen oder außerhalb der Schule. Im Schulunterricht wird die Bedeutung von Kenntnissen der Grammatik, Orthographie, Textproduktion und Textrezeption noch ansteigen (vgl. die Ergebnisse der PISA-Studie, insbesondere Artelt et al. 2001). Aber auch außerhalb der Schule gibt es einen Bedarf an Deutschlehrern. Die deutsche Sprache ist die Sprache mit den meisten Muttersprachlern in der Europäischen Gemeinschaft und es besteht ein steigender Bedarf im Bereich **Deutsch als Fremdsprache** (DaF). Analphabetismus ist in allen Industriestaaten ein Problem. Auch hier wird man linguistische Experten brauchen. Ein klassischer Arbeitsbereich für Linguisten ist die Erstellung von Grammatiken und Wörterbüchern. Bei der Wörterbucharbeit ist der Computer ein unentbehrliches Hilfsmittel. Linguistische Datenverarbeitung bzw. **Computerlinguistik** ist ein weiteres, sehr bedeutendes Arbeitsfeld. Zum Beispiel arbeiten Linguisten an der maschinellen Übersetzung oder an der automatischen Dokumentation und Recherche von Fachliteratur. Dass Linguisten in allen Bereichen der Übersetzung und des Dolmetschens mitarbeiten, ist ebenfalls einleuchtend. Weitere Arbeitsgebiete liegen in den Medien, in Verlagen, in der Öffentlichkeitsarbeit, in der Werbung und in der Verkäufer- und Rednerschulung.

Ein neuer Berufsfelderkomplex entsteht da, wo man professionelle Behandlung von Kommunikationsproblemen benötigt: in der betrieblichen Kommunikation, der Bürger-Verwaltungs-Kommunikation, der Kommunikation in der Psychotherapie und der psychologischen Beratung. Ein Berufszweig, der sicherlich noch mehr Bedeutung erlangen wird, ist die **forensische Linguistik**. Es handelt sich dabei um die Erstellung von sprachwissenschaftlichen Gutachten für Gerichte, zum Beispiel Sprachgutachten zur Tätererkennung, Gutachten in Beleidigungsklagen, usw.

Linguisten arbeiten auch an der Erforschung der **Deutschen Gebärdensprache** (DGS), die von Gehörlosen gesprochen wird. Auch in der **Sprachtherapie** spielt die Linguistik eine wichtige Rolle, zum Beispiel bei der Erforschung und Behandlung von Sprach- und Sprechstörungen sowie von Sprachentwicklungsstörungen. Man denke etwa an Stotterer, Menschen mit Lese- und Rechtschreibproblemen, an hochgradig Schwerhörige oder Aphasiker (s. Kap. 1.4 und 7.1). Wer sich über die verschiedenen Berufsfelder informieren möchte, sollte Becker-Mrotzek et al. (2000) konsultieren.

1.8 | Zum Inhalt des Buchs

Unter einer Grammatik versteht man einerseits ein Buch über Grammatik (z. B. die Duden-Grammatik), anderseits eine Theorie über das grammatische Wissen. Im letztgenannten Sinn ist eine Grammatik ein System von sprachlichen Einheiten und Regeln zu ihrer Verknüpfung. Daher wird die Grammatik auch das **Sprachsystem** genannt. Zur Grammatik gehören die Teilsysteme **Phonologie, Morphologie, Syntax** und **Semantik**. In der Phonologie geht es um die Laute der Sprache. Die Morphologie befasst sich mit der Struktur von Wörtern, die Syntax mit der Struktur von Sätzen. Gegenstand der Semantik ist die Bedeutung von Wörtern und Sätzen.

Der Grammatik oder dem Sprachsystem mit seinen Teilsystemen Phonologie, Morphologie, Syntax und Semantik stellt man meist die **Sprachverwendung** gegenüber. Systematische Aspekte der Sprachverwendung werden in der **Pragmatik** untersucht. Damit ergibt sich das folgende Bild:

(13) GRAMMATIK   PRAGMATIK
Sprachsystem   Sprachverwendung

Phonologie
Morphologie
Syntax
Semantik

Dieser Zweiteilung entspricht grob die klassische Unterscheidung zwischen ›langue‹ und ›parole‹ bei Saussure und die Unterscheidung zwischen **Kompetenz** und **Performanz** bei Chomsky (vgl. Saussure 1967 und Chomsky 1969). Man kann sich leicht vorstellen, dass die Abgrenzung zwischen den einzelnen Gebieten nicht ganz einfach ist und immer wieder Gelegenheit zu theoretischen und empirischen Auseinandersetzungen gibt, aber insgesamt hat sie sich als sinnvoll erwiesen und kann als linguistisches Gemeingut gelten. Wie die Grammatik und die Pragmatik zusammenspielen, um menschliche Kommunikation zu ermöglichen, ist ebenfalls ein immer wieder diskutiertes Problem (vgl. Meibauer 2001 und Kap. 5.1.5).

Im vorliegenden Buch ist den fünf Kerngebieten Phonologie, Morphologie, Syntax, Semantik und Pragmatik jeweils ein eigenes Kapitel gewidmet. Zu den klassischen Kerngebieten hat sich in jüngster Zeit noch das Gebiet der **Lexikologie** gesellt. Unter ›Lexikologie‹(kann man dasjenige Teilsystem der Grammatik verstehen, das den Wortschatz (das Lexikon) einer Sprache betrifft.

Das Lexikon wurde in manchen Ansätzen der Grammatik gegenübergestellt, weil die Grammatik als Hort des Regulären galt, das Lexikon als Hort des Irregulären (vgl. Saussure 1967). Diese Sicht hat sich in dem Maße geändert, wie man die Strukturiertheit des Lexikons erkannt hat. Für manche Forscherinnen und Forscher steht sogar die Lexikologie im Zentrum der Grammatik, weil im Lexikon phonologische, morphologische, syntaktische, semantische und pragmatische Informationen versammelt sind und diese Informationen beim Strukturaufbau eine wichtige Rolle spielen (zur Lexikologie s. Kap. 2).

Zwei weitere wichtige Gebiete neben diesen fünf Kerngebieten sind die **Psycholinguistik** und die **historische Linguistik**. Die Psycholinguistik befasst sich mit den psychischen Aspekten der Sprachentwicklung, der Sprachproduktion und der Sprachrezeption (s. Kap. 1.5). Die historische Linguistik untersucht vergangene Sprachstufen und deren Wandel (s. Kap. 1.3). Ein tieferes Verständnis dieser beiden Dimensionen von Sprache ist sehr wichtig, wenn man das Zusammenspiel der grammatischen Komponenten untereinander, aber auch das Grammatik-Pragmatik-Verhältnis in den Blick nimmt. Im Rahmen unserer Einführung konzentrieren wir uns auf die Bereiche **Spracherwerb** und **Sprachwandel** (s. Kap. 7 und 8). Beide befassen sich mit dem Werden und Gewordensein von Sprache und sind daher auch für alle, die beruflich mit Sprache und Kommunikation zu tun haben, von großem Interesse.

Wir legen unserer Darstellung keine bestimmte linguistische Theorie zugrunde. Theoretische Ansätze werden da knapp erläutert, wo es sinnvoll erscheint, ohne dass eine erschöpfende Darstellung konkurrierender Theorien gegeben werden kann. Wir haben uns vielmehr darum bemüht, die wichtigsten Fakten und theoretischen Probleme in den verschiedenen Gebieten darzustellen, von denen wir glauben, dass *jede* Theorie ihnen gerecht werden sollte.

Literatur

Abraham, Werner (1998): Linguistik der uneigentlichen Rede. Linguistische Analysen an den Rändern der Sprache. Tübingen: Stauffenburg.

Androutsopoulos, Jannis K. (1998): Deutsche Jugendsprache. Untersuchungen zu ihren Strukturen und Funktionen. Frankfurt a.M.: Lang.

Artelt, Cordula/Stanat, Petra/Schneider, Wolfgang/Schiefele, Ulrich (2001): Lesekompetenz. Testkonzeption und Ergebnisse. In: Baumert, Jürgen et al. (Hgg.): PISA 2000. Basiskompetenzen von Schülerinnen und Schülern im internationalen Vergleich. Opladen: Leske+Budrich, 69–137.

Becker-Motzek, Michael et al. (Hgg.) (2000): Linguistische Berufe: ein Ratgeber zu aktuellen linguistischen Berufsfeldern. Frankfurt a.M.: Lang.

Behaghel, Otto (1923): Deutsche Syntax. Eine geschichtliche Darstellung. Bd. 1. Die Wortklassen und Wortformen. Heidelberg: Winter.

Bußmann, Hadumod (1995): *Das* Genus, *die* Grammatik und – *der* Mensch: Geschlechterdifferenz in der Sprachwissenschaft. In: Bußmann, Hadumod/Hof, Renate (Hgg.) (1995): Genus. Zur Geschlechterdifferenz in den Kulturwissenschaften. Stuttgart: Kröner, 115–160.

Chomsky, Noam (1969): Aspekte der Syntax-Theorie. Frankfurt a.M.: Suhrkamp.

Comrie, Bernard (Hg.) (1987): The world's major languages. London: Croom Helm.

Fritz, Gerd (1998): Historische Semantik. Stuttgart: Metzler.

Grimm, Jacob/Grimm, Wilhelm (1854–1971). Deutsches Wörterbuch. 16 [33] Bde. Leipzig: Hirzel.

Johnson-Laird, Philip (1996): Der Computer im Kopf. München: dtv.

Keller, Jörg/Leuninger, Helen (1993): Grammatische Strukturen – Kognitive Prozesse. Ein Arbeitsbuch. Tübingen: Narr.

Leuninger, Helen (1998): Danke und Tschüs fürs Mitnehmen. Neue gesammelte Versprecher. München: dtv.

Meibauer, Jörg (2001²): Pragmatik. Eine Einführung. Tübingen: Stauffenburg.

Moseley, Christopher/Asher, R.E. (Hg.) (1994): Atlas of the world's languages. London: Routledge.

Pinker, Steven (1996): Der Sprachinstinkt. München: Kindler.

Saussure, Ferdinand de (1967²): Grundfragen der allgemeinen Sprachwissenschaft. Berlin: de Gruyter.

Schützeichel, Rudolf (1989⁴): Althochdeutsches Wörterbuch. Tübingen: Niemeyer.

Schwarz, Monika (1992): Einführung in die Kognitive Linguistik. Tübingen: Francke (UTB).

Vater, Heinz (1992): Einführung in die Textlinguistik. München: Fink.

Veith, Werner H. (2005²): Soziolinguistik. Eine Einführung. Tübingen: Narr.

Voegelin, Charles F./Voegelin, Florence M. (1977): Classification and index of the world's languages. New York: Elsevier.

Wagner, Klaus R. (1996): Die Bedeutung des Korpus für die Theorie des Spracherwerbs. In: Ehlich, Konrad (Hg.): Kindliche Sprachentwicklung. Opladen: Westdeutscher Verlag, 135–158.

Jörg Meibauer und Markus Steinbach

2 | Lexikon und Morphologie

2.1 | Lexikon

2.1.1 | Wortschatz

Keine menschliche Sprache kommt ohne Wörter aus, und keine sprachliche Einheit genießt so viel öffentliches Interesse wie das Wort. So werden »Wörter des Jahres« gewählt, aber auch »Unwörter des Jahres«. Jeder kennt einige Wörter, die ihm merkwürdig vorkommen: veraltete (*hochachtungsvoll, Knabe*) oder völlig neue Wörter (*Handy, taff*), Wörter aus dem Dialekt (*Plinse* ›Pfannkuchen‹, *Jeck* ›Verrückter‹) oder aus fremden Sprachen (*viszeral, Karaoke*), Wörter aus sozialen Gruppen (*zeitnah, (voll) krass*) oder Wörter, die Kinder gebildet haben (*abzangen* ›mit der Zange abmachen‹).

Über den großen Bestand an Wörtern, die zu unserer Sprache gehören, denken wir oft gar nicht nach. Dies ist höchstens dann der Fall, wenn wir aus einer Fremdsprache ins Deutsche übersetzen wollen oder umgekehrt. Dabei hat der **Wortschatz** erstaunliche Eigenschaften. Zunächst einmal kann man alleine über seine Größe staunen. Den Umfang des allgemeinen Wortschatzes schätzt man auf 300.000 bis 400.000 Wörter. Dazu werden umgangssprachliche, aber auch fach- und gruppensprachliche Wörter gerechnet. Für den in Grammatiken und Wörterbüchern kodifizierten Wortschatz nimmt man einen Umfang von 150.000 bis 180.000 Wörtern an.

Wie viele Wörter davon von dem einzelnen Sprecher aktiv oder passiv beherrscht werden, kann nur geschätzt werden. Es sind wohl zwischen 50.000 und 250.000 Wörter; dabei muss man bedenken, dass die Wortschatzkenntnis bei einzelnen Sprechern erheblich voneinander abweichen kann. Außerdem ist es so, dass der passive Wortschatz (die Wörter, die ich verstehe) um ein Vielfaches größer sein dürfte als der aktive Wortschatz (die Wörter, die ich benutze). Der Kernwortschatz, d. h. der Wortschatz, der keine Zusammensetzungen und Ableitungen enthält, soll bis zu 10.000 Grundwörter enthalten.

Unser Staunen wächst noch, wenn wir bedenken, dass jeder Einzelne von uns im Lauf seiner eigenen Sprachentwicklung eine große Portion dieser Wörter erlernt. Bis zum Alter von ungefähr 6 Jahren erwerben Kinder einen produktiven Wortschatz von etwa 14.000 Wörtern. Zwischen 10 und 14 Jahren kommen noch einmal jährlich 3.000 Wörter hinzu. Und selbst Erwachsene bauen ihren Wortschatz noch weiter aus.

2.1.2 | Wörterbuch und Lexikon

Fragt man einen Linguisten, woher ein Sprecher eigentlich die Wörter nimmt, die er beim Sprechen verwendet, erhält man die Antwort: »aus seinem Lexikon«. Der Ausdruck **Lexikon** ist mehrdeutig. Unter einem Lexikon kann man sich Verschiedenes vorstellen:

Erstens ein **Wörterbuch** (=Lexikon$_1$), das systematisch Auskunft über die Wörter einer Sprache gibt. Einträge in einem solchen Wörterbuch nennt man Stichwörter (oder Lemmata). Zweitens eine **Komponente eines theoretischen Modells** der menschlichen Sprachfähigkeit (=Lexikon$_2$). Einträge im Lexikon$_2$ nennt man Lexikoneinträge. Im Folgenden beziehen wir uns mit ›Wörterbuch‹ auf Lexikon$_1$ und mit ›Lexikon‹ auf Lexikon$_2$.

Kann man ein einsprachiges Wörterbuch denn nicht einfach mit dem Lexikon identifizieren? Wahrscheinlich nicht. Ein wesentliches Ordnungsprinzip für Lemmata, also Stichwörter in einem Wörterbuch, ist die alphabetische Anordnung. Dagegen, dass Lexikoneinträge ebenfalls alphabetisch angeordnet sind, sprechen die folgenden Überlegungen:

Bei Start der Suche unter »A« müsste die Aussprache eines Satzes wie *Zorro zupft die Zither* beträchtlich länger dauern als bei einem Satz wie *Anna ärgert den Adler*; dies ist aber nicht der Fall. Bei Versprechern sollte beobachtet werden können, dass man anstelle von *Zither* die Wörter *Zitat* oder *Zitrone* sagt; auch dies ist aber nicht der Fall. Das Lexikon ist also höchstwahrscheinlich nicht alphabetisch oder lautlich organisiert.

Außerdem gibt es Informationstypen im Lexikon, die man – jedenfalls in einem normalen einsprachigen Wörterbuch – nicht finden wird. Dies sind zum Beispiel Angaben über lexikalische Felder. Zum Beispiel muss man wissen, in welchem inneren Zusammenhang Wörter wie *heiß, warm, lauwarm, kalt, kühl* usw. stehen, um sie richtig verwenden zu können, vgl. *?lauwarmes/warmes Wetter, ?heißes/warmes Bier, ?kühles/kaltes Essen,* usw. Wie wir in Kapitel 2.4 noch sehen werden, gibt es auch einige Gründe für die Annahme, dass Affixe wie zum Beispiel *be-, vor-, -bar, -heit, -er* in ein Lexikon gehören. Diese Affixe wird man aber in einem Wörterbuch niemals finden.

Bezieht man sich auf den psychischen Aspekt der Speicherung und Verarbeitung von Lexikoninformation im menschlichen Gehirn, redet man vom **mentalen Lexikon** (=Lexikon$_3$). Eine wichtige Fragestellung bei der Erforschung des mentalen Lexikons ist etwa, wie Menschen es schaffen, aus ihrem individuellen Wortschatz in der Sprachproduktion etwa zwei Wörter pro Sekunde hervorzuholen. Das ist ja eine erstaunliche Fähigkeit angesichts der großen Menge von Wörtern, über die Sprecher verfügen.

Diesen drei Lexikonbegriffen könnte man noch einen vierten hinzufügen, nämlich den des **neuroanatomischen Lexikons** (Lexikon$_4$). Es scheint nämlich, wie man unter anderem aus der Untersuchung von Gehirnanomalien und der technischen Überwachung von Gehirnaktivitäten weiß, einen ›Sitz‹ des mentalen Lexikons im Gehirn zu geben.

Wir konzentrieren uns im Weiteren auf das Lexikon als Komponente eines Modells der menschlichen Sprachfähigkeit, nehmen aber immer wieder Bezug auf das mentale Lexikon. Auffassungen über das Lexikon und das mentale Lexikon müssen nicht in einer 1:1-Beziehung zueinander stehen, aber sie sind natürlich nicht unabhängig voneinander. Zum Beispiel sollte eine angemessene Theorie des Lexikons bestimmten Ergebnissen Rechnung tragen, welche die Psycholinguistik hinsichtlich der Speicherung und Verarbeitung von Lexikoneinheiten erzielt hat (vgl. Aitchison 1994).

2.1.3 | Zur Definition des Worts

Wir gehen davon aus, dass im Lexikon auf jeden Fall Wörter stehen. Die Frage ist nun, woran man ein Wort erkennt (vgl. Miller 1993, Wurzel 2000, Taylor 2014). Betrachten wir den Satz *Arno sammelt Überraschungseier.* Wenn wir sagen, dass dieser Satz drei Wörter enthält, nehmen wir ein orthographisches Kriterium für Worthaftigkeit an: Ein Wort ist jede Folge von Buchstaben, die von Leerzeichen umgeben ist, aber selbst kein Leerzeichen enthält.

Mit einer solchen Definition des **orthographischen Worts** bekommt man allerdings Schwierigkeiten, denn Getrenntschreibung ist kein sicheres Kriterium für Nicht-Worthaftigkeit. So gibt es gute Gründe, das trennbare Verb *anrufen* in *Nastassja ruft immer wieder an* als ein Wort zu betrachten; trennbare Verben haben die systematische Eigenschaft, dass der Verbzusatz unter bestimmten Bedingungen vom Rest des Verbs getrennt wird. Genauso ist es sinnvoll, eine komplexe Präposition wie *in Folge* in einer Konstruktion wie *in Folge ständiger Geruchsbelästigung* als ein Wort zu analysieren. Es gibt bei komplexen Präpositionen auch eine historische Tendenz zur Zusammenschreibung (also *infolge, aufgrund, anstatt*).

Die Definition für das orthographische Wort trifft natürlich nur auf geschriebene Sprache zu, und auch nur auf Schriftsprache, die von Buchstaben Gebrauch macht; man benötigt aber einen Wortbegriff, der sich auch in Bezug auf die gesprochene Sprache bewährt. Dies könnte man dadurch erreichen, dass man Grenzsignale wie Wortakzent oder Sprechpausen zwischen zwei Wörtern in die Definition einbezieht. Man kann dann vom **phonologischen Wort** sprechen.

Neben diesem orthographischen bzw. phonologischen Kriterium wird auch noch ein morphologisches Kriterium diskutiert, das man wie folgt formulieren kann: Ein Wort ist ein frei auftretendes Morphem oder eine frei auftretende Morphemkonstruktion. Man könnte hier von dem **morphologischen Wort** sprechen.

Unter **Morphemen** versteht man die kleinsten bedeutungtragenden Baueinheiten von Wörtern (s. Kap. 2.3.1). Ausdrücke wie *rot, Haus, auf* kann man nicht mehr in kleinere bedeutungtragende Einheiten zerlegen. Es handelt sich um mono-morphematische Wörter, um **Simplizia**. Dagegen ist eine solche Zerlegung bei **komplexen Wörtern** wie zum Beispiel *Hoch+haus, un+gut, lieb+lich* möglich, wobei die einzelnen Elemente Morpheme sind. Die Elemente *un-* oder *-lich* treten nur an andere Elemente gebunden (d. h. nicht frei, unselbstständig) auf, es sind also keine Wörter; alle anderen Ausdrücke sind Morpheme oder Morphemkonstruktionen, die frei (d. h. nicht gebunden, selbstständig) vorkommen können und daher Wörter. Nach dieser Definition enthält der Satz *Arno sammelt Überraschungseier* ein Simplex und zwei komplexe Wörter. (*Sammelt* wird in den Verbstamm *sammel* plus das Flexionsmorphem *t* zerlegt.)

Angenommen, wir setzen nun den Satz *Arno sammelt Überraschungseier* mit dem Satz *Dieses Überraschungsei gefällt Arno nicht* fort. Handelt es sich bei *Überraschungseier* und *Überraschungsei* um zwei unterschiedliche Wörter oder um dasselbe Wort? Die richtige Antwort ist, dass es sich um zwei verschiedene **Wortformen** handelt. Die erste steht im Akkusativ Plural, die zweite im Nominativ Singular, sie sind also dekliniert. Wortformen nennt man auch **syntaktische Wörter**.

Man nimmt aber meist nicht an, dass sämtliche Wortformen im Lexikon stehen und einen eigenen Lexikoneintrag haben, sondern nur die **Nennformen** eines Worts. Zum

Beispiel fällt die Nennform eines Nomens mit dem Nominativ Singular zusammen, die Nennform des Verbs ist der Infinitiv. Die Nennform kann man sich als Abstraktion aus der Menge der Formen eines Worts vorstellen. Sie ist sozusagen der Name für die Lexikoneinheit, das **Lexem**. In diesem Sinne gibt es nur ein Wort (Lexem) *Überraschungsei*.

Unter dem syntaktischen Aspekt kann man unter Wörtern die kleinsten Einheiten verstehen, die verschiebbar und ersetzbar sind. Allerdings sind viele Elemente, die ganz klar Wörter sind, z. B. Modalpartikeln wie *halt*, Präpositionen wie *auf* und Konjunktionen wie *oder* in ihrer Verschiebbarkeit und Ersetzbarkeit sehr stark eingeschränkt. Im Übrigen gelten diese Kriterien auch für Phrasen, also größere syntaktische Baueinheiten, die oft mehr als ein Wort enthalten (s. Kap. 3.4.2).

Unter dem semantischen Aspekt sind Wörter selbstständige Bedeutungsträger. Gebundene Morpheme wie z. B. *-lich* oder *be-* leisten zwar auch einen Bedeutungsbeitrag, aber sie tun dies in unselbstständiger Weise. Problematisch für dieses Kriterium ist, dass es einige Wörter gibt, die anscheinend keine Bedeutung aufweisen. Dazu gehört das Wort *zu* in *Fritz ist schwer zu überzeugen* oder das Wort *es* in *Es ritten drei Reiter zum Tor hinaus.*

2.1.4 | Eigenschaften des Lexikons

Die linguistische Teildisziplin, die den Aufbau des Lexikons erforscht, nennt man **Lexikologie**. Geht es um den Aufbau des Wörterbuchs, spricht man von **Lexikographie**. Wir wollen hier einige Eigenschaften des Lexikons erwähnen, die die meisten Lexikologen für wichtig halten (vgl. Schwarze/Wunderlich 1985, Schippan 1992, Lutzeier 1995).

1. Das Lexikon wird als eine Menge von Lexikoneinträgen aufgefasst. Ein **Lexikoneintrag** sollte das Wissen der Sprecher über die Eigenschaften des Wortes enthalten. Solche Eigenschaften sind im Wesentlichen phonologischer, morphologischer, syntaktischer und semantischer Art.

Nehmen wir als Beispiel das Wort *Haustür*. Zu seinen phonologischen Eigenschaften gehört seine phonologische Form bzw. Lautung, die Silbenzahl und der Wortakzent. Zu den morphologischen Eigenschaften gehört, dass sich das Wort aus den Nomen *Haus* und *Tür* zusammensetzt, dass es ein bestimmtes Genus hat (Femininum) und dass es einer bestimmten Flexionsklasse angehört (der Plural wird auf *-en* gebildet). Eine syntaktische Eigenschaft des Wortes ist, dass es zur Wortart Nomen gehört. Eine semantische Eigenschaft ist, dass es auf eine Unterkategorie von Türen referiert. Über den Umfang von Lexikoneinträgen gibt es verschiedene theoretische Auffassungen; zum Beispiel spielt dabei eine Rolle, wie man sich die Verankerung des Lexikons im Sprachsystem vorstellt.

2. Im Lexikon stehen wahrscheinlich nicht nur Wörter, sondern auch Einheiten, die größer oder kleiner als Wörter sind. Wir sind bisher davon ausgegangen, dass im Lexikon Simplizia wie *Mutter, blau, in* stehen, aber auch komplexe Wörter wie *Überraschungsei* oder *Haustür*. In Kapitel 2.4 werden wir die Auffassung kennen lernen, dass im Lexikon auch Elemente stehen, die der Wortbildung dienen, aber selbst keine Wörter sind, also Präfixe wie *be-* oder Suffixe wie *-bar*.

Ob einzelne **Flexionselemente** oder sogar ganze flektierte Formen im Lexikon stehen, ist umstritten. Klar ist, dass man in der Syntax flektierte Formen braucht, damit korrekte Sätze entstehen. Man kann sich nun einerseits vorstellen, dass im Lexikoneintrag nur Hinweise auf Flexionsparadigmen (d. h. die Menge der Wortformen eines Worts) stehen, die eigentliche Entstehung flektierter Formen aber ein eigener, lexikonunabhängiger Prozess ist. Anderseits könnte man annehmen, dass sämtliche zulässige Flexionsformen bereits fertig im Lexikon stehen, was das Lexikon enorm vergrößern würde. Wir werden auf diese schwierige Frage, die mit der genauen Abgrenzung von Morphologie, Syntax und Lexikon zu tun hat, nicht mehr weiter eingehen (vgl. Stump 1998).

Wortartige Gebilde, die auf Wortbildungsprozesse zurückgehen, sind die **Abkürzungen** (*ABM* ›Arbeitsbeschaffungsmaßnahme‹), **Kürzungen** (*Prof* ›Professor‹) und **Akronyme** (*DIN* ›Deutsche Industrienorm‹). Diese Gruppe ist durch vielfache Übergänge und Untertypen gekennzeichnet (vgl. Kobler-Trill 1994, Rothstein 2009a). Aber dies ist kein Grund, sie vom Lexikon auszuschließen. Sie unterliegen wie andere Wörter syntaktischen Prozessen und sie sind zweifellos auch im mentalen Lexikon registriert.

Darüber hinaus gibt es Lexikoneinheiten, die größer als das Wort sind. Der Grund dafür ist, dass die Bedeutung dieser Einheiten sich nicht kompositionell aus den Bedeutungen ihrer Teile ergibt, wie das für Phrasen gilt. Daraus folgt auch, dass diese Einheiten von Sprachlernern als Ganzes gelernt werden müssen; eine Variation der Bestandteile ist meistens gar nicht oder jedenfalls nur in bestimmten Grenzen möglich. Der wichtigste Fall sind sicherlich die **Idiome** (Phraseologismen), wie zum Beispiel *sich zwischen alle Stühle setzen* oder *das geht mir am Arsch vorbei*.

Schließlich sind die **Kollokationen** zu nennen. Dazu gehören Konstruktionen wie z. B. *eingefleischter Junggeselle, blonde Haare* oder *bitter nötig*. In solchen Paaren besteht eine semantische Abhängigkeit der Elemente voneinander. Zum Beispiel kann bei *eingefleischt* ___ nur eine Personenbezeichnung eingesetzt werden; ohne diesen Bezug auf eine Personenbezeichnung wüsste man gar nicht, was *eingefleischt* bedeuten soll. Kollokationen sind insgesamt nicht gut untersucht, aber es gibt gute Gründe, sie als Lexikonelemente zu betrachten.

Gleiches lässt sich von den lexikalisierten metaphorischen Wendungen wie zum Beispiel *die Talsohle noch nicht durchschritten haben* oder *Licht am Ende des Tunnels sehen* sagen. Diese kommen als feste Redewendungen in der Politiker- und Zeitungssprache regelmäßig vor und werden vermutlich von Leserinnen im mentalen Lexikon als Ganzes gespeichert.

3. Das Lexikon ist in sich strukturiert. Eine intuitiv einsichtige Struktur ist das **lexikalische Feld** (oder Wortfeld), auf das wir oben schon hingewiesen haben. Zum Beispiel haben die Verben *schlenzen, donnern, spitzeln, flanken, köpfen* gemeinsam, dass sie zum lexikalischen Feld ›Ballbewegungen im Fußballspiel‹ gehören. Die Bedeutungen der einzelnen Feldelemente werden meist mit Hilfe semantischer Merkmale voneinander abgegrenzt (s. Kap. 5.3.3). So lassen sich die Wörter *Mädchen, Junge, Mann, Frau* allein durch die Merkmale [+/-weiblich], [+/-erwachsen] voneinander unterscheiden. Bei der Rekonstruktion von lexikalischen Feldern macht man von **Sinnrelationen** Gebrauch. Sinnrelationen sind Beziehungen zwischen Wortbedeutungen wie zum Beispiel Synonymie oder Hyperonymie/Hyponymie (s. Kap. 5.3.2). Die Elemente in einem lexikalischen Feld sind normalerweise nicht synonym, d.h. sie unterscheiden sich in mindestens einem Merkmal. Außerdem sind sie durch die Hyperonymie/Hyponymie-Relation hierarchisch geordnet. Zum Beispiel ist im Wortfeld

der Gewässerbezeichnungen der Ausdruck *Wasserlauf* ein Oberbegriff (Hyperonym) zum Unterbegriff (Hyponym) *Rinnsal*: jedes Rinnsal ist auch ein Wasserlauf, aber nicht jeder Wasserlauf ist ein Rinnsal. *Wasserlauf* steht daher höher in der Hierarchie als *Rinnsal*.

Eine weitere Struktur im Lexikon wird vermutlich durch sogenannte **Frames** oder **Scripts** gebildet. Darunter sind Bezüge zwischen Wortbedeutungen aufgrund von Wissen über die Welt (und nicht aufgrund semantischer Merkmale) zu verstehen. Zum Beispiel sollten die Namen von Metal-Gruppen etwas mit den Kategorien Tod, Drogen, Waffen, Krankheiten oder Sex zu tun haben (vgl. *Cannibal Corpse, Dying Fetus, Morbid Angel, Neurosis, Suffocation, Six Feet Under, Death*). Auch sind die Bedeutungen von *Speisekarte, Trinkgeld, Nachtisch, Kellnerin* durch das Script ›Restaurantbesuch‹ aufeinander bezogen.

Die Realität von solchen Strukturierungen im mentalen Lexikon kann durch psycholinguistische Experimente und Beobachtungen nachgewiesen werden. Zum Beispiel hat man in **Assoziationsexperimenten** den Versuchspersonen die folgende Anweisung gegeben: »Nennen Sie mir das erste Wort, das Ihnen einfällt, wenn Sie das Wort *Hammer* hören.« In solchen Experimenten ergab sich, dass über die Hälfte der Versuchspersonen mit *Nagel* reagierten. Sogar dreiviertel der Versuchspersonen reagieren mit *Königin* auf *König*, mit *Mädchen* auf *Junge* und mit *kurz* auf *lang*. Insgesamt zeigt sich, dass die Antworten immer aus dem gleichen lexikalischen Feld kommen, wobei Gegenstücke aus einem Paar bevorzugt werden.

Evidenz für die Realität von lexikalischen Feldern im mentalen Lexikon bieten auch die **Versprecher**. Ganz allgemein kann man beobachten, dass ›falsche Wörter‹ oft dem gleichen lexikalischen Feld entstammen, aus dem auch das richtige Zielwort stammt. So kommen die bekannten Wortersetzungen von *rechts* und *links*, *gestern* und *morgen*, und *Montag* und *Dienstag* zustande.

4. Das Lexikon kann jederzeit erweitert werden. Den Kern des Lexikons machen sicherlich die usuellen Wörter aus. Das Wort *Haustür* ist zum Beispiel ein **usuelles Wort**. Unter usuellen Wörtern verstehen wir Wörter, die dem normalen, erwachsenen Sprecher einer Sprachgemeinschaft bekannt sind. Viele usuelle Wörter sind **idiomatisiert**, d. h. ihre Bedeutung ist nicht auf die Bedeutung ihrer Bestandteile zurückführbar. So kann man die Bedeutung des Wortes *Handschuh* nicht als ›Schuh der Hand‹ wiedergeben. Dagegen ist es durchaus sinnvoll, die Bedeutung des Wortes *Haustür* als ›Tür eines Hauses‹ wiederzugeben. *Haustür* ist also im Gegensatz zu *Handschuh* **motiviert** durch seine Bestandteile.

Würden die Sprecher nun immer auf den usuellen Wortschatz angewiesen sein, könnten sie neue Dinge und Sachverhalte nur mit syntaktischen Mitteln ausdrücken. Zum Beispiel müssten sie statt *Handy* sagen *Ding, mit dem man schnurlos telefonieren kann*. Es gibt aber sprachliche Verfahren der Lexikonerweiterung, d. h. Verfahren zur Gewinnung neuer Wörter. Solche Verfahren sind die **Neubildung**, die **Entlehnung** und die **Urschöpfung**.

Neubildungen findet man praktisch in jedem Text. In einem Streitgespräch zwischen dem Manager von Borussia Dortmund und zwei Fans beklagte sich einer wie folgt (SPIEGEL 14/2001, 178):

> Im UEFA-Cup spielt der SV Werder wegen des Fernsehens manchmal schon um 16 Uhr.
> In der Champions League standen mit Bayern und Manchester zwei Landes-Vizemeister

im Finale, und gegen die *Versitzplatzung* des Weserstadions mussten wir erst auf die Barrikaden gehen. So geht der Fußball vor die Hunde.

Versitzplatzung ist sicher ein Wort, das Leser/innen als neu empfinden. Inwiefern eine Bildung als neu empfunden wird, ist nicht ganz einfach zu sagen. Manchmal unterscheidet man zwischen zwei Arten von Neubildungen, dem **Neologismus** als einer (relativ) neuen Lexikoneinheit, und einem **okkasionellen**, nur in einer bestimmten Situation produzierten Wort. Ob nun ein Nomen wie *Versitzplatzung* zur ersten oder zweiten Kategorie gehört, ist schwer zu beurteilen. Für die Leserin mag es sich um einen Okkasionalismus handeln, während es im Wortschatz des Fachmanns den Status eines Neologismus hat. Es kommen hier also soziolinguistische und etymologische Aspekte ins Spiel.

Dem Neuheitsempfinden auf der einen Seite entspricht auf der anderen Seite das Gefühl, ein Wort sei bereits veraltet, ungebräuchlich oder ausgestorben. Dies gilt zum Beispiel für Bildungen wie *instandbesetzen*, *Negerkuss* und *Teppichstange*. *ECU*, die Bezeichnung für die europäische Währung, wurde schon bald von *Euro* abgelöst. Solche Beispiele zeigen, dass nicht alle Neubildungen auch die Chance bekommen, Bestandteil des Lexikons zu werden.

Neben der Neubildung gibt es noch weitere Prozesse, die der Erweiterung des Lexikons dienen. Hier sind vor allem die **Entlehnungen** zu nennen, die heute vorwiegend aus dem Englischen, aber auch aus anderen Sprachen kommen. Beispiele für Entlehnungen aus dem Englischen sind die Nomen *Kids, Airbag, Card*, die Adjektive *hip, cool, taff*, die Verben *zappen, puschen, covern* und die Interjektion *ups*. Aus dem Japanischen kommt *Karaoke*. Sehr selten kommen **Urschöpfungen** vor. Unter Urschöpfungen versteht man Wörter, die ohne Vorbild sind, z.B. die Interjektion *doing* oder manche Produktnamen. Alle diese Verfahren, seien es Neubildungen, Entlehnungen oder Urschöpfungen, dienen der Erweiterung des Lexikons.

Aufgabe 1: Prüfen Sie in einem aktuellen einsprachigen Wörterbuch, ob die folgenden Ausdrücke darin verzeichnet sind:
Gabi; Juniorprofessor; Lehrerin; etw. abzangen; superdoof; äh; au backe; [ich bin] fix und foxi; eh; Brustumfang; mhm; Azubi; Enter; toi, toi, toi; jdm. geht der Arsch auf Grundeis; bittere Erfahrung; jdn. versägen; [Porsche] tieferlegen; Schweller Begründen Sie möglichst genau, warum die Ausdrücke zu finden oder nicht zu finden waren.

2.2 | Flexion

2.2.1 | Wort und Wortform

Wörter kommen gewöhnlich als Baueinheiten von Sätzen vor. Zum Beispiel kann das Wort *Schuh* in den folgenden Sätzen vorkommen:

(1)   a. Deine neuen *Schuhe* gefallen mir gar nicht.
        b. Dein linker *Schuh* sitzt besser als der rechte.
        c. Die Schnürsenkel des rechten *Schuhs* sind locker.

Es handelt sich immer um die gleiche Lexikoneinheit *Schuh*, aber die Formen des Wortes sind jeweils verschieden. In (1a) handelt es sich um den Nominativ Plural, in (1b) um den Nominativ Singular, in (1c) um den Genitiv Singular. In Sätzen kommen also immer Wortformen vor. Eine ganz bestimmte **Wortform**, und zwar die des Nominativ Singular, ist bei Nomen zugleich die Nennform der Lexikoneinheit.

Eine Wortform wie *Schuh+e* ist komplex. Das Element *-e* ist ein **Flexionselement**. Die Bildung der Wortformen eines Worts nennt man **Flexion**, die Menge der Wortformen eines Worts sein **Flexionsparadigma**. So umfasst das Flexionsparadigma eines Nomens acht Wortformen, die sich durch den Kasus (Nominativ, Genitiv, Dativ, Akkusativ) und den Numerus (Singular, Plural) ergeben. Nicht jede Wortform muss dabei durch ein eigenes Flexionselement gekennzeichnet sein, vgl. *die Schuhe* mit *der Schuhe*.

Wortformen unterscheiden sich in ihren Flexionsmerkmalen oder grammatischen Merkmalen (vgl. Thieroff/Vogel 2012). Diese kann man zu **Merkmalklassen** zusammenfassen.

(2)   Merkmalklassen und Merkmale

Merkmalklasse	Merkmale
Numerus	Singular, Plural
Genus	Maskulinum, Femininum, Neutrum
Person	1. Person, 2. Person, 3. Person
Kasus	Nominativ, Genitiv, Dativ, Akkusativ
Tempus	Präsens, Perfekt, Präteritum, Plusquamperfekt, Futur I, Futur II
Modus	Indikativ, Imperativ, Konjunktiv I, Konjunktiv II
Genus verbi	Aktiv, Passiv
Komparation	Positiv, Komparativ, Superlativ

Nicht alle Wortarten sind von der Flexion betroffen. Es gibt eine Gruppe von Wortarten, die ›Unflektierbaren‹, die prinzipiell nicht flektiert werden können. Dazu gehören Konjunktionen (z. B. *und, aber*), Präpositionen (z. B. *auf, zwischen*), Gradpartikeln (z. B. *sogar, nur*), Modalpartikeln (z. B. *halt, schon*), Adverbien (z. B. *sehr, hoffentlich*), Interjektionen (z. B. *au, pst*) und Inflektive (*würg, ächz*) (vgl. Bücking/Rau 2013). Betroffen von der Flexion sind das Nomen, das Pronomen, der Artikel, das Verb und das Adjektiv.

Die folgende Tabelle zeigt für das Nomen, den Artikel, das Pronomen, das Adjektiv und das Verb, welche Merkmalklassen auf sie zutreffen:

(3)   Wortarten und Merkmalklassen

Wortarten	Merkmalklassen
Nomen, Artikel, Pronomen	Kasus, Numerus, Genus
Adjektiv	Kasus, Numerus, Genus, Komparation
Verb	Person, Numerus, Modus, Tempus, Genus verbi

Die Flexion muss man von der Wortbildung unterscheiden. Wenn man in der Wortbildung von komplexen Wörtern redet, meint man immer komplexe Wörter in ihrer Nennform. Sowohl die Wortbildungstheorie als auch die Flexionstheorie befassen sich mit der Struktur von Wörtern. Die Theorie über den Strukturaufbau von Wörtern heißt **Morphologie**.

(4)

Im Weiteren gehen wir zunächst auf die Flexion ein, bevor wir uns mit der Wortbildung beschäftigen.

2.2.2 | Zur nominalen Flexion

Unter nominaler Flexion (traditionell **Deklination** genannt) wollen wir hier die Flexion des Nomens, des Adjektivs, des Artikels und des Pronomens verstehen. Artikel, Adjektiv und Nomen kommen oft in einer syntaktischen Baueinheit zusammen vor, die wir Nominalphrase nennen. Pronomen sind Elemente, die typischerweise solche Nominalphrasen ersetzen können.

(5)   a. Der alte Student hat keine Studiengebühren bezahlt.
       b. Er hält diese sowieso für überflüssig.

In (5b) ersetzen die Pronomen *er* und *diese* die Ausdrücke *der alte Student* und *Studiengebühren* aus (5a); dies kann man daran sehen, dass sie die gleiche syntaktische Funktion haben, nämlich Subjekt und Objekt.

Die Ausdrücke *der, alte, Student* werden nun durch bestimmte grammatische Merkmale zusammengehalten. Man sagt auch, sie stimmen in diesen grammatischen Merkmalen überein. Dieses Phänomen nennt man **Kongruenz**. Welches sind diese Merkmale?

Betrachten wir zunächst die Merkmalklassen, die beim **Nomen** eine Rolle spielen:

(6)
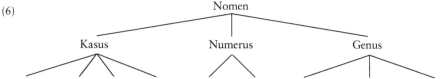

Jedes Nomen ist hinsichtlich der drei Merkmalklassen Kasus, Numerus und Genus spezifiziert. **Kasus** und **Numerus** werden durch die Flexionselemente -e, -(e)n, -(e)s und -(e)r angezeigt; hinzu kommen Endungslosigkeit und der **Umlaut** (Wechsel von a, o, u, au zu den Umlautvokalen ä, ö, ü, äu wie in *das Buch, die Bücher*). **Genus** ist ein inhärentes Merkmal, das heißt, es kann nur durch den Artikel sichtbar gemacht werden. Nach der Wahl der jeweiligen Ausdrucksmittel unterscheidet man verschiedene Flexionstypen (vgl. Eisenberg 2006, 159 ff.):

(7)   Flexionstypen der Nomen

Flexionstypen der Nomen	Beispiele
Typ 1. Maskulina und Neutra, stark	der Tisch, das Kind
Typ 2. Maskulina, schwach	der Bär, der Kunde
Typ 3. Maskulina und Neutra, gemischt	der Fleck, das Ende
Typ 4. Feminina	die Burg, die Wand

Die Verteilung dieser Flexionstypen auf den vorhandenen nominalen Wortschatz ist nicht gleich. So deklinieren 90 % aller einfachen Maskulina und 70 % aller Neutra nach dem angegebenen Muster für starke Maskulina und Neutra.

Woran erkennt man, ob ein Maskulinum nun stark oder schwach ist? Vergleichen wir die Flexionsparadigmen für *der Tisch* mit dem für *der Bär*. Runde Klammern zeigen an, dass das betreffende Element stehen kann, aber nicht muss:

(8) Flexionsparadigmen für *Tisch* und *Bär*

	Singular	Plural	Singular	Plural
Nominativ	Tisch	Tisch+e	Bär	Bär+en
Genitiv	Tisch+es	Tisch+e	Bär+en	Bär+en
Dativ	Tisch+(e)	Tisch+en	Bär+(en)	Bär+en
Akkusativ	Tisch	Tisch+e	Bär+(en)	Bär+en

Man sieht hier deutlich, dass die starke Deklination bei *der Tisch* mehr Kasus formal unterscheidet als die schwache Deklination für *der Bär*, die nur ein einziges Flexionselement aufweist, nämlich *-en*. Nimmt man bei einem solchen Vergleich der Paradigmen noch die anderen Fälle hinzu, dann sieht man, dass besonders wichtig ist, ob der Genitiv Singular und der Nominativ Plural auf *-(e)n* enden. Wenn nur der Plural auf *-(e)n* endet, spricht man oft von einer gemischten Deklination.

Wozu sind solche Vergleiche gut? Sie dienen dazu, dass man etwas darüber heraus bekommt, ob die bestehenden Paradigmen verborgenen Regeln oder Prinzipien unterworfen sind. Eine linguistische Deutung der Flexionsparadigmen setzt meist bei Beobachtungen über die **Markiertheit** von Flexionselementen ein (vgl. Wurzel 1988, Nübling 2002). So sind zum Beispiel die Pluralformen im Vergleich zu den Singularformen einheitlich gekennzeichnet, wobei verschiedene Mittel der Kennzeichnung zur Verfügung stehen: ein bestimmtes Flexionselement, seine Abwesenheit wie beim sog. Nullplural (z. B. *der Eimer, die Eimer*), der Umlaut oder die Kombination eines Flexionselements mit dem Umlaut. In diesem Sinne kann der Plural als gegenüber dem Singular markiert gelten (s. Kap. 8.3.5).

Man ist es gewöhnt, bei der Betrachtung der Deklination Kasus und Numerus zusammen zu behandeln. Zwischen diesen Merkmalen gibt es aber einen wichtigen Unterschied: Während der Numerus aus semantischen Gründen gewählt wird, ist der Kasus in der Regel von syntaktischen Bedingungen abhängig. Zum Beispiel verlangen Verben Komplemente in bestimmten Kasus (s. Kap. 4.6).

Die Zuweisung des **Genus** (grammatisches Geschlecht) ist über weite Strecken willkürlich (arbiträr): so heißt es *der Tisch, die Lampe, das Bett*. Eine Ausnahme bilden die Personenbezeichnungen, bei denen **Sexus** (natürliches Geschlecht) und Genus meist übereinstimmen. Allerdings sind auch gewisse Regelmäßigkeiten zu beobachten. Diese sind teils morphologischer Art (z. B. sind substantivierte Infinitive stets neutral), teils lexikalisch-konzeptueller Art (z. B. sind Autobezeichnungen männlich, Motorradbezeichnungen weiblich, vgl. *der BMW/die BMW*), teils phonologischer Art (z.B. sind Wörter wie *Flirt* oder *Trumpf*, die mit Konsonantenclustern beginnen und enden, maskulin) (vgl. Fries 2001).

Kasus, Numerus und Genus sind Merkmalklassen, die auch für die **Adjektive** gelten. Daher gibt es zwischen Adjektiven und Nomen in der Nominalphrase Kongruenz hinsichtlich dieser Merkmale. Ausschließlich für die Adjektive, aber nicht für Nomen gilt dagegen die **Komparation**. Bei der Komparation unterscheidet man drei Stufen: Positiv, z. B. *klein*; Komparativ, z. B. *klein+er*; Superlativ, z. B. *(am) klein+st(en)*. Auch einige Adverbien können kompariert werden (*oft, öfter, am öftesten*), aber dies sind Ausnahmeerscheinungen.

Adjektive haben mehrere Flexionsmuster. Welches gewählt wird, hängt von der syntaktischen Umgebung ab. Wenn das Adjektiv ohne Artikel beim Nomen steht, flektiert es stark (vgl. 9a). Wenn es nach dem bestimmten Artikel steht (oder einem vergleichbaren Element), flektiert es schwach, vgl. (9b). Und wenn es nach dem unbestimmten Artikel (oder einem vergleichbaren Element, z. B. *kein*) steht, flektiert es gemischt, vgl. (9c).

(9) a. stark: geiler Typ, geile Party, geiles Essen; geile Partys
     b. schwach: der geile Typ, die geile Party, das geile Essen; die geilen Partys
     c. gemischt: ein geiler Typ, eine geile Party, ein geiles Essen; keine geilen Partys

Die Unterscheidung ›stark/schwach‹ ist analog zu den Verhältnissen beim Nomen zu verstehen. Ein Flexionsmuster ist schwach, wenn das Flexionselement *-(e)n* darin häufig vorkommt, sonst stark. Aber während ein bestimmtes Nomen entweder stark oder schwach oder gemischt flektiert, können bei jedem Adjektiv – abhängig von dem syntaktischen Kontext – alle diese Formen auftreten.

Artikel und **Pronomen** werden oft als »Begleiter und Stellvertreter des Nomens« zusammengefasst (z. B. Gallmann/Sitta 1998), obgleich sie unterschiedliche syntaktische Funktionen haben. Allerdings gibt es in diesen Bereichen eine interessante Überlappung im Lexembestand, und es handelt sich immer um geschlossene Klassen von Lexemen, d. h. Neubildungen sind nicht ohne weiteres möglich. Unter Artikeln versteht man in der Regel die bestimmten und unbestimmten Artikel (*der, die, das; ein, eine, ein*). Manchmal werden auch noch der negierte Artikel (*kein, keine, kein*) und die Possessivartikel (*mein, meine, mein; dein, deine, dein; sein, seine, sein*) hinzugenommen (Eisenberg 2006, 175). Diese Wörter kommen in Kombination mit dem Nomen vor und stimmen mit diesem hinsichtlich Kasus, Numerus und Genus überein. Die traditionelle Bezeichnung ›Geschlechtswort‹ verdeutlicht eine wichtige Funktion der Artikel, nämlich das am Nomen selbst nicht markierte, ›inhärente‹ Genus explizit zu machen, z. B. *der Typ, die Party, das Essen*.

Pronomen gibt es als Personalpronomen (z. B. *ich, du, er, sie, es, wir, ihr, sie*), Reflexivpronomen (z. B. *mich, sich*), Possessivpronomen (z. B. *mein, dein, sein, unser, euer, ihr*), Demonstrativpronomen (z. B. *der, dieser, jener*), Relativpronomen (z. B. *der, die, das; welcher, welche, welches; wer, was*), Interrogativpronomen (z. B. *wer, was; welcher, welche, welches; was (für ein)*) und Indefinitpronomen (z. B. *jemand, niemand, einer, keiner, alle, nichts*). Viele dieser Pronomen können in Sätzen wie die Artikel in Kombination mit einem Nomen vorkommen (z.B. *mein Auto, dieses Haus, welches Pferd, alle Blumen*) und werden dann bei der syntaktischen Beschreibung nicht als Pronomen, sondern als Artikelwörter oder Determinierer bezeichnet (dazu genauer Dudenredaktion 2005, 255 f.). Generell gilt wiederum, dass Pronomen sich in Kasus und Numerus nach dem ersetzten Nomen richten. Die Flexionsart von Artikeln und Pronomen ist stark. Wir verdeutlichen hier noch einmal ansatzweise das typische Vorgehen bei der Analyse eines Flexionsparadigmas am Fall des Demonstrativpronomens *dieser* (vgl. Eisenberg 2006, 170 ff.).

(10)   Das Flexionsparadigma von *dieser*

	Sg. Mask.	Sg. Fem.	Sg. Neutr.	Pl. Mask., Fem., Neutr.
Nominativ	dies+er	dies+e	dies+es	dies+e
Genitiv	dies+es	dies+er	dies+es	dies+er
Dativ	dies+em	dies+er	dies+em	dies+en
Akkusativ	dies+en	dies+e	dies+es	dies+e

Bei dieser Darstellung zu erkennen, ob hier bestimmte Markiertheitsverhältnisse vorliegen, ist nicht einfach. Wir ordnen daher die Merkmale nach Möglichkeit so um, dass gleiche Formen zusammenstehen:

(11)   Das Flexionsparadigma von *dieser* mit Synkretismusfeldern

	Sg. Mask.	Sg. Neutr.	Sg. Fem.	Pl. Mask., Fem., Neutr.
Nominativ	er	es	e	e
Akkusativ	en	es	e	e
Genitiv	es	es	er	er
Dativ	em	em	er	en

In dieser Tabelle stehen gleiche Flexionselemente in farblich gegeneinander abgehobenen Feldern zusammen. Solche Felder nennt man Synkretismusfelder; als **Synkretismus** (Formenzusammenfall) bezeichnet man den Umstand, dass eine Form verschiedene Merkmale kodiert (vgl. Dudenredaktion 1995, 439). Nun kann man die Verhältnisse etwas leichter interpretieren. Wir sehen zum Beispiel, dass es einen Block gibt, der aus Sg. Mask. Gen. und Sg. Neutr. Nom., Akk. und Gen. besteht, und einen anderen Block, der Sg. Fem. Nom. und Akk. sowie die zugehörigen Pluralformen umfasst. Von solchen Beobachtungen ausgehend, kann man nun Hypothesen über die Markiertheitsverhältnisse bilden (vgl. Eisenberg 2006, 172 ff.).

Wir haben in diesem Abschnitt gesehen, dass es Kongruenz in der Nominalphrase gibt und dass eine Aufgabe der Flexionselemente ist, diese Kongruenz anzuzeigen. Eine weitere wichtige Kongruenzbeziehung liegt zwischen Nomen und finitem Verb vor. Zum Beispiel besteht eine Übereinstimmung hinsichtlich der grammatischen Merkmale Person und Numerus in dem folgenden einfachen Satz, der nur aus Pronomen und finitem Verb besteht:

(12)   sie   schläf+t
        [3. Ps.]   [3. Ps]
        [Sg.]   [Sg.]
        └──────────────────┘

2.2.3 | Zur Flexion des Verbs

Die Flexion des Verbs nennt man auch **Konjugation**. Die folgenden Merkmalklassen sind für das finite Verb relevant:

(13)

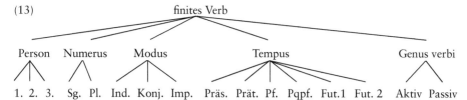

Ein Verb ist **finit**, wenn es nach Person, Numerus, Modus und hinsichtlich des Tempus Präsens oder Präteritum flektiert ist. Nur Präsensformen und Präteritumformen sind nämlich als Ganzes flektiert. Zu den **infiniten** Verbformen rechnet man im Allgemeinen den Infinitiv, das Partizip I (z. B. *sehend*) und das Partizip II (z. B. *gesehen*). Weiter kann man zwischen Präsens Aktiv (*sehen*) und Perfekt Aktiv (*gesehen haben*) sowie Präsens Passiv (*gesehen werden*) und Perfekt Passiv (*gesehen worden sein*) unterscheiden. Ferner muss man zwischen dem reinen Infinitiv (*sehen*) und dem *zu*-Infinitiv (etwa in *der Unterschied ist schwer zu sehen*) differenzieren.

Präsens und Präteritum sind einfache Verbformen, weil sie nur aus einer Wortform bestehen. Anders das Perfekt (*habe gesehen*), das Plusquamperfekt (*hatte gesehen*), das Futur (*werde sehen*) und das Passiv (*werde gesehen*): Diese Formen bestehen immer aus zwei Elementen und werden deshalb mehrteilige (komplexe) Verbformen genannt (Dudenredaktion 1995, 437).

Was genau zu den infiniten Formen gerechnet werden soll, ist umstritten. So rechnet zum Beispiel Eisenberg (2006, 199) das Partizip I nicht zu den infiniten Verbformen. Der wesentliche Grund dafür ist, dass es – im Gegensatz zum Partizip II – nicht in analytischen Verbformen vorkommt. Für ihn ist es daher nichts anderes als ein Adjektiv, das von einem Verb abgeleitet wurde. Dagegen wird der **Imperativ** bei Eisenberg (2006, 202) nicht wie sonst üblich als Modus des finiten Verbs betrachtet, sondern als infinite Form. Eisenberg nimmt nur zwei Formen des Imperativs an, nämlich die, die man gewöhnlich als 2. Ps. Sg. (*nimm!*) und 2. Ps. Pl. (*nehmt!*) bezeichnet. Da es andere Imperativformen nicht gebe, könne man gar nicht davon ausgehen, dass der Imperativ nach Person markiert sei; er habe nur Adressatenbezug und sei daher infinit. Es bleibt in diesem Ansatz aber nicht nur offen, wie die Reflexivierung in Fällen wie *Schäm *mich/dich/*sich!* erklärt werden soll, auch die Einordnung des sog. **Adhortativs** (*Gehen wir!*) und des *Sie*-Imperativs (*Gehen Sie!*) bleibt unklar (vgl. Donhauser 1986). Daher rechnen wir den Imperativmodus zu den Modi des finiten Verbs.

Während der Imperativmodus einen bestimmten Satztyp, nämlich den Imperativsatz, eindeutig markiert, ist dies bei den verbalen Modi **Indikativ** und **Konjunktiv** nicht der Fall. Ihre Aufgabe ist es, die Faktizität oder Irrealität von Sachverhalten zu markieren (vgl. Zifonun et al. 1997, 1722 ff.).

Im Bereich der **Tempusformen** muss man zwischen den Formen des Präsens und Präteritums und den verbalen Konstruktionen des Perfekts, des Plusquamperfekts sowie des Futurs I und II unterscheiden. Es gibt hier einerseits die Formen, die mit dem Hilfsverb *werden* + Infinitiv gebildet werden (*ich werde schlafen, ich werde geschlafen haben*) und andererseits diejenigen, die mit einer Form des Präsens oder

Präteritums von *haben* oder *sein* + Partizip II gebildet werden. Ferner ist zwischen starken und schwachen Verben zu unterscheiden (vgl. Zifonun et al. 1997, 1684 ff.).

Starke Verben sind dadurch gekennzeichnet, dass sie im Präteritum oder Perfekt einen anderen Vokal (Ablaut) aufweisen als im Präsens. Zum Beispiel heißt es *sie trifft, sie traf, sie hat getroffen*. Die schwachen Verben weisen oft keinen Vokalwechsel auf und bilden ihre Formen immer mit dem Element -*t* wie in *sie spielt, sie spielte, sie hat gespielt*. Man kann die schwachen Verben heute als den unmarkierten Fall betrachten. Dies sieht man vielleicht am deutlichsten an solchen Verben, die aus anderen Sprachen entlehnt werden: Diese flektieren immer schwach (*sie zappt, sie zappte, sie hat gezappt*). Außerdem bilden die starken Verben einen tradierten, kaum mehr erweiterbaren Bestand.

Das **Passiv** wird mit einer Form des Hilfsverbs *werden* und dem Partizip II gebildet. Es ist syntaktisch und semantisch auf das Aktiv bezogen. Vergleicht man den aktivischen Satz *Die Handwerker renovieren das Haus* mit dem passivischen *Das Haus wird (von den Handwerkern) renoviert*, so fällt auf, dass das Subjekt des Aktivsatzes im Passivsatz zu einer (weglassbaren) Präpositionalphrase wird, während das Akkusativobjekt des Aktivsatzes zum Subjekt des Passivsatzes wird (vgl. Zifonun et al. 1997, 1788 ff., Eisenberg 2006, 124 ff.).

Die verbalen Merkmalklassen haben verschiedene Aufgaben. Numerus und Person dienen der Markierung von Kongruenz mit dem Subjekt. Modus und Tempus sind dagegen Merkmalklassen, die spezifisch für das Verb sind und bestimmte semantische Eigenschaften ausdrücken. Das Genus verbi betrifft zwei mögliche Perspektiven auf einen Sachverhalt. Man sieht daran, dass die Merkmalklassen komplexe syntaktische und semantische Eigenschaften haben.

Dies sieht man auch bei dem Versuch, Markiertheitsverhältnisse aufzudecken. So erläutert Eisenberg (2006, 154 f.) das Präteritum von *rufen* unter Bezugnahme auf Größen wie ›Adressierung‹ und ›Schwere‹:

(14) Das Präteritum von *rufen*

	Singular	Plural
1. Person	rief	rief+en
2. Person	rief+st	rief+t
3. Person	rief	rief+en

Führt man nun die Unterscheidung zwischen Adressat und Nicht-Adressat ein, ergibt sich die folgende Gliederung, in der keine Synkretismen mehr vorliegen:

(15) Das Präteritum von *rufen* (Darstellung ohne Synkretismen)

	Singular	Plural
Nicht-Adressat		en
Adressat	st	t

Man kann daraus zum Beispiel schließen, dass die Adressatformen der 2. Person gegenüber dem Rest besonders markiert sind. Umgekehrt kann man argumentieren, dass die Form für Nicht-Adressat und Singular, nämlich *rief*, insofern ›leicht‹ ist, als sie über keine zusätzliche flexivische Markierung verfügt.

Aufgabe 2: Wie vollständig ist das Imperativparadigma? Konsultieren Sie mehrere deutsche Grammatiken und vergleichen Sie die dort vertretenen Auffassungen. Sammeln Sie die Argumente pro und contra Vollständigkeit und ermitteln Sie die Synkretismen mit dem Indikativ und Konjunktiv des Präsens.

2.3 | Grundlagen der Wortbildung

2.3.1 | Morphologische Grundbegriffe

Der wichtigste morphologische Grundbegriff ist der des Morphems. Unter einem **Morphem** versteht man im Allgemeinen ein einfaches sprachliches Zeichen, das nicht mehr in kleinere Einheiten mit bestimmter Lautung und Bedeutung zerlegt werden kann. In diesem Sinne sind Wörter wie *Haus, rot, auf* Morpheme. Morpheme darf man nicht mit **Silben** verwechseln. Silben haben keine eigene Bedeutung. Teilt man das Wort *Lehrer* in Morpheme ein, also *Lehr+er*, so haben beide Bestandteile eine eigene Bedeutung. Teilt man das Wort in Silben ein, also *Leh+rer*, so ist dies nicht der Fall. Silben werden in der Phonologie (s. Kap. 3) untersucht.

Allerdings gibt es einige Elemente, die man gerne als Morpheme klassifizieren würde, obgleich sie keine eigene Bedeutung haben. Dies gilt für das Infinitivmorphem *-en*, aber auch für die Wörter *es* und *zu* in bestimmten syntaktischen Konstruktionen, wie zum Beispiel *Es ritten drei Reiter zum Tor hinaus* oder *Lisa ist schwer zu besiegen*. Man könnte die Definition aber prinzipiell so erweitern, dass sie auch diese Fälle abdeckt: etwa indem man sagt, dass Morpheme diejenigen einfachen sprachlichen Zeichen sind, die eine bestimmte Lautung und mindestens eine außerphonologische (d. h. semantische, syntaktische ...) Eigenschaft aufweisen.

Wir haben bisher einfache Wörter wie *Haus, rot, auf* als Morpheme bezeichnet. Diese Elemente nennt man auch **Wurzeln**. Wurzeln sind die unverzichtbaren lexikalischen Kerne von Wörtern. Wörter müssen mindestens ein Wurzelmorphem enthalten. In der Regel kommen Wurzeln frei vor. Dagegen kommen Flexionselemente, die ja ebenfalls Morpheme im Sinne unserer Definition sind, niemals frei vor, sie sind gebunden. Gebundene Morpheme werden **Affixe** genannt. Affixe gibt es in zweierlei Form: Als **Präfixe**, dann stehen sie vor der Wurzel, oder als **Suffixe**, dann stehen sie hinter der Wurzel. Da sich im Deutschen die Flexionselemente immer hinten am Wort befinden, handelt es sich also um Suffixe. Flexionspräfixe gibt es im Deutschen nicht.

Ein Element wie *-er* in *Lehrer* ist nun keine Wurzel, weil es in dieser Bedeutung nicht frei vorkommt. Es handelt sich auch nicht um ein Flexionselement, tritt aber hinten an die verbale Wurzel *lehr* an, ist also ein Suffix. Solche Elemente wie *-er* in *Lehrer* nennen wir Derivationssuffixe. Die Derivation ist neben der Komposition (wie in den Fällen wie *Haus+tür* und *Elch+test*) ein wichtiger Wortbildungsprozess. Außer Derivationssuffixen gibt es auch Derivationspräfixe, z. B. das Präfix *un-* im Wort *unschön*.

Wir können die erläuterten Begriffsunterscheidungen übersichtlich in der folgenden Abbildung festhalten:

(16)

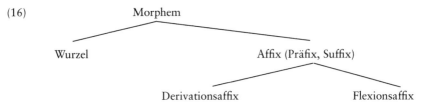

Die folgende Tabelle gibt die heimischen (nativen) und fremdsprachigen (nicht-nativen) Derivationspräfixe und -suffixe nach Fleischer/Barz (1995, 36 f.) wieder. In jeder Rubrik wird jeweils ein typisches Affix fett hervorgehoben, das man sich als Beispiel für die Rubrik merken kann:

(17)   Affixe im Deutschen (Fleischer/Barz 1995)

	Präfixe		Suffixe	
	Nativ	Nicht-nativ	Nativ	Nicht-nativ
Nomen	erz-, ge-, haupt-, miss-, **un-**, ur-	a-/an-, anti-, de-/des-, dis-, **ex-**, hyper-, in-, inter-, ko-/kon-/kol-, kom-, non-, prä-, pro-, re-, super-, trans-, ultra-	-bold, -chen, -de, -e, -(er/el)ei, -el, **-er**, -heit/ -keit/-igkeit, -icht, -ian/jan, -i, -in, -lein, -ler, -ling, -ner, -nis, -rich, -s, -sal, -schaft, -sel, -t, -tel, -tum, -ung, -werk, -wesen	-ament/-ement, -ant/-ent, -anz/-enz, -age, -ar/-är, -arium, -at, -aille, -ade, -asmus/-ismus, -ee, -esse, -elle, -ette, -(er)ie, -eur, -iere, -ier, -ik, **-iker**, -ine, -(at/t/x)ion, -ist, -(i)tät, -(at/it)or, -ose, -ur
Adjektiv	erz-, miss-, un-, **ur-**	a-/an-, anti-, de-/des-/dis-, ex-, hyper-, **in-/il-/ im-/ir-**, inter-, ko-/kon-/kor-, non-, para-, post-, prä-, pro-, super-, trans-, ultra-	**-bar**, -e(r)n, -er, -fach, -haft, -icht, -ig, -isch, -lich, -los, -mäßig, -sam	**-abel/-ibel**, -al/-ell, -ant/ -ent, -ar/-är, -esk, -iv, -oid, -os/-ös
Verb	ab-, an-, auf-, aus-, **be-**, bei-, dar-, ein-, ent-, er-, ge-, los-, miss-, nach-, ob-, über-, um-, unter-, ver-, vor-, wider-, zer-, zu-	**de-/des-/dis-**, in-, inter-, ko-/kom-/ kon-/kor-/kol-, prä-, re-, trans-	-ig, -(is/ifiz)ier, -(e)l, -(e)r	
Adverb			-dings, -ens, -halben/ -halber, -hin, -lei, -lings, -mals, -maßen, -s, -wärts, -weg, **-weise**	

Die Klassifikation einzelner Elemente ist durchaus umstritten: Zum Beispiel ist unklar, ob die Elemente *-wesen* und *-werk* wirklich Suffixe sind, oder ob *-(is/ifiz)ier* nicht als nicht-natives Suffix gelten muss.

Man sieht anhand dieser Tabelle schon einen wichtigen Unterschied zwischen Präfixen und Suffixen. Während Präfixe oft ›polygam‹ sind hinsichtlich der Wortart der Wurzel, vor die sie treten (vgl. *erz-* (N, A), *miss-* (N, A, V), *un-* (N, A)), sind Suffixe tendenziell ›monogam‹, d. h. sie sind auf genau eine Wortart der Wurzel spezialisiert (vgl. *-ung* (V), *-bar* (V)).

Außerdem ist es so, dass Präfixe die Wortart der Wurzel intakt lassen; so ist *schön* ein Adjektiv und *unschön* auch. Suffixe dagegen verändern sehr oft die Wortart ihrer Wurzel; zum Beispiel wird aus dem Verb *leit-* durch die Hinzufügung des Suffixes *-ung* das Nomen *Leitung* und aus dem Verb *wasch-* durch Hinzufügung des Suffixes *-bar* das Adjektiv *waschbar*.

Neben dem Begriff der Wurzel verwendet man noch den Begriff des **Stamms**. Unter einem Stamm versteht man ein Morphem oder eine Morphemkonstruktion, an das bzw. an die Flexionsmorpheme treten können (Fleischer/Barz 1995, 25). In diesem Sinne sind die Morpheme und Morphemkonstruktionen in (18) Stämme:

(18) a. schön: Stamm = Wurzel
  b. un+schön: Stamm mit der Wurzel *schön*
  c. schön+geist+ig: Stamm mit den Wurzeln *schön* und *geist*

In (18a) fallen Wurzel und Stamm zusammen, denn *schön* ist ein flektierbares Element. In (18b) ist *unschön* das flektierbare Element. Es enthält als Wurzel *schön*. In (18c) ist *schöngeistig* das flektierbare Element; es enthält die beiden Wurzeln *schön* und *geist*. Wenn es nicht darauf ankommt, ob etwas ein Stamm oder eine Wurzel ist, spricht man auch einfach von der **Basis** einer Affigierung.

Darüber hinaus benötigen wir noch den Begriff des **Konfixes**.

(19) a. Fanat+iker, Fanat+ismus, fanat+isch, fanat+isier+en; *Fanat
  b. bio-, geo-, stief-, schwieger-…
  c. -nom, -loge, -thek, …

Alle diese Elemente sind zweifellos Bestandteile von Wortbildungen. Sie kommen aber einerseits nicht frei vor, sind also keine typischen Wurzeln, andererseits sind sie keine Affixe. Dagegen spricht vor allem, dass sich Affixe nie miteinander zu einem selbstständigen Wort kombinieren lassen, während wir Kombinationen von Konfixen durchaus vorfinden, z. B. *Mikro+phon, Sozio+loge, homo+gen*. Auch haben Konfixe meist eine noch stärker zutage tretende lexikalische Grundbedeutung als Affixe. Außerdem sind Affixe entweder *Prä*fixe oder *Suf*fixe, während einige Konfixe wie *phil* durchaus in erster oder zweiter Position eines Wortes auftreten können (*Phil+hellene, homo+phil*), also nicht so starken Positionsbeschränkungen unterliegen (s. Kap. 2.5.3).

Von **unikalen Morphemen** wie *Him(+beere), Brom(+beere), Schorn(+stein), (Tausend+)sassa* sind die Konfixe darin unterschieden, dass unikale Morpheme ganz fest an ihren Wortkontext gebunden sind, während Konfixe auch in mehreren Umgebungen auftreten können (z. B. *Schwiegermutter, Schwiegersohn* …).

Schließlich wollen wir noch die **Morphemvarianten** nennen (vgl. Fleischer/Barz 1995, 30):

(20)   a. Schule, schul+isch; Auge, Äug+lein, Aug+apfel
       b. Dorf, dörf+lich; Band, bind+en
       c. il+legitim, im+potent, in+kompetent, ir+regulär

Schule und *schul* sind Morphemvarianten, wobei die Variante *schul* durch Phonemtilgung zustande kommt. Entsprechend sind *auge, aug, äug* Morphemvarianten, wobei in *aug/auge* vs. *äug* noch zusätzlich eine Vokalalternation vorliegt. Eine Vokalalternation liegt auch in (20b) vor. In (20c) haben wir ein Beispiel für Präfixvarianten. Morphemvariation ist nicht auf die Wortbildung beschränkt. So werden die Flexionselemente *-e, -er -en, -n, -s,* die alle den Nominativ Plural kodieren, als Varianten eines abstrakten Pluralmorphems betrachtet. In Analogie zur Allophon-Phonem-Unterscheidung in der Phonologie spricht man hier auch von **Allomorphie** (s. Kap. 3.3.2).

Fugenelemente sind vor allem bei Nominalkomposita auftretende Verbindungselemente, die keine Bedeutung tragen (s. Kap. 2.5.3):

(21)   Kind׀er+garten, Staat+s+feind, Pferd+e+wagen, Herz+ens+wunsch, Fleisch+es+lust, Blume+n+vase, Held+en+mut

Als **Zirkumfixe** bezeichnet man die diskontinuierlichen Morphemkombinationen *ge...t* bei schwachen Verben und *ge...en* bei starken Verben (z. B. *gespielt, gelaufen*). Diese dienen der Bildung von Partizipien. Hinzu kommt das Zirkumfix *Ge...e* in Bildungen wie *Gerenne*.

Aufgabe 3: Zerlegen Sie die im folgenden Text unterstrichenen Wörter in Morpheme. Klassifizieren Sie alle Morpheme nach ihrem Status als Wurzel oder Affix und bestimmen Sie die Wortart der Wurzel. Fassen Sie Ihre Analyse in einer Tabelle zusammen.

Mir vergeht bisweilen die Freude am Spiel; ständig wird man gegängelt. In Bremen sind die Promi-Logen direkt hinter dem Fanblock. Von Vereinsseite wurden wir jetzt aufgefordert, nicht mehr mit den Groß-Fahnen und Schals zu schwenken, damit die Logenbesucher besser sehen können. In Frankfurt wurden uns vor dem Stadion Fahnen verkauft, die uns drinnen wieder abgenommen wurden. Im UEFA-Cup spielt der SV Werder wegen des Fernsehens manchmal schon um 16 Uhr. In der Champions League standen mit Bayern und Manchester zwei Landes-Vizemeister im Finale, und gegen die Versitzplatzung des Weserstadions mussten wir erst auf die Barrikaden gehen. So geht der Fußball vor die Hunde.

2.3.2 | Typen der Wortbildung

Die wichtigsten Typen der Wortbildung im Deutschen sind die Komposition und die (explizite) Derivation. Unter einer **Komposition** versteht man die Bildung eines Wortes aus zwei (oder mehreren) vorhandenen Wörtern (s. Kap. 2.5):

(22)   a. Spiel+automat, tief+blau, schwing+schleif+en
       b. Donau+dampf+schiff+fahrts+kapitäns+dienst+handy,
          Steuer+erhöhungs+beschluss+vorlagen+sitzungs+protokoll

Komposita können im Deutschen recht komplex sein, wie (22b) veranschaulicht. Unter der (expliziten) **Derivation** versteht man die Bildung eines Wortes aus einem vorhandenen Wort und einem Derivationsaffix (s. Kap. 2.6):

(23) a. *An*+pfiff, *un*+gut, *be*+wirk+en
     b. Penn+*er*, lieb+*lich*, marsch+*ier*+en

Dabei kann es sich um Präfigierungen oder Suffigierungen handeln, vgl. (23a) mit (23b). Ein dritter wichtiger Wortbildungstyp ist die **Konversion** (s. Kap. 2.7):

(24) a. V→N   schau+en → Schau, lauf+en → Lauf
     b. N→V   Fisch → fisch+en, Nerv → nerv+en
     c. A→V   blau → bläu+en, link → link+en

Fälle der Konversion, bei denen Vokalwechsel vorliegt (›Stammalternation‹), wie z. B. *werfen* → *Wurf* oder *entziehen* → *Entzug*, werden bei Fleischer/Barz (1995, 51 ff.) als **implizite Derivation** bezeichnet.

Komposition, Derivation und Konversion gelten als die Haupttypen der deutschen Wortbildung. Daneben gibt es aber noch eine Reihe weiterer Typen, nämlich die **Kontamination** (Wortkreuzung, Kofferwort)(25), die **Kürzung** (26), die **Abkürzung** (27) und das **Akronym** (Initialwort)(28).

(25) Bürotel (Büro+Hotel), Ossimilierung (Ossi+Assimilierung), mainzigartig (Mainz+einzigartig), verschlimmbessern (verschlimmern+verbessern), jein (ja+nein)

(26) Uni (Universität), Bus (Omnibus), [ich bekomme drei] Mohn (Mohnbrötchen)

(27) VW (Volkswagen(werk)), AKW (Atomkraftwerk), OB (Oberbürgermeister, ohne Befund...), Spvgg (Spielvereinigung)

(28) DIN (Deutsche Industrienorm), AIDS (acquired immunity deficiency syndrom), Gröschaz (Größter Schuldenmacher aller Zeiten), Bafög (Bundesausbildungsförderungsgesetz)

Bei der **Kontamination** werden zwei Wörter so verschmolzen, dass Wortmaterial aus den Originalwörtern gelöscht wird. Bei der **Kürzung** wird Wortmaterial am Ende oder am Anfang der Originalwörter getilgt. Hier kommt der Fall vor, dass aus einem komplexen Wort ein einfaches Wort (mit der gleichen Bedeutung) wird. Der Unterschied zwischen der **Abkürzung** und dem **Akronym** besteht darin, dass Abkürzungen wie eine Folge von Lauten, die den Buchstabennamen entsprechen, ausgesprochen werden (z. B. [eːdeˈfau] für *EDV*), während sich bei den Akronymen ein neues phonetisches Wort ergibt (z. B. [ˈbaːføk] für *Bafög*).

Möglicherweise muss über diese Wortbildungstypen hinaus noch ein weiterer Typ angenommen werden, nämlich die **Rückbildung**. Auch hier handelt es sich um einen Prozess der Verkürzung:

(29) uraufführen (<Uraufführ~~ung~~), staubsaugen (< Staubsaug~~er~~)

Bei der Rückbildung wird ein weniger komplexes Wort durch Löschung von Wortmaterial eines komplexen Originalwortes gebildet (vgl. Becker 1993b).

Eine befriedigende Wortbildungstheorie muss alle diese Wortbildungstypen bzw. die für deren Genese zuständigen Prozesse beschreiben und erklären können. Ein Ansatz zur weiteren Bestimmung des Gegenstands der Wortbildung kann davon ausgehen, dass das einfache Wort, das selbst nicht Produkt eines Wortbildungsprozesses ist, auf jeden Fall *kein* Gegenstand der Wortbildungstheorie ist. Den Gegenstand der Wortbildung auf komplexe, nicht flektierte Wörter zu beschränken, ist aber nur in Bezug auf die Komposition und die Derivation (also auf die ›verkettende‹ (konkatenative) Wortbildung) sinnvoll. Bei der Konversion scheint es sich dagegen um einen bloßen

Kategorienwechsel oder eine Umkategorisierung zu handeln; der Komplexitätsgrad wird nicht erhöht. Bei der Kürzung tritt sogar eine Komplexitätsreduktion ein. Was aber bei der Wortbildung auf jeden Fall passieren muss, ist eine Veränderung eines schon vorhandenen Wortes, sei es durch Hinzufügung eines anderen Wortes, eines Affixes, durch Kategorienwechsel oder durch Kürzung. Ist diese Veränderung erfolgt, liegt ein **sekundäres Wort** vor (ob dieses nun einfach oder komplex ist). Wir können also festhalten: Gegenstand der Wortbildungstheorie sind sekundäre Wörter, seien diese nun usuelle Bildungen oder Neubildungen.

Aufgabe 4: Um welchen Wortbildungstyp handelt es sich bei den im folgenden Text unterstrichenen Wörtern?

Mir vergeht bisweilen die Freude am <u>Spiel</u>; ständig wird man gegängelt. In Bremen sind die <u>Promi</u>-Logen direkt hinter dem <u>Fanblock</u>. Von Vereinsseite wurden wir jetzt aufgefordert, nicht mehr mit den Groß-Fahnen und Schals zu schwenken, damit die Logen<u>besucher</u> besser sehen können. In Frankfurt wurden uns vor dem Stadion Fahnen verkauft, die uns drinnen wieder abgenommen wurden. Im UEFA-Cup spielt der <u>SV</u> Werder wegen des <u>Fernsehens</u> manchmal schon um 16 Uhr. In der Champions League standen mit Bayern und Manchester zwei <u>Landes-Vizemeister</u> im Finale, und gegen die <u>Versitzplatzung</u> des Weserstadions mussten wir erst auf die Barrikaden gehen. So geht der Fußball vor die Hunde.

2.3.3 | Wortstruktur

Komplexe Wörter haben eine Struktur. Betrachten wir als Beispiel die Derivation *Kindlichkeit*. Wir können dieses komplexe Wort in die Morpheme *kind, lich* und *keit* zerlegen.

(30)   kind+lich+keit

Dabei ist *kind* eine Wurzel mit der Wortart Nomen, *-lich* ist ein Suffix und *-keit* ist auch ein Suffix.

(31) $kind_{Nomen}$, $lich_{Suffix}$, $keit_{Suffix}$

Erstens kann man beobachten, dass diese Elemente nur in dieser **Reihenfolge** auftreten können. Das sieht man sehr deutlich, wenn man die anderen möglichen Reihenfolgen ausprobiert:

(32)   *kind+keit+lich; *keit+kind+lich; *lich+kind+keit; *keit+lich+kind; *lich+keit+kind

(Der Stern steht als Zeichen für nicht wohlgeformte Strukturen.)

Zweitens sehen wir, dass bestimmte Elemente enger zusammengehören als andere. So gehören *kind* und *-lich* zusammen, weil sie ein Adjektiv ergeben, während *-lich* und *-keit* gar nichts ergeben. Wir können **Zusammengehörigkeit** durch Klammerung ausdrücken:

(33)   [kind+lich]+keit; *kind+[lich+keit]

Nun haben wir die Möglichkeit, die Struktur des Wortes *Kindlichkeit*, die sich in der Abfolge und Zusammengehörigkeit von morphologischen Baueinheiten zeigt, in einem Baumdiagramm wiederzugeben.

(34)

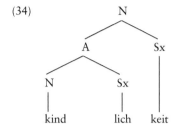

Wir haben in diesem Strukturdiagramm Folgendes ausgedrückt: Das Nomen (N) *kind* ergibt zusammen mit dem Suffix *-lich* (Sx) das Adjektiv (A) *kindlich*. Durch Hinzufügung des Suffixes *-keit* (Sx) entsteht das Nomen (N) *Kindlichkeit*.

Mithilfe von Strukturdiagrammen kann man die **Doppeldeutigkeit** (Ambiguität) von Wortbildungen erfassen. Ein typischer Fall ist das Kompositum *Mädchen +handels+schule*. Man kann darunter einerseits eine ›Schule für Mädchenhandel‹, andererseits eine ›Handelsschule für Mädchen‹ verstehen. Dieser Bedeutungsunterschied wird in den passenden Strukturdiagrammen wiedergegeben (man beachte dazu auch den Betonungsunterschied, s. Kap. 3.4.3.2):

(35)   (36)

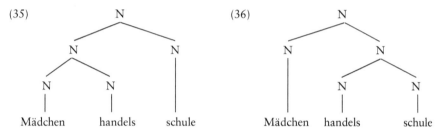

Es ist üblich, über Strukturdiagramme in folgender Weise zu reden. In einer Konfiguration

(37)

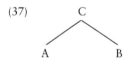

sind die Knoten A und B **Schwestern** voneinander und Knoten C ist ihre **Mutter**. C dominiert über A und B (**Dominanz**), während Knoten A dem Knoten B vorausgeht (**Präzedenz**). Die strukturellen Baueinheiten A und B nennt man auch **Konstituenten** von C. Würde A sich in weitere Bestandteile D und E zergliedern, dann würde man D und E **mittelbare Konstituenten** von C nennen, und A eine **unmittelbare Konstituente** von C.

In den Strukturdiagrammen (35) und (36) haben wir keinen Knoten für das Fugenelement *s* angegeben. Es ist sinnvoll, es an die jeweils vorausgehende Konstituente zu hängen. Dies ist in (35) die unmittelbare Konstituente *Mädchenhandel* und in (36) die mittelbare Konstituente *handel*. In (38) wird das Strukturdiagramm für *Handelsschule* wiedergegeben:

(38)

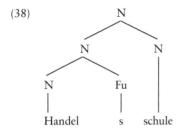

Legitimiert wird diese Vorgehensweise durch die Annahme, dass die Wahl des Fugen-elements durch die vorangehende Konstituente bestimmt wird. Es hat keinen Sinn, in einer Konfiguration wie (38) eine Konstituente *s+schule* anzunehmen (s. Kap. 2.5.2).

Wenn man von Komposition oder Derivation spricht, meint man immer den Wortbildungstyp, der sich bei der Zerlegung in unmittelbare Konstituenten ergibt. Zum Beispiel ist *[Lehr+er]+[mangel]* ein Kompositum, das die Derivation *Lehr+er* enthält. Und *be+weih+räuch(+ern)* ist eine Präfigierung, die das Kompositum *Weih+rauch* enthält.

In einer Struktur wie in (38) haben wir eine **binäre** Verzweigung. Obwohl einiges dafür spricht, dass Wortbildungen binär sind, ist z. B. eine ternäre Verzweigung grundsätzlich nicht ausgeschlossen. Manchmal gibt es sogar gute Gründe dafür, eine ternäre Verzweigung anzunehmen, z. B. in Fällen wie *Ge+renn+e* (vgl. Olsen 1990c).

Es ist klar, dass nicht verkettende Wortbildungstypen wie etwa die Konversion mit einem Baumdiagramm nicht gut darstellbar sind. Konversionen scheinen nicht strukturell komplex zu sein. Man kann sich zwar damit behelfen, die Darstellungs-form unter (39) zu wählen, aber diese besagt nur, dass sich ein Verb in ein Nomen verwandelt und ein Nomen in ein Verb.

(39)

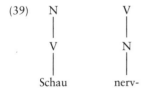

Über die Natur dieses Wortbildungsvorgangs erfahren wir dabei nichts, allenfalls erfahren wir etwas über die Richtung der Konversion. In Kapitel 2.7 kommen wir auf das Problem zurück.

Aufgabe 5: Fertigen Sie Baumdiagramme für die folgenden Wortbildungen an. Informieren Sie sich über die vorkommenden Affixe und Bildungstypen in Flei-scher/Barz (1995).
Frauenkrimipreis, Wissenschaftlerfernverschickung, Versitzplatzung, Eiercreme-schnittchen, Uneinheitlichkeit, Eierschalensollbruchstellenverursacher

2.3.4 | Wortbildungsregeln

An Strukturdiagrammen kann man **Regeln** der Wortbildung ablesen. Solche Regeln sind z. B.

(40)   N → N+N   Handels+schule

Der Pfeil in dieser Regel ist als ›besteht aus‹ oder ›expandiert zu‹ zu lesen. Nach dem Muster solcher Regeln können viele weitere Bildungen erzeugt werden. In Bezug auf die Regel N → N+N wären das zum Beispiel *Kampf+hund, Wesens+test, Elch+test, Ozon+loch, Steuer+reform,* usw. Für N muss man also immer ein Nomen einsetzen. Kann man mit dieser Regel auch komplexe Nomen wie z. B. *Kampfhundwesenstest* bilden? Das kann man in der Tat. Man muss dazu nur die Regel auf sich selbst anwenden. Dann hat man eine **rekursive** Struktur.

(41)

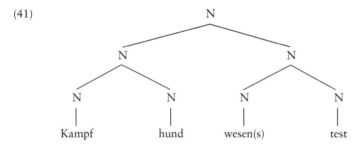

In diesem Fall wird die Regel auf beide unmittelbare Konstituenten angewendet. Es ist aber auch möglich, sie nur auf *eine* der beiden unmittelbaren Konstituenten anzuwenden, wie wir im Fall von *Mädchen+handelsschule* (rechte unmittelbare Konstituente) und *Mädchenhandels+schule* (linke unmittelbare Konstituente) bereits gesehen haben.

Für die Anwendbarkeit einer rekursiven Regel wie in (40) gibt es nur eine psychische, mit unserem Fassungsvermögen zusammenhängende Grenze. Im Deutschen gibt es ja auch sehr komplexe mögliche N+N-Komposita wie unter (42):

(42)   Krankenkassenkostendämpfungsgesetzbeschlussvorlagenberatungsprotokollüberprü-
        fungsausschussvorsitzende

Diese Bildung ist vollkommen korrekt und in einem sehr speziellen Kontext auch durchaus sinnvoll. Dass man sie nicht verwenden würde, liegt daran, dass sie nur sehr schwer zu verarbeiten ist.

Die Regel (40) beschreibt einen Spezialfall der Nominalkomposition, nämlich die N+N-Komposition. Wir können nun ausprobieren, welche anderen Nominalkomposita es gibt. Dazu ersetzen wir das erste N nach dem Pfeil durch eine andere Wortart:

(43)   N → N+N   (Computer+tisch)
        N → A+N   (Rot+licht)
        N → V+N   (Dreh+griff)
        N → P+N   (Auf+wind)

Dies funktioniert für die Hauptwortarten ganz gut. Für Konjunktionen oder Modalpartikeln funktioniert es aber zum Beispiel nicht, weil es keine Komposita gibt, die z. B. aus Konjunktion oder Modalpartikel plus Nomen bestehen.

Die Voraussetzung dafür, dass die gesamte Bildung ein N ist, ist, dass das rechte Element ein N ist. Wäre das linke Element ein N und nur das rechte ein A, wie in *metallblau*, hätten wir ein Adjektiv, kein Nomen. Man nennt daher das rechte Element den **Kopf** der Wortbildung. Der Kopf bestimmt die Wortart (Kategorie) der Gesamtbildung.

Damit ist auch eine wichtige semantische Eigenschaft verbunden, die traditionell in dem Begriff **Determinativkompositum** zum Ausdruck kommt. Ein Computertisch ist eine Art von Tisch, ein Tischcomputer eine Art von Computer. Die Bedeutung des rechten Elements wird also durch die Bedeutung des linken Elements determiniert (oder modifiziert, wie man auch sagen könnte). Nicht alle Komposita sind Determinativkomposita, wie man an den **Kopulativkomposita** wie *Spieler-Trainer* oder *süßsauer* sieht: hier sind Erstglied und Zweitglied semantisch nebengeordnet (vgl. Olsen 2001, Weiß/Cinkilic 2012)).

2.3.5 | Der Kopfbegriff in der Wortbildung

Vom semantischen Kopfbegriff ist der morphologische Kopfbegriff zu unterscheiden. Eine wichtige Eigenschaft des Kopfs haben wir am Beispiel der Nominalkomposition schon kennen gelernt: Der Kopf bestimmt die Kategorie einer Wortbildung.

Wir können nun fragen, was der Kopf einer Derivation ist. Da viele Suffixe die Kategorie der Wurzel, an die sie treten, verändern, liegt es nahe, in diesen Fällen das Suffix als Kopf zu betrachten.

(44)   a. Zieh+ung, Eitel+keit, mach+bar
          b. Lehr+er, Fleisch+er
          c. Wissenschaft+ler, Brief+chen, Lehr+er+in

Das *-ung*-Suffix macht aus einem Verb ein Nomen, das *-keit*-Suffix macht aus einem Adjektiv ein Nomen, das *-bar*-Suffix macht aus einem Verb ein Adjektiv, vgl. (44a). Manche Suffixe verhalten sich aber nicht der Erwartung entsprechend: Das *-er*-Suffix macht zwar in einem Fall wie *Lehr+er* aus einem Verb ein Nomen, aber in *Fleisch+er* kann man ihm solch eine Wirkung nicht zusprechen, weil *Fleisch* schon ein Nomen ist, vgl. (44b). Genauso verhält es sich mit dem *-ler*-Suffix, dem *-chen*-Suffix und dem *-in*-Suffix in (44c).

Müssen wir also den Kopfbegriff aufgeben? Das müssen wir nicht. Die Suffixe bewirken noch etwas anderes, nämlich die Veränderung des Genus:

(45)   das Fleisch   der Fleischer
         die Wissenschaft   der Wissenschaftler
         der Brief   das Briefchen
         der Lehrer   die Lehrerin

Wenn also nicht die Kategorie der Wurzel verändert wird, dann wird doch mindestens ihr Genus verändert.

Darüber hinaus bestimmt der Kopf auch die Flexionseigenschaften:

(46)   der Brief   die Brief+e
         der Liebesbrief   die Liebesbrief+e
         das Briefchen   die Briefchen

Der Plural des Kompositums *Liebesbrief* folgt dem Plural des Wortes *Brief*, der auf *-e* lautet.

Beim Plural der Derivation *Briefchen* wird jedoch kein *-e* angehängt, sondern gar nichts. Es handelt sich um einen Nullplural. Wir können also festhalten, dass der Kopf die Flexionsklasse einer Wortbildung bestimmt.

Präfixe können im Allgemeinen nicht als Köpfe von Wortbildungen betrachtet werden. Sie verändern nicht die Kategorie der Wurzel und bestimmen nicht das Genus und die Flexionsklasse. Zum Beispiel wird in *Ur+wald* die Kategorie, das Genus und die Flexionsklasse durch das rechte Element *wald* bestimmt.

Es sieht daher so aus, als liege der Kopf immer rechts. Tatsächlich hat man diese Verallgemeinerung als **Kopf-rechts-Prinzip** formuliert: In komplexen Wortbildungen ist das rechte Element der Kopf. Es scheint im Deutschen nur zwei wirkliche Problemfälle für das Kopf-rechts-Prinzip zu geben (zu Pseudo-Problemfällen vgl. Olsen 1990a). Dies sind einerseits Fälle wie *Ge+renn+e, Ge+heul+(e), Ge+zank+e*, bei denen der Träger der Wortartfixierung nur das Präfix *Ge-* bzw. das Zirkumfix *Ge...e* sein kann (vgl. dazu Olsen 1990c). Andererseits sind es Fälle wie *ver+holz+en, ver+jüng+en, be+freund+en, be+ruhig+en*, bei denen es auf den ersten Blick die verbalen Präfixe *ver-* und *be-* sein müssen, die der Kopf sind, da ja die Nomen *Holz* und *Freund* sowie die Adjektive *jung* und *ruhig* dafür nicht in Frage kommen (vgl. Olsen 1990b).

Wir können zusammenfassen: Der Kopf ist das rechte Element einer Wortbildung. Er bestimmt die Kategorie, das Genus und die Flexionsklasse der Wortbildung.

2.3.6 | Analogiebildung

Wortbildungsregeln haben einen analytischen Aspekt und einen synthetischen Aspekt. Einerseits kann man mit ihnen schon vorhandene Wörter analysieren, andererseits dienen sie der Erzeugung neuer (sekundärer) Wörter. Allerdings kann man beobachten, dass nicht alle neuen Wörter nur aufgrund der Anwendung einer Regel zustande kommen:

(47)   Hausmann (Hausfrau), Braunzone (Grauzone), Fußwerker (Handwerker), Diplomkauffrau (Diplomkaufmann), Reißbretttäter (Schreibtischtäter), entmieten (vermieten), Flexibelchen (Sensibelchen)

In diesen Fällen scheint die neue Bildung nicht aufgrund einer Regel zustande zu kommen, sondern durch Bezug auf eine schon existierende Wortbildung (in (47) in Klammern gesetzt). Diese muss man kennen, um die Bedeutung der Neubildung zu verstehen. Analysiert man also *Hausmann* in der Bedeutung ›Mann, der vorwiegend mit der Führung eines Haushalts beschäftigt ist‹ bloß als [[Haus$_N$][mann$_N$]]$_N$, wie es dem Regelansatz entsprechen würde, kann man diesen Bezug auf *Hausfrau* gar nicht ausdrücken.

Ein weiterer Fall ist das Verb *aufdecken* in der Bedeutung ›zudecken rückgängig machen‹. Dessen Semantik erschließt sich nicht durch die Analyse als [[auf$_{PART}$][deck$_V$]]$_V$, weil man so nur die widersinnige Paraphrase ›durch Decken öffnen‹ wie bei *aufbrechen* ›durch Brechen öffnen‹ erhalten würde. Bei *aufdecken* muss man das Wort *zudecken* kennen, um die Bedeutung ›Zudecken rückgängig machen‹ erschließen zu können. Es handelt sich also um eine Analogiebildung (vgl. Becker 1993a, 184 ff.).

Es ist umstritten, welchen Status die Analogie in der Wortbildung hat. Für Becker (1993a) ist sie so zentral für die Wortbildung, dass er für eine eigene ›paradigmatische Morphologie‹ plädiert, deren Aufgabe es sei, Beziehungen zwischen

Wortstrukturen zu erforschen. Becker rechnet Analogiebildungen wie *Hausmann* oder *aufbrechen* zu den **Ersetzungsbildungen**. Dies sind Bildungen, bei denen nicht der Basis etwas hinzugefügt wird, wie bei der Komposition oder der Derivation, sondern ein Element der Basis ersetzt wird. Zum Beispiel wird in *Hausfrau* das Zweitglied *Frau* durch *Mann* ersetzt. Andere Autoren bemängeln, dass es kaum Restriktionen für die Anwendung dieses Erklärungsmusters gebe (vgl. Altmann/Kemmerling 2000, 20).

Wir halten daran fest, dass Wortbildungsregeln die Struktur von Bildungen wie *Hausmann, aufbrechen* und *Nähzeug* korrekt wiedergeben. Analogie scheint in erster Linie ein psycholinguistisches Phänomen zu sein, weil bei der Produktion und der Interpretation einer entsprechenden Bildung die Kenntnis eines Musters vorausgesetzt wird. Das tangiert aber nicht den Umstand, dass das Resultat einer Wortbildungsregel des Deutschen entspricht.

2.4 | Wortbildung im Lexikon

2.4.1 | Zum Lexikonbegriff

Im Folgenden betrachten wir einige Grundannahmen einer lexikalistischen Wortbildungstheorie. Wir können davon ausgehen, dass das Lexikon eine Liste von Lexikoneinheiten enthält. Jede Lexikoneinheit erhält einen Lexikoneintrag. Lexikoneinheiten sind einerseits die freien Morpheme wie *Haus, rot, spiel-, nur,* andererseits usuelle Morphemkonstruktionen wie zum Beispiel *Wahl+kampf, Un+sitte* oder *Lehr+er.* Hinzu kommen Lexikoneinträge für gebundene Morpheme (Affixe). Diese Annahme ist keineswegs selbstverständlich und muss begründet werden. Das wesentliche Argument dafür ist, dass das Lexikon diejenigen Mittel bereit stellen muss, die potenzielle Wörter erzeugen. **Potenzielle Wörter** sind solche Wörter, die jederzeit nach Wortbildungsregeln bildbar sind, aber de facto noch nicht gebildet (oder schon einmal gebildet, dann wieder vergessen) wurden. Es ist klar, dass dann auch Wortbildungsregeln ein Teil des Lexikons sind, denn diese definieren ja die Menge der potenziellen Wörter.

Umstritten ist vor allem, ob man als Lexikoneinheiten usuelle Morphemkonstruktionen zusätzlich zu freien Morphemen und Affixen annehmen soll. Man könnte sich nämlich vorstellen, dass Wortbildungsregeln nicht nur bei neuen Wörtern benutzt werden, sondern auch bei usuellen, sofern diese regelmäßig gebildet werden. So findet sich die Auffassung, dass nur die Wörter ins Lexikon gehören, die mindestens eine Eigenschaft haben, die als Ausnahme betrachtet werden muss (vgl. Aronoff 1976). Zum Beispiel stehen dann im englischen Lexikon die Wörter *heigh+t* und *trans+ mission*, weil das Suffix *-t* bzw. die Bedeutung ›gearbox of a car‹ nicht voraussagbar sind, aber *low+ness* und *e+mission* findet man nicht im Lexikon, weil es vollkommen reguläre Bildungen sind.

Diese Auffassung wird heute meist aus psycholinguistischen Gründen als unplausibel abgelehnt, weil man offenbar usuelle reguläre Bildungen nicht in der Sprachproduktion jedesmal neu bildet, sondern schon fertig abruft. Auf der anderen Seite würde natürlich die Speicherkapazität des mentalen Lexikons nicht so sehr belastet, wenn man nicht *Lehr*$_V$-, *-er*$_{Sx}$ und *Lehr+er*$_N$ gespeichert hätte, sondern nur *Lehr*$_V$- und *-er*$_{Sx}$. Wir gehen hier von der folgenden Konzeption des Lexikons aus:

(48) Konzeption des Lexikons

Das Lexikon enthält:	
(a) Liste von Wurzeln und Affixen	zu (a): *lehr-, -er, Geld...*
(b) Liste von usuellen komplexen Wörtern	zu (b): *Lehrer, Lehrgeld...*
(c) Menge von Wortbildungsregeln	zu (c): N→V+Sx, N→V+N ...

Wenn zum Beispiel zu den Wortbildungsregeln auch die Regel N → N+N gehört, könnte das Lexikon auch die potenziellen Bildungen *Geld+lehrer* und *Lehrer+geld* definieren.

2.4.2 | Lexikoneinträge

Die Regelkomponente des Lexikons stellt nur mögliche Strukturen der Wortbildung zur Verfügung, zum Beispiel die folgende Struktur für die N+N-Komposition:

(49)

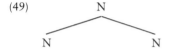

Für die mit ›N‹ etikettierte linke und rechte Konstituente muss jeweils ein Nomen eingesetzt werden. Dieses Nomen wird aus dem Lexikon geholt. Das Verfahren nennt man **lexikalische Einsetzung**. Die Information, dass es sich bei einer Lexikoneinheit um ein Nomen handelt, entnimmt man dem jeweiligen Lexikoneintrag.

Im Folgenden wollen wir den Aufbau von Lexikoneinträgen näher betrachten. Wir gehen davon aus, dass in den Lexikoneintrag phonologische, morphologische, syntaktische, semantische und pragmatische Information gehört. Wie umfangreich und detailliert diese Information ist, hängt natürlich sehr stark vom theoretischen Gesamtmodell ab, das man der Analyse zugrundelegt. Wir nennen zunächst am Fall des Verbs *wecken* einige Aspekte, die auf jeden Fall berücksichtigt werden müssen.

(50) Lexikoneintrag für *weck-*

weck-	
PHON:	/vɛk/
MORPH:	schwache Flexion
SYN:	V [NP$_{nom1}$, NP$_{akk2}$, (PP$_{p=aus3}$)___]
SEM:	Handlungsverb x1: AGENS, x2: PATIENS, x3: QUELLE WECK (x1, x2, x3)
PRAG:	neutrales Register

Wenn wir hier als Lexikoneintrag den Verbstamm *weck-* wählen und nicht etwa den Infinitiv (die Nennform), dann deshalb, weil wir die Möglichkeit offen lassen wollen, dass es im Lexikon auch Flexionsregeln gibt, nach denen Flexionselemente (also auch Infinitivmorpheme) an Stämme gefügt werden.

In den Lexikoneintrag gehört auf jeden Fall eine Angabe über die korrekte Aussprache (siehe PHON) und über die Flexionsklasse (schwach – stark) des Verbs (siehe MORPH). Zur syntaktischen Charakterisierung (SYN) gehört die Angabe der Wortart (Kategorie) und des Valenzrahmens (dazu ausführlich Kap. 4.8.1). Es handelt sich bei *weck-* um ein Verb (V), das obligatorisch zweiwertig ist, da es immer ein Komplement mit einer Nominalphrase (NP) im Nominativ und einer Nominalphrase im Akkusativ benötigt. Hinzutreten kann noch eine durch die Präposition *aus* eingeleitete Präpositionalphrase (PP).

(51)   a. *Fritz weckte.
       b. Fritz weckte Anna.
       c. Fritz weckte Anna aus dem Schlaf.

Semantisch gesehen handelt es sich um ein Handlungsverb. Seine logisch-semantische Struktur wird so beschrieben, dass das Prädikat WECK drei Argumente zu sich nimmt. Das sieht man an den folgenden Schlussfolgerungs-Proben.

(52)   Fritz weckte Anna.   → Jemand weckte Anna.
                            → Fritz weckte jemanden.
                            → Fritz weckte Anna aus einem bestimmten Zustand.

Wecken beschreibt einen Sachverhalt, bei dem jemand (oder etwas) jemanden, der sich in einem bestimmten Zustand (des Schlafens, Träumens, etc.) befindet, wach macht. Nicht alle drei Argumente müssen auch syntaktisch ausgedrückt werden; die Präpositionalphrase *aus dem Schlaf* ist ja fakultativ. Daran sieht man, dass die Prädikat-Argument-Struktur nicht in einer 1:1-Beziehung zur Valenzstruktur stehen muss. Zusätzlich gehört noch in die semantische Charakterisierung, dass die Verbkomplemente mit bestimmten semantischen Rollen assoziiert sind (s. Kap. 4.8.2). Die NP im Nominativ ist mit der Rolle AGENS assoziiert, die NP im Akkusativ mit der Rolle PATIENS, die PP mit der Rolle QUELLE. Auch diese Information ist wichtig, denn NPs im Nominativ etwa können auch grundsätzlich anderen Rollen zugeordnet werden (z.B INSTRUMENT, vgl. *Der Schlüssel öffnet die Tür.*) Zu der pragmatischen Information (PRAG) sind u. a. Angaben zum stilistischen Wert von Lexikoneinheiten zu rechnen, vgl. etwa *Fritz weckte Anna* mit *Fritz riss Anna aus dem Schlaf*.

Wenden wir uns dem Lexikoneintrag für das *-er*-Suffix zu. In Anlehnung an die Darstellung von Olsen (1986a, 76) können wir den folgenden Lexikoneintrag formulieren :

(53)   Lexikoneintrag für das *-er*-Suffix

-er	
PHON	/ɐ/
MORPH	maskulin; Ø-Plural
SYN	N^{af}
	[V__]
SEM	AGENS oder INSTRUMENT, das die V-Handlung ausführt
PRAG	–

Das *-er*-Suffix wird in diesem Lexikoneintrag als (nominales) Affix charakterisiert, das an verbale Basen tritt und maskuline Nomen der Ø-Pluralklasse macht. Die Bedeutungsangabe ist so zu verstehen, dass *-er*-Derivate entweder Nomen agentis oder Nomen instrumenti sind. Man beachte, dass dieser Lexikoneintrag noch zu grob ist (vgl. Meibauer 1995, Szigeti 2002, 45–96):

(54) a. Lehr+er, Koch+er, Send+er
      b. Metall+er, Strich+er, Handball+er; Elf+er, Tausend+er
      c. Seufz+er, Furz+er, Anrempl+er
      d. Vorleg+er, Anhäng+er, Aufkleb+er

Zwar erfasst er die deverbalen Nomen mit der Lesart als Nomen agentis, Nomen instrumenti oder mit beiden Lesarten in (54a), aber nicht die denominalen und denumeralen Nomen in (54b), und nicht die Nomen acti und die Nomen patientis in (54c) und (54d).

Wenn wir nun davon ausgehen, dass es im Lexikon eine Wortbildungsregel N → V+ N^{af} gibt, und für V das Element *weck-* und für N^{af} das Element *-er* einsetzen, erhalten wir die Wortbildung *wecker*:

(55)

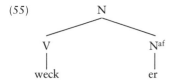

Das Wort *Wecker* kann sich auf jemanden beziehen, der einen anderen weckt (Nomen agentis) oder auf ein Gerät, das jemanden weckt (Nomen instrumenti).

Im Strukturdiagramm (55) kommt sehr gut zum Ausdruck, dass das Suffix der Kopf ist. Nur das Suffix stimmt nämlich in seiner Kategoriemarkierung mit der Kategorie des gesamten Wortes überein.

Aufgabe 6: Informieren Sie sich in Fleischer/Barz (1995) über das *-ung*-Suffix und schreiben Sie einen möglichst vollständigen Lexikoneintrag zu diesem Suffix.

2.4.3 | Blockierung

Den Vorgaben unserer Wortbildungsregeln folgend, sollten wir auch **Stehl+er* und *?Weck+ung* bilden können, denn *stehl-* und *weck-* sind Verben und *-ung* ein nominales Affix. Dies scheint aber nicht gut möglich zu sein, weil die Wörter *Dieb* und *(das) Wecken* schon im Lexikon existieren. Die Anwendung der Wortbildungsregeln ist also in diesem Fall blockiert, weil das Regelprodukt synonym mit einem schon existierenden Wort wäre.

Nach Werner (1995, 52 ff.) sind die folgenden Typen der **Blockierung** zu unterscheiden:

(56) Typen der Blockierung

	blockierte WB	blockierende(s) Wort oder WB
Stamm-Verschiedenheit	*Stehler *besen	Dieb fegen
Stamm-Gleichheit		
▪ blockierendes Wort ist eine nicht abgeleitete Form	*Filterer *Listigkeit	Filter List
▪ blockierende WB ist eine abgeleitete Form oder Kon- version	*Studier *Freuung *Großheit	Student Freude Größe

Von **partieller Blockierung** spricht man, wenn bei einer Wortbildung nicht alle potenziellen Lesarten zur Verfügung stehen: *Kocher* kann etwa nur als Nomen instrumenti
verstanden werden, aber nicht mehr als Nomen agentis wegen schon existierendem
Koch. Manche Wortbildungen sind auch deshalb blockiert, weil das Zielwort schon
in einer anderen Bedeutung existiert. Zum Beispiel kann ein Essen *essbar* (›kann
gegessen werden‹) sein, aber nicht **kostbar* (›kann gekostet werden‹), weil *kostbar*
schon in der Bedeutung ›wertvoll‹ lexikalisiert ist (dies ist zugleich ein Fall von Homonymievermeidung, s. u.).

Eine wichtige Frage ist nun, wie systematisch diese Blockierungsbeziehungen
sind. In manchen Fällen scheint es so, als sei eine Wortbildung nur zufällig blockiert.
Dies ist der Fall bei **Stehler – Dieb*, aber auch bei **klavieren – Klavier spielen*. Hier
haben wir korrekte Wortbildungen wie *trompeten, geigen* usw. Diese Fälle kann man
mit Rainer (1988) **token blocking** nennen, weil davon immer nur einzelne Sprach-
zeichen betroffen sind. Im Gegensatz dazu stehen Fälle von **type blocking**, bei denen
eine systematische Blockierungsbeziehung zwischen ganzen Klassen (Typen) von
Wortbildungen besteht.

In Bezug auf die Suffixe *-ität* und *-heit* ergibt sich hinsichtlich der Stämme,
die auf *-al* auslauten, folgende Akzeptabilitätsverteilung (nach Rainer 1988, 178;
Trivialität ist die einzig belegte Bildung):

(57) a. Diametralität   ??Diametralheit
        Dorsalität   ??Dorsalheit
        Letalität   ??Letalheit

      b. Trivialität   ?Trivialheit
        Jovialität   ?Jovialheit
        ?Zentralität   ?Zentralheit

Der Vergleich der beiden Suffixe *-ität* und *-heit* ist insofern ›fair‹, als sie (a) an adjektivische Basen treten, und (b) diese endbetont sein müssen, seien sie nun ein- oder
mehrsilbig. Ein ähnliches Bewertungsmuster ergibt sich auch, wenn man auf *-ar, -är,
-ell, -id, -iv, -os, -ös* auslautende Stämme betrachtet.

Was die erste Gruppe (57a) von der zweiten Gruppe (57b) unterscheidet, ist der
Grad der Entlehntheit. Seltene und ungebräuchliche Lehnwörter scheinen sich gegen
-heit zu sträuben, während häufigere und gebräuchliche Lehnwörter mit *-heit* akzeptabel sind. Es ist auch nicht so, dass *-heit* durchweg nur heimische Basen verlangt,
denn es gibt sogar gebräuchliche Lehnwörter, die nur mit *-heit* akzeptabel sind, vgl.

Autarkität/Autarkheit und *Amorphität/ Amorphheit*. Wenn diese Zusammenhänge erhärtet werden können, hätte man in der Tat einen Fall, wo -*heit*-Ableitungen systematisch von -*ität*-Ableitungen blockiert werden, also einen Fall von type-blocking.

Der wesentliche Grund für Blockierung ist die **Vermeidung von Synonymie**. Die Vermeidung von Synonymie dient der Ökonomie des Lexikons. Es gibt zwar Fälle wie unter (58), wo ein Bedeutungsunterschied nicht erkennbar ist, aber dies lässt sich vermutlich mit mangelnder Lexikalisierung beider Alternativen erklären:

(58) Städtlein   Städtchen   Geknalle   Knallerei
      Brieflein   Briefchen   Gelaber   Laberei
      Mütterlein   Mütterchen   Geläute   Läuterei

Neben der Synonymievermeidung spielt auch die **Homonymievermeidung** eine Rolle.

(59) Fachschaft+ler   Fachschaft+er
      Mittelbau+ler   *Mittelbau+er   (wegen *Bauer* ›Landmann‹)

Während *Fachschaftler* und *Fachschafter* beide möglich sind – hier also keine Blockierung eintritt – wird *Mittelbauer* aus Homonymiegründen blockiert.

Aber auch hier scheint es nötig, nur von Tendenzen auszugehen. Denn in vielen Fällen wird Homonymie nicht vermieden:

(60) leiten   Leiter   (trotz *Leiter* ›Arbeitsgerät‹)
      wetten   Wetter   (trotz *Wetter* ›atmosphärischer Zustand‹)
      laufen   Läufer   (trotz *Läufer* ›Bodenbelag‹)

Insgesamt sind wohl folgende Faktoren wirksam (Plank 1981, 171):
(a) Wortartenkonstanz (das Nomen agentis *Über* (von *üben*) wird vermutlich nicht durch die Präposition *über* blockiert),
(b) Bedeutungsnähe (*kostbar* ›kann man kosten‹ ist relativ bedeutungsnah zu ›wertvoll‹),
(c) und Blockierung nur der Nennform (*Lieber* ist durch *Liebhaber* blockiert, nicht durch den Komparativ von *lieb*).

Am Phänomen der Blockierung sieht man deutlich, dass Wortbildungsregeln nicht blind operieren dürfen, sondern dass sie auf Gegebenheiten des Lexikons Rücksicht nehmen müssen.

2.4.4 | Produktivität

Die Wirksamkeit von Wortbildungsregeln ist in vielfacher Weise eingeschränkt. Sie sind unterschiedlich produktiv, wobei man zwischen Graden der Produktivität unterscheiden kann. Produktiv sind alle Wortbildungsregeln, nach denen häufig Neubildungen vorgenommen werden. Das ist z. B. bei dem -*er*-Suffix oder dem -*ung*-Suffix der Fall. Schwach produktiv sind solche Wortbildungsregeln, nach denen nur vereinzelt Neubildungen vorgenommen werden, z. B. -*tum* (*Sammlertum, Punkertum*). Als Basis von -*tum* kommt heute nur noch das Nomen vor, während früher auch Adjektive und Verben zugelassen waren (*Reichtum, Wachstum*). Außerdem sind Neubildungen in ihrer Bedeutung auf ›sozialer Stand von N, Art des Verhaltens‹ eingeschränkt (vgl. dagegen *Besitztum*). Als unproduktiv gelten heute die Bildungen auf -*t*. In unserem

Wortschatz existieren noch Bildungen wie *Fahr+t, Zuch+t*, aber Neubildungen wie *Stört* oder *Lest* sind ausgeschlossen.

Wie bei allen sprachlichen Phänomenen, die mit Wandel zu tun haben, ist auch bei der Produktivität eine Kernfrage, ob es sich hier eher um einen sprachinternen Vorgang der Regelbeschränkung handelt oder um einen sprachexternen Vorgang der Regelpräferenz in der Äußerungssituation (getrieben vom Bedürfnis nach der Füllung lexikalischer Lücken) (vgl. Bauer, 2001, Demske 2000, Scherer 2005).

1. phonologische Faktoren: Wortbildungsregeln können bestimmte Anforderungen an phonologische Eigenschaften der Basis stellen (vgl. Wiese 1996a, 85 ff.). Dies soll am Fall des *-i*-Suffixes verdeutlicht werden. Man kann mit Féry (1997) zwischen Eigennamen-Bildungen und anderen nominalen Bildungen unterscheiden:

(61) a. Kathi (< Katharina), Walli (< Waltraud), Andi (< Andreas), Klinsi (< Klinsmann)
      b. Studi (< Student), Fundi (< Fundamentalist), Wessi (< Westdeutscher), Trabi (< Trabant)
      c. Doofi (< doof), Dicki (< dick), Softi (< soft), Ersti (< Erstsemester)

Die Bildungen unter (61) sind alle Nomen, *-i* kann also als nominales Suffix gelten (vgl. aber *tschüßi, supi*). Die *-i*-Bildungen bestehen meistens aus zwei Silben (vgl. aber kindersprachlich *Verstecki* ›Versteckspiel‹). Die erste Silbe ist betont, die zweite unbetont, offen und endet mit einem finalen gespannten *i*. Eine betonte Silbe gefolgt von einer unbetonten Silbe nennt man einen Trochäus. Wie Féry (1997, 465) sagt, ist das Ergebnis der *-i*-Suffigierung »prosodisch vorgegeben, und die Stämme werden quasi mit Gewalt in eine Schablone gezwungen, um dieser vorgegebenen Form zu entsprechen« (vgl. auch Köpcke 2002).

2. morphologische Faktoren: Unter morphologischen Faktoren sollen hier solche Faktoren verstanden werden, die die morphologische Charakteristik der Basis betreffen. Zwei Fälle sollen hier genannt werden. Der erste betrifft das *-ier(en)*-Suffix, das nur nicht-native Basen nimmt, vgl. (62a):

(62) a. rebellieren, amnestieren, skalpieren, appellieren, gelieren, idealisieren, asphaltieren, filtrieren, biwakieren
      b. buchstabieren, amtieren, gastieren, hausieren

Ier(en)-Bildungen mit heimischen Basen wie in (62b) kommen dagegen eher selten vor (vgl. Fleischer/Barz 1995, 311 ff. und Kap. 8.6.2). Man sieht an diesem Fall auch, dass ein Vergleich von zwei Suffixen hinsichtlich ihrer Produktivität dann ›unfair‹ ist, wenn man nicht die Menge der überhaupt zur Verfügung stehenden möglichen Ableitungsbasen mit in das Kalkül einbezieht. Es dürften ja viel mehr native Basen existieren als nicht-native.

Der zweite Fall betrifft die Distribution der Suffixe *-heit, -keit, -igkeit*. Grob gesagt, verbinden sich diese Suffixe mit Basen unterschiedlicher Komplexität (vgl. Fleischer/Barz 1995, 158 ff.) bzw. verlangen eine Kombination mit bestimmten anderen Suffixen:

(63)   Basisrestriktionen für -*heit*, -*keit*, -*igkeit*

Suffix	Basis	Beispiel
-heit	Simplexbasis, mehrsilbige Basis mit Endakzent, Partizip II	Dérb+heit, Gesúnd+heit, Besónnen+heit
-keit	Basis auf -*bar*, -*ig*, -*lich*, -*sam*	Ableit<u>bar</u>+keit, Flüss<u>ig</u>+keit, Ausführ<u>lich</u>+keit, Betrieb<u>sam</u>+keit
-igkeit	Basis auf -*haft*, -*los*	Leb<u>haft</u>+igkeit, Kraft<u>los</u>+igkeit

3. syntaktische Faktoren: Ein syntaktischer Faktor wird bei der Bildung von -*bar*-Adjektiven wirksam, denn obgleich es einige Basen mit intransitiven Verben wie unter (64b) gibt, sind nur transitive verbale Basen wie unter (64a) produktiv:

(64)   a. (transitive Verben) konsumierbar, heizbar, rückzahlbar, feststellbar, lesbar
        b. (intransitive Verben) gerinnbar, haftbar, brennbar, fehlbar, sinkbar

Toman (1987, 69) begründet das damit, dass sich die Verben unter (64b) bezüglich ihrer Bedeutung anders verhalten. So bedeutet *konsumierbar* ›etw. <u>kann</u> konsumiert werden‹, aber *haftbar* bedeutet nicht ›jd. <u>kann</u> haften‹, sondern ›jd. <u>muss</u> haften‹. Außerdem seien Neubildungen nach diesem Muster nicht mehr möglich (vgl. aber Eisenberg 2006, 279).

4. semantische Faktoren: Ein Beispiel für eine semantische Anforderung an die Basis ist die Bildung der Nomen acti auf -*er*:

(65)   Basisrestriktionen für das -*er*-Suffix

Basis	Nomen agentis	Nomen instrumenti	Nomen acti
Verb	Lehr+er	Send+er	Hüpf+er
Nomen	Strich+er	Benzin+er	–

Während Nomen agentis und Nomen instrumenti gleichermaßen an verbale und nominale Basen treten, ist dies bei den Nomen acti nicht möglich. Dies ist vermutlich darauf zurückzuführen, dass es sich hier immer um Ereignisse im Rahmen eines verbalen Geschehens handelt.

5. pragmatische Faktoren: Schließlich muss es sich bei akzeptablen Neubildungen immer um Bildungen handeln, für die ein konkreter Benennungsbedarf besteht. Selbstkomposita wie z. B. *Computer+computer* oder *Haus+haus* sind zwar regulär bildbar, aber nur schwer interpretierbar (s. Kap. 2.5.4).

Es ist einsichtig, dass diese Faktoren oft zusammenspielen. Zu bedenken ist auch die Tendenz von Suffixen, sich auf bestimmte Bereiche zu spezialisieren. Dies soll hier am Fall des -*er*- vs. -*ler*-Suffixes kurz demonstriert werden. Beide Suffixe sind an der Bildung von Nomen agentis beteiligt; beide lassen im Prinzip nominale und verbale Basen zu:

(66)   -*er*-Suffix und -*ler*-Suffix

	Verb-Basis	Nomen-Basis
-er	Lehr+er, Spiel+er, Turn+er	Strich+er, Metall+er, Sortiment+er
-ler	Gewinn+ler, Umstürz+ler, Abweich+ler,	Post+ler, Provinz+ler, CDU+ler

Doch das -ler-Modell mit verbaler Basis stirbt aus. Eine Präferenz für -ler-Bildungen ergibt sich aus phonologischen Anforderungen der Basis (-ler tritt gern an Basen mit den dentalen Verschlusslauten -d und -t und die Silbe bleibt erhalten, vgl. *Spor-ter vs. Sport-ler), morphologischen Anforderungen (Präferenz für komplexe Basen) und semantischen Anforderungen (Tendenz zur Pejoration vor allem bei der deverbalen -ler-Bildung). Eine Konkurrenzsituation taucht in Fällen auf, wo die Basis auf -schaft endet: wir haben Gewerkschafter und Gewerkschaftler, Burschenschafter und Burschenschaftler usw. Die -ler-Bildungen scheinen dabei eine leicht abwertende Bedeutung zu haben.

2.5 | Komposition

2.5.1 | Haupttypen der Komposition

Nach einem knappen Überblick über die Haupttypen der Komposition (vgl. Fleischer/ Barz 1995, Eisenberg 2006, 226–235, Altmann/Kemmerling 2000; vgl. a. Fleischer/ Barz 2012) betrachten wir das Problem des Fugenelements, des Konfixkompositums, der Interpretation von N+N-Komposita und des Phrasenkompositums. Wir konzentrieren uns auf Determinativkomposita und gehen der Reihe nach auf die Verhältnisse beim Nomen, beim Adjektiv, beim Verb und beim Adverb ein.

Die Haupttypen der **Nomen-Komposition** sind die folgenden (vgl. Fleischer/ Barz 1995, 87–146):

(67)   Haupttypen der Nomen-Komposition

Nomen-Komposition	Beispiel
N → N+N	Holz+haus, Elch+test, Kampf+hund
N → A+N	Rot+licht, Groß+rechner, Blöd+mann
N → V+N	Web+stuhl, Misch+ehe, Kann+bestimmung
N → P+N	Vor+geschmack, Neben+frau, Zwischen+deck

Darüber hinaus sind noch Adv+N wie in Linksdrall, Rücksprache, Sofort-Wirkung, angenommen, wobei dieser Typ aber, mit Ausnahme der Bildungen mit Nicht- als Erstglied (z.B. Nichtfachmann), als nicht sehr aktiv betrachtet wird (Fleischer/Barz 1995, 119).

Eisenberg (2006, 227) hebt hervor, dass gegenüber dem überaus produktiven Typ der N+N-Komposition die A+N- und die V+N-Komposition als markiert gelten müssen, weil sie bestimmten Beschränkungen unterliegen:

- für A in A+N sind keine suffigierten Adjektive einsetzbar: *Salzig+wasser, *Zeitlich+vertrag, *Seelisch+problem, *Tragbar+fernseher (vgl. aber Ruhigwohnung);
- für V in V+N sind in der Regel simplizische oder präfigierte Verben einzusetzen (Back+ofen, Anschnall+pflicht); Verben auf -ig(en) sind nicht möglich (*Beglaubig+schreiben, *Befähig+nachweis) im Gegensatz zu Verben auf -ier(en) (Studier+zimmer, Zitier+kartell).

Die Haupttypen der **Adjektiv-Komposition** sind die folgenden (vgl. Fleischer/Barz 1995, 241–251, Altmann/Kemmerling 2000, 134 f.):

(68)   Haupttypen der Adjektiv-Komposition

Adjektiv-Komposition	Beispiel
A → N + A	haut+freundlich, sach+kundig, fleisch+farbig
A → A + A	alt+klug, rosa+rot, rein+seiden
A → V + A	rutsch+fest, trink+freudig

Zu dem Typ N+A kann man auch solche Fälle rechnen, wo das Zweitglied ein Partizip ist: *herz+zerreißend, leid+tragend.*

Die **verbale Wortbildung** geschieht über Präfigierung und Suffigierung, nicht über Komposition (s. Kap. 2.6.2). Es gibt aber einige Typen, die auf den ersten Blick in unser Regelschema passen (vgl. Fleischer/Barz 1995, 295–304):

(69)   Haupttypen der Verb-Komposition

Verb-Komposition	Beispiel
V → N+V	kopf+stehen, rad+fahren, stand+halten, bau+sparen
V → A+V	lieb+äugeln, froh+locken
V → V+V	sitzen+bleiben, liegen+lassen, kennen+lernen, schwing+schleifen

Die Behandlung der N+V-Typen in der Literatur ist äußerst unterschiedlich. Insbesondere werden sie oft als Pseudokomposita von der Komposition im engeren Sinne ausgeschlossen, weil sie auf anderen Prozessen wie Univerbierung (Inkorporation), Konversion und Rückbildung basieren (Eisenberg 2006, 232–234).

Bei der **Adverb-Komposition** unterscheiden Fleischer/Barz (1995, 280–282) im Wesentlichen die folgenden Typen:

(70)   Haupttypen der Adverb-Komposition

Adverb-Komposition	Beispiel
X + -her/-hin_{ADV}	X=ADV: <u>da</u>+her, <u>da</u>+hin, <u>überall</u>+her, <u>überall</u>+hin, <u>hinter</u>+her
	X=A: <u>ferner</u>+hin, <u>weiter</u>+hin
X + P	X=ADV: <u>her</u>+auf, <u>hin</u>+auf, <u>da</u>(r)+auf, <u>hier</u>+auf
	X=P: <u>durch</u>+aus
	X=A: <u>frisch</u>+auf
	X=N: <u>berg</u>+an

Dieser Bereich bietet viele Probleme (vgl. auch Altmann/Kemmerling 2000, 159 f.). Zum Beispiel ist unklar, ob es sich hier wirklich um ein Determinationsverhältnis zwischen dem Erstglied und dem Zweitglied handelt oder nicht vielmehr um ein Verhältnis der ›Zusammenrückung‹ (etwa in *Hoheslied, infolgedessen*). Außerdem sind die X+P-Typen nicht ohne weiteres mit dem Kopf-rechts-Prinzip in Einklang zu bringen. Eine Möglichkeit ist natürlich, hier von einer Wortart ›Präpositionaladverb‹ auszugehen, denn das Zweitglied hat ja keine typischen Präpositionseigenschaften mehr, d.h. es nimmt kein Komplement, dem es einen Kasus zuweist.

Kennzeichnend für die Komposition ist das Auftreten von Fugenelementen und Konfixen.

2.5.2 | Fugenelemente

Fugenelemente sind Verbindungsstücke zwischen Morphemen. Sie kommen nicht nur in Komposita vor, sondern auch in Derivationen wie z. B. *hoffnung+s+los, sage+n+haft, Zeuge+n+schaft, Volk+s+tum*. Die größte Rolle spielen sie aber in N+N-Komposita, und auf diese Fälle konzentrieren wir uns im Folgenden (vgl. Fuhrhop 1996, Ramers 1997, Eisenberg 2006, 235–241, Wegener 2003, Nübling/Szczepaniak 2008, Neef/Borgwaldt 2012).

Folgende Fugenelemente sind zu unterscheiden:

(71)	-e-	Weg+e+zoll	-s-	Kind+s+kopf
	-en-	Dozent+en+café	-er-	Bild+er+rahmen
	-n-	Bauer+n+hof	-ens-	Herz+ens-wunsch
	-es-	Tag+es+gespräch		

Zunächst kann man fragen, ob das Fugenelement genau in der Mitte zwischen zwei Kompositionsgliedern steht, oder näher zum Erst- oder Zweitglied gehört. Wir betrachten dazu die folgenden Daten (Ramers 1997, 34 f.):

(72)   a.   Löwe+n+mähne, Löwe+n+maul, Löwe+n+zahn, Löwe+n+anteil
       b.   Kind+frau, Kind+s+kopf, Kind+es+alter, Kind+er+wagen

(73)   a.   Kind+er- und Abenteuerspielplatz, aber: *Kind- und Abenteuerspielplatz
       b.   Kind+er+wagen und -sitz, aber: *Kind+er+wagen und -er+sitz

In (72a) wird deutlich, dass es das Erstglied ist, welches das Fugenelement bestimmt, obgleich – wie man an den Beispielen unter (72b) sieht – es das Fugenelement nicht *eindeutig* bestimmen muss. Der Koordinationstest in Beispiel (73a) zeigt, dass das Fugenelement -er- erhalten bleibt, wenn man das Zweitglied *Spielplatz* tilgt; tilgt man aber das Erstglied *Kinder*, dann darf -er- nicht zurückbleiben, wie man in (73b) sieht. Die enge Bindung des Fugenelements an das Erstglied sollte in Baumdiagrammen so wiedergegeben werden, dass es mit diesem eine Konstituente bildet.

Auf den ersten Blick wirken die Fugenelemente wie Flexionselemente. Es gibt jedenfalls einige Fälle, in denen man ihnen eine Singular- vs. Plurallesart oder eine Genitivlesart zuschreiben könnte:

(74)	Hausfront	Häus+er+front	›Front der Häuser‹
	Staatsgemeinschaft	Staat+en+gemeinschaft	›Gemeinschaft der Staaten‹
	Gottesmutter	Gött+er+mutter	›Mutter der Götter‹
	Landeskonferenz	Länd+er+konferenz	›Konferenz der Länder‹

(75)	Lehrer+s+gattin	›Gattin eines Lehrers‹
	Kind+es+kind	›Kind des (eigenen)Kindes‹ (›Enkelkind‹)
	Herz+ens+angelegenheit	›Angelegenheit des Herzens‹
	Tag+es+arbeit	›Arbeit eines Tages‹

Historisch gesehen ist ein Teil der Fugenelemente tatsächlich auf Flexionselemente zurückzuführen (s. Kap. 8.3.4).

Für die sprachlichen Verhältnisse der Gegenwart hat es jedoch keinen Sinn, Fugenelemente als Flexionselemente zu analysieren. Flektiert wird nur am Wortende. Vor allem die folgenden Beispiele sprechen dagegen:

(76) a. Hühnerei, Brillengestell, Scheibenwischer, Zungenspitze, Sonnenschein
b. Freundeskreis, Bischofskonferenz, Anwaltskammer, Ortsverzeichnis
c. Liebesbrief, Meinungsbild, Arbeitsamt, Freiheitswille

In (76a) liegt der Fall vor, wo die entsprechende Bildung nicht pluralisch interpretiert werden kann, obgleich ja rein formal ein Pluralsuffix vorliegen könnte. Aber ein Hühnerei ist nun einmal kein ›Ei von Hühnern‹. Den umgekehrten Fall haben wir in (76b). Rein formal könnte es sich um ein Genitivsuffix handeln, aber ein Freundeskreis ist kein ›Kreis eines Freundes‹, sondern ein ›Kreis von Freunden‹. Und in (76c) haben wir immer das Fugenelement -s, aber die Erstglieder sind Feminina, die den Genitiv niemals auf -s bilden (*die Liebe, *der Liebes*). Es gibt sehr viele solche Beispiele, da sämtliche Feminina, die auf die Suffixe *-ität, -ion, -ung, -heit, -keit, -igkeit* und *-schaft* enden, das Fugenelement -s aufweisen.

Das Auftreten von Fugenelementen ist zum Teil phonologisch motiviert, jedoch nicht im strengen Sinne voraussagbar. Es besteht kein 1:1-Verhältnis zwischen der genitivischen und pluralischen Interpretation und ihrem möglichen Status als Plural- und Kasusmarkierer.

2.5.3 | Konfixkomposita

Unter Konfixkomposita versteht Eisenberg (2006, 242–246) solche Komposita, die mindestens ein Konfix enthalten. Für **Konfixe** gilt Folgendes:
(a) sie sind Wortbildungs-Elemente, die an produktiven Wortbildungsmustern teilhaben,
(b) sie haben eine lexikalische Bedeutung wie Wurzeln,
(c) kommen aber nicht frei vor und sind nicht flektierbar.

Als Beispiel nennt Eisenberg (2006, 242) Konfixkomposita mit dem Element *Hard-*: *Hard+cover, Hard+liner, Hard+rock, Hard+top, Hard+ware*. Es scheint sich dabei durchaus um ein produktives Muster zu handeln (Neubildungen wie *Hard+word* oder *Hard+rap* erscheinen möglich), es gibt eine lexikalische Bedeutung (›hart‹), aber es gibt (noch) kein frei vorkommendes Wort *hard*, und *hard* kann auch nicht flektiert werden. Vor allem die Eigenschaft, dass sie eine lexikalische Bedeutung wie Wurzeln haben, unterscheidet Konfixe von Affixen.

Konfixe gibt es als Präkonfixe und als Postkonfixe. Bei den Präkonfixen unterscheidet Eisenberg (2006, 245) zwei Klassen:

(77) a. agro-, agri-, bio-, elektro-, mini-, mikro-, makro-, biblio-, phono-, disko-, neo-, turbo-, geo-, multi-, multo-, thermo-, hydro-, strato-, öko-, turbo-, homo-, astro-, philo-, servo-, aequi-
b. hard-, home-, allround-, light-, low-, soft-, high-, free-, fast-, short-, work-

Die Präkonfixe der Klasse (77a) sind Gräzismen oder Latinismen, die der Klasse (77b) Anglizismen. Ein phonologischer Unterschied ist, dass die Konfixe aus dem Griechischen oder Lateinischen immer einen Trochäus bilden. Eine Wortartkategorie kann man den Konfixen vom Typ (77a) nicht zuschreiben; bei der Klasse (77b) ist die Frage, inwiefern die Wortart aus dem Englischen importiert wird.

Anders als die Präkonfixe vom Typ (77a), aber genauso wie Suffixe, sind Postkonfixe wortartmarkiert. Eisenberg (2006, 245) unterscheidet zwischen nominalen und adjektivischen Postkonfixen:

(78)   a. nominale Postkonfixe: -burger, -drom, -gramm, -graph, -lekt, -mat, -naut, -phon,
        -port, -shop, -tainer, -thek, -top, -ware
        b. adjektivische Postkonfixe: -gen, -nom, -log, -phil, -phob, -therm

Eine Bildung wie *homogen* würde demnach die folgende Struktur erhalten (mit ›Ko‹
für Konfix):

(79)

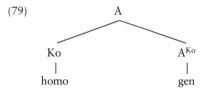

Normalerweise treten Postkonfixe an nicht-native Wurzeln. Zweifellos gibt es Bildungen wie *Spiel+o+mat, Knast+o+loge, Wasch+o+mat, sachs+o+phil,* aber diese
Bildungen haben (noch) einen etwas markierten bzw. scherzhaften Charakter.

Eisenberg (2006) macht darauf aufmerksam, dass es verschiedene Typen von
Präkonfixen gibt: solche, die niemals als Basis weiterer Wortbildungsprozesse gelten
können wie *anthrop* unter (80a), und solche, bei denen das geht wie *techn* in (80b).
Die letztgenannten Elemente bezeichnet er als ›gebundene Stämme‹. (Allerding kann
man *anthropisch* und *Anthropiker* in Fachwortschätzen finden.)

(80)   a. [Anthrop+o_{Ko}]+[log+e_{Ko}], *anthrop+isch, *Anthrop+iker, *Anthropität
        b. [Techn+o_{Ko}]+[log+e_{Ko}]; techn+isch, Techn+iker, Techn+ik, Techn+o+krat

Das *-o-* ist jeweils ein an das erste Konfix gebundenes Fugenelement, das *-e* ist ein
›morphologischer Rest‹.

Hat man Reihen wie etwa *Hardrock, Hardware* usw., kann es dazu kommen,
dass das Konfix *hard* sich herauslöst und mit anderen Elementen kombiniert wird,
z. B. *hardmäßig draufsein* oder *einen auf hardig machen,* usw. Diesen Vorgang nennt
man **Rekombination**; man erhält dadurch Wörter, die nicht als Ganzes entlehnt sind.

2.5.4   Interpretation von N+N-Komposita

Die Interpretation von N+N-Komposita ist schwieriger, als es zunächst erscheint. Zum
Beispiel kann man *Holzhaus* als ›Haus, das aus Holz hergestellt ist‹ oder als ›Haus, in
dem Holz aufbewahrt ist‹ interpretieren. Für das N+N-Kompositum *Frauenpflanze*
sind zum Beispiel Interpretationen wie ›Pflanze, die Frauen besonders gern mögen‹,
›Pflanze, die von einer berühmten Frau gezüchtet wurde‹ oder ›Pflanze, die von einer
Frau gepflanzt wurde‹ denkbar (Günther 1981). Mit etwas Phantasie kommt man auch
auf weitere Interpretationen. Über die Frage der Interpretation von N+N-Komposita
ist sehr viel geforscht worden (vgl. Kürschner 1974, Downing 1977, Fanselow 1981,
Günther 1981, Meyer 1993, Fandrych/Thurmair 1994). Wir wollen uns im Folgenden
auf zwei Fragen konzentrieren: Erstens, ob alle N+N-Kombinationen erlaubt sind,
und zweitens, wie eine N+N-Kombination interpretiert wird.

1. Die erste Frage wird oft mit Hinweisen auf Beschränkungen der N+N-Bildung
beantwortet (vgl. Fleischer/Barz 1995). So ist die Kombination von Synonymen
merkwürdig (**Damenweib, *Liftfahrstuhl*), genauso wie die Verdoppelung der
Wurzel in sog. Selbstkomposita *(*Frauenfrau, *Schulenschule)* sowie Fälle, in denen
das Erstglied Oberbegriff zum Zweitglied ist (**Pflanzengras, *Tierameise*) oder eine

negative Bedeutungsbeziehung vorliegt (*Fischmann ›Mann, der nichts mit Fischen zu tun hat‹).

Demgegenüber argumentiert Günther (1981), dass prinzipiell alle N+N-Kombinationen erlaubt seien. Der Nachweis geschieht durch zwei Experimente, nämlich die kontextfreie Interpretation und die Beurteilung vorgegebener Bedeutungen. Grundlage der Untersuchung waren 50 N+N-Komposita, die nach bestimmten Prinzipien ausgewählt wurden. Bei der kontextfreien Interpretation mussten die Probanden zu einem vorgegebenen N+N-Kompositum innerhalb von 60 Sekunden so viele Interpretationen aufschreiben, wie ihnen einfielen. Bei der Beurteilung vorgegebener Bedeutungen mussten sie innerhalb von 30 Sekunden vorgegebene Paraphrasen zu einem N+N-Kompositum als ›üblich‹, ›möglich‹ oder ›unmöglich‹ beurteilen. Außerdem durften sie noch eigene Interpretationen hinzufügen.

Die Untersuchung der kontextfreien Interpretation ergab eine praktisch unbegrenzte Interpretierbarkeit von beliebigen N+N-Komposita. So hielten viele Probanden **Selbstkomposita** durchaus für interpretierbar (Finkbeiner 2014). Zum Beispiel wurde für *Brückenbrücke* vorgeschlagen ›Brücke, die über eine Brücke führt‹ und für *Frauenfrau* ›Frau, die sich um Frauen kümmert‹. Dabei wurden bei der Beurteilung vorgegebener Bedeutungen mehr Bedeutungsbeziehungen für möglich gehalten als bei der kontextfreien Interpretation. Daraus lässt sich schließen, dass die Phantasie der Probanden angeregt wird, wenn Bedeutungen vorgegeben werden. Insgesamt stellt Günther (1981, 278) fest, dass der Typ N+N »uneingeschränkt produktiv« sei.

2. In Bezug auf die zweite Frage kann man mit Fandrych/Thurmair (1994) zwischen zwei Verfahren unterscheiden, mit denen die Bedeutung von N+N-Komposita aufgeschlossen wird: einmal aufgrund inhärenter semantischer Eigenschaften des Zweitglieds, einmal aufgrund bestimmter Grundrelationen zwischen dem Zweitglied und dem Erstglied. Betrachten wir zunächst den ersten Fall:

(81)   a. Steuererstattung, Kindererziehung, Filmemacher, Obstverkäufer, Reisebeginn
       b. Professorensohn, Hardrockfan, Kuchenhälfte, Käserest
       c. Prüfungsangst, Kinderliebe, Friedenssehnsucht

Die Komposita in (81a) haben alle ein deverbales Zweitglied. *Erstattung* geht auf *erstatten* zurück, daher wird *Steuererstattung* so verstanden, dass jemand die Steuer erstattet. Das heißt, dass das Erstglied als ein Komplement des Zweitglieds verstanden wird. Man spricht in diesen Fällen auch von **Rektionskomposita**. Obgleich es Präferenzen für die Rektions- oder Nichtrektionslesart gibt (vgl. *Schmuckräuber* vs. *Alkoholfahrer*), sind diese Fälle meist grundsätzlich ambig.

Ein weiterer Typ von N+N-Kompositum, auf den besonders Fanselow (1981) aufmerksam gemacht hat, liegt in (81b) vor. Die Zweitglieder *Sohn* oder *Fan* sind **relational**, man ist immer der Sohn von jemandem und der Fan von etwas. Daher liegt es nahe, eine Bildung wie *Professorensohn* so zu interpretieren, dass es sich um den Sohn eines Professors handelt (und nicht etwa um einen Sohn, der etwas mit einem Professor – der nicht sein Vater ist – zu tun hat).

In (81c) liegen solche Zweitglieder vor, die typischerweise ein präpositionales Komplement verlangen, also Angst vor etwas, Sehnsucht nach etwas, usw. Es liegt daher nahe, *Prüfungsangst* als ›Angst vor der Prüfung‹ zu interpretieren und *Friedenssehnsucht* als ›Sehnsucht nach Frieden‹.

Wenn die Zweitglieder keine Indizien formaler Art für die richtige Interpretation liefern, bleibt nur, dass man ausgehend von der Bedeutung der beteiligten Glieder eine Bedeutungsrelation etabliert. Dabei spielen Annahmen über die stereotypische Bedeutung von Wörtern eine große Rolle. Zum Beispiel gehört zu unseren Annahmen über eine Fabrik, dass diese etwas produziert. Es liegt also nahe, ein Kompositum wie *Nagelfabrik* so aufzufassen, dass es sich um eine Fabrik handelt, die Nägel produziert. Ähnliches gilt für *Buchgeschäft, Weinladen, Operettentheater, Zeitungskiosk*.

Für die restlichen Fälle bietet sich eine Reihe von typischen Grundrelationen an (nach Fandrych/Thurmair 1994). Damit ist weder gesagt, dass diese ausreichend sind, noch, dass die entsprechenden Bildungen *nur* mit Hilfe dieser Relationen interpretierbar sind. Zum Beispiel könnte man über die Annahme einer Beziehung *und* nachdenken, die für Kopulativkomposita anzusetzen wäre (Fanselow 1981). Anders als bei Fanselow (1981) wird hier davon ausgegangen, dass die Relation immer von dem Zweitglied (dem Kopf) ausgeht.

(82) Semantische Grundrelationen bei N+N-Komposita (Fandrych/Thurmair 1994)

SITUATION Das Zweitglied steht in lokaler oder temporaler Relation zum Erstglied.	<ist in> Stadtautobahn, Gartenbrunnen; <führt zu> Gartentür, Mondrakete; <stammt aus/von> Erdöl, Fabriknagel; <ist zum Zeitpunkt/ im Zeitraum> Mittagessen, Abendkonzert
SITUATION-URHEBER Das Zweitglied steht in kausaler Relation zum Erstglied.	<ist verursacht von> Feuerschaden, Polizeirazzia, Brecht-Gedicht
KONSTITUTION Das Zweitglied hat das Erstglied als konstitutiven Bestandteil.	<besteht ganz aus> Holztisch, Goldring, Glasflasche; <hat> Henkeltasse, Nuss-kuchen, Giebelhaus; <in der Art/Form/ Farbe ... von> Würfelzucker, Zitronen-falter, Milchglas
KONSTITUTION-THEMA Das Zweitglied hat das Erstglied als konstitutiven thematischen Bereich.	<hat als Thema> Tierbuch, Friedens-zeichen; <im Bereich> Verkehrs-ministerium, Rektorenkonferenz
ZWECK Das Zweitglied wird be-züglich seines Anwendungsbereichs (Erstglied) bestimmt.	<dient zu> Arbeitstisch, Malerpinsel, Schulranzen; <schützt vor> Schmerz-tablette, Hustensaft, Windjacke
INSTRUMENT Das Zweitglied wird in seiner Funktionsweise durch das Erstglied charakterisiert.	<funktioniert mit Hilfe von> Benzin-motor, Handbremse, Windmühle, Dampfkochtopf

Aufgabe 7: Beschreiben Sie die semantischen Grundrelationen folgender N+N-Komposita:
Landhaus, Möbeldesign, Acrylbild, Überraschungsei, Olivenöl, Nachtarbeit, Stones-Stück
Finden Sie weitere Beispiele, die in die sechs Klassen passen.

2.5.5 | Phrasenkompositum

Wir sind davon ausgegangen, dass die Regel für die N+N-Komposition N → N+N lautet. Dennoch finden wir **Phrasenkomposita** wie zum Beispiel *Trimm-dich-Pfad* oder *Graue-Maus-Dasein* (vgl. Lawrenz 1996). Die Erstglieder sind in diesen Fällen ein Satz (*Trimm dich*) und eine Nominalphrase (*graue Maus*). Soll man also noch eine zusätzliche Regel N → XP+N annehmen, wobei XP eine Variable für alle Phrasentypen ist? Es gibt unterschiedliche Antworten auf diese Frage. Lieber (1981a) nimmt tatsächlich an, dass Phrasen ganz regulär innerhalb von Wortstrukturen vorkommen können; Phrasenkomposita sind für sie der Beweis, dass die Wortbildung wesentlich syntaktisch ist, denn Phrasen werden in der syntaktischen Komponente der Grammatik erzeugt. Wiese (1996b) hat dagegen eingewendet, dass die phrasalen Wortbestandteile eigentlich nur »Zitate« seien, und Zitate seien keine genuinen Wortbestandteile. Mit dieser Annahme verteidigt er die Auffassung der lexikalistischen Wortbildungstheorie, die von einer scharfen Trennung von Syntax und Wortbildung ausgeht und die Wortbildung im Rahmen des Lexikons ansiedelt (s. Kap. 2.4). Ob aber tatsächlich alle phrasalen Erstglieder in Phrasenkomposita Zitate sind, ist unklar. Es scheint sich vielmehr sehr oft um feststehende, lexikalisierte Ausdrücke zu handeln, z. B. *Hier-kriegt-man-alles-was-man-braucht-Seminar* oder *Oben-ohne-Show*. Man kann annehmen, dass diese schon im Lexikon stehen und nicht in der Syntax erzeugt werden (Meibauer 2003). Phrasenkomposita sind oft stilistisch markiert, sie haben einen »expressiven« Charakter. Meibauer (2007) führt dies auf einen Konflikt zwischen konversationellen Prinzipien zurück, die bei ihrer Interpretation beachtet werden. Damit sind Phrasenkomposita ein weiteres Beispiel für die Wirksamkeit morphopragmatischer Prozesse (vgl. Meibauer 2013, 2014).

2.6 | Derivation

2.6.1 | Haupttypen der Derivation

Unter Derivation wollen wir im Folgenden Präfigierung und Suffigierung verstehen; man kann auch allgemein von Affigierung reden. Die Tabellen sind von Fleischer/ Barz (1995) übernommen (vgl. auch Fleischer/Barz 2012), werden aber hier auf der Grundlage der Darstellungen in Eisenberg (2006) und Altmann/Kemmerling (2000) kommentiert. Wir gehen der Reihe nach auf Nomen, Adjektiv, Verb und Adverb ein. In Bezug auf diese Wortarten ist jeweils nach Präfigierung und Suffigierung sowie nach nativen und nicht-nativen Affixen zu unterscheiden (zu Letzteren vgl. Lüdeling/ Schmid/Kiokpasoglou 2002).

(83) **Affixe der Nomen-Derivation**

Nomen	nativ	nicht-nativ
Präfix	erz-, ge-, haupt-, miss-, **un-**, ur-	a-/an-, anti-, de-/des-, dis-, **ex-**, hyper-, in-, inter-, ko-/kon-/kol-, kom-, non-, prä-, pro-, re-, super-, trans-, ultra-
Suffix	-bold, -chen, -de, -e, -(er/el)ei, -el, **-er**, -heit/-keit/-igkeit, -icht, -ian/jan, -i, -in, -lein, -ler, -ling, -ner, -nis, -rich, -s, -sal, -schaft, -sel, -t, -tel, -tum, -ung, -werk, -wesen	-ament/-ement, -ant/-ent, -anz/-enz, -age, -ar/-är, -arium, -at, -aille, -ade, -asmus/-ismus, -ee, -esse, -elle, -ette, -(er)ie, -eur, -ier, -iere, -ik, **-iker**, -ine, -(at/tx)ion, -ist, -(i)tät, -(at/it)or, -ose, -ur

1. Native Präfixe:

(84) Erz+feind, Ge+büsch, Haupt+mann, Miss+stand, Un+art, Ur+wald

Schon bei deren Bestand gibt es Uneinigkeit in der Forschung: So werden bei Altmann/ Kemmerling (2000, 108 ff.) nur *un-* und *ge-* genannt; daneben wird auf das nicht mehr produktive *be-* in *Be+hörde, Be+huf* verwiesen. Der Ausschluss von *erz-* und *haupt-* hängt wohl mit ihrer Einstufung als »Präfixoide« zusammen (ebd., 103) (s. Kap. 2.6.3). Zu *miss-* wird explizit gesagt, dass es sich um ein Kompositionselement – mit unklarem kategorialem Status! – handele, da es in Bildungen wie *Miss+geburt Miss+ernte, Miss+fallen* noch »Restmerkmale eines selbständigen Morphems« (ebd., 108) aufweise, vgl. *ver+miss+en, miss+lich.*

In der Darstellung von Eisenberg (2006, 247–254) werden die Präfixe *un-* und *ge-* besonders hervorgehoben. *Un-* kommt auch als adjektivisches Präfix vor, vgl. *ungut, unbequem*; die Gruppe der Präfixe *erz-, miss-, un-, ur-*, mit denen Nomen und Adjektive gebildet werden, fasst Eisenberg (2006, 246) als »nominale« Präfixe zusammen. Interessant ist nun, dass in diesem Bereich große Produktivitätsunterschiede herrschen. *Un+N* ist so gut wie unproduktiv (*Unart, Undank, Unwetter, Unkraut; *Unkult, *Uncomputer*); bei *Un+A* ist eine einfache Basis möglich (*undicht, uncool*), aber die Menge der einfachen Adjektive ist begrenzt; hochproduktiv sind jedoch komplexe *Un+A*-Bildungen, wenn die Adjektive partizipial sind (*unbeobachtet, unbewiesen*) oder nach einem produktiven Muster der Suffigierung (*unbrauchbar, unfilmisch*) gebildet sind (vgl. Lenz 1995).

Das Präfix *ge-* tritt an Nomen oder Verben; es bildet Kollektiva (also etwa die Bedeutung ›eine Menge/Gesamtheit von etwas‹):

(85) a. Geäst, Gebälk, Gebüsch, Geflügel (Basis: N)
      b. Gebell, Gebet, Gebrüll (Basis: schwaches V);
      c. Gebäck, Gebiss, Gebot (Basis: starkes V)

Das Interessante am Präfix *ge-* ist nun, dass es sich wie ein Kopf verhält. Es scheint bei (85b,c) die Kategorie zu bestimmen, das Genus (Neutrum) und die Flexionsklasse (*e*-Plural). Mit anderen Worten, wir hätten hier eine Ausnahme vom Kopf-rechts-Prinzip. Nach Eisenberg ist *ge-* in den Konfigurationen in (85) aber nicht mehr produktiv. Nomen als Basen gibt es nicht mehr, schwache Verben wie unter (85b) ebenfalls nicht; bei den starken Verben wie unter (85c) gibt es immer eine markierte Form, entweder Umlaut (*Gebäck, Gewächs*) oder Ablaut (*Gebiss, Gebot*). Auch diese Gruppe ist nicht mehr produktiv. Produktiv ist nur das Muster *Ge...e* wie in (86a):

(86)   a. Gebelle, Gebete, Gebrülle (vgl. Gebell, Gebet, Gebrüll)
       b. Geschluchze, Geflachse, Geatme (nur mit *-e*)
       c. Gefasel(e), Gezappel (e), Gewimmel(e) (mehrsilbige Stämme mit Schwa; auch mit *-e*)

Dass das Schwa eine Rolle spielt, sieht man an den Fällen mit mehrsilbigem Verbstamm unter (86c), die mit oder ohne *-e* möglich sind (vgl. Neef 1996).

Während Olsen (1990c) für die *Ge...e*-Typen eine ternäre Analyse mit *-e* als (rechtem!) Kopf annimmt, analysiert Eisenberg (2006) (binär, aber mit sich überkreuzenden Kanten?) *Ge...e* als Zirkumfix. Es sei unwahrscheinlich, dass *-e* ein Derivationssuffix sei, da es als Schwa im Auslaut von Feminina (*Wiese, Rippe*) und schwachen Maskulina (*Hase, Schwede*) »funktional anderweitig hoch belastet« sei (ebd., 244). Hier gibt es sicher noch weiteren Diskussionsbedarf.

2. Als typisches nicht-natives Präfix gilt *ex-* (vgl. Rothstein 2009b). Genauer gesagt gehört es zu den Lehnpräfixen (und nicht zu den Fremdpräfixen), da es sich auch mit nativen Basen verbindet. *Ex-* tritt wie *un-* ebenfalls an nominale und adjektivische Basen:

(87)   a. Ex-Azubi, Ex-Gatte, Ex-Hippie, Ex-Kolonie
       b. ex-jugoslawisch, ex-kommunistisch

Das Präfix *ex-* hat sich abgelöst, es kommt als Nomen vor (*Seine Ex hat wieder mal angerufen*) und als Verb (*exen* ›jdn. von der Schule verweisen‹, ›Glas/Flasche in einem Zug leeren‹). Es hat interessante temporale Eigenschaften, da es eine Bezugszeit benötigt. Zum Beispiel ist ein Ex-Rocker jemand, der bis zu einem bestimmten Zeitpunkt ein Rocker war, danach aber nicht mehr.

3. Bei den nativen Suffixen heben wir besonders *-er* hervor, auf das wir schon ausführlich eingegangen sind (s. Kap. 2.4.2). In der Aufstellung nach Fleischer/Barz (1995) sind auch *-wesen* und *-werk* als Suffixe angesetzt. Das dahinter stehende Problem soll hier kurz erläutert werden.

Zunächst sehen *-wesen* und *-werk* wie ganz normale Kompositionsglieder aus. Vergleicht man sie jedoch mit ihren frei vorkommenden Gegenstücken, stellt man eine Tendenz zur semantischen Entleerung des Zweitglieds fest; zum Beispiel bezeichnet *Verkehrswesen* nicht das Besondere am Verkehr, sondern den ganzen Bereich der Verkehrsorganisation, und *Laubwerk* bezeichnet keine Art von Werk, sondern Laub. Hinzu kommt Reihenbildung, d. h. es gibt mehrere Bildungen, die sich dem Muster mit dem semantisch entleerten Zweitglied anschließen. Man hat solche Elemente daher als **Suffixoide** oder Halbsuffixe bezeichnet, vgl. Vögeding (1981). (Entsprechend redet man auch von **Präfixoiden**, z. B. *Haupt-* in *Hauptbahnhof, Hauptverteiler,* bzw. allgemein von **Affixoiden**.) Verschiedene Gründe wurden vorgebracht, die auf die Ablehnung von Affixoiden in einer synchronen Wortbildungstheorie hinauslaufen (Schmidt 1987). Olsen (1986b) argumentiert, dass es sich um Kompositionsglieder handelt, während Fleischer/Barz (1995) entsprechende Elemente einfach als Suffixe behandeln. Beide Ansätze können nicht ganz befriedigen, weil sie der Tatsache nicht Rechnung tragen, dass es sich letztlich um ein Phänomen des Sprachwandels handelt (s. Kap. 8.3).

Schließlich ist auf die Gruppe der Suffixe *-chen, -lein* (Diminutivsuffixe), sowie *-in, -er/-ich/-erich* (Movierungssuffixe, vgl. Doleschal 1992) hinzuweisen, die alle keine kategorienverändernde Eigenschaft haben.

4. Als nicht-natives Suffix betrachten wir *-iker* (vgl. Altmann/Kemmerling 2000, 122). Dessen Entstehen kann man auf eine reguläre *-er*-Bildung wie *Komik+er*, die als *Kom+iker* reanalysiert wurde (vgl. auch *Botaniker, Politiker*), zurückführen. Daher hat man sehr oft Konfixe als Erstglieder, z. B. *Allerg+iker, Chem+iker, Fanat+iker, Stud+iker*.

(88) **Affixe der Adjektiv-Derivation**

Adjektiv	nativ	nicht-nativ
Präfix	erz-, miss-, un-, **ur-**	a-/an-, anti-, de-/des-/dis-, ex-, hyper-, **in-/il-/im-/ir-**, inter-, ko-/kon-/kor-, non-, para-, post-, prä-, pro-, super , trans-, ultra-
Suffix	**-bar**, -e(r)n, -er, -fach, -haft, -icht, -ig, -isch, -lich, -los, -mäßig, -sam	-abel/-ibel, -al/-ell, -ant/-ent, -ar/är, -esk, -iv, -oid, -os/ös

Das Adjektivpräfix *ur-* wird bei Altmann/Kemmerling (2000) nicht genannt, aber es gibt einschlägige Bildungen wie *uralt, urgut, urgemütlich*. Auf das native Präfix *un-* sind wir oben schon eingegangen, ebenso auf das nicht-native Präfix *ex-*. Zusätzlich zu *ex-* gibt es beim Adjektiv noch eine Reihe weiterer nicht-nativer Negationspräfixe, nämlich *a-/an-* (sowie *ar-*), *in-/il-/im-/ir-*, *de-/des-/dis-* (sowie *di-/dif-*) und *non-*. Alle kommen nur mit nicht-nativen Basen vor.

Sehr gut untersucht ist das Adjektivsuffix *-bar*. Mit ihm sind besondere Eigenschaften verbunden, die man an den folgenden Sätzen verdeutlichen kann (vgl. Toman 1987, 66 ff., Olsen 1986a, 88 f., Eisenberg 2006, 279 f.):

(89) a. Jochen löst die Aufgabe.
      b. Die Aufgabe ist (von Jochen) lösbar.
      c. Die Aufgabe wird (von Jochen) gelöst.

Das Verb *lösen* ist transitiv, es verlangt ein Komplement in Form einer Nominalphrase im Nominativ (Subjekt) und ein Komplement in Form einer Nominalphrase im Akkusativ, vgl. (89a). In Konstruktionen mit einem *-bar*-Adjektiv wird das Akkusativobjekt zum Subjekt im Nominativ, während das ehemalige Subjekt durch eine Präpositionalphrase realisiert werden kann oder ganz wegfallen kann, vgl. (89b). Die Parallele zu einem *werden*-Passiv wie in (89c) ist deutlich. *Bar*-Adjektive operieren also passivähnlich über dem Valenzrahmen (›Argumentstruktur‹) des Basisverbs, wobei klar ist, dass das *-bar*-Adjektiv einen Zustand (eine Disposition) bezeichnet, das Passiv dagegen einen Prozess. Um diesen regelhaften Zusammenhang zwischen der Argumentstruktur des Basisverbs und der *-bar*-Ableitung zu erfassen, kann man auch von **Argumentvererbung** sprechen (vgl. Toman 1998).

Los- und *-mäßig* gelten oft als Affixoide. Auf die Affixoidproblematik sind wir oben schon eingegangen.

Die nicht-nativen Adjektivsuffixe *-abel/-ibel* entsprechen dem nativen Suffix *-bar*. Sie nehmen Nomen als Basis (*komfortabel, profitabel*) oder Verben auf *-ieren*,

z. B. *blamieren > blam+abel, spendieren > spend+abel* (vgl. Altmann/Kemmerling 2000, 145 f.).

(90)   **Affixe der Verb-Derivation**

Verb	nativ	nicht-nativ
Präfix	ab-, an-, auf-, aus-, **be-**, bei-, dar-, ein-, ent-, er-, ge-, los-, miss-, nach-, ob-, über-, um-, unter-, ver-, vor-, wider-, zer-, zu-	**de-/des-/dis-**, in-, inter-, ko-/kom-/kon-/kor-/kol-, prä-, re-, trans-
Suffix	-ig, -(**is/ifiz**)ier, -(e)l, -(e)r	

Auf die Gruppe der nativen Präfixe werden wir im nächsten Abschnitt »Präfix- und Partikelverben« detailliert eingehen. Unter den nicht-nativen sei das Negationspräfix *de-/des-/dis-* wie in *desinfizieren, destabilisieren* usw. hervorgehoben.

Das Infinitivmorphem *-en* wird als Flexionsmorphem betrachtet, nicht als Derivationsmorphem. Dagegen sind die genannten nativen Verbalisierungssuffixe tatsächlich Suffixe, die zur Bildung verbaler Stämme dienen:

(91)   a. ängst+ig(en), fest+ig(en), befehl+ig(en)
        b. dräng+el+n, äug+el+n, fenster+l+n
        c. steig+er+n, folg+er+n, schmäl+er+n
        d. form+ier+en, buchstab+ier+en, autor+isier+en, krit+isier+en, klass+ifizier+en

Man beachte, dass *-(is/ifiz)ier* bei Fleischer/Barz (1995) als natives Suffix firmiert, vermutlich deshalb, weil native Wurzeln wie in *buchstabieren* möglich sind. Altmann/Kemmerling (2000) weisen aber darauf hin, dass diese Gruppe Suffixbetonung hat, was für die nativen Suffixe in der Regel nicht gilt. Dies wäre in der Tat ein Argument dafür, sie den nicht-nativen Verbalisierungssuffixen zuzuordnen.

(92)   **Suffixe beim Adverb**

Adverb	nativ
Suffix	-dings, -ens, -halben/-halber, -hin, -lei, -lings, -mals, -maßen, -s, -wärts, -weg, **-weise**

Wir stellen fest, dass es im Bereich der Adverbbildung keine Präfixe gibt, und dass es keine nicht-nativen Affixe gibt. Die Wortbildung des Adverbs ist insgesamt nicht gut untersucht, eine erste Übersicht findet sich in Altmann/Kemmerling (2000, 153–168). Wir weisen hier auf das produktive *-weise* wie in *blöderweise, bescheuerterweise* hin; wobei besonders interessant ist, dass – untypisch für ein Suffix – der Bezug zum Nomen *Weise*, aus dem das Suffix sich entwickelt hat, noch transparent ist.

2.6.2 | Präfix- und Partikelverben

Im Folgenden betrachten wir komplexe Verben, wobei wir den Bereich links von der Verbbasis ins Auge fassen. Wir unterscheiden mit Altmann/Kemmerling (2000) vier Typen verbaler Wortbildung:

(93)   Typen der verbalen Wortbildung

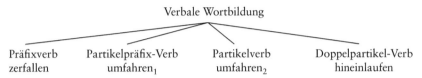

Präfixverb	Partikelpräfix-Verb	Partikelverb	Doppelpartikel-Verb
zerfallen	umfahren₁	umfahren₂	hineinlaufen

Zu den **Präfixverben** gehören alle Verben, die die folgenden Präfixe aufweisen:

(94)   ge-, er-, ver-, be-, ent-/ant-/emp-, zer-, miss-

Es handelt sich dabei um echte Präfixe in dem Sinne, dass es keine frei vorkommenden Gegenstücke gibt. Sie sind vermutlich aus Präpositionen entstanden, sind aber heute semantisch entleert. Treten sie mit adjektivischen oder nominalen Wurzeln auf, also *verjüngen* oder *vergesellschaften*, kann man sie als Kopf betrachten. Die Kategorie Verb kann ja nicht vom Adjektiv *jung* oder dem Nomen *Gesellschaft* kommen, es kann also nur das Präfix dafür verantwortlich sein. Dies ist tatsächlich die Auffassung von Eisenberg (2006, 253). Eine Alternative ist, eine Konversion zu einem Verb **jüngen* oder **gesellschaften* (parallel *zu (die Pflanze) topfen* oder *(das Geld) sacken)*) anzunehmen; dann kann das Verb als Kopf analysiert werden (z. B. Thurmair 1997; vgl. auch Olsen 1990 b).

 Be- ist dasjenige Präfix, das bisher am gründlichsten analysiert worden ist (vgl. Wunderlich 1987). Es ist nach wie vor sehr produktiv. Die wichtigste Funktion von *be-* ist, dass es transitive Verben ableitet (z. B. *behängen, bereifen, beatmen*); dabei können die Komplementtypen des *be-*Verbs systematisch auf diejenigen des Basisverbs zurückgeführt werden (vgl. Eisenberg 2006, 261–264). Dies kann man sich an Paaren wie *Monika klebt Plakate an die Wand* versus *Monika beklebt die Wand mit Plakaten* klarmachen.

 Betrachten wir noch einmal ein typisches Präfixverb wie *bewässern*. Wir können feststellen, dass *bewässern* sich niemals in seine Elemente aufspalten lässt. Das ist bei einem typischen **Partikelverb** wie *anrufen* anders:

(95)   a. *Die Bauern wässerten das Brachland be. *bewässern*
   b. Nastassja rief den Regisseur an.   *anrufen*

Man kann sagen, dass ein Verb wie *anrufen* **syntaktisch trennbar** ist. Die Elemente des Verbs bilden eine verbale Klammer, und zwar so, dass der finite Verbstamm die linke Satzklammer besetzt, während die Partikel die rechte Satzklammer besetzt (s. Kap. 4.2). Das Element *an* hat ein Gegenstück bei den Präpositionen, für *be-* gibt es kein solches Gegenstück in einer anderen Wortart.

 Nicht alle Verben, die wie Partikelverben aussehen, d. h. kein typisches verbales Präfix aufweisen, sind auch syntaktisch trennbar. Diese Klasse von Verben nennen wir **Partikelpräfix-Verben**. (Es handelt sich um ›Partikeln‹, die sich wie Präfixe verhalten.) Ein solcher Fall ist zum Beispiel das Verb *umfahren* in der Bedeutung, die in (96a) vorliegt:

(96)   a. Die Fahrerin umfährt den Poller. Partikelpräfix-Verb
   b. Die Fahrerin fährt das Hindernis um. Partikelverb

Neben der syntaktischen Trennbarkeit spielt auch die **morphologische Trennbarkeit** eine Rolle. Unter morphologischer Trennbarkeit versteht man das Verhalten beim *zu*-Infinitiv und beim Partizip II. Partikelverben haben das *zu* wortintern, es liegt also morphologische Trennbarkeit vor. Das erlauben Partikelpräfix-Verben niemals. Genauso ist beim Partikelverb das *ge* beim Partizip II wortintern realisiert, bei Partikelpräfix-Verben geht das nicht.

Hinzu kommt ein wichtiger Unterschied hinsichtlich des Wortakzents: Partikelverben haben den Akzent auf der Partikel, beim Partikelpräfixverb wird wie beim Präfixverb der Stamm betont. Und schließlich ist auch die Produktivität unterschiedlich. Es gibt sehr viele Neubildungen vom Typ Partikelverb, aber nur wenige vom Typ Partikelpräfix-Verb. Die folgende Tabelle fasst die wesentlichen Unterschiede zusammen.

(97) Partikelverb und Partikelpräfix-Verb

Umfahren	Partikelverb	Partikelpräfix-Verb
syntaktische Trennbarkeit	Er *fährt* den Poller *um*.	Er *umfährt* den Poller.
morphologische Trennbarkeit • *zu*-Infinitiv • Partizip Perfekt	die Chance, den Poller um*zu*fahren er hat den Poller um*ge*fahren	die Chance, den Poller *zu* umfahren er hat den Poller umfahren
Akzent	UMfahren	umFAHren
Produktivität	viele Neubildungen: *antörnen, abhängen* usw.	nur begrenzt produktiv

Damit ist aber das ganze Spektrum der ›Partikeln‹ noch nicht erschöpft. Als weiteres Erstelement sind **Doppelpartikeln** zu nennen, wobei man hier wieder verschiedene Typen unterscheiden kann, z. B. *her+unter+ziehen, hinter+her+laufen, mit+ein+beziehen*. Und schließlich haben wir Adverbien, Adjektive, Nomen und Verben als Erstglieder, die sich teilweise wie »Partikeln« verhalten, z. B. *zusammen*$_{Adv}$+*brechen*, *breit*$_{Adj}$+*schlagen, kennen*$_V$+*lernen*.

2.6.3 | Zusammenbildungen

Angenommen, wir wollten die Struktur des Adjektivs *zielstrebig* wiedergeben. Wie würden wir das machen? Als Erstes analysieren wir das Wort als Kompositum:

(98)

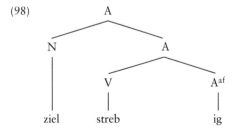

Diese Analyse besagt, dass es ein Adjektiv *strebig* gibt, was falsch ist. Probieren wir es daher mit einer Analyse als Derivation:

(99)

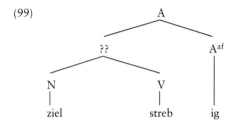

Diese Analyse besagt, dass es ein Element *zielstreb* gibt. Sinnvoll wäre es, ein solches Element als Verb zu betrachten. Fleischer/Barz (1995, 257) reden hier von einer »verbalen Wortgruppe«, aber dies ist keine Kategorienbezeichnung.

Wenn die beiden bisher ausprobierten binären Strukturierungsmöglichkeiten – als Kompositum und als Derivation – nicht überzeugen, warum versuchen wir es nicht mit einer ternären? Dann hätten wir die folgende Struktur:

(100)

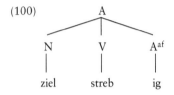

In (100) würde dann tatsächlich ein eigener Typ von Wortbildung vorliegen, nämlich die **Zusammenbildung.**

Solche Zusammenbildungen gibt es nicht nur bei den Adjektiven, sondern auch bei den Nomen, den Adverbien und sogar bei den Determinantien. Die folgende Tabelle (nach Leser 1990, 5) stellt einschlägige Beispiele zusammen:

(101)   Typen der Zusammenbildung (nach Leser 1990)

Zusammenbildungen	
Nomen	Schriftsteller, Grundsteinlegung, Vogelscheuche; Leisetreter, Schadloshaltung, Instandsetzung; Zahnputzglas, Minenräumboot; Dickhäuter, Altsprachler; Rechtshänder; Zehnpfünder, Vierundzwanzigflächner; Altweibersommer; Hinterglasmalerei; Fünfjahresplan
Adjektive	zielstrebig, handgreiflich, halsbrecherisch, hausbacken; schwerhörig, wahrscheinlich, gleichmacherisch, altbacken; vorläufig, eindeutig; fahrlässig; blechkehlig, bernsteinfarben; breitkrempig, buntfarben, neutestamentlich, langgeschwänzt; rechtsseitig, mehrdimensional; überjährig, vorgeburtlich; hundertprozentig, eindimensional; hängeflügelig; diesjährig, neunrösserstark
Adverbien	zeitlebens; beiderseits; niemals; unterwegs; erstmals; diesseits
Determinantien	derjenig-

Eine allgemeine Definition der Zusammenbildung, die die grundlegende Problematik gut wiedergibt, ist die folgende (Leser 1990, 4):

(102) *Zusammenbildungen*
Zusammenbildungen sind dreigliedrige Wortbildungen der Form S_1S_2X, mit S_i = Stamm, X = Stamm oder Suffix, wobei $*S_1S_2$ und $*S_2X$ in semantischer Verwandtschaft nicht frei vorkommen.

Das Beispiel *zielstrebig* hat die Form $Stamm_1+Stamm_2+Suffix$, und weder $Stamm_1+Stamm_2$ (= *zielstreb-*) noch $Stamm_2+Suffix$ (= *strebig*) kommen frei vor.

Das Beispiel *Zahnputzglas* hat die Form $Stamm_1+Stamm_2+Stamm_3$, und weder $Stamm_1+Stamm_2$ (= *Zahnputz*) noch $Stamm_2+Stamm_3$ (= *Putzglas*) kommen frei vor.

Was hat es mit der Einschränkung »in semantischer Verwandtschaft« auf sich? Betrachten wir dazu das Beispiel *Schriftsteller*. Es gibt nicht *schriftstell-*, aber gibt es nicht *Steller*? Das gibt es in der Tat als Bezeichnung für einen Spieler beim Volleyball. In dieser Bedeutung liegt *Steller* aber nicht im Wort *Schriftsteller* vor, es handelt sich also nicht um einen Fall von »semantischer Verwandtschaft«.

Es hat nun immer wieder Versuche gegeben, dem Zwang zur Einrichtung eines weiteren Wortbildungstyps neben der Komposition und der Derivation, nämlich der Zusammenbildung, dadurch zu entgehen, dass man nachweist, dass es sich eigentlich um normale Fälle der Derivation oder Komposition handelt. Einen Derivationsansatz vertritt Höhle (1982), der u. a. auf Parallelen zwischen Bildungen wie *dreimastig*, *Dreimaster*, *Dreimastboot* verweist. Hier handelt es sich immer um das Element *dreimast*, welches einmal mit den Suffixen *-ig* und *-er* kombiniert wird, das andere Mal mit dem Nomen *boot*. *Dreimast* ist also ein gebundenes (nicht frei vorkommendes) Element der Kategorie N, dabei selbst ein Kompositum. Für diese Analyse spricht auch, dass Elemente wie *dreimast* im Prinzip frei vorkommen können, vgl. *Dreirad* oder *Einbaum*. Dagegen argumentiert Leser (1990), dass es sich bei den Zusammenbildungen um Komposita handelt. Anhand des N+V+*er*-Typs wie zum Beispiel *Appetithemmer* versucht er den Nachweis, dass es sich um ein Rektionskompositum im Sinne von Olsen (1986a) handelt. Bei Fällen wie *Rechenschieber* nimmt er Lexikalisierung an. Probleme bereiten aber Fälle wie *Muntermacher* oder *grünäugig*.

2.7 | Konversion

2.7.1 | Haupttypen der Konversion

Wir folgen Eisenberg (2006, 294 f.) darin, zwischen ›syntaktischer Konversion‹ wie in (103) und ›morphologischer Konversion‹ wie in (104) zu unterscheiden. Nur die Letztere ist Gegenstand der Wortbildungs-Theorie.

(103) a. laufen → das Laufen   V → N
       b. gestrichen → gestrichen   V → A
       c. gut → der/die/das Gute   A → N
       d. gestrichen → der/die/das Gestrichene   A → N
       e. entscheidend → der/die/das Entscheidende   A → N

(104) a. laufen → der Lauf   V → N
       b. grün → grünen   A → V
       c. Gras → grasen   N → V

Warum handelt es sich in (103) um syntaktische Konversion? Dies hängt mit der Überlappung in syntaktischen Kontexten zusammen.

Sehen wir uns dazu zunächst substantivierte Adjektive wie unter (103c-e) an:

(105) a. der gute Wagen – der Gute
　　　 b. die gestrichene Treppe – die Gestrichene
　　　 c. das entscheidende Tor – das Entscheidende

Die attributiven Adjektive sind jeweils formgleich mit den substantivierten Adjektiven; daher ist anzunehmen, dass es sich bei dem *-e*-Suffix nicht um ein Derivationsmorphem, sondern um das Flexionsmorphem des Adjektivs handelt. Es scheint daher möglich, *der Gute/die Gestrichene/das Entscheidende* jeweils als Ellipsen aus den vollständigen Nominalphrasen zu analysieren.

Auch beim substantivierten Infinitiv wie unter (103a) gibt es Überlappungen mit der Syntax, die zumindest eine Syntaxnähe dieser Typen nahelegen:

(106) a. Karlchen will leben/Leben.　　　　　　(transitiver Modalverbgebrauch)
　　　 b. Bier trinken/Biertrinken ist gesund.　　(verbaler Inf./Rektionskompositum)
　　　 c. Nastassja ist am telefonieren/Telefonieren.　(Verlaufsform)

Schließlich können auch für das adjektivierte Partizip II solche Überlappungskontexte gefunden werden:

(107) a. das gestrichene Haus
　　　 b. Fritz hat das Haus gestrichen.
　　　 c. Das Haus wird gestrichen.　　　(Vorgangspassiv)
　　　 d. Das Haus ist gestrichen.　　　 (Zustandspassiv)
　　　 e. Das Haus ist gestrichen (=neu).

Zum einen überlappt das partizipiale Adjektiv mit dem Partizip II in periphrastischen Verbformen (107a vs. b/c); zum anderen überlappt das Partizip II im Zustandspassiv mit dem partizipialen Adjektiv in Kopulasätzen (107d vs. e).

Betrachten wir nun die Fälle morphologischer Konversion. Die folgenden Typen sind im Prinzip möglich, unterliegen aber einer beschränkten Produktivität, die wohl semantisch zu erklären ist:

(108) a. N→A (angst, bange, feind, klasse, ernst, scheiße, kacke, orange, schmuck, barock, dunkel, elend)
　　　 b. V→A (starren → starr, wachen → wach, wirren → wirr, vgl. Fleischer/Barz 1995, 276)
　　　 c. A→N (grün → das Grün, deutsch → das/sein Deutsch; gut → das Gut)

Die meisten konventionellen V→N-Konversionen wie in (109a) sind wohl schon idiomatisch; Neubildungen wie in (109b) sind jedoch in beschränktem Umfang möglich und haben immer den *s*-Plural:

(109) a. Blick, Halt, Knall, Rat (einfache Basen); Befehl, Beginn, Beleg (komplexe Basen)
　　　 b. Dreh, Schwenk, Stau, Treff, Fick, Kick

Die N→V-Konversion hält man für produktiver, vor allem, weil man hier auf eine größere Zahl Entlehnungen aus dem Englischen verweisen kann:

(110) bluffen, drummen, flippen, grillen, jazzen, jobben, mobben, shoppen, tippen, trucken (Eisenberg 2006, 298); floppen, toppen (›übertrumpfen‹)

Bei der A→V-Konversion kann man zwar auf eine Reihe von Bildungen wie unter (111) verweisen, in Bezug auf die Produktivität dieses Typs ist man jedoch unschlüssig:

(111) faulen, heilen, reifen, runden, schnellen, schrillen, trocknen, trüben, weißen
(Eisenberg 2006, 299)

Dieser Typ könne durchaus »strukturell produktiv« (Eisenberg 2006, 299) sein, da die Zahl der morphologisch einfachen Adjektivbasen ja beschränkt sei.

2.7.2 | Ableitungsrichtung

Damit kommen wir zum Problem, welche Argumente es für die Annahme bestimmter ›Ableitungsrichtungen‹ gibt. Es ist zwar intuitiv einsichtig, dass das Verb *fischen* vom Nomen *Fisch* kommt, und das Nomen *Treff* vom Verb *treffen*. Aber was sind die Gründe für diese unterschiedlichen Ableitungsrichtungen? Und kommt *Mief* nun von *miefen* oder *miefen* von *Mief*? In Bezug auf die Ableitungsrichtung ist eine gewisse Zurückhaltung in der Forschung zu spüren. Einerseits benötigt man das Konzept, um erklären zu können, warum nicht alle Möglichkeiten der Konversion gleichermaßen ausgeschöpft werden, warum es z. B. eher A→V-Konversion gibt als V→A-Konversion. Andererseits sind die Kriterien für die Feststellung einer Ableitungsrichtung nicht vollkommen klar. Bei Fleischer/Barz (1995, 210 f.) werden drei Kriterien genannt. Das morphologische Kriterium besagt, dass es sich in Fällen wie *Befehl, Entscheid, Erfolg, Verkehr, Zerfall* um V→N-Konversionen handeln muss, denn die Präfixe *be-, ent-, er-, ver-, zer-* kommen nur bei Verben vor. Das Produktivitätskriterium geht davon aus, dass es sich bei einem problematischen Fall wie *Ruf-rufen* um die N→V-Konversion handelt, da diese produktiver ist als die V→N-Konversion. Das semantische Kriterium bezieht sich auf die Bedeutung der beteiligten Wörter. So heißt *fischen* soviel wie ›Fische fangen‹, aber es ist kein Hauptmerkmal von Fisch, dass er gefangen/gefischt wird (also N→V); *schauen* heißt nicht ›sich mit einer Schau beschäftigen‹, aber es ist ein wichtiges Merkmal einer Schau, dass sie betrachtet/angeschaut wird (also: V→N). In Zweifelsfällen müsse die Entscheidung jedoch offen bleiben (Fleischer/Barz 1995, 210, Eisenberg 2006, 299).

Motsch (1999) verzichtet vollkommen auf die Repräsentation einer Ableitungsbeziehung im Lexikon. Bei einem Wortbildungsmuster müsse immer die Basis semantisch und/oder phonologisch verändert werden. Dies sei bei Konversionen nicht der Fall. In Fällen wie *rufen/Ruf, schlagen/Schlag, schreien/Schrei* nimmt Motsch daher eine doppelte Kategorisierung an, d. h. es liegt bei diesen Paaren keine morphologische Beziehung und entsprechend auch keine Ableitungsrichtung vor. Das Gleiche gilt bei *Hunger/hungern, Durst/dürsten, Leid/leiden, Trauer/trauern, Hader/hadern, Geiz/geizen* und bei *schrill/schrillen, toll/tollen, krank/kranken, siech/siechen, bang/bangen, wach/wachen, nass/nässen, gleich/gleichen* und für Fälle wie *Dunkel/dunkel, Elend/elend, Ernst/ernst*. Motsch (1999, 178) sieht solche Beziehungen als »innerlexikalische Beziehung«, nicht als Wortbildungsmuster.

Wenn man die ›Kosten‹ der Doppelkategorisierung (also zweier voneinander unabhängiger Lexikoneinträge) nicht scheut, sieht das wie eine verblüffend einfache Lösung aus. Aber es fragt sich, ob hier nicht der Teufel mit dem Beelzebub ausgetrieben wird. Neubildungen wie *Jet → jetten* sind ja möglich. Es besteht kein Zweifel über eine Ableitungsrichtung. Nach Motsch wäre der Zusammenhang aber bloßer Zufall, der Bezug der beiden Wörter aufeinander könnte nicht ausgedrückt werden.

2.7.3 | Konversion als Derivation mit Nullmorphem

Die Konversion wird oft als ein besonderer Wortbildungstyp betrachtet, weil die Komposition und Derivation ›verkettend‹ (konkatenativ) sind, während die Konversion ›nicht-verkettend‹ zu sein scheint. Nach dieser Auffassung wird in einem Fall wie *laufen* → *Lauf* der Basis kein Wortbildungselement hinzugefügt, sondern es handelt sich um eine reine Umkategorisierung von V zu N. Von Olsen (1990b) wurde dagegen die Ansicht vertreten, auch bei der Konversion liege ein konkatenativer Wortbildungsprozess vor. Die Begründung sieht sie darin, dass bei der Konversion regelmäßig ein Nullmorphem auftrete, womit die Konversion in die Nähe der Suffigierung rückt. Olsen (1990b) bezieht sich auf Marchand (1969), der die Existenz eines Nullmorphems bei Konversionen anhand folgender Paare plausibel macht:

(112) a. legal-ize : clean-Ø
       b. atom-ize : cash-Ø

Suffixe haben die generelle Eigenschaft, eine Kategorie in eine andere zu überführen. Genau wie das Adjektiv *legal* durch das Suffix *-ize* in ein Verb überführt werde, so werde das Adjektiv *clean* durch das Nullsuffix Ø in ein Verb überführt.

Der Nullsuffix-Ansatz wird nun durch Olsen weiter ausgebaut. Der Konversionsbildung *zelten* kommt die folgende Struktur zu:

(113)

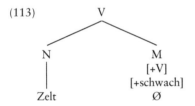

Das Nullmorphem mit dem Kategoriennamen M ist hinsichtlich bestimmter Merkmale spezifiziert. In (113) sind das die Merkmale [+V] und [+schwach], da *zelten* ein schwaches Verb ist. M ist phonologisch leer, seine Hauptaufgabe besteht in der Weitergabe der genannten Merkmale. Olsen äußert sich nicht explizit zu der Frage, ob das Nullmorphem wie in (113) einen eigenen Lexikoneintrag hat, aber man könnte sich folgenden Eintrag vorstellen:

(114) Lexikoneintrag für das Nullmorphem *M*

M	
PHON:	Ø
MORPH:	V^{af}, [+schwach]
SYN:	[N__]
SEM:	Handlungsverb
PRAG:	–

Neben diesem Nullmorphem wird noch genau ein weiteres angenommen, das als [+N, Genus, Flexionsklasse] charakterisiert wird und das man für die V→N-Konversion benötigt (vgl. Olsen 1990b, 205).

Gegen diese Analyse kann man eine Reihe von Einwänden vorbringen. Ein allgemeiner Einwand ist, dass die Annahme von nicht sichtbaren Elementen theoretisch fragwürdig ist. Der einzige theoretische Vorteil des Nullmorphems scheint darin zu bestehen, dass es die Rechtsköpfigkeit sichert. Aber auch dies geschieht indirekt, über die Merkmalsspezifizierung, da ja »M« kein Kategoriensymbol ist. Speziellere Einwände stützen sich auf die Schwierigkeiten, die es mit der Ausfüllung der Lexikoneinträge gibt, da das Nullsuffix nicht wie die anderen Suffixe hinsichtlich seiner Merkmale festgelegt werden könne (vgl. Lieber 1981b, Olsen 1990b).

Es gibt also eine Reihe von Einwänden gegen eine Derivationsanalyse für Konversionen, die auf der Annahme eines Nullsuffixes basiert. Die Umkategorisierungs-Analyse wurde vor allem deshalb verworfen, weil sie nicht-konkatenativ und kopflos war. Die Zurückführung der Konversion auf die Derivation wurde mit der Einführung des Nullmorphems teuer erkauft. Dessen Status im Lexikon ist nicht geklärt, insbesondere hat man keine klaren Vorstellungen über die nötigen Lexikoneinträge. Eine Umkategorisierungs-Analyse, wie sie zum Beispiel Eschenlohr (1999, 46 ff.) vertritt, ist also nicht ganz von der Hand zu weisen. Damit wäre die Konversion der dritte Haupttyp der Wortbildung neben der Komposition und der Derivation.

Literatur

Grundlegende Literatur

Aitchison, Jean (1994[2]): Words in the Mind. Oxford: Blackwell.
Altmann, Hans/Kemmerling, Silke (2000): Wortbildung fürs Examen. Opladen: Westdeutscher Verlag.
Aronoff, Mark (1976): Word Formation in Generative Grammar. Cambridge, Mass.: MIT Press.
Barz, Irmhild/Schröder, Marianne/Hämmer, Karin/Poethe, Hannelore (2004[3]): Wortbildung – praktisch und integrativ. Ein Arbeitsbuch. Frankfurt a.M.: Lang.
Bauer, Laurie (2004): A Glossary of Morphology. Edinburgh: Edinburgh University Press.
Booij, Geert et al. (Hgg.) (2000/2004): Morphologie/Morphology. Ein internationales Handbuch zur Flexion und Wortbildung/An International Handbook on Inflection and Word-Formation. 2 Bde. (= Handbücher zur Sprach- und Kommunikationswissenschaft 17). Berlin/New York: de Gruyter.
Booij, Geert (2005): The Grammar of Words. An Introduction to Linguistic Morphology. Oxford: Oxford University Press.
Deutsche Wortbildung. Typen und Tendenzen in der Gegenwartssprache.
– 1. Hauptteil: Kühnhold, Ingeborg/Wellmann, Hans (1973): Das Verb. Düsseldorf: Schwann.
– 2. Hauptteil: Wellmann, Hans (1975): Das Substantiv. Düsseldorf: Schwann.
– 3. Hauptteil: Kühnhold, Ingeborg/Putzer, Oskar/Wellmann, Hans (1978): Das Adjektiv. Düsseldorf: Schwann.
– 4. Hauptteil: Ortner, Lorelies et al. (1991): Substantivkomposita. Berlin/New York: de Gruyter.
– 5. Hauptteil: Pümpel-Mader, Marie et al. (1992): Adjektivkomposita und Partizipialbildungen. Berlin/New York: de Gruyter.
– Kühnhold, Ingeborg/Prell, Heinz-Peter (1984): Morphem- und Sachregister zu Bd. I–III. Düsseldorf: Schwann.
Di Sciullo, Anna Maria/Williams, Edwin (1987): On the Definition of Word. Cambridge, Mass.: MIT Press.
Dudenredaktion (Hg.) (2005[7]): Duden. Die Grammatik. Mannheim: Dudenverlag.
Eisenberg, Peter (2006[3]): Grundriss der deutschen Grammatik. Band 1: Das Wort. Stuttgart/Weimar: Metzler.
Elsen, Hilke (2011): Grundzüge der Morphologie des Deutschen. Berlin/Boston: de Gruyter.
Erben, Johannes (1993[3]): Einführung in die deutsche Wortbildungslehre. Berlin: Schmidt.
Fleischer, Wolfgang/Barz, Irmhild (1995[2], 2012[4]): Wortbildung der deutschen Gegenwartssprache. Berlin/Boston: de Gruyter.

Gallmann, Peter/Sitta, Horst (1998[4]): Schülerduden Grammatik. Mannheim: Bibliographisches Institut.

Hentschel, Elke/Vogel, Petra M. (2009): Deutsche Morphologie. Berlin/Boston: de Gruyter.

Jackendoff, Ray (1997): The Architecture of the Language Faculty. Cambridge, Mass.: MIT Press.

Lieber, Rochelle (2004): Morphology and Lexical Semantics. Cambridge: Cambridge University Press.

Lieber, Rochelle/Štekauer, Pavol (Hgg.) (2009): The Oxford Handbook of Compounding. Oxford: Oxford University Press.

Lieber, Rochelle/Štekauer, Pavol (Hgg.) (2014): The Oxford Handbook of Derivational Morphology. Oxford: Oxford University Press.

Lutzeier, Peter Rolf (1995): Lexikologie. Ein Arbeitsbuch. Tübingen: Stauffenburg.

Marchand, Hans (1969[2]): The Categories and Types of Present-Day English Word-Formation. A Synchronic-Diachronic Approach. München: Beck.

Miller, George A. (1993): Wörter. Streifzüge durch die Psycholinguistik. Heidelberg: Spektrum.

Motsch, Wolfgang (1999): Deutsche Wortbildung in Grundzügen. Berlin/New York: de Gruyter.

Müller, Peter O./Ohnheiser, Ingeborg/Olsen, Susan/Rainer, Franz (Hgg.)(2015/16): Word-Formation. 4 Bde. Berlin/Boston: de Gruyter Mouton.

Olsen, Susan (1986a): Wortbildung im Deutschen. Eine Einführung in die Theorie der Wortstruktur. Stuttgart: Kröner.

Schippan, Thea (1992): Lexikologie der deutschen Gegenwartssprache. Tübingen: Niemeyer.

Schwarze, Christoph/Wunderlich, Dieter (Hgg.) (1985): Handbuch der Lexikologie. Königstein/Ts.: Athenäum.

Selkirk, Elisabeth (1982): The Syntax of Words. Cambridge, Mass.: MIT Press.

Spencer, Andrew (1991): Morphological Theory. An Introduction to Word Structure in Generative Grammar. Oxford: Blackwell.

Spencer, Andrew/Zwicky, Arnold M. (Hgg.) (1998): The Handbook of Morphology. Oxford: Blackwell.

Štekauer, Pavol/Lieber, Rochelle (Hgg.) (2005): Handbook of Word-Formation. Dordrecht: Springer.

Taylor, John R. (Hg.) (2014): The Oxford Handbook of Word. Oxford: Oxford University Press.

Thieroff, Rolf/Vogel, Petra (2012[2]): Flexion. Heidelberg: Winter. Wiese, Richard (1996a): The Phonology of German. Oxford: Clarendon.

Wurzel, Wolfgang Ullrich (2001[2]): Flexionsmorphologie und Natürlichkeit. Ein Beitrag zur morphologischen Theoriebildung. Berlin: Akademie-Verlag.

Weitere Literatur

Becker, Thomas (1993a): Morphologische Ersetzungsbildungen im Deutschen. In: Zeitschrift für Sprachwissenschaft 12, 185–217.

Becker, Thomas (1993b): Back-formation, cross-formation and ›bracketing paradoxes‹ in paradigmatic morphology. In: Yearbook of Morphology 6, 1–26.

Bücking, Sebastian/Jennifer Rau (2013): German non-inflectional constructions as separate performatives. In: Gutzmann, Daniel/Gärtner, Hans-Martin (Hgg.) (2013): Beyond Expressives: Explorations in use-conditional meaning. Leiden: Brill, 59–94.

Demske, Ulrike (2000): Zur Geschichte der -ung-Nominalisierung im Deutschen: Ein Wandel morphologischer Produktivität. In: Beiträge zur Geschichte der deutschen Sprache und Literatur 122, 365–411.

Doleschal, Ursula (1992): Movierung im Deutschen: eine Darstellung der Bildung und Verwendung weiblicher Personenbezeichnungen. Unterschleissheim: Lincom Europa.

Donhauser, Karin (1986): Der Imperativ im Deutschen. Studien zur Syntax und Semantik des deutschen Modussystems. Hamburg: Buske.

Downing, Pamela (1977): On the Creation and Use of English Compound Nouns. In: Language 53, 810–842.

Eisenberg, Peter (2006[3]): Grundriss der deutschen Grammatik. Band 2: Der Satz. Stuttgart/Weimar: Metzler.

Elsen, Hilke (2004): Neologismen. Formen und Funktionen neuer Wörter in verschiedenen Varietäten des Deutschen. Tübingen: Narr.

Eschenlohr, Stefanie (1999): Vom Nomen zum Verb: Konversion, Präfigierung und Rückbildung im Deutschen. Hildesheim: Georg Olms.

Fandrych, Christian/Thurmair, Maria (1994): Ein Interpretationsmodell für Nominalkomposita: linguistische und didaktische Überlegungen. In: Deutsch als Fremdsprache 31, 34–45.

Fanselow, Gisbert (1981): Neues von der Kompositafront oder zu drei Paradigmata in der Kompo-
sitagrammatik. In: Studium Linguistik 11, 43–54.

Féry, Caroline (1997): *Unis* und *Studis*: die besten Wörter des Deutschen. In: Linguistische Berichte
172, 461–489.

Finkbeiner, Rita (2014): Identical constituent compounds in German. In: Word Structure 7.2, 182–213.

Fries, Norbert (2001): Ist Deutsch eine schwere Sprache? Am Beispiel des Genus-Systems. In: Schier-
holz, Stefan (Hg.): Die deutsche Sprache der Gegenwart: Festschrift für Dieter Cherubim zum 60.
Geburtstag. Frankfurt a.M.: Lang, 131–146.

Fuhrhop, Nanna (1996): Fugenelemente. In: Lang, Ewald/Zifonun, Gisela (Hgg.): Deutsch – typologisch. Berlin/New York: de Gruyter, 525–550.

Günther, Hartmut (1981): N+N: Untersuchungen zur Produktivität eines deutschen Wortbildungstyps. In: Lipka, Leonhard/Günther, Hartmut (Hgg.): Wortbildung. Darmstadt: WBG, 258–280.

Höhle, Tilman N. (1982): Über Komposition und Derivation: Zur Konstituentenstruktur von Wort-
bildungsprodukten im Deutschen. In: Zeitschrift für Sprachwissenschaft 1, 76–112.

Kobler-Trill, Dorothea (1994): Das Kurzwort im Deutschen. Eine Untersuchung zu Definition, Typologie und Entwicklung. Tübingen: Niemeyer.

Köpcke, Klaus-Michael (2002): Die sogenannte *i*-Derivation in der deutschen Gegenwartssprache. Ein
Fall für outputorientierte Wortbildung. In: Zeitschrift für germanistische Linguistik 30, 293–309.

Kürschner, Wilfried (1974): Zur syntaktischen Beschreibung deutscher Nominalkomposita. Auf der
Grundlage generativer Transformationsgrammatiken. Tübingen: Niemeyer.

Lawrenz, Birgit (1996): *Der Zwischen-den-Mahlzeiten-Imbiß* und *der Herren-der-Welt-Größenwahn*:
Aspekte der Struktur und Bildungsweisen von Phrasenkomposita im Deutschen. In: Zeitschrift
für Germanistische Linguistik 24, 1–15.

Lenz, Barbara (1995): *Un*-Affigierung. Unrealisierbare Argumente – unausweichliche Fragen – nicht
unplausible Antworten. Tübingen: Narr.

Leser, Martin (1990): Das Problem der ›Zusammenbildungen‹. Eine lexikalistische Studie. Trier:
WVT.

Lieber, Rochelle (1981a): Phrasal Compounds and the Morphology-Syntax-Interface. In: Chicago
Linguistic Society 24, Part II: Parasession on Agreement in Grammatical Theory, 202–222.

Lieber, Rochelle (1981b): Morphological Conversion within a Restrictive Theory of the Lexicon.
In: Moortgat, Michael et al. (Hgg.): The Scope of Lexical Rules. Dordrecht: Foris, 161–200.

Lüdeling, Anke/Schmid, Tanja/Kiokpasoglou, Sawwas (2002): Neoclassical word formation in
German. In: Yearbook of Morphology 2001, 253–283.

Meibauer, Jörg (1995): Wortbildung und Kognition. Überlegungen zum deutschen *-er*-Suffix. In:
Deutsche Sprache 23, 97–123.

Meibauer, Jörg (2003): Phrasenkomposita zwischen Wortsyntax und Lexikon. In: Zeitschrift für
Sprachwissenschaft 22, 153–188.

Meibauer, Jörg (2007): How marginal are phrasal compounds? Generalized insertion, expressivity,
and I/Q-interaction. In: Morphology 17, 233–259.

Meibauer, Jörg (2013): Expressive compounds in German. In: Word Structure 6.1, 21–42.

Meibauer, Jörg (2014): Word-formation and Contextualism. In: International Review of Pragmatics
6.1, 103–126.

Meyer, Ralf (1993): Compound Comprehension in Isolation and in Context. The contribution of
conceptual and discourse knowledge to the comprehension of German novel noun-noun compounds. Tübingen: Niemeyer.

Neef, Martin (1996): Wortdesign: Das Lexembildungsmuster *Gehopse* und die Kopflosigkeit von
›Ableitungen‹. In: Zeitschrift für Sprachwissenschaft 15, 61–91.

Neef, Martin/Borgwaldt, Susanne (2012): Fugenelemente in neu gebildeten Nominalkomposita. In:
Gaeta, Livio/Schlücker, Barbara (Hgg.): Das Deutsche als kompositionsfreudige Sprache: Strukturelle Eigenschaften und systembezogene Aspekte. Berlin/Boston: de Gruyter, 27–56.

Nübling, Damaris (2002): Wörter beugen. Grundzüge der Flexionsmorphologie. In: Dittmann, Jürgen/
Schmidt, Claudia (Hgg.): Über Wörter. Freiburg: Rombach, 87–104.

Nübling, Damaris/Szczepaniak, Renate (2008): On the way from morphology to phonology: German
linking elements and the role of the phonological word. In: Morphology 18, 1–25.

Olsen, Susan (1986b): »Argument-Linking« und produktive Reihen bei deutschen Adjektivkomposita.
In: Zeitschrift für Sprachwissenschaft 5, 5–24.

Olsen, Susan (1990a): Zum Begriff des morphologischen Heads. In: Deutsche Sprache 18, 126–147.

Olsen, Susan (1990b): Konversion als ein kombinatorischer Wortbildungsprozeß. In: Linguistische Berichte 127, 185–216.

Olsen, Susan (1990c): *Ge*-Präfigierung im heutigen Deutsch. In: Beiträge zur Geschichte der deutschen Sprache und Literatur 113, 333–366.

Olsen, Susan (2001): Copulative compounds: a closer look at the interface between syntax and morphology. In: Yearbook of Morphology 2000, 279–320.

Plank, Frans (1981): Morphologische (Ir-)Regularitäten. Aspekte der Wortstrukturtheorie. Tübingen: Narr.

Rainer, Franz (1988): Towards a theory of blocking: the case of Italian and German quality nouns. In: Yearbook of Morphology 1, 155–185.

Ramers, Karl Heinz (1997): Die Kunst der Fuge: Zum morphologischen Status von Verbindungs-elementen in Nominalkomposita. In: Dürscheid, Christa/Ramers, Karl Heinz/Schwarz, Monika (Hgg.): Sprache im Fokus. Festschrift für Heinz Vater zum 65. Geburtstag. Tübingen: Niemeyer, 33–45.

Reis, Marga (1983): Gegen die Kompositionstheorie der Affigierung. In: Zeitschrift für Sprachwis-senschaft 2, 110–131.

Rothstein, Björn (2009a): Was sind Kurzformen? In: Germanistische Mitteilungen 71, 49–69.

Rothstein, Björn (2009b): Nominales Tempus im Deutschen? Zur temporalen Bedeutung von *Ex-*, *Alt-*, *Noch-* und *Jetzt-*. In: Sprachwissenschaft 34, 435–457.

Scherer, Carmen (2005): Wortbildungswandel und Produktivität. Eine empirische Studie zur nomi-nalen *-er*-Derivation im Deutschen. Tübingen: Niemeyer.

Schlücker, Barbara (2014): Grammatik im Lexikon. Adjektiv-Nomen-Verbindungen im Deutschen und Niederländischen. Berlin/Boston: de Gruyter.

Schmidt, Günter Dietrich (1987): Das Affixoid. Zur Notwendigkeit und Brauchbarkeit eines beliebten Zwischenbegriffs in der Wortbildung. In: Hoppe, Gabriele et al. (1987): Deutsche Lehnwortbil-dung. Beiträge zur Erforschung der Wortbildung mit entlehnten WB-Einheiten im Deutschen. Tübingen: Narr, 53–101.

Schwarze, Christoph/Wunderlich, Dieter (1985): Einleitung. In: dies. (Hgg.): Handbuch der Lexiko-logie. Königstein/Ts.: Athenäum, 7–23.

Stump, Gregory T. (1998): Inflection. In: Spencer, Andrew/Zwicky, Arnold M. (Hgg.): The Handbook of Morphology. Oxford: Blackwell, 13–43.

Szigeti, Imre (2002): Nominalisierungen und Argumentvererbung im Deutschen und Ungarischen. Tübingen: Niemeyer.

Thurmair, M. (1997): Verbwortbildung und Verbklammer im Deutschen. In: Šimecková, Alena/ Vachková, Marie (Hgg.): Wortbildung: Theorie und Anwendung. Prag: Karolinum, 163–173.

Toman, Jindrich (1987²): Wortsyntax. Tübingen: Niemeyer.

Toman, Jindrich (1998): Word Syntax. In: Spencer, Andrew/Zwicky, Arnold M. (Hgg.): The Hand-book of Morphology. Oxford: Blackwell, 306–321.

Vögeding, Joachim (1981): Das Halbsuffix *-frei*. Zur Theorie der Wortbildung. Tübingen: Narr.

Wegener, Heide (2003): Entstehung und Funktion der Fugenelemente im Deutschen, oder: warum wir keine *Autosbahn* haben. In: Linguistische Berichte 196, 424–457.

Weiß, Helmut/Cinkilic, Gaye (2012): Kopulativkomposita. In: Linguistische Berichte 232, 419–437

Werner, Anja (1995): Blockierungsphänomene in der Wortbildung. In: Papiere zur Linguistik 52, 43–65.

Wiese, Richard (1996b): Phrasal Compounds and the Theory of Word Syntax. In: Linguistic Inquiry 27,183–193.

Wunderlich, Dieter (1987): An investigation of lexical composition: the case of German *be*-verbs. In: Linguistics 25, 283–331.

Wurzel, Wolfgang Ullrich (1988): Gedanken zur Flexionsklassenmarkiertheit. In: Bierwisch, Manf-red/Motsch, Wolfgang/Zimmermann, Ilse (Hgg.): Syntax, Semantik und Lexikon. Festschrift für Rudolf Růžička zum 65. Geburtstag. Berlin: Akademie-Verlag, 229–277.

Wurzel, Wolfgang Ullrich (2000): Was ist ein Wort? In: Thieroff, Rolf et al. (Hgg.): Deutsche Gram-matik in Theorie und Praxis. Tübingen: Niemeyer, 29–42.

Zifonun, Gisela et al. (1997): Grammatik der deutschen Sprache. 3 Bde. Berlin/New York: de Gruyter.

Jörg Meibauer

3 | Phonologie

3.1 | Einleitung

Die linguistische Teildisziplin Phonologie befasst sich, grob gesprochen, mit ›lautlichen Aspekten der Sprache‹. Der Phonologe hat es mit konkreten mündlichen Äußerungen zu tun, die in Datenkorpora erfasst sind. Diese Korpora analysiert er mit zwei Methoden: a) der **Segmentierung** und b) der **Klassifizierung**.

Die erfolgreiche Anwendung dieser Methoden erfordert zwei Prämissen:

1. Eine Äußerung lässt sich in einzelne Segmente mit klaren Grenzen gliedern.
Goldsmith (1976, 17) nennt diese Prämisse die »absolute slicing hypothesis«. Die Auffassung, dass der »Redestrom« sich in einzelne Scheibchen schneiden lässt, versteht sich keineswegs von selbst. In Wirklichkeit überlagern sich die verschiedenen Artikulationsbewegungen beim Sprechen. Wenn wir z. B. das Wort *Kuh* aussprechen, so runden wir die Lippen bereits beim initialen *k* und nicht erst beim *u*, während wir sie bei der Produktion des Wortes *Kiel* von Anfang an spreizen. Das bedeutet, ein *k* vor dem Vokal *i* wird anders realisiert als ein *k* vor *u*. Diese gegenseitige Überlagerung von Artikulationsbewegungen wird als **Koartikulation** bezeichnet. Fertigen wir andererseits eine Tonbandaufnahme der Äußerung von *Kuh* (oder *Kiel*) an und schneiden dann das Band in immer kleinere Teile, so hören wir beim Abspulen trotzdem immer noch eine Lautsequenz *ku* bzw. *ki* und keinen Einzellaut *k*. Das bedeutet, eine Isolierung von Einzelsegmenten in Äußerungen ist sehr schwierig, wenn nicht gar unmöglich. Untersuchungen, die diesen Sachverhalt verdeutlichen, werden in Maas (1999, Kap. 3) zusammengefasst.

Möglicherweise wird die Vorstellung, ein kontinuierliches Sprechereignis sei in einzelne diskrete (= unterscheidbare) Abschnitte segmentierbar, durch die ca. 2000jährige Erfahrung mit der **Alphabetschrift** beeinflusst, die ja tatsächlich aus klar abgrenzbaren Einheiten, den Buchstaben, besteht (zu dieser These vgl. Lüdtke 1969 und Tillmann/Günther 1986). Unbestreitbar ist allerdings, dass ein geschulter Hörer in der Lage ist, eine Äußerung seiner Sprache in einzelne **Laute (Phone, Segmente)** zu zerlegen. Als Hilfsmittel bedient sich der ›Ohrenphonetiker‹ dabei des international gebräuchlichen Transkriptionssystems IPA (= *International Phonetic Alphabet*). Im Handbuch der *International Phonetic Association* (2007) wird dieses System ausführlich erläutert und anhand der Übersetzung der Äsop-Fabel *Der Nordwind und die Sonne* in eine Reihe verschiedener Sprachen illustriert. Die für das Deutsche relevanten IPA-Zeichen werden in Kapitel 3.2.2.3 erklärt. In (1) ist die Transkription einer Äußerung des Wortes *Kiel* im IPA-System aufgeführt:

(1)   Segmentation in Laute
        Transkription einer Äußerung des Wortes *Kiel*: [k i : l]

Jeder Buchstabe innerhalb der eckigen Klammer repräsentiert einen **auditiv** segmentierten Laut der Wortäußerung. Außerdem enthält die Transkription ein Zusatzzeichen (**diakritisches Zeichen**), den Doppelpunkt, zur Kennzeichnung der Länge des Vokals [i].

Während die Prämisse der »absolute slicing hypothesis« für die Segmentation grundlegend ist, wird folgende Hypothese für die Klassifizierung benötigt:

2. Die Methode der Klassifizierung beruht auf der Grundannahme, dass die sprachlichen Einheiten eine Struktur bilden.

Diese Prämisse besagt, dass die durch Segmentation gewonnenen Einheiten in regulären Beziehungen zueinander stehen. Zwei Arten von Beziehungen werden von de Saussure (1916) unterschieden:

(2)   a. **syntagmatisch**: Relationen zwischen Einheiten in der linearen Kette (zeitlichen Sequenz) einer Äußerung (Einheiten in praesentia); Kette der Einheiten = **Syntagma**

        b. **paradigmatisch**: Relationen zwischen Einheiten, die an der gleichen Stelle im Syntagma füreinander einsetzbar sind (Einheiten in absentia); die Relation ist assoziativer Art, sie besteht zwischen Einheiten im Gedächtnis; Menge paradigmatisch verknüpfter Einheiten = **Paradigma**

In (3) sind diese beiden Arten von Relationen auf den drei Ebenen der Sprachstruktur illustriert, (a) der **syntaktischen**, (b) der **morphologischen** und (c) der **phonologischen** Ebene:

(3)   a. syntaktische Ebene:

der	Vogel	zwitschert
eine	Katze	miaut
dieses	Schaf	blökt
Ottos	Ziege	meckert

        b. morphologische Ebene:

ich	lieb	e	am	o
du	lieb	st	am	as
er/sie/es	lieb	t	am	at
wir	lieb	en	am	amus
ihr	lieb	t	am	atis
sie	lieb	en	am	ant

        c. phonologische Ebene:

[h ʊ n t]	*Hund*	[f ʊ n t]	*Fund*
[m ʊ n t]	*Mund*	[v ʊ n t]	*wund*
[b ʊ n t]	*bunt*	[ʀ ʊ n t]	*rund*

Auf der phonologischen Ebene regeln die syntagmatischen Beziehungen die Abfolgemöglichkeiten der einzelnen Segmente innerhalb eines Syntagmas. So ist im Deutschen am Wortende die Folge [n t] möglich, nicht jedoch [t n].

Die Wörter in (3c) bilden nach syntagmatischen Regeln zugelassene Sequenzen im Deutschen. Sie sind zugleich **lexikalische Einheiten** (s. Kap. 2.1), d. h. sie bilden Lautketten, denen eine Bedeutung zugeordnet ist. Andere Kombinationen von Segmenten, die ebenfalls die syntagmatischen Beschränkungen nicht verletzen, sind dagegen (zufällig) nicht lexikalisiert (vgl. 4a vs. 4b):

(4)   a. Baunt   [b a ʊ̯ n t]   b. * Bautn   [b a ʊ̯ t n]

           bent   [b ɛ n t]   * betn   [b ɛ t n]

           beunt   [b ɔ ɪ̯ n t]   * beutn   [b ɔ ɪ̯ t n]

Die Formen in (4a) sind zufällige Lücken im Lexikon; sie bilden **mögliche Wörter** des Deutschen. Die Sequenzen in (4b) dagegen sind **systematische Lücken**, da sie die Folge [t n] enthalten, die keinen möglichen Teil eines Wortsyntagmas, genauer einer

Silbe darstellt. Sie sind daher im Deutschen nicht zugelassen, d. h. **ungrammatisch** (zur Segmentfolge [t n̩] in Wörtern wie *Bauten* und *beten* s. Kap. 3.3.4.2 und 3.4.2.1). Das Sternchen vor den Wörtern in (4b) markiert diese Ungrammatikalität. Die Regeln der syntagmatischen Verknüpfung von Segmenten zu Silben und Wörtern werden in der **Phonotaktik** beschrieben. Phonotaktische Regularitäten werden im Zusammenhang mit der Silbenstruktur in Kapitel 3.4.2 thematisiert.

In den Wörtern in (3c) werden die Segmente [h], [m], [ʀ], [f], [v] und [b] an der gleichen Stelle – am Wortanfang – füreinander eingesetzt. Sie sind folglich zu einem Paradigma von Lauten klassifizierbar. Die Substitution eines der Laute durch einen anderen führt jeweils zu einem wohlgeformten Syntagma. Darüber hinaus erfüllt die Ersetzung im Gesamtsystem der Sprache die Funktion, Wörter zu differenzieren (s. Kap. 3.3.1).

3.2 | Phonetische Grundlagen

3.2.1 | Teilgebiete der Phonetik

Die **Phonetik** hat den gleichen Gegenstandsbereich wie die Phonologie, die Charakteristika **gesprochener Sprache**. Sie betrachtet die **Lautsprache** allerdings unter anderen Aspekten und mit unterschiedlicher Zielsetzung: Ihr Untersuchungsgegenstand sind nicht, wie in der Phonologie, die Funktionen von Lauteinheiten innerhalb eines Sprachsystems, sondern die materiellen Eigenschaften mündlicher Äußerungen. Diese werden z. T. mit naturwissenschaftlichen Messmethoden erfasst. Ziel der Phonetik ist die Erforschung der Möglichkeiten und Grenzen menschlicher Sprachproduktion und -perzeption. Die Phonologie dagegen ist primär an der Funktion von Lauten und Lautsequenzen im Gesamtsystem einer einzelsprachlichen Grammatik interessiert und beschäftigt sich nicht mit grammatisch irrelevanten phonetischen Details wie den besonderen stimmlichen Merkmalen einzelner Sprecher. Letztere werden aber in der Phonetik untersucht, u. a. zur Entwicklung von Programmen zur automatischen Spracherkennung oder zur Täterermittlung in der Kriminalistik.

›Sprechen‹ ist eine menschliche Tätigkeit, die in der Regel nicht isoliert erfolgt, sondern in Kontakt mit anderen Menschen, in der **Kommunikation**. In einem mündlichen Kommunikationsprozess können drei Phasen unterschieden werden, ›Sprachproduktion‹, ›Übertragung des lautsprachlichen Signals‹ und ›Perzeption‹ (= Wahrnehmung). Auf der Grundlage dieser Phaseneinteilung ist die Phonetik in die drei Teilbereiche in (5) gegliedert:

(5)   *Artikulatorische Phonetik   Akustische Phonetik   Auditive Phonetik*

Die **artikulatorische Phonetik** beschäftigt sich mit dem Sprechvorgang insgesamt, die **akustische Phonetik** mit den physikalischen Eigenschaften des übertragenen Schallsignals und die **auditive Phonetik** mit der Perzeption dieses Signals durch den Hörer.

Im Folgenden werden nur die Grundzüge der artikulatorischen Phonetik dargestellt, weil die in diesem Teilbereich entwickelten Grundbegriffe und Notationen für das Verständnis der folgenden Abschnitte zur Phonologie benötigt werden (zu den übrigen Teilgebieten vgl. Kohler 1995, Ladefoged 1993, Neppert 1999, Pompino-Marschall 2009 und Zsiga 2013).

3.2.2 | Artikulatorische Phonetik
3.2.2.1 | Überblick

Der Sprechvorgang lässt sich in drei Phasen einteilen:
1. Zunächst wird zum Sprechen Atemluft benötigt, wobei die Lautproduktion in aller Regel während der Phase der Ausatmung (bei **egressivem Luftstrom**) erfolgt. Diese Phase wird auch als **Initiation** bezeichnet.
2. Die ausströmende Luft kann bei ihrer Passage durch den Kehlkopf mit Hilfe der **Stimmbänder** (**Stimmlippen**) in Schwingungen versetzt werden. Diese Schwingungen sind als **Stimmtöne** auditiv wahrnehmbar. Die Produktion dieser Töne erfolgt in der **Phonationsphase**.
3. Oberhalb des Kehlkopfs wird die ausströmende Luft im Rachen- und Mundraum durch verschiedene Bewegungen insbesondere der Zunge und der Lippen auf vielfältige Weise behindert. Diese Modulationen des Luftstroms sind als Tonkomplexe (= Klänge) und Geräusche wahrnehmbar. Diese Phase des Sprechvorgangs nennt man ›**Artikulation** im engeren Sinne‹. Als ›Artikulation im weiteren Sinne‹ bezeichnet man dagegen die gesamte Lautproduktion einschließlich der ersten beiden Phasen.

3.2.2.2 | Phonation

Bei ihrem Weg aus den Lungen durch die Luftröhre wird die ausgeatmete Luft im **Kehlkopf** (der **Larynx**) in unterschiedlicher Weise modifiziert und zwar durch die Stimmbänder (Stimmlippen, engl. ›vocal cords‹). Diese dienen als eine Art Ventil für den Luftstrom: Sie können verschlossen werden und die Passage durch die Larynx völlig blockieren, sie können geöffnet werden und die Luft ungehindert ausströmen lassen, oder sie öffnen und schließen sich mit hoher Geschwindigkeit in regelmäßigen Abständen, d. h. sie schwingen. In (6) sind diese drei Grundpositionen bzw. -bewegungen der Stimmbänder schematisch dargestellt:

(6)   Positionen der Stimmbänder

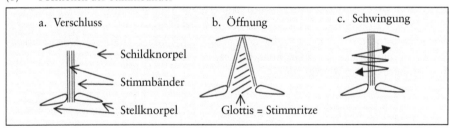

In (6) ist die **Position der Stimmbänder** innerhalb des Kehlkopfs in einem Querschnitt – stark vereinfacht – dargestellt. Vorne im Kehlkopf befindet sich der Schildknorpel (Thyroid), der bei einigen männlichen Personen als Adamsapfel sichtbar ist. An diesem sind die beiden Stimmbänder befestigt. Im hinteren Bereich des Kehlkopfes sind diese mit den beweglichen Stellknorpeln (Arytenoids) verbunden. Die Lücke zwischen den geöffneten Stimmbändern, durch welche die Luft ausströmen kann, wird als **Glottis** (Stimmritze) bezeichnet (zu Details des Aufbaus und der Funktionsweise der Kehlkopforgane vgl. Pompino-Marschall 2009, Kap. 1).

In den einzelnen Positionen werden folgende Laute produziert:
1. Werden die Stimmlippen fest verschlossen (vgl. 6a) und dann plötzlich geöffnet, so entsteht ein Knackgeräusch. Der auf diese Weise produzierte Laut wird daher auch als ›Knacklaut‹ bezeichnet, der wissenschaftliche Terminus ist ›**Glottisverschlusslaut**‹ (engl. ›glottal stop‹). In der internationalen Lautschrift IPA (vgl. 3.1) wird er mit dem Zeichen [ʔ] wiedergegeben. Im Deutschen wird der Knacklaut insbesondere vor betonten Vokalen realisiert, und zwar am Wortanfang oder im Wortinnern nach einem anderen Vokal (vgl. die Beispiele in (7)):

(7) a. [ʔ] Apfel   b. be[ʔ]eilen
         [ʔ] essen   Du[ʔ]ell
         [ʔ] Igel   Prä[ʔ]ambel

Die meisten Sprecher sind sich nicht bewusst, dass sie einen solchen Laut in den Wörtern in (7) produzieren. Dieses mangelnde Bewusstsein hängt u. a. damit zusammen, dass im Schriftsystem des Deutschen kein Buchstabe für diesen Laut vorhanden ist. Offensichtlich ist unser Wissen um das Lautsystem der Sprache stark geprägt von unserer Kenntnis der Orthographie. Dies illustriert auch folgendes Beispiel aus dem Bereich der Vokale:

In den Wörtern *Schoten* und *Schotten* werden zwei verschiedene o-Laute realisiert, ein geschlossenes [o] und ein offenes [ɔ]. Obwohl der Unterschied auditiv gut wahrgenommen werden kann, ist er aufgrund der einheitlichen Schreibung für viele Sprecher nicht transparent.

2. Wenn die Stimmlippen geöffnet sind (vgl. 6b), kann die Luft durch die Glottis entweichen, ohne in Schwingungen versetzt zu werden. In dieser Position werden **stimmlose** Laute produziert, z. B. die Konsonanten [t] und [s] in *Tasse*.

3. Durch eine rhythmische Abfolge von Öffnungen und Verschlüssen der Stimmbänder (vgl. 6c; der Zick-Zack-Pfeil symbolisiert diese Bewegungen) wird die ausströmende Luft selbst in Schwingungen versetzt. Auf diese Art wird ein Stimmton erzeugt, die so realisierten Laute sind **stimmhaft**. Diese Eigenschaft besitzen im Deutschen alle Vokale, Nasalkonsonanten (wie [m] und [n]) sowie [l] und [r]. Eine weitere Lautklasse, die **Obstruenten**, bilden Paare von stimmlosen und stimmhaften Varianten (vgl. das Korpus in (8); in den Paaren enthält das erste Wort jeweils den stimmlosen Laut):

(8) [p] – [b]   *Pass – Bass*   [s] – [z]   *weißen – weisen*
     [t] – [d]   *leiten – leiden* [f] – [v]   *Feier – Weier*
     [k] – [g]   *Kasse – Gasse*

Die in eckigen Klammern stehenden Transkriptionssymbole sind übrigens nicht in allen Fällen mit den entsprechenden Zeichen der deutschen Orthographie deckungsgleich: Dem Zeichen [z] entspricht in aller Regel ein <s> (Einheiten des Schriftsystems werden in Spitzklammern notiert), [v] ein <w> oder ein <v> (z. B. in *Vanille, Violine, Veronika*).

Die paarweise gegenübergestellten Laute unterscheiden sich nur im Verhalten der Stimmbänder, nicht in der Artikulation oberhalb des Kehlkopfes.

3.2.2.3 | Artikulation

Die Aktivitäten der Sprechorgane oberhalb der Glottis werden unter dem Terminus ›Artikulation (im engeren Sinne)‹ zusammengefasst. Der gesamte Bereich, in dem sich diese Artikulation abspielt, wird als ›**supraglottaler Raum**‹, ›Sprechtrakt‹ (›vocal tract‹) oder ›Ansatzrohr‹ bezeichnet. Der Sprechtrakt gliedert sich in drei Teilräume, den **Rachenraum**, den **Nasenraum** und den **Mundraum** (vgl. die Abbildung in (9), nach Heike 1972, 26):

(9)   Artikulationsräume und -organe (Sagittalschnitt)

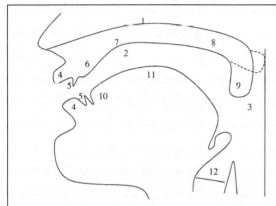

1 Nasenraum (cavum nasi, **nasal**)	7 harter Gaumen (palatum durum, **palatal**)
2 Mundraum (cavum ori, **oral**)	8 weicher Gaumen, Gaumensegel (velum, **velar**)
3 Rachenraum (pharynx, **pharyngal**)	9 Halszäpfchen (uvula, **uvular**)
4 Lippen (labies, **labial**)	10 Zungenspitze (apex, **apikal**)
5 Zähne (dentes, **dental**)	11 Zungenrücken (dorsum, **dorsal**)
6 Zahndamm (alveolae, **alveolar**)	12 Stimmritze (glottis, **glottal**) im Kehlkopf (larynx, **laryngal**)

Bei ihrem Weg durch den supraglottalen Raum kann die Luft entweder ungehemmt ausströmen oder sie wird durch die Bewegung eines Artikulationsorgans in irgendeiner Form behindert. In ersterem Fall werden Vokale produziert, im letzteren Konsonanten.

1. Konsonanten: Bei der Artikulation von Konsonanten wird der Luftstrom an einer Stelle im Mund- oder Rachenraum verengt oder kurzfristig ganz blockiert. Für den Hörer entsteht durch diese Art der Lautproduktion ein Geräuscheindruck. Konsonanten werden traditionell nach zwei Hauptkriterien klassifiziert: a) Art der Luftstrombehinderung (**Artikulationsart**) und b) Stelle im supraglottalen Raum, an der die Behinderung erfolgt (**Artikulationsort**). Hinzu kommt als drittes Kriterium – wie bereits erläutert – der Stimmton. In Tabelle (10) sind die im Standarddeutschen vorkommenden Konsonanten nach diesen drei Kriterien zusammengefasst (z. T. nach Kohler 2007, 86 und Ramers 1998, 21):

(10)   Konsonanten des Deutschen

	bi-labial	labio-dental	dental	alveolar	post-alveolar	palatal	velar	uvular	glottal
Plosive	p b			t d			k g		ʔ
Frikative		f v		s z	ʃ ʒ	ç j	x	χ ʁ	h
Nasale	m			n			ŋ		
Laterale				l					
Vibranten				r				ʀ	

In den Zeilen stehen die Artikulationsarten, in den Spalten die -orte. Stimmen zwei Konsonanten in diesen Eigenschaften überein, so steht jeweils links das Transkriptionssymbol für die stimmlose Variante, rechts für die stimmhafte. Diese Art der Darstellung wird übrigens auch in der IPA-Tabelle verwendet.

Artikulationsarten:

- Plosive (Verschlusslaute, Explosive, engl. ›stops‹) werden gebildet, indem der Mundraum völlig blockiert und dann wieder geöffnet wird (vgl. [p], [b] etc.). Die Luft staut sich hinter dem Hindernis und erzeugt dann beim Entweichen ein kleines Explosionsgeräusch. Auch der Glottisverschlusslaut [ʔ] gehört aufgrund seiner Artikulationsart zu dieser Klasse, da eine Blockade des Luftstroms in der Glottis erfolgt (s. aber die phonologische Klassifikation in Kap. 3.3.3).
- Frikative (Reibelaute, Spiranten, Engelaute) sind Konsonanten, die mit einer Verengung des Luftstroms im Mund- oder Rachenraum produziert werden. Die durch diese Verengung gepresste Luft wird in Turbulenzen versetzt, die als Reibegeräusch wahrgenommen werden (vgl. [f], [v] usw.). Bei [h] erfolgt die Engebildung in der Glottis selbst (s. aber Kap. 3.3.3).
- Nasale werden, wie die Plosive, mit vollständigem Verschluss im Mundraum gebildet (im Deutschen [m], [n] und [ŋ]). Allerdings kann die Luft bei Nasalen durch die Nase entweichen: Das bewegliche **Velum** (der weiche Gaumen) wird gesenkt und gibt die Passage durch die Nasenhöhle frei (vgl. Abb. (9)). Bei **oralen** Lauten dagegen ist das Velum gehoben und verschließt den Nasenraum.
- Bei Lateralen (Seitenlauten) wird der Mundraum nur in der Mitte verschlossen und die Luft kann an einer oder beiden Seiten entweichen. Das Standarddeutsche kennt nur den Lateral [l].
- Vibranten (Zitterlaute, r-Laute) werden durch Vibrationen eines flexiblen Artikulationsorgans erzeugt. Die Zungenspitze (**apex**) oder das Zäpfchen (**uvula**) werden mehrmals (bei trills) oder nur einmal (bei flaps) gegen die Alveolen bzw. die Hinterzunge geschlagen. Im Deutschen wird sowohl das apikale [r] (»gerolltes Zungenspitzen-r«) als auch das uvulare [ʀ] realisiert (s. Kap. 3.3.2).

Eine weitere Konsonantenklasse bilden die **Affrikaten**: Sie sind Kombinationen aus einem Plosiv und einem Frikativ, die am gleichen Artikulationsort gebildet werden (die homorgan sind). Da sie – phonetisch gesehen – Konsonantenkombinationen (Cluster) und keine Einzelkonsonanten bilden, sind sie nicht in die Tabelle (10) übernommen worden. Im Deutschen gehören die Cluster [pf] (z. B. in *Pferd*), [ts] (in *Zeit* und *Katze*), [tʃ] (in *Matsch*) und [dʒ] (in *Gin*) zu dieser Klasse (s. Kap. 3.4.2.3).

Die Bezeichnung der **Artikulationsorte** orientiert sich an den Stellen im Sprechtrakt, an denen durch einen aktiven **Artikulator** (die Lippen oder die Zunge) ein Verschluss oder eine Verengung gebildet wird. In Abb. (9) sind die einzelnen Artikulationsorte dargestellt, in Tabelle (10) sind die dort produzierten Konsonanten aufgeführt:

- bilabial: Mit beiden Lippen wird ein Verschluss oder eine Verengung gebildet. Im Deutschen werden an dieser Stelle zwei Plosive ([p] und [b]) und der Nasal [m] realisiert.
- labiodental: Die Unterlippe bildet eine Verengung an den oberen Schneidezähnen. Im Deutschen sind die beiden Frikative [f] und [v] labiodental. Bilabiale und labiodentale Laute werden zur Klasse der **Labiale** zusammengefasst.
- dental: Die Zungenspitze bildet direkt hinter den oberen Schneidezähnen einen Verschluss oder eine Verengung. Im Deutschen werden Konsonanten in der Regel etwas weiter hinten, am Zahndamm, gebildet. Im Französischen dagegen sind z. B. [t] und [s] dental. Zur Klasse der Dentale zählen auch die englischen Frikative [θ] (in *thick*) und [ð] (in *this*).
- alveolar: Die Behinderung des Luftstroms erfolgt am Zahndamm (den Alveolen). An dieser Artikulationsstelle werden im Deutschen die meisten Konsonanten gebildet: zwei Plosive ([t] und [d]), die beiden Frikative [s] und [z], der Nasal [n], der Lateral [l] und der vordere Vibrant [r]. Zu beachten ist, dass [z] in der IPA-Transkription ein stimmhaftes *s* bezeichnet (z. B. in *reisen*) und keine Affrikata [ts] wie das orthographische Zeichen <z> (z. B. in *zeichnen*).
- postalveolar: Diese Artikulationsstelle wird in älteren Darstellungen **palato-alveolar** genannt. Im Deutschen werden die beiden Frikative [ʃ] (z. B. in *schenken* und *Spiel*) und [ʒ] (in *Genie* und *Garage*) hier gebildet.
- palatal: Am harten Gaumen wird der stimmlose Frikativ [ç] gebildet, der auch als **Ich-Laut** bezeichnet wird, weil er u. a. im Wort *ich* realisiert wird. Außerdem kann in Wörtern wie *Boje*, *tja* oder *ja* der stimmhafte Frikativ [j] produziert werden.
- velar: Am weichen Gaumen werden die zwei Verschlusslaute [k] und [g] sowie der Frikativ [x] gebildet. [x] steht nach hinteren Vokalen wie in *Buch* und *hoch*. In der Literatur wird [x] auch als **Ach-Laut** bezeichnet, was phonetisch nicht ganz korrekt ist, da in diesem Wort (nach dem tiefen Vokal [a]) der Frikativ weiter hinten, als uvulares [χ] realisiert wird (zu Details vgl. Kohler 2007). Der weiche Gaumen ist schließlich die Artikulationsstelle des **Velarnasals** [ŋ] (z. B. in *singen*, *Klang*, *Tango* etc.). Orthographisch entspricht dem Velarnasal im Regelfall die Kombination <ng>.
- uvular: Neben dem bereits erwähnten Frikativ [χ] wird an der Uvula auch eine frikative stimmhafte r-Variante [ʁ] produziert, z. B. in *Karren*. Diese Art der r-Aussprache ist u. a. im Rheinland beliebt. Daneben ist auch die Realisierung von <r> als uvularer Vibrant [ʀ] möglich.
- glottal: In der Glottis wird zum einen der Verschlusslaut [ʔ] gebildet (s. Kap. 3.2.2.2), zum anderen der Frikativ [h]. Dieser Laut wird durch eine Verengung in der Stimmritze produziert, die eine Art Hauchgeräusch verursacht. Im supraglottalen Raum wird dagegen der Luftstrom bei [h] nicht behindert. Glottale Laute werden auch als **laryngal** bezeichnet.

Das Raster in Tabelle (10) ermöglicht eine Grobklassifikation der Konsonanten des Deutschen nach artikulatorischen Kriterien. [v] kann beispielweise artikulatorisch als stimmhafter, labialer (genauer: labiodentaler) Frikativ charakterisiert werden (zu weiteren Möglichkeiten der Subklassifizierung mit Hilfe phonologischer Merkmale s. Kap. 3.3.3).

Aufgabe 1: Beschreiben Sie die artikulatorischen Eigenschaften folgender Konsonanten: [ʔ], [ʀ], [ʃ], [g], [z], [l], [f], [ŋ], [ts]

2. Vokale: Bei vokalischer Artikulation erfolgt keine so starke Behinderung des Luftstroms im Ansatzrohr, dass ein Geräusch entsteht. Die unterschiedlichen Vokalqualitäten kommen vielmehr auf andere Weise zustande. Die an den Stimmbändern in Schwingungen versetzte Luft regt die im Rachen- und Mundraum befindliche Luftsäule zum Mitschwingen an. Diese Übertragung von Schwingungen wird als **Resonanz** bezeichnet. Durch die Bewegungen der Zunge und der Lippen werden oberhalb der Glottis verschiedene Resonanzräume geformt, die resultierenden Laute werden als unterschiedliche **Vokalklänge** wahrgenommen.

Vokale sind nach folgenden artikulatorischen Parametern differenzierbar: 1) Position der Zungenmasse (dorsum) und 2) Position der Lippen.

Zu 1: Die Stellung des Dorsums kann in zwei Dimensionen bestimmt werden, in der vertikalen (**Zungenhöhe**) und in der horizontalen Ausrichtung (**Zungenlage**). Letztere bezieht sich auf die Position des höchsten Punktes der Zunge im Mundraum.

Zu 2: Die Lippen können bei der Vokalartikulation eine neutrale bzw. – bei [i] – gespreizte Stellung einnehmen oder sie können vorgestülpt und gerundet sein. Nach diesem Kriterium werden **runde Vokale** von nicht-runden unterschieden.

Eine übliche Darstellungsform für die Vokalparameter ›Zungenhöhe‹ und ›Zungenlage‹ ist das sogenannte **Vokaltrapez**. In (11) ist ein solches Trapez mit den Vokalen des Standarddeutschen abgebildet:

(11) Vokale des Deutschen

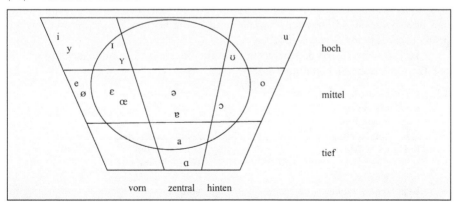

Vordere Vokale werden auch als **Palatalvokale** bezeichnet, weil die Zungenmasse bei ihrer Artikulation in Richtung des harten Gaumens angehoben wird; hintere Vokale nennt man **Velarvokale**, da die Hebung zum Velum hin erfolgt.

Zwischen der Zungenposition und der Lippenrundung besteht folgende Korrelation: Alle hinteren Vokale sind im Deutschen gerundet und alle Zentralvokale
ungerundet (zu einer Einschränkung dieser These s. Kap. 3.3.3). Bei den Vordervokalen sind zwei Reihen, ungerundete und gerundete Vokale, zu unterscheiden, wie
das Korpus in (12) illustriert:

(12) Kiel   – kühl   [iː] – [yː]
      missen   – müssen   [ɪ] – [ʏ]
      Lehne   – Löhne   [eː] – [øː]
      kennen   – können   [ɛ] – [œ]

Zur Differenzierung der Vokale sind zwei weitere Eigenschaften relevant, **Vokallänge**
und **Gespanntheit**: Alle Vokale außerhalb der Ellipse in Abb. (11) werden – in betonter
Silbe – mit längerer Dauer artikuliert als die übrigen, die nur kurz vorkommen (mit
einer Ausnahme, [ɛː] wie in *Käse*). Die Vokallänge ist in der Regel mit der Eigenschaft
›Gespanntheit‹ kombiniert (zu Ausnahmen s. Kap. 3.3.3). Ob zwischen den tiefen
a-Vokalen ein Gespanntheitsunterschied besteht – wie in (11) angenommen – oder
nur ein Längenkontrast, ist in der Forschung umstritten (vgl. ausführlich Ramers
1988). Gespannte Vokale werden mit größerer Muskelanspannung artikuliert als
ungespannte Vokale. Dies führt zu einer dezentraleren Lage der Artikulatoren ›Zunge‹
und ›Lippen‹ (stärkere Vorstülpung oder Spreizung) im Mundraum, während diese
bei der Artikulation der ungespannten Varianten näher an der Mundraummitte liegen
(vgl. die Vokale in der Ellipse). Umgekehrt erfordert eine dezentralisierte Position eine
längere Bewegung der beiden Artikulatoren, die durch größere Muskelanspannung
hervorgerufen wird. Gespannte Vokale sind folglich **dezentralisiert**, ungespannte
dagegen **zentralisiert**. Die zentralste Position, in der die Zunge weder gehoben noch
gesenkt, weder nach vorne noch nach hinten bewegt wird, ist die des **Zentralvokals**
›**Schwa**‹. Als Transkriptionssymbol wird [ə] verwendet, in der Orthographie des
Deutschen steht für diesen Vokal ausnahmslos ein <e>. Ein weiterer Zentralvokal
ist der etwas tiefere Vokal [ɐ]. Dieser wird auch als ›**vokalisiertes r**‹ bezeichnet, und
zwar aus zwei Gründen: 1) Im Schriftsystem korrespondiert dieser Vokal mit einem
<r> (z. B. in *Ohr*, *Uhr* etc.) oder mit einem <er> (wie in *Mutter*, *Vater* usw.). 2) Ar-
tikulatorisch ähnelt er der frikativen uvularen r-Variante [ʁ], da auch beim Vokal
eine Bewegung der Hinterzunge in Richtung Uvula erfolgt. Sie ist nur schwächer
ausgeprägt als beim konsonantischen ›r‹.

In Tabelle (13) sind Beispielwörter für alle Vokale in (11) mit den entsprechenden Transkriptionszeichen aufgeführt:

(13) [iː]: *Liebe, Igel, ihn, Vieh*   [ə]: *geheim, Rose*
      [ɪ]:   *List, Stimme*   [ɐ]: *Winter, Tür*
      [yː]: *lügen, Bühne*   [a]: *man, Kanne*
      [ʏ]:   *Sünde, Hülle*   [ɑː]: *Dame, Zahn, Aal*
      [eː]: *lesen, Mehl, See*   [uː]: *Schule, Ruhm*
      [ɛ]:   *Eltern, älter, Stelle, Fälle* [ʊ]: *Hund, Hummer*
      [ɛː]: *schälen, Pfähle*   [oː]: *Los, Moos, Mohn*
      [øː]: *schön, Höhle*   [ɔ]: *von, Gott*
      [œ]:   *Köln, gönnen*

In den Beispielwörtern sind die Buchstaben und Buchstabenkombinationen, die den
Vokalen orthographisch entsprechen, kursiv gedruckt. An der Tabelle ist ablesbar,

dass für die meisten Vokale mehrere Möglichkeiten der Wiedergabe im Schriftsystem des Deutschen bestehen.

Aufgabe 2: Ermitteln Sie anhand des Korpus (13) die Möglichkeiten der orthographischen Wiedergabe von Lang- und Kurzvokalen im Deutschen.

Eine Sondergruppe unter den vokalischen Lauten bilden die **Diphthonge:** Sie sind Kombinationen aus zwei Vokalen innerhalb einer Silbe; während der Artikulation bewegen sich Zunge und Lippen aus einer Vokalposition in eine andere. Im Deutschen sind drei Diphthonge geläufig, 1) [aɪ̯], 2) [aʊ̯] und 3) [ɔɪ̯] (zur Transkription s. Kap. 3.4.2.1):

(14)   Diphthonge des Deutschen

[aɪ̯]	[aʊ̯]	[ɔɪ̯]
Reise	Haus	heute
Blei	Applaus	teuer
Eis	auch	Häute
Mais	Clown	Säule
Waise	Kakao	ahoi

Die Bewegung der Zunge während der Artikulation dieser Diphthonge ist in Abbildung (15) veranschaulicht (nach Pompino-Marschall 2009, 218):

(15)   Artikulation der Diphthonge

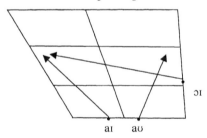

Die Abbildung zeigt, dass die Ausgangsposition der Artikulation relativ genau fixierbar, der Endpunkt der Gleitbewegung der Zunge dagegen sehr variabel ist. Entsprechend finden sich eine Reihe unterschiedlicher Transkriptionen für die Diphthonge in der Literatur (vgl. Ramers 1998, 36 f.).

Auch die tautosyllabischen (zu einer Silbe gehörenden) Kombinationen aus einem Vokal und folgendem vokalisiertem ›r‹ bilden Diphthonge des Deutschen, z.B. in den Wörtern *ihr, er, für, Stör, Uhr* und *Ohr* (zu ihrer Artikulation vgl. Kohler 2007, 88).

Aufgabe 3: Transkribieren Sie folgende Sätze im IPA-System:
(a) Die Katze kippte den Milchtopf um und verschwand im Keller.
(b) Der Ötzi schwang die Keule, bevor er im ewigen Eis erfror.
(c) Die Mäuse fraßen Löcher in den Käse.
(d) Goethe brach zu seiner italienischen Reise in den Süden auf.

3.3 | Segmentale Phonologie

3.3.1 | Phonembegriff

Das **Phonem** bildet die zentrale Einheit der Phonologie (s. Kap. 3.1). Die Bemühungen um seine Definition markieren den Anfangspunkt der historischen Entwicklung der Phonologie als wissenschaftlicher Disziplin (vgl. Bloomfield 1933 und Trubetzkoy 1939; einen zusammenfassenden Überblick über die Entwicklung der Phonologie enthält Ternes 1987). Die Phonemdefinitionen lassen sich mit de Saussures (1916) Begriff des **sprachlichen Zeichens** verbinden. Zeichen sind nach de Saussure bilateral, sie haben eine Form, die mit einem Inhalt verknüpft ist. Unterschiede im Inhalt (in der Bedeutung) sind dabei in der Regel mit Differenzen in der Form verbunden. Diese Korrelation zwischen Inhalt und Form besteht z. B. für die Wörter in (3c), hier der Einfachheit halber wiederholt als (16):

(16)	Hund	[h ʊ n t]	Fund	[f ʊ n t]
	Mund	[m ʊ n t]	wund	[v ʊ n t]
	rund	[ʀ ʊ n t]	bunt	[b ʊ n t]

Einem lautlichen Unterschied entspricht jeweils ein Bedeutungsunterschied. Die Differenz besteht dabei aus genau einem Segment. So unterscheidet sich die Aussprache der Wörter *Mund* und *rund* nur im initialen Konsonanten: Während das erste Wort mit einem labialen Nasal [m] anlautet, beginnt das zweite mit dem uvularen Vibranten [ʀ]. Die Substitution der einzelnen Laute führt jeweils zu einem neuen Wort mit anderer Bedeutung. Das heißt, die einzelnen Segmente erfüllen die zentrale Funktion der Bedeutungsdifferenzierung (**distinktive Funktion**). Außerdem bilden sie die *kleinsten* aufeinander folgenden Einheiten mit dieser Funktion. Segmente, die diese beiden Kriterien, (a) distinktive Funktion und (b) Minimalität, erfüllen, bilden Phoneme des jeweiligen Lautsystems einer Sprache. Das Phonem ist in (17) definiert (vgl. auch Bloomfield 1933, 136):

(17)   Ein Phonem bildet das kleinste bedeutungsdifferenzierende Segment einer Sprache.

Eine distinktive Funktion können Phoneme nur in **Opposition** zu anderen Phonemen des gleichen Lautsystems erfüllen. Trubetzkoy (1939, 39) kennzeichnet den oppositionellen Wesenszug des Phonems wie folgt:

> Das Phonem kann weder von seiner psychologischen Natur aus noch von seiner Beziehung zu den phonetischen Varianten befriedigend definiert werden, sondern einzig und allein von seiner Funktion im Sprachgebilde. Ob man es nun als kleinste distinktive Einheit (L. Bloomfield) oder als Lautmal am Wortkörper (K. Bühler) bezeichnet – alles das kommt auf eines hinaus: nämlich darauf, daß jede Sprache distinktive (›phonologische‹) Oppositionen voraussetzt, und daß das Phonem ein in noch kleinere distinktive (›phonologische‹) Einheiten nicht weiter zerlegbares Glied einer solchen Opposition ist.

Phonologische Oppositionen zwischen distinktiven Einheiten sind nicht per se in den sprachlichen Daten gegeben; diese liefern zunächst auf der Grundlage einer auditiven Segmentation nur einzelne Laute (s. Kap. 3.1). Die Oppositionen müssen vielmehr erst mittelbar über minimal differierende Wörter, sogenannte **Minimalpaare** (*engl.* ›minimal pairs‹), gewonnen werden. In (18a) sind einige Minimalpaare des Deutschen aufgelistet, in (18b) die entsprechenden phonologischen Oppositionen:

(18) a. Bein – Pein   Bus   – Busch   b. /b/ – /p/   /s/ – /ʃ/
        Guss – Kuss   Rand – Land   /g/ – /k/   /ʀ/ – /l/
        Dank – Tank   Stock – Stuck   /d/ – /t/   /ɔ/ – /ʊ/
        Wein – fein   Hölle – Hülle   /v/ – /f/   /œ/ – /ɣ/

Die Phoneme in (18b) **stehen in Opposition** bzw. sie **kontrastieren**. Während Phone (Laute) in der Notation in eckigen Klammern stehen, werden Phoneme in Schräg-striche eingefasst.

In der Gegenüberstellung in (18) ist noch eine weitere Eigenschaft von Phone-men – neben Minimalität und Distinktivität – sichtbar: Phoneme stehen sich nicht als unaufspaltbare Atome gegenüber, sie kontrastieren in bestimmten Lauteigenschaften. Dies illustrieren z. B. die ersten vier Phonempaare in (18b): /b/ – /p/, /g/ – /k/, /d/ – /t/ und /v/ – /f/. Sie unterscheiden sich in der Lauteigenschaft ›Stimmton‹. Das erste Glied der Opposition ist jeweils stimmhaft, das zweite stimmlos. Stimmton ist folglich eine Lauteigenschaft, in der Phoneme des Deutschen differieren. Anders gesagt, Minimal-paare können sich allein in dieser Eigenschaft unterscheiden. Sie erfüllt daher eine distinktive Funktion bzw. Phoneme erfüllen diese Funktion kraft einer derartigen Lauteigenschaft.

Bloomfield (1933, 79) betrachtet deshalb ein Phonem nicht als unanalysierbare phonologische Einheit, sondern als Bündel solcher distinktiver Merkmale (›distinctive features‹). Diese Bestimmung des Phonems widerspricht allerdings nicht der in (17) gegebenen Definition. Dort ist vom »kleinsten bedeutungsdifferenzierenden Segment« die Rede. Diese Bestimmung bezieht sich auf kleinste *in der Sequenz aufeinander fol-gende* Einheiten. Diese Definition schließt eine Gliederung in noch kleinere *simultan* im Phonem gebündelte Merkmale nicht aus. Merkmale dieses Typs sind neben dem Stimmton z. B. auch Artikulationsort und -art (zur phonetischen Charakterisierung dieser Merkmale s. Kap. 3.2.2.3). Für das Phonem /p/ des Deutschen ist z. B. folgende Bündelung von distinktiven Eigenschaften möglich (zu distinktiven Eigenschaften dieser Art s. Kap. 3.3.3.):

a) stimmlos (im Gegensatz zu /b/)
b) an den Lippen gebildet, labial (im Gegensatz zu /t/ und /k/)
c) Plosiv/Verschlusslaut (im Gegensatz zu /f/ als Frikativ)
d) oraler Laut (im Gegensatz zu /m/, einem Nasallaut, der mit gesenktem Velum produziert wird)

Nicht alle Lauteigenschaften von Segmenten sind generell bedeutungsunterscheidend. Nicht distinktiv ist im Deutschen z. B. die **Aspiration** stimmloser Plosive, transkribiert durch ein hochgestelltes [ʰ]. Sie erfolgt in der Regel, aber nicht immer, am Wortan-fang vor Vokalen. Aspirierte Plosive werden folgendermaßen artikuliert: Nach der Verschlusslösung beginnen die Stimmbänder nicht sofort zu vibrieren. Es bleibt eine kleine Zeitspanne (›voice onset time‹), in der die Luft, ohne in Schwingungen versetzt zu werden, durch die geöffnete Glottis ausströmt. Diese Phase ist als Hauchgeräusch hörbar (zu phonetischen Einzelheiten vgl. Ladefoged 1993, 143 und Zsiga 2013, 188–190).

Die Unterscheidung zwischen aspiriertem Plosiv (z. B. [pʰ]) und nicht-aspi-riertem Plosiv ([p]) allein genügt nicht zur Bedeutungsdifferenzierung. Es existieren keine Wörter im Deutschen, die sich nur in diesem Merkmal unterscheiden. Die Ausprachevarianten für *Pass, tief* und *Kohl* in (19) bilden daher keine Minimalpaare:

(19)   a. [pʰas] – [pas]   b. [tʰiːf] – [tiːf]   c. [kʰoːl] – [koːl]

Die Lauteigenschaft ›Aspiration‹ ist zwar im Deutschen nicht distinktiv, aber in einer Reihe anderer Sprachen (vgl. Maddieson 1984). Das Korpus (20) aus Ladefoged (1993, 145) verdeutlicht die Distinktivität der Aspiration in der indischen Sprache Hindi:

(20)   a. [pal] ›achtgeben auf‹ – [pʰal] ›Klinge‹   c. [kan] ›Ohr‹ – [kʰan] ›mein‹
        b. [tal] ›schlagen‹ – [tʰal] ›Teller‹

Wenn nicht alle Eigenschaften konkreter Laute eine distinktive Funktion erfüllen, so ist daraus zweierlei ableitbar:

1. Lauteigenschaften können andere Funktionen haben als die der Bedeutungsunterscheidung. Eine mögliche weitere Funktion ist z. B. die der Markierung phonologischer, morphologischer oder syntaktischer Grenzen. So kennzeichnet die Aspiration stimmloser Plosive im Deutschen den Wortanfang bzw. eine vorangehende Sprechpause. Diese Funktion kann als **deliminativ** bezeichnet werden. Weitere Funktionen sind die der Identifikation eines bestimmten Sprechers oder der Übermittlung emotiver Färbungen des Inhalts von Äußerungen. Solche Funktionen können z. B. Tonhöhenunterschiede zwischen Vokalen im Deutschen erfüllen.

2. Das Phonem als Bündel distinktiver Merkmale ist nicht mit einem konkreten Laut mit allen seinen Eigenschaften identifizierbar, sondern bildet eine abstrakte funktionale Einheit, bei deren Ermittlung von nicht-distinktiven Eigenschaften (wie Aspiration im Deutschen) abgesehen wird. Trubetzkoy (1939, 35) umschreibt diesen Sachverhalt wie folgt:

> Man darf sagen, daß das Phonem die Gesamtheit der phonologisch relevanten Eigenschaften eines Lautgebildes ist.

Dies bedeutet zugleich, dass ein Phonem eine ganze Klasse von Lauten konstituiert, die alle distinktiven Eigenschaften gemeinsam haben, in den nicht-distinktiven dagegen differieren können. So bilden z. B. aspiriertes [pʰ] und nicht-aspiriertes [p] im Deutschen **Varianten** (**Realisierungen** bzw. **Instanzen**) eines Phonems. Solche Instanzen werden als **Allophone** bezeichnet.

3.3.2 | Allophone und Variationsarten

Zur Ermittlung von Allophonen ist folgendes methodisches Vorgehen sinnvoll:
Schritt 1: Eine Wortäußerung wird in Phone zerlegt (Beispiel: Notation [pʰas] für *Pass*).
Schritt 2: Diese Phone werden (mittels Minimalpaarbildung) zu Phonemen klassifiziert (Notation /p a s/).
Schritt 3: Die verschiedenen Realisierungsvarianten (Allophone) eines Phonems werden ermittelt (Notation [pʰas]).

So gelangt man zwar wieder zu den ursprünglichen Phonen, diese sind aber als Instanzen abstrakterer Einheiten, der Phoneme, identifiziert. Der Unterschied wird klar, wenn auditiv Phone differenziert werden, die innerhalb eines Lautsystems überhaupt keinem Phonem zugeordnet werden können. Dies gilt im Deutschen z. B. für den

Glottisverschlusslaut [ʔ], der keine distinktive Funktion hat. Er bildet folglich auch kein Allophon eines Phonems.

Der Zusammenhang zwischen dem Phonem als abstrakter Lautklasse und seinen Allophonen kann graphisch so veranschaulicht werden:

(21)   a.

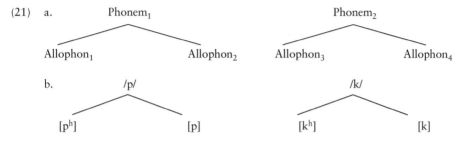

Allophone eines Phonems können in unterschiedlichen Relationen zueinander stehen. Diese nicht-kontrastierenden Beziehungen werden unter dem Begriff **Variation** zusammengefasst. Zwei Hauptarten der Variation werden im Folgenden kurz beleuchtet (zu weiteren vgl. Ramers/Vater 1995, Kap. 2): 1. komplementäre Distribution und 2. freie Variation.

Komplementäre Distribution: Komplementär verteilt (distribuiert) sind Allophone, wenn sie nie im gleichen Lautkontext vorkommen; d. h., sie kontrastieren nie alleine, da die Lautumgebung auch verschieden ist. Ein klassisches Beispiel für das Vorliegen einer komplementären Distribution bildet die Verteilung der Allophone [x] und [ç] (zu phonetischen Details s. Kap. 3.2.2.3). Das Korpus in (22) (nach Ramers 1998, 47) verdeutlicht die Verteilung:

(22)

[x]	[ç]	[ç]	[ç]
Ach	ich	Milch	Chemie
Buch	siech	durch	Biochemie
hoch	Becher	manche	Frauchen
Loch	rächen	München	Dummchen
Lache	Flüche		Röschen
Sucht	Küche		
Bauch	Löcher		
	reich		
	euch		

Die Distribution kann wie folgt beschrieben werden:
a) [x] steht
– nach Hintervokalen ([u] etc.) und
– nach Zentralvokalen ([ɑː], [a])
b) [ç] steht
– nach Vordervokalen,
– nach Konsonanten (in der Regel [l], [ʀ] und [n]; vgl. aber *Kittchen* und *Frettchen*) und
– am Morphemanfang (vgl. letzte Spalte).

Die Lautkontexte sind somit komplementär, folglich erfüllen die beiden Frikative alleine keine distinktive Funktion. In Minimalpaaren wie ›Milch – mild‹ und ›hoch – hohl‹ steht zwar [ç] bzw. [x] in Opposition zu [d] bzw. [l], bedeutungsunterscheidend ist aber nur die beiden Frikativen gemeinsame Eigenschaft ›dorsaler Frikativ‹ (zu Details vgl. unten). Dieses Faktum ist daran ablesbar, dass der Ich-Laut jeweils durch den Ach-Laut ersetzt werden kann und umgekehrt, ohne Verlust der distinktiven Funktion: Auch in der schweizerdeutschen Aussprache von Milch mit dem velaren Frikativ [x] beispielsweise bleibt der Kontrast zu [d] erhalten und das gleiche Minimalpaar wird differenziert.

Die Frikative [ç] und [x] bilden daher Allophone eines Phonems (vgl. 23):

(23)　　[x]　　　　　　　[ç]

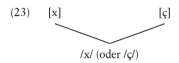

/x/ (oder /ç/)

Welches Allophon quasi als Vertreter des Phonems das Transkriptionssymbol liefert, ist zunächst beliebig. Für die Wahl können Kriterien wie Häufigkeit der Lautkontexte oder Komplexität des Allophons (Anzahl der Lauteigenschaften) herangezogen werden. Auch die Distribution in Flexionsparadigmen kann als Kriterium benutzt werden: Der Ach-Laut erscheint jeweils in den unmarkierten Flexionsformen, der Ich-Laut in den markierten (zur Markiertheit s. Kap. 2.2.2). Das Korpus (24) illustriert diese Verteilung:

(24)　a. *Singular*:　Buch [x]　–　*Plural*:　　Bücher [ç]
　　　　　　　　　　Loch　　　–　　　　　　　Löcher
　　　　　　　　　　Bach　　　–　　　　　　　Bäche

　　　　b. *Indikativ*:　brach [x]　–　*Konjunktiv*:　bräche [ç]
　　　　　　　　　　　sprach　　–　　　　　　　　spräche
　　　　　　　　　　　roch　　　–　　　　　　　　röche

In der unmarkierten Singular- bzw. Indikativform steht das Allophon [x], in der markierten Plural- bzw. Konjunktivform das Allophon [ç]. Letzteres kann als abgeleitet betrachtet werden: Die Umlautung des vorangehenden Vokals bewirkt in den markierten Formen eine Angleichung (**Assimilation**) des folgende Frikativs im Artikulationsort. Aus einem velaren Ach-Laut wird nach palatalen (vorderen) Vokalen ein palataler Ich-Laut (zu Assimilationen s. Kap. 3.3.4). Morphologische Paradigmen wie in (24) sprechen folglich für die Wahl des Transkriptionssymbols /x/ für das Phonem.

Aufgabe 4: Beschreiben Sie die Distribution stimmhafter Plosive und Frikative im Spanischen auf der Grundlage des folgenden Korpus. Prüfen Sie, ob eine komplementäre Distribution vorliegt.

a.　[b]　　　　　　　　　　　　　[β]
　　['bota]　　*bota*　　›Stiefel‹　　['loβo]　　*lobo*　　›Wolf‹
　　['bino]　　*vino*　　›Wein‹　　　[aβ'laɾ]　*hablar*　›sprechen‹
　　['ambɔs]　*ambos*　›beide‹

b. [d]

    ['doβle]   *doble*   ›doppelt‹

    ['konde]   *conde*   ›Graf‹

    ['falda]   *falda*   ›Rock‹

    [ð]

    ['deðo]   *dedo*   ›Finger‹

    ['maðre]   *madre*   ›Mutter‹

    [xuβen'tuð]   *juventud*   ›Jugend‹

c. [g]

    ['gusto]   *gusto*   ›Geschmack‹

    ['saŋgre]   *sangre*   ›Blut‹

    [ɣ]

    ['laɣo]   *lago*   ›See‹

    ['siɣlo]   *siglo*   ›Jahrhundert‹

    ['alɣo]   *algo*   ›etwas‹

Nicht immer führt eine Phonemanalyse allein auf der Grundlage des Kriteriums ›komplementäre Distribution‹ zu sinnvollen Ergebnissen. Dies verdeutlicht die Verteilung der Allophone [h] und [ŋ] im Deutschen. Das Korpus (25) zeigt die Distribution:

(25) a. [haʊs]   *Haus*   b. [dɪŋ]   *Ding*

          ['u:hu]   *Uhu*   [hɛŋst]   *Hengst*

          [gə'haɪ̯m]   *geheim*   ['tsʊŋə]   *Zunge*

Die Verteilung ist folgendermaßen charakterisierbar:

- [h] steht am Wortanfang vor Vokal und vor betontem Vokal bzw. unbetontem gespannten Vokal im Wortinneren.
- [ŋ] steht nie am Wortanfang, dafür am Wortende, vor Konsonanten und vor unbetonten ungespannten Vokalen (in der Hauptsache [ə], [ɪ] und [ʊ]).

Da [h] und [ŋ] nie im gleichen Lautkontext vorkommen, können sie auch nie alleine einen Kontrast bilden, d. h. Wörter differenzieren. Dennoch ist es nicht sinnvoll, sie als Allophone *eines* Phonems zu betrachten. Es ist nämlich völlig unklar, welche Bündelung distinktiver Lauteigenschaften dieses Phonem bilden würde. Die einzige gemeinsame Lauteigenschaft von [h] und [ŋ] ist, dass sie beide hintere Konsonanten sind. Diese Eigenschaft teilen sie aber mit /g/, /k/ und /x/; der Artikulationsort erlaubt folglich keine Abgrenzung von diesen anderen Phonemen des Lautsystems.

    Um eine kontraintuitive Phonemanalyse, die allein auf das Distributionskriterium gestützt ist, zu verhindern, zieht Trubetzkoy (1939) das zusätzliche Kriterium der **phonetischen Ähnlichkeit** mit heran: Nur wenn zwei Allophone dieses Kriterium erfüllen, bilden sie Realisierungen eines Phonems, wenn nicht, sind sie Varianten zweier verschiedener Phoneme. Phonetische Ähnlichkeit liegt dann vor, wenn Allophone ein Bündel gemeinsamer Lauteigenschaften haben, das kein anderer Laut des Systems mit ihnen teilt (vgl. Ternes 1987, 81). Dieses Kriterium ist für die beiden Allophone [x] und [ç] im Deutschen gegeben. Sie sind die einzigen **stimmlosen, dorsalen Frikative** und unterscheiden sich nur geringfügig in der Artikulationsstelle: [x] ist velar und [ç] palatal. [h] und [ŋ] sind hingegen, wie oben gezeigt wurde, nicht phonetisch ähnlich und bilden daher Allophone zweier verschiedener Phoneme /h/ und /ŋ/.

    Neben der komplementären Distribution besteht als weiterer Relationstyp zwischen Allophonen die freie Variation. **Freie Variation** liegt dann vor, wenn zwei Allophone im gleichen Lautkontext austauschbar sind, ohne dass sich die Bedeutung ändert. Zwei Spielarten dieser Variationsart können unterschieden werden:

(a) Variation beim gleichen Sprecher (freie Variation im engeren Sinne)

(b) regional oder sozial bedingte Variation

Ein Beispiel für Typ (a) ist im Deutschen die Realisierung des gleichen Vokals (z. B. [ɑː]) in unterschiedlicher Tonhöhe. Mit dieser Variation in der Tonhöhe kann ein Sprecher des Deutschen zwar keine Wörter differenzieren, aber emotionale Färbungen wie Wut, Trauer, Angst, Freude u. ä. transportieren.

Ein Paradebeispiel für den Typ (b) bilden die verschiedenen **r-Realisierungen** im Deutschen (vgl. ausführlich Ternes 1987, 83–86; Ramers/Vater 1995, 34 f., Kohler 1995, 165 f. und Krech et al. 2010, 85–87). Wortinitial, z. B. in *Rede, Rabe* usw., sind zwei Hauptvarianten differenzierbar, 1. uvularer Vibrant [ʀ] (sog. Zäpfchen-r) und 2. vorderes, alveolares apikales [r] (gerolltes Zungenspitzen-r). Anders als bei Typ (a) variiert in diesem Fall der einzelne Sprecher in der Regel nicht zwischen beiden Allophonen, sondern realisiert immer das gleiche Allophon. Entweder er ist Sprecher eines hinteren Zäpfchen-R oder eines vorderen Zungenspitzen-r. Die Wahl hängt von der regionalen und – in geringerem Umfang – auch von der sozialen Herkunft ab. Nach Kohler (1995, 165 f.) liegt folgende regionale Verteilung vor: Vorderes [r] wird im österreichisch-bayrischen Raum, in Schleswig-Holstein sowie im Alemannischen bevorzugt, hinteres [ʀ] wird dagegen im übrigen deutschen Sprachraum, z. B. in Nord-, Ost- und Westdeutschland, häufiger verwendet. Das hintere [ʀ] hat sich von der Stadt aus aufs Land ausgebreitet. Zumindest früher bestand daher vor allem in ländlichen Gegenden noch ein Generationenunterschied zwischen älteren Sprechern eines vorderen [r] und jüngeren, die bereits zum hinteren [ʀ] gewechselt hatten.

3.3.3 | Phonologische Merkmale

Neben der Phonemdefinition bildet die Theorie **distinktiver phonologischer Merkmale** einen Kernbestandteil der Phonologie (vgl. zusammenfassend Ternes 1987, Kap. 13).

Den Ausgangspunkt dieser Theorie bildet der Teil der im vorigen Abschnitt skizzierten Phonemdefinition, in dem das Phonem als ›Bündel distinktiver Lauteigenschaften‹ (›distinctive features‹) betrachtet wird. Zu diesen distinktiven Merkmalen gehören im Deutschen z. B. ›Stimmton‹ und ›Nasalität‹, wie die Paare in (26) illustrieren:

(26) a. Dank   – Tank   b. Mann   – Bann
         /d/   – /t/   /m/   – /b/
         stimmhaft   – stimmlos   nasal   – oral
         [+stimmhaft] – [–stimmhaft]   [+nasal]   – [–nasal]

Die formale Notation der Merkmale ist jeweils in der letzten Zeile aufgeführt: Die Merkmalsbezeichnungen werden in eckige Klammern eingeschlossen. Für jedes Merkmal sind zwei Werte möglich, ›+‹ oder ›–‹. Im Beispiel (26) sind diese Werte wie folgt interpretierbar: [+stimmhaft] bezeichnet das Vorhandensein einer Lauteigenschaft, die paraphrasierbar ist als ›mit vibrierenden Stimmbändern produziert‹; [–stimmhaft] kennzeichnet dagegen das Fehlen dieser Eigenschaft. [+nasal] steht für eine zusätzliche Artikulation, die ›Senkung des Velums‹, die den Nasenraum für den Luftstrom öffnet; bei Segmenten mit dem Merkmal [–nasal] (rein oralen Lauten) fehlt dieses zusätzliche artikulatorische Merkmal.

Die Zweiwertigkeit der phonologischen Merkmale in (26) wird als **Binarität** bezeichnet. Mehrwertige (skalare) Merkmale sind dagegen nur in der Phonetik in nicht-distinktiver Funktion gebräuchlich. Eine Möglichkeit zur Skalierung bietet

z. B. die Eigenschaft ›Vokalhöhe‹. In (27a) werden zwei binäre Merkmale zur Unterscheidung von drei Vokalhöhen verwendet, in (27b) dagegen ein skalares Merkmal:

(27) a. /i:/ [+hoch, –tief]   b. [i:] [1 hoch]
          /e:/ [–hoch, –tief]   [e:] [2 hoch]
          /ɑ:/ [–hoch, +tief]   [ɑ:] [3 hoch]

In der klassischen Merkmalstheorie werden nur binäre distinktive Merkmale des Typs (27a) benutzt.

Eine weitere Eigenschaft der phonologischen Merkmale wurde bereits mehrfach erwähnt, ihre **Distinktivität**. Diese Eigenschaft ist nicht auf eine Einzelsprache bezogen. Gemeint ist vielmehr, dass das jeweilige Merkmal in irgendeiner natürlichen Sprache eine bedeutungsdifferenzierende Funktion hat. Das Beispiel ›Aspiration‹ wurde oben diskutiert (s. Kap. 3.3.1): Diese ist zwar im Deutschen nicht distinktiv, dafür jedoch im Hindi, Thai und weiteren Sprachen. Daher ist sie in ein Gesamtinventar distinktiver Merkmale aufzunehmen.

Mit der Distinktivität in irgendeiner Sprache hängt eine dritte Eigenschaft phonologischer Merkmale zusammen, ihre **Universalität**. Mit einer relativ kleinen Menge von Merkmalen können die Phonemsysteme aller natürlichen Sprachen charakterisiert werden. Jakobson/Fant/Halle (1951) kommen mit einem Inventar von nur 12 Merkmalen aus. Die Verwendung von Merkmalen führt zu einer enormen Reduzierung des phonologischen Vokabulars in der Beschreibung von Lautsystemen gegenüber der ausschließlichen Verwendung von Phonemsymbolen. Für das Standarddeutsche geht z. B. Wiese (1996, 10 f.) von 37 Phonemen aus; dieses System beschreibt er mit Hilfe von 22 distinktiven Merkmalen (1996, 20 und 23). Logisch möglich ist mit Hilfe von n binären Merkmalen eine Differenzierung von 2^n Phonemen. Z. B. könnten mit Hilfe der beiden Merkmale (n = 2) [+/– hoch] und [+/– tief] maximal vier Phoneme eindeutig unterschieden werden (denn $2^2 = 4$). Genutzt werden die beiden Merkmale aber nur zur Unterscheidung von drei Phonemen (vgl. 27a), und zwar aus folgendem Grund: Die Kombination [+tief, +hoch] ist zwar logisch möglich, aber nicht **phonetisch**. Der Zungenrücken kann bei der Lautproduktion nicht zugleich gehoben und gesenkt werden. Der Ausschluss solcher Kombinationen liegt in einer weiteren Eigenschaft der Merkmale begründet, ihrem **phonetischen Gehalt**: Im Idealfall sollten alle verwendeten Merkmale in allen drei phonetischen Manifestationsbereichen definierbar sein, d. h. 1) **artikulatorisch**, 2) **akustisch** und 3) **auditiv**. Jakobson/Fant/Halle (1951) und Jakobson/Halle (1956) geben zumindest Definitionen artikulatorischer und akustischer Art an, später begnügt man sich in der phonologischen Praxis meist mit rein artikulatorischen Definitionen (so z. B. teilweise in Chomsky/Halle 1968 oder Wurzel 1970).

Im Folgenden werden die einzelnen für das Deutsche relevanten Merkmale eingeführt und definiert. Die sogenannten **Oberklassenmerkmale** (engl. ›major class features‹) dienen der Differenzierung der Hauptklassen eines Lautsystems. In (28) ist eine mögliche Klassifikation mit Hilfe solcher Merkmale für das Deutsche dargestellt (nach Kloeke 1982, 3 und Ramers 1998, 55):

(28)

	Vokale	Sonoranten	Obstruenten	Laryngale
konsonantisch	–	+	+	–
sonorant	+	+	–	–

Wie die Tabelle zeigt, genügen im Deutschen zwei binäre Merkmale zur Differenzierung in diese vier Hauptklassen:

1. [+/–konsonantisch]: Das Merkmal ist artikulatorisch so definierbar: [+konsonantisch] sind Laute, die mit einer Behinderung des Luftstroms oberhalb der Glottis produziert werden, [–konsonantisch] alle Laute, bei deren Realisierung entweder nur eine Behinderung in der Glottis selbst oder überhaupt keine erfolgt.

2. [+/–sonorant]: Dieses Merkmal bezieht sich auf die Möglichkeit zur Stimmtonbildung. [+sonorant] sind Laute, die **spontan stimmhaft** sind. Aufgrund des nicht verengten Stimmtraktes und angenäherter Stimmbänder ist der supraglottale Luftdruck gegenüber dem subglottalen klein genug, um die Stimmbänder beim Ausatmen automatisch zum Schwingen zu bringen (vgl. Chomsky/Halle 1968, 300–302). Stimmhafte Obstruenten (wie [z], [d] etc.) sind dagegen zwar stimmhaft, aber nicht *spontan* stimmhaft. D. h., damit die Stimmbänder bei der supraglottalen Behinderung des Luftstroms während der Produktion dieser Laute trotzdem schwingen, ist zusätzlicher artikulatorischer Aufwand, z. B. eine stärkere Öffnung der Glottis, erforderlich. Dies bedeutet, Vokale und Sonoranten sind im unmarkierten Fall [+stimmhaft], der unmarkierte Wert für Obstruenten ist dagegen [–stimmhaft]. In aller Regel werden Laute, die [+sonorant] sind, auch stimmhaft realisiert. Diese Kopplung besteht jedoch nicht zwangsläufig. Im Deutschen beispielsweise werden alle Laute, auch die Sonoranten und Vokale, beim Flüstern stimmlos ausgesprochen. In einigen Sprachen kommen stimmlose Sonoranten auch als reguläre Phoneme vor, z. B. stimmlose Nasale im Burmesischen und ein stimmloser Lateral in der dravidischen Sprache Toda. Zu letzterem Fall führt Hall (2011, 21) das Minimalpaar [kal] ›Perle‹ vs. [kḁl] ›studieren‹ an (das diakritische Zeichen [̥] kennzeichnet die Stimmlosigkeit von Lauten, die unmarkierterweise stimmhaft sind, also von Vokalen und Sonoranten).

Zur Lautklasse der Laryngale gehören im Deutschen nur zwei Segmente, [h] und der Glottisverschlusslaut [ʔ]. Diese beiden Laute sind zum einen nicht spontan stimmhaft wie die Vokale und Sonoranten, sondern im unmarkierten Fall stimmlos. Zum anderen findet bei ihrer Artikulation keine Behinderung des Luftstroms oberhalb der Glottis statt wie bei den Konsonanten.

Im Folgenden werden die drei Subklassen ›Obstruenten‹, ›Sonoranten‹ und ›Vokale‹ näher beleuchtet. Eine Möglichkeit zur Klassifikation der Obstruentenphoneme des Deutschen mit Hilfe distinktiver Merkmale ist in (29) abgebildet:

(29)   Merkmalsmatrix für die Obstruentenphoneme des Deutschen

	p	b	f	v	t	d	s	z	ʃ	ʒ	j	k	g	x
(a) sth	–	+	–	+	–	+	–	+	–	+	+	–	+	–
kont	–	–	+	+	–	–	+	+	+	+	+	–	–	+
(b) lab	+	+	+	+	–	–	–	–	–	–	–	–	–	–
kor	–	–	–	–	+	+	+	+	+	+	–	–	–	–
hint	–	–	–	–	–	–	–	–	–	–	–	+	+	+
hoch	–	–	–	–	–	–	–	–	+	+	+	+	+	+

Kürzel: sth = stimmhaft, kont = kontinuierlich, lab = labial, kor = koronal, hint = hinten

Eine Tabelle wie (29) wird als **Merkmalsmatrix** bezeichnet. Die beiden Oberklassen-merkmale aus Tabelle (28) wurden in (29) weggelassen: Für alle Obstruenten ergeben sich die Werte [+konsonantisch] und [–sonorant].

In der linken Spalte in (29) stehen jeweils die distinktiven Merkmale (in ab-gekürzter Form) und in der obersten Reihe die Transkriptionssymbole für die Pho-neme. Die Anordnung der Merkmale in der ersten Spalte folgt der Einteilung in (a) **Artikulationsartmerkmale** und (b) **Artikulationsortsmerkmale**.

Zunächst zu Gruppe (a): Das Merkmal **[+/–stimmhaft]** wurde bereits erläu-tert. Typisch für Obstruenten ist, dass sie im Regelfall paarweise [+stimmhaft] und [–stimmhaft] sind. Dieses System hat im Deutschen nach Tab. (29) allerdings zwei Lücken: Zu stimmhaftem /j/ fehlt das stimmlose Gegenstück und zu stimmlosem /x/ das stimmhafte Pendant.

Das Merkmal **[+/–kontinuierlich]** ([+/–dauernd]; engl. [+/–continuant]) differen-ziert die Artikulationsart von Plosiven vs. Frikativen: Plosive sind [–kontinuierlich], Frikative [+kontinuierlich]. Die artikulatorische Definition des Merkmals lautet entsprechend wie in (30):

(30)　[–kontinuierlich] sind Laute, die mit einer vollständigen Blockade des Luftstroms im mittsagittalen Bereich des Mundraums produziert werden, [+kontinuierlich] alle übrigen Laute.

Der Ausdruck ›mittsagittal‹ bezieht sich auf die mittlere Längsachse des Mundraums. Nach dieser Definition ist der Lateral [l] [–kontinuierlich], da die Zungenspitze im Mittelteil des Mundraums einen vollständigen Verschluss bildet (zur näheren Begrün-dung vgl. Wiese 1996, 24 und 233).

Zu Gruppe (b) (Artikulationsortsmerkmale): Die ersten beiden Ortsmerkmale sind in (31) und (32) definiert:

(31)　[+labial] sind Laute, die mit aktiver Beteiligung der Lippen an der Artikulation gebildet werden. Alle anderen Laute sind [–labial].

(32)　[+koronal] sind Laute, die mit angehobener Zungenspitze produziert werden, alle anderen Laute sind [–koronal].

Die Definition des nächsten Ortsmerkmals **[+/–hinten]** bezieht sich nicht auf den Vorder-teil der Zunge, die **Corona**, sondern auf ihren Hauptteil, den Zungenrücken, das **Dor-sum**. Bezogen auf diesen Teil der Zunge kann das Merkmal wie folgt definiert werden:

(33)　[+hinten] sind Laute, bei deren Produktion das Dorsum aus der neutralen Lage nach hinten verschoben wird, [–hinten] alle anderen Laute (vgl. Chomsky/Halle 1968, 305).

Die Neutrallage der Zunge ist eine mittlere Position, die in etwa der Stellung bei der Produktion des Neutralvokals [ə] entspricht. In Tabelle (29) dient das Merkmal ins-besondere der Differenzierung von /j/ ([–hinten]) und /x/ ([+hinten]), die beide [–labial] und [–koronal] sind. Das Ortsmerkmal **[+/–hoch]** ist ebenfalls auf das Dorsum bezo-gen. Die Definition in (34) ist daher analog zu der für [+/–hinten] in (33) formuliert:

(34)　[+hoch] sind Laute, bei deren Produktion das Dorsum aus der neutralen Lage angehoben wird, [–hoch] alle anderen Laute (vgl. Chomsky/Halle 1968, 304).

Der Zusammenhang zwischen den traditionellen Artikulationsortsbezeichnungen und den hier verwendeten distinktiven Merkmalen ist in (35) zusammengefasst (nach Ramers 1998, 57):

(35) Artikulationsstellen und Ortsmerkmale im Deutschen

	Labiale	Dentale/ Alveolare	Postalveolare	Palatale	Velare	Uvulare
labial	+	–	–	–	–	–
koronal	–	+	+	–	–	–
hinten	–	–	–	–	+	+
hoch	–	–	+	+	+	–

Die Lautklasse der Sonoranten ist in der Merkmalsmatrix (36) erfasst; die bei allen Sonoranten übereinstimmenden Werte [+konsonantisch] und [+sonorant] sind weggelassen (vgl. dazu Tab. 28):

(36) Merkmalsmatrix für die Sonorantenphoneme des Deutschen

	m	n	ŋ	l	ʀ
nasal	+	+	+	–	–
kontinuierlich	–	–	–	–	+
labial	ı	–	–	–	–
koronal	–	+	–	+	–
hinten	–	–	+	–	+
hoch	–	–	+	–	–

In der Tabelle wird ein uvulares /ʀ/ zugrunde gelegt. Bei Annahme eines vorderen /r/ wären die entsprechenden Merkmalswerte [+koronal, –hinten]. Das Merkmal [+/–lateral] ist ganz weggelassen. Es ist im Deutschen aus folgender Merkmalskombination ableitbar: [+kons, +son, –nas, –kont] → [+lateral]. Daher bildet es ein redundantes und kein distinktives Merkmal (vgl. dazu auch Wiese 1996, 23 f.).

Im ›Merkmalbaum‹ (37) ist die Einteilung der Konsonanten in Unterklassen mit Hilfe distinktiver Merkmale illustriert:

(37) Konsonantenklassen

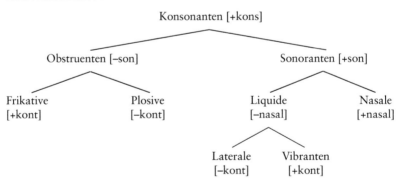

Klassen wie in (37), die durch eine Menge gemeinsamer Merkmale charakterisierbar sind, werden als **natürliche Klassen** bezeichnet.

Eine mögliche Matrix der Merkmalsrepräsentation für die Vokalphoneme des Deutschen bildet (38):

(38) Merkmalsmatrix der Vokalphoneme des Deutschen

	iː	ɪ	eː	ɛ	ɛː	yː	ʏ	øː	œ	ɑː	a	uː	ʊ	oː	ɔ	ə	ɐ
hint	−	−	−	−	−	−	−	−	−	−	−	+	+	+	+	−	+
vorn	+	+	+	+	+	+	+	+	+	−	−	−	−	−	−	−	−
hoch	+	+	−	−	−	+	+	−	−	−	−	+	+	−	−	−	−
tief	−	−	−	−	−	−	−	−	−	+	+	−	−	−	−	−	−
rund	−	−	−	−	−	+	+	+	+	−	−	+	+	+	+	−	−
gesp	+	−	+	−	−	+	−	+	−	+	−	+	−	+	−	−	−
lang	+	−	+	−	+	+	−	+	−	+	−	+	−	+	−	−	−

Auch hier sind die (für alle Vokale gleichen) Oberklassenmerkmale [+son] und [−kons] in der Matrix (38) weggelassen. Die Merkmale [hinten] und [hoch] wurden in (33) und (34) definiert.

Das Merkmal [rund] bezieht sich – wie [labial] bei Konsonanten – auf die Beteiligung der Lippen. Es spezifiziert die Art der Lippenaktivität näher (vgl. die Definition (39)):

(39)   [+rund] sind Laute, bei deren Produktion die Lippen vorgestülpt und gerundet sind, [−rund] alle anderen Laute.

Die Abhängigkeit des Merkmals [rund] von [labial] ist im klassischen Merkmalskonzept nicht direkt darstellbar. Im sogenannten **Merkmalhierarchiemodell** dagegen können solche Dependenzrelationen zwischen Merkmalen repräsentiert werden (s. Kap. 3.4.1).

Die Merkmale [vorn] und [tief] sind – parallel zu [hinten] und [hoch] – so definierbar:

(40)   [+vorn] sind Laute, bei deren Produktion das Dorsum aus der neutralen Lage nach vorne verschoben wird, [−vorn] alle anderen Laute.

(41)   [+tief] sind Laute, bei deren Produktion das Dorsum aus der neutralen Lage gesenkt wird, [−tief] alle anderen Laute.

Die Senkung des Dorsums ist in der Regel auch mit einer Senkung des Unterkiefers verbunden. In Tabelle (38) werden nur die beiden a-Vokale als [+tief] spezifiziert, alle anderen sind [−tief].

Zur Distinktion der Vokalphoneme werden in (38) zwei weitere Merkmale verwendet,

(a) **[+/−gespannt]** (engl. [+/−tense]) und (b) **[+/−lang]**.

Zu (a): Dieses Merkmal ist auf die Spannung der supraglottalen Muskulatur bezogen und kann wie folgt definiert werden (vgl. dazu ausführlich Chomsky/Halle 1968, 324–326):

(42)   [+gespannt] sind Laute, die mit einer zusätzlichen Anspannung der supraglottalen Muskulatur, insbesondere der Zungenmuskulatur, produziert werden.

Der Ausdruck »zusätzlichen« deutet darauf hin, dass der Einschätzung dieses Merkmals als ›binär‹ eine gewisse Künstlichkeit anhaftet. Jede Bewegung von Artikulationsorganen, z. B. der Zunge, erfordert eine Anspannung der Muskulatur, das

Mehr oder Weniger dieser Muskelspannung entscheidet aber über die Spezifikation der Vokale in (38). Es wird quasi ein Grenzwert eingeführt, der ein kontinuierliches Merkmal binär macht. Zwischen Spannung und Zungenposition besteht folgender Zusammenhang: Je gespannter die Muskulatur, umso größer die Bewegung der Zunge weg von der Neutrallage, die sie bei der Produktion des Schwa-Vokals [ə] einnimmt (s. Kap. 3.2.2.3; vgl. insbesondere das Vokaltrapez in Abb. 11).

Die Vokallänge ist im Deutschen in Akzentsilben an Gespanntheit gekoppelt: Betonte gespannte Vokale sind [+lang], betonte ungespannte [–lang]. Dieser Zusammenhang ist in den Minimalpaaren in (43) verdeutlicht (nach Ramers 1998, 32):

(43) bieten – bitten [i:] – [ɪ] spuken – spucken [u:] – [ʊ]
      Hüte   – Hütte   [y:] – [ʏ] Schoten – Schotten [o:] – [ɔ]
      Beet   – Bett   [e:] – [ɛ] Bahn   – Bann   [ɑ:] – [a]
      Höhle   – Hölle   [ø:] – [œ]

In unbetonten Silben sind Gespanntheit und Länge allerdings nicht gekoppelt, wie das Korpus in (44) belegt:

(44) Idée   [e:] – ideál   [e] Volúmen [u:] – volumínos   [u]
      Physík [i:] – physikálisch [i] Barón   [o:] – Baronésse   [o]

In den Wörtern der jeweils rechten Spalte werden die kursivierten Vokale gespannt, aber kurz realisiert.

Die Kopplung von Gespanntheit und Länge in Akzentsilben ist im standard-deutschen Vokalsystem nicht vollständig durchgeführt, weil der Langvokal /ɛ:/ (z. B. in *Käse, Tränen* etc.) ungespannt ist.

Die Merkmalsmatrix (38) enthält zwei weitere Vokale, die bisher nicht diskutiert wurden: die Zentralvokale [ə] und [ɐ]. Diese besitzen Phonemstatus, wie die Minimalpaare in (45) zeigen:

(45) a. Freunden – Freundin /ə/ – /ɪ/   b. Opa   – Oper   /a/ – /ɐ/
         Balken   – Balkan   /ə/ – /a/   Rudi   – Ruder /i/ – /ɐ/
         Lehre   – Lehrer   /ə/ – /ɐ/   läutern – läuten /ɐ/ – /ə/

Zur Differenzierung von /ɐ/, /ə/ und /ɛ/ sind die beiden Merkmale [vorn] und [hinten] erforderlich: /ɐ/ ist [+hint, –vorn], /ə/ ist [–hint, –vorn] und /ɛ/ ist [–hint, +vorn].

Die Spezifikation von /ɐ/ als [+hinten] ist allerdings phonetisch gesehen nicht unproblematisch, da es streng genommen ein Zentralvokal ist, kein Hinterzungen-vokal (s. das Vokaltrapez (11)). Die hier vorgenommene Analyse ist jedoch auch aus phonetischer Sicht nicht völlig willkürlich, da /ɐ/ etwas weiter hinten im Mundraum realisiert wird als /ə/. Die in Kapitel 3.2.2.3 formulierte Generalisierung, dass alle hin-teren Vokale rund sind, ist entsprechend einzuschränken: /ɐ/ ist [+hinten], aber [–rund].

Dass der Vokal /ɐ/ (vokalisiertes ›r‹) mit einer Segmentfolge /əʀ/ in Verbindung zu bringen ist (wie das Paar ›*weiter – weitere*‹ ([ɐ] – [əʀ]) illustriert), ist mit Hilfe eines rein statischen Phonemsystems nicht direkt erfassbar. In diesem kann lediglich die Distribution der Phoneme in verschiedenen Wortformen verglichen werden, eine Herleitung der einen Form aus einer anderen (hier *weit*[ɐ] aus *weit*[əʀ]) ist dagegen nicht möglich. Dazu ist ein dynamisches Modell erforderlich, das die Analyse pho-nologischer Prozesse zum Ziel hat.

3.3.4 | Phonologische Prozesse und Regeln

3.3.4.1 | Fallbeispiel

In den vorangehenden Kapiteln wurden sprachliche Äußerungen als Verkettungen von Lauteinheiten repräsentiert, die wiederum aus einem Bündel phonologischer Merkmale bestehen. Die phonologische Komponente der Grammatik einer Sprache erschöpft sich allerdings nicht in der Beschreibung möglicher Relationen zwischen solchen Einheiten wie komplementäre Distribution oder freie Variation. Die Lauteinheiten bilden nämlich kein statisches System, sondern variieren in ihren Eigenschaften in Abhängigkeit von verschiedenen Faktoren. Wir haben in Kapitel 3.3.2 bereits verschiedene Variationsarten zwischen Allophonen eines Phonems kennen gelernt. Aber nicht nur auf der allophonischen, sondern auch auf der phonemischen Ebene kommen Variationen vor. D. h., ein Phonem ersetzt unter bestimmten Bedingungen ein anderes.

Das folgende Beispielkorpus illustriert diese Art der phonemischen Variation:

(46) Hund   /t/   –   Hunde   /d/
     Dieb   /p/   –   Diebe   /b/
     Weg   /k/   –   Wege   /g/
     Gras   /s/   –   Gräser   /z/
     brav   /f/   –   brave   /v/

In den Singularformen der Wörter in (46) werden finale *stimmlose* Obstruenten (Plosive und Frikative) realisiert, in den Pluralformen werden die entsprechenden Obstruenten im Wortinnern dagegen *stimmhaft* ausgesprochen. Diese Variation kann rein statisch als Unterschied in der Distribution zwischen stimmhaften und stimmlosen Phonemen beschrieben werden. Eine solche Beschreibung verdeckt allerdings die Asymmetrie zwischen beiden Phonemvarianten in den Wörtern in (46): Das Vorkommen der stimmlosen Phonemvarianten ist regelhaft – es kann vorausgesagt werden –, das der stimmhaften nicht. Im Deutschen sind im Wortauslaut generell nur stimmlose Obstruenten möglich, die Opposition zwischen stimmhaften und stimmlosen Varianten ist in dieser Position aufgehoben (**neutralisiert**). Im Wortinnern dagegen können sowohl stimmhafte als auch stimmlose Obstruenten stehen. Die Letzteren werden in den Beispielen in (47) realisiert:

(47) bunte /t/ Hecke   /k/ Tiefe /f/
     Hupe   /p/ Wasser /s/

Die Daten in (46) und (47) zeigen, dass im Wortinnern nicht vorausgesagt werden kann, ob ein Obstruent stimmhaft oder stimmlos ausgesprochen wird. Das bedeutet, dass die Spezifizierung des Stimmtons in diesem Kontext für jedes einzelne Wort speziell festgelegt ist und im Spracherwerb gelernt werden muss. Beispielsweise muss eine Person, die Deutsch als Fremdsprache erwirbt, lernen, dass im Wortinlaut von *bunte* ein stimmloser Plosiv produziert wird, im Inlaut von (*im*) *Bunde* dagegen ein stimmhafter Plosiv. Sie braucht aber nicht zu wissen, dass z. B. in der Form *Hund* ein stimmloses /t/ realisiert wird und in *Dieb* ein /p/. Die Stimmlosigkeit der Obstruenten im Wortauslaut kann sie vielmehr als generelle Eigenschaft des phonologischen Systems des Deutschen voraussetzen. Geht man von einer solchen Lernsituation aus, so liegt es nahe, die nicht-voraussagbare (**idiosynkratische**) Information über die Lautstruktur von Wörtern und Sätzen zugrunde zu legen und die voraussagbare daraus abzuleiten. Bezogen auf das Korpus (46) heißt dies, dass die Pluralformen mit den stimmhaften Obstruentenphonemen als Basis fungieren und die Singularformen mit den stimmlosen Varianten aus diesen abgeleitet werden. Die Ableitung (**Derivation**) kann mit Hilfe einer **phonologischen Regel** beschrieben werden. Die einzelnen Derivationen sind in (48a) dargestellt, die allgemeine Regel ist (informell) in (48b) aufgeführt (eine Modifikation der Regel wird in Kap. 3.3.4.4 vorgenommen):

(48)   a. /d/ → /t/ , /b/ → /p/, /g/ → /k/, /z/ → /s/, /v/ → /f/
       b. stimmhafter Obstruent → stimmloser Obstruent *Kontext*: Wortauslaut

Alternationen wie die zwischen stimmhaften und stimmlosen Obstruenten werden in der Phonologie als **phonologische Prozesse** bezeichnet, der in (48) repräsentierte Prozess wird **Auslautverhärtung** genannt. Die Alternation ist phonemischer, nicht allophonischer Natur, da die beteiligten Obstruenten in anderen Lautkontexten als dem Wortauslaut in Opposition zueinander stehen.

3.3.4.2 | Bedingungen für phonologische Prozesse

Allgemein formuliert stellen phonologische Prozesse eine Beziehung her zwischen den Lautformen verwandter Wörter und Sätze. Im Folgenden wird nur die Wortebene betrachtet. Was bedeutet auf dieser Ebene ›verwandt‹? Zumindest zwei Arten von Verwandtschaft können unterschieden werden:

1. Relation zwischen Wortformen (Flexionsformen) der gleichen Lexikoneinheit (des gleichen **Lexems**; zum Lexembegriff s. Kap. 2.1.3).
2. Relation zwischen verschiedenen Lexemen

In (49a) sind Alternationen zwischen Flexionsformen des gleichen Lexems aufgelistet, in (49b) Alternationen zwischen Wortformen verschiedener, aber in Lautform und Bedeutung verwandter Lexeme, die auf denselben Stamm zurückgehen:

(49)   a. Haus   – Häuser   b. Haus   – Häuschen
       fragen – fragt   fragen – fraglich

Das erste Wortpaar in (a) alterniert sowohl im stammfinalen Konsonanten (/s/ – /z/) als auch im Diphthong des Stamms (/au̯/ – /ɔy̯/), das erste Paar in (b) nur im Diphthong. Im Stamm des zweiten Wortpaars *frag-* liegt nur eine Variation des finalen Plosivs vor (/g/ – /k/). Phonologische Alternationen dieser Art (phonologische Prozesse) werden von verschiedenen Faktoren bedingt. Zunächst kann eine Differenzierung vorgenommen werden zwischen (a) internen Bedingungen des Sprachsystems selbst und (b) externen Bedingungen der Sprachverwendung.

Zur Gruppe (a) gehören die Faktoren 1. Lautkontext, 2. Position im Wort, 3. morphologische Bedingungen. Zur Gruppe (b) zählen 4. die Kommunikationssituation, 5. das Sprechtempo und 6. die Stilebene.

Alternationen, die von einer Reihe dieser Faktoren mitbedingt sind, sind in (50) aufgelistet:

(50)   a. *Leben* [le:bən] → [le:bn̩] → [le:bm̩] → [le:m̩] → [le:m̩:] → [le:m] → [lem]
       b. *reden* [ʀe:dən] → [ʀe:dn̩]   → [ʀe:n̩] → [ʀe:n̩:] → [ʀe:n] → [ʀen]
       c. *legen* [le:gən] → [le:gn̩] → [le:gŋ̩] → [le:ŋ̩] → [le:ŋ̩:] → [le:ŋ] → [leŋ]

Die Explizitformen mit Schwa in der unbetonten Endsilbe der Wörter werden schrittweise in weniger explizite, reduzierte Formen überführt. Diese Alternationen unterliegen folgenden Bedingungen:

- Die Tilgung (**Elision**) von Schwa findet vor Sonoranten im Wortauslaut statt. Dass diese Bedingung notwendig ist, zeigen folgende Daten: (a) Vor Obstruenten wird Schwa nicht getilgt (vgl. *Kirmes* oder *Ticket*). (b) In nicht-finalen Silben im Wort bleibt Schwa ebenfalls erhalten, z. B. in den Präfixen *be-* und *ge-* (vgl. *bemalen*, *gelernt*).
- Der Nasal wird im Artikulationsort an den Lautkontext, und zwar den vorausgehenden Plosiv, angeglichen (**assimiliert, Assimilation**) (vgl. 50a und c).
- Von den sprachexternen Faktoren sind alle Reduktionsstufen mitbedingt: Sowohl ein höheres Sprechtempo als auch die Wahl einer niedrigeren Stilebene (Umgangssprache) führen zu stärkerer Reduktion, während hohe Stilebene (z. B. feierliche Rede) und langsameres Tempo zu expliziteren Formen tendieren. Die Kommunikationssituation beeinflusst ebenfalls den Reduktionsprozess: In einer **Face-to-face-Kommunikation**, in der sich die Kommunikationspartner zur gleichen Zeit am gleichen Ort aufhalten, kann das rein verbal Geäußerte durch Mimik, Gestik und Körperhaltung unterstützt und ergänzt werden. Daher sind in einer solchen Kommunikationssituation reduzierte Formen möglich, ohne das Verständnis zu trüben. In einer Fernkommunikation wie dem Telefongespräch dagegen fällt der non-verbale Kanal aus und die phonologische Form der Wörter muss daher expliziter sein.

In den Prozessen in (50) sind keine morphologischen Bedingungen erkennbar. Die Reduktionen sind z. B. nicht von der Wortart der betreffenden Form abhängig. Ein im Neuhochdeutschen typischerweise von morphologischen Kontexten bedingter Prozess ist dagegen die Vorverlagerung hinterer Vokale, der **Umlaut** (vgl. Korpus (51); nach Ramers 1998, 67):

(51)   a. Buch – Bücher   b. fahre – fährt
           Gast – Gäste   grabe – gräbst
           Vogel – Vögel

        c. lag – läge   d. groß – größer   – am größten
           zog – zöge   lang – länger   – am längsten

        e. Hans – Hänschen   faul – Fäulnis
           Koch – Köchin   Hohn – höhnisch
           Macht – mächtig   rot – Röte   froh – fröhlich

Die morphologischen Kontexte des Umlauts sind nach Korpus (51) wie folgt zu bestimmen:
a. Bestimmte Pluralformen bedingen die Umlautung des Stammvokals: Das Pluralsuffix *-er* zieht obligatorisch Umlaut nach sich, das Pluralflexiv *-e* nur fakultativ (vgl. *(die) Tage* ohne Umlaut). Außerdem können die Pluralformen bei fehlender Flexionsendung allein durch Umlautung von den Singularformen differenziert werden (vgl. *Vogel – Vögel, Mutter – Mütter, Tochter – Töchter*), sie müssen es aber nicht (vgl. *der Balken – die Balken, der Wagen – die Wagen*).
b. In der 2. und 3. Person starker Verben tritt Umlautung ein, allerdings nur bei den a-Vokalen obligatorisch (vgl. ohne Umlaut: *rufen – ruft* (nicht: **rüft*), *kommen – kommt* (aber veraltet: *kömmt*), *saugen – saugt*; mit Umlaut: *saufen – säuft*, *stoßen – stößt*).

c. Im Konjunktiv II der starken und gemischten Verben (vgl. zu Letzteren *dachte – dächte* und *brachte – brächte*) wird umgelautet.

d. Komparativ- und Superlativformen einiger Adjektive zeigen Umlaut. Nicht umgelautet wird z. B. in den Steigerungsformen von *blau, grau, faul* und *stumm*.

e. Einige Derivationssuffixe ziehen Umlaut nach sich, u. a. die in (51e). Der Umlaut ist in diesen Fällen nicht obligatorisch, vor dem Verkleinerungssuffix (**Diminutivsuffix**) *-chen* allerdings bildet er den Regelfall. Ausnahmen sind beispielsweise *Frauchen, Dummchen, Botin, durstig, Wagnis, schulisch, Starre, sprachlich.*

3.3.4.3 | Typen phonologischer Prozesse

Einige Typen wurden bereits en passant bei der Analyse des Beispiels (50) erwähnt:

1. Assimilation: Assimilationen bilden Angleichungen eines Segmentes in bestimmten Merkmalen an andere Segmente im Äußerungskontext. Ein Beispiel hierfür ist die Nasalassimilation im Artikulationsort in (50a und c). Sie bildet einen Untertyp der Assimilation, eine **progressive Assimilation**. Dies ist eine Angleichung an ein *vorangehendes Segment*, in den Beispielen in (50) an den Plosiv. Die Benennung ›progressiv‹ nimmt Bezug auf das Segment, das die Assimilation auslöst, nicht auf dasjenige, welches assimiliert wird. Eine Assimilation in umgekehrte Richtung, Angleichung an ein *folgendes Segment*, wird als **regressive Assimilation** bezeichnet (vgl. die Beispiele in (52)):

(52) a. *unklar* [ʔʊnklaɐ̯] → [ʔʊŋklaɐ̯]
      b. *Angabe* [ʔanɡaːbə] → [ʔaŋɡaːbə]

Der Nasal /n/ wird in den Wörtern in (52) an die velare Artikulationsstelle des folgenden Plosivs angeglichen. Diese regressive Nasalassimilation ist an der Nahtstelle zwischen zwei verschiedenen Morphemen fakultativ, wie die Beispiele zeigen. Innerhalb eines Morphems dagegen ist sie obligatorisch (vgl. 53):

(53) a. *Bank* [baŋk], nicht: *[bank]
      b. *Ingo* [ʔɪŋgo], nicht: *[ʔɪngo]

In den Fällen in (53) liegt überhaupt keine Alternation zwischen verschiedenen phonologischen Formen eines Wortes vor, da alle Wortformen den gleichen Nasal /ŋ/ enthalten. Daher kann für diese Beispiele unter rein synchroner Perspektive auch nicht von einem phonologischen Prozess gesprochen werden.

Die bisher betrachteten Assimilationen gehören zur Klasse der **Kontaktassimilationen**. Dies bedeutet, die Angleichung erfolgt an unmittelbar benachbarte (adjazente) Segmente. Daneben existiert als weiterer Typ die **Fernassimilation**. Bei diesem Assimilationstyp wirkt die Angleichung über andere Segmente hinweg zwischen nicht-adjazenten Segmenten. Diese Art der Angleichung erfolgt vor allem zwischen Vokalen, die durch Konsonanten getrennt sind. Im Althochdeutschen war der Umlaut eine solche Fernassimilation (vgl. 54):

(54) Umlaut im Althochdeutschen

Althochdeutsch		Neuhochdeutsch	
gast	gesti /i/	Gast	Gäste /ə/
lamb	lembir /i/	Lamm	Lämmer /ɐ/
grabu	grebis /i/	(ich) grabe	(du) gräbst Ø

Im Althochdeutschen bewirkte ein /i/ oder /j/ der Folgesilbe die Umlautung des Stammvokals. Die Angleichung erfolgte im Merkmal [vorn] ([–vorn] → [+vorn]). Durch Reduktion zu Schwa, das [–vorn] ist, oder Schwund des Nebensilbenvokals im Mittelhochdeutschen verschwand der Lautkontext für die Assimilation. Der Umlaut wurde zu einem rein morphologisch bedingten phonologischen Prozess (s. Kap. 8.2 und 8.3.1).

2. Dissimilation: Diese bildet, wie der Name bereits andeutet, einen Prozess, in dem Segmente einander *unähnlicher* gemacht werden. Dissimilationen spielen u. a. in der historischen Entwicklung des Deutschen eine Rolle (vgl. Aufgabe 5).

Aufgabe 5: Vergleichen Sie in folgendem Korpus die mittelhochdeutschen Formen mit den neuhochdeutschen. Welche Veränderung im wortfinalen Konsonantencluster hat stattgefunden und warum bildet dieser Wandel eine Dissimilation?

Mittelhochdeutsch	*Neuhochdeutsch*	
vuhs	Fuchs	
dahs	Dachs	
wahs	Wachs	*Beachten Sie, dass der Buchstabe <h>*
luhs	Luchs	*in der mhd. Schreibung für [x] steht.*

In den Beispielen (50), (52) und (53) wurde der Begriff des phonologischen Prozesses auf alternierende Formen in einem **synchronen** Sprachzustand angewendet. In (54) und Aufgabe 5 ist er dagegen auf eine Alternation zwischen Wortformen verschiedener historischer Sprachstufen bezogen, d. h. **diachron** verwendet. Das bedeutet, ›Verwandtschaft‹ zwischen Wortformen kann auch im Sinne etymologischer Relation interpretiert werden (s. Kap. 8.2).

Der Terminus ›phonologischer Prozess‹ kann zudem zur Beschreibung der Lautveränderungen benutzt werden, die Kinder im Spracherwerb an der ›korrekten‹ phonologischen Form von Wörtern und Sätzen der Erwachsenensprache vornehmen (zu dieser Verwendungsweise s. Kap. 7.2.2).

3. Tilgung (Elision): Beispiele für mehrere Tilgungen sind in der Reduktionskette in (50) enthalten: (a) Schwa-Tilgung und (b) Tilgung stimmhafter Plosive vor silbischen Nasalen. Zwischen der Schwa-Tilgung und dem Silbischwerden des Nasals besteht ein Zusammenhang: Der Nasal kann nur silbisch werden, wenn ein Vokal als möglicher Silbenträger fehlt. Dieser Zusammenhang ist mit Hilfe einer Festlegung der Reihenfolge der phonologischen Prozesse ›Tilgung‹ und ›Silbischwerden‹ und einer entsprechenden **Ordnung der phonologischen Regeln** beschreibbar (s. Kap. 3.3.4.5).

Tilgung ist ein Prozess, der beim Vergleich standardsprachlicher mit umgangssprachlichen Formen feststellbar ist (siehe (50) oder Paare wie *nicht – nich, ist – is, hast – has* usw.).

4. Hinzufügung von Segmenten (Epenthese): Diese bildet quasi das Spiegelbild zur Tilgung. In der Umgangsprache werden Epenthesen häufig zur Erleichterung der Artikulation vorgenommen (vgl. die Beispiele in (55) aus Ramers/Vater 1995, 51):

(55)   Konsonantenepenthese in der Umgangssprache

	standardsprachlich	*umgangssprachlich*
kommt, kommst	[kɔmt], [kɔmst]	[kɔmpt], [kɔmpst]
rennst	[ʀɛnst]	[ʀɛntst]
singt, singst	[zɪŋt], [zɪŋst]	[zɪŋkt], [zɪŋkst]

Zwischen einem Nasal und dem folgenden koronalen Plosiv oder Frikativ wird ein Plosiv eingeschoben, der am gleichen Artikulationsort gebildet wird wie der Nasal.

5. Neutralisierung: Der zwischen Phonemen per definitionem bestehende Kontrast wird in einem bestimmten Kontext aufgehoben. Ein Beispiel bildet die Auslautverhärtung von Obstruenten (s. Kap. 3.3.4.1): Der Kontrast zwischen stimmhaften und stimmlosen Varianten wird im Silbenauslaut (s. Kap. 3.3.4.4) zugunsten der letzteren aufgehoben.

Aufgabe 6: In welchen Kontexten wird im Deutschen der Kontrast zwischen den Nasalphonemen /n/ und /ŋ/ aufgehoben? Welche Variante wird jeweils in den Neutralisierungskontexten realisiert?

Zu weiteren Arten phonologischer Prozesse vgl. die Darstellungen in Mayerthaler (1974), Ramers/Vater (1995, Kap. 3) und Hall (2011, Kap. 3.3).

3.3.4.4 | Phonologische Regeln

Im vorigen Abschnitt wurde gezeigt, dass jeder phonologische Prozess als Ableitung einer phonologischen Form aus einer anderen beschreibbar ist und mit Hilfe einer phonologischen Regel formal repräsentiert werden kann. Das allgemeine Regelschema für alle phonologischen Regeln ist in (56) abgebildet:

(56) $A \rightarrow B / X \underline{\quad} Y$

Das Schema ist wie folgt zu interpretieren: A und B bilden Bündel von Merkmalen für einzelne Segmente (oder Segmentketten). A oder B können auch leer sein, allerdings nicht beide zugleich. A bildet den **Input** der Regel, B den **Output**. Anders ausgedrückt, stehen in B die Änderungen gegenüber dem Input A. Nach dem Schrägstrich folgt der **Kontext** der Regel, die Umgebungsangabe. Der waagerechte Strich markiert die Position von A. X und Y können beide leer sein, dann liegt eine **kontextfreie** Regel vor. Sie können aber auch Variablen für Bündel von Merkmalen für Segmente (oder Segmentketten) oder für Grenzsymbole bilden. Diese markieren Grenzen phonologischer oder morphologischer Einheiten. Die drei gängigsten Symbole sind: # = Wortgrenze, + = Morphemgrenze und $ = Silbengrenze (als Silbengrenzzeichen kann auch ein Punkt fungieren). Als Beispiel diene die Auslautverhärtung. Sie kann durch folgende Regel erfasst werden:

(57)   [–son, +kons, +sth] → [–son, +kons, –sth] / ___ $

Im Regelschema (56) ist die Regel (57) wie folgt interpretierbar: Den Input (Variable A) bildet die Merkmalsspezifikation [–son, +kons, +sth] für stimmhafte Obstruenten, den Output (Variable B) die Spezifikation [–son, +kons, –sth] für stimmlose Obstruenten. Der vorangehenden Kontext (Variable X) ist leer, d. h. für die Regelanwendung irrelevant. Den nachfolgenden Kontext (Variable Y) bildet die Silbengrenze (Symbol »$«). Dass die Auslautverhärtung nicht nur, wie in der informellen Beschreibung in (48) angenommen, im Wortauslaut, sondern im umfassenderen Kontext *Silbenauslaut* vor sich geht, zeigen z. B. Wörter wie *Basler* und *Jagden*, die im Wortinnern mit stimmlosem [s] bzw. [k] realisiert werden können. Die Morphemgrenze bildet in diesen Fällen nicht den relevanten Kontext des Prozesses, wie die Morphemgliederungen *Basl+er* und *Jagd+en* zeigen.

In Notationen phonologischer Regeln ist es üblich, den Output in verkürzter Form zu repräsentieren: Es werden nur die Merkmale aufgeführt, deren Wert sich gegenüber dem Input geändert hat, alle übrigen werden weggelassen. Das Bündel [−son, +kons, −sth] in (57) wird entsprechend reduziert auf die Angabe [−sth] und als vereinfachte Auslautverhärtungsregel resultiert (58):

(58)   [−son, +kons, +sth] → [−sth] / ___ $

Für die in Kap. 3.3.4.3 vorgestellten Typen phonologischer Prozesse können auf der Grundlage des allgemeinen Regelschemas (56) speziellere Schemata formuliert werden:

1. Das allgemeine **Regelschema für Assimilationen** ist in (59a und b) abgebildet:

(59)   a. regressiv: A → [αM$_i$] / ___ [αM$_i$]   b. progressiv: A → [αM$_i$] / [αM$_i$] ___

Dieses Schema ist Mayerthaler (1974, 45) entnommen. Der griechische Buchstabe α bildet eine Variable für die Merkmalwerte ›+‹ oder ›−‹ und ›M‹ steht für ein beliebiges phonologisches Merkmal bzw. ein Bündel beliebiger Merkmale. Beispiele für die progressive Nasalassimilation bilden (50a und c), für die regressive Nasalassimilation (52) und (53). Die Regel für (52) (wiederholt als 60a) ist in (60b) informell und in (60c) in formalisierter Form wiedergegeben:

(60)   a. *unklar*   [ʔʊnklaʁ]   → [ʔʊŋklaʁ]
        Angabe   [ʔangɑ:bə]   → [ʔaŋgɑ:bə]
        b. /n/ → /ŋ/ / ___ /k, g/
        c. [+nas, **+kor**, **−hint**] → [**−kor**, **+hint**] / ___ [−son, + kons, −kont, −kor, +hint]

Die an der Assimilation beteiligten Merkmale ([koronal] und [hinten]) sind fettgedruckt, die Variable α im Schema (59) ist einmal durch den Minus-Wert belegt (beim Merkmal [koronal]) und einmal durch den Plus-Wert (beim Merkmal [hinten]). Das Resultat der Assimilation ist die Übereinstimmung in den Werten dieser Merkmale zwischen dem Output und dem Folgekontext der Regel. Diese Übereinstimmung wird durch die Wahl der gleichen Variable α notationell erfasst.

Die Regeln für die progressive Nasalassimilation in (50) (vgl. 61a) sind in (61b und c) formuliert:

(61)   a. *Leben*: [le:bn̩] → [le:bm̩], *legen*: [le:gn̩] → [le:gŋ̍]
        b. (i) /n/ → /m/ / /b, p/ ___ (ii) /n/ →/ŋ/ / /g, k/ ___
        c. [+nas, **+kor**, +silb, **−lab**, **−hint**] →   [**−kor**, α**lab**, β**hint**] /
                                [−son, + kons, −kont, −kor, α**lab**, β**hint**] ___

Die Regel ist wie folgt zu lesen: Ein silbischer koronaler Nasal passt sich in der Artikulationsstelle an den vorangehenden Plosiv an. Ist dieser ein Labial ([+lab, −hint]), so ist der Nasal ebenfalls labial, also /m/. Ist er velar ([−lab, +hint]), so ist der Nasal ebenfalls velar, also /ŋ/.

2. **Tilgungs- und Epentheseregeln** sind durch die Regelschemata in (62) erfassbar (nach Mayerthaler 1974, 44):

(62)   a. Tilgung: X → Ø / Y ___ Z
       b. Epenthese: Ø → X / Y ___ Z

Im ersten Fall wird etwas aus dem Input entfernt, im zweiten Fall hinzugefügt. Das Symbol »Ø« markiert eine Art Nullstelle, d. h. das Fehlen eines Segmentes an dieser Position innerhalb eines Syntagmas.

Als Beispiel für eine Tilgungsregel dient wiederum die Reduktionskette in (50): Ein Teil dieser Reduktion besteht in der Tilgung des Schwa-Vokals zwischen stimmhaften Plosiven und Nasalen. Diese Tilgung findet allerdings auch nach stimmlosen Plosiven und nach Frikativen statt (vgl. die Realisierungen ohne Schwa in *Happen, bieten, Haken, reißen, reisen, Hafen* usw.). Außerdem ist nach Schwa nicht nur ein Nasal (vgl. *Atem*), sondern auch ein Lateral möglich (siehe *Segel*). Unter Einbezug dieser Fälle kann die Regel wie in (63) formuliert werden:

(63)   [+son, –kons, –hint, –vorn, –tief] → Ø / [–son, +kons] ___ [+son, +kons, –kont] #

Auch diese Formulierung deckt noch nicht alle Fälle von Schwa-Tilgung ab. Das Schwa kann auch nach Sonoranten und Vokalen wegfallen (vgl. 64a); zudem ist zwischen dem folgenden Sonoranten und der Wortgrenze ein weiterer Konsonant möglich (vgl. 64b):

(64)   a. holen   sehen   b. lebend
          Rahmen   bauen   (des) Regens
          rennen   höchstens

Die Regel (63) ist wie folgt zu präzisieren, um auch diese Fälle mit zu erfassen:

(65)   [+son, –kons, –hint, –vorn, –tief] → Ø / [+segm] ___ [+son, +kons, –kont] (K) #

Erläuterungen: »[+segm]« steht für [+segmental] und bildet das Merkmal, welches Segmente aller Art (Konsonanten und Vokale) von Grenzsymbolen differenziert, die als [–segm] spezifiziert sind. »K« ist das Kürzel für »[+konsonantisch]«. Die runden Klammern stehen für Optionalität. Ein Konsonant kann, aber muss nicht folgen.

Zur Erklärung der Epenthese-Regeln werden die Beispiele in (55) herangezogen (vgl. 66):

(66)   a. [kɔmt] → [kɔmpt], [kɔmst] → [kɔmpst]
       b. [ʀɛnst] → [ʀɛntst]
       c. [zɪŋt] → [zɪŋkt], [zɪŋst] → [zɪŋkst]

Informell ist der Prozess so beschreibbar: Nach einem Nasal und vor einem koronalen stimmlosen Obstruenten (/t/ oder /s/) wird ein stimmloser Plosiv eingefügt, der im Artikulationsort mit dem vorangehenden Nasal übereinstimmt. Die entsprechende Regel ist in (67) formuliert:

(67)   Ø → [–son, +kons, –kont, –sth, αhint, βlab, γkor] /
       [+nas, αhint, βlab, γkor] ___ [–son, + kons, +kor, –sth]

Der Artikulationsort des epenthetischen Obstruenten und des vorangehenden Nasals wird durch die Merkmale [hinten], [labial] und [koronal] erfasst, die Übereinstimmung in diesen Ortsmerkmalen wiederum ist durch die Wahl der gleichen Variablen α, β und γ markiert.

Wie das Beispiel (50) illustriert hat, stehen phonologische Prozesse im Normalfall nicht isoliert, sondern sind miteinander verknüpft. Anders gesagt, die Prozesse und die sie repräsentierenden Regeln sind teilweise sequentiell geordnet.

3.3.4.5 | Regelordnung

Die Reihenfolge der in die Reduktionsketten in (50) involvierten Prozesse ist nicht beliebig, sondern liegt fest: Die Schwa-Tilgung ist eine Bedingung sowohl für das Silbischwerden des Nasals als auch für die progressive Nasalassimilation. Die Assimilation wiederum ermöglicht erst den Ausfall des Plosivs, z. B. in [leːm̩]; eine Form wie *[leːn̩] für *Leben* ist nicht möglich. Die Abhängigkeit vom vorangehenden Reduktionsschritt gilt dann auch für die folgenden Ableitungsstufen in (50).

Ergibt sich, wie im diskutierten Beispiel, die Reihenfolge der Anwendung der phonologischen Regeln aus der Struktur der Regeln selbst, so spricht man von **interner Regelordnung**. Die Schwa-Tilgungsregel in (65) ist der Assimilationsregel (61c) notwendigerweise vorgeordnet, da nur durch die Tilgung Nasal und Plosiv (z. B. [bn̩] in *Leben*) adjazent werden und damit die Kontextbedingung für die Anwendung von (61c) erst geschaffen wird.

Diese automatische Ordnung ist nicht für alle Regeln gegeben. Ergibt sich die Reihenfolge nicht bereits aus der Struktur der Regeln selbst, sondern wird – aufgrund der Daten in einer Sprache – quasi von außen postuliert, so spricht man von **externer Regelordnung**.

Typisch für extern geordnete Regeln ist, dass sich verschiedene Sprachen oder Dialekte in der Ordnung dieser Regeln unterscheiden können. Mayerthaler (1974, 62) führt folgendes Beispiel an: In zwei alemannischen Dialekten sind die phonologischen Regeln (a) /o/ → /ɔ/ / __ *vor Dental* und (b) *Plural-Umlaut* unterschiedlich geordnet. Die Tabelle in (68) illustriert die Regelfolge in Dialekt A (zu Dialekt B vgl. Aufgabe 7):

(68)   Regelordnung in Dialekt A

	Singular		Plural	
zugrundeliegende Form (zugrundel. Repräsentation)	/bodə/	/bogə/	/bodə/	/bogə/
R$_i$ Pluralbildung (Umlaut)	– –	– –	bødə	bøgə
R$_j$ o → ɔ vor Dental	bɔdə	– –	– –	– –
abgeleitete Form (phonetische Repräsentation)	[bɔdə]	[bogə]	[bødə]	[bøgə]

Die zugrundeliegende Form – in Schrägstrichen – enthält nur die nicht durch Regeln voraussagbare, idiosynkratische Information über die phonologische Form der Wörter. Die voraussagbaren Lauteigenschaften werden mit Hilfe geordneter Regeln aus der **zugrundeliegenden Repräsentation** abgeleitet. Nach Anwendung der phonologischen Regeln resultiert die **phonetische Repräsentation** (Notation in eckigen Klammern). Diese enthält alle für die konkrete Aussprache der Wörter wesentlichen Informationen. In (68) werden zunächst durch Umlautung (/o/ → /ø/) die Pluralformen gebildet. Dann erfolgt die Vokalsenkung von /o/ zu /ɔ/. Die Pluralformen unterliegen diesem zweiten Prozess nicht mehr, da der Input nicht /o/, sondern bereits durch die Umlautregel abgeleitetes /ø/ ist. Das heißt, die Umlautregel *verkleinert* den Input für die zweite

Regel (Vokalsenkung), da alle Pluralformen diese Regel nicht mehr durchlaufen. Diese Art der Regelordnung, in der eine Regel den Input einer nachgeordneten verkleinert, wird als **bleeding order** bezeichnet. Die eine Regel *blutet* die andere aus.

Erweitert dagegen eine Regel den Input einer nachgeordneten Regel, so spricht man von **feeding order**. Die erste Regel ›füttert‹ die zweite, indem sie deren Anwendungsmöglichkeiten vergrößert.

Aufgabe 7: Regelordnung in Dialekt B des Alemannischen
Beschreiben Sie auf der Grundlage der folgenden Tabelle die Regeln und die Regelordnung zur Ableitung der phonetischen Repräsentationen. Erläutern Sie, warum eine **feeding order** vorliegt:

	Singular		Plural	
zugrunde liegende Repräsentation	/bodə/	/bogə/	/bodə/	/bogə/
	bɔdə	– –	bɔdə	– –
	– –	– –	bœdə	bøgə
phonetische Repräsentation	[bɔdə]	[bogə]	[bœdə]	[bøgə]

Worin unterscheiden sich Dialekt A (vgl. 68) und Dialekt B?

3.4 | Prosodische Phonologie

3.4.1 | Nichtlineare Phonologie

Kennzeichnend für alle nicht-linearen Ansätze ist, dass die phonologische Struktur sprachlicher Einheiten nicht, wie in der segmentalen Phonologie, als lineare Kette von Merkmalbündeln repräsentiert wird. Eine solche lineare Kette ist in (69) für das Wort *Silbe* dargestellt (z. T. nach Ramers 1998, 75):

(69)

	/ z	ɪ	l	b	ə /
akzentuiert	–	+	–	–	–
silbisch	–	+	–	–	+
sonorant	–	+	+	–	+
konsonantisch	+	–	+	+	–
koronal	+	–	+	–	–
hoch	–	+	–	–	–
labial	–	–	–	+	–
kontinuierlich	+	+	–	–	+
stimmhaft	+	+	+	+	+

In der Merkmalsmatrix (69) werden nicht nur Eigenschaften wie *Stimmton*, *Labialität* usw. in Form von binären Merkmalen einzelner Segmente dargestellt, sondern auch *Silbischkeit* und *Akzent*. Diese Art der Repräsentation, wie sie z. B. in Chomsky/

Halle (1968) üblich ist, bringt nicht zum Ausdruck, dass letztere Eigenschaften sich über die Grenzen des einzelnen Segmentes hinaus auf größere **Domänen** wie *Silbe* und *Wort* erstrecken.

In der nichtlinearen Phonologie wird die gesamte phonologische Information über die Aussprache eines Wortes oder Satzes einschließlich der prosodischen nicht in einer Merkmalsmatrix gebündelt, sondern auf mehrere Ebenen (**Schichten, tiers**) verteilt. Die schematische Darstellung in (70) verdeutlicht diese Mehrschichtigkeit:

(70)

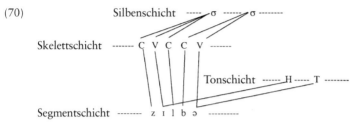

Die Darstellung ist als *dreidimensional* aufzufassen. Teilaspekte der phonologischen Information werden auf verschiedenen Ebenen repräsentiert: 1. Die **Silbenschicht** kodiert die silbische Gliederung, hier des Wortes *Silbe* (σ = Silbe). 2. Die **Skelettschicht** enthält Informationen über die Position von Segmenten innerhalb der Silbe und über die Quantitätsstruktur. Sie wird daher auch als **timing tier** (Quantitätsschicht) bezeichnet. Mit Bezug auf diese Ebene können insbesondere die Regeln der **Phonotaktik** beschrieben werden.

3. Auf der **Tonschicht** sind die phonologisch relevanten Tonhöhenunterschiede repräsentiert: H = Hochton, T = Tiefton. Tontragend sind ausschließlich sonorante Segmente, d.h. Vokale oder Sonoranten und keine Obstruenten. Im Deutschen sind Tonhöhenunterschiede auf Wortebene nicht distinktiv. Das bedeutet, allein durch Veränderungen in der Tonhöhe können keine Wörter differenziert werden. Auf Satzebene dagegen können Tonhöhenunterschiede eine bedeutungsdifferenzierende Funktion übernehmen, wie der Dialog in (71) zeigt:

(71)   a. Wofür steht das Kürzel σ ? – Für ›Silbe‹.
        b. Wofür steht das Kürzel σ ? – Für ›Silbe‹?

Die Antworten zur jeweiligen Frage werden mit unterschiedlichem Tonmuster realisiert. Mit Hilfe dieser Unterscheidung werden zwei verschiedene **Satzmodi** (Satztypen) differenziert (zu Satztypen s. Kap. 6.6): In (71a) liegt ein (elliptischer) Aussagesatz (**Deklarativsatz**) vor. Das Tonmuster ist H T, d.h., die Tonhöhe fällt am Ende der Äußerung. (71b) bildet einen (elliptischen) Fragesatz (**Interrogativsatz**). Die Tonhöhe steigt am Ende (Muster T H). Das Deutsche gehört damit – wie die meisten anderen europäischen Sprachen – zu den **Intonationssprachen**. In diesen sind Tonmuster nur auf Satzebene, nicht jedoch auf Wortebene phonologisch relevant. In **Tonsprachen** dagegen hat die Tonhöhe eine distinktive, wortunterscheidende Funktion. Zu dieser Gruppe gehören ostasiatische Sprachen wie das Vietnamesische und Chinesische (zum chinesischen Tonsystem vgl. Wiese 1988; zu Tonsprachen allgemein vgl. Fromkin 1978 und Goldsmith 1990).

4. Auf der **Segmentschicht** sind die inhärenten Merkmale der einzelnen Segmente, wie Artikulationsort, -art und Stimmton, repräsentiert. Die Transkriptionssymbole

auf der Segmentschicht bilden Abkürzungen für Bündel segmentaler Merkmale wie [stimmhaft], [koronal], [hoch] usw. In neueren Ansätzen werden diese Merkmale nicht mehr als ungeordnete Bündel (s. Kap. 3.3.3), sondern ebenfalls mehrdimensional repräsentiert, und zwar in sogenannten **Merkmalbäumen**. Einen Überblick über das **Merkmalhierarchiemodell** bieten Wiese (1996, Kap. 3.1), Féry (2000, Kap. 4.5) und Hall (2011, Kap. 7). In (72) ist ein Merkmalbaum (nach McCarthy 1988, 105) abgebildet:

(72)

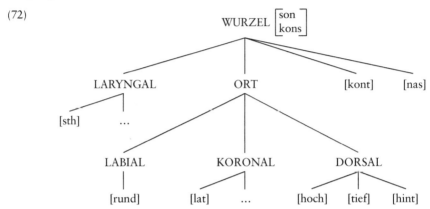

Die Baumstruktur (72) enthält folgende Elemente:

- einen Wurzelknoten (engl. ›root-node‹), der von den Oberklassenmerkmalen [sonorant] und [konsonantisch] gebildet wird;
- Klassenknoten (engl. ›class-nodes‹), die Gruppen von Merkmalen umfassen (in Großbuchstaben notiert, z. B. LABIAL);
- binäre Merkmale wie [± sth] und [± rund] als terminale Knoten des Merkmalbaums. Die Punkte unter dem LARYNGAL- und KORONAL-Knoten deuten übrigens an, dass diese weitere binäre Merkmale dominieren, die hier weggelassen sind (zu Details vgl. McCarthy 1988).

Das Hierarchiemodell ist phonetisch transparenter als die herkömmliche Merkmalsmatrix: Die beweglichen Artikulatoren des Mundraums, Lippen, Zungenspitze und Zungenrücken, werden durch die drei Klassenknoten LABIAL, KORONAL und DORSAL direkt repräsentiert. Außerdem wird die Abhängigkeit bestimmter Merkmale von anderen im Baum gespiegelt : Z. B. ist eine Spezifikation des Merkmals [rund] nur bei Anwesenheit des LABIAL-Knotens möglich, ein Ausdruck dafür, dass Laute nur dann mit gerundeten Lippen produziert werden können, wenn diese aktiv an der Artikulation beteiligt sind.

Andererseits ist an der Baumstruktur die Unabhängigkeit bestimmter Merkmale von anderen ablesbar: Das laryngale Merkmal [± sth] beispielsweise hängt nicht von den Ortsmerkmalen ab; Obstruenten können stimmhaft oder stimmlos realisiert werden, völlig unabhängig davon, an welcher Artikulationsstelle sie gebildet werden.

In (73) ist die Repräsentation des Phonems /b/ im Hierarchiemodell abgebildet:

(73)

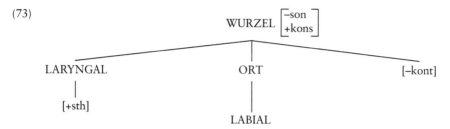

Der Plosiv /b/ ist – wie in (73) dargestellt – nicht für das Merkmal [rund] festgelegt. Er kann sowohl mit gespreiztem (vor /i:/) als auch mit gerundetem (vor /u:/) oder neutralem Lippenverschluss (vor /ɑ:/) produziert werden.

Aufgabe 8: Konstruieren sie nach dem Modell in (72) Merkmalbäume für folgende Phoneme:
(a) /g/, (b) /f/, (c) /ʃ/, (d) /e/, (e) /ɔ/.
Welches Problem ergibt sich bei der Darstellung der Vokale?

Das Merkmalhierarchiemodell ist im Übrigen nicht nur aus phonetischer Sicht transparenter als die klassische Konzeption, es erlaubt auch eine elegantere Darstellung phonologischer Prozesse (vgl. dazu Wiese 1996, Hall 2011 und Féry 2000).

Ein Element der mehrdimensionalen Repräsentation, sei es auf der prosodischen (vgl. 70) oder der subsegmentalen Ebene (vgl. 72), wurde bisher noch nicht erläutert, nämlich die Verbindungslinien zwischen den einzelnen Schichten. Sie werden als **Assoziationslinien** bezeichnet und symbolisieren die Integration der phonologischen Teilstrukturen auf den einzelnen Schichten zu einer Gesamtrepräsentation (zur Interpretation der Assoziationslinien vgl. Sagey 1988). Eine grundlegende Einschränkung für die mögliche Anordnung von Assoziationslinien ist das **Verbot sich kreuzender Linien** (vgl. Goldsmith 1976), das in (74) schematisch dargestellt ist:

(74)   * Schicht A —— X$_1$ —— X$_2$ ——

Schicht B —— Y$_1$ —— Y$_2$ ——

3.4.2 | Silbenstruktur

3.4.2.1 | Grundlagen

Die einfachste Möglichkeit zur Repräsentation der silbischen Strukturierung eines Wortes in einem nichtlinearen Modell besteht darin, zwei Ebenen zu differenzieren, Silben- und Segmentschicht. Eine solche *flache Struktur* bildet (75):

(75)   σ   σ   Silbenschicht

z ɪ l   b ə   Segmentschicht

Ein solches Modell wurde auch tatsächlich vorgeschlagen (vgl. Kahn 1976). Seit der Arbeit von Clements/Keyser (1983) ist allerdings die Hinzunahme einer dritten Schicht üblich, der CV-Schicht. Abbildung (76) zeigt diese Erweiterung der Struktur für das Wort *Silbe*:

(76) σ   σ   Silbenschicht

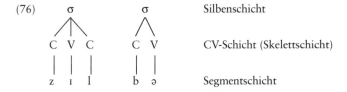

    C V C   C V   CV-Schicht (Skelettschicht)

    z ɪ l   b ə   Segmentschicht

Die Segmentschicht ist – wie im vorigen Abschnitt gezeigt wurde – nach unten weiter aufspaltbar in Merkmalhierarchiebäume, deren oberste Wurzelknoten direkt mit der CV-Schicht assoziiert sind. Im Folgenden wird die abkürzende Notationsweise in (76) beibehalten. Das Kürzel C der CV-Schicht ist an engl. *consonant* angelehnt, das Symbol V an engl. *vowel*. Dennoch stehen diese Kürzel nicht einfach für *Konsonant* bzw. *Vokal*. Vielmehr bezeichnen sie **unsilbische** Segmente (C) und **silbische** Segmente (V). Was bedeuten in diesem Zusammenhang ›unsilbisch‹ und ›silbisch‹? Diese Frage lässt sich am leichtesten mit Blick auf die silbische Gliederung des Artikulationsablaufs beantworten. In (77) ist ein solcher Ablauf für das Wort *Kappe* schematisch dargestellt (nach Ramers 1998, 78):

(77)   Der Artikulationsablauf als Folge von Öffnungs- und Schließvorgängen:

Verschlussphase	Öffnungsphase	Verschlussphase	Öffnungsphase
k	a	p	ə
C	V	C	V
Intensitäts-minimum	Intensitäts-maximum	Intensitäts-minimum	Intensitäts-maximum

Die silbische Gliederung des Redestroms bildet – artikulatorisch betrachtet – eine Folge von Öffnungs- und Schließvorgängen des Stimmtrakts (Mund- und Rachenraum). Dabei wird der Mund nicht immer, wie im Beispiel (77), vollständig verschlossen, sondern in anderen Wörtern mehr oder weniger stark verengt (vgl. *Kasse, Kanne, Karre*). Eine einzelne Silbe bildet, bezogen auf die Artikulation, die Spanne von einem lokalen **Öffnungsminimum** (bzw. Verengungsmaximum) bis zum nächsten. ›Lokal‹ bedeutet in diesem Zusammenhang, dass sowohl das vorangehende als auch das folgende Segment einen höheren Öffnungsgrad aufweist.

Mit einem artikulatorischen Öffnungsminimum korreliert im akustischen Bereich ein Minimum der **Schallintensität,** umgekehrt mit maximaler Öffnung maximale Intensität. Auditiv entspricht die Intensität der wahrgenommenen **Lautstärke.** Das heißt, bei sonst gleichbleibenden Bedingungen ist bei maximal geöffnetem Mund auch die Lautstärke am höchsten. Der Vokal [ɑ:] weist entsprechend im Vergleich zu den anderen Segmenten den höchsten Öffnungsgrad, die höchste Intensität und die höchste Lautstärke auf. Das silbische Element bildet in diesem Sinne das Segment mit dem höchsten Öffnungsgrad innerhalb der Silbe, den **Silbengipfel** (›syllable peak‹). In der CV-Notation wird dieses silbische Segment mit einer V-Position assoziiert, alle anderen Segmente dagegen mit einer C-Position. Das heißt, jede Silbe enthält *genau ein V-Element* auf der Skelettschicht.

In der Regel bilden Vokale den Silbengipfel und Konsonanten nicht, aber es existieren Ausnahmen in zwei Richtungen:

1. Kommen zwei Vokale in einer Silbe vor (Diphthonge), so bildet nur einer den Silbengipfel und der andere ist unsilbisch. In (78) sind die entsprechenden CV-Strukturen für die Diphthonge [aɪ̯], [au̯] und [ɔɪ̯] (in *heiß, Haus, Heuss*) dargestellt:

(78)　a. C　V　C　C　　　　b. C　V　C　C　　　　c. C　V　C　C

　　　　　| 　| 　| 　| 　　　　　　| 　| 　| 　| 　　　　　　| 　| 　| 　|

　　　　　h　aɪ　s　　　　　　　h　au̯　s　　　　　　h　ɔ　ɪ　s

Die Vokale [a] und [ɔ] sind offener als [ɪ] und [ʊ]; deshalb bilden sie jeweils den Silbengipfel. Die letzteren beiden Segmente werden daher, obwohl sie Vokale sind, mit einer C-Position assoziiert. Sie besitzen quasi schwächere Vokaleigenschaften als die vorangehenden offenen Vokale, weil sie über weniger Schallfülle verfügen. In der Transkription wird der unsilbische Status dieser Vokale durch das diakritische Zeichen [◌̯] unter dem Vokal markiert.

2. ›V‹ ist in folgendem Fall nicht mit einem vokalischen Segment assoziiert: Fehlt in einer Silbe ein Vokal, so bildet ein sonoranter Konsonant den Silbengipfel. Dies ist im Deutschen immer dann der Fall, wenn Schwa vor einem Sonoranten ausfällt, z.B. in den Reduktionsketten in Beispiel (50). Für die jeweils zweiten Silben der Wörter *Leben* und *Segel* ergeben sich bei einer Realisierung ohne Schwa (also: [leːbn̩] und [zeːgl̩]) die CV-Strukturen in (79):

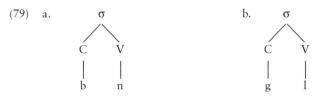

(79)　a.　　　　σ　　　　　　　b.　　　　σ

　　　　　　　／＼　　　　　　　　　　　／＼

　　　　　C　　V　　　　　　　　C　　V

　　　　　|　　|　　　　　　　　　|　　|

　　　　　b　　n　　　　　　　　　g　　l

Da diese Silben keinen Vokal enthalten, bilden die Sonoranten den Silbengipfel. Die Affinität eines Segments zur Bildung des Silbengipfels hängt offensichtlich von zwei Faktoren ab: (a) vom Lautkontext innerhalb der Silbe (vgl. 78 und 79) und (b) vom inhärenten Öffnungsgrad des Segments. Nach dem Grad ihrer Affinität zur Silbengipfelposition können Segmente in einer Sprache anhand einer Skala geordnet werden, der **Sonoritätsskala** (**Sonoritätshierarchie**).

3.4.2.2 | Die Sonoritätshierarchie

›Sonorität‹ kann zunächst grob als das Bündel der phonetischen Eigenschaften ›Öffnungsgrad‹, ›Intensität‹ und ›Lautstärke‹ eines Segmentes charakterisiert werden. Wie das Schema (77) zeigt, bildet die Silbe insgesamt eine Phase steigender und wieder abfallender Sonorität. Die Abbildung (80) zeigt das typische Sonoritätsprofil einer Silbe (nach Lenerz 1985, 19) ($ = Silbengrenze):

(80)　　　　Sonoritätsprofil der Silbe

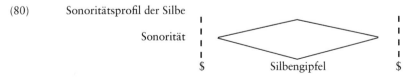

Vom linken Silbenrand steigt die Sonorität zunächst bis zum Gipfel an und fällt dann wieder zum rechten Rand ab. Diese Darstellung des Sonoritätsprofils sagt mehr aus als nur die mehr oder weniger starke Affinität einzelner Segmente zur Bildung des Silbengipfels. Darüber hinaus wird eine Voraussage gemacht über die mögliche Abfolge von Segmenten innerhalb der Silbe, über die **Phonotaktik der Silbe**. Die Sonorität steigt bis zum Gipfel an und fällt dann wieder ab. Dies bedeutet, dass vom Silbenrand bis zum Silbengipfel jedes Segment sonorer ist als das vorangehende, und vom Gipfel an jedes Segment weniger sonor als das vorangehende. Selkirk (1984, 116) erfasst diese phonotaktische Gesetzmäßigkeit in der ›**Sonority Sequencing Generalization (SSG)**‹ in (81):

(81)   In any syllable, there is a segment constituting a sonority peak that is preceded and/or followed by a sequence of segments with progressively decreasing sonority values. [In jeder Silbe bildet ein Segment den Sonoritätsgipfel, dem eine Sequenz von Segmenten mit progressiv fallenden Sonoritätswerten vorangeht oder folgt; H.R.]

Segmente in einer Sprache können aufgrund ihres Sonoritätsgrades (›sonority value‹) auf einer Skala angeordnet werden (diese Erkenntnis geht übrigens auf die Arbeiten des Phonetikers Eduard Sievers zurück; vgl. Sievers 1901). Aufgrund einer solchen Skala und der SSG in (81) sind dann die möglichen und nicht-möglichen Segmentabfolgen innerhalb der Silbe voraussagbar. Für das Deutsche schlägt Wiese (1988, 91 und 2011, 72) die Skala in (82) vor:

(82)   Sonoritätsskala

zunehmende Sonorität

Plosive   Frikative   Nasale   /l/   /r/   hohe Vokale   Vokale

Diese Skala kann die Phonotaktik innerhalb der Silbe im Deutschen relativ genau prognostizieren. So sind die monosyllabischen Wörter in (83a) wohlgeformt, weil sie der Sonoritätshierarchie in (82) und der Bedingung (81) entsprechen, die in (83b) dagegen sind nicht wohlgeformt:

(83)   a. Klaus [klaʊs], Preis [pʀaɪs], Kerl [kɛʀl], Halm [halm], Kraft [kʀaft]
          b. *Lkaus, *Rpeis, *Kelr, *Haml, *Kratf

Sonoritätsskalen wie (82) sind in ihren Grundzügen nicht einzelsprachspezifisch, sondern universal, da das Konzept ›Sonorität‹ – wie bereits erläutert – phonetisch fundiert ist. Die einzelnen Sprachen machen allerdings in ihren phonotaktischen Regeln einen unterschiedlichen Gebrauch von der universalen Sonoritätshierarchie. Außerdem bildet diese Hierarchie in zweierlei Hinsicht nur ein grobes Erklärungsmuster für die Phonotaktik der Silbe: a) Bestimmte Segmentfolgen sind phonotaktisch zugelassen, obwohl sie dem Sonoritätsprofil nicht entsprechen. b) Bestimmte Sequenzen sind phonotaktisch nicht wohlgeformt, obwohl sie der Sonoritätshierarchie entsprechen.

    Zunächst zum ersten Fall: Folgen von Segmenten mit gleichem Sonoritätsgrad sind z. T. zugelassen. Dies betrifft u. a. Sequenzen zweier Plosive, deren zweiter Bestandteil /t/ ist (vgl. (84)):

(84)   Abt [pt], kippt [pt], Magd [kt], Takt [kt]

Außerdem sind im Deutschen Sequenzen aus stimmlosen Frikativen und Plosiven am Silbenanfang (vgl. 85a) und die umgekehrten Sequenzen am Silbenende möglich (vgl. 85b), obwohl Frikative sonorer sind als Plosive:

(85)   a. Streit [ʃt], Spiel [ʃp], Skat [sk]
       b. hübsch [pʃ], Gips [ps], sechs [ks]

Bei näherer Betrachtung der Daten in (84) und (85) fällt auf, dass nur Segmente einer bestimmten Lautklasse außerhalb des Sonoritätsprofils stehen, stimmlose koronale Obstruenten. Marginale Ausnahmen hierzu bilden lediglich wenige Fremdwörter (meist Eigennamen), in denen z. B. auch der Velarnasal [ŋ] wortinitial vor einem Plosiv stehen kann (vgl. z. B. die Sequenzen [ŋk] und [ŋg] in *Nkomo* ›Name eines afrikanischen Politikers‹ und *Ngoro-Ngoro-Krater* (in Tansania)).

Wiese (1992) beschreibt die Sonderstellung der stimmlosen koronalen Frikative, indem er sie als **extrasilbisch** (als **Appendix**) außerhalb der **Kernsilbe** positioniert. Appendices werden in CV-Strukturen markiert, indem die entsprechenden Einheiten der Skelettschicht nicht mit der Silbenschicht assoziiert werden (vgl. die Strukturen in (86) für *Streit* und *Gips*):

(86)   a.   σ   b.   σ

Die Segmente /ʃ/ und /s/ bilden keinen Teil der Kernsilbe, die mit ihnen verknüpften C-Einheiten sind nicht mit der Silbenschicht assoziiert. Eine ähnlich Analyse schlägt Vennemann (1982) vor, der diese Appendices als **Nebensilben** betrachtet.

Neben wohlgeformten Silben, die Ausnahmen zur Sonoritätshierarchie bilden, sind umgekehrt auch bestimmte Sequenzen nicht möglich, obwohl sie dieser Hierarchie entsprechen. Im Deutschen sind beispielsweise Folgen aus Nasal + /ʀ/ oder /l/ am Silbenanfang nicht zugelassen: Dies zeigen unmögliche monosyllabische Wörter wie **Mrin*, **Nlan*, **Mlas* etc. Möglicherweise hängt diese Restriktion mit Problemen der Artikulation oder Perzeption dieser Sequenzen am Silbenanfang zusammen. Andere nicht auf die Sonoritätshierarchie zurückführbare Beschränkungen sind in Korpus (87) illustriert:

(87)   a. Salm – *Saalm – *Saulm   Pulk – *Puhlk – *Peilk
           Dorf – *Doorf – *Deirf   Ding – *Dieng – *Daung
           Kern – *Keern – *Keurn

Die Daten in (87) machen deutlich, dass im Deutschen nach Kurzvokalen noch zwei Konsonanten in der Silbe folgen können, nach Langvokalen oder Diphthongen dagegen nur ein Konsonant. Koronale Obstruenten bilden wiederum Ausnahmen zu dieser Restriktion (vgl. *Mond, Magd, Feind* etc.). Der Velarnasal [ŋ] verhält sich – was die Beispiele der letzten Reihe zeigen – in Bezug auf diese Restriktion wie ein Cluster aus zwei Konsonanten und nicht wie ein einzelner Konsonant.

Beschränkungen wie die in (87) sind nicht mit Bezugnahme auf die Sonoritätshierarchie, sondern nur mit Rekurs auf die **Quantitätsstruktur der Silbe** beschreibbar.

3.4.2.3 | Quantitätsstrukturen im CV-Modell der Silbe

Das CV-Modell eignet sich in besonderer Weise dazu, die quantitative Struktur der Silbe zu erfassen. Als Mechanismus zur Repräsentation dieser Struktur wird die Möglichkeit zu **Mehrfachassoziationen** zwischen CV-Schicht und Segmentschicht verwendet. Dies verdeutlichen die Beispiele in (88) und (89):

(88) Affrikaten als komplexe Segmente

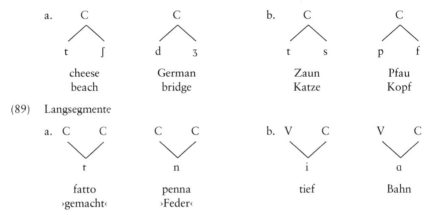

(89) Langsegmente

Die italienischen Daten in (89a) sind aus Ternes (1987, 114) entnommen. An den Strukturen in (88) und (89) ist ablesbar, dass zwischen CV-Schicht und Segmentschicht keineswegs immer eine 1:1-Beziehung besteht. Vielmehr wird sie in beide Richtungen aufgebrochen: In (88) entspricht eine Einheit auf der CV-Schicht zwei Einheiten auf der Segmentschicht, in (89) ist es umgekehrt.

Zunächst ein kurzer Blick auf die **Affrikaten** in (88). Die klassische Definition lautet: Affrikaten bilden Kombinationen aus ›Plosiv + homorganem Frikativ‹ (s. Kap. 3.2.2.3). Das heißt, Affrikaten bilden – rein phonetisch gesehen – Kombinationen von klar unterscheidbaren Segmenten und keine Einzelsegmente. Daher ist die Repräsentation in (88) auf der Segmentschicht einleuchtend. Andererseits verhalten sie sich phonotaktisch gesehen wie eine Einheit, was die Zuweisung einer C-Einheit auf der CV-Schicht rechtfertigt (zu Argumenten für diese Analyse vgl. Ramers/Vater 1995, Ramers 1998 und Dogil/Jessen 1989).

Die **Langsegmente** in (89) bilden quasi das Spiegelbild zu den Affrikaten. Sie sind phonetisch gesehen Einzelsegmente: Während der Produktion dieser Laute findet keine deutlich wahrnehmbare Veränderung der artikulatorischen Eigenschaften statt. Aus phonotaktischer Sicht dagegen bilden diese Segmente Lautkombinationen.

Langkonsonanten wie in (89a) kommen z.B. im Italienischen und Finnischen vor, nicht jedoch im Deutschen. Einen zentralen Bestandteil des deutschen Lautsystems bilden dagegen die Langvokale (siehe 89b). Welche Gründe sprechen dafür, diese als zwei Einheiten auf der CV-Schicht zu repräsentieren? Eine solche Repräsentation ermöglicht die einheitliche Formulierung einer phonotaktischen Restriktion für den Wortauslaut: In dieser Position sind nach Kurzvokalen als Silbengipfeln – abgesehen von koronalen Obstruenten – noch zwei Konsonanten möglich, nach Langvokalen und Diphthongen dagegen nur noch ein Konsonant, wie die Korpora (87) (s. oben) und (90) veranschaulichen:

(90) a. viel   b. fein   c. Film   d. *Saalm   e. *Heink   f. *Helmp
      Saal   Lauf   scharf   *Doorf   *Taulm   *Wirlk
      schön   Zeug   Stern   *vielk   *Feurn   *Pornk
      doof   Heim   Halm

Die Wortgruppen (90a) bis (90c) illustrieren die zugelassenen Sequenzen im Auslaut, (90d) bis (90f) die nicht zugelassenen: Nur ein Konsonant kann jeweils Langvokalen und Diphthongen folgen, maximal zwei dagegen sind nach Kurzvokalen möglich. Repräsentiert man Langvokale wie in (89b) als zwei Einheiten (V + C) auf der CV-Schicht, so kann diese Restriktion folgendermaßen formuliert werden:

(91)   * V C C C]$_\omega$

(91) bildet eine **negative Wohlgeformtheitsbedingung** für wortfinale Silben und einsilbige Wörter im Deutschen. Die Notation ist wie folgt zu interpretieren: Die schließende eckige Klammer mit dem Index »ω« kennzeichnet die rechte Wortgrenze, also den Wortauslaut. Nach dem Silbengipfel V sind vor dieser Grenze keine drei C-Einheiten auf der CV-Schicht zugelassen, d. h. maximal sind nur zwei dieser Einheiten möglich. Die Abbildungen in (92) stellen die CV-Strukturen der Wörter *Saal, Heim, Halm* und des »Unwortes« *Saalm* dar:

(92)

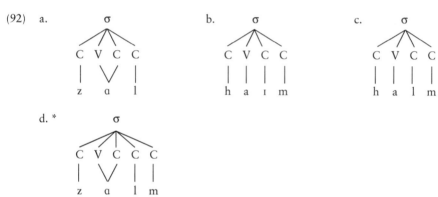

Die CV-Struktur in (92d) enthält drei C-Einheiten nach dem Silbengipfel V und verstößt damit gegen die Restriktion in (91) (zu Ausnahmen vgl. 94).

Wir haben bisher phonotaktische Restriktionen sowohl für den Wort- und Silbenanlaut als auch für den Auslaut betrachtet. Diese beschränken die maximale Anzahl der Segmente innerhalb einer Silbe. Auf der Grundlage solcher Beschränkungen entwickelt Wiese (1996, 38) das kanonische Maximalschema für Silben des Deutschen in (93):

(93)

Solche Schemata werden auch als **templates (Schablonen)** bezeichnet. Das ›template‹ in (93) ist so zu deuten: Sowohl vor als auch nach dem Silbengipfel V sind nur zwei C-Positionen zugelassen. Ausgenommen von dieser Beschränkung sind lediglich koronale Obstruenten und Obstruentencluster (/t/, /d/, /s/, /ʃ/, /ts/ und /st/), die als extrasilbische Segmente außerhalb des kanonischen Schemas stehen können. Dies illustriert die Repräsentation für das Wort *Freund* in (94) (zur Notation vgl. 86):

(94)

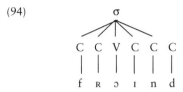

3.4.2.4 | Konstituentenstruktur der Silbe

Das Konstituentenmodell wurde zuerst in einem Aufsatz von Pike/Pike (1947) entwickelt (vgl. auch Vennemann 1986; Wiese 1996, 44 f., Wiese 2011, 74 und Ramers 1998, 98–104).

In (95) ist die Konstituentenstruktur für das monosyllabische Wort *Qualm* dargestellt:

(95)

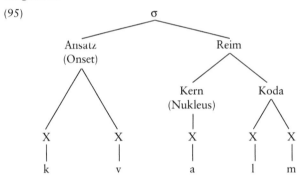

Der Silbenknoten ist – anders als im CV-Modell – nicht direkt mit der Skelettschicht assoziiert, sondern mit Subkonstituenten der Silbe. Letztere liegen nicht auf einer Ebene, sondern sind hierarchisch strukturiert. Das heißt, die Silbe zerfällt zunächst in die unmittelbaren Konstituenten **Ansatz** und **Reim**. Der Reim wiederum enthält die beiden Subkonstituenten **Kern** und **Koda**.

Die CV-Schicht ist durch eine X-Schicht ersetzt worden. Der Unterschied zwischen V und C braucht nicht mehr auf der Skelettschicht repräsentiert zu werden, weil die Position des Silbengipfels aufgrund der Konstituentenstruktur festgelegt werden kann: Den Gipfel (**syllable peak**) bildet das *erste Element* im Silbenkern.

Das Konstituentenmodell ist komplexer als das flachere CV-Modell. Daher fragt sich, wie dieses Mehr an Struktur zu rechtfertigen ist. Gesucht sind also phonologische Regularitäten, die mit Hilfe des Konstituentenmodells adäquater beschreibbar sind als im CV-Modell. Im Folgenden werden einige Argumente für die Annahme der Silbenkonstituenten ›Ansatz‹ und ›Reim‹ erörtert (zu den übrigen Konstituenten vgl. Vennemann 1986, Eisenberg/Ramers/Vater 1992 und Hall 2011, Kap. 8).

1. Ansatz (Onset): Innerhalb des Ansatzes bestehen Beschränkungen der Segmentabfolge, die für Segmente in anderen Silbenpositionen nicht gültig sind. Ein Beispiel bildet die Restriktion, dass Cluster aus ›Obstruent + Sonorant‹ nicht am gleichen Artikulationsort gebildet sein dürfen (vgl. *Pmein*, *Tnau*, *Dlatt* usw.). In (96) ist diese Restriktion formal repräsentiert (nach Ramers 1998, 101):

(96)

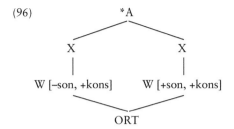

Die beiden Konsonanten in (96) teilen sich den gleichen Ortsknoten, das heißt, sie stimmen in der Artikulationsstelle überein (s. Kap. 3.4.1).

2. Reim: Diese Konstituente ist u. a. durch die Bedeutung des Endreims als Mittel der Poesie begründet. Eine Strophe aus Friedrich Schillers *Der Ring des Polykrates*, die Wiese (1996, 45) anführt, mag als Illustrationsbeispiel dienen:

(97) Er stand auf seines Daches **Zinnen,**
      Er schaute mit vergnügten **Sinnen**
      Auf das beherrschte Samos **hin.**
      Dies alles ist mir untert**änig,**
      Begann er zu Ägyptens K**önig,**
      Gestehe, daß ich glücklich b**in.**
      (Friedrich Schiller: *Der Ring des Polykrates*)

Der Endreim ist nach folgendem Grundprinzip aufgebaut: Der Silbenreim des letzten Wortes eines Verses bleibt konstant, während der Ansatz variiert (vgl. Vers 3 und 6: *hin* vs. *bin*). Dieser einfache Reimtyp wird als **männlicher** Reim bezeichnet. Eine weitere Möglichkeit besteht darin, dass der vorletzte Silbenreim inklusive der kompletten letzten Silbe konstant bleibt (vgl. Vers 1, 2, 4 und 5). Die sich reimende Kombination ›Silbenreim + Silbe‹ wird von Berg (1989) als **Superreim** bezeichnet. Der Reimtyp selbst wird **weiblicher** Reim genannt. Zu weiteren Evidenzen für den Reim vgl. Hall (2011, Kap. 8).

> **Aufgabe 9:** Stellen Sie die Silbenstrukturen folgender Wörter 1) im CV-Modell und 2) im Konstituentenmodell dar:
> (a) Aal, (b) Laube, (c) Strick, (d) Magd, (e) Zopf, (f) Größe, (g) Herbst, (h) Frühjahrsmüdigkeit

3.4.3 | Akzentstruktur

3.4.3.1 | Was ist Akzent?

In der Matrix (69) für das Wort *Silbe* (s. Kap. 3.4.1) wird **Akzent** als Merkmal von Vokalen dargestellt: Der erste Vokal des Wortes ([ɪ]) ist [+akzentuiert], der zweite Vokal ([ə]) dagegen [–akzentuiert]. Zunächst ist zu klären, in welchen phonetischen Eigenschaften akzentuierte (betonte) Vokale sich von nicht-akzentuierten (unbetonten) unterscheiden.

›Akzent‹ ist für einen Hörer der auditive Eindruck der Hervorgehobenheit (**Prominenz**) eines Vokals gegenüber anderen Vokalen in der Äußerung. Das [ɪ] in *Silbe* wird im Vergleich zum Schwa-Vokal der zweiten Silbe als **betont** wahrgenommen. Folgende phonetische Parameter tragen zu diesem perzeptiven Eindruck bei (vgl. zu Details Pompino-Marschall 2009 und Hayes 1995):

1. Der Vokal ist intensiver (lauter) als benachbarte Vokale;
2. er ist von längerer Dauer;
3. er wird mit erhöhter Grundfrequenz (höherer Tonlage) realisiert;
4. die Artikulationsbewegungen sind ausgeprägter.

Letztere Eigenschaft zeigt sich recht deutlich im oben angeführten Beispiel: Zur Artikulation des betonten Vokals [ɪ] wird die Zunge nach vorne und oben bewegt, während sie bei der Bildung des unbetonten [ə] in der Neutrallage verharrt.

Akzentuiertheit ist allerdings keine inhärente Eigenschaft von Vokalen wie Zungenhöhe oder Lippenrundung: [ɪ] beispielsweise ist ein Vokal mit den Merkmalen [+hoch] und [−rund] in allen möglichen Kontexten, im Wort *Silbe* genauso wie in *Freundin*. Das heißt, diese Eigenschaften kommen dem Vokal immer zu. Akzentuiert ist der Vokal dagegen nur im ersten Wort, nicht im zweiten. Der Akzent ist eine **relationale**, keine inhärente Eigenschaft: Vokale sind betonter im Vergleich zu anderen Vokalen im Kontext.

Außerdem bildet Akzentuiertheit keine segmentale, sondern eine suprasegmentale (prosodische) Größe: Nicht allein der Vokal wird innerhalb einer Silbe hervorgehoben, sondern auch die ihn umgebenden Konsonanten. Auch diese können länger, intensiver, mit höherem Stimmton etc. realisiert werden als die Konsonanten benachbarter Silben. Akzent ist folglich keine Eigenschaft von Vokalen, sondern von ganzen Silben.

Die Relationalität des Akzents impliziert einen Vergleich von Silben innerhalb eines größeren Bereichs (einer Domäne): Ist diese Domäne das einzelne Wort, so reden wir von **Wortakzent**, ist der Vergleich auf den ganzen Satz bezogen, von **Satzakzent**. Der letztere Typ ist in Beispiel (98) illustriert:

(98) a. Géstern hat STUTTgart gewónnen.
      b. Géstern hat Stúttgart geWONnen.
      c. GEstern hat Stúttgart gewónnen.

Die Notation in (98) ist wie folgt zu lesen: Das Akzentzeichen auf dem Vokal markiert die entsprechende Silbe als prominenteste innerhalb des Wortes. Sie trägt den **Wortakzent**, z. B. die erste Silbe [gɛs] in *gestern* (vgl. 98a und b). Die Wortakzentsilbe, die innerhalb des Satzes am prominentesten ist, wird durch Großbuchstaben gekennzeichnet: Sie trägt den **Satzakzent**, in (98a) z. B. die Silbe [ʃtʊt] des Wortes *Stuttgart*. Durch Satzakzentuierung wird das gesamte Wort, zu dem die Akzentsilbe gehört, bzw. die gesamte Wortgruppe innerhalb des Satzes hervorgehoben; sie steht im **Fokus** des Satzes (s. dazu ausführlich Kap. 6.7)

Da der Satzakzent primär auf dem phonetischen Parameter Tonhöhe fußt, wird dieses Phänomen zum Bereich der **Intonation** gerechnet. Intonatorische Mittel werden zudem zur Markierung des **Satzmodus** verwendet (s. Kap. 3.4.1 und Kap. 6.6).

3.4.3.2 | Metrische Phonologie

Wie die vorangehende Diskussion gezeigt hat, ist zur Darstellung von Akzentstrukturen das inhärente binäre Merkmal [± akzentuiert], das in der Merkmalsmatrix (69) verwendet wird, völlig ungeeignet. Im Rahmen der **metrischen Phonologie**, deren vorangiges Ziel die adäquate Beschreibung von Akzentphänomenen ist, wurde daher in den 1970er Jahren das hierarchische Modell der **metrischen Bäume** entwickelt (vgl.

Liberman/Prince 1977). Dieses eignet sich besonders gut zur Erfassung der Relationalität des Akzents. In (99) sind solche metrischen Bäume für die Wörter *Weißwein*, *Trinker* und *Weißweintrinker* dargestellt:

(99) a.   b.   c.

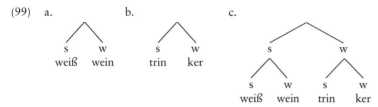

Im einem metrischen Baum werden jeweils zwei Silben verglichen: Die stärkere erhält das Etikett »s« (engl. »stronger than«), die schwächere das Etikett »w« (engl. »weaker than«). In (99a) ist die erste Silbe *weiß* stärker, d. h. betonter als die zweite Silbe *wein*. In (99b) liegt die gleiche Akzentrelation zwischen den Silben *trin* und *ker* vor. Im Kompositum *Weißweintrinker* werden in einem zweiten Analyseschritt die jeweils stärksten Silben der beiden Konstituenten, *weiß* und *trin*, verglichen: Die erste ist prominenter als die zweite und erhält ein weiteres s-Etikett auf einer höheren Ebene der Baumstruktur. Diese Silbe trägt den **Hauptakzent** im gesamten Kompositum. Im metrischen Baum ist dieser Status daran ablesbar, dass die Silbe nur von s-Knoten dominiert wird. Die Silbe *trin* trägt einen **Nebenakzent**: Sie ist stärker als die Silbe *ker*, aber schwächer als *weiß*. Hauptakzente werden in der phonetischen Transkription durch einen hochgestellten Apostroph vor der Silbe markiert, Nebenakzente durch einen tiefgesetzten; vgl. die Transkription [ˈvaɪ̯svaɪ̯nˌtʁɪŋkɐ] für *Wéißweintrìnker*. Als alternative Markierung dienen Akzentzeichen über den Vokalen, der Akut (ˊ) für den Hauptakzent und der Gravis (ˋ) für den Nebenakzent (vgl. *Wéißweintrìnker*). Komposita werden im Deutschen nach einer relativ festen Regel akzentuiert (zu Details vgl. Wiese 2011, 80 f.):

(100) **Kompositaakzent**
Die zweite unmittelbare Konstituente eines Kompositums erhält den Hauptakzent, wenn sie verzweigt, d. h., vereinfacht gesagt, wenn sie selbst ein Kompositum bildet. Ist dies nicht der Fall, trägt die erste unmittelbare Konstituente den Hauptakzent.

In Beispiel (99c) ist die zweite Konstituente *trinker* selbst kein Kompositum, daher erhält die erste Konstituente *weißwein* den Hauptakzent, der wiederum auf der prominentesten Silbe dieser Konstituente, *weiß*, realisiert wird.

Der Terminus ›Konstituente‹ wird in Kapitel 2.3.3 ausführlich erläutert. In diesem Abschnitt wird auch auf die Möglichkeit zur Disambiguierung doppeldeutiger Komposita mit Hilfe des Akzents hingewiesen. Folgendes Beispiel illustriert diese Möglichkeit: Das Wort *Sommerreifenverkauf* hat zwei Lesarten, 1) ›Verkauf von Sommerreifen‹ und 2) ›Reifenverkauf im Sommer‹. In Lesart 1) trägt die erste Silbe von *Sommer* den Hauptakzent, in Lesart 2) dagegen die erste Silbe von *Reifen*. Die beiden metrischen Bäume in (101) repräsentieren diese unterschiedlichen Akzentverhältnisse:

(101) a.   b.

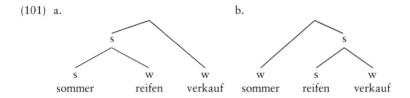

In (101a) bildet die erste unmittelbare Konstituente *Sommerreifen* selbst ein Kompositum, in (101b) die zweite Konstituente *Reifenverkauf*.

Die Silben in metrischen Bäumen werden nicht zu beliebigen Komplexen zusammengefasst, sondern zur höheren prosodischen Einheit (metrischer) ›Fuß‹ (Notationssymbol: Σ) (vgl. Selkirk 1980 und Uhmann 1991). Der Fuß bildet eine Einheit, die genau eine betonte (starke) Silbe enthält und darüber hinaus beliebig viele unbetonte Silben. In (102) ist die Fußstruktur für das Wort *Sommerreifen* abgebildet:

(102)

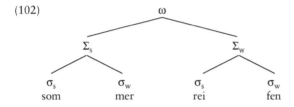

Die s-w-Etiketten sind in (102) als Subskripte den Symbolen für die prosodischen Einheiten ›Silbe‹ und ›Fuß‹ beigefügt. Das gesamte Kompositum bildet die prosodische Einheit ›**phonologisches Wort**‹ (›**prosodisches Wort**‹) (Symbol: ω). (Zur Funktion dieser Einheit in phonologischen Repräsentationen und Regeln vgl. Wiese 1996, Kap. 3.4).

Der Terminus ›Fuß‹ stammt aus der klassischen Versmetrik, in der verschiedene Fußtypen differenziert werden. Die vier bekanntesten sind **Trochäus, Jambus, Daktylus** und **Anapäst**. Die ersten beiden sind zweisilbig, die anderen dreisilbig. In (103) sind Beispiele für diese Versfüße aufgeführt:

(103) a. Trochäus: $\sigma_s + \sigma_w$ b. Jambus: $\sigma_w + \sigma_s$ c. Daktylus: $\sigma_s + \sigma_w + \sigma_w$

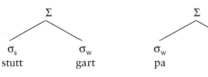   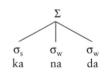

d. Anapäst: $\sigma_w + \sigma_w + \sigma_s$

Die betonte Silbe im Fuß wird auch als **Kopf** bezeichnet: Trochäen und Daktylen bilden entsprechend **kopfinitiale** Versfüße, Jamben und Anapäste dagegen **kopffinale**. Fußstrukturen wie in (103) verwenden u. a. Goldsmith (1990), Uhmann (1991), Hall (2011) und Féry (2014). Zur Rolle des Fußes in der Beschreibung phonologischer

Prozesse verweise ich auf Nespor/Vogel (1986), Yu (1992), Wiese (1996) und Fuhr-
hop/Peters (2013).

Die Analyse einer Äußerung als Abfolge metrischer Füße spiegelt den **rhythmischen** Charakter gesprochener Sprache: In regelmäßigen Abständen alternieren
betonte und unbetonte Silben. Zur Repräsentation rhythmischer Strukturen wurde
in der metrischen Phonologie neben dem Baum das **metrische Gitter** entwickelt (vgl.
Prince 1983, Féry 1986 und Hayes 1995).

> **Aufgabe 10:** Stellen Sie die Akzentstruktur folgender Wörter in metrischen Bäu-
> men dar:
> (a) Konstanz, (b) Elefant, (c) Universitätscampus, (d) Wintermodenschau, (e)
> Abenteuer

Die Idee, dass eine hierarchische Gliederung der segmentalen und prosodischen
Struktur von Äußerungen sinnvoll ist, haben so gut wie alle neueren phonologischen
Theorieansätze gemeinsam. Darüber hinaus hat sie auch die Art der Repräsentation
morphologischer und **syntaktischer** Strukturen maßgeblich bestimmt (s. Kap. 2 und 4).

Literatur

Grundlegende Literatur

Altmann, Hans/Ziegenhain, Ute (2007²): Phonetik, Phonologie und Graphematik fürs Examen.
  Göttingen: Vandenhoeck & Ruprecht.
Becker, Thomas (2012): Einführung in die Phonetik und Phonologie des Deutschen. Darmstadt:
  Wissenschaftliche Buchgesellschaft.
Chomsky, Noam/Halle, Morris (1968): The Sound Pattern of English. New York: Harper & Row.
DUDEN Aussprachewörterbuch: Wörterbuch der deutschen Standardaussprache (1990³). Bearbeitet
  von Max Mangold in Zusammenarbeit mit der Dudenredaktion. Mannheim: Dudenverlag (=
  Der Duden 6).
Eisenberg, Peter/Ramers, Karl Heinz/Vater, Heinz (Hgg.) (1992): Silbenphonologie des Deutschen.
  Tübingen: Narr.
Eisenberg, Peter (2013⁴): Grundriss der deutschen Grammatik. Bd. 1: Das Wort. Stuttgart/Weimar:
  Metzler.
Ewen, Colin J./van der Hulst, Harry (2001): The Phonological Structure of Words. An Introduction.
  Cambridge: Cambridge University Press.
Féry, Caroline (2000/2001): Phonologie des Deutschen. Eine optimalitätstheoretische Einführung.
  2 Bde. Potsdam: Institut für Linguistik.
Fuhrhop, Nanna/Peters, Jörg (2013): Einführung in die Phonologie und Graphematik. Stuttgart/
  Weimar: Metzler.
Giegerich, Heinz J. (1985): Metrical Phonology and Phonological Structure. German and English.
  Cambridge: Cambridge University Press.
Giegerich, Heinz J. (1992): English Phonology. An Introduction. Cambridge: Cambridge University Press.
Goldsmith, John A (1976): Autosegmental Phonology. PhD Dissertation, MIT. Erschienen 1979,
  New York: Garland.
Goldsmith, John A. (1990): Autosegmental and Metrical Phonology. Cambridge, Mass./Oxford:
  Blackwell.
Goldsmith, John A. (Hg.) (1995): The Handbook of Phonological Theory. Cambridge, Mass./
  Oxford: Blackwell.
Hall, Tracy Alan (2011²): Phonologie. Eine Einführung. Berlin/New York: de Gruyter.
Handbook of the International Phonetic Association. A Guide to the Use of the International Phonetic
  Alphabet (2007). Cambridge: Cambridge University Press.

Hayes, Bruce (1995): Metrical Stress Theory. Principles and Case Studies. Chicago/London: The University of Chicago Press.

Hulst, Harry van der (Hg.) (1999): Word Prosodic Systems. Berlin/New York: Mouton de Gruyter.

Kenstowicz, Michael (1994): Phonology in Generative Grammar. Cambridge, Mass./Oxford: Blackwell.

Kohler, Klaus J. (1995[2]): Einführung in die Phonetik des Deutschen. Berlin: Schmidt.

Kohler, Klaus J. (2007): German. In: Handbook of the International Phonetic Association. A Guide to the Use of the International Phonetic Alphabet. Cambridge: Cambridge University Press, 86–89.

Krech, Eva-Maria et al. (2010): Deutsches Aussprachewörterbuch. Berlin/New York: de Gruyter.

Ladefoged, Peter (1993[3]): A Course in Phonetics. New York: Harcourt Brace & Co.

Liberman, Mark/Prince, Alan S. (1977): On Stress and Linguistic Rhythm. In: Linguistic Inquiry 8, 249–336.

Maas, Utz (1999): Phonologie: Einführung in die funktionale Phonetik des Deutschen. Wiesbaden: Westdeutscher Verlag.

Mayerthaler, Willi (1974): Einführung in die generative Phonologie. Tübingen: Niemeyer.

Muthmann, Gustav (1996): Phonologisches Wörterbuch der deutschen Sprache. Tübingen: Niemeyer.

Neppert, Joachim M.H. (1999[4]): Elemente einer Akustischen Phonetik. Hamburg: Buske.

Nespor, Marina/Vogel, Irene (1986): Prosodic Phonology. Dordrecht: Foris.

Noack, Christina (2010): Phonologie. Heidelberg: Winter (KEGLI 10).

Pompino-Marschall, Bernd (2009[3]): Einführung in die Phonetik. Berlin/New York: de Gruyter.

Pullum, Geoffrey K./Ladusaw, William A. (1996): Phonetic Symbol Guide. Chicago: University of Chicago Press.

Ramers, Karl Heinz (1998): Einführung in die Phonologie. München: Fink.

Ramers, Karl Heinz/Vater, Heinz (1995[4]): Einführung in die Phonologie. Hürth: Gabel (KLAGE 16).

Saussure, Ferdinand de (1916): Cours de linguistique générale. Hg. von Charles Bally und Albert Sechehaye. Paris: Payot. Dt.: Grundfragen der allgemeinen Sprachwissenschaft. Berlin/New York: de Gruyter 1967[2].

Siebs, Theodor (1969[19]): Deutsche Aussprache. Reine und gemäßigte Hochlautung mit Aussprache-wörterbuch. Herausgegeben von Helmut de Boor, Hugo Moser und Christian Winkler. Berlin: de Gruyter.

Ternes, Elmar (1987): Einführung in die Phonologie. Darmstadt: Wissenschaftliche Buchgesellschaft.

Trubetzkoy, Fürst Nikolaj S. (1939): Grundzüge der Phonologie. Prag (TCLP 7). Wieder erschienen in Göttingen: Vandenhoeck u. Ruprecht 1958 (1977[6]).

Uhmann, Susanne (1991): Fokusphonologie. Eine Analyse deutscher Intonationskonturen im Rahmen der nicht-linearen Phonologie. Tübingen: Niemeyer.

Vennemann, Theo (1986): Neuere Entwicklungen in der Phonologie. Berlin/New York: de Gruyter.

Wiese, Richard (1996): The Phonology of German. Oxford: Clarendon Press.

Wiese, Richard (2011): Phonetik und Phonologie. Paderborn: Fink.

Wurzel, Wolfgang Ullrich (1970): Studien zur deutschen Lautstruktur. Berlin: Akademie-Verlag.

Wurzel, Wolfgang Ullrich (1981): Phonologie: Segmentale Struktur. In: Heidolph, Karl Erich et al. (Hgg.): Grundzüge einer deutschen Grammatik. Berlin: Akademie-Verlag, 898–990.

Zsiga, Elizabeth C. (2013): The Sounds of Language: an Introduction to Phonetics and Phonology. Malden, Mass./Oxford/Chichester: Wiley-Blackwell.

Weitere Literatur

Berg, Thomas (1989): On the Internal Structure of Polysyllabic Monomorphemic Words. The Case for Superrimes. In: Studia Linguistica 41, 5–32.

Bloomfield, Leonard (1933): Language. New York: Holt, Rinehart and Winston. Dt. Übersetzung: Die Sprache. Wien: Edition Praesens 2001.

Clements, George N./ Keyser, Samuel J. (1983): CV Phonology. A Generative Theory of the Syllable. Cambridge, Mass.: MIT Press.

Dogil, Grzegorz/Jessen, Michael (1989): Phonologie in der Nähe der Phonetik. Die Affrikaten im Polnischen und Deutschen. In: Prinzhorn, Martin (Hg.): Phonologie. Opladen: Westdeutscher Verlag (Linguistische Berichte, Sonderheft 2), 223–279.

Féry, Caroline (1986): Metrische Phonologie und Wortakzent im Deutschen. In: Studium Linguistik 20, 16–43.

Féry, Caroline (2014): Phonetik und Phonologie. In: Ossner, Jakob/Zinsmeister, Heike (Hgg.): Sprachwissenschaft für das Lehramt. Paderborn: Schöningh, 121-156.

Fromkin, Victoria A. (Hg.) (1978): Tone. A Linguistic Survey. New York: Academic Press.

Hall, Tracy Alan (1992): Syllable Structure and Syllable-Related Processes in German. Tübingen: Niemeyer.

Heike, Georg (1972): Phonologie. Stuttgart: Metzler.

Hooper, Joan Bybee (1976): An Introduction to Natural Generative Phonology. New York: Academic Press.

Jakobson, Roman/Fant, Gunnar/Halle, Morris (1951): Preliminaries to Speech Analysis. Cambridge, Mass.: MIT Press.

Jakobson, Roman/Halle, Morris (1956): Fundamentals of Language. The Hague: Mouton (Janua linguarum 1).

Kahn, Daniel (1976): Syllable-based Generalizations in English Phonology. PhD Dissertation, MIT. Reproduced by the Indiana University Linguistics Club, Bloomington.

Kenstowicz, Michael/Kisseberth, Charles (1977): Topics in Phonological Theory. New York: Academic Press.

Kloeke, W. U. S. van Lessen (1982): Deutsche Phonologie und Morphologie. Merkmale und Markiertheit. Tübingen: Niemeyer.

Ladefoged, Peter (1996): Elements of Acoustic Phonetics. Chicago: University of Chicago Press.

Ladefoged, Peter/Maddieson, Ian (1990): Vowels of the World's Languages. In: Journal of Phonetics 18, 93–122.

Lenerz, Jürgen (1985): Phonologische Aspekte der Assimilation im Deutschen. In: Zeitschrift für Sprachwissenschaft 4, 5–36.

Lüdtke, Helmut (1969): Die Alphabetschrift und das Problem der Lautsegmentierung. In: Phonetica 20, 147–176.

Maddieson, Ian (1984): Patterns of Sounds. Cambridge: Cambridge University Press.

McCarthy, John J. (1988): Feature Geometry and Dependency. A Review. In: Phonetica 43, 84–108.

Mohanan, Karavannur P. (1986): The Theory of Lexical Phonology. Dordrecht: Reidel.

Pike, Kenneth L./Pike, Evelyn G. (1947): Immediate Constituents of Mazateco Syllables. In: International Journal of American Linguistics 13, 78–91.

Prince, Alan S. (1983): Relating to the Grid. In: Linguistic Inquiry 14, 19–100.

Ramers, Karl Heinz (1988): Vokalquantität und -qualität im Deutschen. Tübingen: Niemeyer.

Sagey, Elizabeth (1988): On the Ill-Formedness of Crossing Association Lines. In: Linguistic Inquiry 19, 109–118.

Selkirk, Elisabeth O. (1980): The Role of Prosodic Categories in English Word Stress. In: Linguistic Inquiry 11, 563–605.

Selkirk, Elisabeth O. (1984): On the Major Class Features and Syllable Theory. In: Aronoff, Mark/Oehrle, Richard T. (Hgg.): Language Sound Structure. Studies in Phonology Presented to Morris Halle by his Teacher and Students. Cambridge, Mass.: MIT Press, 107–136.

Sievers, Eduard (1901[5]): Grundzüge der Phonetik zur Einführung in das Studium der Lautlehre der indogermanischen Sprachen. Leipzig: Breitkopf u. Härtel. Nachdruck Hildesheim: Olms 1976.

Tillmann, Hans G./Günther, Hartmut (1986): Zum Zusammenhang von natur- und geisteswissenschaftlicher Sprachforschung – Phonetik und Phonologie. In: Zeitschrift für Sprachwissenschaft 5, 187–208.

Vennemann, Theo (1982): Zur Silbenstruktur der deutschen Standardsprache. In: Vennemann, Theo (Hg.): Silben, Segmente, Akzente. Tübingen: Niemeyer (Linguistische Arbeiten 126), 261–305.

Wiese, Richard (1988): Silbische und Lexikalische Phonologie. Studien zum Chinesischen und Deutschen. Tübingen: Niemeyer.

Wiese, Richard (1992): Was ist extrasilbisch im Deutschen und warum? In: Ramers, Karl Heinz/Wiese, Richard (Hgg.): Prosodische Phonologie. Göttingen: Vandenhoeck u. Ruprecht (Sonderheft ZS 10), 112–133.

Yu, Si-Taek (1992): Unterspezifikation in der Phonologie des Deutschen. Tübingen: Niemeyer.

Karl Heinz Ramers

4 | Syntax

4.1 | Einleitung

Wenn wir sprechen oder etwas schreiben, sind unsere Äußerungen nicht einzelne, unzusammenhängende Wörter, sondern größere Kombinationen von Wörtern, das heißt Sätze. Es ist leicht zu sehen, dass die Wörter nicht wahllos zu Sätzen kombiniert werden können. Denn während etwa *Ich höre morgen auf zu rauchen* ein **grammatischer Satz** ist, also ein Satz, der den Regeln der deutschen Grammatik entspricht, ist der Satz *Ich zu rauchen morgen aufhöre* **ungrammatisch**, was mit einem Stern vor dem Satz markiert wird (**Ich zu rauchen morgen aufhöre*). Die Regeln, nach denen Wörter zu grammatischen Sätzen kombiniert werden, sind der zentrale Gegenstand der **Syntax**. Um diese Regeln richtig beschreiben zu können, muss man untersuchen, wie Sätze aufgebaut sind, was für eine Struktur sie haben.

4.2 | Topologische Felder

Beginnen wir mit einer simplen Beobachtung. In einem Satz wie *Dort kennt ihn jeder* folgen die Wörter, aus denen der Satz besteht, einander. Die Wörter, aus denen Sätze bestehen, werden also offensichtlich nicht völlig ungeordnet gleichzeitig ausgesprochen oder geschrieben, sondern geordnet nacheinander oder, wie man auch sagt, in einer **linearen Abfolge**. Die Abfolge *Dort kennt ihn jeder* ist nicht die einzig mögliche, auch die Abfolgen *Ihn kennt jeder dort, Ihn kennt dort jeder, Dort kennt jeder ihn* und *Jeder kennt ihn dort* sind grammatisch korrekt. Das heißt, drei der vier Wörter des Satzes können ihre Positionen tauschen, nämlich die Wörter *dort, ihn* und *jeder*. Das vierte Wort jedoch, das finite Verb *kennt*, steht immer in derselben Position, und zwar in der zweiten. Auch in den folgenden Sätzen steht das kursiv markierte finite Verb jeweils in der zweiten Position:

(1)   a. Täglich *steht* man staunend vor der Pinnwand mit dem Pressespiegel.
      b. Was *nutzt* da der moralische Vorsprung vor der Konkurrenz?

Die zweite Position ist allerdings nicht die einzige Position, in der Verben stehen können. Wie man an den Sätzen in (2) und (3) unten sieht, können Verben auch in der ersten Position des Satzes stehen oder in der letzten Position. Da diese Beobachtung, dass Verben an bestimmte Positionen im Satz gebunden sind, sehr wichtig ist für die Beschreibung der Struktur deutscher Sätze, werden die Sätze im Deutschen formal nach der **Verbposition** klassifiziert. Sätze wie (1a–b) mit **Verbzweitstellung** sind **Verbzweitsätze** (V2-Sätze), Sätze wie (2a–b) mit **Verberststellung** sind **Verberstsätze** (V1-Sätze) und Sätze wie (3a–b) mit **Verbletztstellung** sind **Verbletztsätze** (VL-Sätze).

(2)   a. *Ist* ihre große Zeit vorbei?
        b. *Wäre* die Fußball-Bundesliga ein Verein ...
(3)   a. ... dass die Atmosphäre am Millerntor ein sportliches Kapital *darstellt*
        b. ... ohne das der Erhalt der Klasse nicht denkbar *ist*

Bei dieser Klassifizierung sind allerdings verschiedene Komplikationen zu beachten. Eine erste Komplikation findet sich in Sätzen wie den folgenden, die mehrere Verben enthalten:

(4)   a. Hast du schon die Blumen gegossen?
        b. Mitmachen werde ich nicht.

Ist (4a) ein V1-Satz oder ein VL-Satz? Und ist (4b) ein V1-Satz oder ein V2-Satz? Für die Klassifizierung entscheidend sind hier die beiden finiten Verben *hast* und *werde*, von denen die beiden infiniten Verben *gegossen* und *mitmachen* abhängen. Da *hast* in der ersten Position steht und *werde* in der zweiten, ist (4a) ein V1-Satz und (4b) ein V2-Satz.

Eine zweite Komplikation betrifft Sätze wie (5a–b), in denen vor den finiten Verben *hatte* und *sitzen* nicht ein Wort steht, sondern mehrere Wörter:

(5)   a. Der Kapitän des dänischen CSC-Rennstalls hatte in diesem Jahr schon zwei Etappen gewinnen können.
        b. An einem einer Schlange nachgebildeten Schreibtisch sitzen die Grafikspezialisten.

Auch wenn vor *hatte* in (5a) fünf Wörter stehen und vor *sitzen* in (5b) sechs Wörter, besetzen *hatte* und *sitzen* nicht die sechste oder siebte Position, sondern die zweite. Warum? Die Wörter vor *hatte* und *sitzen* bilden jeweils zusammen syntaktische Einheiten, die auch als **Konstituenten** bezeichnet werden, und diese Einheiten, die in (6a–b) mit eckigen Klammern markiert sind, besetzen vor *hatte* und *sitzen* die erste Position:

(6)   a. [Der Kapitän des dänischen CSC-Rennstalls] hatte in diesem Jahr schon zwei Etappen gewinnen können.
        b. [An einem einer Schlange nachgebildeten Schreibtisch] sitzen die Grafikspezialisten.

Man kann auch nachweisen, dass die Wörter zusammen Konstituenten bilden, und zwar anhand von Ersetzungen, Umstellungen und syntaktischen Funktionen. Schauen wir uns das kurz genauer an. Versucht man in (5a) einen Teil der Wörter vor *hatte* durch *wer* zu ersetzen, erhält man ungrammatische Sätze; nur dann, wenn man die Wörter komplett ersetzt, erhält man einen grammatischen Satz. Auch in (5b) kann man die Wörter vor *sitzen* nur komplett durch *dort* ersetzen.

(7)   a. *Wer Kapitän des dänischen CSC-Rennstalls hatte in diesem Jahr schon zwei Etappen gewinnen können?
        b. *Wer des dänischen CSC-Rennstalls hatte in diesem Jahr schon zwei Etappen gewinnen können?
        c. Wer hatte in diesem Jahr schon zwei Etappen gewinnen können?

Man kann die Wörter auch nur komplett umstellen und nicht getrennt:

(8)   a. *Der hatte Kapitän des dänischen CSC-Rennstalls in diesem Jahr schon zwei Etappen gewinnen können.
        b. *Der Kapitän hatte des dänischen CSC-Rennstalls in diesem Jahr schon zwei Etappen gewinnen können.
        c. In diesem Jahr hatte der Kapitän des dänischen CSC-Rennstalls schon zwei Etappen gewinnen können.

Überlegt man nun noch, was für eine syntaktische Funktion die Wörter vor *hatte* und *sitzen* haben, stellt man fest, dass sie auch nur zusammen eine syntaktische Funktion haben: *der Kapitän des dänischen CSC-Rennstalls* ist in (5a) das Subjekt und *an einem einer Schlange nachgebildeten Schreibtisch* ist in (5b) eine Adverbialbestimmung (kurz Adverbial).

Für VL-Sätze ist schließlich noch eine dritte Komplikation wichtig, die sich bei der Klassifizierung von Sätzen wie (9a–b) ergibt, in denen das Verb nicht in der Verbletztposition zu stehen scheint:

(9)   a. … der sich fürchterlich aufregt über die Klausur
        b. … ob es wohl regnet morgen

Man muss hier aufpassen: Verbletztposition bedeutet nicht dasselbe wie letzte Position im Satz. Es gibt hinter der Verbletztposition noch eine weitere Position, die besetzt sein kann. In dieser Position hinter der Verbletztposition steht in (9a) *über die Klausur* und in (9b) *morgen*. Die Sätze (9a–b) sind also VL-Sätze, auch wenn die Verben *aufregt* und *regnet* nicht in der letzten Position stehen.

Wir haben jetzt mehrere Positionen im Satz ausgemacht, und zwar die Positionen, in denen Verben stehen können, und die Positionen links und rechts von diesen Verbpositionen. Traditionell wird angenommen, dass das finite Verb in V1- und V2-Sätzen in der **linken Klammer** (LK) steht und in VL-Sätzen in der **rechten Klammer** (RK). Die Position vor der linken Klammer in V2-Sätzen wird gewöhnlich als **Vorfeld** (VF) und die Position hinter der rechten Klammer als **Nachfeld** (NF) bezeichnet, zu denen noch das **Mittelfeld** (MF) als die Position zwischen der linken und rechten Klammer hinzukommt. Diesen Bezeichnungen liegt die Annahme zugrunde, dass die Sätze im Deutschen aus mehreren aufeinander folgenden Bereichen bestehen, die mit einzelnen Wörtern oder Wortfolgen besetzt sind und die auch als **topologische Felder** oder Stellungsfelder bezeichnet werden. Wir weichen hier von der traditionellen Redeweise ein wenig ab und bezeichnen – da in der linken Klammer von V1- und V2-Sätzen immer ein finites Verb steht und in der rechten Klammer generell nur Verben (oder Partikeln wie *auf* in *aufhören*) – die linke Klammer in V1- und V2-Sätzen als FIN und die rechte Klammer als VK (so auch Höhle 1986, Pafel 2011 und Eisenberg 2013).

In der folgenden Übersicht sind in (10) V2-Sätze und in (11) V1-Sätze in Felder eingeteilt; man beachte, dass in (11) links von FIN kein VF steht.

(10)

VF	FIN	MF	VK	NF
Ich	habe	mich sehr	geärgert	über das Spiel.
Es	regnet!			
Bei dem Wetter	nehme	ich das Auto.		
Nun	hör	endlich	auf!	
Wen	hast	du heute	getroffen?	

(11)

FIN	MF	VK	NF
Glauben	die denn daran?		
Kommt!			
Meldest	du dich auch	an	für das Seminar?
Hör	endlich	auf	damit!

In dieser Übersicht fehlen die Felder am linken Satzrand, in denen unter anderem Konjunktionen und vorangestellte Konstituenten stehen wie in *Und den Hund, wer füttert den im Urlaub?* Zu diesen Feldern, die bei der Klassifizierung nach V1, V2 und VL übergangen werden, aber insbesondere für die Beschreibung der Syntax der gesprochenen Sprache wichtig sind, ist Ausführliches in Pafel (2011) und Wöllstein (2014) zu finden.

Da in VL-Sätzen die linke Klammer nicht mit einem finiten Verb besetzt ist, sondern nur mit bestimmten Ausdrücken anderer Art besetzt sein kann (Subjunktionen wie *dass* und *ob*, Relativausdrücken wie *den* und *deren Katze*, w-Ausdrücken wie *wen* und *mit welchen Büchern* und gewissen anderen), verwenden wir wie Pafel (2011) COMP als Bezeichnung für dieses Feld, um es von FIN zu unterscheiden. In infiniten Sätzen kann COMP auch leer sein. Hier eine Übersicht mit verschiedenen Arten von VL-Sätzen:

(12)

COMP	MF	VK	NF
Ob	es wohl	regnen wird	morgen?
Wenn	das mal gut	geht	mit den beiden!
um	nach dem Ball	zu suchen	
	Sofort	anhalten!	
	es morgen	zu reparieren	
deren Katze	ich nicht	leiden kann	
wen	du heute	getroffen hast	

Wenn man annimmt, dass Sätze aus solchen Feldern bestehen, sollte man gute Gründe dafür haben. Gute Gründe dafür gibt es in der Tat, und zwar unter anderem Wortstellungsregularitäten.

(13) a. ... mit welchen Büchern man heute Geld verdienen kann
      b. *... mit welchen Büchern heute man Geld verdienen kann
      c. *... mit welchen Büchern heute Geld man verdienen kann
      d. *... mit welchen man Büchern heute Geld verdienen kann
      e. *... mit man welchen Büchern heute Geld verdienen kann

Vergleicht man die drei Sätze in (13a–c), so unterscheiden sie sich darin, dass das Pronomen *man* in (13a) weiter vorne steht als in (13b–c). Noch weiter vorne vor *Büchern* oder *welchen* kann *man* allerdings nicht stehen, wie (13d–e) zeigt. Der Grund dafür ist, dass *mit welchen Büchern* und *man* in verschiedenen Feldern stehen müssen. Da *mit welchen Büchern* in COMP steht und *man* im Mittelfeld, kann man den Unterschied zwischen (13a) und (13b–c) so beschreiben, dass *man* im Mittelfeld am Anfang stehen muss. In COMP wie in (13d–e) kann *man* offensichtlich nicht stehen.

(14)

COMP	MF	VK	NF
mit welchen Büchern	man heute Geld	verdienen kann	

Anhand der Übersicht oben kann man noch andere Generalisierungen aufstellen, die außerordentlich nützlich sind, wenn man einen bestimmten Satz als V1-, V2- oder VL-Satz klassifizieren und in topologische Felder einteilen will:

(15) *Einige Generalisierungen zu den topologischen Feldern:*
    a. Mittelfeld und Nachfeld müssen nie besetzt sein.
    b. In allen V1- und V2-Sätzen muss FIN besetzt sein, VK jedoch nicht.
    c. Weil infinite Verben nicht in FIN stehen können, sind alle V1- und V2-Sätze finit und alle infiniten Sätze VL-Sätze.
    d. In allen VL-Sätzen muss VK besetzt sein.
    e. In allen finiten VL-Sätzen muss neben VK auch COMP besetzt sein, das heißt, alle finiten VL-Sätze werden durch einen Ausdruck bestimmter Art eingeleitet.
    f. Nur V2-Sätze haben ein Vorfeld.

Bisweilen wird, wie etwa in der Duden-Grammatik oder in Wöllstein-Leisten et al. (1997), angenommen, dass Ausdrücke wie *deren Katze* und *wen* in VL-Sätzen im Vorfeld stehen und deshalb auch VL-Sätze ein Vorfeld haben können. Da man dann aber die beiden letztgenannten Generalisierungen aufgeben muss und zusätzliche Beschränkungen benötigt, um Sätze wie *Ich weiß, wen hast du heute getroffen* auszuschließen, folgen wir Reis (1980), Höhle (1986), Zifonun et al. (1997), Pafel (2011) und Eisenberg (2013) und machen diese Annahme nicht. Nach der Übersicht oben steht der Ausdruck *wen* in dem V2-Satz *Wen hast du heute getroffen?* im Vorfeld und in dem VL-Satz *wen du heute getroffen hast* in COMP.

4.3 | Konstituentenstruktur

Wir können jetzt mithilfe der topologischen Felder Sätze in einzelne Abschnitte einteilen, die unterschiedlich besetzt sein können. So besetzt in dem VL-Satz *ob ich nächste Woche mit dem Rauchen aufhöre* die Subjunktion *ob* die linke Klammer, die Wortfolge *ich nächste Woche mit dem Rauchen* das Mittelfeld und das finite Verb *aufhöre* die rechte Klammer. Wir können aber noch nichts darüber sagen, wie die Wortfolge *ich nächste Woche mit dem Rauchen* im Mittelfeld aufgebaut ist. Bilden diese Wörter zusammen eine Konstituente wie die Wörter im Vorfeld von V2-Sätzen oder bilden sie mehrere Konstituenten? Für diesen Satz scheint diese Frage nicht sehr belangvoll zu sein, doch es gibt bestimmte Arten von Sätzen, die zeigen, dass die Bedeutung eines Satzes nicht einfach von der Abfolge der Wörter abhängt, sondern davon, welche Wörter zusammen Konstituenten bilden. Nehmen wir den folgenden Satz, der in etwas veränderter Form aus Bader (1996) übernommen ist:

(16) Leider schmeckt ihr selbst gebackenes Brot nicht.

Dieser Satz ist **ambig**, das heißt, er hat mehrere Bedeutungen oder, wie man auch sagt, mehrere Lesarten. Die beiden Bedeutungen des Satzes kann man so umschreiben:

(17) Leider schmeckt das selbst gebackene Brot von ihr nicht. = Bedeutung 1

(18) Sie mag kein selbst gebackenes Brot. = Bedeutung 2

Dass der Satz (16) ambig ist, hängt damit zusammen, dass im Deutschen Wortformen unterschiedlicher Wörter übereinstimmen können. Ersetzt man die Femininumform *ihr* in (16) durch Maskulinumformen, erhält man zwei Sätze, die nicht mehr ambig sind, und zwar zum einen *Leider schmeckt sein selbst gebackenes Brot nicht* und zum anderen *Leider schmeckt ihm selbst gebackenes Brot nicht.*

Der wichtige Punkt für uns ist allerdings, dass der Satz (16) zwei verschiedene Strukturen hat und dass in der einen Struktur mit der Bedeutung 1 die Wörter *ihr* und *selbst gebackenes Brot* zusammengehören und eine Konstituente bilden und in der anderen Struktur mit der Bedeutung 2 nicht. Wir können diese zwei unterschiedlichen Strukturen mit den eckigen Klammern [ ], mit denen wir schon im vorangehenden Abschnitt Konstituentengrenzen markiert haben, folgendermaßen auseinander halten:

(19) Leider schmeckt [ihr selbst gebackenes Brot] nicht. = Bedeutung 1

(20) Leider schmeckt [ihr] [selbst gebackenes Brot] nicht. = Bedeutung 2

Hinter dem Satz (16) verstecken sich also genau genommen zwei Sätze, die aus unterschiedlichen Konstituenten bestehen.

Man kann auch zeigen, dass es diese zwei verschiedenen Strukturen gibt und sich daraus die verschiedenen Bedeutungen ergeben. Wenn man etwa das Pronomen *das* nimmt, kann man in (16) zwei verschiedene Wortfolgen durch dieses Wort ersetzen, nämlich entweder wie in (21a) *ihr selbst gebackenes Brot* oder wie in (21b) nur *selbst gebackenes Brot*. Diese Ersetzungen machen den Satz eindeutig:

(21) a. Leider schmeckt [das] nicht. = Bedeutung 1
      b. Leider schmeckt ihr [das] nicht. = Bedeutung 2

Diesen Effekt kann man so deuten, dass durch *das* nur eine Konstituente ersetzt werden kann, nicht aber mehrere Konstituenten. Daraus folgt, dass die Wortfolge *ihr selbst gebackenes Brot* nur dann, wenn sie wie in (19) oben zusammen eine Konstituente bildet, durch *das* ersetzt werden kann und (21a) nur die Bedeutung 1 haben kann. Damit haben wir einen ersten **Konstituententest**:

(22) Ersetzungstest (Substitutionstest):
      Wenn die Wortfolge durch ein Wort ersetzt werden kann, deutet das darauf hin, dass sie eine Konstituente ist.

Ein anderer Test beruht darauf, dass man Konstituenten umstellen kann. Stellt man in Satz (16) die Wortfolge *ihr selbst gebackenes Brot* komplett ins Vorfeld um und *leider* ins Mittelfeld, hat der Satz nur noch die Bedeutung 1, was man so deuten kann, dass eine Konstituente umgestellt worden ist. Stellt man *ihr* oder *selbst gebackenes Brot* separat um, haben die Sätze nur noch die Bedeutung 2, weil dann *ihr* und *selbst gebackenes Brot* jeweils für sich eine Konstituente bilden.

(23)   a. [Ihr selbst gebackenes Brot] schmeckt leider nicht. = Bedeutung 1
      b. [Selbst gebackenes Brot] schmeckt ihr leider nicht. = Bedeutung 2
      c. [Ihr] schmeckt selbst gebackenes Brot leider nicht. = Bedeutung 2

Damit haben wir einen weiteren Test:

(24)   Umstellungstest (Permutationstest, Bewegungstest):
     Wenn die Wortfolge ins Vorfeld, im Mittelfeld oder ins Nachfeld umgestellt werden
     kann, deutet das darauf hin, dass sie eine Konstituente ist.

Der **Fragetest**, der oft als ein weiterer Test verwendet wird, ist nichts anderes als eine Kombination aus Ersetzungstest und Umstellungstest, da eine Wortfolge durch ein w-Wort wie *was*, *wen* oder *wann* ersetzt und dieses w-Wort ins Vorfeld umgestellt wird:

(25)   a. [Was] schmeckt nicht? Ihr selbst gebackenes Brot. = Bedeutung 1
      b. [Was] schmeckt ihr nicht? Selbst gebackenes Brot. = Bedeutung 2

Der ebenfalls oft verwendete **Pronominalisierungstest,** bei dem eine Wortfolge durch ein Pronomen ersetzt wird, fällt unter den Ersetzungstest, weil ein Pronomen ein Wort ist. Der Ersetzungstest ist besser geeignet als der Pronominalisierungstest, weil es in vielen Fällen kein passendes Pronomen für die Ersetzung gibt. So kann man zum Beispiel in dem Satz *Heute scheint in Leipzig endlich wieder die Sonne* die Wortfolge *in Leipzig* zwar durch die Wörter *hier* und *wo* ersetzen, doch sind diese beiden Wörter keine Pronomen, sondern Adverbien.

    Wichtig zu beachten ist bei der Verwendung dieser Konstituententests, dass sie nur Hinweise darauf liefern, ob eine bestimmte Wortfolge eine Konstituente ist, und man sich nicht blind auf sie verlassen sollte. Es kann passieren, dass eine Wortfolge sich zwar nicht umstellen oder ersetzen lässt, aber dennoch eine Konstituente ist. So kann man etwa in dem folgenden Satz die Wortfolge *über die Schwaben* weder ersetzen noch umstellen:

(26)   Die meisten Witze über die Schwaben findet sie nicht sehr komisch.

Dass *über die Schwaben* dennoch eine Konstituente ist, sieht man, wenn man einen weiteren Test hinzuzieht:

(27)   Koordinationstest:
     Wenn die Wortfolge mit einer anderen Wortfolge koordiniert werden kann, deutet das
     darauf hin, dass sie eine Konstituente ist.

Dass man die Wortfolge *über die Schwaben* mit einer anderen Wortfolge wie *über die Bayern* koordinieren kann, ist dann ein Indiz dafür, dass *über die Schwaben* tatsächlich eine Konstituente ist:

(28)   Die meisten Witze [über die Schwaben] und [über die Bayern] findet sie nicht sehr komisch.

Da in (26) aber nicht nur *über die Schwaben* eine Konstituente ist, sondern unter anderem auch *die meisten Witze über die Schwaben*, erhält man eine Struktur, in der eine kleinere Konstituente Teil einer größeren Konstituente ist, oder, etwas allgemeiner formuliert, eine **hierarchische Struktur,** in der Konstituenten einander über- und untergeordnet sind.

(29)   [Die meisten Witze [über die Schwaben]] findet sie nicht sehr komisch.

Damit sind wir wieder bei der Frage vom Anfang dieses Abschnitts: Bildet die Wortfolge *ich nächste Woche mit dem Rauchen* in dem Satz *ob ich nächste Woche mit
dem Rauchen aufhöre* zusammen eine Konstituente? Die Wortfolgen *nächste Woche*
und *mit dem Rauchen* können separat ersetzt werden wie in (30a–b), im Mittelfeld
ihre Plätze tauschen wie in (31a) und auch separat ins Nachfeld umgestellt werden
wie in (31b–c).

(30)   a. … ob ich dann mit dem Rauchen aufhöre
       b. … ob ich nächste Woche damit aufhöre

(31)   a. … ob ich mit dem Rauchen nächste Woche aufhöre
       b. … ob ich nächste Woche aufhöre mit dem Rauchen
       c. … ob ich mit dem Rauchen aufhöre nächste Woche

Das spricht dafür, dass sowohl *nächste Woche* als auch *mit dem Rauchen* eine Konstituente ist. Da auch *dem Rauchen* eine Konstituente ist (man vergleiche *mit dem
Rauchen und dem Trinken*), enthält das Mittelfeld von *ob ich nächste Woche mit
dem Rauchen aufhöre* die folgenden drei komplexen Konstituenten:

(32)   ob ich [nächste Woche] [mit [dem Rauchen]] aufhöre

Wir können aber noch einen Schritt weiter gehen und überlegen, ob zum Beispiel auch
mit dem Rauchen zusammen mit *aufhöre* eine Konstituente bildet. Wenn *mit dem
Rauchen* und *aufhöre* eine Konstituente bildet, sollte sie mit einer anderen Konstituente koordinierbar sein. Die folgenden Beispiele deuten darauf hin, dass nicht nur
mit dem Rauchen aufhöre, sondern auch *nächste Woche mit dem Rauchen aufhöre*
und *ich nächste Woche mit dem Rauchen aufhöre* Konstituenten sind.

(33)   a. … ob ich nächste Woche [mit dem Rauchen aufhöre] und [mit dem Joggen anfange]
       b. … ob ich [nächste Woche mit dem Rauchen aufhöre] und [übernächste Woche mit
          dem Joggen anfange]
       c. … ob [ich nächste Woche mit dem Rauchen aufhöre] und [mein Arzt mich dafür
          lobt]

Zusammen mit (32) erhalten wir dann für den Satz *ob ich nächste Woche mit dem
Rauchen aufhöre* eine sehr komplexe **Konstituentenstruktur**:

(34)   ob [ich [[nächste Woche] [[mit [dem Rauchen]] aufhöre]]]

Für solche Konstituentenstrukturen wird gewöhnlich eine andere Notation verwendet, um die Übersicht zu behalten, und zwar **Baumdiagramme**, wie wir sie bereits
im Kapitel 2 eingeführt haben. Das Baumdiagramm oder kurz der Baum für den
Satz *ob ich nächste Woche mit dem Rauchen aufhöre* sieht dann in einem ersten
Schritt so aus:

(35)   ob ich nächste Woche mit dem Rauchen aufhöre

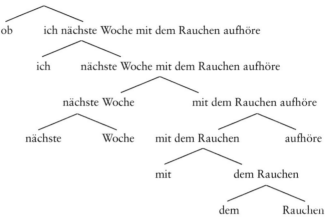

Aufgabe 1: Versuchen Sie durch Ersetzen und Umstellen herauszufinden, ob die kursiv markierten Wortfolgen in den folgenden Beispielen Konstituenten bilden oder nicht:

(i)   Ich habe gerade *diese Ananas aus Ghana* gekauft.
(ii)   Erstaunlicherweise kommt *diese Ananas aus Ghana*.
(iii)   Wir haben schon *viele Bücher der Stadtbibliothek* geschenkt.
(iv)   Wir haben schon *viele Bücher der Stadtbibliothek* gelesen.
(v)   ... dass *sie darauf hinzuweisen* leider vergessen hat
(vi)   ... dass *sie darauf hinzuweisen* leider vergessen worden ist

4.4 | Syntaktische Kategorien

4.4.1 | Lexikalische Kategorien

Wir wissen nun, wie man bei einem bestimmten Satz herausfinden kann, welche Wortfolgen Konstituenten bilden und welche nicht. Wir wissen aber noch nicht, aus welchen Regeln sich die Konstituentenstruktur ergibt. Da sich diese Regeln auf die syntaktischen Kategorien beziehen, zu denen die Konstituenten gehören, müssen wir zuerst klären, welche **syntaktischen Kategorien** es im Deutschen gibt. Wir werden mit den Kategorien beginnen, zu denen die **einfachen Konstituenten**, die Wortformen, gehören, und daraus die Kategorien der komplexen Konstituenten ableiten. Die Kategorien, zu denen die einfachen Konstituenten, die Wortformen gehören, werden oft **lexikalische Kategorien** genannt, weil sie sich aus den **Wortarten** der entsprechenden Lexikoneinheiten ergeben; dass zum Beispiel die drei Wortformen *ich*, *habe* und *Hunger* in dem Satz *Ich habe Hunger* zu den lexikalischen Kategorien Pronomen, Verb und Nomen gehören, ergibt sich daraus, dass die entsprechenden

Lexikoneinheiten zu den Wortarten Pronomen, Verb und Nomen gehören. Deshalb setzt man oft, wie wir es auch im Folgenden tun, die lexikalischen Kategorien mit den Wortarten gleich. Man muss aber aufpassen: Manchmal wechseln die Wortformen die Kategorie. Ein Beispiel sind die Konversionen wie *Simsen* in *Dein ständiges Simsen nervt mich*, ein anderes Beispiel Adverbien wie *schnell* in *Arno läuft schnell nach Hause*. Es gibt zwar seit einiger Zeit eine Lexikoneinheit *simsen*, die ein Verb ist. In dem Satz *Dein ständiges Simsen nervt mich* ist die Wortform *Simsen* aber kein Verb, sondern ein Nomen. Es kann also vorkommen, dass eine Wortform in einem Satz zu einer anderen Kategorie gehört als ihre Lexikoneinheit oder, etwas genauer, dass die lexikalische Kategorie einer Wortform nicht mit der Wortart der entsprechenden Lexikoneinheit übereinstimmt. Diese Fälle sind insbesondere für die Groß- und Kleinschreibung von Bedeutung.

Ein Beispiel dafür, dass sich die Konstituentenstrukturregeln auf lexikalische Kategorien beziehen, also auf ganze Klassen von Wörtern und nicht auf einzelne Wörter, sind **Subjunktionen** wie *obwohl* und *als* (traditionell subordinierende Konjunktionen genannt). Alle Wörter, die zu dieser Kategorie gehören, stehen, wie wir oben im Abschnitt über die topologischen Felder gesehen haben, in einer bestimmten **syntaktischen Position**, nämlich in der linken Klammer eines VL-Satzes.

(36)   a. *obwohl* Arno Schnupfen hat
         b. *als* ich klein war
         c. *Arno *obwohl* Schnupfen hat
         d. *ich *als* klein war

Dass (36c–d) ungrammatisch ist, liegt offensichtlich daran, dass die beiden Wörter *obwohl* und *als* nicht in COMP stehen, denn das ist der einzige Unterschied zwischen (36a–b) und (36c–d). Da die Sätze (36c–d) auch dann ungrammatisch sind, wenn man *obwohl* und *als* durch *da, wenn, seit* oder irgendeine andere Subjunktion ersetzt, haben wir hier eine Regel, die sich auf eine ganze Klasse von Wörtern bezieht, also auf eine lexikalische Kategorie oder Wortart. Vergleichbare Regeln kann man auch für andere Wortarten im Deutschen finden:

(37)   a. der Hund *dort*, das Spiel *heute*, die Beschäftigung *damit*
         b. *der *dort* Hund, das *heute* Spiel, die *damit* Beschäftigung

Wenn ein Adverb wie *dort, heute* oder *damit* als Attribut zu einem Nomen fungiert (dazu im Abschnitt 4.9 unten mehr), muss dieses Adverb hinter dem Nomen stehen wie in (37a), das heißt **postnominal**. Vor dem Nomen, **pränominal**, kann es nur dann auftreten, wenn es sich bei dem Nomen um eine Konversion aus einem Adjektiv handelt (*die dort Beschäftigten*).

Da es also offensichtlich auch bei anderen lexikalischen Kategorien einen Zusammenhang gibt zwischen der lexikalischen Kategorie eines Wortes und den syntaktischen Positionen, in denen es stehen kann, kann man folgende Generalisierung aufstellen:

(38)   Die Position eines Wortes im Satz hängt von seiner Wortart ab. Die Wörter, die in denselben syntaktischen Positionen stehen können (dieselbe **syntaktische Distribution** haben), gehören zur selben Wortart.

Indem man Wörter zu Wortarten zusammenfasst, behauptet man, dass alle Wörter dieser Wortart eine Menge von charakteristischen Eigenschaften haben. In unserem Beispiel ist die charakteristische Eigenschaft die syntaktische Position, und das ist eine der wichtigsten Eigenschaften. Damit haben wir allerdings noch keine Definitionen für die Wortarten. Welche Wortarten man für die syntaktische Beschreibung verwendet, hängt davon ab, nach welchen Eigenschaften man sich bei der Einteilung richtet; wenn man die Grammatiken des Deutschen durchsieht, stellt man fest, dass jede Grammatik die Wortarten etwas anders einteilt und etwas andere Eigenschaften zur Bestimmung dieser Wortarten verwendet (man vergleiche etwa Altmann/Hahnemann 2005, Eisenberg et al. 2009, Eisenberg 2013, Gallmann/Sitta 1997, Gallmann et al. 2013, Heidolph et al. 1981, Helbig/Buscha 2001 und Zifonun et al. 1997). Wir verwenden hier eine Einteilung, die sich an Zifonun et al. (1997, 23 ff.) orientiert.

Wie kann man erkennen, zu welcher Wortart ein Wort gehört? Kann das Wort flektiert werden und in unterschiedlichen Formen auftreten, so kommen, wie wir im Kapitel 2 gesehen haben, nur bestimmte Wortarten in Betracht, nämlich die **flektierbaren Wortarten**. Zu welcher dieser Wortarten das jeweilige Wort gehört, hängt davon ab, was für Flexionsmerkmale die Formen dieses Wortes haben. Bei den **nicht-flektierbaren Wortarten** kann man nicht auf solche morphologischen Eigenschaften zurückgreifen, weil die Wörter dieser Wortarten immer in derselben Form auftreten. Da sich die nicht-flektierbaren Wörter aber darin unterscheiden, in was für Positionen sie stehen können und mit was für Konstituenten sie kombiniert werden können, kann man die nicht-flektierbaren Wörter nach ihren syntaktischen Eigenschaften klassifizieren. So werden zum Beispiel Präpositionen typischerweise mit einer Konstituente kombiniert, deren Kasus von der Präposition festgelegt oder, wie man auch sagt, regiert wird.

(39) Präpositionen:
   a. *mit* dem Tisch (*mit* regiert den Dativ)
   b. *durch* den Tunnel (*durch* regiert den Akkusativ)
   c. *jenseits* der Grenze (*jenseits* regiert den Genitiv)

Konjunktionen werden mit mehreren in der Regel gleichartigen Konstituenten kombiniert, die auch als **Konjunkte** bezeichnet werden. Diese Konjunkte können Wörter sein wie in (40a–b) oder auch komplexere Konstituenten wie in (40c–d).

(40) Konjunktionen:
   a. Die meisten [Leipziger] *und* [Dresdner] sind stolz auf ihre Stadt.
   b. Sind sie [für] *oder* [gegen] die Ganztagsschule?
   c. Ich hätte gerne [ein kleines Brot] *und* [drei Mohnbrötchen].
   d. [Sehr vergnügt] *und* [voller Eifer] machte sich Arno an die Arbeit.

Kombination mit anderen Konstituenten wird auch herangezogen, um zwischen Determinierern und Pronomen zu unterscheiden. Die traditionelle Redeweise, dass die Determinierer, zu denen unter anderem auch die **Artikel** gehören, Begleiter von Nomen sind und Pronomen Stellvertreter von Nomen, meint nichts anderes, als dass Determinierer in Kombination mit einem Nomen auftreten, Pronomen jedoch nicht.

(41) Pronomen:
   a. *Das* muss *man* unbedingt beachten!
   b. *Einer* wird gewinnen.
   c. Beim letzten Mal sind *alle* pünktlich erschienen.

(42) Determinierer (Determinative, Determinatoren, Determinantien):
   a. *Das* Schreiben muss man unbedingt beachten!
   b. *Ein* Kandidat wird gewinnen.
   c. Beim letzten Mal sind *alle* Gäste pünktlich erschienen.

Die Adverbien zeichnen sich gegenüber Präpositionen, Subjunktionen, Konjunktionen und Partikeln dadurch aus, dass sie wie in den Sätzen unten allein im Vorfeld stehen und eine syntaktische Funktion wie Adverbial haben können. Präpositionen, Subjunktionen, Konjunktionen und Partikeln können, wenn überhaupt, nur zusammen mit anderen Konstituenten im Vorfeld stehen und nur zusammen mit anderen Konstituenten eine syntaktische Funktion haben.

(43)   Adverbien:
   a. *Leider* muss ich jetzt gehen.
   b. *Morgen* habe ich keine Zeit.
   c. *Darauf* kannst du noch lange warten!
   d. *Warum* hast du das getan?
   e. *Deshalb* werde ich wohl etwas später kommen.

Ein schwieriges Problem ist die Klassifizierung von Wörtern wie *schnell* und *vorsichtig* in Sätzen wie den folgenden:

(44)   a. Arno läuft *schnell* nach Hause, um die Sendung mit der Maus zu sehen.
   b. Valentine streichelt *vorsichtig* die Katze.

Dass die Wörter *schnell* und *vorsichtig* in (44a–b) Adverbiale sind, allein ins Vorfeld umgestellt werden können und dort stehen, wo typischerweise Adverbien stehen können, spricht dafür, dass es sich um Adverbien handelt:

(45)   a. *Schnell* läuft Arno nach Hause, um die Sendung mit der Maus zu sehen.
   b. *Vorsichtig* streichelt Valentine die Katze.

(46)   a. Arno läuft {*schnell, gleich, jetzt, sofort*} nach Hause, um die Sendung mit der Maus zu sehen.
   b. Valentine streichelt {*vorsichtig, gerne, gerade*} die Katze.

Andererseits können *schnell* und *vorsichtig* stark, schwach oder gemischt flektiert werden (wenn auch nicht in dieser Position) und pränominale Attribute sein, was dafür spricht, dass es sich um Adjektive handelt:

(47)   a. ein *schneller* Zug – der *schnelle* Zug
   b. *vorsichtige* Einbrecher – alle *vorsichtigen* Einbrecher

Es gibt also gute Gründe für die Klassifizierung als Adverbien und gute Gründe für die Klassifizierung als Adjektive. Wir nehmen hier an, dass es sich bei *schnell* und *vorsichtig* in (44a–b) um Wörter handelt, die syntaktisch Adverbien sind, auch wenn sie im Lexikon Adjektive sind. So, wie es Verben gibt, die syntaktisch als Nomen auftreten (wie *Simsen* in *Dein ständiges Simsen nervt mich*), gibt es auch Adjektive, die syntaktisch als Adverbien auftreten (ausführlich dazu, neben vielen anderen, Telschow 2014).
   Die Wörter wie *ja, doch, wohl, nur, nicht*, die man zu der großen Klasse der Partikeln zählt, zeichnen sich nicht durch eine typische Eigenschaft aus, in der sie sich von den Wörtern der anderen Wortarten unterscheiden, sondern vor allem dadurch, dass sie bestimmte Eigenschaften nicht besitzen. Sie sind nicht flektierbar, können nicht alleine im Vorfeld oder im Nachfeld stehen und auch nicht alleine eine syntaktische Funktion wie etwa Adverbial haben, können nicht Köpfe einer größeren Phrase sein (zu den Köpfen unten mehr) und sind anders als etwa Subjunktionen und Konjunktionen typischerweise weglassbar, **fakultativ**.

(48)   Partikeln:
    a. Valentine ist *ja* schon wach.
    b. Du bist *doch* bescheuert!
    c. Ob er *wohl* rechtzeitig kommt?
    d. Darüber haben wir *sehr* gelacht.

Der Übersichtlichkeit halber sind hier alle flektierbaren und nicht-flektierbaren Wortarten, die wir für die syntaktischen Beschreibungen verwenden, mit ihren Abkürzungen und typischen Eigenschaften noch einmal aufgelistet (wobei wir Interjektionen wie *au* und *pst* übergehen):

(49)   *Wortart*   *typische Eigenschaft*
       Verb (V)   finit oder infinit
       Nomen (N)   unterschiedlicher Kasus und Numerus, festes Genus
       Adjektiv (A)   unterschiedlicher Kasus, Genus und Numerus, oft komparierbar,
                                   stark, schwach und gemischt flektierbar
       Pronomen (Pro)   unterschiedlicher Kasus, Genus und Numerus, ohne Nomen
       Determinierer (D)   unterschiedlicher Kasus, Genus und Numerus, mit Nomen

(50)   *Wortart*   *typische Eigenschaft*
       Adverb (Adv)   kann allein im Vorfeld stehen und ein Adverbial sein
       Präposition (P)   regiert Kasus
       Subjunktion (C)   nur in der linken Klammer
       Konjunktion (K)   mit mehreren Konjunkten
       Partikel (Part)

Die Kriterien, die wir für die Einteilung der Wortarten verwenden, sind, wie wir schon oben festgestellt haben, morphologischer oder syntaktischer Art. Das heißt, relevant für die Bestimmung der Wortarten ist, wie die Wörter flektiert werden (sofern sie flektierbar sind) und in welchen Positionen im Satz und mit welchen anderen Konstituenten sie zusammen auftreten können. Neben diesen **morphologischen** und **syntaktischen** Kriterien werden oft auch **semantische** Kriterien verwendet, die sich auf die Bedeutung der Wörter beziehen und meist zuerst herangezogen werden, um Wortarten zu bestimmen. So heißt es etwa, dass Nomen Personen oder Dinge und Verben Handlungen bezeichnen. Diese semantischen Kriterien sind sicherlich leichter zu handhaben als die oben genannten morphologischen und syntaktischen Kriterien, doch man sieht an den nicht-flektierbaren Wortarten, dass sie nur bedingt geeignet sind für die Bestimmung der Wortarten.

Der Grund dafür ist, dass die Subjunktionen, Konjunktionen und Partikeln als ein großer Teil der nicht-flektierbaren Wörter zu den sogenannten **Funktionswörtern** gehören. Anders als die sogenannten **Inhaltswörter** (oft auch nicht gerade glücklich lexikalische Wörter genannt), zu denen Nomen, Verben, Adjektive und oft auch Adverbien und Präpositionen gezählt werden und die aufgrund ihrer spezifischen Bedeutung etwas bezeichnen können, bezeichnen Funktionswörter nichts. Es gibt Dinge, die wir als *Staubsauger* bezeichnen, Ereignisse, die wir als *rauchen* bezeichnen, Zustände, die wir als *aufgeregt* bezeichnen und Zeiträume, die wir als *lange* bezeichnen. Doch es gibt nichts, was wir als *obwohl, und* oder *überaus* bezeichnen könnten (s. auch Kap. 5.2.3).

Mit den oben genannten Wortarten können wir nun für den Satz *ob ich nächste Woche mit dem Rauchen aufhöre* die Kategorien bestimmen, zu denen die einfachen Konstituenten gehören:

(51)   ob ich nächste Woche mit dem Rauchen aufhöre

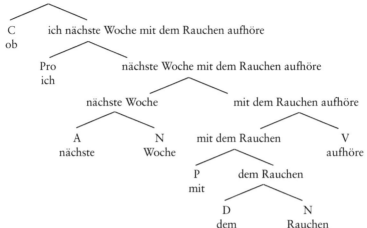

4.4.2 | Phrasale Kategorien

Wir wissen jetzt einiges darüber, wie man die einfachen Konstituenten eines Satzes, die Wörter, zu größeren Klassen zusammenfassen kann, doch wir wissen noch nichts darüber, was für Klassen von **komplexen Konstituenten** es im Deutschen gibt und wie diese komplexen Konstituenten aufgebaut sind. Schauen wir uns einige Beispiele an, in denen komplexe Konstituenten einer bestimmten Art vorkommen:

(52)   a. alle [sehr kleinen] Fische
       b. eine [in einem Auto versteckte] Bombe
       c. kein [im letzten Jahr wegen Veruntreuung angeklagter] Kommissar

Dass die eingeklammerten Wortfolgen tatsächlich Konstituenten sind, erkennt man daran, dass sie durch ein Wort ersetzt werden können, nämlich durch eine passende Form von *solche*. Man vergleiche *alle solchen Fische, eine solche Bombe, kein solcher Kommissar*.

      Wenn wir nun überlegen, zu welchen Wortarten die Wörter gehören, aus denen die drei Konstituenten *sehr kleinen, in einem Auto versteckte* und *im letzten Jahr wegen Veruntreuung angeklagter* bestehen, stellen wir fest, dass in allen Konstituenten ein Adjektiv zu finden ist: *kleinen* in *sehr kleinen, versteckte* in *in einem Auto versteckte* und *angeklagter* in *im letzten Jahr wegen Veruntreuung angeklagter*. Die Konstituenten gleichen sich darin, dass sie ein Adjektiv enthalten, das direkt vor dem Nomen steht, und dass alle Bestandteile außer den Adjektiven fakultativ sind. Die Adjektive sind **obligatorische** Bestandteile dieser Konstituenten.

(53)   a. alle [kleinen] Fische
       b. *alle [sehr] Fische
       c. eine [versteckte] Bombe
       d. *eine [in einem Auto] Bombe
       e. kein [angeklagter] Kommissar
       f. *kein [im letzten Jahr wegen Veruntreuung] Kommissar

Damit haben wir die wichtigste Regel für komplexe Konstituenten (zu Köpfen in der Morphologie s. Kap. 2.3.5):

(54) **Kopf:**
Jede komplexe Konstituente muss ein Wort enthalten, das der Kopf der komplexen Konstituente ist und nicht wegfallen kann. Der Kopf einer komplexen Konstituente legt fest, welche Eigenschaften sie hat.

Man sagt deshalb auch, dass eine komplexe Konstituente eine **Projektion** oder eine Erweiterung des Kopfes ist. So, wie morphologische Köpfe in komplexen morphologischen Ausdrücken Wortart, Genus und Flexionsklasse bestimmen, bestimmen syntaktische Köpfe in komplexen syntaktischen Ausdrücken Phrasenart, mögliche Positionen im Satz und anderes mehr (vgl. die Einleitung in Corbett/Fraser/McGlashan 1993 und vor allem Zwicky 1985).

Zählt man den gesamten Satz mit, gibt es in unserem Beispielsatz *ob ich nächste Woche mit dem Rauchen aufhöre*, wie man an dem Baum in (51) sehen kann, sieben komplexe Konstituenten. Wir müssen nun für diese Konstituenten überlegen, welches Wort jeweils der Kopf ist. Beginnen wir mit der größten Konstituenten, dem Satz. Vergleichen Sie die Sätze in (55) mit denen in (56):

(55) a. Arno weiß, dass sich die Erde um die Sonne dreht.
      b. Sie fragt sich, ob ich nächste Woche mit dem Rauchen aufhöre.
      c. Dass der Hund schon wieder krank ist, überrascht mich nicht.
      d. Ob dieses Problem überhaupt gelöst werden kann, ist fraglich.

(56) a. Seit Valentine laufen kann, ist nichts vor ihr sicher.
      b. Obwohl sich die Erde um die Sonne dreht, wird uns nicht schlecht.

Während Sätze, die mit *dass* und *ob* eingeleitet werden, Objekte wie in (55a–b) oder Subjekte wie in (55c–d) sein können, können Sätze, die mit *seit* oder *obwohl* eingeleitet werden, nur Adverbiale wie in (56a–b) sein, aber keine Subjekte oder Objekte. Welche syntaktische Funktion ein Satz, der von einer Subjunktion eingeleitet wird, haben kann, hängt also offensichtlich von der Subjunktion ab. Wenn der Kopf einer komplexen Konstituente unter anderem festlegt, welche syntaktische Funktion diese Konstituente haben kann, bedeutet das, dass die Subjunktionen die Köpfe der Sätze sind, die sie einleiten. Als Köpfe entscheiden die Subjunktionen auch darüber, mit welchen anderen Konstituenten die Sätze kombiniert werden können, die sie einleiten:

(57) a. Arno denkt, dass er später mal Hirnforscher werden wird.
      b. *Arno denkt, ob er später mal Hirnforscher werden wird.

Mit dem Verb *denken* kann offensichtlich nur ein mit *dass* eingeleiteter Satz kombiniert werden, aber nicht ein mit *ob* eingeleiteter Satz, was man auch so formuliert, dass *denken* einen *dass*-Satz **selegiert**.

Man kann auch sehr schön an den Subjunktionen demonstrieren, dass das finite Verb *aufhöre* der Kopf der Konstituente *ich nächste Woche mit dem Rauchen aufhöre* ist. Denn während *dass*, *ob*, *wenn*, *seit*, *obwohl* und die meisten anderen Subjunktionen nur mit einer Konstituente kombiniert werden können, die wie *ich nächste Woche mit dem Rauchen aufhöre* ein finites Verb enthält, können zum Beispiel *statt* und *um* nur mit einer Konstituente kombiniert werden, die ein infinites Verb enthält, man vergleiche *statt in der nächsten Woche mit dem Rauchen aufzuhören.*

Da das finite Verb *aufhöre* der Kopf der Konstituente *ich nächste Woche mit dem Rauchen aufhöre* ist, ist es zugleich auch der Kopf der kleineren Konstituenten *nächste Woche mit dem Rauchen aufhöre* und *mit dem Rauchen aufhöre*. Das kann man sich am besten anhand eines Baumes klar machen, in dem die Kategorien der komplexen Konstituenten erstmal nach ihren Köpfen benannt sind:

(58)

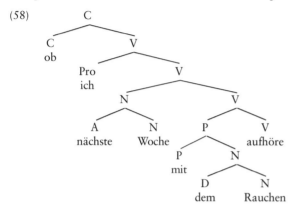

In diesem Baum gibt es eine ununterbrochene Projektion von dem Verb *aufhöre* bis zur komplexen Konstituente *ich nächste Woche mit dem Rauchen aufhöre*, deren Kopf *aufhöre* ist.

Beispiele wie die folgenden, in denen das Adjektiv *frische* und der Determinierer *den* wegfallen können, aber nicht die beiden Nomen *Milch* und *Löwen*, sprechen dafür, dass die beiden Nomen *Woche* und *Rauchen* die Köpfe von *nächste Woche* und *dem Rauchen* sind:

(59) a. Ich trinke gerne [frische Milch].
       b. *Ich trinke gerne [frische].
       c. Ich trinke gerne [Milch].

(60) a. Vor [den Löwen] fürchtet Arno sich nicht mehr.
       b. *Vor den fürchtet Arno sich nicht mehr.
       c. Vor [Löwen] fürchtet Arno sich nicht mehr.

Dass in komplexen Konstituenten wie *mit dem Rauchen* die Präposition *mit* der Kopf ist und nicht das Nomen *Rauchen*, erkennt man daran, dass das Verb *aufhören* nur mit einer Konstituente kombiniert werden kann, die *mit* enthält, und nicht mit Konstituenten, die *auf* oder *in* oder eine andere Präposition enthalten, man vergleiche *Ich höre nächste Woche mit dem Rauchen auf*, **Ich höre nächste Woche auf dem Rauchen auf* und **Ich höre nächste Woche in dem Rauchen auf*. So, wie *ob* eine Konstituente seligiert, die ein finites Verb als Kopf enthält, seligiert *aufhören* eine Konstituente, die die Präposition *mit* als Kopf enthält.

Wie man auch gut an dem Baum in (58) sehen kann, enden die verschiedenen Projektionen in einem bestimmten **Knoten**. So endet zum Beispiel die Projektion von *aufhöre* in dem Knoten, der die Schwester von *ob* ist. Diese Knoten, die eine Projektion abschließen und für eine **maximale Konstituente** stehen, werden mit einer besonderen Bezeichnung versehen, die mit einem P wie **Phrase** endet. Die Schwester von *ob* ist entsprechend eine VP, eine **Verbalphrase**. Neben Verbalphrasen gibt es natürlich auch noch verschiedene andere Phrasenarten, zu denen **Nominalphrasen** (*frische Milch*), **Adjektivphrasen** (*sehr schneller*), **Adverbphrasen** (*dort, wo die Murmeltiere leben*), **Präpositionalphrasen** (*hinter dieser Tür*) und andere gehören, auf die wir noch genauer eingehen werden. Weil es in der Syntax um die Beschreibung dieser komplexen Konstituenten geht und nicht um die Beschreibung der einfachen Konstituenten, der Wörter, wird statt von Konstituentenstruktur auch von **Phrasenstruktur** gesprochen und entsprechend von **Phrasenstrukturbäumen.**

Bei der Untersuchung der Phrasenstrukturen unterschiedlicher Sprachen (zu den germanischen Sprachen zum Beispiel Webelhuth 1992) hat sich etwas sehr Verblüffendes herausgestellt: Es scheint, dass die Strukturen der Phrasen gewisse generelle Bedingungen erfüllen müssen, die nicht nur in der jeweiligen Einzelsprache wie etwa dem Deutschen Gültigkeit haben, sondern universell, das heißt in allen menschlichen Sprachen. Aus diesen generellen Bedingungen, die der Gegenstand der **X'-Theorie** sind und von denen wir mit der Kopfbedingung schon eine kennen gelernt haben, ergibt sich ein einheitliches Schema für den Aufbau der Phrasen (grundlegend dazu Chomsky 1970, ausführlich zur Entwicklung neben vielen anderen von Stechow/Sternefeld 1988, Kap. 4 und Webelhuth 1995). Wie dieses **X'-Schema** genau aussieht, ist umstritten und hängt von vielen Details ab. Wir benutzen in diesem Kapitel eine stark vereinfachte Version, die unter anderem an Radford (2009) angelehnt ist:

(61) **X'-Theorie:**
    a. Konstituenten sind unterschiedlich komplex. Es gibt drei Komplexitätsebenen: X, X' und XP. X ist eine **lexikalische** Kategorie, X' und XP sind **phrasale** Kategorien.
    b. X' und XP enthalten ein X, das ihr Kopf ist und ihre Kategorie festlegt. XP ist die höchste Projektion von X, alle anderen Projektionen zwischen XP und X sind X'.
    c. X projiziert nur, wenn X mit einer anderen Konstituente kombiniert wird, das heißt, wenn X erweitert wird.

Mit diesen Annahmen kann man den Baum in (58) sehr einfach vervollständigen:

(62)

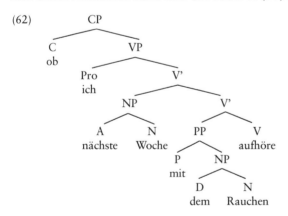

Um die Struktur eines bestimmten komplexen Ausdrucks zu ermitteln, sind also im Wesentlichen folgende Dinge zu tun, wobei die Reihenfolge nicht relevant ist:
- Ordnen Sie jedes Wort einer lexikalischen Kategorie zu.
- Überlegen Sie, welche Wörter Köpfe sind.
- Überlegen Sie, welche Wörter zusammen komplexe Konstituenten bilden.

- Ordnen Sie jede komplexe Konstituente einer phrasalen Kategorie zu. Beachten Sie dabei, dass jede komplexe Konstituente einen Kopf hat, der ihre Kategorie festlegt.

Dabei gelten für die Bäume, mit denen man die Phrasenstruktur beschreibt, bestimmte Bedingungen, die auch für die morphologischen Bäume gelten, die in Kapitel 2 zu finden sind:
- **Linien** beginnen und enden in Knoten, jeder Knoten steht für eine Konstituente.
- Knoten, von denen nur eine Linie ausgeht, sind **nicht-verzweigende Knoten**, und Knoten, von denen mehrere Linien ausgehen, **verzweigende Knoten**. Durch eine Linie wird angezeigt, dass eine Konstituente in einer anderen Konstituente enthalten ist.
- Ein Knoten ist mit höchstens einem Knoten direkt über ihm verbunden (ein Knoten kann nicht mehr als eine Mutter haben).
- Jeder Knoten hat eine Bezeichnung, die der Name einer Kategorie ist.
- Die Linien sollen sich nicht überkreuzen.

Nach der Bedingung (61c) oben gibt es in den syntaktischen Strukturen keine nicht-verzweigenden Knoten. Die verzweigenden Knoten sind immer binär verzweigend, das heißt, es gehen zwei Linien von ihnen aus.

Aufgabe 2: Überlegen Sie, ob der Baum oben für den Satz *ob ich nächste Woche mit dem Rauchen aufhöre* all diese Bedingungen erfüllt.

Aufgabe 3: Zeichnen Sie für die folgenden Phrasen Phrasenstrukturbäume:
(i) sofort nach der Sitzung
(ii) das Eis in ihrer kleinen Hand
(iii) an einem einer Schlange nachgebildeten Schreibtisch
(iv) dass die Atmosphäre am Millerntor ein sportliches Kapital darstellt
(v) um den Teppich schnell zur Reinigung zu bringen
(vi) während sich die Spielzeugabteilung ein Stockwerk tiefer befindet
(vii) da für viele aus dem Verein der Klassenerhalt ohne neue Stürmer undenkbar ist

4.5 | Eingebettete Sätze

Bisher haben wir uns Sätze angesehen, die in einer bestimmten Weise einfach waren: Sie enthielten keine anderen Sätze. Nun werden wir uns auch Sätze wie die folgenden ansehen, die einen anderen Satz enthalten.

(63) a. Ich weiß noch nicht, ob ich nächste Woche mit dem Rauchen aufhöre.
      b. Regnet es, fahre ich mit dem Bus.
      c. Wer das behauptet, lügt.
      d. Obwohl ich eine teure Schuhcreme benutze, wenn ich meine Schuhe putze, sehen sie spätestens nach einer Stunde wieder dreckig aus.

Man bezeichnet Sätze, die in einer anderen Konstituente enthalten sind, als **eingebettete Sätze** (**Nebensätze**) und Sätze, die nicht in einer anderen Konstituente enthalten sind, als **selbstständige Sätze** (**Hauptsätze**). Da es auch vorkommt, dass wie in (63d) ein eingebetteter Satz in einem anderen eingebetteten Satz steht, ist es sinnvoll, zusätzlich zwischen **untergeordneten** und **übergeordneten Sätzen** zu unterscheiden. In (63d) sind sowohl der *obwohl*-Satz als auch der *wenn*-Satz eingebettet, doch der *obwohl*-Satz ist dem *wenn*-Satz übergeordnet. Man darf deshalb übergeordnete Sätze, die auch **Matrixsätze** genannt werden, nicht mit Hauptsätzen gleichsetzen.

(64)　[$_{S1}$ [$_{S2}$ obwohl ich eine teure Schuhcreme benutze [$_{S3}$ wenn ich meine Schuhe putze]] sehen sie spätestens nach einer Stunde wieder dreckig aus]

> S1 = *obwohl ich eine teure Schuhcreme benutze, wenn ich meine Schuhe putze, sehen sie spätestens nach einer Stunde wieder dreckig aus* = selbstständiger Satz, Matrixsatz von S2
> S2 = *obwohl ich eine teure Schuhcreme benutze, wenn ich meine Schuhe putze* = in S1 eingebetteter Satz, Matrixsatz von S3
> S3 = *wenn ich meine Schuhe putze* = in S2 eingebetteter Satz

Es ist wirklich wichtig, dass man sich klar macht, dass die untergeordneten Sätze Bestandteile der übergeordneten Sätze sind. In der Literatur ist eine Methode zu finden, nach der man die übergeordneten Sätze erhält, wenn man die untergeordneten Sätze wegstreicht. Dabei wird jedoch übersehen, dass ein untergeordneter Satz Teil des übergeordneten Satzes ist und deshalb gerade nicht weggestrichen werden darf. In (63c) zum Beispiel ist nicht *lügt* der Hauptsatz, sondern *Wer das behauptet, lügt*. Alles andere macht keinen Sinn.

4.5.1 | Zur formalen Klassifizierung der eingebetteten Sätze

Es gibt keinen strikten Zusammenhang zwischen der Einbettung eines Satzes und der Position des Verbs, etwa derart, dass eingebettete Sätze immer VL-Sätze sind. Denn eingebettet sein können auch V1- und V2-Sätze.

(65)　**V1-Sätze:**
　　　a. *Gewinne ich am Wochenende im Lotto*, kaufe ich mir ein neues Fahrrad.
　　　b. *Mag Paul auch ein Idiot sein*, so ist er doch ein netter Kerl.

(66)　**V2-Sätze:**
　　　a. Paul glaubt, *ich hätte ihn im Stich gelassen*.
　　　b. Die Unterstellung, *er sei korrupt*, weist der Minister entschieden zurück.

(67)　**VL-Sätze:**
　　　a. *Obwohl ich müde bin*, werde ich mir den Film noch zu Ende ansehen.
　　　b. Ich überlege, *wo die Beute versteckt sein könnte*.
　　　c. Jeder, *mit dem wir gesprochen haben*, war begeistert.
　　　d. Ich befürchte, *schon wieder im Lotto zu verlieren*.

Doch es gibt, wie wir oben im Abschnitt über die topologischen Felder gesehen haben, einen strikten Zusammenhang zwischen der Position des Verbs und den Wörtern und Phrasen, die eingebettete Sätze einleiten: Steht am Anfang des eingebetteten Satzes eine Subjunktion wie *obwohl* in (67a), ein w-Wort wie *wo* in (67b) oder eine Relativphrase wie *mit dem* in (67c), ist der eingebettete Satz ein VL-Satz. Auch die infiniten Sätze

wie *schon wieder im Lotto zu verlieren* in (67d), die nicht von einem Ausdruck in
der linken Klammer eingeleitet werden, sind immer VL-Sätze, weil ja infinite Verben
nicht in der linken Klammer stehen können. Man kann somit, wenn man die eingebetteten Sätze nach ihrer Form klassifiziert, V1-, V2-, VL und die Art der Besetzung
der linken Klammer als Unterscheidungskriterium heranziehen. Es ergibt sich dann
folgendes Bild für die formale Klassifizierung der eingebetteten Sätze:

(68)

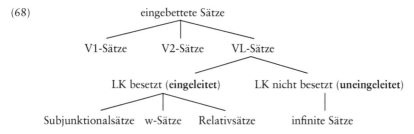

Subjunktionalsätze: Alle Subjunktionalsätze werden von einer Subjunktion eingeleitet.
Zu diesen Subjunktionen gehören sowohl Subjunktionen wie *dass*, *ob*, *als*, *nachdem*,
seit, *obwohl* und *sodass*, die finite Sätze einleiten, als auch Subjunktionen wie *um*
und *ohne*, die infinite Sätze einleiten.

(69) a. Ich glaube [*dass* Arno zu viele Bücher hat].
      b. [*Als* ich einmal in Paris war] regnete es fürchterlich.
      c. [*Ohne* sich weiter darum zu kümmern] fuhr er los.

w-Sätze: Die w-Sätze werden durch w-Wörter wie *wer*, *was*, *wie*, *wann* oder durch
w-Phrasen eingeleitet, die ein **w-Wort** enthalten.

(70) a. Es ist mir schleierhaft [*wer* dieses Problem lösen könnte].
      b. Ich frage mich [*mit welchen Leuten* Karl überhaupt gesprochen hat].
      c. Es ist unglaublich [*wie viel Geld* man damit verdienen kann].

Relativsätze: Relativsätze beginnen mit einem **Relativwort** oder einer **Relativphrase**.
Die Relativsätze beziehen sich in der Regel, aber nicht immer, auf ein Nomen, mit
dessen Numerus und Genus die Relativwörter dann übereinstimmen (**kongruieren**).

(71) a. Zeig mir ein Kind [*dessen Schnuller* nicht zerkaut ist]!
      b. *Zeig mir ein Kind [*deren Schnuller* nicht zerkaut ist]!
      c. Hier [*wo* es schön ist] können wir uns ausruhen.

Ein besonderes Problem für die syntaktische Beschreibung stellen die so genannten
freien Relativsätze wie in (72) dar, bei denen es anders als bei den **nicht-freien Relativsätze**n scheinbar kein Bezugswort gibt. Sie sind nicht immer klar von den w-Sätzen
zu unterscheiden, weil sich die Relativwörter in freien Relativsätzen von der Form
her nicht von w-Wörtern unterscheiden.

(72) a. [*Wer* in Plagwitz wohnt] wird nicht oft besucht.
      b. [*Wo* ein Regenbogen beginnt] kann man Gold finden.

Um herauszufinden, ob es sich tatsächlich um einen freien Relativsatz handelt, kann
man unter anderem Ersetzung durch komplexe Phrasen als Test verwenden: Wenn

das Wort am Anfang des Relativsatzes nicht durch eine komplexe Phrase ersetzbar ist, ist der betreffende Satz ein freier Relativsatz.

(73) a. *Welcher Leipziger in Plagwitz wohnt, wird nicht oft besucht.
　　　b. *An welcher Stelle ein Regenbogen beginnt, kann man Gold finden.

Das Relativpronomen hat darüber hinaus normalerweise den Kasus, der im Matrixsatz gefordert wird:

(74) a. Wer in Plagwitz wohnt, wird nicht oft besucht.
　　　b. *Wer in Plagwitz wohnt, mag ich.

In (74a) hat *wer* mit dem Nominativ den richtigen Kasus, da im Matrixsatz *wird* den Nominativ fordert. Doch in (74b) hat *wer* mit dem Nominativ den falschen Kasus, da *mag* im Matrixsatz nicht Nominativ, sondern Akkusativ fordert.

Infinite Sätze: Es gibt nicht nur eingebettete VL-Sätze, die ein finites Verb enthalten, sondern auch eingebettete VL-Sätze, die nur ein infinites Verb enthalten; diese infiniten Sätze werden anders als die finiten Sätze nicht immer durch besondere einleitende Ausdrücke markiert. Wir klassifizieren hier Sätze wie *um sich ein Eis zu kaufen* als Subjunktionalsätze, weil sie von einer Subjunktion eingeleitet werden, und zählen zu den eingebetteten infiniten Sätzen nur die Sätze, die uneingeleitet sind.

Es ist oft nicht einfach herauszufinden, ob es sich bei einer bestimmten Wortfolge um einen solchen infiniten Satz handelt oder nicht. Nehmen wir die Wortfolge *die Kakteen zu gießen* in den folgenden Beispielen:

(75) a. … weil er immer *die Kakteen zu gießen* vergisst
　　　b. … weil er immer *die Kakteen zu gießen* pflegt

Wenn wir diese Wortfolge ins Nachfeld oder innerhalb des Mittelfelds nach vorne umstellen, ergeben sich deutliche Unterschiede (dazu ausführlich Bech 1983):

(76) a. … weil er immer vergisst *die Kakteen zu gießen*
　　　b. *… weil er immer pflegt *die Kakteen zu gießen*
　　　c. … weil er *die Kakteen zu gießen* immer vergisst
　　　d. *… weil er *die Kakteen zu gießen* immer pflegt

Mithilfe der topologischen Felder kann man diesen Unterschied so beschreiben, dass *zu gießen* in (75a) mit *die Kakteen* im Mittelfeld steht, in (75b) jedoch mit *pflegt* in RK.

(77)

COMP	MF	VK	NF
weil	er immer die Kakteen zu gießen	vergisst	
weil	er immer die Kakteen	zu gießen pflegt	

In der Phrasenstruktur bildet *zu gießen* in (75a) mit *die Kakteen* einen infiniten Satz, in (75b) jedoch nicht.

(78) a. [$_{S1}$ weil er immer [$_{S2}$ die Kakteen zu gießen] vergisst]
　　　b. [$_{S1}$ weil er immer die Kakteen zu gießen pflegt]

Es mag befremdlich sein, dass entsprechend auch *anzurufen* in *weil ich vergessen habe anzurufen* einen Satz bildet, doch es gibt viele andere Beispiele wie etwa *Komm!* oder *Stimmt*, die nur aus einem Verb bestehen und dennoch ohne Befremden als Sätze klassifiziert werden.

4.5.2 | Eingebettete Sätze und topologische Felder

Eingebettete Sätze bereiten bei der Analyse verschiedene Probleme. So ist es oft nicht leicht zu entscheiden, ob ein eingebetteter Satz im Mittelfeld oder im Nachfeld steht, und zwar vor allem dann nicht, wenn die rechte Klammer leer ist:

(79) Ich weiß noch nicht, ob ich nächste Woche mit dem Rauchen aufhöre.

Man kann herausfinden, wo der *ob*-Satz steht, indem man durch Umformungen dafür sorgt, dass auch VK besetzt ist. Denn dann erkennt man, ob der *ob*-Satz vor oder hinter VK steht. So zeigt sich, wenn man aus dem V2-Satz (79) einen VL-Satz macht, dass der *ob*-Satz im Nachfeld steht. Denn er steht hinter dem Verb *weiß*, das VK bildet:

(80) a. ... da ich nicht *weiß*, ob ich nächste Woche mit dem Rauchen aufhöre
     b. *... da ich nicht, ob ich nächste Woche mit dem Rauchen aufhöre, *weiß*

Dasselbe Bild ergibt sich, wenn man statt einfacher Tempusformen wie *weiß* zusammengesetzte Tempusformen wie *habe gewusst* verwendet, die nicht nur FIN, sondern auch VK besetzen. So zeigen die beiden Sätze (81b–c), dass der w-Satz *was in dem Kasten ist* auch in (81a) das Nachfeld besetzt:

(81) a. Valentine guckt, was in dem Kasten ist.
     b. Valentine hat geguckt, was in dem Kasten ist.
     c. *Valentine hat, was in dem Kasten ist, geguckt.

Dabei ist wichtig zu beachten, dass in komplexen Sätzen, in denen Sätze eingebettet sind, diese eingebetteten Sätze einerseits komplett in einem Feld des übergeordneten Satzes stehen, andererseits selbst aus einzelnen Feldern bestehen. So steht zum Beispiel in (81a) der untergeordnete VL-Satz *was in dem Kasten ist* im Nachfeld des übergeordneten V2-Satzes *Valentine guckt, was in dem Kasten ist*, in den er eingebettet ist.

(82)

VF1	FIN1	MF1	VK1	NF1
Valentine	guckt			was in dem Kasten ist

COMP2	MF2	VK2	NF2
was	in dem Kasten	ist	

Aufgabe 4: Teilen Sie die folgenden komplexen Sätze komplett in topologische Felder ein:
(i)   Die einzige Möglichkeit, Zeugnisse der alten ägyptischen Sprache zu entdecken, bietet die ägyptische Schrift.

(ii) Gleich morgens fährt die Artdirektorin mit einem Berater zum Kunden, um mit ihm genau zu besprechen, welche Informationen in der Selbstdarstellung präsentiert werden sollen.

(iii) Die Gefahr, dass man durch Regen nass wird, wird zum Risiko, das man eingeht, wenn man den Regenschirm nicht mitnimmt.

Manchmal genügt es aber nicht zu wissen, dass ein eingebetteter Satz im Nachfeld eines anderen Satzes steht, weil es mehrere Nachfelder gibt, in denen er stehen könnte. Nehmen wir den Satz *Der Trainer sieht, dass ich trainiere, obwohl es neblig ist*. Die eine Lesart dieses Satzes besagt, dass der Trainer trotz des Nebels sieht, dass ich trainiere, während nach der anderen Lesart der Trainer sieht, dass ich trotz des Nebels trainiere. Das ist offenbar nicht dasselbe. Man kann durch einige Umstellungen zeigen, dass diese Mehrdeutigkeit auf zwei unterschiedliche Strukturen zurückzuführen ist.

(83) a. Obwohl es neblig ist, sieht der Trainer, dass ich trainiere.
      b. Der Trainer sieht, obwohl es neblig ist, dass ich trainiere.
      c. Dass ich trainiere, sieht der Trainer, obwohl es neblig ist.
      d. Dass ich trainiere, obwohl es neblig ist, sieht der Trainer.

Die drei Sätze (83a–c), in denen entweder der *obwohl*-Satz oder der *dass*-Satz separat umgestellt ist, haben nur die eine Lesart, nach der mich der Trainer trotz des Nebels trainieren sieht, während der Satz (83d), in dem der *obwohl*-Satz zusammen mit dem *dass*-Satz umgestellt ist, nur die andere Lesart hat, nach der ich trotz des Nebels trainiere. Entsprechend bilden in der einen Lesart der *dass*-Satz und der *obwohl*-Satz jeweils für sich eine Konstituente wie in (84a), während in der anderen Lesart der *obwohl*-Satz Teil des *dass*-Satzes ist wie in (84b).

(84) a. Der Trainer sieht [dass ich trainiere] [obwohl es neblig ist].
      b. Der Trainer sieht [dass ich trainiere [obwohl es neblig ist]].

In (84a) stehen der *dass*-Satz und der *obwohl*-Satz gemeinsam im Nachfeld des Hauptsatzes, in (84b) hingegen steht der *obwohl*-Satz im Nachfeld des *dass*-Satzes.

Eine andere Möglichkeit, die beiden Strukturen zu unterscheiden, ist die Ersetzung des *obwohl*-Satzes durch ein Adverb wie *dennoch*, das eine vergleichbare Bedeutung hat. In der einen Lesart, in der der *obwohl*-Satz wie der *dass*-Satz zum Hauptsatz gehört, steht *dennoch* im Hauptsatz, in der anderen Lesart, in der der *obwohl*-Satz zum *dass*-Satz gehört, steht *dennoch* im *dass*-Satz.

(85) a. Der Trainer sieht *dennoch*, dass ich trainiere.
      b. Der Trainer sieht, dass ich *dennoch* trainiere.

Man kann also Umstellungen und Ersetzungen auch verwenden, um herauszufinden, wo genau ein eingebetteter Satz steht.

4.6 | Zur Struktur von infiniten Sätzen, w-Sätzen und Relativsätzen

Bisher haben wir uns auf die Struktur von Subjunktionalsätzen beschränkt, also auf Sätze wie *ob ich nächste Woche mit dem Rauchen aufhöre*, die von einer Subjunktion eingeleitet werden. In diesem Abschnitt werden wir nun die etwas komplexeren Phrasenstrukturen der anderen Arten von VL-Sätzen beschreiben, bevor wir uns im nächsten Abschnitt den V1- und V2-Sätzen widmen.

Im vorangehenden Abschnitt haben wir infinite Sätze wie *die Kakteen zu gießen* in *Er hat vergessen die Kakteen zu gießen* ohne weitere Begründung als CPs klassifiziert, obwohl sie nicht von einer Subjunktion eingeleitet werden. Hier ist die Begründung:

(86)   a. weil er immer vergisst *die Kakteen zu gießen*
      b. Das sind die Kakteen, *die zu gießen* er immer vergisst.
      c. *weil er immer pflegt *die Kakteen zu gießen*
      d. *Das sind die Kakteen, *die zu gießen* er immer pflegt.

Die Wortfolge *die Kakteen zu gießen* kann in (86a), aber nicht in (86c) im Nachfeld stehen und die Wortfolge *die zu gießen* kann in (86b), aber nicht in (86d) eine Relativphrase bilden. Wie ist dieser Unterschied zu deuten? Wenn *die Kakteen zu gießen* bei *vergessen* eine CP ist, aber bei *pflegen* eine VP, kann dieser Unterschied so gedeutet werden, dass CPs im Nachfeld stehen und Relativphrasen bilden können, VPs jedoch nicht. Klassifiziert man *die Kakteen zu gießen* einheitlich als VP, bleibt der Unterschied zwischen (86a–b) einerseits und (86c–d) andererseits rätselhaft.

Wir haben somit Sätze, die zwar CPs sind, aber anders als Subjunktionalsätze, w-Sätze und Relativsätze nicht durch besondere Ausdrücke eingeleitet werden, sondern uneingeleitet sind. Das scheint unvereinbar zu sein: Wenn ein Satz eine CP ist, dann sollte diese CP nach der X'-Theorie auch einen Kopf haben, also ein Wort, das diesen Satz einleitet. Ein Ausweg aus diesem Dilemma ist, dass die infiniten Sätze nur scheinbar uneingeleitet sind. Tatsächlich steht wie in Subjunktionalsätzen am Satzanfang eine Subjunktion. Diese Subjunktion ist aber anders als die anderen Subjunktionen unsichtbar oder, wie man etwas genauer sagt, phonologisch leer.

(87)

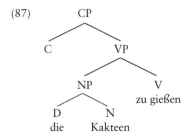

Solche **leeren Subjunktionen** mögen auf den ersten Blick wie ein bloßer Trick aussehen, der die Annahme, dass infinite Sätze CPs sind, rettet. Doch sie treten auch noch in anderen VL-Sätzen auf, und zwar in w-Sätzen und Relativsätzen. In den folgenden Beispielen werden der w-Satz und der Relativsatz offensichtlich von einer Phrase eingeleitet:

(88) a. Ich schau mal schnell nach, [_PP_ auf welchem Gleis] der Zug ankommt.
   b. der Dozent, [_NP_ dessen Zigaretten] grauenhaft stinken

Die beiden Phrasen *auf welchem Gleis* und *dessen Zigaretten* scheiden als Köpfe aus.
Köpfe sind X-Kategorien wie C, P oder N, aber keine XP-Kategorien wie PP und NP.
Da w-Sätze und Relativsätze im Nachfeld stehen können, sind sie sicherlich keine
VPs, so dass auch *ankommt* und *stinken* als Köpfe ausscheiden. Was könnte dann
der Kopf des w-Satzes und des Relativsatzes sein? Eine leere Subjunktion, die rechts
mit einer VP und dann links mit einer w-Phrase oder Relativphrase kombiniert ist:

(89)

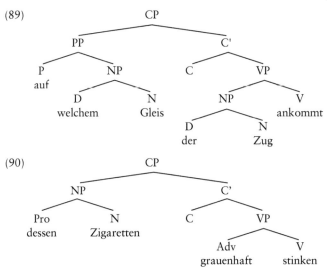

(90)

Hinsichtlich der Konstituentenstruktur von VL-Sätzen ergibt sich so ein sehr einfaches
und einheitliches Bild. Alle VL-Sätze, ob finit oder infinit, sind CPs. In Subjunktionalsätzen, die von einer sichtbaren Subjunktion wie *dass*, *ob* oder *nachdem* eingeleitet
werden, und in infiniten Sätzen steht der Kopf der CP, also C, am linken Rand der
CP. Das heißt, in Subjunktionalsätzen und infiniten Sätzen steht in der CP links von
C keine Konstituente. In w-Sätzen und Relativsätzen hingegen steht in der CP links
von C eine Konstituente, und zwar in w-Sätzen ein w-Wort oder eine w-Phrase und
in Relativsätzen ein Relativwort oder eine Relativphrase. Da rechts von C immer
ein Verb oder eine VP steht, können wir somit bei den VL-Sätzen die folgenden
Satzschemata unterscheiden:

(91) *Subjunktionalsätze, infinite Sätze*: [_CP_ C [... V]]
   w-Sätze, Relativsätze: [_CP_ ... [_C'_ C [... V]]]

4.7 | Zur Struktur von V1- und V2-Sätzen

Wie die Struktur der V1- und V2-Sätze und die Struktur der VL-Sätze im Deutschen zusammenhängen, ist eine schwierige Frage. Denkbar ist, dass V1-, V2- und VL-Sätze eine einheitliche Struktur haben und sich nur darin unterscheiden, wo das Verb steht, denkbar ist jedoch auch, dass V1-, V2- und VL-Sätze völlig unterschiedliche Strukturen haben (man vergleiche dazu ausführlich Reis 1985, Grewendorf 1988, Kap. 11, von Stechow/Sternefeld 1988, Brandt et al. 1992, Haider 1993, Kathol 2000, Sternefeld 2009 und Haider 2010). Wir werden in diesem Abschnitt eine Art Mittelweg einschlagen und annehmen, dass V1- und V2-Sätze ähnliche Strukturen haben wie VL-Sätze.

Der Ausgangspunkt unserer Überlegungen sind Beispiele mit der mehrteiligen Konjunktion *weder noch*. Wie man anhand dieser Beispiele herausfinden kann, welche Struktur V1- und V2-Sätze haben, hat Höhle (1991, 153 f.) vorgeführt.

(92)   Gerade will weder [Arno ein Eis] noch [Valentine einen Keks].

Als Konjunkte müssen die beiden Wortfolgen *Arno ein Eis* und *Valentine einen Keks* Konstituenten sein. Doch nach allem, was wir über Konstituenten wissen, können sie keine Konstituenten sein, da es keine wie auch immer geartete syntaktische Beziehung zwischen den Teilen gibt. Beide Teile sind unabhängig voneinander und können auch nicht zusammen im Vorfeld stehen (*Arno ein Eis will gerade nicht*).

Des Rätsels Lösung ist, dass die beiden Konjunkte *Arno ein Eis* und *Valentine einen Keks* mehr sind, als sie zu sein scheinen, nämlich VPs, denen der Kopf fehlt. *Arno*, *ein Eis*, *Valentine* und *einen Keks* hängen von diesem fehlenden Kopf, den wir als *t* notieren, ab, bekommen Kasus von ihm (Nominativ und Akkusativ) und stehen in einer syntaktischen Relation zu ihm (Subjekt und Objekt).

(93)   Gerade will weder [$_{VP}$ Arno ein Eis *t*] noch [$_{VP}$ Valentine einen Keks *t*].

Der Kopf, der den beiden VPs hier fehlt, ist offensichtlich das finite Verb *will*, das in der V2-Position steht. Dieses finite Verb fehlt in den VPs, weil es in die V2-Position umgestellt oder bewegt worden ist, weshalb man auch von **V2-Bewegung** spricht.

In der generativen Syntax werden solche Bewegungen, die Wörter oder Phrasen umstellen und so die syntaktische Struktur verändern, seit Chomsky (1957) traditionell Transformationen genannt. Oft wird angenommen, dass es im Deutschen neben der V2-Bewegung auch andere Arten von Bewegungen gibt, und zwar Bewegung ins Vorfeld (Topikalisierung und w-Bewegung), Bewegung im Mittelfeld (Scrambling) und Bewegung ins Nachfeld (Extraposition). Genaueres zu Topikalisierung, w-Bewegung und Scrambling ist unter anderem in der oben genannten Literatur und in Webelhuth (1992) zu finden, während für alle möglichen Arten von Bewegungen ins Nachfeld Altmann (1981) einschlägig ist.

Neben Koordinationen wie in (92) gibt es noch andere Argumente dafür, dass die Verbletztstellung die grundlegende ist und die Verberst- und Verbzweitstellung daraus abgeleitet sind. Zum einen gibt es eine Reihe von Verben, die eine Art V1- und V2-Phobie haben (so Sternefeld 2009) und nur in der VL-Position stehen können. Zu diesen Verben gehören neben den infiniten Verben und den Partikelverben (bei denen nur der zweite Teil bewegt werden kann) auch viele rückgebildete Verben wie *kopfrechnen*, *generalüberholen* und *zweckentfremden*.

(94) a. Bitte nicht aus dem Fenster lehnen!
      b. *Bitte lehnen nicht aus dem Fenster!
      c. ob ich mich morgen für die Magisterprüfung anmelde
      d. *Ich anmelde mich morgen für die Magisterprüfung.
      e. Ich melde mich morgen für die Magisterprüfung an.
      f. weil die Kinder in der Grundschule noch gerne kopfrechnen
      g. *In der Grundschule kopfrechnen die Kinder noch gerne.
      h. *In der Grundschule rechnen die Kinder noch gerne kopf.

Zum anderen kann man auch Daten aus dem Spracherwerb anführen. In den ersten komplexeren Äußerungen von Kindern, die aus mehr als einem Wort bestehen, stehen die Verben in der Regel nicht vorne, sondern hinten. So findet man in der Phase der Zweiwortäußerungen sehr viele Beispiele wie die in (95), aber nur wenige Beispiele wie die in (96). Man kann einwenden, dass bei zwei Wörtern nicht zu sehen ist, ob das Verb in der zweiten Position steht oder in der letzten, doch das trennbare Verb *aufstehen* zeigt, dass die Verben wirklich in der letzten Position stehen. Kinder beginnen also, wie im Kapitel 7 über den Spracherwerb noch genauer gezeigt werden wird, mit der Verbletztstellung und gehen dann erst zur Verbzweitstellung über.

(95) Puppe weint, Oma kommt, Maxe aufstehen, Schuhe holen, Kuchen essen, Stange turnen, Müll schmeißen, nochmal reiten

(96) huste Maxe, weint Robert, zumachen Mami, backe Kuchen

Dass die Verben in der Verbletztstellung dort stehen, wo sie ›eigentlich‹ hingehören, ist auf den ersten Blick sicher sehr befremdlich, denn meistens wird die Verbzweitstellung, die typisch für Hauptsätze ist, für die normale Wortstellung gehalten. Man sollte sich hier nicht durch die quantitativen Verhältnisse verwirren lassen. Es mag sein, dass die Verbzweitstellung sehr viel häufiger ist als die Verbletztstellung, doch Häufigkeit sagt noch nichts über Strukturen aus.

    Die Phrasenstruktur eines V1-Satzes wie *Isst Arno gerne Eis?* können wir nun in einem ersten Schritt so beschreiben, dass das finite Verb *isst* aus der Verbletztposition innerhalb der VP (im topologischen Modell VK) in eine Position vor der VP bewegt worden ist (im topologischen Modell FIN):

(97) Isst [$_{VP}$ Arno gerne Eis *t*]?

In einem zweiten Schritt müssen wir aber noch klären, in welcher Position das finite Verb landet. Wir haben im Abschnitt über die topologischen Felder festgestellt, dass die finiten Verben in V1- und V2-Sätzen nicht in der linken Klammer stehen, weil sie Verben sind, sondern weil sie finit sind. Wenn die linke Klammer in V2- Sätzen eine spezielle Position für finite Verben ist, ist es nahe liegend, dass es auch in der Phrasenstruktur der V1- und V2-Sätze eine spezielle Kategorie gibt, die von den finiten Verben gebildet wird. In den Beschreibungen der deutschen Syntax herrscht leider keine Einigkeit darüber, wie diese Kategorie am besten bezeichnet werden sollte; vorgeschlagen worden sind unter anderem I (wie englisch ›inflection‹), T (wie englisch ›tense‹) oder auch F (wie ›funktional‹ oder ›finit‹). Wir schließen uns hier Haider (1993, 2010) an und nennen sie F, was auch zu der Felderbezeichnung FIN passt. Da die finiten Verben in V1- und V2-Sätzen die Köpfe der Sätze sind, sind V1- und V2-Sätze entsprechend FPs.

    Wenn man von wenigen Ausnahmen absieht, wird das Vorfeld in V2-Sätzen wie die linke Klammer durch Bewegung besetzt, das heißt durch Umstellung einer

Konstituente aus dem Mittelfeld oder dem Nachfeld. Das gilt auch für das Subjekt im Deutschen, weshalb das Deutsche entgegen dem ersten Anschein keine SVO-Sprache ist, sondern eine SOV-Sprache. Die beiden V2-Sätze *Arno isst gerne Eis* und *Eis isst Arno gerne* haben entsprechend die folgende Struktur, in der die beiden Indizes 1 und 2 dazu dienen, die beiden Bewegungen in die linke Klammer und ins Vorfeld auseinanderzuhalten:

(98)

    a. $[_{FP}$ Arno$_2$ $[_{F'}$ isst$_1$ $[_{VP}$ t_2 gerne Eis t_1 $]]]$

    b. $[_{FP}$ Eis$_2$ $[_{F'}$ isst$_1$ $[_{VP}$ Arno gerne t_2 t_1 $]]]$

Damit können wir auch bei den V1- und V2-Sätzen zwei Satzschemata ansetzen (K steht für ‚Konstituente‘):

(99)   *V1-Sätze*: $[_{FP}$ F $[_{VP}$ ... $]]$
          V2-Sätze: $[_{FP}$ K $[_{F'}$ F $[_{VP}$ ... $]]]$

In V2-Sätzen ist die Position vor F, das Vorfeld, besetzt, in V1-Sätzen nicht; in F steht aber in jedem Fall ein finites Verb.

4.8 | Argumentstruktur

4.8.1 | Argumente und ihre syntaktischen Realisierungen

Wie wir schon in Kapitel 2 ausgeführt haben, haben die verschiedenen Wörter einer Sprache eine Reihe von Eigenschaften, die man nicht vollständig vorhersagen kann und deshalb auch **idiosynkratische Eigenschaften** nennt. Zu diesen idiosynkratischen Eigenschaften gehört bei vielen Wörtern auch die sogenannte **Valenz**, die die Kombinationsmöglichkeiten eines Wortes bestimmt. Die Valenz ist ein zentraler Begriff der Dependenzgrammatik (grundlegend dazu Tesnière 1959, zum Deutschen Helbig 1992, Eroms 2000 und viele andere), spielt aber auch in jeder anderen Grammatik eine wichtige Rolle, wenn auch nicht immer unter diesem Namen.

So wird etwa das Verb *vorstellen* obligatorisch mit einer Konstituente im Nominativ, einer Konstituente im Akkusativ und fakultativ mit einer Konstituente im Dativ kombiniert (wir übergehen hier Beispiele wie *Wessen Name mit A beginnt, muss sich zuerst vorstellen*, in denen *vorstellen* mit einem freien Relativsatz kombiniert ist):

(100) a. ... weil die Rektorin ihr den neuen Dekan vorstellt
       b. *... weil ihr den neuen Dekan vorstellt
       c. *... weil die Rektorin ihr vorstellt
       d. ... weil die Rektorin den neuen Dekan vorstellt

Das formuliert man auch so, dass *vorstellen* drei Stellen zu besetzen hat, wobei zwei Stellen immer besetzt sein müssen und eine Stelle auch unbesetzt bleiben kann. Auch wenn *vorstellen* wie in (100d) nur mit zwei NPs vorkommt, wird der Satz so verstanden, als sei auch die dritte Stelle besetzt. Zu einer Situation, die man als *vorstellen* bezeichnet, gehören mindestens drei Personen, und zwar erstens jemand, der vorstellt, zweitens jemand, dem vorgestellt wird, und drittens jemand, der vorgestellt wird (es kann allerdings auch etwas vorgestellt werden wie in *Die Rektorin hat den neuen Studiengang vorgestellt*).

Da nicht aus generellen Regeln folgt, mit welchen Konstituenten *vorstellen* kombiniert werden kann, muss es eine Möglichkeit geben, diese Eigenschaften einzeln festzuhalten, und **Lexikoneinträge** sind, wie wir schon im Kapitel 2 gesehen haben, eine solche Möglichkeit. Lexikoneinträgen liegt ja die Vorstellung zugrunde, dass es für jedes Wort einer Sprache einen Eintrag im Lexikon gibt, in dem alle besonderen Eigenschaften dieses Wortes beschrieben sind. Zu diesen besonderen Eigenschaften gehört bei Verben wie *vorstellen* neben der phonologischen und orthographischen Form, der Wortart und der Flexionsklasse unter anderem auch, wie viele Stellen zu besetzen sind und wie diese Stellen besetzt werden können, also kurz gesagt die Valenz. Die Wörter, die eine Valenz haben, sind typischerweise Verben wie *vorstellen*, doch auch Adjektive wie *behilflich* und Nomen wie *Befreiung* können mehrstellig sein (*ein uns bei der Lösung des Problems behilflicher Hiwi, die Befreiung der Geiseln durch das Einsatzkommando*).

Da die Anzahl der Stellen Teil der Semantik eines Wortes ist, Teil seiner Bedeutung, doch die Art der Stellenbesetzung zur syntaktischen Charakteristik eines Wortes gehört, ist es nützlich, im Lexikoneintrag eine entsprechende Zweiteilung vorzunehmen und einerseits die **Argumente** anzugeben und andererseits die Kategorien, die diese Argumente syntaktisch realisieren. Beide Teile zusammen bilden die **Argumentstruktur**. In der Argumentstruktur unten für *vorstellen* sind die Argumente in der zweiten Zeile notiert und die Kategorien, die diese Argumente realisieren können, in der ersten Zeile, wobei statt der NPs auch Nomen oder Pronomen auftreten können (*Karl stellt sich ihr vor*). Die runden Klammern zeigen an, dass ein Argument nicht unbedingt realisiert werden muss.

(101) NP_{Nom1}, (NP_{Dat2}), NP_{Akk3}
VORSTELL(x_1, x_2, x_3)

Man beachte, dass in der Argumentstruktur eines Wortes wirklich nur die nichtvorhersagbaren Kombinationseigenschaften festgehalten werden. Dass beim Passiv von *vorstellen* wie in *Nun wurde der neue Rektor vorgestellt* die erste Argumentstelle (derjenige, der vorstellt) nicht besetzt sein muss, ist keine besondere Eigenschaft von *vorstellen*, sondern eine generelle Eigenschaft des Passivs. Diese Eigenschaft wird deshalb auch nicht im Lexikoneintrag von *vorstellen* festgehalten, sondern in der Regel, nach der das Passiv gebildet wird.

Die Kategorien, die in der Argumentstruktur eines Wortes stehen, werden von dem jeweiligen Wort selegiert und als **Komplemente** oder Ergänzungen bezeichnet, um sie von den **Adjunkten**, die auch Modifizierer, Angaben oder Supplemente genannt werden und nicht selegiert werden, abzugrenzen. In (100a) sind entsprechend *die Rektorin, ihr* und *den neuen Dekan* Komplemente von *vorstellt*. Da Adjunkte nicht von einem anderen Wort im Satz abhängen wie Komplemente, sind sie, sofern es keine semantischen Unverträglichkeiten gibt, mehr oder weniger beliebig hinzufügbar, man vergleiche *weil die Rektorin ihr wahrscheinlich morgen sofort in ihrem Büro den neuen Dekan vorstellt, obwohl sie eigentlich keine Zeit hat.*

Neben den runden Klammern benötigt man noch andere Markierungen für die Fälle, in denen ein Argument durch verschiedenartige Kategorien realisiert werden kann:

(102) a. ... ob Arno die Ursache herausfindet
     b. *... ob Arno herausfindet
     c. *... ob die Antwort herausfindet
     d. ... ob Arno herausfindet, dass die Erde keine Scheibe ist
     e. ... ob Arno herausfindet, ob es morgen im Kindergarten Frühstück gibt
     f. ... ob Arno herausfindet, wie viele Fahrräder ich habe
     g. *... ob Arno herausfindet, Kartoffeln mit dem Messer zu schneiden

Wie man sieht, hat das Verb *herausfinden* obligatorisch zwei Argumente. Das eine Argument ist eine NP im Nominativ, doch das andere Argument kann eine NP im Akkusativ, ein *dass*-Satz, ein *ob*-Satz oder ein *w*-Satz sein. Das kann man mit geschweiften Klammern so notieren (auch hier gilt natürlich wieder, dass statt der NPs auch Nomen oder Pronomen auftreten können):

(103) NP_{Nom1}, {NP_{Akk2}, CP_{dass2}, CP_{ob2}, CP_{w2}}
      HERAUSFIND(x_1, x_2)

Zweigeteilte Argumentstrukturen bewähren sich, wie Höhle (1978) zeigt, besonders in schwierigeren Fällen, in denen sich die Argumente und die Komplemente nicht 1:1 entsprechen und es entweder mehr Komplemente als Argumente oder umgedreht mehr Argumente als Komplemente gibt. Hier sind solche Fälle:

(104) a. Gleich wird es schneien.
     b. *Gleich wird der Himmel schneien.
     c. Karl fasste schnell zu.
     d. *Karl fasste den Fisch schnell zu.

Das Pronomen *es* ist in (104a) zwar ein obligatorisches Komplement von *schneien*, da *schneien* mit *es* kombiniert werden muss (*Schneit?*), doch es realisiert kein Argument. Das ist unter anderem daran zu erkennen, dass *es* wie in (104b) gezeigt nicht durch ein anderes Nomen oder eine NP ersetzbar ist. Wir haben mit *schneien* also einen Fall, in dem es ein Komplement gibt, aber kein Argument. Bei *zufassen* in (104c) ist es umgekehrt. Zwar bezeichnet *zufassen* eine Handlung, bei der jemand nach etwas fasst, doch nur das eine Argument kann realisiert werden, wie (104d) zeigt. Bei *zufassen* gibt es zwei Argumente, aber nur ein Komplement.

(105) a. es_1
      SCHNEI()
     b. NP_{Nom1}
      ZUFASS(x_1, x_2)

Aufgabe 5: Ermitteln Sie anhand der folgenden Sätze die Argumentstruktur für *aufhören*. Überlegen Sie zuerst, wie viele Argumente *aufhören* hat und ob die Argumente in diesen Sätzen immer realisiert sind, und dann, durch welche Konstituenten die Argumente in diesen Sätzen realisiert sind.
(i)   Ich höre gleich auf.
(ii) Du sollst mit dem Krach aufhören!
(iii) *Du sollst auf dem Krach aufhören!

(iv) *Du sollst den Krach aufhören!
(v) Hör auf, deinen Bruder zu ärgern!
(vi) *Hör auf, dass du deinen Bruder ärgerst!

4.8.2 | Semantische Rollen

Mit den Begriffen, die in den vorangehenden Abschnitten eingeführt worden sind, können wir die Strukturen von Sätzen beschreiben, wir haben jedoch noch keine Begriffe, um die verschiedenen Argumente eines Wortes semantisch auseinander-zuhalten. So können wir zwar festhalten, dass zum Beispiel das Verb *vorstellen* drei Argumente hat, doch wir wissen noch nicht, welche semantischen Unterschiede es zwischen diesen drei Argumenten gibt und welche semantischen Ähnlichkeiten es möglicherweise zwischen diesen Argumenten und den Argumenten anderer Verben gibt. Dass es interessante semantische Unterschiede und Ähnlichkeiten zwischen Argumenten gibt, kann man an folgenden Beispielen sehen:

(106) a. Arno nimmt einen Joghurt aus dem Kühlschrank.
      b. Arno bekommt einen Joghurt aus dem Kühlschrank.

Diese beiden Sätze enthalten bis auf das Verb dieselben Ausdrücke und haben dieselbe Struktur. Dennoch gibt es einen Unterschied zwischen den beiden Sätzen, denn man kann zwar aus (106a), aber nicht aus (106b) eine Aufforderung bilden (Jackendoff 1972).

(107) a. Nimm einen Joghurt aus dem Kühlschrank!
      b. *Bekomm einen Joghurt aus dem Kühlschrank!

Wie kann man das erklären? Da sich die Sätze nur darin unterscheiden, dass in dem einen Satz *nimmt* das finite Verb ist und in dem anderen Satz *bekommt*, muss die Erklärung bei diesen Verben zu finden sein, und zwar nicht in ihrer Form, sondern in ihrer Bedeutung, ihrer Semantik. Die Verben *nehmen* und *bekommen* beschreiben Situationen, in denen etwas den Platz wechselt. So wechselt in (106) ein Joghurt vom Kühlschrank zu Arno. Doch Arno sorgt nur bei *nehmen* dafür, dass der Joghurt bei ihm landet; bei *bekommen* hat er nichts damit zu tun, dass er nun einen Joghurt hat. Ob jemand dafür verantwortlich ist, dass etwas den Besitzer wechselt, kann einen großen Unterschied machen, man denke etwa an *Kiep hat das Geld genommen* und *Kiep hat das Geld bekommen* und die möglichen strafrechtlichen Konsequenzen. Wir haben somit eine Erklärung dafür, warum (107a) grammatisch ist, aber (107b) nicht: Wenn jemand etwas verursachen soll, dann kann man ihn auch dazu auffordern, doch wenn jemand nur der Nutznießer von etwas sein soll, geht das nicht.

    Um diesen Unterschied zu erfassen, kann man auf die **semantischen Rollen** aus Kapitel 2 zurückgreifen, die auch **thematische Rollen** genannt werden. Die Idee ist, dass man die Argumente danach klassifizieren kann, welche Rolle die Teilnehmer, die den Argumenten entsprechen, in der vom Satz beschriebenen Situation spielen. Wenn Arno von Valentine geärgert wird, spielt er eine andere Rolle, als wenn er Valentine ärgert, und entsprechend hat Arno in den beiden Sätzen *Arno wird gerade von Valentine geärgert* und *Arno ärgert gerade Valentine* auch nicht dieselbe semantische Rolle, obwohl *Arno* in beiden Sätzen ein Argument von *ärgern* ist. Welche Arten von semantischen Rollen es insgesamt gibt und wie man die einzelnen Rollen zufriedenstellend beschreiben kann, darüber gibt es leider keinen Konsens, und entsprechend schwierig ist es oft zu entscheiden, welche Rolle ein bestimmtes Argument hat (man vergleiche dazu die Einleitung von Dowty 1991 und Primus 2012). Wir verwenden diese Rollen:

(108) **Agens:** Das Agens macht etwas oder verursacht etwas wie *Arno* in *Arno nimmt sich einen Joghurt* oder von *Valentine* in *Arno wird von Valentine geärgert*.
Thema: Mit dem Thema passiert etwas durch die Handlung, es ist betroffen von der Handlung, wechselt seinen Platz oder seinen Zustand wie *ein Brot* in *Valentine isst ein Brot*, *Valentine* in *Arno hat Valentine geweckt* oder *ich* in *Ich gehe jetzt*. Manchmal wird statt Thema auch **Patiens** verwendet.
Experiencer: Der belebte Experiencer ist sich etwas bewusst, empfindet etwas wie *ich* in *Ich hasse dich* oder *mich* in *Das beunruhigt mich sehr*.
Quelle: Von der Quelle bewegt sich etwas weg wie *aus dem Schrank* in *Valentine holt einen Pullover aus dem Schrank*.
Ziel: Zum Ziel bewegt sich etwas hin wie *Erlangen* in *Endlich erreichte Clemens Erlangen*.
Rezipient: Der belebte Rezipient erhält etwas wie *Axel* in *Axel hat eine Reise in die Karibik gewonnen*.
Instrument: Das Instrument wird benutzt, um eine Handlung zu vollziehen wie *mit der Schere* in *Valentine hat das Papier mit der Schere zerschnitten* oder *dieser Schlüssel* in *Dieser Schlüssel wird die Tür öffnen*.
Possessor: Der Possessor besitzt etwas, ihm ist etwas zugehörig, er hat Teile wie *ich* in *Ich habe drei Fahrräder* oder *dieses Kapitel* in *Dieses Kapitel enthält leider noch viele Fehler*.

Welche Rollen die Argumente jeweils haben, ist in der Argumentstruktur festgehalten, wobei zu beachten ist, dass ein Argument durchaus mehrere Rollen spielen kann. So ist das eine Argument von *nehmen* ein Agens, das eine Handlung in Gang bringt, doch darüber hinaus auch ein Rezipient, der etwas erhält.

(109) a. NP_{Nom1}, NP_{Akk2}, (PP_3)
$NEHM(x_1, x_2, x_3)$
x_1: Agens, Rezipient, x_2: Thema, x_3: Quelle
b. NP_{Nom1}, NP_{Akk2}, (PP_3)
$BEKOMM(x_1, x_2, x_3)$
x_1: Rezipient, x_2: Thema, x_3: Quelle

Im Lexikoneintrag eines Wortes ist also nicht nur angegeben, mit wie viel Argumenten das Wort erscheint und welche Form diese Argumente haben, sondern auch, welche Rollen die Argumente haben.

Aufgabe 6: Der folgende Satz stammt von einem dreijährigen Kind:

Ich gehöre das.

Geben Sie wie oben für *nehmen* und *bekommen* vorgemacht an, was für einen Lexikoneintrag das Kind für *gehören* hat und vergleichen Sie diesen Lexikoneintrag mit dem Lexikoneintrag für *gehören* bei den erwachsenen Sprechern und Sprecherinnen. Gibt es ein anderes Verb mit einer Bedeutung wie *gehören*, zu dem der falsche Lexikoneintrag des Kindes passen würde?

4.9 | Syntaktische Funktionen

Im Grammatikunterricht in der Schule werden gewöhnlich für die Beschreibung der größeren Bestandteile von Sätzen nicht Bezeichnungen wie NP, PP und AP verwendet, die Phrasen bezeichnen, sondern Begriffe wie Subjekt, Objekt und Attribut. Wie man die Phrasenstruktur unseres Beispielsatzes *ob ich nächste Woche mit dem Rauchen aufhöre* mit Bezeichnungen wie NP, PP und AP beschreiben kann, haben wir schon gezeigt. Verwendet man hingegen Begriffe wie Subjekt, Objekt und Attribut, besteht der Satz aus dem Subjekt *ich*, dem Adverbial *nächste Woche*, in dem *nächste* ein Attribut ist, dem Präpositionalobjekt *mit dem Rauchen* und dem Prädikat *aufhöre*.

Warum benötigt man neben syntaktischen Kategorien wie NP, PP und AP auch syntaktische Funktionen wie Subjekt, Objekt und Attribut für die Beschreibung von Sätzen? Was wird damit überhaupt bezeichnet? Welcher Zusammenhang besteht zwischen den syntaktischen Kategorien und den syntaktischen Funktionen? Und was haben Subjekte, Objekte und Attribute mit der Argumentstruktur von Wörtern zu tun? Versuchen wir, Antworten auf diese Fragen zu finden.

4.9.1 | Syntaktische Funktionen und syntaktische Kategorien

Begriffe wie Subjekt, Objekt und Attribut sind **funktionale** oder, wie man auch sagt, **relationale** Begriffe. Sie kennzeichnen eine Konstituente nicht aufgrund ihrer formalen Eigenschaften und unabhängig von ihrer syntaktischen Umgebung, sondern sie geben an, welche Funktion die Konstituente innerhalb ihrer syntaktischen Umgebung hat. Dass man die Form einer Konstituente und ihre Funktion unterscheiden muss, zeigen insbesondere Beispiele, in denen dieselbe Konstituente je nach syntaktischer Umgebung eine andere Funktion hat:

(110) a. Ich genieße wirklich *jeden Tag*.
       b. Ich genieße wirklich *jeden Tag* das Frühstück.
       c. Das Frühstück *jeden Tag* genieße ich wirklich.

In allen drei Sätzen ist *jeden Tag* eine NP, doch die Funktion dieser NP ist in den drei Sätzen nicht dieselbe. In (110a) ist sie ein Akkusativobjekt, in (110b) ein Adverbial und in (110c) ein Attribut.

Umgekehrt gilt auch, dass die Konstituenten, die eine bestimmte Funktion haben, nicht unbedingt dieselbe Form haben müssen und unterschiedlich strukturierte Konstituenten durchaus dieselbe Funktion haben können.

(111) a. Arno verspricht *eine pünktliche Bezahlung*.
       b. Arno verspricht, *pünktlich zu zahlen*.
       c. Arno verspricht, *dass er pünktlich zahlen wird*.

(112) a. Ich rasiere mich *nach dem Frühstück*.
       b. Ich rasiere mich *jeden Tag*.
       c. Ich rasiere mich *so gut wie nie*.
       d. Ich rasiere mich, *bevor ich frühstücke*.

Die Sätze in (111) enthalten nach üblicher Auffassung alle ein Akkusativobjekt, dieses Objekt hat aber die Form einer Nominalphrase, eines infiniten Satzes oder eines Subjunktionalsatzes. Und die Sätze in (112) enthalten alle ein Adverbial, das die Form einer Präpositionalphrase, einer Nominalphrase, einer Adverbphrase oder eines Subjunktionalsatzes hat. Ein Adverbial ist nicht immer ein Adverb oder eine Adverbphrase, auch wenn es aufgrund der ähnlichen Bezeichnungen nahe liegt.

Der Zusammenhang zwischen Form und Funktion ist somit weder in die eine Richtung noch in die andere Richtung eindeutig:

(113) Ein Ausdruck einer bestimmten Kategorie kann unterschiedliche Funktionen haben, und Ausdrücke unterschiedlicher Kategorien können dieselbe Funktion haben.

Weil es keine 1:1-Entsprechung zwischen syntaktischen Kategorien und syntaktischen Funktionen gibt, ist es außerordentlich wichtig, dass man sie auseinanderhält und nicht miteinander verwechselt. Ein Objekt mag typischerweise eine NP sein, doch es gibt viele Objekte, die keine NPs sind.

4.9.2 | Warum syntaktische Funktionen?

Wir haben bereits gesehen, dass es im Deutschen verschiedene syntaktische Regeln gibt, für die syntaktische Kategorien relevant sind. So steht zum Beispiel eine Subjunktion am Anfang eines VL-Satzes. Um zu klären, warum man Begriffe wie Subjekt, Objekt, Prädikat und Attribut benötigt, muss man daher syntaktische Regeln suchen, die nicht ohne diese Begriffe zu beschreiben sind. Hier sind einige solche Regeln, die die Wortstellung im Mittelfeld betreffen:

a) Bei der Abfolge all der Konstituenten, die im Mittelfeld auftreten können, gibt es verschiedene Regeln. Es ist nicht immer leicht zu entscheiden, ob diese Regeln auf syntaktische Funktionen wie Subjekt und Objekt Bezug nehmen oder auf syntaktische Kategorien wie NP und PP. Doch zumindest bei der folgenden Regel ist nicht die syntaktische Kategorie, sondern die syntaktische Funktion relevant:

(114) a. Sie werden den Präsidenten des Meineids bezichtigen.
      b. Sie werden den Präsidenten aller Ämter entheben.
      c. *Sie werden des Meineids den Präsidenten bezichtigen.
      d. *Sie werden aller Ämter den Präsidenten entheben.

Die Verben *bezichtigen* und *entheben* werden hier mit einem Pronomen und zwei NPs kombiniert. Das Pronomen ist das Subjekt, die NP im Akkusativ ist das eine Objekt und die NP im Genitiv ist das andere Objekt. Wie man an (114c–d) sieht, kann im Mittelfeld das Akkusativobjekt nicht hinter dem Genitivobjekt stehen, und das gilt für alle Verben vom Typ *bezichtigen* und *entheben*. Dass tatsächlich die syntaktische Funktion entscheidend ist und nicht die syntaktische Kategorie, zeigt (115):

(115) a. Sie werden den Präsidenten eines Tages aller Ämter entheben.
      b. Sie werden eines Tages den Präsidenten aller Ämter entheben.

Auch bei *bezichtigen* und *entheben* kann eine NP im Genitiv vor einer NP im Akkusativ stehen, doch dann muss die NP ein Adverbial sein wie hier *eines Tages*.

b) Wenn das Mittelfeld ein kausales Adverbial wie *wegen der Radarfalle* und ein modales Adverbial wie *langsam* enthält, so muss das modale Adverbial hinter dem kausalen Adverbial stehen. Auch vor temporalen Adverbialen wie *heute* und *gerade* kann *langsam* nicht stehen. Die Abfolge modales Adverbial vor lokalem Adverbial hingegen ist nicht ausgeschlossen.

(116) a. Ich bin wegen des Schnees vorsichtig gefahren.
   b. *Ich bin vorsichtig wegen des Schnees gefahren.
   c. Ich bin gerade vorsichtig gefahren.
   d. *Ich bin vorsichtig gerade gefahren.
   e. Ich bin vorsichtig über die Kreuzung gefahren.

Offensichtlich kann man (116b) nicht einfach so ausschließen, dass im Mittelfeld ein Adverb nicht vor einer Präpositionalphrase stehen darf. Denn dann sollte auch (116e) ausgeschlossen sein.

4.9.3 | Welche syntaktischen Funktionen gibt es?

Bei der folgenden Auflistung der wichtigsten syntaktischen Funktionen für das Deutsche muss man berücksichtigen, dass eine genaue Definition oder eine auch nur halbwegs vollständige Beschreibung der einzelnen Funktionen außerordentlich schwierig ist. Deshalb soll die folgende Auflistung nur zur groben Orientierung dienen (sehr viel Ausführlicheres findet sich in Musan 2013).

Subjekt: Generell gibt es Subjekte nur in finiten Sätzen und nicht in infiniten, wobei finite Sätze im Deutschen zwar in der Regel ein Subjekt haben, aber nicht immer, wie die Sätze *Mich friert, Leider wurde noch stundenlang diskutiert* und *Komm schnell!* zeigen. Subjekt können Nomen, Pronomen oder NPs im Nominativ und verschiedene Arten von Sätzen sein. Ist ein Nomen, ein Pronomen oder eine NP im Nominativ Subjekt, liegt **Kongruenz** in Person und Numerus mit dem finiten Verb vor.

(117) a. Letzte Woche musste *das Seminar* leider ausfallen.
   b. Draußen dämmerte *es* schon.
   c. *Dass das die Lösung des Problems sein soll*, leuchtet mir nicht ein.
   d. Mich interessiert, *ob der Schnupfen schon völlig auskuriert ist.*
   e. Mir fällt nicht ein, *mit welcher Straßenbahn man zur Messe fahren kann.*
   f. *Mit der Straßenbahn fahren zu müssen*, gefällt mir eigentlich nicht.
   g. *Wer in Plagwitz wohnt*, wird nicht oft besucht.

Um festzustellen, ob ein bestimmter Satz Subjekt ist, kann man versuchen, den Satz wie in (118) vorgeführt durch *es* zu ersetzen. Kann *es* im Vorfeld stehen wie in (118b), ist der durch *es* ersetzte Satz ein Subjekt, andernfalls nicht. Der *dass*-Satz in (118a) ist also ein Subjekt, doch der *dass*-Satz in (118c) nicht.

(118) a. Dass es regnet, ärgert mich.
   b. Es ärgert mich.
   c. Dass es regnet, glaube ich nicht.
   d. *Es glaube ich nicht.

Objekt: Es ist schon aufgrund der freien Relativsätze sinnvoll, nicht nur Nomen, Pronomen und NPs, sondern auch die verschiedenartigen Sätze, die durch Nomen, Pronomen oder NPs ersetzt werden können, als Objekte zu bezeichnen. So ist der freie Relativsatz *was auf den Tisch kommt* in *Du isst, was auf den Tisch kommt!* ein Akkusativobjekt. Oft wird statt von Akkusativ- und Dativobjekten von direkten und indirekten Objekten gesprochen, doch ist dann nicht immer klar, ob die Dativobjekte von Verben wie *helfen* oder *vertrauen*, die nur ein Objekt haben, direkte oder indirekte Objekte sind.

(119) **Akkusativobjekte:**
   a. Karin lernt *italienische Vokabeln.*
   b. *Dass man es ohne Krawatte zu nichts bringt,* muss Clemens noch lernen.
   c. *Ob man Kartoffeln mit dem Messer zerschneiden darf,* weiß ich nicht.
   d. Arno fragt sich, *wo die Buntstifte sind.*
   e. *Meine Zähne zu putzen,* vergesse ich leider ziemlich oft.
   f. Ich denke, *Arno hat jetzt erstmal genug Bücher.*
   g. Ich trage, *was alle tragen.*

(120) **Dativobjekte:**
   a. *Diesem Kerl* kann man wirklich kein Geheimnis anvertrauen.
   b. *Wem so etwas glückt,* gebührt unsere Anerkennung.

(121) **Genitivobjekte:**
   a. Die Firma muss sich noch dringend *des Sondermülls* entledigen.
   b. Diese Hausarbeit bedarf noch *einer sorgfältigen Überarbeitung.*

(122) **Präpositionalobjekte:**
   a. Arno freut sich sehr *über diesen tollen Bagger.*
   b. Ich werde mich schon noch *daran* gewöhnen.
   c. Sie wundern sich sicher, *dass es so viele Arten von Objekten gibt.*
   d. Wir werden Sie sofort informieren, *ob es klappt.*
   e. Informier mich doch bitte, *wann du dran bist!*
   f. Ich freue mich, *endlich wieder mit dem Fahrrad fahren zu können.*

Wenn man die beiden Sätze (119c) und (122d) vergleicht, stößt man auf ein Problem: Wie findet man heraus, welche Funktion der *ob*-Satz hat? Auch hier hilft Ersetzen. Die Sätze, die Akkusativobjekte sind, sind wie die Subjektsätze durch Pronomen ersetzbar, während die Sätze, die Präpositionalobjekte sind, durch Adverbien wie *darüber, davon* und *darauf* ersetzbar sind, also durch Adverbien, die eine Präposition enthalten.

(123) a. Ich weiß das auch nicht.
   b. *Wir werden Sie das sofort informieren.
   c. Wir werden Sie darüber sofort informieren.

Das ist kein Zufall. Verben, die ein Präpositionalobjekt haben, verlangen als Komplement, wenn man von den Sätzen absieht, eine Konstituente, die eine bestimmte Präposition enthält; *informieren* zum Beispiel verlangt eine Konstituente, die die Präposition *über* enthält. Das kann eine PP wie *über den aktuellen Spielstand* sein oder auch ein Adverb wie *darüber* in (123c).

Damit haben wir auch eine Faustregel für die Unterscheidung zwischen PPs, die Präpositionalobjekte sind, und PPs, die Adverbiale sind. Bei einem Präpositionalobjekt legt das Verb die Präposition fest, die keine Bedeutung mehr hat (*über* in *Wir informieren Sie über den aktuellen Spielstand* zum Beispiel hat keine lokale oder sonstige Bedeutung). Die PP kann deshalb auch nur durch ein Adverb mit dieser Präposition erfragt werden (*Worüber informieren wir uns? Über den aktuellen Spielstand*). Bei einem Adverbial hingegen können typischerweise verschiedene Präpositionen auftreten, die eine bestimmte Bedeutung haben (wie in *Ich gehe über den Hof, in den Keller, vor die Tür, hinters Haus*), weshalb auch nicht unbedingt eine Präposition in der entsprechenden Frage auftauchen muss (*Wohin gehst du? Vor die Tür*).

Prädikat: Es gibt sehr unterschiedliche Auffassungen davon, was unter dem Prädikat eines Satzes zu verstehen ist; wir folgen hier einer engen syntaktischen Auffassung, nach der nur Verben als Prädikate fungieren können. Man kann das etwas genauer so formulieren, dass alle finiten und infiniten Verben eines Satzes zusammen das Prädikat dieses Satzes bilden. Je nachdem, ob es sich um ein Verb handelt oder um mehrere, ist das Prädikat einfach (einteilig) oder komplex (mehrteilig).

(124) **Einfache Prädikate:**
    a. Karl *schnarcht*.
    b. Bruno *ist* wirklich gemein.
    c. ohne den Apfel *zu essen*
    d. *Meldest* du dich auch für das Seminar *an*?

(125) **Komplexe Prädikate:**
    a. Ich *bin* gestern nach Halle *gefahren*.
    b. Ob das wohl gut *gehen wird*?
    c. Vielleicht *solltest* du mal wieder Urlaub *machen*.
    d. Ich *gehe* gleich *einkaufen*.
    e. Valentine *scheint* endlich *zu schlafen*.
    f. *Angemeldet habe* ich mich schon.

Adverbial: Traditionell werden die Adverbiale nach ihrer Bedeutung unterschieden, also etwa lokale und temporale Adverbiale. Da wir uns in diesem Kapitel aber nur auf die Syntax beschränken, sehen wir hier von diesen Unterscheidungen ab; es ist auch alles andere als einfach zu beschreiben, in welcher Weise mit den Unterschieden in der Bedeutung Unterschiede in der Syntax einhergehen.

(126) a. Du wirst noch *eines Tages* an mich denken.
    b. Ich stehe schon *den ganzen Abend* hier herum.
    c. *Im Winter* sollte man ständig eine Pudelmütze tragen.
    d. *Leider* ist es *morgens* ziemlich kalt *hier draußen*.
    e. Arno hat das Päckchen *sehr vorsichtig* geöffnet.
    f. *Da ich eine Brille trage*, verzichte ich lieber aufs Surfen.
    g. *Steht das finite Verb am Anfang*, handelt es sich um einen V1-Satz.
    h. *Wo Teiche sind*, gibt es auch Frösche.

Anders als manchmal zu lesen ist, unterscheiden sich Adverbiale und Objekte nicht darin, dass Adverbiale fakultativ sind und Objekte obligatorisch. So sind das Adverbial und das Akkusativobjekt in (127a) beide fakultativ und in (127b) beide obligatorisch.

(127) a. Arno isst gerade ein Stück Kuchen.
    b. Tilman verbringt den Urlaub in Ungarn.

Prädikativ: Bei den drei Kopulaverben *sein*, *werden* und *bleiben* und anderen Verben gibt es neben dem Subjekt noch eine andere Konstituente, die auf das Subjekt bezogen ist und die Funktion eines Prädikativs hat; vereinfacht gesagt bezeichnen solche Prädikative Eigenschaften des Subjekts. So wird zum Beispiel derjenigen, die in (128a) mit *Valentine* gemeint ist, eine bestimmte Eigenschaft zugeschrieben, nämlich die Eigenschaft, schrecklich müde zu sein. Neben Prädikativen, die auf das **Subjekt bezogen** sind, gibt es auch bei Verben wie *nennen*, *machen* und *finden* Prädikative, die auf ein **Objekt bezogen** sind.

(128) a. Valentine ist *schrecklich müde*.
  b. Arno wird mal *König von Polynesien*.
  c. Berlin bleibt, *wie es schon immer war*.
  d. *Wofür* hält er sich denn?
  e. Liebe heißt, *einander bedingungslos zu vertrauen*.
  f. Dass ich ihn sympathisch finde, heißt nicht, *dass ich ihn auch wähle*.
  g. Du nennst mich *einen Trottel*?
  h. Wir haben ihn gleich *zum Schatzmeister* gemacht.
  i. Ich finde das *außerordentlich spannend*.

Attribut: Die Konstituenten, die Attribute sind, sind in der Regel auf ein Nomen bezogen. So ist zum Beispiel in der NP *das Pferd meines Bruders* das Genitivattribut *meines Bruders* auf das Nomen *Pferd* bezogen. Vereinfacht gesagt trägt ein Attribut dazu bei, was die Phrase, in der es steht, bezeichnet; die NP *die heutige Fahrt nach Dresden* in (129b) zum Beispiel bezeichnet nicht irgendeine Fahrt, sondern eine Fahrt, die heute stattfindet und nach Dresden führt. Man sieht an der folgenden Liste von Beispielen, dass sehr viele verschiedene Arten von Konstituenten als Attribute auftreten können (unberücksichtigt bleiben hier die **engen Appositionen** wie *Sachsen* in *das Bundesland Sachsen* oder *Bier* in *eine Flasche Bier*).

(129) a. die Entstehung *der Welt*
  b. die *heutige* Fahrt *nach Dresden*
  c. der Hund *dort*
  d. die Idee, *dass man das Matterhorn mit Turnschuhen besteigen kann*
  e. die Entscheidung, *ob wir teilnehmen oder nicht*
  f. die Frage, *wie viele Leute in eine Telefonzelle passen*
  g. sein Versuch, *Till die Legosteine wegzunehmen*
  h. die Behauptung, *Bruno sei der Täter*
  i. die Buntstifte, *die Arno gesucht hat*

Wenn man all die syntaktischen Kategorien durchgeht und prüft, ob sie eine syntaktische Funktion haben können oder nicht, stellt man fest, dass nur Wörter und Phrasen eine syntaktische Funktion haben können, aber die Zwischenkategorien wie etwa N' nicht. Allerdings haben nicht immer alle Phrasen und Wörter in einem Satz eine syntaktische Funktion. VPs zum Beispiel oder auch Präpositionen haben generell keine syntaktische Funktion. (Man beachte, dass wir Ausdrücke wie *schnell* in *Ich gehe schnell in den Keller* oben als Adverbien und nicht als Adjektive klassifiziert haben.)

(130)

	Subjekt	Objekt	Adverbial	Attribut	Prädikativ
N_{Nom}, Pro_{Nom}, NP_{Nom}	√				√
N_{Akk}, Pro_{Akk}, NP_{Akk}		√	√		√
N_{Dat}, Pro_{Dat}, NP_{Dat}		√			
N_{Gen}, Pro_{Gen}, NP_{Gen}		√	√	√	
A, AP				√	√
PP		√	√	√	√
Adv, AdvP		√	√	√	√
V1-Satz			√		
V2-Satz		√		√	

	Subjekt	Objekt	Adverbial	Attribut	Prädikativ
dass-Satz, ob-Satz, w-Satz, infiniter Satz	√	√		√	√
andere Subjunktionalsätze			√		
nicht-freier Relativsatz				√	
freier Relativsatz	√	√	√		√

Der Unterschied zwischen Satzgliedern (Subjekte, Objekte, Adverbiale und Prädikative) und Satzgliedteilen (Attributen) ist nicht nur funktionaler Art, sondern auch struktureller Art. In (131a) stehen die beiden Attribute *kleine* und *unserer Nachbarn* in einer NP und werden von dieser NP dominiert. Diese NP, die *kleine Katze unserer Nachbarn*, ist ein Satzglied, und zwar ein Akkusativobjekt. Die beiden Attribute sind also Teile des Satzglieds *die kleine Katze unserer Nachbarn*. Die Satzglieder in (131a), das Subjekt *ich* und das Akkusativobjekt *die kleine Katze*, werden hingegen von einer VP dominiert. Diese Beobachtung, dass Satzgliedteile von einer NP und Satzglieder von einer VP dominiert werden, gilt allerdings nur für die Grundpositionen, wie (131b–c) zeigt. In (131b) ist das Adverb *wo* in das Vorfeld des übergeordneten Satzes umgestellt worden, fungiert aber dennoch als Adverbial im eingebetteten Satz und in (131c) ist der Relativsatz *das ziemlich teuer war* in das Nachfeld umgestellt worden, fungiert aber dennoch als Attribut zum Nomen *Fahrrad*.

(131) a. wenn [$_{VP}$ ich [$_{NP}$ die kleine Katze unserer Nachbarn] sehe]
   b. Wo$_1$ glaubst du [$_{CP}$ dass sich die kleine Katze t_1 versteckt hat]?
   c. Ich habe mir [$_{NP}$ ein Fahrrad t_1] gekauft [das ziemlich teuer war]$_1$.

Aufgabe 7: Zeichnen Sie für den folgenden Satz einen Phrasenstrukturbaum und geben Sie alle syntaktischen Funktionen an:

Der verdiente Sieg über den Tabellennachbarn aus Berlin weckte neue Hoffnungen auf den Klassenerhalt.

Überprüfen Sie, ob wirklich alle Konstituenten mit einer syntaktischen Funktion Wörter oder Phrasen sind und alle Attribute in einer NP stehen.

4.9.4 | Syntaktische Funktionen und Argumentstruktur

Subjekte, Objekte und Prädikative sind im Deutschen in der Regel Komplemente eines Verbs, von einem Verb abhängig. Während zum Beispiel *helfen* eine NP im Dativ als Objekt verlangt, muss bei *unterstützen*, das eine ähnliche Bedeutung hat wie *helfen*, das Objekt eine NP im Akkusativ sein. Wie aber steht es mit Adverbialen und Attributen? Sind sie immer Adjunkte oder mal Adjunkte und mal Komplemente? Beginnen wir mit den Attributen:

(132) a. Ich weise ihn mal *auf den Fehler* hin.
   b. Er appellierte leider vergeblich *an ihre Vernunft*.
   c. der Hinweis *auf den Fehler*
   d. der leider vergebliche Appell *an ihre Vernunft*

Die kursiv markierten PPs in diesen Sätzen sind Komplemente, und zwar in (132a–b) Komplemente von Verben und in (132c–d) Komplemente von Nomen. Das erkennt man unter anderem daran, dass die Präpositionen der PPs von den Verben und den Nomen bestimmt werden (*Ich weise ihn mal an den Fehler hin, *der leider vergebliche Appell auf ihre Vernunft). Da die PPs in (132c–d) zumindest nach traditioneller Vorstellung Attribute sind, haben wir hier also Attribute, die Komplemente sind. Dass auch Attribute und nicht nur Subjekte, Objekte und Prädikative Komplemente sein können, ermöglicht eine sehr schöne Generalisierung für eingebettete Sätze:

(133) **Komplementsätze:**
Eingebettete V2-Sätze, *dass*-Sätze, *ob*-Sätze, w-Sätze und infinite Sätze sind immer Komplemente.

Die Frage, ob auch Adverbiale Komplemente sein können, ist schwieriger zu beantworten, wie man gut bei Eisenberg (2013, 299 ff.) nachlesen kann. Es gibt eine ganze Reihe von Fällen, die man so deuten kann, dass eine PP, die das Komplement eines Verbs ist, nicht als Präpositionsobjekt, sondern als Adverbial fungiert:

(134) a. Arno reißt den Stecker *aus der Steckdose*.
       b. Stell doch mal bitte die Milch *auf den Tisch*!

Die PPs bei Verben wie *reißen* und *stellen*, die einen Ortswechsel bezeichnen, haben einerseits Eigenschaften, wie wir sie bei Präpositionalobjekten finden, andererseits aber auch Eigenschaften, die für Adverbiale charakteristisch sind. So werden die beiden PPs *aus der Steckdose* und *auf den Tisch* von *reißen* und *stellen* obligatorisch verlangt (*Arno reißt den Stecker, *Stell doch mal bitte die Milch!) und besetzen wie Präpositionalobjekte eine Argumentstelle. Doch anders als bei Präpositionalobjekten sind die Präpositionen der PPs, *aus* und *auf*, durch andere Präpositionen ersetzbar (*von der Wand reißen, in den Schrank stellen*) und beide Präpositionen haben auch eine klare lokale Bedeutung. Diese auf den ersten Blick widersprüchlichen Eigenschaften sind miteinander vereinbar, wenn wir annehmen, dass nicht nur Subjekte, Objekte, Prädikative und Attribute Komplemente sein können, sondern auch Adverbiale. Dann handelt es sich bei den beiden PPs *aus der Steckdose* und *auf den Tisch* in (134) um Adverbiale, die untypischerweise Komplemente sind und nicht Adjunkte. Dass diese Annahme nicht unplausibel ist, zeigen Verben wie *wohnen* und *verbringen*, die sich ebenfalls mit Komplementen verbinden, die als Adverbiale fungieren und nicht als Objekte; man vergleiche (127b).

Literatur

Grundlegende Literatur

Altmann, Hans/Hahnemann, Suzan (2005³): Syntax fürs Examen. Göttingen: Vandenhoeck u. Ruprecht.

Altmann, Hans/Hofmann, Ute (2008²): Topologie fürs Examen. Verbstellung, Klammerstruktur, Stellungsfelder, Satzglied- und Wortstellung. Göttingen: Vandenhoeck u. Ruprecht.

Baltin, Mark/Collins, Chris (Hgg.) (2000): The Handbook of Contemporary Syntactic Theory. Oxford: Blackwell.

Bech, Gunnar (1983²): Studien über das deutsche verbum infinitum. Tübingen: Niemeyer.

Boettcher, Wolfgang (2009): Grammatik verstehen. Berlin/New York: de Gruyter.

Chomsky, Noam (1957): Syntactic Structures. The Hague: Mouton.

Chomsky, Noam (1970): Remarks on nominalization. In: Jacobs, Roderick A./Rosenbaum, Peter S. (Hgg.): Readings in English Transformational Grammar. Waltham, Mass.: Ginn, 184–221.

Chomsky, Noam (1981): Lectures on Government and Binding. Dordrecht: Foris.

Chomsky, Noam (1995): The Minimalist Program. Cambridge, Mass.: The MIT Press.

Chomsky, Noam (2000): Minimalist inquiries: the framework. In: Martin, Robert/Michaels, David/Uriagereka, Juan (Hgg.): Step by Step. Essays in Minimalist Syntax in Honor of Howard Lasnik. Cambridge, Mass.: The MIT Press, 89–155.

Cinque, Guglielmo/Kayne, Richard S. (Hgg.) (2008): The Oxford Handbook of Comparative Syntax. Oxford: Oxford University Press.

Clément, Danièle (2005): Syntaktisches Grundwissen. Eine Einführung für Deutschlehrer. Wiesbaden: VS Verlag für Sozialwissenschaften.

Dürscheid, Christa (2012[6]): Syntax: Grundlagen und Theorien. Göttingen: Vandenhoeck u. Ruprecht.

Eisenberg, Peter et al. (2009[8]): Duden – Die Grammatik. Mannheim: Dudenverlag [Duden-Grammatik].

Eisenberg, Peter (2013[4]): Grundriss der deutschen Grammatik. Band 2: Der Satz. Stuttgart/Weimar: Metzler.

Everaert, Martin et al. (Hgg.) (2006): The Blackwell Companion to Syntax. Oxford: Blackwell.

Gallmann, Peter/Sitta, Horst (1997): Deutsche Grammatik. Zürich: Lehrmittelverlag des Kantons Zürich.

Gallmann, Peter et al. (2013[7]): Schülerduden – Grammatik. Die Schulgrammatik zum Lernen, Nachschlagen und Üben. Mannheim: Dudenverlag [Schülerduden-Grammatik].

Grewendorf, Günther (2002): Minimalistische Syntax. Tübingen/Basel: Francke.

Hagemann, Jörg/Staffeldt, Sven (Hgg.) (2014): Syntaxtheorien. Analysen im Vergleich. Tübingen: Stauffenburg.

Haider, Hubert (1993): Deutsche Syntax – generativ. Tübingen: Narr.

Haider, Hubert (2010): The Syntax of German. Cambridge: Cambridge University Press.

Heidolph, Karl-Erich et al. (1981): Grundzüge einer deutschen Grammatik. Berlin: Akademie-Verlag [Akademie-Grammatik].

Helbig, Gerhard (1999[4]): Deutsche Grammatik. Grundfragen und Abriss. München: Iudicium.

Helbig, Gerhard/Buscha, Joachim (2001): Deutsche Grammatik. Ein Handbuch für den Ausländerunterricht. Berlin/München: Langenscheidt.

Hoffmann, Thomas/Trousdale, Graeme (Hgg.) (2013): The Oxford Handbook of Construction Grammar. Oxford: Oxford University Press.

Höhle, Tilman N. (1986): Der Begriff Mittelfeld. Anmerkungen über die Theorie der topologischen Felder. In: Weiss, Walter et al. (Hgg.): Textlinguistik contra Stilistik? – Wortschatz und Wörterbuch. – Grammatische oder pragmatische Organisation von Rede? Akten des VII. Internationalen Germanisten-Kongresses, Göttingen 1985. Band 3. Tübingen: Niemeyer, 329–340.

Jacobs, Joachim et al. (Hgg.) (1993, 1995): Syntax. Ein internationales Handbuch zeitgenössischer Forschung. Berlin/New York: de Gruyter.

Kiss, Tibor/Alexiadou, Artemis (Hgg.) (2015): Syntax – Theory and Analysis. An International Handbook. Berlin/New York: de Gruyter.

Macheiner, Judith (2005): Das grammatische Varieté. München: Piper.

Meibauer, Jörg/Steinbach, Markus/Altmann, Hans (Hgg.) (2013): Satztypen des Deutschen. Berlin/New York: de Gruyter.

Müller, Stefan (1999): Deutsche Syntax deklarativ. Tübingen: Niemeyer.

Müller, Stefan (2013[2]): Grammatiktheorie. Tübingen: Stauffenburg.

Müller, Stefan (2013[3]): Head-Driven Phrase Structure Grammar: Eine Einführung. Tübingen: Stauffenburg.

Müller, Stefan (2015): Grammatical Theory: From Transformational Grammar to Constraint-Based Approaches. Berlin: Language Science Press.

Musan, Renate (2013[3]): Satzgliedanalyse. Heidelberg: Winter.

Pafel, Jürgen (2011): Einführung in die Syntax. Grundlagen – Strukturen – Theorien. Stuttgart/Weimar: Metzler.

Pittner, Karin/Berman, Judith (2013[5]): Deutsche Syntax. Tübingen: Stauffenburg.

Primus, Beatrice (2012): Semantische Rollen. Heidelberg: Winter.

Radford, Andrew (2009): An Introduction to English Sentence Structure. Cambridge: Cambridge University Press.

Ross, John Robert (1967): Infinite Syntax. Ph.D. Dissertation, MIT.

Sternefeld, Wolfgang (2009[3]): Syntax: Eine morphologisch motivierte generative Beschreibung des Deutschen. Tübingen: Stauffenburg.

Tesnière, Lucien (1959): Eléments de syntaxe structurale. Paris: Klincksieck.

Thiersch, Craig (1978): Topics in German Syntax. Ph.D. Dissertation, MIT.

Webelhuth, Gert (1995): X-bar theory and case theory. In: Webelhuth, Gert (Hg.): Government and Binding Theory and the Minimalist Program. Principles and Parameters in Syntactic Theory. Oxford: Blackwell, 15–95.

Wöllstein, Angelika (2014[2]): Topologisches Satzmodell. Heidelberg: Winter.

Ziem, Alexander/Lasch, Alexander (2013): Konstruktionsgrammatik: Konzepte und Grundlagen gebrauchsbasierter Ansätze. Berlin/New York: de Gruyter.

Zifonun, Gisela et al. (1997): Grammatik der deutschen Sprache. Berlin/New York: de Gruyter [IDS-Grammatik].

Zwicky, Arnold (1985): Heads. Journal of Linguistics 21, 1–29.

Weitere Literatur

Altmann, Hans (1981): Formen der ,Herausstellung' im Deutschen: Rechtsversetzung, Linksversetzung, freies Thema und verwandte Konstruktionen. Tübingen: Niemeyer.

Bader, Markus (1996): Sprachverstehen. Westdeutscher Verlag: Opladen.

Brandt, Margareta et al. (1992): Satztyp, Satzmodus und Illokution. In: Rosengren, Inger (Hg.): Satz und Illokution. Band 1. Tübingen: Niemeyer, 1–90.

Corbett, Greville G./Fraser, Norman M./McGlashan, Scott (Hgg.) (1993): Heads in Grammatical Theory. Cambridge: Cambridge University Press.

Dowty, David R. (1991): Thematic proto-roles and argument selection. Language 67, 547–619.

Engel, Ulrich (1970): Regeln zur Wortstellung. In: Engel, Ulrich (Hg.): Forschungsberichte des Instituts für deutsche Sprache 5. Mannheim: Institut für deutsche Sprache, 9–148.

Eroms, Hans-Werner (2000): Syntax der deutschen Sprache. Berlin/New York: Mouton de Gruyter.

Finkbeiner, Rita/Meibauer, Jörg (2015): Satztypen und Konstruktionen. Berlin/Boston: de Gruyter.

Freidin, Robert (1992): Foundations of Generative Grammar. Cambridge, Mass.: The MIT Press.

Grewendorf, Günther (1988): Aspekte der deutschen Syntax. Tübingen: Narr.

Helbig, Gerhard (1992): Probleme der Valenz- und Kasustheorie. Tübingen: Niemeyer.

Höhle, Tilman N. (1978): Lexikalistische Syntax: Die Aktiv-Passiv-Relation und andere Infinitkonstruktionen im Deutschen. Tübingen: Niemeyer.

Höhle, Tilman N. (1991): On reconstruction and coordination. In: Haider, Hubert/Netter, Klaus (Hgg.): Representation and Derivation in the Theory of Grammar. Dordrecht: Kluwer, 139–197.

Kathol, Andreas (2000): Linear Syntax. Oxford: Oxford University Press.

Kiss, Tibor (1995): Merkmale und Repräsentationen: eine Einführung in die deklarative Grammatikanalyse. Opladen: Westdeutscher Verlag.

Ramers, Karl Heinz (2000): Einführung in die Syntax. München: Fink.

Reis, Marga (1980): On justifying topological frames: ,Positional field' and the order of nonverbal constituents in German. In: Documentation et Recherche en Linguistique Allemande Contemporaine 22/23, 59–85.

Reis, Marga (1985): Satzeinleitende Strukturen im Deutschen: über COMP, Haupt- und Nebensätze, w-Bewegung und die Doppelkopfanalyse. In: Abraham, Werner (Hg.): Erklärende Syntax des Deutschen. Tübingen: Narr, 271–311.

Speas, Margaret (1990): Phrase Structure in Natural Language. Dordrecht: Kluwer.

Stechow, Arnim von/Sternefeld, Wolfgang (1988): Bausteine syntaktischen Wissens. Ein Lehrbuch der generativen Grammatik. Opladen: Westdeutscher Verlag.

Telschow, Claudia (2014): Die Adjektiv-Adverb-Abgrenzung im Deutschen. Berlin/New York: de Gruyter.

Webelhuth, Gert (1992): Principles and Parameters of Syntactic Saturation. New York: Oxford University Press.

Wöllstein-Leisten, Angelika et al. (1997): Deutsche Satzstruktur. Tübingen: Stauffenburg.

Jochen Geilfuß-Wolfgang

5 | Semantik

5.1 | Einleitung

In den vorangegangenen drei Kapiteln haben wir die Form sprachlicher Zeichen beschrieben. In diesem Kapitel wenden wir uns ihrem Inhalt zu. Die Semantik ist das Teilgebiet der Linguistik, das sich mit der **Bedeutung** von sprachlichen Ausdrücken beschäftigt. Die Semantik ist allerdings nicht das einzige Teilgebiet, das sich mit der Bedeutung sprachlicher Ausdrücke befasst. Neben der Semantik spielt die Bedeutung sprachlicher Ausdrücke auch in der Pragmatik eine zentrale Rolle. Die Arbeitsteilung zwischen Semantik und Pragmatik wird in Kapitel 5.2.5 genauer besprochen (s. auch Kap. 6).

Im Gegensatz zur Phonologie, Morphologie und Syntax ist der Gegenstandsbereich der Semantik etwas schwerer zu fassen. Laute können wir akustisch und artikulatorisch bestimmen und Wörter und Sätze zumindest aufnehmen oder schriftlich festhalten und in Korpora sammeln. Die Bedeutung sprachlicher Ausdrücke lässt sich dagegen nicht ohne weiteres messen oder aufschreiben. Deshalb bleibt nur ein indirekter Zugang zur Bedeutung von sprachlichen Ausdrücken.

Eine wichtige Quelle, die Aufschluss über die Bedeutung von sprachlichen Ausdrücken gibt, sind psycholinguistische Experimente, Versprecher und Aphasien. Eine zweite mindestens ebenso wichtige Quelle sind die Intuitionen von Muttersprachlern, die sprachliche Ausdrücke normalerweise problemlos verstehen und korrekt gebrauchen. Muttersprachler kennen nicht nur die Bedeutungen einfacher und komplexer sprachlicher Ausdrücke, sondern auch die Beziehungen, die zwischen den Bedeutungen einzelner Ausdrücke bestehen. Außerdem haben sie meist keinerlei Probleme, neue Sätze, die sie noch nie vorher gehört haben, zu verstehen. Da wir aufgrund unserer morphologischen und syntaktischen Kompetenz in der Lage sind, neue Wörter und Sätze zu produzieren, müssen wir auch über eine entsprechende semantische Kompetenz verfügen, die (neuen) Bedeutungen dieser Wörter und Sätze zu berechnen und zu bewerten.

5.2 | Was ist Bedeutung?

5.2.1 | Produktivität

Das Ektische gehört zu den ausgestorbenen Sprachen und scheint mir deshalb die interessanteste von allen zu sein, weil sie nur zwei Wörter hatte. Das erste hieß ›M‹ und das zweite ›Saskrüptloxptqwrstfgaksolömpääghrcks‹. ›M‹ ist weiblich und heißt: ›Was ist denn jetzt schon wieder los‹, und ›Saskrüptloxptqwrstfgaksolömpääghrcks‹ ist männlich und heißt ›nichts‹. [...] Einmal kam es [...] zu politischen Demonstrationen, bei denen eine große Zahl von Ektern vor das Rathaus zog und in Sprechchören die Worte ›M!M!M!‹ rief, worauf der ektische Präsident [...] in einer großen Rede versicherte: ›Saskrüptloxptqwrstfgaksolömpääghrcks!‹. Dies stimmte allerdings nicht ganz, und der Präsident selbst wußte das auch, aber unglücklicherweise hatte er keine weiteren Ausdrücke zur Verfügung, und so gehört das Ektische heute zu den ausgestorbenen Sprachen. (Aus: Franz Hohler: Der Granitblock im Kino)

Im Gegensatz zu den Ektern verfügen wir glücklicherweise nicht nur über zwei Wörter. Noch viel wichtiger ist aber die Tatsache, dass wir diese Wörter produktiv zu immer neuen Sätzen mit neuen Bedeutungen verbinden können. Fast niemand dürfte den folgenden Satz in (1) kennen und trotzdem wird wohl kaum jemand Probleme haben, ihn zu verstehen.

(1)   In Berlin hat gestern wieder ein rosa Elefant harmlose Passanten vorsätzlich beleidigt.

Wie bei vielen anderen neuen Sätzen auch, wissen wir auf Anhieb, was mit diesem Satz gemeint ist. Für das Verstehen dieses Satzes spielt es keine Rolle, ob der damit beschriebene Sachverhalt den Tatsachen entspricht oder nicht. Da rosa Elefanten nicht unbedingt zu den Dingen gehören, die wir in Berlin oder anderswo auf der Straße erwarten, und da wir zudem davon ausgehen können, dass Elefanten nicht zu den Lebewesen gehören, die andere Lebewesen vorsätzlich beleidigen, ist es sogar sehr unwahrscheinlich, dass Satz (1) einen mit unseren Erfahrungen übereinstimmenden Sachverhalt ausdrückt.

Um einen (neuen) Satz oder neu gebildete Wörter zu verstehen, genügt es nicht, die wörtlichen Bedeutungen seiner Einzelteile aufzulisten. Wichtig für die Interpretation ist auch die Art der Verknüpfung der einzelnen Wörter. Dies kann man sich an folgendem einfachen Beispiel verdeutlichen: Obwohl die beiden Sätze *Sabine wurde von Stefan gesehen* und *Stefan wurde von Sabine gesehen* genau dieselben Wörter enthalten, bedeuten sie nicht dasselbe. Beide Sätze beschreiben zwei völlig verschiedene Situationen. Die Interpretation von komplexen Wörtern und Sätzen muss demnach nicht nur die Bedeutung der einzelnen Wörter (und Wortteile) berücksichtigen, sondern auch die strukturellen (morphosyntaktischen) Relationen, die zwischen den einzelnen Wörtern (und Wortteilen) bestehen (vgl. Frege 1923).

Die oben verwendete Methode des Umschreibens, auch **Paraphrasieren** genannt, ist ein praktisches Hilfsmittel, um sich und anderen die Bedeutung von Wörtern und Sätzen mithilfe von anderen Wörtern und Sätzen zu verdeutlichen. Wer zum Beispiel nicht weiß, was ein *Fopper* und was *besummen* ist, der kann sich dies von Ford Prefect wie folgt erklären lassen.

> »Ganz einfach, ein Fopper hat mich mitgenommen?« »Ein Fopper?« [...] »Foppers sind Kinder reicher Leute, die nichts zu tun haben. Sie zischen in der Gegend rum und suchen nach Planeten, die noch keine interstellaren Verbindungen haben und besummen sie.« »Besummen sie?« [...] »Sie suchen sich eine abgelegene Gegend [...], dann landen sie direkt vor den Augen eines nichtsahnenden Trottels, dem niemand jemals glauben wird, stolzieren mit albernen Antennen auf dem Kopf vor ihm auf und ab und machen *piep piep*.« (Aus: Douglas Adams, Per Anhalter durch die Galaxis)

Paraphrasen können unsere Intuitionen über die Bedeutung sprachlicher Ausdrücke mehr oder weniger präzise umschreiben, sie liefern aber keinen Aufschluss darüber, was Bedeutungen sind. Zum einen bestehen Paraphrasen selbst wieder aus sprachlichen Ausdrücken, deren Bedeutung wiederum nur durch neue Paraphrasen umschrieben werden kann. So finden wir zum Beispiel im *Duden – Deutsches Universalwörterbuch* unter anderem folgende Paraphrase von *malen*: »Mit Farbe streichen; Farbe auf etw.

auftragen«. Unter *streichen* ist nun folgende Umschreibung zu finden: »Mithilfe eines Pinsels o.Ä. mit einem Anstrich versehen; anstreichen«. Diese Paraphrase verweist uns wiederum auf das Verb *anstreichen*, dessen Umschreibung uns allerdings auch nicht viel weiterhilft: »Farbe auf etw. streichen«. Zum anderen liefern Paraphrasen eine nur unzureichende Umschreibung der Bedeutung oder gewisser Bedeutungsaspekte eines sprachlichen Ausdrucks. Um die Bedeutungen sprachlicher Ausdrücke genau zu bestimmen, bedarf es der Formulierung präziser wissenschaftlicher Theorien mithilfe formaler Modelle, die im Idealfall auch experimentell überprüfbar sind.

5.2.2 | Gleiches, Verschiedenes und Mehrdeutiges

Wir sind aufgrund unserer semantischen Kompetenz nicht nur in der Lage, einen neuen Satz wie (1) zu verstehen, wir können auch beurteilen, welche semantischen Relationen zwischen Sätzen bestehen (vgl. Schwarz/Chur 1993 und Chierchia/McConnell-Ginet 1990). So wissen wir zum Beispiel, wann ein Satz aus einem anderen folgt. Wenn Satz (2a) wahr ist, dann sind auch die beiden Sätze (2b) und (2c) wahr. Diese Relation zwischen zwei Sätzen wird **semantische Implikation** genannt. Satz (2a) impliziert (2b) und (2c). Im Gegensatz dazu impliziert Satz (2a) nicht, dass Rudi auch von dem Ball geküsst wurde, dass Rudi den Ball heftig geküsst hat oder dass er ihn mit den Händen berührt hat.

(2)   a. Rudi hat den Ball dreimal geküsst.
         b. Rudi hat den Ball geküsst.
         c. Rudi hat den Ball mit seinen Lippen berührt.

Wir können außerdem beurteilen, ob zwei Sätze dieselbe Bedeutung haben. Zwei Sätze, die dieselbe Bedeutung haben, sind **synonym** oder **semantisch äquivalent**. Wenn zwei Sätze A und B synonym sind, dann impliziert A B und B A. Die beiden Sätze in (3) sind synonym. In jeder Situation, in der wir den ersten Satz äußern, können wir auch den zweiten Satz äußern. Die Sätze in (2) sind nicht synonym, da sie sich nicht wechselseitig implizieren. (2b) impliziert zum Beispiel nicht (2a).

(3)   a. Schumi fährt den roten Polo Diesel in die Garage.
         b. Der rote Polo Diesel wird von Schumi in die Garage gefahren.

Einschränkend sollte noch ergänzt werden, dass vollständige Synonymie nur selten zu finden ist. Zwischen zwei annähernd synonymen Sätzen existieren sehr oft subtile Bedeutungsunterschiede, so dass sie nicht immer austauschbar sind. So ist z.B. in (4) der aktive Satz (4a) nicht vollständig identisch mit seinem passiven Gegenstück (4b) (s. auch Kap. 5.3.2).

(4)   a. Maria photographiert ungern das neue Model.
         b. Das neue Model wird ungern von Maria photographiert.

Eine dritte wichtige Relation zwischen Sätzen ist die **Kontradiktion**. Zwei Sätze A und B sind kontradiktorisch, wenn sie nicht beide gleichzeitig wahr oder falsch sein können. Immer wenn A wahr ist, dann ist B falsch und umgekehrt. Die Wahrheit des einen Satzes impliziert die Falschheit des anderen. Wenn Rudi den Ball geküsst hat, dann folgt daraus, dass er den Ball auch mit den Lippen berührt hat. In diesem Fall ist (5a) wahr und (5b) falsch. Wenn er den Ball nicht geküsst hat, dann hat er den Ball auch nicht mit den Lippen berührt. In diesem Fall ist (5b) wahr und (5a) falsch.

(5) a. Rudi hat den Ball geküsst.
  b. Rudi hat den Ball nicht mit seinen Lippen berührt.

Eine weitere semantische Kompetenz ermöglicht es uns, **Mehrdeutigkeiten** zu erkennen. Mehrdeutigkeiten werden auch **Ambiguitäten** genannt. In (6) sind vier Beispiele angeführt. Ambiguitäten finden wir auf allen grammatischen Ebenen, also bei Morphemen, Wörtern, Phrasen und Sätzen.

(6) a. Maria hat viele Laster.
  b. Susi versucht durch das Milchglas zu schauen.
  c. Der Trainer sieht, dass ich trainiere, obwohl es neblig ist.
  d. Einen Film hat jedes Kind gesehen.

(6a) ist ein Beispiel für eine **lexikalische Ambiguität**. Das Wort *Laster* ist mehrdeutig und kann entweder große Nutzfahrzeuge (Lastkraftwagen) oder starke Untugenden bezeichnen. In (6b) haben wir ein ambiges Nominalkompositum. Wir haben schon in Kapitel 2.5.4 gesehen, dass N+N-Komposita sehr oft ambig sind. So lassen sich zum Beispiel mit dem Ausdruck *Milchglas* zwei verschiedenartige gläserne Gegenstände bezeichnen. In Beispiel (6c) liegt eine **strukturelle Ambiguität** vor, die mit der Interpretation des *obwohl*-Satzes zu tun hat, der entweder den Hauptsatz oder den *dass*-Satz modifizieren kann (s. Kap. 4.5.2). Diese Ambiguität kann auf verschiedene syntaktische Strukturen zurückgeführt werden. Der *obwohl*-Satz steht entweder im Nachfeld des Hauptsatzes oder im Nachfeld des *dass*-Satzes. Die Zugänglichkeit beider Lesarten wird von unserem Wissen über die Welt beschränkt. Die erste Lesart wird zum Beispiel sehr unwahrscheinlich, wenn wir *neblig* durch *kalt* ersetzen. Satz (6d) ist ein Beispiel für eine sog. **Skopusambiguität**. Quantifizierende NPn wie *einen Film* und *jedes Kind* haben einen bestimmten Wirkungsbereich (Skopus). Enthält ein Satz zwei quantifizierende NPn, dann können die Wirkungsbereiche beider NPn interagieren. Ist der Wirkungsbereich der ersten NP *einen Film* größer, als der der zweiten NP *jedes Kind*, dann bedeutet Satz (6d), dass es einen Film gibt, für den gilt, dass ihn jedes Kind gesehen hat. Ist dagegen der Skopus der zweiten NP größer als der der ersten NP, dann bedeutet der Satz, dass für jedes Kind gilt, dass es einen Film gesehen hat, wobei nicht jedes Kind den gleichen Film gesehen haben muss. Der Skopus einer quantifizierenden NP ist nicht unbedingt von ihrer syntaktischen Position abhängig.

Das Deutsche hat wie viele andere Sprachen auch zahlreiche komplexe Ausdrücke, in denen sich die Bedeutung des komplexen Ausdrucks nicht mehr kompositional aus den Bedeutungen seiner Teile ergibt. Solche komplexen Ausdrücke werden **Idiome** oder **Phraseologismen** genannt (s. Kap. 2.1.4). Im Gegensatz zu Satz (7b), der eine idiomatische Bedeutung hat, kann die Bedeutung von Satz (7c) aus der Bedeutung seiner Teile kompositional ermittelt werden.

(7) a. Gestern haben die Bauern den Ministerpräsidenten auf die Palme gebracht.
  b. Jeder wird sich mal die Radieschen von unten ansehen.
  c. Peter war gestern im Supermarkt und hat sich die Radieschen von unten angesehen.

Im Lexikon ist die Bedeutung von Idiomen wie (7a,b) für den komplexen Ausdruck als Ganzes festgelegt. Deshalb lassen sich die einzelnen Wörter eines Idioms nicht einfach durch sinnverwandte Wörter ersetzen. Zudem können Idiome normalerweise nicht Wort für Wort in eine andere Sprache übersetzt werden. Interessant ist, dass Muttersprachler keinerlei Probleme mit dem Gebrauchen und Verstehen von Idiomen haben, obwohl es in einer Sprache mehrere Tausend davon geben kann.

Der letzte Punkt betrifft das schwierige Feld der **semantischen Abweichung** oder **Anomalie**.

(8) a. Der kleine Toaster besuchte seine elektrischen Freunde im Badezimmer.
     b. Die Demokratie trinkt torlos italienische Pizzas.
     c. Die Zeitung liegt auf dem Tisch und hat angerufen.
     d. Peter ist der Vater seiner eigenen Mutter.

Satz (8a) ist wie Satz (1) etwas seltsam, weil er mit unserem Wissen über die Welt, in der wir leben, nicht übereinstimmt. Wir können allerdings die Bedeutung von beiden Sätzen problemlos verstehen, und beide Sätze können durchaus sinnvoll sein, wenn sie in einem geeigneten Kontext (zum Beispiel in einem Märchen oder einem Zeichentrickfilm) geäußert werden. Man kann sich durchaus eine Welt vorstellen, in der diese Sätze sinnvoll sind. In (8b) ist dies nicht mehr so einfach möglich, weshalb der Grad der semantischen Abweichung in (8b) größer zu sein scheint als in (8a). Das Verb *trinken* ist nicht kompatibel mit den anderen Konstituenten des Satzes (Subjekt, Objekt und Adverb), so dass nur noch eine metaphorische Interpretation möglich scheint. In (8c) liegt ein sog. **Zeugma-Effekt** vor. Die beiden Sätze *die Zeitung liegt auf dem Tisch* und *die Zeitung hat angerufen* sind für sich genommen in Ordnung. In jedem Satz bezeichnet die Nominalphrase *die Zeitung* ein anderes Objekt (ein Stück bedrucktes Papier oder eine Person aus der Redaktion). Die Nominalphrase *die Zeitung* kann allerdings nicht gleichzeitig zwei verschiedene Dinge bezeichnen, wie in (8c) zu sehen ist. In Satz (8d) liegt nicht nur eine semantische Abweichung vor, dieser Satz ist notwendigerweise falsch. Die Bedeutung von *Vater* und *Mutter* ist so beschaffen, dass Satz (8d) unweigerlich zu einem Widerspruch führt.

Semantisch anomale Sätze sollten von syntaktisch ungrammatischen Sätzen wie *das Mädchen spielen Fußball gut* unterschieden werden, auch wenn die Grenzen nicht immer eindeutig und theorieabhängig sind. Ein ungrammatischer Satz kann durch Umstellen der Wörter und Veränderung der Flexionselemente zu einem grammatikalisch korrekten Satz verbessert werden (*das Mädchen spielt gut Fußball*). Dabei hat sich die Bedeutung des Satzes nicht verändert. Semantische Anomalien können dagegen nur durch das Austauschen von einem oder mehreren Wörtern (oder Morphemen) beseitigt werden. Die syntaktische Struktur des Satzes ist hiervon nicht betroffen, die Bedeutung wird dadurch jedoch verändert.

Aufgabe 1:
a. Geben Sie eine möglichst präzise Paraphrase der Bedeutung von Satz (1).
b. Welche Relationen bestehen zwischen den folgenden Sätzen?
(i)   Den Ball kaufte der Trainer vom Präsidenten. Den Ball verkaufte der Präsident dem Trainer.
(ii) Wilhelm Tell tötete Geßler. Geßler lebt.
(iii) Wilhelm Tell tötete Geßler. Geßler ist gestorben.
c. Beschreiben Sie die Ambiguität in den folgenden Sätzen.
(i)   Maria sammelt alte Bücher und Zeitschriften.
(ii) Dort drüben ist eine Bank.
(iii) Der Industrielle bestach den Politiker mit der Villa am Stadtrand.

5.2.3 | Wortsemantik, Satzsemantik und Diskurssemantik

Die Semantik kann etwas vereinfacht in zwei große Bereiche aufgeteilt werden, die lexikalische Semantik und die Satzsemantik. Die **lexikalische Semantik** (oder auch **Wortsemantik**) befasst sich mit der Bedeutung von einfachen Wörtern wie *essen* und *fressen* in (9a) und von komplexen Wörtern wie *Kindheit* oder *Rotwein* in (9b). Die Bedeutung von gebundenen Morphemen wird genauso untersucht wie die Bedeutung von freien Morphemen (s. Kap. 2.4.2 zur Bedeutung des *-er*-Suffixes und Kap. 2.5.4 zur Semantik der Nominalkomposition). In vielen Fällen ist die Bedeutung komplexer Wörter idiomatisiert. Sie lässt sich nicht mehr auf die Bedeutung der Bestandteile zurückführen, so dass sie als Ganzes im Lexikon abgespeichert werden muss. Dies gilt auch für die in (7) schon erwähnten Idiome, die ebenfalls in den Bereich der lexikalischen Semantik gehören.

(9)   a. Die hessische Prinzessin isst/frisst Sachertorte.
        b. Kindheit, kindlich, kindisch; beladen, betrinken, bereden; Rotwein, weinrot

Die lexikalische Semantik begnügt sich nicht mit dem Auflisten von Morphem- und Wortbedeutungen (so wie dies z. B. ein Bedeutungswörterbuch tut). Das Phänomen der Wortbildungen in (9b) zeigt, dass sich auch die lexikalische Semantik mit neu erzeugten komplexen Bedeutungen beschäftigt.

    Untersuchungsgegenstand der **Satzsemantik** ist die Bedeutung komplexer sprachlicher Ausdrücke, wie zum Beispiel der Satzteile in (10a), und einfacher oder komplexer Sätze wie in (10b).

(10)   a. roter Apfel, der blaue Affe, auf dem Tisch, das Buch lesen
         b. Ein Hesse trinkt Apfelwein; Ich bitte euch, die Aufgaben zu machen.

Sätze stehen im Mittelpunkt vieler Semantiktheorien, weil sie die kleinsten unabhängigen Informationseinheiten bilden, mit denen wir kommunizieren und sprachlich handeln. In der Satzsemantik geht es im Wesentlichen um die Frage, wie die Bedeutung der Einzelteile in die Bedeutung des komplexen Ausdrucks eingeht. Eine weitere wichtige Frage ist, was die Bedeutung verschiedener Satztypen wie Aussagesatz oder Fragesatz ist. Mit Ausnahme einiger Fälle wie der schon erwähnten idiomatischen Ausdrücke in (7a,b) kann die Bedeutung komplexer Ausdrücke systematisch aus den Bedeutungen der einzelnen Teile und der Art der Zusammenfügung berechnet werden. Die Interpretation von Sätzen orientiert sich demnach an der syntaktischen Struktur dieser Sätze. In der Semantik nennt man dies das **Kompositionalitätsprinzip** (s. Kap. 5.4.2).

    Darüber hinaus befasst sich die Semantik auch mit der Bedeutung von noch größeren sprachlichen Einheiten wie Diskursen und Texten. Eines der zentralen Themen der **Textsemantik** oder **Diskurssemantik** ist die semantische Kohärenz von Texten oder Diskursen (vgl. Averintseva-Klisch 2013).

(11)   a. Eine Frau kam in das Zimmer. Die Frau erzählte viele lustige Geschichten.
        b. Die Frau kam in das Zimmer. Eine Frau erzählte viele lustige Geschichten.
        c. Der Mörder wurde gefasst. Das Messer/Klopapier fand die Polizei im Schrank.

Die Beispiele in (11a) und (11b) zeigen, dass es gewisse Regeln für die Verwendung von definiten und indefiniten NPn gibt. Nur in (11a), nicht aber in (11b), können sich die beiden Ausdrücke *eine Frau* und *die Frau* auf dieselbe Person beziehen. Eine definite NP kann sich also auf eine vorher erwähnte indefinite NP beziehen, aber nicht umgekehrt. Mit definiten NPn wird normalerweise auf etwas Bezug genommen, das im Gespräch oder Text schon erwähnt wurde, das zum gemeinsamen Hintergrundwissen gehört oder das sich im Kontext eindeutig identifizieren lässt (s. auch Kap. 5.3.1). Um den korrekten Bezug herzustellen, ist manchmal eine gewisse ›Anreicherung‹ nötig. (11c) zeigt, dass wir die definite NP *das Messer* als das Messer, mit dem der Mörder sein Opfer tötete, in den Textzusammenhang integrieren können. Die Integration von *das Klopapier* bereitet uns im Gegensatz dazu größere Probleme, da Klopapier kein typisches Mordinstrument ist. Dies zeigt, dass solche Schlussfolgerungen sehr stark von unserem Wissen über die Welt abhängen. Die ›Anreicherung‹ geschieht mithilfe von sog. Skripts und Frames (s. Kap. 5.3.2). Mit diesem Beispiel bewegen wir uns schon im Grenzgebiet zur Pragmatik (s. Kap. 5.2.5, 6.3.4 und 6.7).

Auch auf der Ebene von Texten kann es zu Ambiguitäten kommen. (12a) ist ein Beispiel für einen mehrdeutigen Text(ausschnitt). Ohne zusätzliches Hintergrundwissen können wir nicht entscheiden, ob sich das Pronomen *sie* auf Maria oder auf Susi bezieht. Im Gegensatz dazu ist (12b) nicht ambig, da der kleine Textabschnitt alle nötigen Informationen bereithält, die einen eindeutigen Bezug auf *Maria* ermöglichen.

(12) a. Maria hat gestern mit Susi geredet. Jetzt ist auch sie überzeugt, dass es wahr ist.
　　　 b. Maria hat gestern Susi bestohlen. Jetzt wird sie von der Polizei gesucht.

Das Schema in (13) gibt einen Überblick über das Zusammenspiel der Semantik mit den in Kapitel 2 bis 4 vorgestellten Teilgebieten der Linguistik, wobei man einschränkend hinzufügen muss, dass sich die Grenzen zwischen den einzelnen Bereichen der Semantik nicht immer eindeutig bestimmen lassen.

(13) Satz　　　　　(Syntax)　　　　→　Satzbedeutung　　　　　　　(Satzsemantik, 5.4)
　　　 Wort und
　　　 Morphem　　 (Morphologie)　 →　Wortbedeutung und
　　　　　　　　　　　　　　　　　　　 Morphembedeutung　　　 (Lexikalische Semantik, 5.3)
　　　 Phonem　　　 (Phonologie)　　→　keine Bedeutung, bedeutungsunterscheidend

Die Semantik steht damit in einem direkten Zusammenhang mit der Morphologie und der Syntax. Phoneme tragen zwar keine Bedeutung, trotzdem gibt es auch eine Verbindung zwischen der Phonologie und der Semantik. Die Akzentzuweisung in einem Satz hat durchaus semantische Konsequenzen, wie der Unterschied zwischen (14a) und (14b) zeigt (vgl. Musan 2010). Dasselbe gilt für die Zuweisung des Wortakzents, wie der Unterschied zwischen *ÜBERziehen* und *überZIEHen* zeigt (s. auch Kap. 3.3.1 und 3.4.3.2).

(14) a. Ursula hat nur ein GRÜNES Hemd.
　　　 b. Ursula hat nur ein grünes HEMD.

Eine weitere wichtige Unterscheidung ist die zwischen **lexikalischer** (begrifflicher oder autosemantischer) **Bedeutung** und **grammatischer** (synkategorematischer oder synsemantischer) **Bedeutung**. Sog. **Inhaltswörter** (Autosemantika) wie Substantive, Adjektive oder Verben haben eine eigenständige lexikalische Bedeutung, die wir intuitiv normalerweise gut erfassen können. Im Gegensatz dazu ist es sehr schwer, die grammatische Bedeutung von sog. **Funktionswörtern** (Synsemantika) wie Artikeln, Konjunktionen oder Modalverben anzugeben (s. auch Kap. 4.4.1). Zu den Ausdrücken mit grammatischer Bedeutung gehören auch die Derivations- und Flexionsaffixe. Die Bedeutung von *Tisch* oder *grün* ist noch einfach anzugeben. Was aber *der, kein, wollen, oder, nicht, be-* oder das Pluralsuffix *-s* bedeuten, lässt sich nicht so einfach sagen. Dies bedeutet aber nicht, dass Funktionswörter keine (wörtliche) Bedeutung haben. Im Gegensatz zu den Inhaltswörtern haben Funktionswörter jedoch eine Bedeutung, die erst im syntaktischen Kontext Sinn ergibt. In diese Richtung zielt auch Freges (1884) Feststellung: »Es ist also die Unvorstellbarkeit des Inhaltes eines Wortes kein Grund, ihm jede Bedeutung abzusprechen [...] Man muss aber immer einen vollständigen Satz ins Auge fassen. Nur in ihm haben die Wörter eigentlich eine Bedeutung.« Die Analyse von Funktionswörtern ist ein zentrales Thema in der Satzsemantik.

Die Bedeutung von Inhaltswörtern ist demgegenüber ein wesentlicher Teil der lexikalischen Semantik. Im Gegensatz zu Inhaltswörtern bilden die Funktionswörter eine relativ kleine, **geschlossene Klasse**. Geschlossen bedeutet, dass keine oder nur sehr wenige neue Ausdrücke hinzukommen können. Inhaltswörter bilden dagegen große, **offene Klassen**. Die Abgrenzung zwischen Funktions- und Inhaltswörtern und geschlossenen und offenen Klassen ist allerdings nicht immer ganz klar. Präpositionen sind beispielsweise ein Grenzfall (siehe auch die Diskussion der Affixoide in Kap. 2.6.1). Auch wenn die Grenzen zwischen Funktions- und Inhaltswörtern nicht immer eindeutig zu bestimmen sind und dies aufgrund von Grammatikalisierungsprozessen auch nicht sein können, gibt es doch genügend grammatische Unterschiede zwischen den jeweils eindeutigen Fällen, die diese Unterscheidung rechtfertigen. In dieses Bild passt auch, dass bei bestimmten Aphasien (Broca-Aphasie) unter anderem die Funktionsausdrücke verlorengehen, wohingegen die Inhaltswörter weitgehend intakt bleiben.

Zwei weitere zentrale Aspekte sind **Bedeutungserwerb** und **Bedeutungswandel**. Zum einen kann sich die Bedeutung von sprachlichen Ausdrücken im Laufe der Zeit ändern. In der Semantik gibt es genauso wie in den anderen Teildisziplinen eine diachrone und eine synchrone Betrachtungsweise. Zum anderen müssen die Bedeutungen von einfachen sprachlichen Ausdrücken und die Mechanismen, wie sich die Bedeutung eines komplexen Ausdrucks ermitteln lässt, auch gelernt werden. Wandel und Erwerb von Bedeutungen werden in den Kapiteln 7 und 8 näher besprochen (zum Bedeutungswandel vgl. auch Fritz 1998 und Eckardt 2011).

Aufgabe 2:
a. Warum ist das Pronomen *sie* nur im Nebensatz des ersten Satzes ambig?
(i) Die Kinder haben die Schiffe gesehen, als sie durch den Hafen fuhren.
(ii) Maria hat die Schiffe gesehen, als sie durch den Hafen fuhr.
b. Beschreiben Sie mithilfe der in Kapitel 2.5.4 vorgestellten Grundrelationen die Bedeutung folgender Ausdrücke: *Hausschuh, Fußballschuh, Lederschuh, Rollschuh, Kinderschuh*

5.2.4 | Bedeutungstheorien

Die drei wichtigsten Antworten, die auf die komplizierte Frage, was die Bedeutung sprachlicher Ausdrücke ist, gegeben wurden, lassen sich stark vereinfacht wie folgt zusammenfassen. Die erste, realistische Antwort besagt, dass die Bedeutung sprachlicher Zeichen in ihrer Beziehung zu Dingen in der Welt liegt (vgl. Wittgenstein 1922, Carnap 1947 und Montague 1974). Die zweite, kognitivistische Antwort geht davon aus, dass die Bedeutung eines sprachlichen Zeichens in seiner Zuordnung zu mentalen Repräsentationen (Konzepten) liegt (vgl. Lakoff 1987, Jackendoff 1983/2002 und Fodor 1994). Die dritte, gebrauchstheoretische Antwort legt den Schwerpunkt auf die Interaktion von kommunizierenden Menschen und geht davon aus, dass die Bedeutung sprachlicher Ausdrücke in ihrem Gebrauch liegt (vgl. Wittgenstein 1953, Austin 1962 und Grice 1989). Die drei Antworten sind durchaus kompatibel miteinander, denn sie geben alle einen wichtigen Aspekt der Bedeutung sprachlicher Ausdrücke wieder (vgl. auch Lyons 1991, Lycan 2000). Im Folgenden werden wir uns auf die ersten beiden Antworten konzentrieren. Auf die dritte Antwort kommen wir im Kapitel 6 zurück (s. auch Kap. 5.2.5).

Die realistische und die kognitivistische Antwort haben die Entwicklung semantischer Theorien unterschiedlich beeinflusst. Die realistische Sichtweise spielt vor allem innerhalb der formalen Satzsemantik eine große Rolle. Die Beziehung von sprachlichen Ausdrücken zu Dingen in der außersprachlichen Welt wird mithilfe von Modellen untersucht. Im Mittelpunkt steht dabei der Begriff der Wahrheit, und die Bedeutung eines Satzes wird mit den Bedingungen identifiziert, unter denen dieser Satz wahr ist (seinen Wahrheitsbedingungen) (s. Kap. 5.4). Die kognitivistische Sichtweise übt dagegen vor allem auf die lexikalische Semantik einen starken Einfluss aus. Eine kognitivistisch orientierte lexikalische Semantik interessiert sich hauptsächlich für die mentale Organisation und Repräsentation unseres lexikalischen Wissens (s. Kap. 5.3.2 und 5.3.3).

Betrachten wir zunächst die Grafik in (15), die das semiotische Dreieck darstellt (vgl. Ogden/Richards 1923). Wir haben in den vorherigen Kapiteln gesehen, dass ein sprachliches Zeichen eine bestimmte Form hat. In (15) haben wir dafür etwas vereinfacht die Lautform des Zeichens angegeben. Darüber hinaus unterscheidet das semiotische Dreieck zwei Aspekte der Bedeutung eines sprachlichen Zeichens. Wir können uns mit diesem sprachlichen Zeichen auf Dinge in der Welt beziehen, die **Referenten**, und zum Beispiel feststellen, dass die Katze in (15) graue Ohren hat (s. Kap. 5.3.1 für eine ausführlichere Diskussion des Begriffs ›Referent‹). Um einen Bezug zwischen Zeichen und Referenten herstellen zu können, benötigen wir bestimmte begriffliche Informationen (den Begriffsinhalt eines Ausdrucks), die es uns ermöglichen, den oder die Referenten in der Welt zu identifizieren. Der Bezug eines Zeichens zu den Dingen in der Welt wird offenkundig durch den Inhalt des Zeichens vermittelt. Stark vereinfacht gehören zu diesem in (15) in Großbuchstaben geschriebenen Begriff KATZE u. a. die Informationen, dass Katzen Haustiere sind, dass sie vier Beine haben, miauen, usw.

(15)　　　　　　　　　　　KATZE

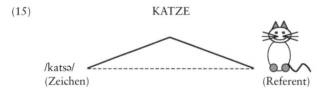

/katsə/
(Zeichen)　　　　　　　　　　　　　　　　　　　(Referent)

Innerhalb einer kognitivistischen Sichtweise entspricht der Zeicheninhalt bestimmten mentalen Repräsentationen. KATZE steht für die **mentale Repräsentation**, in der unser **konzeptuelles Wissen** von Katzen abgespeichert ist. In einer realistischen Sichtweise ist der Zeicheninhalt nicht mental repräsentiert, sondern etwas Intersubjektives (Realistisches), das die nötigen Informationen für die Identifizierung des Referenten enthält.

Die realistische Sichtweise geht von der Beobachtung aus, dass wir mit Sprache über die Welt reden, auf konkrete Dinge in der Welt hinweisen und andere Menschen über Sachverhalte in der Welt informieren können. In jeder Sprache gibt es Ausdrücke, die es uns ermöglichen, direkt auf Gegenstände oder Ereignisse in der Welt hinzuweisen. Im Deutschen haben wir deiktische Ausdrücke wie *das*, *dort* oder *jetzt* und sog. definite Deskriptionen wie *die Frau mit den grünen Haaren, das Fußballspiel heute Nachmittag* und *die Katze rechts unten in (15)*, mit denen wir Dinge in konkreten Situationen identifizieren können. Es muss allerdings vor einer allzu naiven realistischen Sichtweise gewarnt werden, denn wir haben schon in Beispiel (1) gesehen, dass wir nicht nur über Sachverhalte reden können, die unserer persönlichen Alltagserfahrung entsprechen. Es bereitet uns keine Probleme, uns eine Welt vorzustellen, in der rosa Elefanten Passanten vorsätzlich beleidigen und wir können auch über Ereignisse reden, die in der Vergangenheit stattgefunden haben, die in der Zukunft stattfinden werden oder über fiktive Ereignisse und Dinge, die es möglicherweise nie geben wird.

Darüber hinaus können wir auch über weniger konkrete Dinge wie psychische Zustände, Hoffnungen, Träume oder Wünsche reden. Die schwierige Frage nach dem ontologischen Status dieser verschiedenartigen Dinge können und müssen wir hier nicht beantworten. Was wir allerdings im Rahmen einer realistischen Bedeutungstheorie voraussetzen müssen, ist eine systematische Übereinstimmung zwischen Sprache und der Außenwelt, die allen Sprechern gleichermaßen zugänglich ist (wobei die Wahrnehmung der Außenwelt durchaus durch das Funktionieren unseres Wahrnehmungsapparats beeinflusst sein kann), so dass sich jederzeit ein Zusammenhang zwischen einer sprachlichen Äußerung und dem damit mitgeteilten (darin enthaltenen) Sachverhalt herstellen lässt. Betrachten wir hierzu ein einfaches Beispiel.

(16)   Die Blume steht auf dem Tisch.

Es dürfte keine Schwierigkeiten bereiten, mit Satz (16) eine Situation wie die in (17a) dargestellte in Verbindung zu bringen, wobei wir den in Satz (16) beschriebenen Sachverhalt natürlich auch in einer anderen Form präsentieren könnten (zum Beispiel als Photografie oder als Farbgemälde). Wir könnten die Situation auch von der anderen Seite zeigen, einen anderen Tisch, eine andere Vase oder eine andere Blume nehmen und einen oder mehrere Hocker hinzufügen, wie in (17b). In beiden Fällen beschreibt Satz (16) die Situation korrekt.

(17)   a.   b.

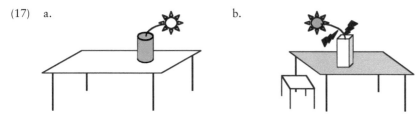

Dies zeigt, dass wir über eine ziemlich produktive und komplexe Fähigkeit verfügen, Zusammenhänge zwischen Sätzen und den damit beschriebenen Sachverhalten oder Situationen herzustellen, die nicht darauf reduziert werden kann, dass wir uns jeweils nur daran erinnern, welcher Satz welchen Sachverhalt beschreibt. Diese Fähigkeit steht im Zentrum der realistischen Sichtweise auf die Bedeutung.

Nach der kognitivistischen Sichtweise führt eine erfolgreiche Kommunikation dazu, dass der Hörer auf der Grundlage des Gesagten ungefähr dieselben mentalen Repräsentationen erzeugen kann, wie die Sprecherin. Es werden also unter anderem die mentalen Zustände von Sprecherin und Hörer aneinander angeglichen. Die kognitivistische Sichtweise setzt demnach voraus, dass beide über ein mehr oder weniger ähnliches konzeptuelles Wissen verfügen, das sich mit sprachlichen Ausdrücken systematisch aktivieren lässt. Sprachliche Ausdrücke sind mit Konzepten verknüpft, die im Langzeitgedächtnis abgespeichert sind und Informationen über die Welt enthalten. Wenn wir einen bestimmten Ausdruck äußern, dann aktivieren wir automatisch die damit verbundenen Konzepte. Wenn wir Satz (16) verstehen, dann haben wir eine entsprechende mentale Repräsentation erzeugt. Welche Form mentale Repräsentationen haben und wie Konzepte repräsentiert werden, ist allerdings alles andere als einfach zu beantworten (vgl. Fodor 1994, Murphy 2002). Wir verfügen über allgemeines kategoriales Wissen, das im Großen und Ganzen innerhalb einer Sprachgemeinschaft geteilt wird, und über individuell-episodisches Wissen. Für die Bedeutung eines sprachlichen Ausdrucks ist das kategoriale Wissen relevant, das allen Menschen gleichermaßen zugänglich ist, wobei allerdings nicht genau klar ist, welche Aspekte unseres teilweise sehr umfangreichen kategorialen Wissens die Bedeutung eines Ausdrucks ausmachen.

Nehmen wir zum Beispiel den Ausdruck *Auto*. Wenn wir anfangen würden, all unser Wissen über Autos, ihr Aussehen, ihre Funktion, ihren Gebrauch und ihren sozialen Status und über typische Autofahrsituationen aufzuschreiben, dann wären wir mit Sicherheit einige Zeit beschäftigt. Es ist nicht sehr plausibel, dass wir jedes Mal unser gesamtes Autowissen aktivieren, wenn wir das Wort *Auto* benutzen. Semantische Theorien gehen deshalb davon aus, dass nur bestimmte sehr allgemeine und kontextunabhängige Konzepte Teil der Bedeutung eines Ausdrucks sind. Dies bedeutet, dass ein sprachlicher Ausdruck oft nur mit einem Teil des entsprechenden Konzepts verknüpft ist, so dass seine Bedeutung auch nur ein Teil des Konzepts direkt abdeckt. Dieser Teil eines Konzepts wird die wörtliche oder lexikalische Bedeutung oder auch die **Kernbedeutung** eines sprachlichen Ausdrucks genannt. Andere Teile eines Konzepts werden je nach Kontext und Situation zusätzlich aktiviert. Diese Teile eines Konzepts, die wir weiter oben etwas pauschal unter dem Begriff **Weltwissen** zusammengefasst haben, werden **enzyklopädisches Wissen** genannt. Das Verhältnis zwischen wörtlicher Bedeutung und enzyklopädischem Wissen ist in (18) illustriert:

(18)

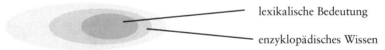

lexikalische Bedeutung

enzyklopädisches Wissen

Für die Aktivierung zusätzlichen enzyklopädischen Wissens stehen uns äußerst effektive Mechanismen der **Bedeutungsanreicherung** zur Verfügung (s. auch Kap. 5.2.5). Ein erstes Beispiel haben wir in (11c) kennengelernt, wo es uns keinerlei Probleme bereitete, das Messer als Mordinstrument situativ zu verankern. Wir haben schon erwähnt, dass zwischen wörtlicher Bedeutung und enzyklopädischem Wissen keine klare Trennlinie gezogen werden kann. Zudem ist die Interaktion dieser beiden Wissensbereiche alles andere als einfach (vgl. Lakoff 1987 und Taylor 1989).

Es ist nicht sehr plausibel anzunehmen, dass alle Aspekte der Bedeutung von sprachlichen Ausdrücken individuell realisiert sind. Die Bedeutung als Ganzes, zu der sehr oft auch spezifisches Expertenwissen gehört, kann nicht individuell erfasst werden, sondern wird von der ganzen Sprachgemeinschaft bestimmt. So muss man zum Beispiel nicht wissen, dass Wasser H_2O ist, um die Bedeutung des Ausdrucks *Wasser* zu kennen.

Es genügt, dass man über entsprechende **Stereotype** verfügt, die konventionalisierte Informationen über Aussehen, Geschmack, Vorkommen oder Verwendung enthalten. Diese Informationen sind u.a. in Form von sog. Frames, Scripts und Prototypen organisiert (s. Kap. 5.3.2 und 5.3.4) und bilden die Schnittstelle zwischen lexikalischer Bedeutung und enzyklopädischem Wissen. Bei *Wasser* wäre dies unter anderem das Wissen, dass Wasser farblos, geschmacklos, durchsichtig und trinkbar ist, aus Wasserhähnen läuft und in Flüssen und Seen vorkommt. In einer Sprachgemeinschaft gibt es also eine Arbeitsteilung bezüglich der Bedeutung ihrer sprachlichen Ausdrücke. Demnach können individuelle mentale Repräsentationen zwar den Bezug eines sprachlichen Ausdrucks zu den Dingen in der Welt, die dieser Ausdruck bezeichnet, vermitteln. Sie können ihn aber nicht vollständig determinieren (vgl. Putnam 1979).

Vergegenwärtigen wir uns noch einmal das semiotische Dreieck in (15). Wie kommt es zu der darin dargestellten Beziehung zwischen der Form eines sprachlichen Zeichens und seinem Inhalt bzw. den Referenten, auf die man mithilfe des Zeichens verweisen kann? Sprachliche Zeichen haben zwei wichtige Eigenschaften (vgl. Saussure 2001):

- Die Verbindung von Form und Inhalt/Referent ist **arbiträr**. Derselbe Inhalt ist in verschiedenen Sprachen mit teilweise völlig verschiedenen Lautformen verbunden. Dasselbe Tier, das im Deutschen mit dem Ausdruck *Pferd* bezeichnet wird, wird im Englischen mit *horse* und im Französischen mit *cheval* bezeichnet. Dies bedeutet, dass man von der Form eines sprachlichen Zeichens nicht direkt auf seinen Inhalt schließen kann. Sprachliche Zeichen sind mit sehr wenigen Ausnahmen wie z.B. den lautmalerischen (oder onomatopoetischen) Wörtern **nicht ikonisch**.
- Die Verbindung zwischen Zeichenform und Zeicheninhalt/Referent ist **konventionell**. Dies bedeutet, dass diese Verbindung innerhalb einer Sprachgemeinschaft festgelegt ist, von jedem Mitglied der Sprachgemeinschaft gelernt werden muss und nicht beliebig verändert werden kann. Illustrative Beispiele dafür sind Peter Bichsels Geschichte ›Ein Tisch ist ein Tisch‹ und das berühmte Gespräch zwischen Alice und Humpty Dumpty in Lewis Carrolls ›Through the Looking-Glass‹.

Die Gebärdensprachen von gehörlosen Menschen deuten darauf hin, dass Konventionalität die grundlegendere Eigenschaft ist. Ungefähr die Hälfte aller sprachlichen Zeichen einer Gebärdensprache, zu denen Gebärden, Mundbild und Mimik gehören, hat ikonische oder semi-ikonische Eigenschaften. Demnach ist das Verhältnis zwischen einer Gebärde und ihrem Inhalt nicht immer völlig arbiträr. Trotzdem kann man diese Gebärden nicht einfach durch ähnliche Gebärden ersetzen, da die Bedeutung von Gebärden auch in Gebärdensprachen konventionell festgelegt ist. Zudem verlieren viele Gebärden im Laufe der Zeit ihren ikonischen Charakter (vgl. Steinbach 2007).

5.2.5 | Satzbedeutung, Äußerungsbedeutung und Sprecherbedeutung

Die Semantik ist nicht die einzige linguistische Disziplin, die sich mit der Bedeutung sprachlicher Ausdrücke befasst. Bei der Ermittlung der Bedeutung von Äußerungen kommt auch der Pragmatik eine zentrale Rolle zu. Welche Aspekte sprachlicher Bedeutung semantisch und welche pragmatisch sind, ist nicht einfach zu beantworten (vgl. Recanati 2004, 2005). Stark vereinfacht, kann man alle kontextabhängigen Bedeutungsaspekte der Pragmatik zuordnen, wohingegen alle kontextunabhängigen

Bedeutungsaspekte der Semantik zugeordnet werden können. In neueren Arbeiten zur Semantik/Pragmatik-Schnittstelle werden für gewöhnlich drei Ebenen der Bedeutung einer Äußerung unterschieden (vgl. Bierwisch 1979, Levinson 2000 und Carston 2004). In solchen sogenannten *dual pragmatics*-Ansätzen spielen pragmatische Anreicherungsprozesse nicht nur bei der postsemantischen Kalkulation von Implikaturen eine zentrale Rolle (s. Kap. 6.3), sondern auch bei der Bestimmung der Proposition einer Äußerung (vgl. Borg 2004). Dieses pragmatische ›Eindringen‹ in die Semantik, auch *pragmatic intrusion* genannt, wird im Folgenden anhand einiger einfacher Beispiele illustriert.

Die wörtliche Bedeutung von Satz (19) lässt sich systematisch aus der Bedeutung der Einzelteile und der Art ihrer Verknüpfung ermitteln und kann folgendermaßen paraphrasiert werden: Das Individuum, das Peter genannt wird, besitzt einen Gegenstand, der zu der Klasse der roten Dinge und zu der Klasse der Hosen gehört.

(19)   Peter hat eine rote Hose.

Jeder geäußerte Satz hat demnach eine wörtliche Bedeutung, die auch **Satzbedeutung** genannt wird und sich aus den Bedeutungen der einzelnen Wörter und der Konstruktion des Satzes ergibt. Die Satzbedeutung ist unabhängig vom Äußerungskontext. Sehr oft benötigen wir allerdings zusätzliche Disambiguierungs- und Anreicherungsprozesse, um die Bedeutung eines komplexen sprachlichen Ausdrucks genau zu bestimmen. So müssen wir z. B. die Sätze in (6) disambiguieren, um den mit diesen Sätzen ausgedrückten Sachverhalt, die **Proposition**, zu verstehen. In anderen Fällen sind zusätzliche Anreicherungsprozesse nötig. Erinnern wir uns zum Beispiel an (11c), wo wir mithilfe von Anreicherungsprozessen das Messer (als Mordinstrument) situativ verankern können. Interessanterweise gilt dies auch für ein scheinbar harmloses Beispiel wie (19). Dies zeigt sich in (20). Die möglichen Bedeutungen stehen jeweils in den Klammern hinter den Beispielen.

(20)   a. ein roter Apfel, ein rotes Buch   (Großteil der Schale, des Umschlags ist rot)
      b. eine rote Orange   (Fruchtfleisch ist rot)
      c. eine rote Blume   (Blütenblätter sind rot)
      d. ein roter Stift   (Oberfläche oder Mine des Stifts ist rot)
      e. ein rotes Auge   (Weiß des Auges oder – bei Tieren – Iris ist rot)
      f. ein blaues Auge   (Haut um das Auge oder Iris ist blau)

Ein Farbadjektiv kann je nach Bezugswort und Kontext sehr unterschiedliche Teile eines Objekts modifizieren. Um festzulegen, welche Teile des Objekts die entsprechende Farbe haben, müssen wir auf zusätzliches enzyklopädisches Wissen zurückgreifen. Betrachten wir dazu Beispiel (20d). Wir wissen, dass bei *einem roten Stift* ein Teil des Stifts rot ist. Welcher Teil rot ist, hängt von unserem enzyklopädischen Wissen über Stifte ab. Bei Stiften haben wir prinzipiell zwei ähnlich saliente Teile, die rot sein können. Entweder ist die Oberfläche rot oder der Stift schreibt rot. Um die Bedeutung des komplexen Ausdrucks *ein roter Stift* zu verstehen, müssen wir also zuerst berechnen, welche Teile eines Stiftes rot sein können. Wenn sich dabei mehrere ähnlich saliente Teile ergeben, dann ist der Ausdruck ambig und muss (im Kontext) disambiguiert werden. Die zweite Bedeutung ist zum Beispiel in Situationen relevant, in denen wir rot schreiben möchten. Diese Art von semantischer Anreicherung ist auch bei der Interpretation der uns schon bekannten N+N-Komposita nötig, wie die Beispiele in (21) zeigen. Im Gegensatz zum Erstglied von *Lederschuh* bezeichnet das Erstglied von *Fußballschuh* (in der salienten Lesart) nicht das Material, aus dem der Schuh gemacht ist. Dies ergibt sich nicht allein aus der Bedeutung der Teile *Fußball* und *Schuh*, sondern auch aus unserem enzyklopädischen Wissen (s. auch Kap. 2.5.4).

(21)   Peter hat neue Hausschuhe/Fußballschuhe/Lederschuhe/Damenschuhe.

Zusätzlich zu Disambiguierung und Anreicherung müssen wir für viele sprachliche Ausdrücke bestimmen, auf wen oder was sie referieren. Indexikalische Ausdrücke wie *ich*, *hier* und *gestern* haben zwar eine kontextunabhängige wörtliche Bedeutung (mit *ich* referiert der Sprecher z. B. auf sich selbst). Mit der wörtlichen Bedeutung wissen wir allerdings noch nicht, welche Person spricht und welcher Ort mit *hier* gemeint ist. Erst nachdem die Referenz dieser Ausdrücke im Äußerungskontext festgelegt ist, können wir den propositionalen Gehalt von Satz (22) verstehen (s. Kap. 6.2).

(22)   Ich habe dich hier gestern Nachmittag gesehen.

Dem Kontext kommt außerdem bei mehrdeutigen Wörtern oder Sätzen eine disambiguierende Funktion zu. Sehr oft ist eine der beiden Interpretationen in einem bestimmten Äußerungskontext plausibler als die andere. Wissen wir zum Beispiel, dass die Lehrerin die Klassenarbeiten korrigieren möchte, dann liegt es nahe, dass sie einen Stift haben möchte, der rot schreibt. Dies gilt auch für die Beispiele in (6).

Zur Bestimmung der Proposition, die ein Satz ausdrückt, sind Anreicherung, Referenzbestimmung und Disambiguierung nötig. Die in einem bestimmten Kontext weiter spezifizierte Bedeutung wird **Äußerungsbedeutung** genannt. Von diesen beiden Bedeutungsebenen muss noch eine dritte Bedeutungsebene unterschieden werden, die **Sprecherbedeutung** (oder der **kommunikative Sinn**), die die Sprecherintention wiedergibt. In bestimmten Äußerungskontexten können Sätze zusätzliche Bedeutungen haben, die von der Äußerungsbedeutung mehr oder weniger stark abweichen. Mit Satz (23) können wir einerseits jemanden darüber informieren, dass sich an einem bestimmten Ort im Raum eine Tür befindet. Mit demselben Satz können wir aber andererseits auch jemanden auffordern, den Raum zu verlassen.

(23)   a. Da ist die Tür.
        b. Das hast du aber toll gemacht.

Extreme Beispiele für die Sprecherbedeutung sind Ironien und Tautologien. Im Fall der Ironie kann die Sprecherbedeutung sogar das Gegenteil der Äußerungsbedeutung sein. Äußern wir Satz (23b), nachdem jemand alle Gläser runtergeworfen hat, wollen wir ihn oder sie damit sicher nicht loben.

Das Schema in (24) gibt noch einmal einen vereinfachten Überblick über die einzelnen Ebenen der Bedeutung und deren Zuordnung zu Semantik und Pragmatik. Stark vereinfacht können wir als Faustregel festhalten, dass sich die Semantik mit der Satzbedeutung und der Äußerungsbedeutung beschäftigt. Die Äußerungsbedeutung und die intendierte Sprecherbedeutung sind Gegenstand der Pragmatik. Der propositionale Gehalt einer Äußerung (die Äußerungsbedeutung) wird demnach von Semantik und Pragmatik bestimmt. Die Trennung zwischen Semantik und Pragmatik ist also nicht einfach (vgl. Carston 2004, Borg 2004, Recanati 2005 und Bach 2005). Eine möglichst klare Trennung zwischen den beiden Disziplinen hat allerdings den Vorteil, dass sich das umfangreiche Gebiet der sprachlichen Bedeutung in zwei Bereiche unterteilen lässt, die man zunächst getrennt untersuchen kann (s. auch Kap. 6.3.4).

(24)

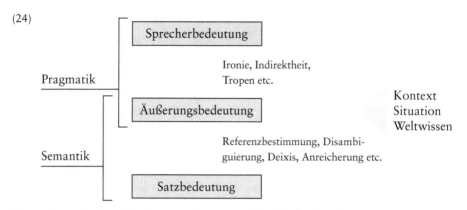

Die nächsten beiden Abschnitte geben einen Überblick über die zwei großen Teilge-
biete der Semantik. In Kapitel 5.3 werden zuerst einige wichtige Aspekte der lexikalischen Semantik diskutiert. Die Satzsemantik wird in Kapitel 5.4 in Grundzügen vorgestellt.

Aufgabe 3:
a. Erläutern Sie den Bedeutungsunterschied zwischen den Adjektiven *grau* und
groß anhand der folgenden Beispiele.
(i) Da drüben läuft etwas Graues. Es ist eine Maus/ein Elefant.
(ii) Da drüben läuft etwas Großes. Es ist eine Maus/ein Elefant.
b. Beschreiben Sie die wörtliche Bedeutung der folgenden beiden Sätze.
(i) Gestern traf ich hier Maria.
(ii) Keine Angst, du wirst nicht sterben.

5.3 | Lexikalische Semantik

5.3.1 | Intensionen, Extensionen und Referenzen

In Kapitel 5.2.4 haben wir gesehen, dass der Inhalt eines sprachlichen Zeichens den
Bezug zu den Dingen in der Welt, die man damit bezeichnen kann, vermittelt. Man
könnte nun annehmen, dass sich einer der beiden Bedeutungsaspekte eines sprachlichen Zeichens auf den anderen reduzieren lässt. Dass dem nicht so ist, zeigt das
Beispiel in (25).

(25)   Die Bundeskanzlerin ist die Parteivorsitzende der CDU.

Mit den beiden Ausdrücken *die Bundeskanzlerin* und *die Parteivorsitzende der CDU*
beziehen wir uns im Jahr 2006 auf dieselbe Person, nämlich auf Angela Merkel.
Die Parteivorsitzende der CDU war allerdings nicht immer auch Bundeskanzlerin.
Dass beide Ausdrücke momentan dieselbe Person bezeichnen, ist also keine semantische Notwendigkeit. Zudem bezeichnen wir dieselbe Person Angela Merkel auf
zwei völlig verschiedene Arten. *Die Bundeskanzlerin* und *die Parteivorsitzende der*

CDU beziehen sich auf zwei völlig verschiedene politische Funktionen. Obwohl die beiden Ausdrücke im Frühjahr 2006 zufällig dieselbe Person bezeichnen, haben sie nicht denselben Sinn.

Deshalb lassen sich zwei Ausdrücke, die sich auf dieselbe Person beziehen, nicht in jedem Kontext füreinander ersetzen. Dies kann man sich gut anhand des folgenden Beispiels verdeutlichen. Während Satz (25) für Leute, die nicht wissen, dass die Bundeskanzlerin und die Parteivorsitzende der CDU momentan dieselbe Person sind, durchaus eine sinnvolle Aussage sein kann, ist Satz (26) selbst für diese Menschen bedeutungslos. Solche Sätze werden **Tautologien** genannt und haben höchstens einen pragmatischen Informationswert (s. Kap. 6.3).

(26)   Die Bundeskanzlerin ist die Bundeskanzlerin.

Ein weiterer Punkt ist, dass es sprachliche Ausdrücke wie *Einhorn* gibt, die sich auf kein Ding in unserer Welt beziehen. Würden wir nun die Bedeutung eines Ausdrucks über die Dinge in der Welt, die er bezeichnet, definieren, dann hätte der Ausdruck *Einhorn* in unserer Welt keinen Sinn. Dies läuft aber unseren Intuitionen zuwider, da wir die Bedeutung von *Einhorn* und ähnlichen Ausdrücken durchaus umschreiben können. Ein Einhorn ist zum Beispiel ein elegantes weißes pferdeähnliches Phantasiewesen mit einem spitzen Horn auf der Stirn.

Wir tun also gut daran, den Inhalt eines sprachlichen Zeichens von den Dingen in der Welt, die es bezeichnet, zu trennen. Die Relation zwischen einem sprachlichen Ausdruck und der Welt wird **Denotation** genannt. Die Menge der Dinge, auf die man mit einem sprachlichen Ausdruck Bezug nehmen kann, wird **Extension** (oder Denotat) genannt und der begriffliche Inhalt **Intension** (vgl. Carnap 1947). Die Intension eines Ausdrucks ist die deskriptive Bedeutung, die nicht direkt an die Dinge in der Welt gebunden ist. Die Extension eines Ausdrucks sind die außersprachlichen Dinge in der Welt, die mit diesem Ausdruck bezeichnet werden können. (27) ist das klassische Beispiel von Frege für zwei Ausdrücke mit der gleichen Extension, aber unterschiedlichen Intensionen (vgl. Frege 1892). Frege selbst verwendete den Begriff Bedeutung für Extension und Sinn für Intension.

(27)   Der Morgenstern ist der Abendstern.

Die Wörter *Morgenstern* und *Abendstern* beziehen sich beide auf denselben Planeten, die Venus. Sie tun dies allerdings auf sehr unterschiedliche Weise. *Morgenstern* bezieht sich auf die Venus am Morgenhimmel, *Abendstern* hingegen auf die Venus am Abendhimmel. Dass beide Ausdrücke denselben Planeten bezeichnen, war lange unbekannt und folgt nicht aus ihrer Intension, sondern aus dem Aufbau unseres Sonnensystems. Zwei sprachliche Ausdrücke mit gleicher Extension, aber mit verschiedener Intension sind also nicht bedeutungsgleich, weil sie nur bezüglich eines Aspekts der Bedeutung übereinstimmen, und können nicht in jedem Kontext füreinander ersetzt werden.

Die Intension eines Ausdrucks charakterisiert die Dinge, die zu seiner Extension gehören. Zur Extension von *Hund* gehören alle Lebewesen, die zur Spezies der Hunde gehören. Was man sich unter der Intension eines Ausdrucks genau vorzustellen hat, ist nicht einfach zu beantworten (s. 5.3.3 und 5.3.4). Nehmen wir, wie am Ende von Abschnitt 5.2.4 erwähnt, an, dass nicht die gesamte Bedeutung eines Ausdrucks individuell erfasst werden kann, dann müssen wir davon ausgehen, dass es neben den individuell realisierten Intensionen (mentalen Repräsentationen) abstraktere Intensionen gibt, die nicht mehr individuell repräsentiert sind und für die gesamte Bedeutung eines Ausdrucks stehen.

Die Extension eines Ausdrucks umfasst im weitesten Sinn alle außersprachlichen Dinge, die dieser Ausdruck bezeichnet. Dazu gehören alle Dinge, die es in unserer (und anderen möglichen) Welten gab, gibt und geben wird. Die Extension des Ausdrucks *Bundeskanzler* ist zum Beispiel ein Individuum. Um welches Individuum es sich dabei handelt, hängt von der Welt, in der wir leben, ab. Dies zeigt auch das folgende Beispiel.

(28) Die Hauptstadt von Deutschland ist jetzt nicht mehr Bonn, sondern Berlin.

In der modelltheoretischen Semantik wird die Komplexität von Extensionen eingeschränkt, indem man kleine Modelle mit einer überschaubaren Extension für eine bestimmte Welt und eine bestimmte Zeit definiert. Die Modelle sind kleine Weltausschnitte, mit deren Hilfe sich die Bedeutung sprachlicher Ausdrücke ermitteln lässt (s. Kap. 5.4.2). Die Extension eines Ausdrucks in einer Welt kann im Extremfall auch leer sein. Ein *Einhorn* ist ein Ausdruck, dessen Extension in unserer Welt leer ist. Im Fall des *Parteivorsitzenden der SPD* enthält die Extension nur ein Individuum, da die meisten politischen Parteien in Deutschland genau eine/n Parteivorsitzende/n haben. Dies ist allerdings keine semantische Notwendigkeit. Im Fall der Grünen enthält die Extension beispielsweise zwei Individuen. Bei Ausdrücken wie *Vogel*, *Baum* oder *Auto* umfasst die Extension weit mehr als ein Element.

(29) Die Parteivorsitzenden (der Grünen) treten jetzt geschlossen auf.

In einem Gespräch beziehen wir uns mit Ausdrücken wie *alle*, *einige* oder *die meisten* selten auf die Gesamtheit aller Dinge in unserer aktuellen oder in allen möglichen Welten. Die Extension eines sprachlichen Ausdrucks kann auf kleinere kontextuell relevante Teilmengen beschränkt werden (sog. Diskursdomänen oder **Diskurswelten**).

Der Unterschied zwischen der Intension und der Extension eines Ausdrucks zeigt sich auch in **opaken** oder **intensionalen Kontexten**. Wenn die Ausdrücke *Bundeskanzlerin* und *Parteivorsitzende der CDU* momentan dieselbe Person bezeichnen (dieselbe Extension haben) und Peter nur weiß, dass Angela Merkel die Bundeskanzlerin ist, dann folgt daraus nicht notwendigerweise, dass Peter auch weiß, dass Angela Merkel die Parteivorsitzende der CDU ist. Satz (30a) impliziert nicht Satz (30b) und wird auch nicht von diesem impliziert.

(30) a. Peter weiß, dass Angela Merkel die Bundeskanzlerin ist.
      b. Peter weiß, dass Angela Merkel die Parteivorsitzende der CDU ist.

Sprachliche Ausdrücke mit derselben Extension, aber unterschiedlichen Intensionen können sich in vielfacher Hinsicht unterscheiden. *Bundeskanzlerin* und *Parteivorsitzende der CDU* sind beides Ausdrücke, die politische Führungskräfte bezeichnen. Ein interessanter Fall sind Paare von sprachlichen Ausdrücken, bei denen sich der eine nur durch konnotative Bedeutungsaspekte vom anderen unterscheidet. *Bulle* hat in einer Lesart genau dieselbe Extension wie *Polizist*. Im Gegensatz zu *Polizist* gehören zur Bedeutung von *Bulle* aber noch weitere pejorative, emotionale Merkmale. Deshalb können auch in diesem Fall die beiden Ausdrücke nicht in jedem Kontext ausgetauscht werden. Konnotative Bedeutungen sind allgemeine, sozial und kulturell determinierte Bedeutungsaspekte, die ebenfalls zur wörtlichen Bedeutung eines Ausdrucks gehören und sich damit von individuellen Bedeutungsaspekten unterscheiden. **Konnotationen** haben wie bei *Bulle* in (31) oft pejorativen Charakter.

(31)   Da drüben steht ein Polizist/Bulle.

Wenn eine Sprecherin mit einem Ausdruck auf ein oder mehrere Individuen oder Objekte aus der Extensionsmenge Bezug nimmt, referiert sie auf diese Individuen oder diese Objekte. Die **Referenz** ist die Relation zwischen einem Ausdruck und Individuen oder Objekten, die eine Sprecherin in einer bestimmten Situation etabliert. Die Referenten sind die Individuen oder Objekte, die wir mit einem referierenden Ausdruck in einer bestimmten Situation bezeichnen. Die typischen Ausdrücke, mit denen wir auf Individuen und Objekte in der Welt referieren, sind Nominalphrasen. Mit einer definiten Nominalphrase referieren wir auf ein bestimmtes Individuum oder Objekt aus der Extension des Nomens. Das bedeutet, dass wir streng genommen die lexikalische Semantik verlassen (s. auch Kap. 6.2).

(32)   Der Hund (mit der schwarzen Schnauze) bellt.

Mit der definiten NP *der Hund* können wir auf einen bestimmten Hund, über den entweder schon gesprochen wurde, oder der sich im Kontext anderweitig identifizieren lässt (z. B. durch Zeigen) referieren und mit der NP *der Hund mit der schwarzen Schnauze* kann man in einem Kontext, der mehrere Hunde enthält, einen bestimmten Hund eindeutig identifizieren, wenn es in diesem Kontext nur einen Hund mit einer schwarzen Schnauze gibt. Die Referenz ist Teil der Äußerungsbedeutung. Nominalphrasen haben einen bestimmten Referenzbereich. Worauf mit einer Nominalphrase letztlich referiert wird, kann aber erst im Kontext bestimmt werden. Beispiel (33) und die Beispiele in (11), die wir im Zusammenhang mit der Text- und Diskurssemantik diskutiert haben, zeigen, dass es für (in-)definite NPn unterschiedliche Gebrauchsbedingungen gibt.

(33)   Gestern stand ein Hund vor unserem Haus. Keiner weiß, woher der Hund kam.

Im Gegensatz zu definiten NPn sind indefinite NPn wie *ein Hund* nicht referentiell. Indefinite NPn führen neue Referenten in einen Diskurs ein (sog. Diskursreferenten). Auf diese Diskursreferenten können wir im Fortgang des Diskurses wieder mit definiten NPn referieren. In manchen Kontexten sind indefinite NPn ambig zwischen einer **spezifischen** und **unspezifischen** Lesart. Die spezifische Lesart von *einem Italiener* in (34a) besagt, dass es einen bestimmten Italiener gibt (z. B. Luigi), mit dem Udo zusammenziehen möchte. In der unspezifischen Lesart möchte Udo zwar mit einem Italiener zusammenziehen. Er weiß aber (noch) nicht mit welchem Italiener.

(34)   a. Udo möchte mit einem Italiener zusammenziehen.
        b. Der Hund hat vier Beine und bellt.
        c. Der Hund rennt um die Ecke.

Mit NPn können wir auch auf Arten referieren. In (34b) referieren wir mit dem Ausdruck *der Hund* nicht auf einen bestimmten Hund, sondern auf die Spezies Hund (sog. generic oder kind reference). Es ist eine charakteristische Eigenschaft von Hunden, vier Beine zu haben und zu bellen (s. auch Kap. 5.3.4). Im Gegensatz dazu ist es keine charakteristische Eigenschaft von Hunden, um die Ecke zu rennen, so dass wir in (34c) nicht auf die Art, sondern auf ein bestimmtes Exemplar dieser Art referieren (Objektreferenz). Generische Referenz ist im Deutschen auch mithilfe von indefiniten NPn wie *ein Hund* und artikellosen Plural-NPn wie *Hunde* möglich.

Es wurde schon erwähnt, dass man nicht nur über tatsächlich existierende Individuen und Dinge reden kann. Dies bedeutet, dass wir auch auf Arten wie in (34b), auf nicht mehr existente Individuen und Objekte wie in (35a), auf Eigenschaften von Individuen und Objekten wie in (35b) oder auf mentale Bilder wie in (35c) referieren können.

(35) a. Unser erster Hund war extrem bissig.
      b. Dieses Braun habe ich noch bei keinem Hund gesehen.
      c. Peters Traumhund hat wuscheliges lila Fell mit weißen Punkten und heißt Milka.

Damit die Referenz gelingt, muss auch der Hörer in der Lage sein, das entsprechende Objekt zu identifizieren. Dafür muss die Sprecherin einen geeigneten Ausdruck wählen, der es dem Hörer ermöglicht, in einem bestimmten Kontext das entsprechende Objekt eindeutig zu bestimmen. Der schon erwähnte Satz mit dem Mörder und Messer in (11) ist ein Beispiel, in dem zusätzliches enzyklopädisches Wissen die Identifikation eines Objekts (hier des Messers) ermöglicht. Eine besonders interessante Art, auf ein Objekt zu referieren, sind **Metonymien**. Wir können auf die Bücher eines berühmten Autors mit dessen Namen referieren oder in einem Krankenhaus auf einen Patienten mit dessen Krankheit bzw. seinem kranken Organ (vgl. Nunberg 1995).

(36) a. Klaus Mann müssen wir erst wieder bestellen.
      b. Der Blinddarm von Zimmer 20 hat schon wieder geklingelt.

In Bezug auf das semiotische Dreieck in (15) können wir zusammenfassend festhalten, dass die Intension der Inhalt eines sprachlichen Zeichens ist. Die Extension enthält die Dinge in der Welt, die wir mit diesem sprachlichen Zeichen bezeichnen können. Die Referenz ist die Relation, die eine Sprecherin in einer bestimmten Situation zwischen einem sprachlichen Ausdruck und einem oder mehreren Elementen aus der Extensionsmenge etabliert. Referenz und Denotation sind zwei unterschiedliche Aspekte der gestrichelten Linie in (15). Die Denotation ist Teil der wörtlichen Bedeutung eines sprachlichen Ausdrucks, wohingegen die Referenz zur Äußerungsbedeutung gehört.

Aufgabe 4:
a. Erklären Sie mit Hilfe der Begriffe Intension und Extension, warum die folgenden Sätze merkwürdig sind, wenn sie im Jahr 2001 geäußert wurden.
(i) Hans Eichel hat gestern den Finanzminister der BRD getroffen.
(ii) Der König von Frankreich trifft heute Bundeskanzler Schröder.
b. Erklären Sie mit Hilfe der Begriffe Intension und Extension den Unterschied zwischen (i) und (ii): (i) Michael findet einen goldenen Ferrari Diesel.
(ii) Michael sucht einen goldenen Ferrari Diesel.
c. Ersetzen Sie die unterstrichenen NPn durch alternative sprachliche Ausdrücke, die die Referenz nicht ändern.
(i) Maria wohnt in der größten Stadt Hessens. (ii) Heute ist der Tag der Arbeit.
(iii) Er ist der Torhüter der deutschen Nationalmannschaft.

5.3.2 | Semantische Relationen

Wörter können in recht unterschiedlichen Beziehungen zueinander stehen. Die Relationen, die zwischen den Bedeutungen von Ausdrücken bestehen, nennt man semantische Relationen oder auch Sinnrelationen (vgl. Lutzeier 1995 und Philipp 1998). Diese Relationen kennen wir teilweise schon aus Kapitel 5.2.2, wo vergleichbare Bedeutungszusammenhänge zwischen Sätzen diskutiert wurden. Semantische Relationen organisieren das mentale Lexikon (s. Kap. 2.1), indem sie vielfältige Bezüge zwischen den Bedeutungen von Wörtern herstellen. Die Relevanz von semantischen Relationen für die Organisation des Lexikons ist auch durch psycholinguistische Erkenntnisse belegt. Zwischen sprachlichen Ausdrücken lassen sich sowohl in paradigmatischer als auch in syntagmatischer Hinsicht semantische Relationen herstellen (vgl. Cruse 1986). In (37) stellt die y-Achse den **paradigmatischen** und die x-Achse den **syntagmatischen** Aspekt von Bedeutung dar. Die paradigmatische Perspektive interessiert sich für die Frage, in welchem Verhältnis die Bedeutungen einzelner Wörter wie *rot*, *schnell* oder *klein* zueinander stehen. Die syntagmatische Perspektive interessiert sich für die Verknüpfung von Wortbedeutungen. In diesem Abschnitt werden wir uns auf die paradigmatischen Relationen konzentrieren. Der syntagmatische Aspekt wird in der Satzsemantik eine Rolle spielen.

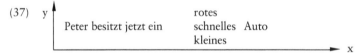

(37)

Die typischen semantischen Relationen sind paradigmatisch und beziehen sich auf dieselbe Wortart. Das bekannteste Beispiel dürfte die **Synonymie** sein. Synonyme Ausdrücke haben dieselbe Bedeutung. Zwei Wörter sind synonym, wenn sie sich nur in ihrer Lautform, nicht aber in ihrer Bedeutung unterscheiden. Dies trifft zum Beispiel für die Wortpaare *Bürgersteig/Gehweg* und *Streichholz/Zündholz* zu. Echt synonyme Ausdrücke sollten demnach in jedem Kontext füreinander austauschbar sein. Ein entsprechendes Kriterium für Synonymie ist in (38) formuliert. Nach diesem Kriterium sind Ausdrücke mit gleichen Extensionen, aber verschiedenen Intensionen wie zum Beispiel *Bundeskanzler* und *Parteivorsitzender der SPD* ganz klar keine Synonyme.

(38) Zwei Ausdrücke A und B sind *synonym*, falls man in jedem komplexen Ausdruck C, in dem A vorkommt, A durch B ersetzen kann und umgekehrt, ohne dass sich die Bedeutung des komplexen Ausdrucks C ändert

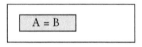

Echt synonyme Ausdrücke sind allerdings schwer zu finden. Beispiel (31) zeigt, dass Ausdrücke mit ähnlicher Bedeutung sehr oft verschiedene Konnotationen haben. Zählt man diese konnotativen Merkmale eines Ausdrucks auch zu seiner Bedeutung, dann lassen sich die wenigsten Ausdrücke mit ähnlicher Bedeutung füreinander ersetzen, ohne dass sich die Bedeutung des komplexen Ausdrucks, der sie enthält, ändert. Es kann durchaus einen Unterschied machen, ob wir eine uniformierte Person einen Polizisten oder einen Bullen nennen. Neben diesen konnotativen Bedeutungsunterschieden gibt es oft auch regionale, soziale oder stilistische Unterschiede. Eine etwas schwächere Definition von Synonymie, die diese zusätzlichen Bedeutungsaspekte nicht berücksichtigt, wird partielle Synonymie genannt. Dass es so schwer ist, echte Synonyme zu finden, ist kein Zufall. Echte Synonyme sind ein überflüssiger Luxus, die die in unserem Lexikon gespeicherte Menge von Wörtern nur unnötig vergrößern. Sprachen haben eine generelle Tendenz, Synonyme zu vermeiden. In Kapitel 2.4.3 haben wir schon das Phänomen der lexikalischen Blockierung diskutiert. Die relevanten Beispiele sind in (39) wiederholt. Die Anwendung einer Wortbildungsregel kann blockiert sein, wenn sie ein Wort erzeugt, für das es schon ein synonymes Wort in unserem Lexikon gibt. *Stehler* kann nicht gebildet werden, weil das Lexikon schon das Wort *Dieb* enthält und *Kocher* kann nur eine Nomen-instrumenti-Lesart (etwas, mit dem gekocht wird) erhalten, weil die Nomen-agentis-Lesart (jemand, der kocht) von *Koch* blockiert wird.

(39) a. *Stehler, Dieb   b. Kocher, Koch

Neben Bedeutungsgleichheit finden wir auch Bedeutungsunterschiede zwischen sprach-lichen Ausdrücken. Bedeutungsunterschiede gibt es in verschiedenen Abstufungen. Zwei Ausdrücke, die bestimmte semantische Gemeinsamkeiten aufweisen, aber dennoch unterschiedliche Dinge bezeichnen, sind **inkompatibel** (oder **heteronym**). Typische Beispiele sind Farbwörter (*blau, grün, rot. ...*), Namen für Wochentage (*Montag, Dienstag, Mittwoch, ...*) oder die Namen für Vertreter einer bestimmten Klasse wie zum Beispiel der Blumen (*Rose, Nelke, Tulpe, Iris, ...*) oder der Gewässer (*See, Teich, Bach, Fluss, ...*).

(40) Zwei Ausdrücke A und B sind *inkompatibel*, falls nichts gleichzeitig unter die durch A und B benannten Begriffe fallen kann.

Ein besonderer Fall der Inkompatibilität ist die **Komplementarität**. Alle Dinge, die sich mit komplementären Ausdrücken bezeichnen lassen, fallen entweder unter den einen oder den anderen Ausdruck. Wird der eine Ausdruck negiert, dann folgt daraus, dass sein komplementäres Gegenstück zutrifft. Dies gilt nicht für inkompatible Ausdrücke. Komplementäre Ausdrücke sind zum Beispiel *tot* und *lebendig* oder *männlich* und *weiblich* bei Lebewesen oder *verheiratet* und *unverheiratet* bei Menschen.

(41) Zwei Ausdrücke A und B sind *komplementär* zueinander, wenn sie miteinander inkompatibel sind und alles entweder unter den durch A oder den durch B benannten Begriff fällt.

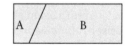

Die Komplementarität ist das Gegenstück zur Synonymie. Auf Satzebene entspricht der Komplementarität die Kontradiktion (s. Kap. 5.2.2). Zwei inkompatible Ausdrücke haben als Extensionen unterschiedliche Mengen, die sich nicht überschneiden dürfen und sie decken eine bestimmte größere Menge (zum Beispiel die Menge der Blumen) nicht vollständig ab. Es kann weitere Ausdrücke geben, deren Extension ebenfalls eine Untermenge derselben größeren Menge ist. Die Extensionen von komplementären Ausdrücken teilen im Gegensatz dazu eine Menge vollständig in zwei Teilmengen auf. Alle Elemente dieser Menge gehören entweder in die Extension des einen oder in die des anderen Ausdrucks. Dieser Unterschied ist auch in den beiden Grafiken in (40) und (41) dargestellt.

Ein ähnlicher Fall ist die **Antonymie**. Die Antonymie kann zwischen der Komplementarität und der Inkompatibilität angesiedelt werden. Genauso wie zwei komplementäre Ausdrücke bilden auch zwei antonyme Ausdrücke ein Gegensatzpaar. Etwas, das *heiß* ist, kann nicht gleichzeitig *kalt* sein. Im Gegensatz zu diesen teilen zwei Antonyme aber einen bestimmten Bereich nicht vollständig auf. In dieser Hinsicht gleichen sie heteronymen Ausdrücken. Die antonymen Ausdrücke *heiß* und *kalt* sind die relativen Endpunkte auf einer Skala, die durch die Temperatur festgelegt wird. Dazwischen kann es noch zahlreiche weitere Zustände geben, für die wir weitere Ausdrücke haben. Im Fall von *heiß* und *kalt* gibt es noch Wörter wie *kühl*, *lauwarm* oder *warm*. Weitere Beispiele sind *groß* und *klein* oder *traurig* und *fröhlich*. Zur Bedeutung von antonymen Ausdrücken gehört immer eine Skala, die sie bezüglich einer bestimmten Dimension ordnet.

(42) Zwei Ausdrücke A und B sind *antonym*, wenn sie miteinander inkompatibel sind und die durch A und B benannten Begriffe die Endpunkte einer Skala bilden.

Eine interessante Beobachtung ist, dass es zwischen antonymen Wörtern eine gewisse Asymmetrie gibt. In bestimmten Kontexten wie in (43) kann nur eines von zwei antonymen Wörtern verwendet werden. Das neutrale oder unmarkierte Wort repräsentiert die Skala als Ganzes. Darüber hinaus gibt es Ausdrücke, die den Endpunkt von verschiedenen Skalen bilden können. *Alt* ist zum Beispiel ein Antonym zu *neu* und zu *jung*.

(43) a. Wie groß/alt/schwer bist du?   vs.   *Wie klein/jung/leicht bist du?
      b. Die Größe   vs.   *Die Kleine/*Kleinheit

Bisher haben wir nur ›horizontale‹ semantische Relationen besprochen. Im Gegensatz dazu führen die Relationen der **Hyponymie** und **Hyperonymie** eine ›vertikale‹ hierarchische Ordnung zwischen den Bedeutungen sprachlicher Ausdrücke ein. *Blume* ist ein Hyperonym von *Rose* und *Rose* ein Hyponym von *Blume*, weil *Blume* ein Oberbegriff zu *Rose* ist. *Rose* lässt sich immer durch *Blume* ersetzen, weil jede Rose eine Blume ist. *Blume* lässt sich dagegen nicht durch *Rose* ersetzen, da nicht jede Blume eine Rose ist.

(44) Ein Ausdruck A ist ein *Hyperonym* eines Ausdrucks B, wenn alles, was unter den durch B benannten Begriff fällt, auch unter den durch A benannten Begriff fällt, aber nicht umgekehrt.

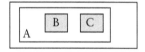

Mithilfe der semantischen Relationen lassen sich ganze **Wortfelder** strukturieren, wobei die Hyponym-Relation eine hierarchische Ordnung einführt (vgl. Lutzeier 1981/1993). Unter das Hyperonym *Pflanze* fallen zahlreiche Hyponyme wie zum Beispiel *Blume*, *Baum* oder *Busch*. Diese Hyponyme sind selbst wieder Hyperonyme von anderen Ausdrücken. So sind zum Beispiel *Rose*, *Nelke*, *Tulpe* oder *Iris* Hyponyme des Hyperonyms *Blume*. Die Hyponyme eines Hyperonyms werden **Kohyponyme** genannt. Zwei Kohyponyme sind inkompatibel. In unserer Grafik in (44) sind B und C Kohyponyme des Hyperonyms A. Die Hyperonymie ist die lexikalische Entsprechung der Implikation. Jeder Satz, der zum Beispiel das Hyponym *Rose* enthält, impliziert den Satz, in dem dieses Hyponym durch das entsprechende Hyperonym *Blume* ersetzt wird. Ein der Hyponymie ähnlicher Fall ist die **Meronymie**. Hier liegt eine Teil-von-Beziehung vor. *Mund* und *Nase* sind Teile des *Kopfes*. Allerdings lässt sich ein meronymer Ausdruck in einem Satz im Gegensatz zu einem hyponymen Ausdruck nicht ohne weiteres durch das entsprechende Gegenstück ersetzen. Wenn jemand einen roten

Mund hat, dann hat sie oder er noch lange keinen roten Kopf und umgekehrt. Wenn aber jemand rote Rosen kauft, dann kauft sie oder er auch rote Blumen.

Manche Ausdrücke implizieren andere Ausdrücke, ohne dass zwischen ihnen eine der oben genannten Relation besteht. *Töten* impliziert zum Beispiel *sterben* und *kaufen verkaufen*. In (45) ist die Implikation mit dem Pfeil ›→‹ dargestellt. Im ersten Paar ist das mit *sterben* beschriebene Ereignis ein Teil des mit *töten* beschriebenen Ereignisses. Das zweite Paar beschreibt dieselbe Situation aus zwei verschiedenen Perspektiven. Die entsprechende Relation wird **Konversion** genannt und oft als ein besonderer Fall unter die Antonymie subsumiert.

(45)   a. Wilhelm Tell hat Geßler getötet. → Geßler ist gestorben.
       b. Jörg kauft einen neuen Polo Diesel beim VW-Händler. → Der VW-Händler verkauft Jörg einen neuen Polo Diesel.

Semantische Relationen setzen lexikalische Ausdrücke in Beziehung zueinander, so dass sich durch die Beziehungen zwischen den Bedeutungen einzelner Wörter ganze Wortfelder bestimmen lassen. In Paraphrasen verwenden wir unter anderem semantisch verwandte Ausdrücke und geben die semantische Relation an, in der sie zu dem zu umschreibenden Ausdruck stehen. Die unterschiedlichen semantischen Relationen erzeugen ein äußerst komplexes Netzwerk von sprachlichen Ausdrücken und organisieren so unser mentales Lexikon (s. Kap. 2.1.4). Es gibt genügend Evidenz aus der Psycho- und Neurolinguistik, die darauf hindeutet, dass semantische Relationen eine psychologische Realität besitzen (vgl. Aitchinson 1987, Schwarz 1992a). So werden bei einem bestimmten Versprechertyp wie in den Beispielen (46a, b) vor allem antonyme und inkompatible Ausdrücke vertauscht und es kann passieren, dass semantisch verwandte Idiome wie in (46c) zusammengeworfen werden. Wörter werden auch schneller erkannt, wenn vorher schon ein Wort erwähnt wurde, das in einer bestimmten semantischen Relation zu dem zu erkennenden Wort steht. Zudem verwenden Aphasiker sehr oft inkompatible, hyperonyme oder hyponyme Ausdrücke statt des richtigen Ausdrucks (also zum Beispiel *Stuhl* statt *Tisch*). Die Beispiele in (46) sind aus Keller und Leuninger (1993).

(46)   a. Die Abende sind schon kurz   < lang
       b. Gib doch mal die Dose mit den Möhren   < Erbsen
       c. Er hat mir Honig in die Augen geschmiert   < Sand in die Augen streuen und
                                          < Honig um den Bart schmieren

Psycholinguistische Befunde zeigen, dass vor allem die symmetrischen semantischen Relationen, also die Relationen zwischen gleichwertigen Ausdrücken, eine wichtige Rolle bei der Organisation des mentalen Lexikons übernehmen. Die asymmetrische Relation der Hyponymie scheint dagegen nicht so wichtig zu sein. Die paradigmatischen semantischen Relationen bestehen zwischen Ausdrücken, die zur selben Wortart gehören. Daneben spielen aber auch noch semantische Relationen, die Wörter verschiedener Wortarten verbinden, eine wichtige Rolle. Manche Ausdrücke können aufgrund gemeinsamer semantischer Merkmale in Gruppen zusammengefasst werden (wie zum Beispiel *Vogel*, *fliegen* und *Flügel* oder *Nacht*, *schwarz* oder *dunkel*). Wieder andere lassen sich aufgrund unseres enzyklopädischen Wissens mithilfe sog. **Frames** oder **Scripts** klassifizieren. Frames enthalten Informationen, die wir typischerweise mit einem Objekt in Verbindung bringen, wohingegen Scripts typische Informationen über Situationstypen wie ›ins Restaurant gehen‹ oder ›einen Arzt besuchen‹ enthalten (vgl. Taylor 1989).

5.3.3 | Lexikalische Dekomposition

Zwischen sprachlichen Ausdrücken bestehen vielfältige semantische Relationen. Wie lässt sich nun aber die deskriptive Bedeutung, die Intension, eines einzelnen sprachlichen Ausdrucks erfassen? Die Bedeutung des etwas aus der Mode gekommenen Worts *Junggeselle* kann man als ›ein noch unverheirateter Mann‹ paraphrasieren und demnach mithilfe der Bedeutungen der Wörter *noch unverheiratet, männlich* und *erwachsen* eindeutig bestimmen (wobei man einschränkend hinzufügen sollte, dass man heutzutage wohl nicht mehr jeden unverheirateten Mann einen Junggesellen nennen würde).

In Kapitel 5.2.4 wurde schon erwähnt, dass in der Semantik oft zwischen der wörtlichen Bedeutung eines Ausdrucks und zusätzlichem enzyklopädischen Wissen unterschieden wird, wobei die Grenze nicht immer eindeutig zu ziehen ist. Die wörtliche Bedeutung eines Ausdrucks besteht aus den Bedeutungsaspekten, die notwendigerweise zu der Bedeutung dieses Ausdrucks gehören. Ein *Junggeselle* ist zum Beispiel immer männlich, erwachsen und noch unverheiratet. Zusätzliche Eigenschaften wie alleine wohnen, unrasiert sein, eine unaufgeräumte Wohnung haben und jung sein können zwar durchaus typisch für einen Junggesellen sein, sind aber nicht notwendig.

Die **Merkmalssemantik** oder **Komponentenanalyse** geht nun von der Voraussetzung aus, dass die wörtlichen Bedeutungen von sprachlichen Ausdrücken nicht atomare, nicht weiter analysierbare Einheiten sind, sondern in elementare Bestandteile zerlegt werden können (vgl. Katz 1972, Lyons 1977, Lüdi 1985, Pustejovsky 1995). Diese elementaren Bestandteile werden **semantische Merkmale**, semantische Komponenten oder **Seme** genannt. Ein wesentlicher Bestandteil des Ausdrucks *Kater* ist zum Beispiel die Eigenschaft, ein männliches Lebewesen zu sein, das nicht menschlich ist. *Kater* kann demnach unter anderem in die Bedeutungskomponenten BELEBT, MÄNNLICH (oder NICHT WEIBLICH) und NICHT MENSCHLICH zerlegt werden. Die Ausdrücke *Katze* und *Kater* teilen sich alle Bedeutungskomponenten bis auf WEIBLICH (oder NICHT MÄNNLICH). Die Bedeutung eines Ausdrucks ist die Summe aller distinktiven semantischen Merkmale und kann als eine Liste, die alle notwendigen und hinreichenden Merkmale enthält, dargestellt werden.

(47)   a. *Kater* = [+BELEBT, –WEIBLICH, –MENSCHLICH, …]
        b. *Katze* = [+BELEBT, +WEIBLICH, –MENSCHLICH, …]

Dieses Vorgehen ist uns aus Kapitel 3 zur Phonologie bekannt, wo Laute als Bündel von elementaren distinktiven artikulatorischen Merkmalen analysiert werden (z. B. [p] = [–stimmhaft, +plosiv, …]). Genauso wie ein Laut mithilfe allgemeiner phonologischer Merkmale eindeutig bestimmt werden kann, sollte sich auch die Bedeutung eines Ausdrucks mithilfe allgemeiner semantischer Merkmale eindeutig bestimmen lassen. Semantische Merkmale sind elementare Bausteine, in die sich Wortbedeutungen zerlegen lassen. Dieses Vorgehen ist allerdings nur dann sinnvoll, wenn es uns wie in der Phonologie gelingt, eine endliche und möglichst kleine Menge von elementaren Merkmalen zu ermitteln, die im besten Fall sogar noch universelle Gültigkeit haben (zur Gewinnung von semantischen Merkmalen vgl. Lüdi 1985). Mithilfe von Merkmalen lassen sich wie in (48) ganze Klassen von Ausdrücken zusammenfassen. Der Bedeutungsunterschied zwischen *Junggeselle* und *Jungfrau* lässt sich allerdings nicht alleine mit dem Merkmal [±WEIBLICH] erklären.

(48) a. [−WEIBLICH]   = {*Mann, Junge, Junggeselle, Kater, Stier, Hengst, ...*}
      b. [+WEIBLICH]   = {*Frau, Mädchen, Jungfrau, Katze, Kuh, Stute, ...*}

Ein Merkmal ist dann relevant, wenn sich damit ein Bedeutungsunterschied zwischen zwei Ausdrücken erfassen lässt. Die Namen der Merkmale sollten uns zunächst nicht irritieren. [± MENSCHLICH] steht nicht für den natürlichsprachlichen Ausdruck *menschlich*. Um diesbezüglich Verwirrung zu vermeiden, schreiben wir die semantischen Merkmale in Großbuchstaben. Semantische Merkmale sind zunächst einmal Hilfsmittel, um die Bedeutung von Ausdrücken in elementare Bestandteile zu zerlegen. Welche Merkmale am Ende übrig bleiben, wird sich nach einer vollständigen Analyse aller Ausdrücke einer Sprache herausstellen.

Die Merkmalssemantik wird unserer semantischen Fähigkeit gerecht, die Bedeutung von vielen sprachlichen Ausdrücken relativ problemlos in Teilbedeutungen zu zerlegen und sie liefert die Kriterien für die Bestimmung der Extension. Zudem erleichtert sie die Beschreibung von zentralen Bedeutungsbestandteilen von Ausdrücken und von Bedeutungsunterschieden zwischen Ausdrücken. Die Bedeutung des Ausdrucks *Katze* unterscheidet sich zum Beispiel von der Bedeutung von *Kater* in der Spezifizierung des Merkmals [±WEIBLICH]. Ein *Mädchen* ist im Gegensatz zu einer *Frau* [−ERWACHSEN] und ein *Fluss* im Gegensatz zu einem *See* [+FLIESSEND]. Dieses Verfahren lässt sich auch auf ganze Wortfelder anwenden. Die einzelnen Ausdrücke eines Wortfelds haben mindestens ein Merkmal gemeinsam. Hinsichtlich weiterer Merkmale unterscheiden sie sich teilweise, wobei sich jeder Ausdruck in mindestens einem Merkmal von den anderen Ausdrücken unterscheidet. (49) ist eine (unvollständige) Analyse der Bezeichnungen für Universitätsangehörige.

(49) Komponentenanalyse der Universitätsangehörigen

	Student	Hiwi	Assistent	Professor	Sekretär	...
[UNI-ANGEHÖRIGER]	+	+	+	+	+	...
[WEISUNGSBEFUGT]	−	−	−	+	−	...
[LEHRKRAFT]	−	−	+	+	−	...
[ANGESTELLT]	−	+	+	+	+	...
[AUSZUBILDENDER]	+	+	±	−	−	...
...	...	...	...	...	...	...

Mithilfe der Merkmalssemantik können wir auch ableiten, warum es keine *verheirateten Junggesellen* gibt. Semantische Unverträglichkeit ist zumindest teilweise Unverträglichkeit der semantischen Merkmale. Dasselbe gilt für semantische Abweichungen (s. Kap. 5.2.2). (50b) ist deshalb seltsam, weil das Objekt des Verbs *trinken* als [+FLÜSSIG] spezifiziert sein muss, ein *Tisch* aber als [−FLÜSSIG] spezifiziert ist. Beispiele wie *ein toter Vogel* oder *ein falscher Freund* zeigen allerdings, dass sich diese Erklärung nicht ohne weiteres auf alle Beispiele übertragen lässt.

(50) a. *ein verheirateter Junggeselle
      b. *Susi trinkt den Tisch

Ein weiterer Punkt ist, dass sich die im vorherigen Abschnitt diskutierten semantischen Relationen mithilfe semantischer Merkmale definieren lassen. So enthalten synonyme Ausdrücke genau dieselben semantischen Merkmale, die zudem alle gleich spezifiziert sind. Heteronyme wie die Universitätsangehörigen in (49) teilen sich mindestens ein gleich spezifiziertes Merkmal. In der Spezifizierung der anderen Merkmale unterscheidet sich jeder Ausdruck in mindestens einem Merkmal von den anderen. Bei komplementären Ausdrücken führt die binäre Spezifizierung eines Merkmals zu einer Zweiteilung einer Menge von Objekten. Komplementäre Ausdrücke sind gute Kandidaten für semantische Merkmale. Ihre Bedeutung scheint nur durch ein einziges Merkmal bestimmt zu sein. Einer von zwei komplementären Ausdrücken lässt sich direkt durch den negativen, der andere durch den positiven Wert eines Merkmals bestimmen. *Männlich* ist demnach [–WEIBLICH] und *weiblich* [+WEIB-LICH]. Antonymien können wir mithilfe relativer Merkmale wie [±MINIMAL] und [±MAXIMAL] oder [ÜBER/UNTER DER NORM] beschreiben. Hyponyme enthalten schließlich alle entsprechend spezifizierten Merkmale ihres Hyperonyms und darüber hinaus noch ein oder einige weitere Merkmale. Ein *Rabe* enthält zum Beispiel dieselben Merkmale wie *Vogel*, hat aber darüber hinaus noch das Merkmal [+SCHWARZ], durch das er sich von den meisten anderen Vögeln unterscheidet. Ein Hyponym können wir demnach immer über sein Hyperonym und die zusätzlichen Merkmale definieren, ein Verfahren, das auch in Paraphrasen oft Anwendung findet. Ein weiteres fruchtbares Anwendungsgebiet der lexikalischen Dekomposition ist die semantische Analyse von Verben (s. Kap. 5.4.1).

Die klassische Merkmalssemantik ist also durchaus ein hilfreiches Instrument bei der Beschreibung der Bedeutung von sprachlichen Ausdrücken. Im Vergleich mit der Phonologie tun sich allerdings einige gravierende Mängel auf (vgl. auch Kempson 1977). Im Unterschied zur Phonologie ist in der Semantik weder eine vollständige Komponentenanalyse aller Ausdrücke einer Sprache mithilfe eines überschaubaren Inventars an Merkmalen noch eine unabhängige psychologische oder neurophysiologische Begründung der semantischen Merkmale gelungen. Bisher gibt es keine befriedigende Analyse der Bedeutung aller Ausdrücke einer Sprache mithilfe einer endlichen Menge universeller semantischer Merkmale. Es ist nach wie vor unklar, welche und wie viele Merkmale wir hierzu benötigen und ob diese Merkmale nicht wiederum in weitere elementare Einheiten zerlegt werden können. Dasselbe gilt für eine mögliche psychologische oder neurophysiologische Begründung von Merkmalen. Die meisten phonologischen Merkmale können phonetisch (artikulatorisch) definiert werden. Im Gegensatz dazu ist der psychologische oder neurophysiologische Status von semantischen Merkmalen nach wie vor unklar. Außerdem haben psycholinguistische Experimente bisher keine zwingende Evidenz für die Annahme geliefert, dass sich Bedeutungen in elementare semantische Merkmale zerlegen lassen. Sie zeigen aber, dass wir in der Lage sind, semantische Bezüge zwischen unterschiedlichen Wörtern auf der Grundlage unseres enzyklopädischen Wissens zu etablieren (zum Beispiel durch unser Wissen über typische Situationen). Diese Bezüge lassen sich nun aber sehr wahrscheinlich nicht nur mithilfe binärer semantischer Merkmale erklären. Es gibt also Bedeutungsaspekte, die eine Merkmalssemantik nicht ohne weiteres erfassen kann (vgl. Aitchison 1987).

Bei näherer Betrachtung stellt sich zudem schnell heraus, dass es zahlreiche Abhängigkeiten zwischen verschiedenen semantischen Merkmalen gibt. So wird es kein Merkmalsbündel geben, in dem [+VERHEIRATET] und [–BELEBT] vorkommt. Dahinter versteckt sich die allgemeinere Frage, wie unzulässige Merkmalsbündel prinzipiell ausgeschlossen werden können und ob es entsprechende Redundanzregeln gibt, mit denen sich diese Abhängigkeiten formulieren lassen. Vor ein anderes Problem stellen uns relationale Merkmale. Ein *Fluss* unterscheidet sich von einem *Bach* durch das Merkmal [±GROSS]. Im Gegensatz zu absoluten Merkmalen wie [±WEIBLICH] können wir die Größe eines Gegenstands nicht absolut bestimmen, sondern immer nur relativ zu einem Objekt. Ein *grauer Elefant* ist ein Lebewesen, das grau ist und ein Elefant ist. Ein *kleiner Elefant* ist dagegen kein Lebewesen, das klein ist und ein Elefant ist. (51) illustriert denselben Sachverhalt. Nur in (51a) implizieren die ersten beiden Sätze den dritten.

(51) a. Da läuft etwas Graues. Es ist ein Elefant. $\longrightarrow$ Es ist ein grauer Elefant.
     b. Da läuft etwas Großes. Es ist ein Elefant. $\longrightarrow\!\!\!/$ Es ist ein großer Elefant.

Ein anderes Problem ist, dass wir nicht ausschließen können, dass die Bedeutung eines Ausdrucks letztlich nur über ein Merkmal eindeutig bestimmt werden kann, das extra dafür eingeführt wird. Das Erklärende und das Erklärte würden in diesem Fall zusammenfallen und wir könnten die Bedeutung sprachlicher Ausdrücke nicht mehr unabhängig bestimmen. Die Merkmalssemantik ist vor allem für die Analyse der Bedeutung von bestimmten Inhaltswörtern geeignet. Daneben gibt es allerdings noch eine ganze Reihe anderer Wörter wie zum Beispiel Funktionswörter, Präpositionen, deiktische Ausdrücke, Eigennamen oder Farbadjektive, bei denen uns diese Art der semantischen Analyse nicht weiterhilft. Der gravierendste Einwand gegen die klassische Merkmalssemantik ist aber, dass viele natürlichsprachliche Ausdrücke sich durch eine gewisse Unschärfe oder **Vagheit** auszeichnen (vgl. Pinkal 1991). Im Gegensatz zu *Junggeselle* lässt sich die Bedeutung vieler sprachlicher Ausdrücke nicht mithilfe einer Liste von semantischen Merkmalen eindeutig bestimmen. Das Wort *Haustier* bezeichnet zum Beispiel eine sehr heterogene Klasse von Tieren, die mehr oder weniger typische Vertreter enthält. Diese vagen Kandidaten sind das Thema des nächsten Abschnitts.

Aufgabe 5:
a. Nehmen Sie jeweils zwei Ausdrücke aus der folgenden Menge und bestimmen Sie die Sinnrelation, die zwischen ihnen besteht: *Briefmarke, Fahrzeug, reich, Haus, Postwertzeichen, Cabrio, Dackel, arm, Dach, Dalmatiner*.
b. Ordnen Sie die folgenden Ausdrücke mithilfe der Hyponym-Relation: *Öltanker, Kleinwagen, Flugzeug, Sportflieger, Schiff, Auto, Bus, Motorrad, Geländewagen, LKW, Fähre, S-Bahn, Sportwagen, Fahrzeug, Jagdbomber, Verkehrsmittel, Passagierflugzeug, Segelboot, ICE, Bagger, Transportflugzeug und Kombi*.
c. Analysieren Sie das folgende Wortfeld mithilfe von semantischen Merkmalen: *Fluss, See, Bach, Teich, Kanal, Meer, Tümpel*.

5.3.4 | Prototypen

Die klassische Merkmalssemantik geht davon aus, dass sich die wörtliche Bedeutung eines sprachlichen Ausdrucks durch eine begrenzte Anzahl distinktiver Merkmale klar bestimmen lässt. Dies bedeutet, dass alle Merkmale auf alle Elemente in der Extension gleichermaßen zutreffen. Entweder gehört ein Element eindeutig in die Menge der mit einem Ausdruck bezeichneten Dinge oder nicht. Es gibt nun allerdings viele sprachliche Ausdrücke, auf die dies nicht zutrifft. Wir können zum

Beispiel einerseits von einem *seltsamen Hund* oder von einem *komischen Stuhl* sprechen. Andererseits können wir einen Schäferhund als *typischen Hund* bezeichnen. Die Sprache stellt uns Mittel zur Verfügung (z.B. sog. Heckenausdrücke wie *typisch* oder *seltsam*), die Zugehörigkeit eines Gegenstands oder Lebewesens zu der mit einem bestimmten Ausdruck bezeichneten Gruppe graduell zu erfassen. Die Grenzen zwischen den Bedeutungen von verschiedenen Ausdrücken scheinen fließend zu sein. Dies hat schon Erdmann (1901) in der Einleitung zu seinem Buch ›Die Bedeutung des Wortes‹ festgehalten: »Die Grenzen der Wortbedeutung sind verwaschen, verschwommen, zerfließend. Treffender [...] wird meines Erachtens der Sachverhalt gekennzeichnet, wenn man [...] von einem Grenzgebiet, das einen Kern einschließt, [redet].« In den meisten Fällen ist es nicht möglich, eine begrenzte Anzahl von notwendigen und hinreichenden semantischen Merkmalen anzugeben, die die Bedeutung eines Ausdrucks exakt festlegen (vgl. Smith/Medin 1981).

Nehmen wir einmal an, zur Bedeutung von *Hund* gehören unter anderem die in (52) dargestellten Merkmale. Nehmen wir außerdem an, dass der arme *Hasso* aufgrund eines bedauerlichen Unfalls nur noch drei Beine hat, vor lauter Frust nicht mehr bellen mag und auch die Lust am Schwanzwedeln verloren hat. Ist *Hasso* dann kein Hund mehr? Die meisten Menschen würden *Hasso* nach wie vor mit dem Ausdruck *Hund* bezeichnen (sie würden ihn vielleicht einen *armen Hund* nennen), obwohl in diesem Fall gewisse semantische Merkmale von *Hund* nicht mehr erfüllt sind.

(52)   *Hund*   = [+VIERBEINIG, +BELLEND, +SCHWANZWEDELND, ...]

Ein ähnliches Problem ergibt sich bei der Bestimmung der Bedeutung von *Stuhl*. Was sind die notwendigen semantischen Merkmale, die die Bedeutung dieses Ausdrucks festlegen? Können wir auf Grundlage dieser Merkmale die Sitzgelegenheiten in (53) eindeutig in Stühle und Nicht-Stühle (zum Beispiel Sessel oder Hocker) einteilen? Psycholinguistische Experimente haben gezeigt, dass Sprecher übereinstimmend typische Vertreter mit dem entsprechenden Ausdruck benennen. Bei untypischen Vertretern gibt es dagegen große Unterschiede bei der Benennung. In unserem Beispiel sind die typischen Vertreter wohl das zweite und das vierte Objekt.

(53)

Dies zeigt, dass die konzeptuellen Repräsentationen, mit denen sprachliche Ausdrücke verbunden sind, meistens keine klaren Grenzen haben. Damit lassen sich aber auch die Bedeutungen von sprachlichen Ausdrücken nicht klar bestimmen. Ein bekanntes Beispiel ist die Bedeutung des Wortes *Spiel* (vgl. Wittgenstein 1953). Spiele können alleine, zu zweit oder in größeren Gruppen gespielt werden. Spiele können mit Bewegung, mit Phantasie, mit Glück oder mit Intelligenz zu tun haben. Manche Spiele haben Gewinner, andere nicht. Manche werden von Kindern gespielt und manche von Erwachsenen. Bei manchen Spielen kann man viel Geld gewinnen und verlieren, bei anderen wiederum nicht. Die Tätigkeiten, die wir mit dem Wort *Spiel* bezeichnen, haben so heterogene Eigenschaften, dass es wohl unmöglich ist, auch nur ein einziges semantisches Merkmal zu bestimmen, das sich alle Spiele teilen. Was hier vorliegt, ist vielmehr ein Netz von wechselseitigen Ähnlichkeiten, wobei manche Spiele mehr Ähnlichkeiten mit anderen aufweisen und andere weniger. Wittgenstein spricht in diesem Fall von **Familienähnlichkeiten**.

Das Stuhlbeispiel in (53) unterscheidet sich vom Spielbeispiel ein klein wenig, weil es in diesem Fall möglich ist, einen typischen Vertreter der Kategorie STUHL zu bestimmen. Wir haben also nicht ein Netz von Ähnlichkeiten, sondern eher einen Kreis mit einem Zentrum (oder Kernbereich) mit zentralen Instanzen und unscharfen Rändern. Diese zentrale(n) Instanz(en) nennt man **Prototyp** (vgl. Rosch 1973/1975, Kleiber 1993 und Taylor 1989). Prototypen repräsentieren die Standardbedeutung eines sprachlichen Ausdrucks. In den peripheren Bereichen sind die weniger typischen Vertreter angesiedelt, die auch noch von dem entsprechenden Ausdruck erfasst werden. Hier sind die Übergänge zu den Bedeutungen von benachbarten Ausdrücken graduell. Die konzeptuelle Unschärfe von Kategorien führt dazu, dass auch die Bedeutung von sprachlichen Ausdrücken unscharf wird. Wir können nicht immer eindeutig bestimmen, ob eine Sitzgelegenheit ein Stuhl, ein Hocker oder ein Sessel ist oder ob ein bestimmtes Gefäß eine Tasse, eine Schale oder ein Becher ist. Bei der Herausbildung von Prototypen spielen verschiedene Kriterien wie Häufigkeiten, gesellschaftliche Relevanz oder das enzyklopädische Wissen eine Rolle. Prototypen ermöglichen uns eine ökonomische Organisation unseres konzeptuellen Wissens. Wir müssen nicht jedes uns bekannte Lebewesen oder jeden Gegenstand, das oder den wir mit einem Ausdruck bezeichnen können, einzeln abspeichern, da wir neue Lebewesen oder Gegenstände jeweils mit einem Prototypen abgleichen können. Dies ermöglicht es uns auch, einen dreibeinigen, nicht bellenden Hund wie Hasso als *Hund* zu bezeichnen. Ein typischer Vertreter für einen *Vogel* ist in Mitteleuropa die *Amsel*, weniger typische sind *Pinguin* oder *Strauß*.

Das Konzept der Prototypen ist auf viele verschiedene Bereiche angewandt worden, wie zum Beispiel auf die Bedeutung von Farbadjektiven oder von Verben. Prototypen sind zudem experimentell untersucht worden (vgl. Rosch 1973 und Labov 1973). Was genau man sich unter einem Prototypen vorzustellen hat, lässt sich dagegen nicht so einfach sagen. Betrachten wir dazu die konzeptuelle Hierarchie, die in (54) anhand von Fahrzeugkategorien illustriert ist.

(54)

Gegenstände können auf unterschiedlichen Ebenen nach sensorischen und funktionalen Gesichtspunkten klassifiziert werden. Die mittlere Ebene in (54) sind die **Basiskategorien** und die entsprechenden sprachlichen Ausdrücke die **Basisausdrücke**. In (54) sind *Motorrad*, *Auto* und *Lastkraftwagen* Basisausdrücke. Basiskategorien wie AUTO oder MOTORRAD sind Kategorien mit maximaler Abstraktion, die aber gleichzeitig noch eine sensorische Bestimmung erlauben. Mithilfe von Basiskategorien können wir große Mengen von relativ eindeutig bestimmbaren Objekten bilden, die möglichst viele Eigenschaften teilen und sich in möglichst vielen Eigenschaften von Objekten anderer Kategorien unterscheiden (vgl. Rosch et al. 1976). Deshalb spielen die entsprechenden Wörter im alltäglichen Leben, in psycholinguistischen Experimenten und im Spracherwerb eine zentrale Rolle. Die übergeordneten Kategorien (die Hyperonyme), die wie FAHRZEUG größere Klassen umfassen, sind weitgehend funktional bestimmt. FAHR-ZEUG umfasst sehr heterogene Kategorien wie AUTO, SCHIFF oder FLUGZEUG. Je abstrakter die Kategorie, desto weniger spielen sensorische Eigenschaften eine Rolle. Dementsprechend unterscheiden sich die Prototypen auf den verschiedenen Ebenen. Unter den Prototypen der Basiskategorien kann man sich noch konkrete Exemplare vorstellen. Dies gilt allerdings nicht für die übergeordneten Ebenen. Die Kategorie FAHRZEUG umfasst eine heterogene Klasse von Objekten, die sich nur noch wenig sensorische Eigenschaften teilen. Bei den Vertretern funktional bestimmter Kategorien gibt es kein bestes Exemplar, sondern eine Familienähnlichkeit. Prototypen scheinen hier abstraktere Informationseinheiten zu sein, die neben sensorischen Informationen vor allem auch funktionale Informationen enthalten.

An dieser Stelle kommen wieder die semantischen Merkmale ins Spiel. Es ist nicht unplausibel anzunehmen, dass semantische Merkmale bei der Bestimmung von Prototypen eine entscheidende Rolle spielen. Sensorische und funktionale Informationen können in Form von Merkmalen einen Prototypen bestimmen. Im Gegensatz zur klassischen Merkmalssemantik sind Bedeutungen in der Prototypensemantik allerdings keine begrenzte Liste von distinktiven Merkmalen. Es sind verschiedene Möglichkeiten vorstellbar, semantische Merkmale in die Prototypentheorie zu integrieren. Man könnte Merkmale entsprechend ihrer Relevanz graduieren, Mengen von unterschiedlich relevanten Merkmalen definieren oder einen Kern von Merkmalen ausmachen, von denen wiederum eine bestimmte Anzahl erfüllt sein muss. Die verschiedenen Strategien können bei unterschiedlichen Arten von Kategorien relevant zu sein. Unter Prototypen kann man sich also auch ein Verfahren vorstellen, mit dem sich der Grad der Typikalität eines Objekts ermitteln lässt (vgl. auch Blutner 1995 und Smith/Medin 1981).

5.3.5 | Polysemie und Unterspezifikation

Viele Ausdrücke sind mehrdeutig. Im Gegensatz zu einem vagen Ausdruck, dessen Extension aus einer Menge von mehr oder weniger typischen Vertretern besteht und unscharfe Ränder hat, umfasst die Extension eines mehrdeutigen Ausdrucks mehrere verschiedene Mengen. Betrachten wir dazu noch einmal Beispiel (8c), das wir hier als (55a) wiederholen.

(55)   a. *Die Zeitung liegt auf dem Tisch und hat angerufen.
       b. Die Zeitung liegt auf dem Tisch.
       c. Die Zeitung hat angerufen.

Satz (55a) klingt seltsam, obwohl die beiden Teilsätze in (55b) und (55c) für sich genommen in Ordnung sind. Wir können mit dem Wort *Zeitung* verschiedenartige Dinge bezeichnen. In (55b) meinen wir ein Stück Papier, das mit Texten bedruckt ist. In (55c) meinen wir dagegen eine Person aus der Redaktion oder dem Vertrieb. Weitere mögliche Bedeutungen sind die Informationen, die in einer Zeitung stehen, die Firma, in der die Zeitung hergestellt wird oder das Gebäude, in dem die Redaktion arbeitet. Im Unterschied zu *Hund* oder *Auto* ist nun aber keine dieser Bedeutungsvarianten die typische Bedeutung von *Zeitung*. Die Zeitung in (55c) ist nicht weniger typisch als die Zeitung in (55b). Es handelt sich vielmehr um verschiedene gleichwertige konzeptuelle Realisierungen, die alle systematisch auf eine gemeinsame Grundbedeutung des Ausdrucks *Zeitung* zurückgehen.

Diese Art von Mehrdeutigkeit wird **Polysemie** genannt. Die Polysemie muss von zufälligen Mehrdeutigkeiten, die **Homonymien** genannt werden, unterschieden werden. Ein Beispiel für einen homonymen Ausdruck haben wir schon in (6a) kennen gelernt. Der Ausdruck *Laster* hat zwei verschiedene Bedeutungen, die nichts miteinander zu tun haben. Die Bezeichnung *Laster* für ein Nutzfahrzeug ist eine Kürzung des Wortes *Lastkraftwagen* und ist weder etymologisch noch semantisch mit *Laster* im Sinne von starken Untugenden verwandt. Ein anderes Beispiel ist das Wort *Kiefer*. In beiden Fällen unterscheiden sich die beiden Bedeutungen auch morphologisch durch das Genus (*der Laster*, aber *das Laster*, *der Kiefer*, aber *die Kiefer*). In manchen Fällen wie etwa bei *Bank* (›Sitzgelegenheit‹ oder ›Geldinstitut‹) haben die beiden Bedeutungen zwar einen gemeinsamen etymologischen Ursprung (die zweite Bedeutung hat sich aus der ersten entwickelt). Die gemeinsame Abstammung spielt heutzutage allerdings keine Rolle mehr, weil der Zusammenhang nicht mehr transparent ist. Auch bei *Bank* finden wir einen morphologischen Unterschied, diesmal bei der Pluralbildung (*die Banken*, aber *die Bänke*). Die verschiedenen Bedeutungsvarianten von polysemen Ausdrücken sind dagegen alle miteinander verwandt. Sie sind Spezifizierungen einer gemeinsamen Grundbedeutung. Weitere Beispiele für polyseme Ausdrücke sind *Oper*, *Theater*, *Kirche* oder *Schule*. Mit *Schule* können wir ebenfalls ein Gebäude, eine Person und eine Institution bezeichnen. Außerdem können wir damit wie in (56d) auch eine bestimmte Art der Beschäftigung bezeichnen.

(56) a. Die Schule spendete einen größeren Betrag.
      b. Die Schule hat neue Klassenzimmer.
      c. Die Schule hat schon wieder angerufen.
      d. Die Schule macht ihm großen Spaß.

Die Semantik interessiert sich vor allem für diese systematischen Mehrdeutigkeiten (vgl. Nunberg 1979 und Bierwisch 1983). Homonyme Ausdrücke sind semantisch betrachtet zwei verschiedene Wörter, die zweimal im (mentalen) Lexikon aufgelistet werden. Polyseme Ausdrücke haben dagegen nur einen Eintrag im (mentalen) Lexikon. Die verschiedenen Bedeutungen eines polysemen Ausdrucks gehen auf eine einheitliche abstrakte Grundbedeutung zurück. Diese Grundbedeutung wird mithilfe unseres konzeptuellen Wissens weiter spezifiziert, so dass eine konkrete Bedeutung entsteht. Erst wenn wir die unterspezifizierte Bedeutung weiter spezifiziert haben, können wir eine konkrete Menge von Objekten als Extension eines polysemen Ausdrucks festlegen. Dies können Gebäude, Personen, Institutionen oder anderes sein. Die zugrundeliegende Bedeutung von Schule könnte stark vereinfacht folgendermaßen aussehen: der Zweck einer Schule sind Lehr- und Lernprozesse. Wörter wie *Schule* haben demnach eine unterspezifizierte wörtliche Bedeutung, die wir in der ersten Zeile in (57) notiert haben. Unser konzeptuelles Wissen stellt uns nun verschiedene allgemeine Konzepte zur Verfügung, die nicht nur für Schulen gelten. Dazu gehören die Konzepte INSTITUTION, PERSON oder GEBÄUDE. Dies entspricht unserem Wissen über die Welt, dass es für bestimmte Zwecke spezielle Institutionen, Personen oder Gebäude gibt. Mit diesen Konzepten können wir unterspezifizierte Ausdrücke wie *Schule*, *Kirche* oder *Oper* je nach Kontext weiter spezifizieren. Die wörtliche Bedeutung eines polysemen Ausdrucks wird also mithilfe unseres konzeptuellen Wissens angereichert. Dem Kontext kommt dabei meistens eine disambiguierende Funktion zu. Da nur Gebäude, nicht aber Institutionen und Personen Klassenzimmer haben, legt der Satzkontext in (56b) die Interpretation von *Schule* als Gebäude nahe. Dies entspricht $Schule_2$ in (57).

(57) $Schule_0$: Zweck von x: Lehr&Lernprozess

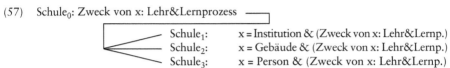

$Schule_1$:   x = Institution & (Zweck von x: Lehr&Lernp.)
$Schule_2$:   x = Gebäude & (Zweck von x: Lehr&Lernp.)
$Schule_3$:   x = Person & (Zweck von x: Lehr&Lernp.)

Dieses Vorgehen ermöglicht uns eine relativ klare Trennung zwischen wörtlicher Bedeutung und konzeptuell spezifizierten Bedeutungsvarianten. Die einzelnen Bedeutungsvarianten eines polysemen Ausdrucks haben verschiedene Intensionen und Extensionen (Gebäude, Personen, Institutionen), gehen aber alle auf eine gemeinsame Grundbedeutung zurück. Für die einzelnen Bedeutungsvarianten kann es dann wieder prototypische Vertreter geben (zum Beispiel ein prototypisches Schulgebäude oder ein prototypisches Zeitungsexemplar). Dies bedeutet, dass sich bei polysemen Ausdrücken hinter der Ebene der Prototypen eine weitere semantische Ebene der Unterspezifikation verbirgt, die es uns ermöglicht, die systematische Mehrdeutigkeit dieser Ausdrücke zu erklären. Satz (55a) zeigt außerdem, dass ein polysemer Ausdruck nicht gleichzeitig zwei unterschiedliche Spezifizierungen erlaubt (Zeugma-Effekt). Abschließend sei noch darauf hingewiesen, dass sich das Konzept der Polysemie auch auf andere Ausdrücke wie z. B. Präpositionen übertragen lässt. Im Fall der Präpositionen muss die räumliche Relation genauer spezifiziert werden.

(58)   a. Die Bücher sind im Regal.
          b. Die Holzwürmer sind im Regal.

Aufgabe 6:
a. Nennen Sie jeweils typische und untypische Vertreter für die folgenden Konzepte: *VATER, FAHRZEUG, KRANKHEIT, GEMÜSE*.
b. Überprüfen Sie anhand verschiedener Haustiere, welche der folgenden Eigenschaften prototypisch sind.
(i)   Ein Haustier lebt in der Wohnung.
(ii)   Mit einem Haustier kann man spielen.
(iii)   Ein Haustier frisst andere Tiere.
(iv)   Haustiere sind ungefährlich.
(v)   Haustiere werden nicht gegessen.
(vi)   Haustiere sind eingesperrt.
(vii)   Haustiere haben einen Namen.
(viii)   Haustiere sind Säugetiere.
(ix)   Haustiere werden gefüttert.
c. Welche zugrunde liegende Bedeutung hat der polyseme Ausdruck *Oper* und was lässt sich damit alles bezeichnen? Geben Sie jeweils ein Beispiel.

5.4 | Satzsemantik

5.4.1 | Verben, Aktionsarten und semantische Rollen

Mithilfe von Aussagesätzen lassen sich **Situationen** (oder **Ereignisse**) beschreiben (zum Begriff der Situation vgl. Barwise/Perry 1983). Diese Situationen können unterschiedliche interne temporale Strukturen haben und sie können unterschiedlich viele Mitspieler mit verschiedenen semantischen Rollen haben. Dem Verb, das in den meisten Sätzen das semantische Prädikat des Satzes ist, kommt hierbei eine zentrale Rolle zu. Eine Ausnahme dazu sind Sätze wie *Roland ist schlau* oder *Clara wird Studentin*, in denen das semantische Prädikat aus einem Hilfsverb und einem Adjektiv oder Nomen besteht. Die Bedeutung von Verben bildet eine der zentralen Nahtstellen zwischen der lexikalischen Semantik und der Satzsemantik. Verben bestimmen die Anzahl und die Kategorie ihrer **Argumente** und weisen ihnen **semantische Rollen** wie Agens, Thema oder Ziel zu (s. Kap. 2 und 4.8, vgl. Primus 2012).

(59)   Eva aß gestern Abend den Apfel im Paradies.

Eine typische Esssituation umfasst beispielsweise zwei Mitspieler, und zwar jemanden, der isst (das Agens), und etwas, das gegessen wird (das Thema). Das Verb *essen* weist demnach zwei semantische Rollen zu. Diese beiden notwendigen Teilnehmer sind in (60) in der ersten Menge links dargestellt. Andere Entitäten, wie sie zum Beispiel in der zweiten Menge rechts dargestellt sind (ein Essinstrument, ein Tisch, eine Schlange oder ein Mitesser – in unserem Beispiel Adam), sind keine notwendigen Bestandteile einer typischen Esssituation. Situationen finden außerdem an einem bestimmten Ort und zu einer bestimmten Zeit statt (in Beispiel (59) gestern Abend im Paradies).

(60)

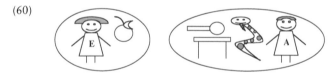

Im Gegensatz dazu hat eine Situation, in der jemand schläft, nur einen Teilnehmer, den Schläfer. Das Verb *schlafen* weist seinem einzigen Argument die semantische Rolle Agens zu. Eine Situation, in der jemand jemandem etwas gibt, hat drei Teilnehmer, die Geberin (Agens), das Gegebene (Thema) und den Rezipienten. Welche und wie viele semantische Rollen ein Verb zuweist, hängt also von der Situation ab, die ein Verb beschreibt. Manche Verben können auch mehrere semantisch zusammenhängende Situationen beschreiben. Ein Beispiel dafür ist das Verb *trocknen*. In (61a) hat *trocknen* nur ein Argument, das die semantische Rolle Thema (oder Patiens) erhält. Die sogenannte kausative Variante von *trocknen* in (61b) hat dagegen die zwei Argumente Agens und Thema.

(61)   a. Die Wäsche trocknet.
        b. Ralf trocknet die Wäsche.

Eine weitere wichtige Unterscheidung betrifft den inneren temporalen Aufbau einer Situation, die sog. **Aktionsarten** (des Öfteren wird auch der Begriff ›Aspekt‹ verwendet) (vgl. Vendler 1967, Dowty 1979, François 1985, Lohnstein 2011). Auch hier kommt dem Verb wieder eine zentrale Rolle zu. Sog. **atelische Verben** wie *lachen, schlafen* und *sitzen* bezeichnen Zustände oder einfache Aktivitäten, die nicht grenzbezogen sind. **Telische Verben** wie *sterben, erröten* und *ankommen* bezeichnen dagegen Situationen, die eine Zustandsveränderung enthalten und grenzbezogen sind. Der Endzustand ist bei telischen Verben impliziert, muss aber nicht notwendigerweise eintreten, wie der Unterschied zwischen (62a) und (62b) illustriert. In (62b) ist es eher unwahrscheinlich, dass die Soldaten den Endpunkt des Überquerens (die andere Seite des Minenfelds) auch tatsächlich erreichen.

(62) a. Die Soldaten überqueren die Brücke.
b. Die Soldaten überqueren das Minenfeld.

Der Unterschied zwischen telischen und atelischen Verben lässt sich mithilfe von Temporaladverbialen testen. So können zum Beispiel Zeitdaueradverbiale wie *zwei Stunden lang* nur atelische Verben wie *schlafen* modifizieren. Telische Verben wie *erwachen* können damit nicht oder nur mit einer iterativen Interpretation modifiziert werden. Die iterative Interpretation ›zwei Stunden lang immer wieder etwas tun‹ ist bei Verben wie *erwachen* allerdings äußerst seltsam.

(63) a. Peter schläft zwei Stunden lang.   (atelisch)
b. *Peter erwacht zwei Stunden lang.   (telisch)

Ein weiterer Unterschied zeigt sich bei der sogenannten rheinischen Verlaufsform *X ist (etwas) am Machen*. Nur mit einem atelischen Verb wie *schlafen* in (64a) impliziert die Verlaufsform den entsprechenden perfektiven Satz (64a'). Wenn Peter am Schlafen ist, dann folgt daraus immer, dass er schon (eine gewisse Zeit) geschlafen hat. Wenn Peter am Erwachen ist, dann folgt daraus aber nicht, dass er schon erwacht ist. Dieser Test wird auch ›imperfectivity paradox‹ genannt.

(64) a. Peter ist am Schlafen. $\longrightarrow$ a'. Peter hat geschlafen.   (atelisch)
b. Peter ist am Erwachen. $\longrightarrow\!\!\!/$ b'. Peter ist erwacht.   (telisch)

Sowohl atelische wie auch telische Verben lassen sich in zwei weitere Klassen unterteilen. Betrachten wir zunächst die telischen Verben, die in **Achievements** und **Accomplishments** unterteilt werden können. Achievement-Verben wie *ankommen, erwachen* oder *ausschalten* sind **punktuell**, da sie einen plötzlichen Zustandswechsel beschreiben. Accomplishment-Verben wie *sinken* oder *besteigen* beschreiben dagegen eine allmähliche Zustandsveränderung und sind deshalb **durativ**. Dieser Unterschied zeigt sich wiederum bei temporaler Modifikation. Durative Zeitdaueradverbiale wie *seit einer Stunde* können nur Accomplishments temporal modifizieren. Im Präteritum liefern Zeitspannenadverbiale wie *in zwei Stunden* dasselbe Ergebnis.

(65) a. Das Schiff sank seit einer Stunde/in zwei Stunden.   (Accomplishment)
b. Maria erwachte *seit einer Stunde/*in zwei Stunden.   (Achievement)

Atelische Verben stehen bei diesen beiden Tests zwischen Accomplishments und Achievements. Einerseits ähneln sie Achievements, weil sie ebenfalls nicht durch *in zwei Stunden* modifiziert werden können, andererseits ist wie bei Accomplishments Modifikation durch *seit zwei Stunden* möglich.

(66) Maria lachte *in zwei Stunden/seit zwei Stunden.   (atelisch)

Das folgende Schaubild gibt einen etwas vereinfachten Überblick über die interne temporale Struktur von Situationen, die atelische und telische Verben beschreiben. ›Z1‹ steht für den Anfangszustand und ›Z2‹ für den Endzustand. Die x-Achse ist die Zeitachse.

(67)   a. Atelisch   b. Telisch: Achievement   c. Telisch: Accomplishment

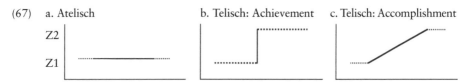

Atelische Verben sind zwar durativ, beschreiben aber keine Zustandsveränderung innerhalb eines bestimmten Zeitintervalls. Bei telischen Verben können wir dagegen eine Veränderung beobachten, die punktuell oder allmählich geschehen kann. Atelische und Achievement-Verben vertragen sich nicht mit *in zwei Stunden*, weil sie entweder keinen oder einen punktuellen Zustandswechsel beschreiben. Atelische Verben können aber wie Accomplishment-Verben durch *seit zwei Stunden* modifiziert werden, weil beide im Unterschied zu Achievements durativ sind. Die einzelnen Tests sind allerdings mit etwas Vorsicht zu genießen, da es auch einige intervenierende Faktoren gibt.

Auch **atelische Verben** lassen sich in zwei weitere Klassen unterteilen. Verben wie *schlafen* und *lachen*, die eine Aktivität beschreiben, werden **Activities** genannt und Verben wie *heißen* und *wissen*, die einen Zustand beschreiben, **States**. Activity-Verben beschreiben Situationen, die normalerweise zeitlich begrenzt sind, wohingegen State-Verben länger anhaltende Eigenschaften von Entitäten bezeichnen. Auch zwischen diesen Verben gibt es einige Unterschiede. So ist zum Beispiel bei States normalerweise kein Imperativ möglich.

(68)   a. Schlaf jetzt!   (Activity)
       b. *Heiß Helmut!   (State)

Außerdem kann die oben erwähnte rheinische Verlaufsform bei States nicht verwendet werden, weil diese keine zeitlich begrenzten Situationen beschreiben.

(69)   a. Peter ist am Schlafen.   (Activity)
       b. *Peter ist Helmut am Heißen/am Helmut-Heißen.   (State)

Ein dritter Unterschied zeigt sich in (70). Nur Satz (70a), der das Activity-Verb *lesen* enthält, ist mehrdeutig. Er hat die folgenden beiden Lesarten: (i) alle Kinder, die in dieser Klasse sind, lesen kluge Bücher und sie tun dies (auch) außerhalb des Unterrichts, oder (ii) die Kinder lesen immer dann kluge Bücher, wenn sie in ihrer Klasse sind. Die lokative PP *in dieser Klasse* kann in (70a) entweder die NP *alle Kinder* oder das Activity-Verb *lesen* modifizieren. Satz (70b), der das State-Verb *heißen* enthält, ist nicht ambig, weil das State-Verb nicht durch die lokative PP modifiziert werden kann. *In dieser Klasse* kann in (70b) nur die NP *alle Kinder* modifizieren, was Lesart (i) entspricht: alle Kinder in dieser Klasse heißen Helmut und sie heißen auch außerhalb der Klasse Helmut.

(70)   a. Susi glaubt, dass alle Kinder in dieser Klasse kluge Bücher lesen.   (Activity)
       b. Susi glaubt, dass alle Kinder in dieser Klasse Helmut heißen.   (State)

Die vier Aktionsarten ergeben die Verbklassifikation in (71) (vgl. auch Ehrich 1992). Activity-Verben beschreiben wie Accomplishments und Achievements Situationen oder

Ereignisse. Zusammen bilden diese drei Verbklassen die Klasse der **Stadienprädikate** (stage-level predicates). State-Verben beschreiben hingegen Zustände oder Eigenschaften und bilden die Klasse der **Individuenprädikate** (individual-level predicates) (vgl. Kratzer 1995).

(71)

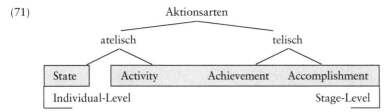

Ob ein Zustandswechsel (Achievement oder Accomplishment) oder ein Prozess (Activity) beschrieben wird, bestimmt allerdings nicht nur das Verb allein. Neben dem Verb hat auch das direkte Objekt einen maßgeblichen Einfluss auf die Telizität der beschriebenen Situation. Dies ist in (72) zu sehen.

(72) a. *Mimi las zwei Stunden lang zwei Krimis.   (telisch)
      b. Mimi las zwei Stunden lang.   (atelisch)
      c. Mimi las zwei Stunden lang Krimis.   (atelisch)

Viele zweistellige Verben wie *lesen* sind nur dann telisch, wenn das direkte Objekt, das die semantische Rolle ›Thema‹ erhält, (i) syntaktisch realisiert ist und (ii) keine kumulative, sondern eine gequantelte Referenz hat. Was kumulativ bedeutet, kann man sich mithilfe von (72a,c) verdeutlichen. **Kumulative Referenz** liegt vor, wenn auf nichtzählbare Entitäten wie *Krimis* referiert wird. Wird auf zählbare Entitäten wie *zwei Krimis* referiert, dann liegt **gequantelte Referenz** vor (*Krimis* und *Krimis* ergibt wieder *Krimis*, wohingegen *zwei Krimis* und *zwei Krimis* nicht wieder *zwei Krimis* ergibt). Der entscheidende Punkt ist nun, dass zweistellige Verben wie *lesen* nur mit einem Objekt mit gequantelter Referenz wie in (72a) einen Endpunkt implizieren. Das komplexe Prädikat *einen Krimi lesen* ›erbt‹ in diesem Fall die Telizität vom direkten Objekt.

Ein ähnliches Problem ergibt sich bei Bewegungsverben. Eine direktionale PP wie *in die Garage* führt einen expliziten Endpunkt ein. Im Gegensatz zu *fahren* ist das komplexe Prädikat *in die Garage fahren* telisch. In (73b) ist nur eine iterative Lesart möglich.

(73) a. Der Beifahrer fuhr zwei Stunden lang.   (atelisch)
      b. *Der Beifahrer fuhr zwei Stunden lang in die Garage.   (telisch)

Diese Eigenschaft von direktionalen PPn lässt sich auch bei anderen Activity-Verben wie z.B. Geräuschverben (*der Wagen brummt* vs. *der Wagen brummt um die Ecke*) und in sog. **Resultativkonstruktionen** (*Maria trank ihre Oma unter den Tisch*) beobachten. Neben direktionalen PPn können in Resultativkonstruktionen auch Adjektive den potentiellen Endpunkt der Situation bestimmen (*Maria pflegte ihre Oma danach wieder gesund*). Zudem verändern verbale Präfixe wie *be-*, *er-* oder *ver-* in *bemalen*, *erwachen* oder *verjubeln* die Aktionsart des Basisverbs. Die Aktionsarten werden demnach nicht ausschließlich von den Verben festgelegt, sondern zumindest teilweise auch von anderen Konstituenten im Satz und von verbalen Präfixen.

Die semantischen Relationen und Aktionsarten sind zwei Bereiche, die im Rahmen der lexikalisch-konzeptuellen Semantik ausführlich analysiert wurden (vgl. Jackendoff 1983/1990). Die lexikalisch-konzeptuelle Semantik zerlegt die Bedeutung eines Verbs in einzelne semantische Bestandteile (s. Kap. 5.3.3). Im Unterschied zur traditionellen Komponentenanalyse erfasst die **Dekomposition von Verben** allerdings nicht die vollständige Bedeutung eines Verbs, sondern nur grammatisch relevante Eigenschaften, so dass mithilfe von Dekompositionen grammatisch relevante Verbklassen gebildet werden können. Die interne Struktur der Verben *sterben* und *töten* lässt sich mithilfe der (großgeschriebenen) semantischen Basisprädikate BE, BECOME und CAUSE etwas vereinfacht wie in (74) darstellen. *Sterben* beschreibt einen Zustandswechsel, der nicht (notwendigerweise) extern verursacht wird. *Töten* beschreibt die externe Verursachung dieses Zustandswechsels. BECOME ist ein wesentlicher Bestandteil von allen Verben, die einen Zustandswechsel beschreiben, und CAUSE von Verben, die eine externe Verursachung eines Geschehens beschreiben. Die semantische Repräsentation beider Verben enthält außerdem das Prädikat $BE_{not-alive}(y)$. ›Not-alive‹ spezifiziert dabei das allgemeine Basisprädikat BE, so dass wir den für die beiden Verben *sterben* und *töten* spezifischen Endzustand erhalten, der im Deutschen durch das Adjektiv *tot* ausgedrückt wird.

(74) a. *sterben*:   [BECOME [$BE_{not-alive}(y)$]]
       b. *töten*:   [CAUSE [x, BECOME [$BE_{not-alive}(y)$]]]
       c. *trocknen*: [CAUSE [x, BECOME [$BE_{dry}(y)$]]]
       d. *gehen*:   [GO [x, TO (y)]]

Die beiden Bedeutungen des Verbs *trocknen* in (61) haben eine gemeinsame lexikalisch-konzeptuelle Struktur, die die optionale Komponente CAUSE x enthält, was in (74c) durch die gestrichelte Linie gekennzeichnet ist. Die kausative Variante (61b) unterscheidet sich nur in dieser Komponente von ihrem nicht-kausativen Gegenstück (61a). Mithilfe der Prädikate GO und TO können zudem Bewegungsverben wie *gehen* in (74d) dekomponiert werden.

Die Bedeutung eines Verbs setzt sich aus allgemeinen Bausteinen wie BE, CAUSE und BECOME, und idiosynkratischen Bedeutungsaspekten wie ›not-alive‹ zusammen. Weitere idiosynkratische semantische Beschränkungen wie zum Beispiel die Art des Tötens oder Sterbens können ebenfalls in der konzeptuellen Struktur des jeweiligen Verbs festgehalten werden. Die Dekompositionsanalyse ermöglicht es, Verben nach dem internen Aufbau ihrer lexikalisch-konzeptuellen Struktur zu klassifizieren. Für die Verbklassifikation sind vor allem die allgemeinen Basisprädikate relevant. Die semantische Struktur aller Achievement- und Accomplishment-Verben enthält zum Beispiel das Prädikat BECOME. Sind diese Verben auch kausativ, dann enthält ihre semantische Struktur zudem das Prädikat CAUSE. Die semantische Struktur von Activity-Verben wie *lachen* in (75a) besteht dagegen nur aus dem einfachen Basisprädikat DO, das wie BE durch die Art der vom Verb beschriebenen Aktivität spezifiziert werden kann.

(75) *lachen*:   [$DO_{laugh}(x)$]

Der Unterschied zwischen telischen und atelischen Verben spiegelt sich demnach in der lexikalisch-konzeptuellen Struktur eines Verbs. Dasselbe gilt für die semantischen Rollen. Agens entspricht zum Beispiel dem ersten Argument von CAUSE (›x‹ in

(74b,c)) und Thema dem Argument von BE (›y‹ in (74a–c)). Für eine einigermaßen vollständige Dekomposition aller Verben und eine ebenso vollständige Bestimmung aller semantischen Rollen sind natürlich noch weitere Basisprädikate nötig.

Aufgabe 7:
a. Bestimmen Sie die Aktionsart der folgenden Beispiele mithilfe der oben genannten Tests: *schwimmen, einschlafen, essen, abstammen, verkochen, (ein Glas) Wein trinken, den Wagen schieben, den Wagen beladen.*
b. In welchem der folgenden Beispiele lässt sich die Aktionsart verändern?
(i) Maria malte ein Bild. (ii) Martin half dem Freund. (iii) Das Paar tanzte einen Walzer.
c. Erläutern Sie mithilfe der Schaubilder in (67), welche Zeitintervalle die Temporaladverbiale in den Beispielen (63), (65), (66) und (72) modifizieren.
d. Dekomponieren Sie die Verben in den folgenden Beispielen: (i) Ralf öffnete die Tür. (ii) Martina fährt nach Bremen. (iii) Das Wasser schmolz.

5.4.2 | Sätze, Situationen und Wahrheitswerte

Im Gegensatz zu der Bedeutung vieler Wörter ist die Bedeutung von Sätzen nicht im Lexikon abgespeichert. In Kapitel 5.2.1 wurde darauf hingewiesen, dass wir in der Lage sind, die Bedeutung beliebiger neuer Sätze zu verstehen, die wir vorher noch nie gehört haben. Die Bedeutung eines beliebigen Satzes wird durch die Bedeutungen der darin enthaltenen Teile und durch die Art ihrer Verknüpfung bestimmt. Das heißt, dass die Bedeutung eines beliebigen komplexen sprachlichen Ausdrucks, also zum Beispiel eines Satzes, kompositional aus den Bedeutungen der einzelnen Wörter ermittelt werden kann. Diese Einsicht ist unter dem Namen Frege- oder **Kompositionalitätsprinzip** bekannt geworden (vgl. Frege 1923, Lyons 1991).

(76)   Kompositionalitätsprinzip
       Die Bedeutung eines zusammengesetzten Ausdrucks lässt sich aus der Bedeutung seiner
       Teile und der Art der syntaktischen Verknüpfung ermitteln.

Die Entwicklung eines Verfahrens, mit dessen Hilfe sich die Bedeutung eines Satzes systematisch aus den Bedeutungen seiner Teile berechnen lässt, ist demnach eine der zentralen Aufgaben der Satzsemantik. Die Interpretation eines Satzes orientiert sich dabei an dessen syntaktischer Struktur. Parallel zu den syntaktischen Regeln gibt es entsprechende semantische Regeln zur Berechnung der Bedeutung eines komplexen Ausdrucks aus den Bedeutungen seiner Bestandteile. Da die moderne Satzsemantik ein gewisses Verständnis von formalen Theorien (Prädikatenlogik, Mengenlehre und intensionale Logik) voraussetzt, werden wir uns darauf beschränken, die Interpretation von Sätzen anhand einiger einfacher Beispiele in Grundzügen vorzustellen. Betrachten wir uns dazu zunächst den folgenden intransitiven Satz, der den Eigennamen *Elke* und das einstellige Verb *lachen* enthält.

(77)   Elke lacht.

Wenn jemand die Bedeutung dieses Satzes kennt, dann ist er in der Lage, zu beurteilen, ob Satz (77) in einer bestimmten Situation wahr ist oder nicht, d.h. ob der in (77) ausgedrückte Sachverhalt in dieser Situation tatsächlich zutrifft und dieser

Satz damit diese Situation korrekt beschreibt. Satz (77) ist in allen Situationen wahr, in denen das mit *Elke* bezeichnete Individuum lacht. In allen anderen Situationen, in denen Elke alles Mögliche tut, nur nicht lachen, ist dieser Satz falsch. Dies bedeutet, dass Muttersprachler des Deutschen normalerweise wissen, was der Fall sein muss, damit Satz (77) wahr ist. Dazu muss man wissen, welches Individuum mit dem Eigennamen *Elke* bezeichnet wird und was die Bedeutung von *lachen* ist. Wenn wir die Bedeutung von *lachen* kennen, dann können wir für jede Situation entscheiden, welche Individuen lachen und ob das mit *Elke* bezeichnete Individuum auch zu den lachenden Individuen gehört. Nur wenn dies der Fall ist, ist Satz (77) in dieser Situation wahr.

Dieser **wahrheitsfunktionale Aspekt der Bedeutung**, der auf die in 5.2.4 skizzierte realistische Sichtweise zurückgeht, spielt in der Satzsemantik eine zentrale Rolle. Unter dieser Sichtweise wird die Bedeutung eines Satzes mit seinen **Wahrheitsbedingungen** identifiziert (vgl. Wittgenstein 1922).

(78)   Die Bedeutung eines Satzes kennen, heißt, die Bedingungen für die Wahrheit bzw. Falschheit dieses Satzes zu kennen.

Wer die Bedeutung von Satz (77) kennt, kann auch für jede beliebige Situation s angeben, ob dieser Satz in s wahr oder falsch ist. Für Satz (77) gilt dann (79).

(79)   Der Satz *Elke lacht* ist wahr in einer Situation s genau dann, wenn Elke in s lacht.

Sätze sind demnach nicht an sich wahr oder falsch. Die Wahrheit bzw. Falschheit eines Satzes wird immer relativ zu möglichen Situationen (oder möglichen Welten) bestimmt. Ein interessantes und nicht triviales Problem ergibt sich, wenn in einer Situation das entsprechende Individuum (in unserem Beispiel Elke) überhaupt nicht anwesend ist. In diesem Fall können wir zwar festhalten, dass Satz (77) nicht wahr ist, wir können aber nicht ohne weiteres entscheiden, ob er falsch ist. Dieses Problem hat mit sogenannten Präsuppositionen zu tun (s. Kap. 6.4). Im Folgenden sollen nur Situationen berücksichtigt werden, die alle relevanten Individuen enthalten.

Situationen können wir uns etwas vereinfacht als kleine Weltausschnitte vorstellen, zum Beispiel in Form einer kleinen Theaterszene. Situationen können in der Vergangenheit, Gegenwart oder Zukunft liegen oder sich in unserer Welt niemals abgespielt haben (dafür aber zum Beispiel in einer fiktiven Roman- oder Filmwelt). Die in (80) skizzierte Situation s_1 enthält die drei Individuen Elke, Clara und Elias. In dieser Situation lachen zwei der drei Individuen, nämlich Clara und Elke. Das dritte Individuum Elias lacht nicht. Die kleine Situation s_1 ist ein Modell eines überschaubaren Weltausschnitts, das es ermöglicht, exemplarisch den Bezug zwischen den sprachlichen Ausdrücken *Clara*, *Elke*, *Elias* und *lachen* und Situationen in der Welt nachzuvollziehen.

(80)

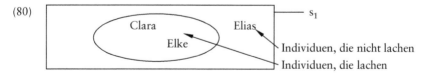

In Situation s_1 ist Satz (77) wahr. Dasselbe würde für den Satz *Clara lacht* gelten. Der Satz *Elias lacht* ist dagegen in s_1 falsch, da Elias in dieser Situation nicht lacht.

Abstrahiert man von einer konkreten Situation wie s_1 in (80), dann lässt sich die Bedeutung von Satz (77) mithilfe des Begriffs der Wahrheit folgendermaßen angeben.

(81) Die Bedeutung von *Elke lacht* ist die Menge aller Situationen s, für die gilt, dass Elke in s lacht.

Die Bedeutung eines Satzes x ist demnach die Menge aller Situationen s, die x wahr machen. Diese Menge wird auch die durch den Satz ausgedrückte **Proposition** (Sachverhalt) genannt. Statt der etwas umständlichen Formulierung ›die Bedeutung von *Elke lacht*‹ wird normalerweise die kürzere Notationsvariante ›[[Elke lacht]]‹ verwendet und statt ›die Menge aller Situationen, für die gilt, …‹ die Kurzform ›{ s : … }‹. Damit ergibt sich für (81) folgende verkürzte Schreibweise.

(82) $[[Elke\ lacht]]$ = { s : Elke lacht in s }

Die sprachlichen Ausdrücke des Deutschen, die interpretiert werden, werden wie in (82) kursiv geschrieben. So lassen sich Verwechslungen zwischen der Sprache, die interpretiert werden soll (die **Objektsprache**, in unserem Fall das Deutsche) und der Sprache, mit der interpretiert wird (der **Metasprache**) vermeiden. In (82) ist *Elke lacht* ein objektsprachlicher und ›{s : Elke lacht in s}‹ ein metasprachlicher Ausdruck. Bisher haben wir die Bedeutung des kompletten Satzes (77) angegeben, aber wir haben noch nicht geklärt, wie sich diese Bedeutung aus den Bedeutungen der Einzelteile *Elke* und *lacht* ergibt. Da sich die Interpretation eines Satzes an dessen syntaktischer Struktur orientiert, wollen wir uns noch einmal die syntaktische Analyse dieses Satzes vergegenwärtigen. In (83) werden sowohl das finite Verb wie auch das Subjekt aus der VP in die IP bewegt (s. Kap. 4.7). Der Eigenname *Elke* ist nach der in Kapitel 4.4.2 vorgestellten Version der X'-Theorie nur ein N, das keine NP projiziert, da es nicht erweitert wird (vgl. Definition (61c)). Da die semantische Interpretation der IP-VP-Struktur in (83a) zu weit führen würde, wollen wir uns hier der Einfachheit halber auf die Interpretation der VP in (83b) konzentrieren, die das Verb und Subjekt in ihren Basispositionen enthält.

(83) a. 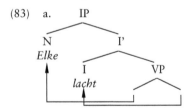 b.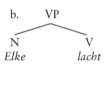

Wir fangen bei der Interpretation von Struktur (83b) damit an, die Bedeutung der beiden lexikalischen Ausdrücke *Elke* und *lacht* zu berechnen. Die Bedeutung des Eigennamens *Elke* ist das Individuum, das durch den Namen *Elke* bezeichnet wird. Der Ausdruck *Elke* denotiert ein Individuum, die Namensträgerin. Was ist nun die Bedeutung des intransitiven Verbs *lachen*? Für unsere Analyse genügt es, festzuhalten, dass *lachen* zu den einstelligen Prädikaten gehört, die Individuen eine bestimmte Eigenschaft zuschreiben. Die Extension von *lachen* in einer Situation s ist die Menge der Individuen, die in s lachen, was der verkürzten Schreibweise ›{ x : x lacht in s }‹ entspricht. *Lachen* denotiert also eine Menge von Individuen. In unserer kleinen Situation s_1 sind dies Elke und Clara. Damit können wir die Bedeutung der beiden lexikalischen Ausdrücke angeben. Das hochgestellte s in ›$[\![\ \dots\ ]\!]^s$‹ bedeutet, dass die Bedeutung des entsprechenden sprachlichen Ausdrucks relativ zu einer Situation ist.

(84) a. $[\![\ Elke\ ]\!]^s$ = Elke   b. $[\![\ lacht\ ]\!]^s$ = { x : x lacht in s }

Der entscheidende Punkt ist nun die Bedeutung der ersten komplexen Phrase, der VP, die zwei Elemente enthält, das einstellige Prädikat *lachen* und sein Argument *Elke*. Der syntaktischen Regel VP → N V entspricht die semantische Regel $[\![VP]\!]^s = [\![V]\!]^s ([\![N]\!]^s)$.

(85) $[\![VP]\!]^s$ = $[\![V]\!]^s ([\![N]\!]^s) = [\![\ [_V\ lacht\ ]\ ]\!]^s ([\![\ [_N\ Elke\ ]\ ]\!]^s)$

       $[\![N]\!]^s$ $[\![V]\!]^s$

Nach (84b) ist die Bedeutung des Verbs eine Menge von Individuen. Das Nomen *Elke* bezeichnet nach (84a) das Individuum Elke. Indem wir die Variable ›x‹ in (84b) durch ›Elke‹ ersetzen, können wir den entsprechenden Wahrheitswert von (83b) in s berechnen. (83b) ist wahr in einer Situation s, in der Elke Teil der Menge der Individuen ist, die *lachen* denotiert. Wenn Elke in s nicht Teil dieser Menge ist, dann ist der Satz in s falsch.

(86) $[\![\ [_V\ lacht\ ]\ ]\!]^s ([\![\ [_N\ Elke\ ]\ ]\!]^s)$ ist wahr genau dann, wenn Elke $\in$ { x : x lacht in s }

Als **Wahrheitswert** für wahre Sätze wird normalerweise das Symbol 1 verwendet. Das Symbol 0 steht für falsche Sätze (für 1 werden auch die Symbole w oder t und für 0 das Symbol f verwendet). Damit können wir die Bedeutung von (83b) folgendermaßen notieren.

(87) a. $[\![\ [_V\ lacht\ ]\ ]\!]^s ([\![\ [_N\ Elke\ ]\ ]\!]^s)$ = 1 genau dann, wenn Elke $\in$ { x : x lacht in s }
     b. $[\![\ [_V\ lacht\ ]\ ]\!]^s ([\![\ [_N\ Elke\ ]\ ]\!]^s)$ = 0 genau dann, wenn Elke $\notin$ { x : x lacht in s }

Ein Satz mit transitiven Verben wie in (88) kann ganz analog dazu analysiert werden.

(88) Elke kämmt Clara.

Im Gegensatz zu einstelligen Verben denotieren zweistellige Verben allerdings keine Mengen von Individuen, sondern Mengen von geordneten Paaren, die in der vom Verb ausgedrückten Relation zueinander stehen. In (88) stehen Elke und Clara in der Relation des Kämmens. Geordnete Paare werden wie in (89) durch spitze Klammern repräsentiert. Anders als bei ungeordneten Paaren ist bei geordneten Paaren die Reihenfolge beider Elemente wichtig. In (88) ist Elke das erste Argument des Verbs und Clara das zweite. Dies entspricht dem geordneten Paar <Elke,Clara>. Würde Clara Elke kämmen, dann hätten wir ein anderes geordnetes Paar, und zwar <Clara,Elke>. Die Bedeutung des zweistelligen Prädikats *kämmt* ist in (89) angegeben.

(89) $[\![\ kämmt\ ]\!]^s$ = { <x, y> : x kämmt y in s }

Der syntaktische Strukturbaum eines transitiven Satzes unterscheidet sich nur in einer Hinsicht von dem eines intransitiven Satzes: die VP enthält auch noch die Objekt-NP. Genau hierin unterscheidet sich auch die Interpretation des transitiven Satzes (88) von der des intransitiven Satzes (77). Betrachten wir wieder zuerst die syntaktische Struktur der VP, die das Subjekt, das Objekt und das (rechtsköpfige) Verb enthält (s. Kap. 4.4.2).

(90)

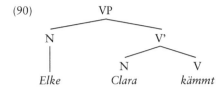

Die Bedeutungen der einzelnen lexikalischen Ausdrücke sind in (91) angegeben.

(91) a. $[\![[_N \textit{Elke}]]\!]^S$ = Elke   b. $[\![[_N \textit{Clara}]]\!]^S$ = Clara
  c. $[\![\textit{kämmt}]\!]^S$ = { <x, y> : x kämmt y in s }

Im Gegensatz zu (83b) enthält die VP in (90) noch die Zwischenprojektion V'. Deshalb müssen wir zuerst die Bedeutung des komplexen Ausdrucks *kämmt Clara* ermitteln. Das Nomen *Clara* in Objektposition entspricht dem zweiten Argument ›y‹ des zweistelligen Prädikats und wird für dieses substituiert, so dass wir das geordnete Paar <x,Clara> erhalten. Dadurch wurde aus dem zweistelligen Prädikat *kämmt* ein einstelliges Prädikat *kämmt Clara*.

(92) a. $[\![[_V \textit{kämmt}]]\!]^S ([\![[_N \textit{Clara}]]\!]^S)$ = <x, Clara> ∈ { <x, y> : x kämmt y in s }
  b. $[\![[_{V'} \textit{kämmt Clara}]]\!]^S$ = { <x, Clara> : x kämmt Clara in s }

Nun können wir wieder die Variable ›x‹ des abgeleiteten einstelligen Prädikats durch ›Elke‹ ersetzen und dann den entsprechenden Wahrheitswert berechnen. Die Interpretation von transitiven Sätzen erfolgt also in zwei Schritten. Zuerst wird die Bedeutung des Verbs auf die Bedeutung des Objektes angewandt. Dadurch erhalten wir die Bedeutung von V', die einem einstelligen Prädikat entspricht. Dann wird die V'-Bedeutung auf das Subjekt angewandt, so dass wir dann den Wahrheitswert des Satzes bezüglich möglicher Situationen berechnen können.

(93) a. $[\![[_{V'} \textit{kämmt Clara}]]\!]^S ([\![[_N \textit{Elke}]]\!]^S)$ = 1   genau dann,
                                   wenn Elke ∈ { x : x kämmt Clara in s }
  b. $[\![[_{V'} \textit{kämmt Clara}]]\!]^S ([\![[_{NP} \textit{Elke}]]\!]^S)$ = 0   genau dann,
                                   wenn Elke ∉ { x : x kämmt Clara in s }

Betrachten wir auch hierzu eine kleine Situation s_2 mit Elke, Elias und Clara. Elke kämmt Clara und Clara kämmt Elias. Ansonsten kämmt keiner jemanden. Satz (88) ist in s_2 wahr, da das geordnete Paar <Elke,Clara> Teil der Extension von *kämmen* ist. Der Satz *Elias kämmt Clara* wäre in s_2 dagegen falsch, da <Elias,Clara> nicht Teil der Denotation von *kämmen* ist.

(94)

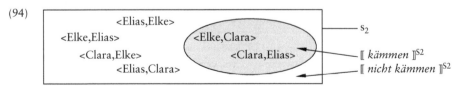

Zusammenfassend können wir festhalten, dass einstellige Verben Mengen von Individuen denotieren und zweistellige Verben Mengen von geordneten Paaren. Dreistellige Verben wie *geben* denotieren dementsprechend eine Menge von geordneten Tripeln. Prädikate können auch als **Funktionen** analysiert werden, die Individuen, geordnete Paare von Individuen oder geordnete Tripel von Individuen auf einen Wahrheitswert abbilden.

(95) a. $[\![\,lachen\,]\!]^S =$ $\begin{pmatrix} \text{Elke} \longrightarrow 1 \\ \text{Clara} \nearrow \\ \text{Elias} \longrightarrow 0 \end{pmatrix}$ b. $[\![\,kämmen\,]\!]^S =$ $\begin{pmatrix} \text{<Elke,Clara>} \longrightarrow 1 \\ \text{<Clara,Elias>} \nearrow \\ \text{<Elias,Clara>} \longrightarrow 0 \\ \dots \end{pmatrix}$

Mit diesem Verfahren lässt sich auch die Bedeutung sog. **Funktionswörter** wie zum Beispiel der **Konjunktionen** *und* und *oder* und der **Satznegation** *nicht* erfassen. Die Bedeutung dieser Ausdrücke hängt nicht von Situationen ab. Die Satznegation in (96a) ist eine Funktion, die die Wahrheitswerte 1 auf 0 und 0 auf 1 abbildet. Wenn der Satz *Elke schläft* wahr ist, dann ist der Satz *Elke schläft nicht* falsch und umgekehrt. Die Konjunktionen *und* und *oder* in (96b,c) verbinden zwei Sätze. Sie bilden Paare von Wahrheitswerten auf einen Wahrheitswert ab. Der komplexe Satz *Elke schläft und Clara kämmt Elias* ist nur dann wahr, wenn beide Teilsätze wahr sind. Sind die Teilsätze durch *oder* verbunden wie in *Elke schläft oder Clara kämmt Elias*, dann ist der komplexe Satz wahr, wenn mindestens ein Teilsatz wahr ist.

(96) a. $[\![\,nicht\,]\!] =$ $\begin{pmatrix} 0 \longrightarrow 1 \\ 1 \longrightarrow 0 \end{pmatrix}$ b. $[\![\,und\,]\!] =$ $\begin{pmatrix} <1,1> \longrightarrow 1 \\ <1,0> \\ <0,1> \searrow \\ <0,0> \longrightarrow 0 \end{pmatrix}$

   c. $[\![\,oder\,]\!] =$ $\begin{pmatrix} <1,1> \\ <1,0> \searrow 1 \\ <0,1> \nearrow \\ <0,0> \longrightarrow 0 \end{pmatrix}$

Man beachte, dass *oder* hier nicht als *entweder…oder* interpretiert wird, obwohl das natürlichsprachliche *oder* oft wie ein *entweder…oder* interpretiert wird (**exklusive Disjunktion**). Ähnliches gilt für die Negation *nicht*, mit der wir im Deutschen nicht nur ganze Sätze negieren können, sondern auch Konstituenten (wie wir dies zum Beispiel gerade in diesem Satz getan haben). Und nicht zuletzt hat auch die natürlichsprachliche Konjunktion *und* Bedeutungsaspekte, die in (96b) nicht erfasst sind. In dem Satz *Elke ging ins Kino und sah sich La Dolce Vita an* wird *und* wie *und dort* interpretiert (**asymmetrische Koordination**). Für eine adäquate Analyse der natürlichsprachlichen Negation gibt es viele Vorschläge (vgl. Jacobs 1982/1991). Dasselbe gilt für die Konjunktionen *und* und *oder*. In Kapitel 6.3 wird ein pragmatischer Ansatz vorgestellt, der es ermöglicht, die zusätzlichen Bedeutungen von *und* und *oder* mithilfe von sog. konversationellen Implikaturen abzuleiten. Die Grundidee dieses Ansatzes ist, dass die spezifischere Bedeutung von *und* zu einer Einengung der Bedeutung von *oder* führt. Ein komplexer Satz wie (97b), der aus zwei mit *und* verbundenen Sätzen besteht, ist nach (96b) nur dann wahr, wenn beide Teilsätze wahr sind. Im Gegensatz dazu ist der komplexe Satz mit *oder* in (97a) auch dann wahr, wenn nur einer der beiden Teilsätze wahr ist (vgl. (96c)). Wäre sich die Sprecherin von (97a) sicher gewesen, dass beide Teilsätze wahr sind, dann hätte sie das eindeutigere *und* verwenden müssen. Hat die Sprecherin nun aber wie in (97a) *oder* verwendet, kann der Hörer im Umkehrschluss davon ausgehen, dass sie sich zumindest nicht sicher ist, dass beide Teilsätze wahr sind. Dadurch ergibt sich die abgeleitete Interpretation als exklusive Disjunktion *entweder … oder*.

(97) a. Jörg kauft einen alten Audi oder er least einen neuen Porsche.
      b. Peter und Maria bekamen ein Kind und sie heirateten.
      c. Maria machte »buh« und das Kind begann zu weinen.
      d. Peter und Maria fuhren nach Italien und sie wurden glücklich.

e. 2 mal 2 ist 4 und meine Oma fährt im Hühnerstall Motorrad.

f. Peter und Maria bekamen ein Kind und sie heirateten – ich glaube, sie haben sogar zuerst geheiratet.

Bei der Bedeutungsvielfalt von *und* liegt der Fall etwas anders, da es sich bei *und* um einen unterspezifizierten Ausdruck handelt, der auf der Ebene der Satzbedeutung nur die in (96b) dargestellte minimale Bedeutung hat, die festlegt, dass der komplexe Satz genau dann wahr ist, wenn beide Teilsätze war sind. Die zusätzlichen Bedeutungen *und dann* in (97b), *und deshalb* in (97c) oder *und dort* (97d) werden – genauso wie die in (97e) illustrierte Konnexitätsbeschränkung, die besagt, dass die beiden in den Teilsätzen beschriebenen Sachverhalten zum selben Bedeutungszusammenhang gehören müssen –, erst auf der Ebene der Äußerungsbedeutung im Kontext pragmatisch angereichert. Dies sieht man unter anderem in Beispiel (97f), das zeigt, dass die zusätzliche Bedeutung *und dann* von (97b) wieder zurückgenommen werden kann. Die Konjunktionen *und* und *oder* sind damit ein anschauliches Beispiel für die in (24) illustrierte Arbeitsteilung zwischen Semantik und Pragmatik (vgl. Posner 1979, Gamut 1991, Bd. 1, Meibauer 1999 und Carston 2002, Kap. 3).

Wir haben hier nur einfache Aussagesätze interpretiert, die ein ein- oder zweistelliges Verb enthalten und ein oder zwei Eigennamen. Natürlich gibt es viel komplexere syntaktische Konstruktionen, andere Satztypen wie z. B. Fragesätze und weitere sprachliche Ausdrücke wie zum Beispiel Adjektive, Substantive, Artikel, Pronomen oder Tempusaffixe. Unsere formale Sprache lässt sich im Prinzip so erweitern, dass sie auch komplexere Konstruktionen und andere Satztypen und Ausdrücke erfassen kann. Wir wollen es hier bei einer abschließenden informellen Bemerkung über sogenannte **Quantoren** wie *alle* oder *ein* bewenden lassen. Quantoren können als zweistellige Relationen zwischen Mengen von Individuen analysiert werden. Ein Satz wie *Alle Kinder schlafen* ist in einer Situation S zum Beispiel genau dann wahr, wenn die Menge der Kinder eine Teilmenge der Menge der schlafenden Individuen ist, und der Satz *Ein Kind schläft* ist genau dann wahr, wenn in S die Schnittmenge dieser beiden Mengen nicht leer ist. Ausführlichere Darstellungen der formalen Satzsemantik finden sich in Chierchia/McConnell-Ginet (1990), Gamut (1991), Lohnstein (2011), Postner (2005), Zimmermann (2013) und Beck/Gergel (2014). Kamp/Reyle (1993) ist eine Erweiterung der formalen Satzsemantik, die auch die Semantik von Satzsequenzen (Diskurse) erfasst (vgl. auch Kadmon 2001).

Aufgabe 8:

a. A, B und C sollen beliebige einfache Sätze sein. Berechnen Sie mithilfe der Funktionen in (96) die Wahrheitswerte folgender komplexer Sätze in Abhängigkeit von den Wahrheitswerten der einfachen Sätze (die Klammer zeigt an, dass der entsprechende Wahrheitswert zuerst berechnet werden muss): (i) A und B, (ii) A oder B, (iii) A oder (B und C), (iv) (A oder B) und C, (v) nicht (A und B), (vi) nicht (A oder B), (vii) A oder (nicht B).

b. Definieren Sie eine Situation mit den vier Individuen Marie, Tine, Hans und Martin und den drei Prädikaten *schnarchen, schwimmen* und *besuchen* und berechnen Sie dann die Wahrheitswerte folgender Sätze auf Grundlage der jeweiligen syntaktischen Strukturen: (i) Martin schnarcht. (ii) Marie besucht Hans. (iii) Tine schnarcht oder Hans schwimmt. (iv) Marie schwimmt nicht. (v) Hans besucht Martin und Marie schwimmt.

Literatur

Grundlegende Literatur

Aitchison, Jean (1987): Words in the mind. Oxford: Blackwell (dt.: Wörter im Kopf. Tübingen: Niemeyer 1997).

Allan, Keith (2001): Natural language semantics. Oxford: Blackwell.

Averintseva-Klisch, Maria (2013): Textkohärenz. Heidelberg: Winter.

Bach, Emmon (1989): Informal lectures on formal semantics. New York: State University of New York Press.

Barwise, Jon/Perry, John (1983): Situations and attitudes. Cambridge, Mass.: MIT-Press (dt.: Situationen und Einstellungen. Berlin/New York: de Gruyter 1987).

Beck, Sigrid/Gergel, Remus (2014): Contrasting English and German grammar. An introduction to syntax and semantics. Berlin: Mouton de Gruyter.

Chierchia, Gennaro/McConnell-Ginet, Sally (1990): Meaning and grammar. Cambridge, Mass.: MIT-Press.

Cruse, D. Alan (1986): Lexical semantics. Cambridge: Cambridge University Press.

Cruse, D. Alan (2000): Meaning in language. Oxford: Oxford University Press.

Dowty, David/Wall, Robert E./Peters, Stanley (1981): Introduction to montague semantics. Dordrecht: Reidel.

Gamut, LTF (1991): Logic, language, and meaning. Vol. 1: Introduction to logic. Vol. 2: Intensional logic and logical grammar. Chicago: The University of Chicago Press.

Goddard, Cliff (1998): Semantic analysis. A practical introduction. Oxford: Oxford University Press.

Grewendorf, Günther/Hamm, Fritz/Sternefeld, Wolfgang (1987): Sprachliches Wissen. Frankfurt a.M.: Suhrkamp.

Heim, Irene/Kratzer, Angelika (1998): Semantics in generative grammar. Malden, Mass.: Blackwell.

Kempson, Ruth (1977): Semantic theory. Cambridge: Cambrige University Press.

Kleiber, Georges (1993): Prototypensemantik. Eine Einführung. Tübingen: Narr.

Lappin, Shalom (Hg.) (1996): The handbook of contemporary semantic theory. Oxford: Blackwell.

Linke, Angelika/Nussbaumer, Markus/Portmann, Paul R. (1994): Studienbuch Linguistik. Tübingen: Niemeyer.

Löbner, Sebastian (2002): Understanding semantics. London: Arnold (dt.: Semantik. Eine Einführung. Berlin/New York: de Gruyter 2003).

Lohnstein, Horst (2011[2]): Formale Semantik und natürliche Sprache. Opladen: Westdeutscher Verlag.

Lutzeier, Peter Rolf (1985a): Linguistische Semantik. Stuttgart: Metzler.

Lutzeier, Peter Rolf (1995): Lexikologie. Tübingen: Stauffenburg.

Lycan, William C. (2000): Philosophy of Language. London: Routledge.

Lyons, John (1977): Semantics. Vol. 1. and 2. Cambridge: Cambridge University Press (dt.: Semantik. Band 1. und: Semantik. Band 2. München: Beck 1980/83).

Lyons, John (1995): Linguistic semantics. An introduction. Cambridge: Cambridge University Press.

Musan, Renate (2010): Informationsstruktur. Heidelberg: Winter.

Portner, Paul H. (2005): What is Meaning. Fundamentals of Formal Semantics. Oxford: Blackwell.

Primus, Beatrice (2012): Semantische Rollen. Heidelberg: Winter.

Rothstein, Björn (2007): Tempus. Heidelberg: Winter.

Saeed, John I. (1997): Semantics. Cambridge, Mass.: Blackwell.

Schwarz, Monika/Chur, Jeanette (1993): Semantik. Ein Arbeitsbuch. Tübingen: Narr.

Stechow, Arnim von/Wunderlich, Dieter (Hgg.) (1991): Semantik. Ein internationales Handbuch der zeitgenössischen Forschung. Berlin: de Gruyter.

Taylor, John R. (1989): Linguistic categorization. Prototypes in linguistic theory. Oxford: Clarendon Press.

Ungerer, Friedrich/Schmid, Hans-Jörg (1996): An introduction to cognitive linguistics. London: Longman.

Zimmermann, Thomas Ede (2013): Einführung in die Semantik. Darmstadt: WBG.

Weitere Literatur

Austin, John L. (1962): How to do things with words. Oxford: Oxford University Press.

Bach (2005): Context ex *Machina*. In: Szabó, Soltán Gendler (Hg.): Semantics versus Pragmatics. Oxford: Clarendon Press, 15–44.

Bierwisch, Manfred (1979): Wörtliche Bedeutung – eine pragmatische Gretchenfrage. In: Grewendorf (1979), 119–148.

Bierwisch, Manfred (1983): Semantische und konzeptuelle Repräsentationen lexikalischer Einheiten. In: Růžička, Rudolf/Motsch, Wolfgang (Hgg.): Untersuchungen zur Semantik. Berlin: Akademie Verlag, 61–99.

Blutner, Reinhard (1995): Prototypen und kognitive Semantik. In: Harras, Gisela (Hg.): Die Ordnung der Wörter. Berlin/New York: de Gruyter, 227–270.

Borg, Emma (2004): Minimal Semantics. Oxford: Oxford University Press.

Carnap, Rudolf (1947): Meaning and necessity. Chicago: University of Chicago Press.

Carston, Robyn (2002): Thoughts and Utterances: the Pragmatics of Explicit Communication. Malden, Mass.: Blackwell.

Carston, Robyn (2004): Relevance Theory and the Saying/Implicating Distinction. In: Horn, Laurence R./Ward, Gregory (2004), 633–656.

Dowty, David (1979): Word meaning in montague grammar. Dordrecht: Kluwer.

Dowty, David (1991): Thematic roles and argument selection. In: Language 67.3, 547–619.

Eckardt, Regine (2011): Grammaticalization and semantic change. In: Narrog, Heiko/Heine, Bernd (Hgg.) (2011): The Oxford Handbook of Grammaticalization. Oxford: Oxford University Press, 389–400.

Ehrich, Veronika (1992): Hier und Jetzt. Studien zur lokalen und temporalen Deixis im Deutschen. Tübingen: Niemeyer.

Erdmann, Karl Otto (1901): Die Bedeutung des Wortes. Leipzig: Haessel. (Nachdruck in Erdmann, Karl Otto (1966): Die Bedeutung des Wortes. Aufsätze aus dem Grenzgebiet der Sprachpsychologie und Logik. Darmstadt: Wissenschaftliche Buchgesellschaft).

Fabricius-Hansen, Cathrine (1991): Tempus. In: Stechow/Wunderlich (1991), 722–748.

Fanselow, Gisbert/Staudacher, Peter (1991): Wortbedeutung. In: Stechow/Wunderlich (1991), 53–70.

Fodor, Jerry (1994): Fodor's guide to mental representations. In: Stich/Warfield (1994), 9–33.

François, Jacques (1985): Aktionsart, Aspekt und Zeitkonstitution. In: Schwarze/Wunderlich (1985), 229–249.

Frege, Gottlob (1884): Die Grundlagen der Arithmetik. Eine logisch-mathematische Untersuchung über den Begriff der Zahl. Breslau: Koebner. (Auch in Frege (1987): Die Grundlagen der Arithmetik. Stuttgart: Reclam).

Frege, Gottlob (1892): Über Sinn und Bedeutung. In: Zeitschrift für Philosophie und philosophische Kritik, NF 100, 25–50. (Auch in Frege (1969): Funktion, Begriff, Bedeutung. Fünf logische Studien. Göttingen: Vandenhoeck u. Ruprecht, 40–65).

Frege, Gottlob (1923): Logische Untersuchungen. Dritter Teil: Gedankengefüge. In: Beiträge zur Philosophie des deutschen Idealismus 3.1, 36–51. (Auch in Frege (1966): Logische Untersuchungen. Göttingen: Vandenhoeck u. Ruprecht, 72–91).

Fritz, Gerd (1998): Historische Semantik. Stuttgart/Weimar: Metzler (Sammlung Metzler 313).

Grewendorf, Günther (Hg.) (1979): Sprechakttheorie und Semantik. Frankfurt a.M.: Suhrkamp.

Grice, Paul (1989): Studies in the way of words. Cambridge, Mass.: Harvard University Press.

Hamm, Fritz/Zimmermann, Thomas E. (Hgg.) (2002): Semantics. Hamburg: Buske (Linguistische Berichte Sonderheft 10).

Horn, Laurence R./Ward, Gregory (Hgg.) (2004): The Handbook of Pragmatics. Malden, Mass.: Blackwell.

Jackendoff, Ray (1983): Semantics and cognition. Cambridge, Mass.: MIT Press.

Jackendoff, Ray (1990): Semantic structures. Cambridge, Mass.: MIT Press.

Jackendoff, Ray (2002): Foundations of language. Oxford: Oxford University Press.

Jacobs, Joachim (1982): Syntax und Semantik der Negation im Deutschen. München: Fink.

Jacobs, Joachim (1991): Negation. In: Stechow/Wunderlich (1991), 560–596.

Johnson-Laird, Philip N. (1983): Mental models. Towards a cognitive science of language, inference and consciousness. Cambridge: Cambridge University Press.

Kadmon, Nirit (2001): Formal pragmatics. Oxford: Blackwell.

Kamp, Hans/Reyle, Uwe (1993): From discourse to logic. Dordrecht: Kluwer.

Katz, Jerrold (1972): Semantic theory. New York: Harper and Row.

Katz, Jerrold/Fodor, Jerry A. (1963): The structure of a semantic theory. In: Language 39, 170–210.

Keller, Jörg/Leuninger, Helen (1993): Grammatische Strukturen – kognitive Prozesse. Tübingen: Narr.

Kratzer, Angelika (1995): Stage-level and individual-level predicates. In: Carlson, Gregory N./ Pelletier, Francis J. (Hgg): The generic book. Chicago: The University of Chicago Press, 125– 175.

Krifka, Manfred (1989): Nominalreferenz und Zeitkonstitution. Zur Semantik von Massentermen, Pluraltermen und Aspektklassen. München: Fink.

Labov, William (1973): The boundaries of words and their meanings. In: Bailey, Charles-James/ Shuy, Roger W. (Hgg.): New ways of analysing variation in English. Washington: Georgetown University Press, 340–373.

Lakoff, George (1987): Women, fire, and dangerous things. What categories reveal about the mind. Chicago: The University of Chicago Press.

Langacker, Ronald W. (1987): Foundations of cognitive grammar. Volume 1: Theoretical prerequisites. Stanford: Stanford University Press.

Langacker, Ronald W. (1991): Foundations of cognitive grammar. Volume 2: Descriptive application. Stanford: Stanford University Press.

Levinson, Stephen (2000): Presumptive meanings. A theory of generalized conversational implicatures. Cambridge, Mass.: MIT Press.

Lüdi, Georges (1985): Zur Zerlegbarkeit von Wortbedeutungen. In: Schwarze/Wunderlich (1985), 64–102.

Lutzeier, Peter Rolf (1981): Wort und Feld. Wortsemantische Fragestellungen mit besonderer Berücksichtigung des Wortfeldbegriffs. Tübingen: Niemeyer.

Lutzeier, Peter Rolf (1985b): Die semantische Struktur des Lexikons. In: Schwarze/Wunderlich (1985), 103–133.

Lutzeier, Peter Rolf (Hg.) (1993): Studien zur Wortfeldtheorie. Tübingen: Niemeyer.

Lyons, John (1991): Bedeutungstheorien. In: Stechow/Wunderlich (1991), 1–24.

Meibauer, Jörg (1999): Pragmatik. Tübingen: Stauffenburg.

Montague, Richard (1974): Formal philosophy. New Haven: Yale University Press.

Murphy, Gregory L. (2002): The big book of concepts. Cambridge, Mass: Bradford.

Nunberg, Geoffrey (1979): The non-uniqueness of semantic solutions: polysemy. In: Linguistics and Philosophy 3, 143–184.

Nunberg, Geoffrey (1995): Transfers of meaning. In: Journal of Semantics 12, 109–132.

Ogden, Charles K./Richards, Ivor A. (1923): The meaning of meaning. New York: Harcourt (dt.: Die Bedeutung der Bedeutung. Frankfurt a.M.: Suhrkamp 1974).

Philipp, Marthe (1998): Semantik des Deutschen. Berlin: Weidler.

Pinkal, Manfred (1985): Logik und Lexikon. Die Semantik des Unbestimmten. Berlin/New York: de Gruyter.

Pinkal, Manfred (1991): Vagheit und Ambiguität. In: Stechow/Wunderlich (1991), 250–269.

Pinkal, Manfred (1995): Logic und lexicon. The semantics of the indefinite. Dordrecht: Kluwer.

Posner, Roland (1979): Bedeutung und Gebrauch der Satzverknüpfer in den natürlichen Sprachen. In: Grewendorf, Günther (Hg.), 345–385.

Pustejovsky, James (1995): The generative lexicon. Cambridge, Mass.: MIT Press.

Putnam, Hilary (1979): Die Bedeutung von ›Bedeutung‹. Frankfurt a.M.: Klostermann.

Recanati, François (2004): Pragmatics and semantics. In: Horn, Laurence R./Ward, Gregory (2004), 442–462.

Recanati, François (2005): Literalism and contextualism: some varieties. In: Preyer, Gerhard/Peter, Georg (Hgg.) (2005): Contextualism in Philosophy. Oxford: Clarendon Press, 171–196.

Rosch, Eleanor (1973): Natural categories. In: Cognitive Psychology 4, 328–350.

Rosch, Eleanor (1975): Cognitive reference points. In: Cognitive Psychology 7, 532–547.

Rosch, Eleanor et al. (1976): Basic objects in natural categories. In: Cognitive Psychology 8, 382–439.

Saussure, Ferdinand de (2001): Grundfragen der allgemeinen Sprachwissenschaft. Berlin/New York: de Gruyter.

Schwarz, Monika (1992a): Einführung in die Kognitive Linguistik. Tübingen: Francke (UTB).

Schwarz, Monika (1992b): Kognitive Semantiktheorie und neuropsychologische Realität. Tübingen: Niemeyer.

Schwarze, Christoph/Wunderlich, Dieter (Hgg.) (1985): Handbuch der Lexikologie. Kronberg: Athenäum.

Smith, Edward E./Medin, Douglas L. (1981): Categories and concepts. Cambridge, Mass.: Harvard University Press.

Steinbach, Markus (2007): Gebärdensprache. In: Steinbach, Markus et al. (Hgg.): Schnittstellen der germanistischen Linguistik. Stuttgart/Weimar: Metzler, 137–185.

Stich, Stephen P./Warfield, Ted A. (Hgg.) (1994): Mental representation. Oxford: Blackwell.

Talmy, Leonard (2000): Toward a cognitive semantics. 2 Vol. Cambridge, Mass.: MIT Press.

Vendler, Zeno (1967): Linguistics in philosophy. Ithaca: Cornell University Press.

Wittgenstein, Ludwig (1922): Tractatus logico-philosophicus. London: Routledge. (Auch in Wittgenstein (1989): Werkausgabe. Band 1. Frankfurt a.M.: Suhrkamp).

Wittgenstein, Ludwig (1953): Philosophische Untersuchungen. Oxford: Blackwell. (Auch in Wittgenstein (1989): Werkausgabe. Band 1. Frankfurt a.M.: Suhrkamp).

Markus Steinbach

6 | Pragmatik

6.1 | Einleitung

Die Pragmatik gehört nicht zu den Gebieten, mit denen sich die Linguistik traditionell befasst hat – Phonetik/Phonologie, Morphologie, Syntax und etwas Semantik, das waren traditionell die Arbeitsfelder der Linguistik. So ist es nicht verwunderlich, dass nahezu alle wichtigen Impulse zur Herausbildung der Pragmatik als Teildisziplin der Linguistik von außerhalb der Linguistik kamen, nämlich aus der Philosophie vor allem, aber auch aus der Soziologie und der Psychologie. Dieser Prozess der Konstituierung der Pragmatik als Teildisziplin hat erst im 20. Jahrhundert begonnen und kann noch nicht als abgeschlossen betrachtet werden.

Die Pragmatik befasst sich allgemein mit der Tatsache, dass Sätze von Personen mit Überzeugungen, Wünschen und Absichten in konkreten Situationen geäußert werden, an andere Personen mit Überzeugungen, Wünschen und Absichten gerichtet sind und in Zusammenhang stehen mit bereits erfolgten und sich anschließenden Äußerungen. Genauer gehören zur Pragmatik

- die Aspekte der Interpretation von sprachlichen Äußerungen, die vom Kontext der Äußerung abhängen,
- die (kommunikativen) Funktionen, die sprachliche Äußerungen haben, sowie
- strukturelle Aspekte von Texten und Gesprächen.

(Als neuere umfassende Einführungen in die Pragmatik bzw. Handbücher und Enzy-klopädien zur Pragmatik vgl. Verschueren et al. 2000, Meibauer 2001, Mey 2001, Schiffrin et al. 2001, Horn/Ward 2004, Mey 2009, Cummings 2010, Allan/Jaszczolt 2012, Birner 2013, Sbisà/Turner 2013, Huang 2014 und Finkbeiner 2015.)

6.2 | Deixis und Anapher

6.2.1 | Arten der Deixis

Welche Person das Pronomen *ich* bezeichnet, hängt davon ab, wer es gebraucht. Sagt Boris Becker *Ich bin drin* und sagt Giovanni Trappatoni *Ich habe fertig*, so bezeichnet *ich* im ersten Fall Boris Becker und im zweiten Fall Giovanni Trappatoni. Aber auch wenn sich der Referent von *ich* und *du* von Äußerungssituation zu Äußerungssituation ändern kann, kann man doch gleichwohl sagen, dass diese Ausdrücke eine Bedeutung haben, die über die Äußerungssituationen hinaus konstant ist. Die Bedeutung von *ich* ist ›Mit *ich* referiert der Sprecher auf sich selbst‹, die Bedeutung von *du* ist ›Mit *du* referiert der Sprecher auf den Adressaten‹. (Es ist allerdings kein Leichtes, diese Bedeutungsbeschreibungen präzise auszuarbeiten.)

Bei *ich* und *du* handelt es sich um Ausdrücke, die **deiktisch** verwendet werden können, d.h. deren Referenz durch Bezug auf Aspekte der Äußerungssituation bestimmt werden kann. (Mit einer nicht-deiktischen Verwendung von *du* hat man es zum Beispiel zu tun in *Wenn du in eine solche Situation kommst, dann weißt du nicht mehr, was du tun sollst*, wo *du* soviel wie *man* bedeutet.)

Wir und *ihr*, die pluralen Gegenstücke zu *ich* und *du*, werden auch deiktisch verwendet, weisen aber eine größere Verwendungsvielfalt auf. Abgesehen vom Pluralis Majestatis – bei dem eine Person nicht mit *ich*, sondern mit *wir* auf sich referiert – bezeichnet *wir* eine Gruppe von Personen. In dem speziellen Fall, wo mehrere Leute einen Text geschrieben haben, kann *wir* ausschließlich die ›Sprecher‹ bezeichnen. Doch der Normalfall ist, dass *wir* eine Gruppe bezeichnet, die den Sprecher sowie zusätzlich den Adressaten und gegebenenfalls noch andere Personen umfasst (inklusives *wir*) oder aber neben dem Sprecher noch andere Personen umfasst, zu denen der Adressat nicht gehört (exklusives *wir*). Eine weitere spezielle Verwendung von *wir* liegt in dem Fall vor, wo nur auf den bzw. die Adressaten Bezug genommen wird (*Wollen wir nicht doch noch ein Löffelchen zu uns nehmen?*, *Sind wir jetzt endlich soweit?*).

Ihr bezeichnet den bzw. die Adressaten und gegebenenfalls noch weitere Personen. Das höfliche, distanzierende *Sie* bezeichnet entweder genau wie *du* den Adressaten oder wie *ihr* den bzw. die Adressaten und gegebenenfalls noch weitere Personen.

Die **Personaldeixis**, d.h. die Referenz auf Sprecher/Adressat (das »Personal« der Äußerung) und ggf. weitere Personen, lässt sich im Deutschen damit in ihrer Kernverwendung wie folgt aufschlüsseln (vgl. Zifonun et al. 1997, 316 ff.):

(1)	Sprecherdeixis	*ich*	Sprechergruppendeixis	*wir*
	Hörerdeixis		Hörergruppendeixis	
	Balanceform	*du*	Balanceform	*ihr*
	Distanzform	*Sie*	Distanzform	*Sie*

Manchmal spricht man bei einem solchen Unterschied wie zwischen der Balanceform und der Distanzform von »Sozialdeixis« (Fillmore 1997, 61; Levinson 2000a, § 2.2.5).

Auch mit einem Demonstrativ wie *dieser, diese, dieses* kann man deiktisch auf etwas Bezug nehmen. Wenn bei einem Gespräch im Büro der Ausdruck *dieser Computer* gebraucht wird, so kann für alle Beteiligten unmittelbar klar sein, welcher von den zigmillionen Computern auf der Welt gemeint ist – nämlich der Computer, der für alle sichtbar im Büro steht. Die Person, die den Ausdruck *dieser Computer* gebraucht hat, kann, aber muss nicht mit einer verdeutlichenden Geste auf den Computer zeigen. Eine solche Zeigegeste kann notwendig werden, wenn mehrere Computer in dem Zimmer stehen. Mit dem Ausdruck *dieser* kann man zu verstehen geben, dass der Referent in dem Raum lokalisiert ist, der in der Äußerungssituation Sprecher und Adressat unmittelbar perzeptuell zugänglich ist. Diese situativ-deiktische Verwendung ist wohl die primäre Verwendungsweise von Demonstrativen (zu anderen Verwendungen von Demonstrativen und Deiktika allgemein s. Kap. 6.2.3).

In vielen Sprachen unterscheiden sich Demonstrative darin, ob sie anzeigen, dass der Referent im Raum der Äußerungssituation nahe bei Sprecher und/oder Adressat ist (proximale Demonstrative), oder anzeigen, dass der Referent weiter weg von Sprecher und/oder Adressat ist (distale Demonstrative). *Dieser* scheint entfernungsneutral zu sein (Himmelmann 1997, 53–62; Diessel 1999, 38; anderer Meinung sind Zifonun et al. 1997, 324). Es gibt allerdings das nicht sehr gebräuchliche *jener*, das ein distales Demonstrativ ist und sich mit *dieser* so kombinieren lässt, dass ein Kontrast zwischen nah und fern angezeigt werden kann: *Ich möchte dieses, aber nicht jenes.*

Zur **Objektdeixis** gehören im Deutschen neben den Demonstrativen *dieser, diese, dieses* und *jener, jene, jenes* auch der demonstrativ verwendete und dabei meist betonte definite Artikel *der, die, das* sowie betontes *er* und *sie*. Interessanterweise kann *es* nicht demonstrativ verwendet werden: Der Satz *Nicht jenes Kind ist krank – ES ist krank* ist ungrammatisch (die Großschreibung *ES* zeigt an, dass das Wort betont ist).

Von den eben betrachteten Demonstrativen ist es ein kurzer Schritt zur **Lokaldeixis**, d. h. zu deiktischen Ausdrücken, die Orte bezeichnen, die in einem bestimmten Verhältnis zum Ort der Äußerung des lokaldeiktischen Ausdrucks stehen: *hier, da, dort*. (Es sei angemerkt, dass in der Literatur oft – wie in Levinson (2000a, § 2.2.3) – das, was hier Objektdeixis genannt wird, zur Lokaldeixis gerechnet wird.)

Das Lokaladverb *hier* kann einmal den Ort der Äußerung bezeichnen bzw. genauer: einen Ort, der den Ort der Äußerung mit einschließt. Bei dieser Verwendung von *hier* kann der bezeichnete Ort unterschiedlich groß sein (vgl. Klein 1978): Sagt jemand im Musikzimmer seines Hauses *Hier fühle ich mich wohl*, können wir uns leicht Situationen vorstellen, in denen mit *hier* verschiedenes gemeint ist – das Musikzimmer (im Unterschied zum Rest des Hauses), das Haus (im Unterschied zur Umgebung), die Stadt (im Unterschied zu anderen Städten) usw.

Hier kann aber auch demonstrativ verwendet werden, wenn auf einen Ort in der Nähe des Sprechers Bezug genommen wird. Dann steht es als proximales Demonstrativ im Kontrast zum medialen *da* und dem distalen *dort* (manchmal wird allerdings auch dafür argumentiert, dass *da* entfernungsneutral ist, vgl. Ehrich 1992, Kap. 2). Wenn wir in Berlin auf dem Pariser Platz (vor dem Brandenburger Tor) stehen, können wir zum Beispiel zu unserem Besuch sagen: *Hier ist das Brandenburger Tor, da das Reichstagsgebäude und dort das Bundeskanzleramt.*

Schließlich gibt es noch die **Temporaldeixis** mit *jetzt* im Zentrum, das den Zeitraum bezeichnet, zu dem gesprochen wird, bzw. einen Zeitraum, der den Sprechzeitraum umfasst. *Einst* und *einmal* bezeichnen Zeiträume, die weit entfernt vom Sprechzeitraum in der Zukunft (*Das wird einst (/einmal) gelöst werden*) oder in der Vergangenheit liegen (*Das war einst (/einmal) ganz anders*). Zur Temporaldeixis gehören auch metrische Ausdrücke wie *heute, morgen, übermorgen, gestern, vorgestern* etc., die einen Tag bezeichnen, der in einem bestimmten Verhältnis steht zu dem Tag, an dem das Wort jeweils verwendet wurde.

Eine kleine Korrektur ist anzubringen. Bei der Lokal- und Temporaldeixis handelt es sich nicht wirklich um Ausdrücke, die Zeiten bzw. Orte bezeichnen (auch wenn dies oft so gesagt wird). Es handelt sich bei ihnen um prädikative Ausdrücke, die ausdrücken, dass etwas an einem bestimmten Ort ist bzw. zu einer bestimmten Zeit stattfindet. *Ich bin hier* heißt »Ich bin an einem bestimmten Ort« und nicht »Ich bin ein bestimmter Ort« oder *Das war gestern* heißt »Das war an dem Tag vor dem Tag der Äußerung« und nicht: »Das war der Tag vor dem Tag der Äußerung«.

Damit handelt es sich nur bei Nominalphrasen mit Personal- bzw. Objektdeixis um referierende Ausdrücke, bei Temporal- und Lokaldeixis handelt es sich um prädikative Ausdrücke, die in ihrer Semantik ein referenzielles, deiktisches Element beinhalten. Damit können wir nun sagen, dass ein Ausdruck deiktisch verwendet wird, wenn seine Referenz (bzw. im Fall von prädikativen Ausdrücken: sein Begriff) **durch Bezug auf Aspekte der Äußerungssituation** bestimmt wird. In diesem Sinne können auch die Prädikate *linker* und *rechter* deiktisch verwendet werden: Den Satz *Ich nehme erst den rechten und dann den linken Stuhl* kann man verstehen als: »Ich nehme erst den *von mir aus gesehen* rechten und dann den *von mir aus gesehen* linken Stuhl.«

Wir haben mit Personal-, Objekt-, Lokal- und Temporaldeixis vier Arten der Deixis unterschieden je nachdem, ob sie Zeiten, Orte, Objekte allgemein oder spezifisch das ›Äußerungspersonal‹ bezeichnen. Unterscheidet man Arten der Deixis nach der Art des bezeichneten Gegenstandes, dann ist Sozialdeixis (siehe oben Balance- vs. Distanzform der Hörerdeixis) keine eigene Art von Deixis.

6.2.2 | Anaphern

Die typische Anapher ist ein Pronomen, mit dem auf ein Objekt Bezug genommen wird, auf das bereits vorher in der Rede mit einem anderen Ausdruck – dem Antezedens der Anapher – Bezug genommen wurde. Ein Beispiel:

(2)   Hier sehen Sie *das Reichstagsgebäude*. Im Jahre 1999 hat *es* diese große Glaskuppel bekommen.

Mit der Anapher *es* wird der Referent von *das Reichstagsgebäude* wieder aufgenommen. *Das Reichstagsgebäude* ist das Antezedens der Anapher. Es gibt aber auch Anaphern, deren Antezedens in der Rede auf die Anapher folgt – dann redet man von einer **Katapher**.

(3)   Wie viel an *ihm* auch immer auszusetzen ist, selbst die schärfsten Kritiker stellen nicht in Frage, dass es die bleibende Leistung von *Grice* ist, den Bereich der Implikaturen für die Sprachtheorie entdeckt zu haben.

Im Deutschen werden die Personalpronomina der dritten Person Singular (*er*, *sie*, *es*) und Plural (*sie*) als die ›eigentlichen‹ Anaphern bezeichnet. Daneben gibt es noch die ›syntaktischen‹ Anaphern: das Reflexivpronomen *sich* und das Reziprokpronomen *einander* (zu Anaphern (und Deixis) vgl. u. a. Ehlich 1982, Bosch 1983 und Zifonun et al. 1997, 544 ff.).

6.2.3 | Modi der Deixis

Wir haben in Kapitel 6.2.1 vier verschiedene Arten der Deixis danach unterschieden, ob sie Zeiten, Orte, Objekte allgemein oder das Äußerungspersonal bezeichnen. Wir haben uns dabei mit deiktischen Ausdrücken befasst, deren Referenz (bzw. im Fall von prädikativen Ausdrücken: deren Begriff) durch Bezug auf Aspekte der Äußerungssituation bestimmt wird. Hierbei haben wir es mit **situativer Deixis** zu tun, Deixis mit Bezug auf die Äußerungssituation. Doch es gibt noch drei andere Modi der Deixis, bei denen nicht die Äußerungssituation für die Referenz ausschlaggebend ist.

So gibt es Fälle, wo mit deiktischen Ausdrücken nicht auf Gegenstände in der Äußerungssituation Bezug genommen wird. Wenn, zum Beispiel, der Schauspieler sagt: »Auch hab' ich weder Gut noch Geld/Noch Ehr' und Herrlichkeit der Welt«, so nimmt er nicht auf sich selbst Bezug, sondern wir müssen uns eine fiktive Äußerungssituation vorstellen, in der eine fiktionale Person – hier der Doktor Faust – auf sich selbst Bezug nimmt. Hier handelt es sich um **imaginative Deixis** (auch Deixis am Phantasma genannt), wie auch in dem folgenden Fall. Ich kann zu jemandem sagen: »Stellen wir uns vor, wir stehen auf dem Pariser Platz und schauen auf das Brandenburger Tor. Dann ist hier das Brandenburger Tor, da das Reichstagsgebäude und dort das Bundeskanzleramt.« Mit der Lokaldeixis wird nicht auf Orte in der Äußerungssituation Bezug genommen, sondern auf Orte in einem vorgestellten Raum (zur imaginativen Deixis vgl. Bühler 1934, § 8 und Sitta 1991).

Eine andere Art der Loslösung von der Äußerungssituation liegt in der **Diskursdeixis** (auch Textdeixis genannt) vor. In einer Diskussion kann ein Gesprächsteilnehmer sagen: »*Diesen Punkt* habe ich noch nicht verstanden.« Dann nimmt er nicht auf ein Objekt in der Äußerungssituation Bezug, sondern auf einen inhaltlichen Aspekt der unmittelbar vorangegangenen Diskussion. Auch nimmt man mit *Hier entsteht jetzt das folgende Problem* nicht auf den Äußerungsort und die Äußerungszeit Bezug, sondern auf einen Punkt in der Darstellung eines größeren Sachverhalts (siehe auch die Verwendung von *im letzten Abschnitt* und *im nächsten Kapitel*).

Schließlich gibt es noch die **anaphorische Deixis**, bei der deiktische Ausdrücke wie Anaphern ein Antezedens in der Rede haben. Beispiel: »Hier sehen Sie *den ehemaligen Reichstag. 1999 hat dieses Gebäude* eine große Glaskuppel erhalten.« Es gilt aber einen Unterschied zwischen Anaphern und anaphorischen Deiktika zu machen, wie man an den folgenden beiden Sätzen gut sieht (aus Diessel 1999, 96):

(4)   a. Der Anwalt sprach mit einem Klienten. Da *er* nicht viel Zeit hatte, vereinbarten sie ein weiteres Gespräch nächste Woche.

        b. Der Anwalt sprach mit einem Klienten. Da *der* nicht viel Zeit hatte, vereinbarten sie ein weiteres Gespräch nächste Woche.

Es ist ganz natürlich, mit der Anapher *er* auf den Anwalt Bezug zu nehmen; mit dem anaphorisch verwendeten Demonstrativpronomen *der* jedoch kann nur der Klient gemeint sein.

6.3 | Implikaturen

6.3.1 | Was sind Implikaturen?

Stellen wir uns vor, ein Student der Germanistik – nennen wir ihn Eduard – besucht eine Fete, auf der er nur sehr wenige Leute kennt. Da kann es passieren, dass jemand auf ihn zukommt – zum Beispiel Ottilie – und ihn fragt *Und wie heißt du?* Wenn Eduard nun antwortet *Ich glaube, Eduard*, so wird Ottilie ob dieser Antwort sehr verdutzt sein. Was ist das für ein komischer Vogel? Der kennt seinen eigenen Namen nicht! Das kann doch nicht sein! Ottilie wird sich auf alle Fälle zu vergewissern versuchen, ob ihr Gegenüber einen Scherz zu machen beabsichtigt – grinst er vielleicht verschmitzt? Oder waren sein Ton und seine Mimik so abweisend, dass er ihr mit dieser Antwort eigentlich nur signalisieren konnte: *Lass mich in Ruhe, ich habe keine Lust auf Small-Talk.*

Warum ist *Ich glaube, (ich heiße) Eduard* eine so ungewöhnliche Antwort auf die Frage *Und wie heißt du?* Nun, weil Eduard seiner Gesprächspartnerin dadurch zu verstehen gibt, dass er sich nicht so sicher ist, wie er heißt, dass er also nicht sicher weiß, wie sein Name lautet (wäre er sicher gewesen, hätte er einfach nur seinen Namen genannt ohne den Zusatz *ich glaube*). Doch kennt man seinen eigenen Namen in aller Regel, es sei denn, man hat infolge eines Unfalls etwa einen starken Gedächtnisverlust erlitten.

Es ist offensichtlich, dass es an der Formulierung *Ich glaube* liegen muss, dass dieser besondere Effekt entsteht. Doch hängt der Effekt nicht an der Absurdität des Beispiels, er stellt sich auch bei einem ganz normalen Satz ein. Mit der Äußerung *Ich glaube, dass in der nächsten Woche eine Fakultätssitzung stattfindet* kann ein Sprecher zu verstehen geben, dass er sich nicht sicher ist, ob auch wirklich in der nächsten Woche eine stattfindet. Es handelt sich also um ein generelleres Phänomen, das wir hier beobachten.

Welches ist nun aber der Zusammenhang zwischen *glauben* und *nicht sicher sein*? Gehört ›nicht sicher zu sein‹ zur Bedeutung von *glauben*, so dass, wenn jemand sagt, er glaube dies und das, er damit sagt, dass er sich nicht sicher ist, ob dies und das der Fall ist? Diese Möglichkeit scheint man ausschließen zu können, wenn man sich Sätze anschaut wie *Ich glaube das nicht nur, ich weiß es sogar* oder *Wenn jemand etwas weiß, dann glaubt er es auch*. Diese Sätze sind so, wie sie sind, völlig akzeptabel. Doch dies heißt, dass ›nicht sicher zu sein‹ nicht zur Bedeutung von *glauben* gehören kann, denn in den beiden Sätzen wird ja gerade gesagt, dass sich Glauben und Wissen nicht ausschließen. Der Zusammenhang zwischen Glauben und Nicht-sicher-Sein kann also nicht so eng sein wie angenommen.

Dann kann man sagen: Mit der Äußerung *Ich glaube, ich heiße Eduard* SAGT Eduard nicht explizit, dass er sich nicht sicher ist, er LEGT es nur NAHE. Dass er sich nicht sicher ist, dass er Eduard heißt, ist eine **Implikatur** der Äußerung Eduards, aber keine logische Folgerung aus ihr. Es ist klar, dass es dadurch zu dieser Implikatur kommt, dass er sich so vorsichtig ausdrückte, indem er sagte *Ich glaube ...* – anstatt einfach zu sagen *Ich heiße Eduard*.

Ganz entsprechend ist in (5) der durch +> gekennzeichnete Sachverhalt eine Implikatur des darüber stehenden Satzes:

(5)   Ich glaube, dass in der nächsten Woche eine Fakultätssitzung stattfindet.
    +>   Ich bin mir nicht sicher, ob in der nächsten Woche eine Fakultätssitzung stattfindet.

Auch wenn die Wortwahl *Ich glaube ...* für das Entstehen der Implikatur entscheidend ist, hängt diese Implikatur nicht an diesen speziellen Worten. Auch Worte, die etwas ganz Ähnliches besagen, können die Implikatur auslösen – vgl. *Ich meine mich zu erinnern, dass in der nächsten Woche eine Fakultätssitzung stattfindet.* Jedoch in Sätzen wie *Ich glaube das nicht nur, ich weiß es sogar* kommt es nicht zu einer entsprechenden Implikatur – in einem solchen Fall wird die Implikatur **annulliert** (engl. ›cancelled‹).

Schauen wir uns jetzt drei weitere Beispiele für Implikaturen, genauer: **konversationelle Implikaturen**, an. Wenn Eduard als Fachschaftsvertreter in der Fakultätssitzung die Feststellung trifft *An dieser Universität kommen einige Professoren vorbereitet in ihre Seminare*, so wird er sich unter der Professorenschaft nicht unbedingt Freunde machen. Warum? Weil er damit zu verstehen gibt, dass er der Ansicht ist, dass keineswegs alle Professoren vorbereitet in ihre Seminare kommen. Er gibt dies zu verstehen, explizit gesagt hat er es aber nicht. Auch diese Implikatur kann man annullieren: Hätte Eduard gesagt *An dieser Universität kommen einige Professoren vorbereitet in ihre Seminare. Vielleicht sind aber auch alle vorbereitet – das kann ich noch nicht so genau sagen*, so würde er nicht nahelegen, dass er der Ansicht ist, dass nicht alle Professoren vorbereitet in ihre Seminare kommen.

Eine Schiffsfahrt. Den Kapitän ärgert es gewaltig, dass der Schiffsmaat so häufig betrunken ist. Als der Kapitän Wache hat und der Maat mal wieder über das Deck torkelt, schreibt der Kapitän ins Logbuch: *Heute, 23. März, ist der Maat betrunken.* Damit würde der Maat am Ende der Reise eine Ordnungsstrafe bekommen. Als der Maat nun einige Tage später Wache hat, sieht er den Eintrag und überlegt, wie er sich rächen könnte, ohne sich weiter zu kompromittieren. Er schreibt ins Logbuch: *Heute, 27. März, ist der Kapitän nicht betrunken* (dieses schöne Beispiel findet sich in Posner 1979). Ein genialer Schachzug des Maats! Er hat nichts ins Logbuch geschrieben, was falsch wäre – der Kapitän ist ja in der Tat nicht betrunken. Aber da im Logbuch normalerweise nur besondere Vorkommnisse vermerkt werden, muss der Eintrag des Maats beim Leser den Eindruck erwecken, dass es etwas Besonderes ist, dass der Kapitän nicht betrunken ist, dass der Kapitän also sonst meistens betrunken ist. Auch diese Implikatur (dass der Kapitän meistens betrunken ist) lässt sich wieder annullieren. Hätte der Maat ins Logbuch geschrieben *Heute, 27. März, ist der Kapitän nicht betrunken. Er ist so nüchtern wie an allen anderen Tagen auch*, so würde es nicht zu der Implikatur kommen. Man würde sich als Leser jetzt nur fragen, warum er dies überhaupt ins Logbuch geschrieben hat (und erwägt vielleicht, ob man den zweiten Satz nicht als eine ironische Äußerung verstehen soll – zur Ironie siehe unten).

Auch der folgende Minidialog enthält eine Implikatur. A befindet sich auf einer Autofahrt, als ihm plötzlich das Benzin ausgeht und er am Straßenrand anhalten muss. Glücklicherweise befindet er sich in einer größeren Stadt und nicht auf dem platten Land. Und glücklicherweise kommt auch gerade jemand vorbei, nämlich B. A sagt zu B: »Mir ist das Benzin ausgegangen« und B antwortet: »Gleich um die Ecke gibt es eine Tankstelle.« Wir verstehen B ganz automatisch so, dass er damit zu verstehen gibt, dass sich A an dieser Tankstelle mit Benzin versorgen kann. Aber explizit gesagt hat er das nun nicht (wenn sich herausstellt, dass B gewusst hat, dass die Tankstelle aus Benzinmangel nicht geöffnet ist, so hat er A irregeführt, ohne A angelogen zu haben)! Dass sich A an der Tankstelle mit Benzin versorgen kann, ist eine konversationelle Implikatur, zu der man nur durch die Kenntnis der spezifischen Situation gelangt, in der die Äußerung getan wurde.

6.3.2 | Kooperationsprinzip und Konversationsmaximen

Der englische Philosoph **Paul Grice** (1913–1988) hat sich als erster intensiv mit dem Phänomen der Implikaturen auseinandergesetzt. Berühmt geworden ist seine Vorlesung *Logic and Conversation*, die er 1967 an der Harvard-Universität gehalten hat (Grice 1989). Darin entwickelt er die Auffassung, dass wir das Phänomen der konversationellen Implikaturen erklären können, wenn wir Kommunikation als eine Form von zielgerichtetem, kooperativem und rationalem Handeln betrachten, als eine Form von Handeln, bei dem die beteiligten Personen gewissen rationalen Prinzipien und Maximen folgen.

Ein Gespräch kann man nach Grice als eine Form von kooperativem Handeln betrachten. Bei einer Kooperation wirken zwei oder mehr Individuen zusammen, um ein gemeinsames Ziel zu erreichen, indem sie ihre Handlungen nach diesem Ziel ausrichten. Das gemeinsame Ziel ist sozusagen die Richtschnur für das Verhalten der Individuen. Sie sind kooperativ, wenn sie mit ihrem Verhalten zum Erreichen des Ziels beitragen, unkooperativ, wenn ihr Verhalten dem Erreichen des Ziels abträglich ist. Für kooperatives Handeln gilt demnach folgendes Prinzip: Verhalte dich so, dass es dem Erreichen des gemeinsamen Ziels dient. Für die Kommunikation geht Grice von dem folgenden speziellen **Kooperationsprinzip** (KP) aus:

> Gestalte deinen Gesprächsbeitrag genau so, wie es der Punkt des Gesprächs, an dem er erfolgt, erfordert, wobei das, was erforderlich ist, bestimmt ist durch den Zweck oder die Richtung des Gesprächs, an dem du teilnimmst! (Grice 1989, 26; Übersetzung nach Meibauer 2001, 24)

Dieses sehr allgemein gehaltene Prinzip ergänzt Grice durch eine Reihe von Maximen, **Konversationsmaximen** genannt (ebd., 26–30). Da ist zuerst die **Qualität** des Gesprächsbeitrags, die die Wahrhaftigkeit betrifft. Es gibt eine Obermaxime und zwei Untermaximen:

> Obermaxime: Versuche einen wahren Gesprächsbeitrag zu machen!
> 1. Sage nichts, was du für falsch hältst!
> 2. Sage nichts, wofür du keine adäquaten Evidenzen hast!

Die Obermaxime und die erste Untermaxime habe ich verletzt, wenn ich einem Ortsunkundigen auf seine Frage nach dem Bahnhof den Weg zum Schwimmbad schildere und diesen Weg in voller Absicht und wahrheitswidrig als den Weg zum Bahnhof ausgebe. Eine glatte Lüge meinerseits also! Die Obermaxime und die zweite Untermaxime habe ich verletzt, wenn ich den Weg zum Bahnhof nicht so genau kenne, dem Frager aber einen Weg angebe und ihn nicht davon in Kenntnis setze, dass ich mir da nicht so sicher bin.

Man beachte, dass man nicht gegen die Maximen der Qualität verstoßen hat, wenn man im besten Wissen und Gewissen etwas gesagt hat, was sich (später) als falsch herausstellt, wenn man sich also geirrt hat. Qualität fordert nicht von uns: »Sage nur Wahres!«, sondern: »Versuche nur Wahres zu sagen!«

Da sind weiterhin die **Maximen der Quantität**, die das ›Quantum‹ an Information betreffen, das man durch seinen Gesprächsbeitrag bereitstellt:

> 1. Mache deinen Beitrag so informativ wie erforderlich!
> 2. Mache deinen Beitrag nicht informativer als erforderlich!

Wenn mich jemand fragt *Wie komme ich zum Bahnhof?* und ich ihm antworte *Indem Sie zum Bahnhof laufen*, so habe ich zwar die Information geliefert, dass man zum Bahnhof laufen kann, aber nicht den Weg angegeben, auf dem man zum Bahnhof gelangen kann. Doch diese Information wäre in dieser Situation erforderlich gewesen, um sich kooperativ zu verhalten. Also habe ich die erste Maxime der Quantität verletzt. Wenn ich nun aber umgekehrt dem Ortsunkundigen nicht nur den genauen

Weg schildere, indem ich ihm die am Weg liegenden markanten Gebäude und Plätze prägnant beschreibe, sondern auch noch bei den einzelnen Bauten den Architekturstil mit seinen Besonderheiten erkläre, so liefere ich zu viel Information als Reaktion auf eine einfache Frage nach dem Weg zum Bahnhof – ich habe die zweite Maxime der Quantität verletzt. Die beiden Quantitätsmaximen zusammen stellen sicher, dass man genau so viel an Information beiträgt, wie erforderlich ist.

Was genau in einer Gesprächssituation an Information erforderlich ist und was nicht, ist wohl kaum präzise anzugeben, zumal verschiedene Leute in ein und derselben Gesprächssituation durchaus Unterschiedliches für erforderlich halten und respektable Gründe dafür ins Feld führen können: ›Erforderlich‹ ist ein vager Begriff, doch deswegen ganz und gar kein unnützer Begriff. In vielen Fällen können wir sehr sicher beurteilen, ob die erforderliche Information geliefert wurde und ob gegebenenfalls mehr als die erforderliche Information geliefert wurde.

Relevant soll ein kooperativer Gesprächsbeitrag natürlich auch sein – Grice spricht hier von der **Maxime der Relation** (er lehnt sich in der Wahl seiner Termini an die Termini der Urteils- und Kategorientafel von Kant in der *Kritik der reinen Vernunft* an, womit er wohl andeuten will, dass seine Maximen so wie die Kategorien und Urteilsformen Kants für die Rationalität von grundlegender Bedeutung sind).

> Maxime der Relation: Sei relevant!

Gegen diese Maxime würde ich verstoßen, wenn ich dem Ortsunkundigen auf dessen Frage nach dem Bahnhof mit der Mitteilung der neuesten Börsenkurse antwortete – diese sind für das Ziel des Gesprächs nicht relevant.

Schließlich gibt es noch ein Paket von Maximen, die Grice **Maximen der Art und Weise** (»maxims of manner«) nennt:

> Obermaxime: Drücke dich deutlich aus!
> 1. Vermeide ungeläufige Ausdrücke!
> 2. Vermeide Ambiguitäten!
> 3. Fasse dich kurz! (Vermeide unnötige Weitschweifigkeit!)
> 4. Gehe geordnet vor!

Gegen die Obermaxime und die vierte Untermaxime würde ich verstoßen, wenn ich bei meiner Schilderung des Weges zum Bahnhof die einzelnen Stationen nicht eine nach der anderen beschreiben, sondern vor- oder zurückzuspringen würde.

Versucht man, diese Maximen in einem Satz prägnant zusammenzufassen, so könnte man sagen: Willst du ein Gespräch rational führen, so sei aufrichtig, drücke dich deutlich aus und liefere hinreichende und relevante Information!

Nun ist sich Grice völlig darüber im Klaren, dass diese Maximen häufig verletzt werden: Wir fühlen uns manchmal gezwungen zu lügen, wir sind oft weitschweifig oder drücken uns nicht klar aus. Doch widerlegt dies die Maximen nicht, da es sich bei ihnen nicht um deskriptive Generalisierungen handelt, sondern um normative Prinzipien und Maximen, genauer: um Rationalitätsstandards. Nicht nur ist sich Grice darüber im Klaren, dass die Konversationsmaximen häufig verletzt werden, er hat auch erkannt, dass wir Konversationsmaximen hin und wieder gezielt verletzen, um dadurch bestimmte Effekte zu erzielen, genauer, um dadurch bestimmte Implikaturen auszulösen. Dazu gleich mehr. Es ist auch zu beachten, dass Rationalität (»Willst du ein Gespräch *rational* führen …«) nur eine unter mehreren Dimensionen (soziale, ethische, ästhetische …) ist, die Gespräche aufweisen können.

Wie wendet man diesen Apparat aus Kooperationsprinzip und Konversationsmaximen jetzt an? Kommen wir zurück auf das Benzin-Beispiel:

(6)   A: Mir ist das Benzin ausgegangen.
        B: Gleich um die Ecke gibt es eine Tankstelle.
        +> An dieser Tankstelle kann sich A mit Benzin versorgen.

B legt mit seiner Äußerung ganz offensichtlich nahe, dass sich A an dieser Tankstelle
mit Benzin versorgen kann. Es sieht alles danach aus, dass B kooperativ ist und auf
die Notlage von A hilfreich reagiert. Nun ist seine Äußerung aber nur dann relevant
in Bezug auf die Notlage von A, wenn sich A an der Tankstelle mit Benzin versorgen
kann. B tut nichts, was dieser Überlegung widersprechen würde. Also kann man
sagen, dass auf der Grundlage der Maxime der Relation die Äußerung von B in dem
gegebenen Kontext zu der Implikatur führt, dass sich der Adressat der Äußerung an
dieser Tankstelle mit Benzin versorgen kann.

Nach Grice kann man ein Schema für einen **Schlussprozess** ausfindig machen,
wie der Adressat einer Äußerung eine Implikatur erschließen kann (vgl. die Eigenschaft der Kalkulierbarkeit unten). Betrachten wir dazu nochmals das Benzin-Beispiel:

(7)   B hat gesagt, dass gleich um die Ecke eine Tankstelle ist. Allem Anschein nach verhält
        sich B kooperativ. Doch nur wenn B denkt, dass ich mich dort mit Benzin versorgen
        kann, folgt er der Maxime der Relation. Nun weiß B (und ich weiß, dass er weiß), dass
        ich erkennen kann, dass die Annahme, dass er denkt, dass ich mich dort mit Benzin ver-
        sorgen kann, erforderlich ist, damit seine Äußerung kooperativ war. B hat nichts getan,
        um mich davon abzuhalten, zu glauben, dass ich mich dort mit Benzin versorgen kann.
        B beabsichtigt offensichtlich, dass ich glaube, dass ich mich dort mit Benzin versorgen
        kann. Folglich »implikatiert« B konversationell, dass ich mich dort mit Benzin versorgen
        kann.

(»Implikatieren« ist die Übersetzung des Terminus, den Grice geprägt hat für das,
was bisher einfach ›Nahelegen‹ genannt wurde.) Das allgemeine Schema sieht wie
folgt aus:

(8)   Schema für die Erschließung einer konversationellen Implikatur (durch den Adressaten)
        i   B hat gesagt, dass p.
        ii   Man kann annehmen, dass B die Maximen oder zumindest doch das KP beachtet.
        iii Nur wenn B denkt, dass q, folgt er den Maximen bzw. dem KP.
        iv   B weiß (und ich weiß, dass er weiß), dass ich erkennen kann, dass die Annahme,
             dass er denkt, dass q, erforderlich ist, wenn er das KP beachten will.
        v   B hat nichts getan, um mich davon abzuhalten, zu glauben, dass q.
        vi   B beabsichtigt, dass ich glaube, dass q.
        vii Also implikatiert B konversationell, dass q.

Schauen wir uns ein neues Beispiel an:

(9)   A: Wie erging es Harry gestern vor Gericht?
        B: Nun, er hat eine Geldstrafe bekommen.

Aus der Antwort von B werden wir in aller Regel schließen, dass Harry keine Haftstrafe bekommen hat. Vielleicht werden wir uns noch kurz vergewissern: »Das heißt
also, er hat keine Haftstrafe bekommen.« Wie kommt es nun zu der Implikatur,
dass Harry keine Haftstrafe bekommen hat? Intuitiv würde man sagen, wenn Harry

zusätzlich zu der Geldstrafe auch noch eine Haftstrafe bekommen hätte, so hätte B dies auch sagen müssen – ansonsten hätte er einen irregeführt. Daraus, dass er nicht mehr gesagt hat als das, was er gesagt hat, leiten wir unsere Schlussfolgerung ab. Hier ist offensichtlich eine Maxime der Quantität im Spiel, und zwar die erste (»Mache deinen Beitrag so informativ wie erforderlich!«). Im Zusammenspiel mit der Annahme, dass B den Maximen der Qualität folgt, werde ich schließen, dass er alles das gesagt hat, was erforderlich ist und von B für wahr gehalten wird. Aufgrund der Maximen der Qualität und der Quantität führt die Äußerung von B in diesem Kontext also zu der Implikatur, dass Harry keine Haftstrafe bekommen hat.

Kommen wir auf das Beispiel mit der Fakultätssitzung zurück:

(10)   A: Wann findet die nächste Fakultätssitzung statt?
       B: Ich glaube, dass in der nächsten Woche eine Fakultätssitzung stattfindet.

Wie kommt es zu der Implikatur, dass sich B seiner Sache nicht so sicher ist? A kann und wird in aller Regel aus der Äußerung von B den Schluss ziehen, dass B sich seiner Sache nicht ganz sicher ist, denn, wäre er sich seiner Sache sicher, dann hätte er sich nicht so vorsichtig ausgedrückt, indem er sagte *Ich glaube*. Genau diese intuitiv ganz plausible Erklärung ist es, die Grice versucht, präzise zu machen. Und zwar folgendermaßen. Durch die Frage von A ist die Richtung des Gesprächs vorgegeben, einem Gespräch, das dem Informationsaustausch dient. Es wird eine Antwort erbeten. Es herrscht in diesem Punkt Einvernehmen, insofern B die Frage als statthaft akzeptiert und nicht etwa brüsk reagiert mit *Was fragst du mich das?* A wird erst einmal davon ausgehen, dass sich B mit seiner Antwort kooperativ verhält. In der Tat sind die Maximen der Art und Weise ja erfüllt und auch der Maxime der Relation ist Genüge geleistet. Jedoch ist A klar, dass B nicht die Information liefert, die erforderlich ist – B sagt ja nicht, wann die Fakultätssitzung stattfindet. Also verletzt B die erste Maxime der Quantität. Wenn B aber trotzdem kooperativ ist, muss er einen rationalen Grund gehabt haben, eine Formulierung zu wählen, die eine Maxime verletzt. Der Grund kann mit Blick auf die Konversationsmaximen nur darin liegen, dass er die Maximen der Qualität einhalten wollte, also insbesondere nichts sagen wollte, wofür er keine adäquaten Evidenzen hat. Kurz: Wenn B kooperativ ist, dann hat er sich so verhalten, wie er sich verhalten hat, weil er sich nicht sicher ist, wann die nächste Sitzung stattfindet. So lässt sich also mit dem Kooperationsprinzip und den Konversationsmaximen die Implikatur ableiten, dass B nicht weiß oder sich nicht sicher ist, wann die nächste Sitzung stattfindet.

Nach demselben Strickmuster kann man à la Grice auch das Entstehen der Implikatur in (11) erklären.

(11)   An dieser Universität kommen einige Professoren vorbereitet in ihre Seminare.
       +> An dieser Universität kommen nicht alle Professoren vorbereitet in ihre Seminare.

Der alles entscheidende Punkt ist wieder, dass der Adressat weiß, dass es informativer gewesen wäre (der Adressat wüsste genauer Bescheid, wie es mit dem Arbeitseifer der Professorenschaft steht), wenn Eduard gesagt hätte: »An dieser Universität kommen *alle* Professoren vorbereitet in ihre Seminare.« Wenn er kooperativ ist, dann hat er dies nicht gesagt, weil er die Qualitätsmaxime nicht verletzen wollte. Also implikatiert er, dass nicht alle vorbereitet sind bzw. dass er sich nicht sicher ist, ob alle vorbereitet sind.

Vorerst letztes Beispiel: Wenn die Eltern mit den Kindern beim Einkaufen sind, der eine Elternteil vorschlägt, noch etwas zum Naschen für die Kinder mitzunehmen, und der andere Elternteil antwortet: »Aber nicht ›E‹ ›I‹ ›S‹!«, dann verstößt er gegen die Ober- und die erste Untermaxime der Art und Weise. Er implikatiert aber damit, dass, wenn die Kinder das Wort *Eis* hören, sie nichts anderes als Eis wollen.

Aufgabe 1:
a. Aufgrund welcher Maxime wird durch die Äußerung *Heute, 27. März, ist der Kapitän nicht betrunken* die Implikatur »Der Kapitän ist meistens betrunken« hervorgerufen?
b. Stellen Sie detailliert dar, aufgrund welcher Maximen es bei unserem Ausgangs-beispiel – Eduard antwortet auf die Frage nach seinem Namen mit *Ich glaube, Eduard* – zu der Implikatur kommt, dass sich Eduard nicht sicher ist, wie er heißt.
c. Aufgrund welcher Maximen kommt es bei den folgenden Antworten zu welchen Implikaturen? (i) A: *Wo ist Sabine?* B: *Ich habe sie heute noch nicht gesehen.* (ii) A: *Wie viele Eigentore hast du geschossen?* B: *Ich habe ein Eigentor geschossen.* (iii) A und B sind zusammen am Arbeiten. A: *Kann ich die Leiter haben?* B: *Ich brauche sie nicht.*

6.3.3 | Arten von Implikaturen

Das, was ein Sprecher mit einer Äußerung alles ausdrücken kann, teilt Grice in das, was »gesagt« wird, und das, was »implikatiert« wird. Das **Gesagte** ist der Teil der Gesamtbe-deutung der Äußerung, der für die Wahrheit oder Falschheit eines Satzes einschlägig ist. Das umfasst einen Großteil der konventionellen Bedeutung der verwendeten Ausdrücke, aber auch den referenziellen Gehalt der Äußerung, also das, worauf referiert wird – inklusive der Interpretation deiktischer Ausdrücke. Bei den Implikaturen unterscheidet Grice die konversationellen Implikaturen von den konventionellen Implikaturen (die wir bisher noch nicht behandelt haben) und spaltet die konversationellen in die parti-kularisierten und generalisierten konversationellen Implikaturen auf.

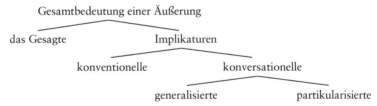

Eine **konventionelle Implikatur** liegt nach Grice in dem folgenden Beispiel vor: *Sie ist Engländerin – folglich trinkt sie am liebsten deutschen Wein.* Jemand, der diese Äußerung macht, tut damit kund, dass er der Ansicht ist, dass bei der betreffenden Person das Trinken von deutschem Wein eine Konsequenz davon ist, dass sie Eng-länderin ist. Dass er dies kundtut, ergibt sich aus der konventionellen Bedeutung des Wörtchens *folglich*. Doch würde man – so Grice – die Äußerung nicht falsch nennen können, wenn der besagte Zusammenhang zwischen Deutschen-Wein-Trinken und Engländerin-Sein nicht besteht, die betreffende Person aber gleichwohl Engländerin ist und am liebsten deutschen Wein trinkt. Das heißt, es wäre merkwürdig, auf die obige Äußerung mit *Falsch!* zu reagieren, wenn man glaubte, dass die betreffende Person eine Engländerin ist, die am liebsten deutschen Wein trinkt, und man nur zu verstehen geben wollte, dass man keinen Zusammenhang sähe zwischen Deutschen-Wein-Trinken und Engländerin-Sein. Also »sagt« jemand, der die obige Äußerung tut, nicht, dass ein solcher Zusammenhang besteht, er »implikatiert« ihn. Da die Implikatur durch die konventionelle Bedeutung eines Wortes induziert wird, handelt es sich um eine konventionelle und nicht um eine konversationelle Implikatur.

Bei den **konversationellen Implikaturen** kommen – im Unterschied zu den konventionellen – das KP und die Konversationsmaximen ins Spiel. Fast alle bisher betrachteten Implikaturen waren Konversationsimplikaturen. Diese unterscheiden sich nach Grice dadurch, wie sie entstehen. Konversationsimplikaturen können entstehen

- wenn die Maximen beachtet werden,
- wenn zwei Maximen in Widerstreit liegen oder
- wenn Maximen »ausgebeutet« werden, d.h. ganz ostentativ missachtet werden, um auf indirekte Weise etwas ganz Bestimmtes zu verstehen zu geben.

Das Tankstellen-Beispiel (6) und das Maat-Beispiel sind Beispiele dafür, wie eine Implikatur dadurch entsteht, dass der Adressat annimmt, dass die Maximen beachtet werden. Das Fakultätsbeispiel (10) ist ein Beispiel dafür, wie eine Implikatur dadurch entsteht, dass zwei Maximen – die erste Maxime der Quantität (Mache deinen Beitrag so informativ wie erforderlich!) und die zweite Untermaxime der Qualität (Sage nichts, wofür du keine adäquaten Evidenzen hast!) – im Widerstreit liegen. A wird annehmen, dass B so informativ gewesen ist, wie er kann, ohne unaufrichtig zu sein – also nicht genau weiß, wann die nächste Fakultätssitzung stattfinden wird. Am Ausgang des Widerstreits sieht man übrigens, dass die Qualitätsmaxime stärker gewichtet wird als die Quantitätsmaxime, denn B hat sich in diesem Widerstreit für die Befolgung der Qualitäts- und die Verletzung der Quantitätsmaxime entschieden.

Ostentativ verletzt wird die Maxime der Quantität, wenn ein Professor an eine Auswahlkommission ein Gutachten über eine seiner (deutschen) Doktorandinnen schreibt, das den folgenden Inhalt hat: »Sehr geehrte Damen und Herren, Frau X schreibt ein fehlerloses Deutsch und kam immer pünktlich in meine Sprechstunde. Ihr Y.« Hier ist in offensichtlicher Weise die erste Maxime der Quantität verletzt worden mit der Absicht, der Kommission zu verstehen zu geben, dass die Bewerberin ungeeignet ist, d.h. der Professor beutet die erste Maxime der Quantität aus, um bei den Adressaten eine bestimmte Implikatur hervorzurufen. Betrachtet man nur das, was der Professor »gesagt« hat, so sieht es aus, als wenn er unkooperativ wäre – man erwartet von ihm eine Einschätzung der Kandidatin in Bezug auf die Eigenschaften, die für die Auswahl der Kommission relevant sind; doch auf der Ebene dessen, was der Professor konversationell implikatiert, ist er voll kooperativ: Er gibt eine Bewertung der Kandidatin ab.

In **Arbeitszeugnissen** wird von der Möglichkeit der Maximenausbeutung oft in weniger drastischer Art und Weise Gebrauch gemacht: Werden Fähigkeiten einer Person, die für ihren Beruf einschlägig sind, im Zeugnis nicht thematisiert, so wird ein Leser des Zeugnisses, etwa ein Personalchef, daraus den Schluss ziehen, dass die Person diese Fähigkeiten nur sehr schlecht beherrscht – er wird dies also als Ausbeutung der ersten Quantitätsmaxime durch den Verfasser des Zeugnisses deuten.

Auch kann in Arbeitszeugnissen der Umstand, dass das Verhalten zu den Kollegen, aber nicht zu den Vorgesetzten thematisiert wird, oder der Umstand, dass ein Passus fehlt, in dem das Bedauern über das Ausscheiden des Mitarbeiters ausgedrückt wird, entsprechend gedeutet werden.

Auch bei **Ironie und Metapher** werden nach Grice Maximen verletzt – nämlich die erste Maxime der Qualität. Nehmen wir an, X hat geheime Unterlagen von A, den er gut kannte, an die Konkurrenz verraten und A und B wissen das. Wenn nun A zu B sagt *X ist ein feiner Freund!*, dann ist B klar, dass A mit dieser Äußerung nicht der ersten Maxime der Qualität (Sage nichts, was du für falsch hältst!) folgt und dies aber auch nicht vortäuschen will, sondern B zu einer Implikatur veranlassen möchte. Es liegt nahe, dass A das Gegenteil dessen implikatiert, was er gesagt hat. Auch eine Äußerung von Eduard Ottilie gegenüber wie *Du bist das Sahnehäubchen auf meinem Kaffee* kann die Adressatin unmöglich wörtlich als eine Aussage verstehen, bei der Eduard der ersten Untermaxime der Qualität Genüge tun will. Sie wird also nach etwas anderem suchen, was er mit seiner Äußerung gemeint haben könnte, nach Eigenschaften, die Eduard ihr qua Implikatur zuschreibt.

Bei diesen eben behandelten konversationellen Implikaturen handelt es sich um verschiedene Arten von **partikularisierten** konversationellen Implikaturen, da es entscheidend von dem spezifischen Kontext, in dem die Äußerung getan wurde, abhängt, zu welcher Implikatur es kommt. Dies ist bei **generalisierten** konversationellen Implikaturen anders: Hier kommt es schon allein aufgrund des Inhalts dessen, was gesagt wurde, ohne speziellen Kontext zu einer Implikatur, sofern der Sprecher dies nicht irgendwie verhindert.

Mit generalisierten Konversationsimplikaturen haben wir es zu tun in dem Fakultätsbeispiel (10) sowie dem Professorenbeispiel (11). Da bei der Ableitung der Implikatur in diesen Fällen die (erste) Quantitätsmaxime eine wichtige Rolle spielt, spricht man auch von Quantitätsimplikaturen, genauer: von »skalaren Quantitätsimplikaturen« (vgl. Levinson 2000a, § 3.2.4). Eine andere Art von generalisierten Quantitätsimplikaturen sind die »klausalen Quantitätsimplikaturen« (ebd.). Äußert jemand *Wenn sie ihren Streit vor Gericht austragen, wird die Sache teuer*, dann werden wir ihn im Normalfall so interpretieren, dass er zu verstehen gibt, dass die mit *sie* gemeinten Leute ihren Streit möglicherweise vor Gericht austragen, möglicherweise aber auch nicht, und dass er weiterhin zu verstehen gibt, dass die Sache möglicherweise teuer wird, möglicherweise aber auch nicht (es ergeben sich also vier Implikaturen).

Konversationelle Implikaturen haben typischerweise die folgenden Eigenschaften (vgl. Grice 1989, 39 f.; Levinson 2000a, 125 ff., 132):

1. Konversationelle Implikaturen sind **kalkulierbar**, d. h. auf der Basis des KP und der Maximen erschließbar.
2. Konversationelle Implikaturen sind **annullierbar**, d. h. der Sprecher kann verhindern, dass es zu der Implikatur kommt. Dies kann kontextuell geschehen (es ergibt sich aus dem Äußerungskontext, dass der Sprecher die Implikatur nicht teilt) oder explizit (*Einige haben gelacht, wenn nicht sogar alle*; *Einige haben gelacht, womit ich nicht sagen will, dass nicht alle gelacht haben*).
3. Konversationelle Implikaturen sind **inhaltsbasiert** (oder, wie Grice sagt, »nicht abtrennbar«), d. h. sie ergeben sich nicht aus der speziellen Wortwahl, sondern aus dem Inhalt dessen, was gesagt wurde: Bei jeder anderen Art, mehr oder weniger denselben Inhalt auszudrücken, kommt es auch zu der Implikatur. (Dies gilt

natürlich nicht für die Implikaturen, die auf der Basis der Maxime der Art und Weise entstehen.) So kommt es in *Ich glaube, dass in der nächsten Woche eine Fakultätssitzung stattfindet* auch dann zu der Implikatur, dass sich der Sprecher nicht sicher ist, wenn *ich glaube* ersetzt wird z. B. durch *ich denke* oder *mir scheint*.

4. Konversationelle Implikaturen sind **nicht konventionell**, sondern setzen an dem an, was konventionell ausgedrückt wird, genauer: an dem, was »gesagt« wird.
5. Konversationelle Implikaturen sind **nicht eindeutig**, da es gegebenenfalls mehrere Möglichkeiten geben kann, wie man das, was »gesagt« wurde, in Einklang bringen kann mit dem KP (dies bezieht sich darauf, dass es in Schema (8) mehrere Kandidaten geben kann für das, was in (iii) ›q‹ ist).
6. Konversationelle Implikaturen sind **bekräftigbar**, da sie sich unproblematisch explizit machen lassen, ohne dass es zu einer störenden Redundanz kommen würde (Beispiel: *Ein paar Studentenvertreter haben dagegen gestimmt. Aber nicht alle.*).
7. Konversationelle Implikaturen sind **universal**, d. h. sie sollten im Prinzip in allen Sprachen in gleicher Weise auftreten – das KP und die Maximen sind ja als Rationalitätsstandards gedacht und somit nicht einzelsprachlicher Natur.

Aufgabe 2: Gehen Sie die Beispielsätze von Aufgabe 1 einzeln durch und (i) erläutern Sie, ob es sich um partikularisierte oder generalisierte Konversationsimplikaturen handelt, und (ii) zeigen Sie, dass die Implikaturen die eben erläuterten Eigenschaften 1, 2, 3 und 6 aufweisen.

6.3.4 | Was auf Grice folgte

Die Vorlesung *Logic and Conversation* von Grice hat Furore gemacht und ist schnell ein moderner Klassiker geworden. Sein Ansatz wurde und wird kontrovers diskutiert, viele Probleme sind entdeckt, Weiterentwicklungen und Alternativansätze vorgeschlagen worden. Drei Aspekte der neueren Diskussion sollen hier herausgegriffen werden: die Neubewertung von konventionellen Implikaturen, das Semantik/Pragmatik-Verhältnis in Bezug auf das »Gesagte« und neuere Implikaturenkonzeptionen.

Den **konventionellen Implikaturen** hatte Grice keine sonderlich große Aufmerksamkeit geschenkt, nur zwei Beispiele hat er diskutiert (die englischen Entsprechungen zu *folglich* und *aber*), die aber beide nicht jeden als Beleg für die Existenz von konventionellen Implikaturen überzeugen konnten (vgl. Huang 2014, 76). Während Bach (1999) etwa den Schluss zieht, dass es keine konventionellen Implikaturen gibt, rückt Potts (2005) zwei neue Gegenstandsbereiche in den Fokus (›Supplemente‹ einerseits und ›Expressiva‹ andererseits), die die Kriterien für konventionelle Implikaturen besser zu erfüllen scheinen als Grice' eigene Beispiele. Zu den Supplementen gehören nicht-restriktive Relativsätze (wie in *Heuss, der der erste Bundespräsident war, war sehr beliebt*), parenthetische Einschübe (wie in *Heuss war, wie man weiß, sehr beliebt*), appositive Nominalgruppen (wie in *Heuss, der erste Bundespräsident, war sehr beliebt*) und eine Klasse von Adverbialen (wie *überraschenderweise, offen gesprochen*). Zu den Expressiva gehören expressive Wörter und Formeln (wie in *Warum geht diese verdammte Packung nicht auf?*; *Unser hochverehrter Gast möge das Wort ergreifen*; *Marie vertraut diesem Bastard auch noch*; *Da hat sie – alle Achtung! – das schier Unmögliche geschafft*).

Die Theorie der Konversationsimplikaturen legt ein bestimmtes **Verhältnis von Semantik und Pragmatik** nahe: Erst wird das, was mit einer Äußerung »gesagt« wird, durch Semantik (und deiktische Pragmatik) bestimmt, dann werden auf dieser Grundlage mit Hilfe des Kooperationsprinzips und der Konversationsmaximen konversationelle Implikaturen abgeleitet. Diese Auffassung von der Arbeitsteilung zwischen Semantik und Pragmatik muss revidiert werden. Pragmatische Schlüsse spielen eine viel größere Rolle bei der Bestimmung des Gesagten (bzw. der Proposition, die ein Satz ausdrückt), als die Grice'sche Auffassung dies nahelegt. Betrachten wir dazu den folgenden Satz:

(12) Goethe drückte auf den Knopf, und die Kaffeemaschine begann zu laufen.

Diesen Satz verstehen wir spontan so, dass mit *den Knopf* der Knopf der Kaffeemaschine gemeint ist. Aber die Semantik alleine kann uns dieses Ergebnis nicht liefern. Die Semantik sagt uns, dass *Knopf* mehrere Bedeutungen haben kann – Knopf an einem Kleidungsstück, Knopf an einem Gerät etc., aber sie sagt uns nicht, in welcher Bedeutung dieses Substantiv hier verwendet wird. Aus dem Kontext müssen wir erschließen, wie das Wort gemeint ist. Auch bei *läuft* muss ein solcher Desambiguierungsprozess abgelaufen sein, da wir das Wort hier nicht im Sinne von ›sich mit den Füßen fortbewegen‹ verstehen. Weiterhin sagt uns die Semantik nur, dass *den Knopf* ein Ausdruck ist, mit dem auf ein bestimmtes Ding Bezug genommen werden kann, sie sagt uns aber natürlich nicht, welches Ding dies ist. Dass es der Knopf der Kaffeemaschine ist, muss aus dem Kontext erschlossen werden.

Wir können in Äußerungen vieles implizit lassen, was man aber mit zu dem rechnen muss, was »gesagt« wird. Beispielsweise kann mit *hier* in *Hier fühle ich mich wohl* gemeint sein ›hier in diesem Zimmer‹, ›hier in diesem Haus‹, ›hier in dieser Stadt‹ etc. Erst durch die nähere Bestimmung ergibt sich das, was gesagt wurde. Mit *Alle waren entsetzt* wird nicht gesagt, dass alle Menschen überhaupt entsetzt waren, sondern alle einer bestimmten, kontextuell sich erschließenden Menge. Auch in Sätzen wie *Marie ist einfühlsamer* oder *Caroline kam zu spät* findet eine »pragmatische Anreicherung« statt: Gesagt wird, dass Marie einfühlsamer als Person XY ist, bzw. dass Caroline zu spät zum einem bestimmten Termin kam.

Damit können wir den entscheidenden Punkt benennen. Erst wenn Desambiguierung, Referenzbestimmung und Anreicherung erfolgt sind, steht das Gesagte, steht die Proposition, die der Satz ausdrückt, fest. Und das heißt: Zur Bestimmung des propositionalen Gehalts einer Äußerung muss die Pragmatik mit herangezogen werden. Die Aufteilung, dass die Semantik im Wesentlichen das Gesagte bereitstellt und die Pragmatik auf dieser Basis die Implikaturen, ist nicht zu halten. Die Konsequenzen, die dies für das Semantik/Pragmatik-Verhältnis hat, werden heftig diskutiert (vgl. Bianchi 2004, Szabó 2005, einführend Huang 2014, § 8 und Finkbeiner 2015, § 4.3).

Was **neuere Implikaturenkonzeptionen** angeht, so wird einmal die Notwendigkeit gesehen, zur Erklärung von Implikaturen weitere Prinzipien hinzuzuziehen – insbesondere Prinzipien der Höflichkeit (vgl. Brown/Levinson 1987, Leech 2014). Keine Einigkeit herrscht darüber, wie weit man die Theorie von Grice modifizieren muss. Das Spektrum reicht von relativ konservativen Modifikationen (vgl. etwa Gazdar 1979 oder Matsumoto 1995) bis zur totalen Ablehnung. Zwei Schulen sind heute vor allem prominent. Da sind zum einen die **Neogriceaner**, die versuchen, Implikaturen aus dem Zusammenspiel von zwei bis drei aufeinander bezogenen Prinzipien zu erklären, die teilweise noch Ähnlichkeiten mit den Grice'schen Konversationsmaximen haben (vgl. Horn 1984; Levinson 2000b). Die andere Schule ist die **Relevanztheorie,** die die Theorie von Grice vollständig verwirft und versucht, mit nur einem Prinzip – dem Relevanzprinzip – auszukommen. Dieses Relevanzprinzip hat allerdings einen ganz anderen Gehalt als die Maxime der Relation bei Grice, weil unter Relevanz ein kognitives Prinzip der Informationsverarbeitung verstanden wird (vgl. Saul 2002). Die klassische Arbeit zur Relevanztheorie ist Sperber/Wilson (1995) – vgl. auch Sperber/Wilson (1987). Eine gute Einführung bietet Blakemore (1992); in Wilson/Sperber (2004) kann man sich über den neuesten Stand der Theoriebildung informieren.

Wie viel an ihm auch immer auszusetzen ist (die wohl immer noch radikalste und umfassendste Kritik an Grice findet sich in Davis 1998), selbst die schärfsten Kritiker stellen nicht in Frage, dass es die bleibende Leistung von Grice ist, den Bereich der Implikaturen für die Sprachtheorie entdeckt zu haben. Und als Einstieg in diesen Bereich ist eine Kenntnis der Theorie von Grice immer noch unumgänglich.

6.4 | Präsuppositionen

6.4.1 | Was sind Präsuppositionen?

Wenn Eduard die Feststellung macht, dass der Staatspräsident von Madagaskar ein Sozialist ist, so dürfen wir davon ausgehen, dass Eduard annimmt, dass Madagaskar einen Staatspräsidenten hat. Seine Feststellung wäre in gewissem Sinne unverständlich (sie wäre – in der Redeweise von Kap. 6.5.1 – »verunglückt«), wenn er dies nicht annehmen würde. Das gleiche gilt für den Fall, dass Eduard fragt, ob der Staatspräsident von Madagaskar ein Sozialist ist. Wenn Ottilie Eduards Feststellung widerspricht, indem sie sagt, dass es nicht der Fall ist, dass der Staatspräsident von Madagaskar ein Sozialist ist, so dürfen wir davon ausgehen, dass auch Ottilie annimmt, dass Madagaskar einen Staatspräsidenten hat. Auch wenn Ottilie sich nicht so sicher ist und nur sagt, dass es möglich ist, dass der Staatspräsident von Madagaskar ein Sozialist ist, oder sagt, was sich aus diesem Umstand ergeben würde, so gehen wir davon aus, dass sie die besagte Annahme macht. Eduard und Ottilie **präsupponieren** (>>) mit ihren Äußerungen, sie setzen voraus, dass es (genau) einen Staatspräsidenten von Madagaskar gibt.

(13)　a. Der Staatspräsident von Madagaskar ist ein Sozialist.
　　　b. Ist der Staatspräsident von Madagaskar ein Sozialist?
　　　c. Es ist nicht der Fall, dass der Staatspräsident von Madagaskar ein Sozialist ist.
　　　d. Es ist möglich, dass der Staatspräsident von Madagaskar ein Sozialist ist.
　　　e. Wenn der Staatspräsident von Madagaskar ein Sozialist ist, dann sind die Sozialisten dort eine starke politische Kraft.
　　　>> Es gibt (genau) einen Staatspräsidenten von Madagaskar.

Diese Existenzannahme, dass es genau einen Staatspräsidenten von Madagaskar gibt, gehört nicht zu dem, was mit (13a) ausgesagt wird. Denn die Annahme bleibt erhalten, wenn die Aussage in eine Frage umgewandelt (13b), negiert (13c), modalisiert (13d) oder in einen Konditionalsatz umgewandelt (13e) wird.

Eine Existenzannahme, die mit zu der Aussage eines Satzes gehört, verhält sich ganz anders. Wenn Ottilie die Mitteilung macht, dass eine Lawinenwarnung durchgegeben worden ist, so gehen wir natürlich davon aus, dass sie annimmt, dass eine Lawinenwarnung vorliegt. Wenn aber Eduard nachfragt, ob (wirklich) eine Lawinenwarnung durchgegeben worden ist, oder er Ottilie widerspricht und sagt, dass es nicht der Fall ist, dass eine Lawinenwarnung durchgegeben worden ist, so gehen wir natürlich nicht davon aus, dass Eduard annimmt, dass eine Lawinenwarnung vorliegt. Wir gehen ebenso wenig davon aus, dass Eduard diese Annahme macht, wenn er sagt *Es ist möglich, dass eine Lawinenwarnung durchgegeben worden ist.*

Eine Präsupposition ist eine Annahme, die in Fragesätzen, unter Negation und Modalität sowie in Konditionalgefügen erhalten bleiben kann. Präsuppositionen gehören nicht zu dem, was mit einer Äußerung »gesagt« wird. Sie sind vielmehr Annahmen, die notwendig sind, damit eine Äußerung »glücken« kann (wenn der Sprecher von (13a) die Existenzannahme nicht machen würde, wüsste man gar nicht, was für eine Aussage er eigentlich machen wollte).

Eine **Existenzpräsupposition** liegt auch vor, wenn jemand feststellt *Alle Türen im Schloss waren verschlossen.* Denn damit präsupponiert er, dass es in dem Schloss Türen gibt bzw. gab. Auch wer die Frage stellt *Wer hat dieses Jahr den Nobelpreis für Literatur bekommen?*, macht eine Existenzpräsupposition, nämlich dass jemand dieses Jahr den Nobelpreis für Literatur bekommen hat (vgl. aber Meibauer 2001, 50 f., wo für die Existenzannahme in W-Fragesätzen eine Analyse als konversationelle Implikatur und nicht als Präsupposition erwogen wird). Ein weiteres Beispiel sind Spaltsätze wie *Es war Eduard, der als Erster abreiste*, wo präsupponiert wird, dass jemand als Erster abgereist ist.

Bei allen Präsuppositionen kann man einen **Auslöser** (engl. ›trigger‹) für die Präsupposition dingfest machen. In den bisherigen Beispielen war dies der definite Artikel, die Quantitätsangabe *alle* sowie die w-Fragesatz-Konstruktion. Aber auch Verben und Adjektive können Präsuppositionen auslösen: Wer (14) sagt, geht davon aus, dass die Situation auch wirklich verfahren ist; wer (15) sagt, geht davon aus, dass die Erde rund ist, und wer (16) äußert, geht davon aus, dass der Minister auch wirklich zurückgetreten ist.

(14) Wir bedauern (/sehen ein, haben vergessen, wissen etc.), dass die Situation (so) verfahren ist.
>> Die Situation ist verfahren.
(15) Es ist schrecklich (/schade, bedauerlich, wunderbar etc.), dass die Erde rund ist.
>> Die Erde ist rund.
(16) Dass der Minister zurückgetreten ist, beweist, dass er weiß, was sich gehört.
>> Der Minister ist zurückgetreten.

Es wird präsupponiert, dass der Sachverhalt, der durch einen Objekt- bzw. Subjektsatz ausgedrückt wird, besteht. Hier spricht man von einer **faktiven** Präsupposition. Es gibt auch Verben, die eine **nicht-faktive** Präsupposition auslösen: Mit *Ottilie gibt vor, krank zu sein* wird beispielsweise präsupponiert, dass Ottilie gar nicht krank ist.

Ein anderer Typ von Präsupposition – **lexikalische** Präsuppositionen – wird von sogenannten »implikativen Verben« wie *schaffen* und *vergessen* sowie von »Aspektverben« wie *aufhören* und *beginnen* ausgelöst: Mit *Eduard hat es geschafft, die Tür zu öffnen* wird präsupponiert, dass Eduard versuchte, die Tür zu öffnen, mit

Ottilie hat vergessen, die Tür abzuschließen, dass Ottilie die Tür abschließen sollte (oder wollte); mit *Ottilie hört mit dem Klavierspielen auf* wird präsupponiert, dass Ottilie schon vorher Klavier gespielt hat, mit *Eduard beginnt Klavier zu spielen,* dass Eduard vorher noch nicht Klavier gespielt hat.

Einen interessanten Fall stellen in diesem Zusammenhang die Fokuspartikeln dar, also Ausdrücke wie *nur, auch* und *sogar.* Wenn jemand die Feststellung macht *Nur Eduard ist abgereist,* so kann man davon ausgehen, dass er annimmt, dass Eduard abgereist ist. Was für einen Status hat diese Annahme? Gehört sie zu dem, was durch die Feststellung ausgesagt wird? Nein, es scheint sich nicht um eine logische Folgerung zu handeln: Sie bleibt in Fragesätzen (*Ist nur Eduard abgereist?*) und unter Negation (*Es ist nicht der Fall, dass nur Eduard abgereist ist*) und Modalität (*Es ist durchaus möglich, dass nur Eduard abgereist ist*) erhalten! Durch *Nur Eduard ist abgereist* wird »ausgesagt« (d.h. »gesagt« im Sinne von Grice – siehe oben Kap. 6.3.3), dass niemand sonst abgereist ist, dass – im Kontext von Goethes Roman *Die Wahlverwandtschaften* – Ottilie, Charlotte und der Hauptmann nicht abgereist sind. Dass dies ausgesagt und nicht präsupponiert wird, sieht man etwa daran, dass es durch die Negation des Satzes (*Nicht nur Eduard ist abgereist*) verneint wird.

(17)   Nur Eduard ist abgereist
       Präsupposition: Eduard ist abgereist.
       Aussage: Die anderen (also: Ottilie, Charlotte und der Hauptmann) sind nicht abgereist.

Seit Horn (1996) jedoch wird kontrovers diskutiert, ob in Fällen wie (17) die Annahme, dass Eduard abgereist ist, wirklich den Status einer Präsupposition hat, ob es sich nicht vielmehr um eine konversationelle oder konventionelle Implikatur oder noch um etwas anderes handelt.

Aufgabe 3: Was wird bei (i) *Auch Eduard ist abgereist* und was wird bei (ii) *Sogar Eduard ist abgereist* präsupponiert? Analysieren Sie diese beiden Sätze nach dem Muster von (17). Testen Sie dabei mögliche Präsuppositionen mit Fragesatzbildung, Negation und Modalität.

6.4.2 | Suspendierbarkeit und Projektionsproblem

Wir haben vorhin gesagt, dass durch *Alle Türen im Schloss waren verschlossen* präsupponiert wird, dass es Türen im Schloss gibt bzw. gab. Das gleiche gilt natürlich für *Jede Tür im Schloss war verschlossen.* Anders aber liegt der Fall, wenn wir unser neu eröffnetes Geschäft an mehreren Stellen gut sichtbar mit Schildern versehen, auf denen die Warnung zu lesen ist: *Jeder Diebstahl wird angezeigt.* Hier kann man nicht sagen, dass wir präsupponieren würden, dass es Diebstähle gegeben hat, gibt oder geben wird. Wir wollen durch die Schilder ja gerade verhindern, dass es zu Diebstählen kommt. Die bei *jeder* mögliche Existenzpräsupposition scheint hier aufgehoben, **suspendiert** zu sein (auf Englisch spricht man von ›defeasibility‹).

Wissen ist wie *bereuen* ein Verb mit einer faktiven Präsupposition: *Sie weiß, dass heute ein Feiertag ist* präsupponiert, dass heute ein Feiertag ist. Wenn man *wissen* durch *glauben* modifiziert, so kann man die faktive Präsupposition suspendieren, wie der folgende Beleg aus Reis (1977) zeigt: ›*Frau im Spiegel*‹ *glaubt zu wissen, dass*

*Marilyn Monroe im Leben hochgestellter amerikanischer Persönlichkeiten eine grö-
ßere Rolle spielte.* Bei Negation allerdings ist die faktive Präsupposition nicht leicht
zu suspendieren. *Sie weiß nicht, dass heute ein Feiertag ist* trägt weiterhin die faktive
Präsupposition, und *Ich weiß nicht, dass heute ein Feiertag ist* kann man kaum als
akzeptablen Satz bezeichnen. Man muss schon das Verb in den Konjunktiv Präteritum
setzen, um die Präsupposition weg zu bekommen: *Ich wüsste nicht, dass heute ein
Feiertag ist.* Aber so völlig verschwunden ist sie nun auch wieder nicht: Die Frage,
ob Feiertag ist, muss im Raum stehen, damit die Bemerkung *Ich wüsste nicht, dass
heute ein Feiertag ist* angebracht ist. Ähnlich bei *Jeder Diebstahl wird angezeigt*: Die
Möglichkeit von Diebstählen muss gegeben sein.

Die Suspendierbarkeit von Präsuppositionen ist ein wichtiges Phänomen, wenn
es darum geht, was eigentlich die Natur von Präsuppositionen ist – wie eng gehören
Präsuppositionen zur Bedeutung von Ausdrücken, sind sie ein semantisches oder ein
pragmatisches Phänomen? Dabei ist es offen, ob eine Präsupposition wirklich suspendiert werden kann in dem Sinne, dass keine Präsupposition mehr vorhanden ist.

Interessant ist in diesem Zusammenhang auch das Verhalten von Präsuppositionen in komplexen Satzgefügen. Der Satz *Ottilies Kinder müssen schon erwachsen sein*
präsupponiert, dass Ottilie Kinder hat. Doch wenn man diesen Satz in ein Konditio-
nalgefüge einbettet, kann diese Präsupposition unter Umständen verschwinden. Mit
(18) beispielsweise wird präsupponiert, dass Ottilie Kinder hat, doch präsupponiert
dies ein Sprecher von (19a,b) klarerweise nicht. (>/> steht für ›präsupponiert nicht‹.)

(18)   Wenn Ottilie wieder an Expeditionen teilnehmen kann, dann müssen ihre Kinder schon
        erwachsen sein.
        >> Ottilie hat Kinder.

(19)   a.   Wenn Ottilie Kinder hat, dann müssen ihre Kinder schon erwachsen sein.
        b.   Entweder hat Ottilie keine Kinder oder aber ihre Kinder müssen schon erwachsen sein.
        >/> Ottilie hat Kinder.

Die Fälle in (19) werden so beschrieben, dass die Präsupposition des Teilsatzes *Ihre
Kinder müssen schon erwachsen sein* nicht zur Präsupposition des Gesamtsatzes
wird, d.h. sie wird nicht vom Teilsatz auf den Gesamtsatz **vererbt** (›projiziert‹). Die
Existenzpräsupposition, dass Ottilie Kinder hat, ist jedoch nicht wirklich verschwunden, sondern auf den Teilsatz beschränkt, d.h. in (19b) etwa ist es nur in einer der
beiden genannten Alternativen der Fall, dass Ottilie Kinder hat (zur Projektion von
Präsuppositionen und konventionellen Implikaturen vgl. die empirische Studie von
Tonhauser et al. 2013). Das **Projektionsproblem** für Präsuppositionen besteht darin zu
erklären, wie es genau dazu kommt, dass Präsuppositionen manchmal vererbt werden,
manchmal nicht. Auch ohne sich in die schwierigen Details des Projektionsproblems zu
versenken, sieht man ganz gut, dass es bei der Vererbung darauf ankommen kann, ob
die Präsupposition mit anderen Bedeutungselementen des Satzgefüges kompatibel ist
oder nicht. In (19) legt der Sprecher nahe (klausale Quantitätsimplikatur; s. Kap. 6.3.3),
dass es zwei Möglichkeiten gibt: Ottilie hat Kinder oder sie hat keine Kinder. Zu implikatieren, dass es diese zwei Möglichkeiten gibt, und zu präsupponieren, dass Ottilie
Kinder hat, ist nicht konsistent. Dies könnte der Grund sein, warum die Präsupposition
nicht vom Teilsatz auf den Gesamtsatz vererbt wird (vgl. Gazdar 1979).

Wir haben gesagt, dass Präsuppositionen u.a. unter Negation erhalten bleiben
können. Das *können* ist mit Bedacht hinzugesetzt, denn Präsuppositionen bleiben

unter Negation nicht immer erhalten. Mit einer Äußerung wie *Es kann nicht sein, dass der Staatspräsident von Madagaskar ein Sozialist ist* braucht ein Sprecher nicht die Existenz eines madegassischen Staatspräsidenten zu präsupponieren, denn er kann konsistent seine Rede fortsetzen mit *Denn Madagaskar hat gar keinen Staatspräsidenten.*

6.4.3 | Präsupposition und Implikatur

Wie verhalten sich Präsuppositionen zu Implikaturen? Wie Implikaturen gehören sie nicht zum »Gesagten«, unterscheiden sich von konversationellen Implikaturen aber sehr deutlich. Eine konversationelle Implikatur einer Äußerung kann nach der Äußerung explizit genannt werden, d. h. sie ist bekräftigbar (s. Kap. 6.3.3): *Ein paar Studentenvertreter haben dagegen gestimmt. Aber nicht alle.* Es ist jedoch kaum möglich, die Präsupposition einer Äußerung explizit nach der Äußerung zu nennen: *Nur ein paar Studentenvertreter haben dagegen gestimmt. (Aber) ein paar Studentenvertreter haben dagegen gestimmt.* Der zweite Satz ist die Präsupposition des ersten Satzes. Doch die Sequenz erscheint einem nicht akzeptabel – offensichtlich, weil sie redundant ist (siehe auch *Es ist schade, dass die Situation so verfahren ist. Die Situation ist (aber) so verfahren*). Ein zweiter Unterschied zwischen konversationellen Implikaturen und Präsuppositionen liegt darin, dass nur die ersteren annulliert werden können. In (20) wird die Implikatur, dass nicht alle dagegen gestimmt haben, kontextuell annulliert (+/> steht für ›implikatiert nicht‹):

(20) a. Ein paar Studentenvertreter haben dagegen gestimmt, vielleicht sogar alle.
      b. Ich weiß nicht, ob alle Studentenvertreter dagegen gestimmt haben, aber ein paar Studentenvertreter haben dagegen gestimmt.
      +/> Nicht alle Studentenvertreter haben dagegen gestimmt.

Der Versuch, eine Präsupposition derart zu annullieren, scheitert jedoch. Die entsprechenden Satzsequenzen sind unakzeptabel, da sie zu glatten Widersprüchen führen.

(21) a. *Nur ein paar Studentenvertreter haben dagegen gestimmt. Es ist aber nicht so, dass ein paar Studentenvertreter dagegen gestimmt haben.
      b. *Es ist nicht so, dass ein paar Studentenvertreter dagegen gestimmt haben. Aber es ist so, dass nur ein paar Studentenverteter dagegen gestimmt haben.

Präsuppositionen können demnach eigentlich keine konversationelle Implikaturen sein (vgl. aber Levinson 2000a, § 4.4.2; Chierchia/McConnell-Ginet 1990, § 6.3; Kadmon 2001, § 11, Simons 2004). Von konventionellen Implikaturen unterscheiden sich Präsuppositionen dadurch, dass sie notwendig für das Glücken einer Äußerung sind. Diese Abgrenzungen klären uns aber noch nicht darüber auf, was Präsuppositionen denn eigentlich sind. Diese Frage ist noch immer ungeklärt.

Zwei Klassiker der Präsuppositionsthematik sind Strawson (1950) und Stalnaker (1974). Van der Sandt (1988) ist eine, wenn auch jetzt schon ältere, lesenswerte Monographie, die die verschiedenen theoretischen Aspekte der Thematik behandelt. Einen Überblick über das Gebiet und die wichtigsten Probleme bieten Chierchia/McConnell-Ginet (1990, §§ 6.3–6.4), Seuren (1991), Kadmon (2001, §§ 5–10), Beaver/Geurts (2010) und Simons (2013). Experimentelle Ergebnisse zu Präsuppositionen bieten Sauerland/Yatsushiro (2009) und Schwarz (2015), vgl. auch Noveck/Sperber (2004) und Meibauer/Steinbach (2011).

6.5 | Sprechakte

6.5.1 | Performative Äußerungen

Wir alle kennen den Vorwurf »Du redest nur, aber du tust nichts!«. Hier wird Reden und Handeln gegenübergestellt und so getan, als wenn man nichts tun würde, wenn man redet. Doch wenn man jemanden mit Worten übel beleidigt, so kann als Reaktion kommen: »Wie konntest du sowas tun?« Jetzt wird Reden als Handlung begriffen. Wie verhält es sich also mit Reden und Handeln?

Dem englischen Philosophen **John L. Austin** (1911–1960) ist aufgefallen, dass es da eine besondere Klasse von Äußerungen gibt, wo außer Frage steht, dass wir etwas tun, wenn wir diese Äußerungen von uns geben. Hier einige typische Beispiele.

(22) Die Königin sagt: »Ich taufe dieses Schiff hiermit auf den Namen Lord Nelson.«
(23) Der Parlamentspräsident sagt: »Ich schließe hiermit die heutige Parlamentssitzung.«
(24) Ein Casanova sagt zu seiner Frau: »Ich verspreche dir, nie mehr fremdzugehen.«
(25) Der Justizminister sagt: »Ich entschuldige mich für die Unverhältnismäßigkeit des Polizeieinsatzes.«
(26) Die Stewardess sagt: »Sie werden gebeten, jetzt das Rauchen einzustellen.«

Wenn die Umstände stimmen, d. h. die Königin gerade bei einer Schiffstaufe ist, wenn sie es also ist, die das Schiff taufen soll, und alles ordentlich abläuft, dann wird durch die Äußerung der Königin das Schiff getauft. Mit anderen Worten, die Königin hat etwas getan, indem sie die Äußerung gemacht hat, sie hat das Schiff getauft. Ähnlich in den anderen Beispielen: Wenn der Parlamentspräsident am Ende der Sitzung sagt *Ich schließe hiermit die heutige Parlamentssitzung*, dann hat er damit etwas getan, er hat die Parlamentssitzung geschlossen. Wenn ein Casanova zu seiner Frau sagt *Ich verspreche dir, nie mehr fremdzugehen*, dann ahnen wir zwar, was davon zu halten ist, aber auf alle Fälle kann man sagen, dass er etwas getan hat, nämlich dass er seiner Frau ein Versprechen gegeben hat.

Nun scheint es sich hier um eine interessante, aber ganz spezielle Art von Äußerungen zu handeln. Schon mehr oder weniger kleine Veränderungen führen dazu, dass es nicht mehr zu der entsprechenden Handlung kommt.

(22') Die Königin sagt: »Ich werde dieses Schiff auf den Namen Lord Nelson taufen.«
(23') Der Parlamentspräsident sagt: »Ich könnte die heutige Parlamentssitzung schließen.«
(24') Ein Casanova sagt zu seiner Frau: »Er hat dir versprochen, nie mehr fremdzugehen.«
(25') Der Justizminister sagt: »Ich habe mich doch entschuldigt.«
(26') Die Stewardess sagt: »Werden Sie gebeten, jetzt das Rauchen einzustellen?«

Dadurch, dass man vom Präsens ins Futur oder Perfekt wechselt, oder die 1. Person vermeidet, oder dadurch, dass man ein Modalverb einfügt oder aus dem Aussage- einen Fragesatz macht, dadurch kommt es nicht mehr zu der entsprechenden Handlung.

Wir scheinen, wenn wir uns vorerst auf Aussagesätze beschränken, zwei Arten von Äußerungen unterscheiden zu müssen. Performative Äußerungen (kurz: Performative) wie *Ich taufe dieses Schiff hiermit auf den Namen Lord Nelson, Ich schließe hiermit die heutige Parlamentssitzung* etc. auf der einen Seite und konstative Äußerungen (kurz: Konstative) wie *Das Schiff hieß Lord Nelson, Die Parlamentssitzung ist schon vorüber, Der Polizeieinsatz war unverhältnismäßig, Rauchen schadet der Gesundheit* auf der anderen Seite.

Mit **performativen Äußerungen** sagt man nicht bloß etwas, sondern man tut etwas – sie geben keinen wahren oder falschen Bericht über etwas. Mit **konstativen Äußerungen** dagegen sagt man etwas, ohne etwas zu tun – sie geben einen wahren oder falschen Bericht über etwas. Dies ist der Ausgangspunkt der Überlegungen von Austin.

Auch wenn es klar ist, dass man mit performativen Äußerungen etwas tut, so gehört doch zu dem, was man da tut, oft mehr als nur das, dass man bestimmte Worte äußert. So gehört etwa zu einer Schiffstaufe – zumindest wenn die Königin von England sie durchführt – eine mehr oder weniger aufwändige Zeremonie. Und es kann passieren, dass eine performative Äußerung, wenn die Umstände nicht passend sind, schiefgeht bzw. **verunglückt**.

Austin untersucht ganz penibel, auf welche Art und Weise performative Äußerungen verunglücken können. In manchen Fällen muss es eine autorisierte Person geben, damit die Äußerung wirklich glücken kann. Wenn die Queen ein Schiff taufen soll, sich aber bei der Zeremonie Boris Becker nach vorne schleicht, eine Flasche Champagner am Schiffsrumpf zerschellen lässt und ausruft: »Ich taufe dich auf den Namen Babsi«, dann hat er das Schiff nicht auf diesen Namen getauft, da er nicht dazu autorisiert war. Boris' Äußerung ist **fehlgeschlagen**, eine Taufhandlung ist nicht zustande gekommen. Eine andere Weise, wie eine performative Äußerung verunglücken kann, kann man am Versprechen exemplifizieren: Wenn jemand ein Versprechen gibt, es aber gar nicht wirklich einhalten will, dann ist er unehrlich. Hier ist die Handlung – das Versprechen – zustande gekommen anders als im Fall der Schiffstaufe oben, aber trotzdem ist die Handlung verunglückt, es liegt ein **Missbrauch** vor. Eine andere Art von Missbrauch liegt vor, wenn jemand ein Versprechen zwar ehrlich gegeben hat, es später aber nicht einhält, dann nämlich hat er das Versprechen gebrochen. Mit der Art und Weise, wie performative Äußerungen verunglücken können, scheint ein Bereich vorzuliegen, der für performative Äußerungen ganz spezifisch ist und den man etwa wie folgt gliedern kann (die folgende Klassifikation beruht auf Austin 1975 sowie auf der Weiterentwicklung in Falkenberg 1984):

(27)

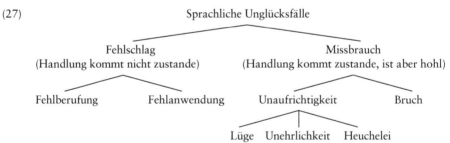

Eine Fehlberufung (und damit ein Fehlschlag) liegt vor in dem obigen Beispiel mit Boris Becker (*Ich taufe dich auf den Namen Babsi*). Mit einer Fehlberufung hat man es auch zu tun, wenn eine entsprechende Konvention nicht existiert. Eine Frau mag sich von ihrem Ehemann trennen wollen, doch kann sie das nicht dadurch tun, dass sie zu ihm – wie oft dies auch geschehen mag – sagt: »Ich scheide mich von dir«. Es gibt bei uns nicht die Konvention, dass das Aussprechen einer Formel wie »Ich scheide mich von dir« unter geeigneten Umständen die Handlung der Scheidung darstellen würde. Eine Fehlanwendung (und damit ein Fehlschlag) liegt vor, wenn eine performative Äußerung fehlerhaft ausgeführt wurde (wenn z. B. *Ich verspreche mir, nie mehr*

fremdzugehen gesagt wurde anstelle von *Ich verspreche dir, nie mehr fremdzugehen*) oder wenn sie unvollständig ausgeführt wurde (wenn z. B. bei einer Namenstaufe die Äußerung nur lautete *Ich taufe dich*, aber keine Namensnennung erfolgte).

Was den Missbrauch von performativen Äußerungen angeht, so kommt es zu einem Bruch, wenn Verpflichtungen nicht eingehalten werden, die mit der performativen Äußerung einhergehen (wenn z. B. etwas versprochen wird, dies aber später nicht eingehalten wird). Unaufrichtigkeit liegt vor, wenn die Absichten, Gefühle oder Überzeugungen, die derjenige hat, der eine performative Äußerung tut, nicht zu der Äußerung passen – wie dies bei Unehrlichkeit (z. B. etwas versprechen, ohne das Versprechen halten zu wollen), Heuchelei (z. B. das Mitgefühl aussprechen, ohne wirklich zu trauern) oder Lüge (etwas behaupten, was man für falsch hält) der Fall ist.

Halt! Was hat die Lüge hier zu suchen? Beim Lügen haben wir es doch klarerweise mit konstativen Äußerungen zu tun! Wir werden in Kürze darauf zurück kommen, ob es ein Fehler war, die Lüge als einen Fall zu betrachten, wie performative Äußerungen verunglücken können.

6.5.2 | Explizite und implizite Performative

Nachdem sich Austin eingehend mit den Eigenschaften von performativen Äußerungen befasst hat, fragt er sich, wie man die Unterscheidung zwischen performativen und konstativen Äußerungen wirklich präzise machen kann. Hier ein erster Versuch:

   i   Eine Äußerung ist genau dann performativ, wenn sie ein Verb in der ersten Person Singular (oder: Plural) Indikativ Präsens aufweist, das die Handlung bezeichnet, die mit der Äußerung vollzogen wird. (Es ist ein Charakteristikum von performativen Äußerungen, dass man das Wörtchen *hiermit* in die Äußerung einfügen kann.)

(Erste Person Plural haben wir beispielsweise in *Wir laden euch hiermit zum Essen ein.*) Wenn wir unsere Beispiele der Reihe nach durchgehen, so stellen wir fest, dass dies auf die Beispiele (22) bis (25) zutrifft, nicht aber auf das erste Stewardess-Beispiel (26). Also machen wir einen zweiten Versuch:

   ii   Eine Äußerung ist genau dann performativ, wenn sie entweder ein Format wie in (i) hat oder aber eine Passivkonstruktion aufweist, in der das Passivhilfsverb *werden* zweite oder dritte Person Indikativ Präsens ist und das Partizip Passiv die Handlung bezeichnet, die mit der Äußerung vollzogen wird.

Damit hat man jetzt auch das Stewardess-Beispiel *Sie werden gebeten, jetzt das Rauchen einzustellen* erfasst: *Werden* ist ein Passivhilfsverb in der dritten Person Plural Indikativ Präsens, und *gebeten* ist ein Partizip Passiv, das die Handlung bezeichnet, die mit der Äußerung vollzogen wird, nämlich eine Bitte.

Doch die eigentlichen Probleme kommen erst jetzt. Wenn die Äußerung *Ich bitte dich, das Fenster zuzumachen* eine performative Äußerung ist, mit der eine Bitte geäußert wird, dann muss auch *Mach doch mal das Fenster zu!* eine performative Äußerung sein, denn damit wird ebenso eine Bitte geäußert. Diese Äußerung hat aber überhaupt nicht die Form der bisherigen performativen Äußerungen. Also ein neuer Anlauf:

   iii   Eine Äußerung ist genau dann performativ, wenn sie sich durch eine Äußerung paraphrasieren lässt, die ein Format hat wie in (i).

Damit ist *Mach doch mal das Fenster zu!* eine performative Äußerung, da sie sich paraphrasieren lässt als *Ich bitte dich, das Fenster zuzumachen.* Doch – und das ist die entscheidende Wendung – dann ist die konstative Äußerung *Niemand von uns ist zu so einer Tat fähig* auch eine performative Äußerung! Denn man kann sie paraphrasieren als *Ich behaupte, dass niemand von uns zu so einer Tat fähig ist.*

Damit bricht die Unterscheidung von performativen und konstativen Äußerungen zusammen. Nicht nur, wenn wir ein Versprechen geben oder uns entschuldigen, tun wir etwas, auch wenn wir etwas behaupten oder feststellen, tun wir etwas – wir behaupten etwas bzw. stellen etwas fest. Konstative Äußerungen als Äußerungen, mit denen man etwas sagt, ohne etwas zu tun, gibt es nicht! Behaupten und Feststellen sind genauso wie Versprechen oder sich Entschuldigen Handlungen, genauer Sprechhandlungen oder **Sprechakte**. Austin zeigt auch, dass konstative Äußerungen durchaus auf vergleichbare Weise verunglücken können wie performative. Nehmen wir den Fall der Lüge. Der Lügner ist ebenso unaufrichtig wie der Versprecher, der sein Versprechen gar nicht halten will. In beiden Fällen kommt der Sprechakt (Feststellung bzw. Versprechen) zustande, aber es liegt ein Missbrauch vor, insofern der Sprecher unaufrichtig ist (im Vorgriff auf dieses Ergebnis haben wir in (27) bereits die Lüge als einen Unglücksfall aufgenommen).

Sprechen ist Handeln, das ist die entscheidende Erkenntnis von Austin gewesen. Und er hat uns diese Erkenntnis vermittelt, indem er von Äußerungen ausgegangen ist, wo wir ihm ohne Vorbehalt zustimmen, dass diese Äußerungen Handlungen sind, und uns dann Schritt für Schritt dazu geführt, dass auch die Äußerungen, die wir auf den ersten Blick nicht als Handlungen bezeichnen würden, Handlungen sein müssen.

Die beiden Klassen von Äußerungen, die wir anfangs als Performative und Konstative unterschieden haben, weisen Unterschiede auf, aber diese liegen nicht darin, dass die einen eine Handlung darstellen, die anderen aber nicht, sondern darin, dass sie die Sprechhandlung, die mit ihnen vollzogen wird, explizit bezeichnen, oder dies nicht tun. Die performativ/konstativ-Unterscheidung wird von Austin ersetzt durch die Unterscheidung zwischen explizit performativen und implizit performativen Äußerungen. Ein **explizites Performativ** ist eine Äußerung, durch die die Handlung vollzogen wird, die von der Äußerung bezeichnet wird. Ein **implizites Performativ** ist eine Äußerung, bei der die Handlung, die durch die Äußerung vollzogen wird, nicht von der Äußerung bezeichnet wird. Explizite Performative sind Äußerungen wie *Ich bitte dich, das Fenster zuzumachen* und *Ich behaupte, dass niemand von uns zu so einer Tat fähig ist*, da sie die Handlung bezeichnen, die ausgeführt wird. Implizite Performative sind Äußerungen wie *Mach das Fenster zu!* und *Niemand von uns ist zu so einer Tat fähig.* In diesen Sätzen gibt es nichts, das den Sprechakt bezeichnen würde. Auch die ›Form‹ des Satzes kann dies nicht leisten: Mit einem ›Aussagesatz‹ kann man ganz unterschiedliche Sprechakte ausführen und mit einem Imperativsatz kann man nicht nur bitten, sondern auch auffordern, befehlen und sogar etwas vorschlagen (s. Kap. 6.6; eine terminologische Anmerkung: Oft wird heute das, was Austin als ›explizit performative Äußerung‹ bezeichnete, auch einfach nur ›performative Äußerung‹ genannt).

Die Verben, die in expliziten Performativen die Sprechhandlung bezeichnen, werden **performative Verben** genannt (*taufen, versprechen, bitten, behaupten* etc.). Man kann testen, ob es sich bei einem Verb um ein performatives Verb handelt, indem man es anstelle von **V** einsetzt in »Ich V[indikativ, präsens] hiermit ...« und schaut, ob durch die Äußerung eines solchen Satzes genau die Handlung vollzogen werden kann, die V bezeichnet. Wenn ja, dann ist **V** ein performatives Verb bzw. hat eine Lesart als performatives Verb.

Wie Grice so hat auch Austin seine Ansichten in einer »William James Lecture« an der Harvard-Universität vorgetragen, allerdings schon ein paar Jahre früher, nämlich 1955. Diese Vorlesungen sind posthum 1962 erschienen unter dem Titel *How to do Things with Words* (=Austin 1975).

Aufgabe 4:
a. Bei welchen der folgenden Äußerungen handelt es sich um explizite Performative?
   (i)   Ich kann hiermit ein Glas aufmachen.
   (ii) Ich bitte um etwas Geduld.
   (iii) Die Passagiere werden gebeten, ihre Handys auszuschalten.
   (iv) Wir frieren.
   (v) Wir haben euch für morgen zum Essen eingeladen.
   (vi) Ich möchte darauf hinweisen, dass es schon sehr spät ist.
b. Bei welchen der folgenden Verben handelt es sich um performative Verben?
   bekräftigen, trauern, zustimmen, beleidigen, umstimmen, ersuchen, abstimmen

6.5.3 | Aufbau von Sprechakten

Wenn man gelernt hat, Sprechen als Handeln zu betrachten, kann man sich fragen, was man eigentlich alles tut, wenn man spricht. Zum einen äußert man Wörter und ganze Sätze. Dies kann mündlich, aber auch schriftlich oder durch Gebärden (in der Gebärdensprache) geschehen. Es ist offensichtlich, dass wir beim Sprechen so etwas tun. Diese Handlung, Wörter und Sätze zu äußern, nennen wir den **Äußerungsakt**. Einen Äußerungsakt vollziehen wir auch, wenn wir uns zu Übungszwecken Vokabeln und Sätze einer Fremdsprache vorsagen oder unsere artikulatorischen Fertigkeiten an Zungenbrechern überprüfen wie *Fischers Fritz fischt frische Fische*.

Was wir bei Ausspracheübungen nicht tun, ist eine Behauptung aufstellen, eine Frage stellen oder Aufforderungen geben. Was wir auch nicht tun, ist auf Gegenstände und Ereignisse in unserer oder einer fiktiven Welt Bezug nehmen und diesen Eigenschaften zuschreiben: Bei dem obigen Zungenbrecher nehme ich auf keinen Fritz oder Fischer Bezug, ich beziehe mich auch nicht auf eine bestimmte Situation, in der jemand Fische fischt. Wenn ich jedoch die Behauptung aufstelle, dass Einstein der bedeutendste Wissenschaftler des 20. Jahrhunderts war, dann nehme ich auf eine bestimmte Person Bezug – **referiere** auf sie – und schreibe ihr eine bestimmte Eigenschaft zu – **prädiziere** etwas von ihr. Referenz und Prädikation, das sind zwei Aspekte des **propositionalen Aktes**, den wir vom Äußerungsakt unterscheiden wollen. Eine Proposition ist der Sachverhalt, den ein Satz ausdrückt.

Ist es sinnvoll, Äußerungsakt und propositionalen Akt zu unterscheiden? Ausspracheübungen wie die vorhin erwähnten sind Beispiele für die Notwendigkeit einer solchen Unterscheidung – es liegt ein Äußerungsakt vor, aber kein propositionaler Akt. Oder nehmen wir zwei verschiedene Äußerungen des Satzes *Albert verließ Berlin*, wo mit Albert jeweils jemand anderes gemeint wurde. In beiden Äußerungen liegt derselbe Äußerungsakt vor, es ist ja derselbe Satz geäußert worden (dieselben Wörter bzw. Wortformen in derselben Reihenfolge), aber da sich die Referenz unterscheidet, sind die propositionalen Akte verschieden. Vergleichen wir die Äußerung *Albert verließ Berlin* mit der Äußerung *Albert ging aus Berlin weg*, wo mit *Albert* auf dieselbe Person referiert wird. Der propositionale Akt ist derselbe, aber der Äußerungsakt ist verschieden. Dies sind also Fälle, die zeigen, dass man Äußerungsakt und propositionalen Akt unterscheiden muss.

Bei Ausspracheübungen liegt nicht nur kein propositionaler Akt vor, es kommt auch zu keinem Sprechakt, zu keiner Behauptung, Frage, Aufforderung etc. Es kommt zu keinem **illokutionären Akt**, wie man seit Austin sagt. Äußerungsakt und illokutionären Akt zu unterscheiden, ist also notwendig. Wie ergibt sich die Notwendigkeit einer Unterscheidung zum propositionalen Akt? Mit den Äußerungen *Albert verlässt Berlin*, *Verlässt Albert Berlin?*, *Albert, verlass Berlin!* kann auf dieselbe Person referiert werden und dieselbe Tätigkeit von dieser Person prädiziert werden, obwohl die Äußerung eine Feststellung, eine Frage oder ein Vorschlag sein kann. Propositionaler und illokutionärer Akt sind also nicht dasselbe.

Man kann mit einer Äußerung auch jemanden einschüchtern, überzeugen, umstimmen, beleidigen etc., d.h. man kann etwas tun, das sich von den bisherigen Akten unterscheidet, etwas, was mit den Konsequenzen und Wirkungen der Äußerungen zu tun hat. Einschüchtern, Überzeugen, Umstimmen sind keine illokutionären Akte. Sie werden **perlokutionäre Akte** genannt.

Diese Zerlegung der Sprechakte stammt von **John Searle** (*1932), einem amerikanischen Philosophen, der eine Zeit lang in Oxford war, und der Austins Theorie ausgearbeitet und popularisiert hat. Vor allem sein Verdienst ist es, dass die Theorie der Sprechakte heute zum Standardrepertoire der Sprachtheorie gehört. Sein sprachphilosophisches Hauptwerk ist *Speech Acts* (1969) – ein weiterer moderner Klassiker.

Searle hat für einzelne illokutionäre Akte versucht, genau zu bestimmen, was der Fall sein muss, damit der jeweilige illokutionäre Akt »glücken« kann (er knüpft damit an Austins Lehre von den sprachlichen Unglücksfällen an). Schauen wir uns an, wie Aufforderungen verunglücken können. Sagt jemand zu den beiden Germanistikstudenten Eduard und Ottilie in Unkenntnis der Tatsache, dass die beiden bereits Germanistik studieren: »Schreiben Sie sich am Anfang Ihres Studiums für Germanistik ein!«, so ist diese Aufforderung schief gegangen, da die Handlung des Einschreibens bereits ausgeführt wurde und somit nicht mehr etwas Zukünftiges ist. Eine Aufforderung muss sich also auf Zukünftiges richten. Es ist auch keine gelungene Aufforderung, wenn Ottilie zu Eduard sagt: »Verdaue dein Frühstück!« Und zwar, weil Verdauen kein Vorgang ist, der von einem Entschluss Eduards abhängen würde – anders als Essen und Herunterschlucken ist das Verdauen keine Handlung, keine Form von intentionalem Verhalten. Eine Aufforderung muss also zu einer Handlung auffordern. Es wäre aber auch merkwürdig, würde Eduard zu Ottilie sagen: »Vertreibe den Regen!« oder »Baue ein perpetuum mobile!« Denn dies sind Dinge, die Ottilie nicht tun kann. Eine Aufforderung kann also nur zu einer Handlung auffordern, zu der der Adressat der Aufforderung in der Lage ist. Merkwürdig wäre es auch, wenn Ottilie Eduard auffordern würde, die berühmte Arie des Caravadossi aus dem dritten Akt der *Tosca* zu singen, wenn sie nicht glauben würde, dass Eduard diese Arie singen kann. (Die Aufforderung wäre immer noch merkwürdig, auch wenn Eduard, ohne dass Ottilie dies wissen würde, die Arie tatsächlich singen könnte.) Eine Aufforderung muss zu etwas auffordern, von dem der Auffordernde glaubt, dass der Adressat es ausführen kann. Die Studenten werden unter normalen Umständen verdutzt drein schauen, wenn der Dozent oder die Dozentin sie am Ende der Seminarstunde dazu auffordert, spätestens am Abend das Universitätsgebäude zu verlassen und nach Hause zu gehen. Eine wirklich geglückte Aufforderung darf also nicht zu etwas auffordern, von dem Sprecher und Adressat glauben, dass der Adressat es bei normalem Verlauf der Dinge sicherlich tun wird, auch ohne dazu aufgefordert worden zu sein. Merkwürdig wird Ottilie auch Eduards Aufforderung vorkommen: »Trete mir kräftig ans Schienbein!« Auch hier ist der Grund klar: Von einer Aufforderung erwarten wir, dass sie zu etwas auffordert, was den Wünschen des Auffordernden entspricht – doch kann man sich nur schwer vorstellen, dass jemand ans Schienbein getreten werden möchte. Schließlich wäre auch Ottilies Aufforderung an Eduard »Gib mir doch bitte die *Wahlverwandtschaften* aus dem obersten Regal!« merkwürdig, wenn Eduard ihrer Aufforderung – wohl eher Bitte – nachkommt, Ottilie aber darauf mit den Worten reagiert: »Was gibst du mir dieses Buch? Mit meiner Aufforderung habe ich nicht bezweckt, dass du mir die *Wahlverwandtschaften* runterreichst.« Die Reaktion von Ottilie ist nicht anders als absurd zu nennen – eine Aufforderung ist der Versuch, jemanden dazu zu bringen, etwas Bestimmtes zu tun.

Für den **Akt des Aufforderns** sehen demnach die Bedingungen für den erfolgreichen Vollzug folgendermaßen aus (vgl. Searle 1969, 66 f. [1972, 100 f.]). Wenn ein Sprecher einen Satz äußert, um den Adressaten der Äußerung aufzufordern, die Handlung H zu tun, dann muss u. a. Folgendes der Fall sein:

(28) (i)   Der Sprecher prädiziert vom Adressaten eine zukünftige Handlung (= Bedingung des propositionalen Gehalts).

(ii) Der Adressat ist in der Lage, H zu tun, und der Sprecher glaubt, dass der Adressat dazu in der Lage ist (= erste Einleitungsbedingung).

(iii) Es ist sowohl für Sprecher wie Adressat nicht offensichtlich, dass der Adressat bei normalem Verlauf der Dinge H aus eigenem Antrieb tun wird (= zweite Einleitungsbedingung).

(iv) Der Sprecher wünscht, dass der Adressat H tut (= Aufrichtigkeitsbedingung).

(v)   Die Äußerung des Satzes gilt als Versuch, den Adressaten dazu zu bringen, H zu tun (= wesentliche Bedingung).

Man kann sich leicht eine Situation vorstellen, wo die Äußerung *Halt den Mund!* alle diese Bedingungen erfüllt.

Mit diesem Raster aus Bedingung des propositionalen Gehalts, Einleitungsbedingungen, Aufrichtigkeitsbedingung und wesentlicher Bedingung beschreibt Searle in Kapitel 3 von *Speech Acts* eine Reihe von wichtigen illokutionären Akten (nämlich Versprechen, Behaupten, Fragen, Danken, Raten, Warnen, Grüßen und Beglückwünschen). Beim Behaupten bzw. Feststellen gibt es keine Beschränkungen für den propositionalen Gehalt. Einleitungsbedingungen sind: Der Sprecher muss über Evidenzen für die Wahrheit der ausgedrückten Proposition verfügen und es darf für Sprecher und Adressat nicht offensichtlich sein, dass der Adressat von der Wahrheit der Proposition überzeugt ist. Dass der Sprecher die Proposition glaubt, ist die Aufrichtigkeitsbedingung, und die wesentliche Bedingung besagt, dass eine Behauptung/Feststellung eine Handlung ist, die eine Proposition als wahr hinstellt.

Beim Grüßen (*Hallo!*) gibt es keinen propositionalen Gehalt, die einzige Einleitungsbedingung ist, dass der Sprecher dem Adressaten gerade begegnet (oder vorgestellt worden) ist. Aufrichtigkeit spielt keine Rolle, die wesentliche Bedingung ist, dass das Grüßen »als höfliches Wiedererkennen des Adressaten durch den Sprecher gilt«.

Aufgabe 5: Überlegen Sie, wie die Bedingungen für den illokutionären Akt (i) des Versprechens und (ii) des Dankens aussehen könnten.

6.5.4 | Klassifikation von Sprechakten

Welche Arten von Sprechakten, d. h. welche Arten von illokutionären Akten gibt es? Unsere Beispiele für illokutionäre Akte waren bisher Behaupten, Fragen, Auffordern, Taufen, Eine-Sitzung-Schließen, Versprechen, Bitten, Grüßen. Austin hat umfangreiche Listen von Verben angelegt, die illokutionäre Akte bezeichnen, also Listen von illokutionären Verben (performative Verben sind eine Untergruppe der illokutionären Verben – *prahlen* etwa ist ein illokutionäres Verb, aber kein performatives: Man kann nicht prahlen, indem man sagt *Ich prahle hiermit, dass ich der Größte bin*).

Eine kleine Auswahl von Verben, die eine Lesart als **illokutionäres Verb** haben: *beurteilen, auslegen, datieren, einschätzen, freisprechen, entscheiden, befehlen, vorschreiben, verbieten, begnadigen, bewilligen, tadeln, sich verpflichten, genehmigen, übereinkommen, vorschlagen, danken, empfehlen, beglückwünschen, segnen, verfluchen, herausfordern, zustimmen, behaupten, anmerken, mitteilen, fragen, versichern, anerkennen, voraussetzen, anfangen.* Austin hat einen Vorschlag gemacht, wie man diese Verben zu Gruppen zusammenfassen kann, einen Vorschlag, der von Searle aufgegriffen, aber auch erheblich modifiziert wurde. Da die Sprechaktklassifikation von Searle (1975a) sehr einflussreich geworden ist, wollen wir sie hier kurz darstellen.

Searle unterscheidet fünf Arten von illokutionären Akten: Assertive, Direktive, Kommissive, Expressive und Deklarationen.

Mit einem **Assertiv** legt sich der Sprecher darauf fest, dass die Proposition, die durch die Äußerung ausgedrückt wird, wahr ist (dies ist der »illokutionäre Witz« des Assertivs). Die durch die Worte ausgedrückte Proposition muss der Welt entsprechen, soll die Äußerung wahr sein – Searle spricht davon, dass die Worte auf die Welt ausgerichtet sind, er spricht von einer Wort-auf-Welt-Ausrichtung bei den Assertiven. Schließlich wird durch ein Assertiv ein psychischer Zustand zum Ausdruck gebracht, den man als (etwas) Glauben umschreiben kann. Prototypisch für die Klasse der Assertive sind Sprechakte wie Behaupten und Feststellen.

Mit einem **Direktiv** versucht der Sprecher, den Adressaten dazu zu bekommen, etwas zu tun. Die Ausrichtung ist nun Welt-auf-Wort, da hier die Welt zu den Worten bzw. deren propositionalen Gehalt passen soll bzw. passend gemacht werden soll. Zum Ausdruck gebracht wird durch einen Direktiv der psychische Zustand des Wollens bzw. Wünschens. Beispiele für Direktive sind Bitten, Befehlen, Auffordern, Erbitten, Fordern und Fragen (beim Fragen versucht der Sprecher, den Adressaten zum Antworten zu bewegen). Vergleicht man diese Charakterisierung der Direktive mit den oben aufgeführten Searle'schen Bedingungen für den Akt des Aufforderns, so sieht man, dass der illokutionäre Witz des Direktivs – nämlich der Versuch des Sprechers, den Adressaten dazu zu bekommen, etwas zu tun – der wesentlichen Bedingung des Aufforderns entspricht, und der durch den Direktiv ausgedrückte psychische Zustand des Wollens bzw. Wünschens in der Aufrichtigkeitsbedingung genannt ist.

Mit einem **Kommissiv** legt sich der Sprecher auf ein bestimmtes Verhalten fest. Die Ausrichtung ist wie bei den Direktiven Welt-auf-Wort, der zum Ausdruck gebrachte psychische Zustand ist der der Absicht. Versprechen, Drohen oder Anbieten sind Beispiele für Kommissive.

Mit einem **Expressiv** bringt der Sprecher einen psychischen Zustand zum Ausdruck, der auf die durch die Proposition bezeichnete Sachlage gerichtet ist. Prototypische Expressive sind Danken, Sich-Entschuldigen, Das-Beileid-Aussprechen und Gratulieren. Von einer Wort/Welt-Ausrichtung kann bei Expressiven nicht die Rede sein (es wird vorausgesetzt, dass Welt und Wörter zusammen passen).

Mit dem erfolgreichen Vollzug einer **Deklaration** erreicht der Sprecher, dass die ausgedrückte Proposition der Welt entspricht. Taufen, Kündigen, Den-Krieg-Erklären sind Deklarationen. Da durch eine erfolgreiche Deklaration automatisch Wort und Welt einander entsprechen, spricht Searle davon, dass bei Deklarationen sowohl eine Wort-auf-Welt- wie eine Welt-auf-Wort-Ausrichtung besteht. Ein bestimmter psychischer Zustand wird durch Deklarationen nicht zum Ausdruck gebracht. Zu dieser Klasse gehören die (explizit) performativen Äußerungen.

6.5.5 | Indirekte Sprechakte

Nehmen wir an, Ottilie sagt zu Eduard *Komm, wir gehen an den See!*, worauf Eduard ihr entgegnet *Ich muss heute die Bibliothek aufräumen*. Ottilie hat einen Vorschlag gemacht, und Eduard hat ihn abgelehnt. Soviel ist klar. Aber warum ist Eduards Äußerung eine Ablehnung des Vorschlags? Der Satz *Ich muss heute die Bibliothek aufräumen* ist doch erstmal nichts anderes als eine Feststellung. Wenn Ottilie ihn gefragt hätte, was er heute denn so vorhabe, wäre Eduards Äußerung natürlich nicht die Ablehnung eines Vorschlags gewesen. In unserem Fall scheint Eduard sowohl eine Feststellung zu treffen wie auch einen Vorschlag abzulehnen – er scheint beides zu machen, genauer: Er scheint einen Vorschlag abzulehnen, indem er eine Feststellung trifft. Direkt vollzieht er den Sprechakt der Feststellung, indirekt vollzieht er den Sprechakt der Ablehnung eines Vorschlags. Wie ist es möglich, einen Sprechakt indirekt zu vollziehen, d. h. einen illokutionären Akt über den Vollzug eines anderen illokutionären Aktes zu vollziehen?

Indirekte Sprechakte sind uns etwas ganz Vertrautes. Man betrachte die folgenden acht verschiedenen Varianten dafür, jemanden zu bitten bzw. aufzufordern, die Musik leiser zu stellen:

(29) Könntest du die Musik etwas leiser stellen?
(30) Du kannst doch bestimmt die Musik etwas leiser stellen.
(31) Mir wäre es ganz recht, wenn du die Musik etwas leiser stellen würdest.
(32) Wirst du wohl die Musik etwas leiser stellen?
(33) Du stellst jetzt gleich die Musik ein bisschen leiser.
(34) Würde es dir etwas ausmachen, die Musik nicht so laut aufzudrehen?
(35) Es spricht eigentlich nichts dagegen, die Musik etwas leiser zu drehen.
(36) Wäre es zuviel verlangt, wenn ich dich bitten würde, die Musik möglicherweise ein klein bisschen weniger laut aufzudrehen?

Gegenüber einer Äußerung wie *Mach doch bitte (/gefälligst) die Musik etwas leiser!* zählen die Äußerungen (29) bis (36) als indirekte Direktive. Searle (1979) vermutet, dass wir diese Äußerungen vor allem deswegen als Aufforderung/Bitte, die Musik leiser zu stellen, verstehen können, weil sie Bedingungen thematisieren, die für das Vorliegen einer entsprechenden Aufforderung/Bitte notwendig sind. Erinnern wir uns an die Bedingungen für den Akt des Aufforderns in (28). In dem Satz (29) wird die Frage gestellt, ob der Adressat die Einleitungsbedingung (in der Lage zu sein, die Musik leiser zu stellen) erfüllt, in (30) wird die Erfüllung dieser Bedingung behauptet. In Satz (31) wird die Aufrichtigkeitsbedingung (der Sprecher wünscht, dass der Adressat die Musik etwas leiser stellt) thematisiert, in (32) gefragt, ob der propositionale Gehalt der Aufforderung (der Adressat stellt die Musik leiser) zutrifft, und in (33) das Zutreffen des propositionalen Gehalts unterstellt. Beide Sätze beziehen sich also auf die Bedingung des propositionalen Gehalts. In (34) wird nach der Bereitschaft des Adressaten gefragt, die gewünschte Handlung auszuführen, in (35) wird festgestellt, dass es keine Gründe gegen den Vollzug der gewünschten Handlung gibt. In (36) wird auf eine ostentativ eine Maxime der Art und Weise (Fasse dich kurz!) verletzende Weise die Bitte thematisiert (durch die Maximenverletzung scheint der Satz den Unterton der gerade noch gezügelten Wut zu erhalten).

Es ist also möglich, das, was in (29) bis (36) gefragt bzw. festgestellt wird, an die Bedingungen zu knüpfen, die für den Akt des Aufforderns/Bittens notwendig sind. Dies spielt nach Searle nun eine entscheidende Rolle dabei, die Äußerungen als indirekte Sprechakte zu deuten: Für den Adressaten der Äußerung ist klar, dass der Sprecher eine Frage gestellt bzw. eine Feststellung getroffen hat; er hat keinen Grund an dessen Kooperativität zu zweifeln, er wird ein bestimmtes Ziel mit der Äußerung verfolgen; doch kann in der gegebenen Gesprächssituation die Beantwortung der Frage oder die Bestätigung der Feststellung durch den Adressaten nicht das eigentliche Ziel des Sprechers sein; also muss er noch ein anderes illokutionäres Ziel verfolgen; da die Äußerung eine Bedingung des illokutionären Akts der Aufforderung, die Musik leiser zu stellen, thematisiert, und der Adressat gerade sehr laut Musik hört, kann der Adressat den Schluss ziehen, dass der Sprecher ihn auffordern will, die Musik leiser zu stellen. Über eine solche Schlusskette ist der Adressat in der Lage, den indirekten Sprechakt, den der Sprecher vollzieht, zu erfassen.

Ähnlich in unserem Ausgangsbeispiel, wo Ottilie zu Eduard sagt *Komm, wir gehen an den See!*, worauf Eduard ihr entgegnet *Ich muss heute die Bibliothek aufräumen.* Eduard hat auf den Vorschlag mit einer Feststellung reagiert, die sich nicht unmittelbar als eine Reaktion auf den Vorschlag verstehen lässt. Doch hat Ottilie keine Anzeichen dafür, dass Eduard unkooperativ wäre. Wenn er aber die Relevanzmaxime nicht verletzten will, dann muss seine Entgegnung etwas mit ihrem Vorschlag, an den See zu gehen, zu tun haben. Eine Bedingung, den Vorschlag anzunehmen, ist nun, dass er in der Lage ist, ihn umzusetzen. Doch aus seiner Feststellung folgt, dass er nicht dazu in der Lage ist, den Vorschlag umzusetzen, denn, an den See zu gehen und die Bibliothek aufzuräumen, lassen sich nicht miteinander vereinbaren. Also schließt Ottilie, dass Eduard indirekt ihren Vorschlag ablehnt.

Zum Phänomen der indirekten Sprechakte vgl. neben Searle (1975b), Bach/Harnish (1979, Kap. 9), Bertolet (1994), Meibauer (2001, Kap. 8) und Huang (2014, §4.6).

6.6 | Satztyp und Illokution

Einen Satz zu äußern, heißt in aller Regel, einen illokutionären Akt zu vollziehen. Aber welchen illokutionären Akt vollzieht man genau mit der Äußerung eines Satzes? Gibt es einen Zusammenhang zwischen den formalen und inhaltlichen Eigenschaften der Äußerung und dem illokutionären Akt, der mit ihr vollzogen wird?

Searle (1969) nimmt an, dass Sätze einen **illokutionären Indikator** (›illocutionary force indicator‹) aufweisen können: »Der Indikator der illokutionären Rolle zeigt an, […] welche illokutionäre Rolle der Äußerung zukommen soll, d. h., welchen illokutionären Akt der Sprecher vollzieht, indem er den Satz äußert. Zu den Mitteln, die im Englischen die illokutionäre Rolle anzeigen, gehören Wortfolge, Betonung, Intonation, Interpunktion, der Modus des Verbs und die sogenannten performativen Verben. […] In konkreten Sprechsituationen geht oft aus dem Zusammenhang hervor, welche illokutionäre Rolle der Äußerung zukommt, ohne daß es notwendig wäre, sich eines expliziten Indikators der illokutionären Rolle zu bedienen« (1969, 30 [=1972, 49 f.]).

In der linguistischen Literatur nimmt man an, dass der Zusammenhang zwischen der Äußerung eines Satzes und der vollzogenen Illokution maßgeblich durch den **Satztyp** bestimmt ist, den der Satz instanziiert. Wir werden – in Anlehnung an Altmann (1987, 1993) – fünf Klassen von Satztypen im Deutschen unterscheiden und ihr illokutionäres Potenzial umreißen (vgl. Pafel 2015).

1. Der Standardfall des **Aussagesatzes** (Deklarativsatzes) ist der V2-Aussagesatz, d. h. ein Aussagesatz mit Vorfeld und dem finiten Verb in Zweitposition (Beispiel: *Eduard räumt die Bibliothek auf*). Eine Variante davon ist der Aussagesatz mit leerem Vorfeld (*Habe nun, ach! Philosophie,/Juristerei und Medicin,/Und leider auch Theologie!/Durchaus studirt, mit heißem Bemühn*), wo aus dem Kontext klar ist, welches Element im Vorfeld ausgelassen wurde (nämlich *ich*). Mit Aussagesätzen werden typischerweise Behauptungen gemacht und Feststellungen getroffen (also Assertive realisiert). Man beachte jedoch, dass explizit performative Äußerungen die Form von Aussagesätzen haben, mit Aussagesätzen also nahezu beliebige Sprechakte vollzogen werden können.

2. Bei den **Fragesätzen** (Interrogativsätzen) gibt es einmal den V2-Fragesatz mit einer w-Phrase im Vorfeld, mit dem man w- oder Ergänzungsfragen stellt wie *Wer geht mit zum See? Des Weiteren gibt es den V1-Fragesatz, mit dem man eine Entscheidungsfrage (*Gehst du mit zum See?*) oder eine Alternativfrage (*Gehst du zum See oder ins Schwimmbad?*) stellen kann. Die primäre illokutive Funktion dieser Sätze ist das Stellen einer Frage an einen Adressaten (wobei die echte Wissensfrage von der Prüfungsfrage zu unterscheiden ist). Von diesen Arten von Fragesätzen zu unterscheiden sind deliberative Fragesätze wie *Was er wohl für uns gekocht hat?* und *Ob er wohl etwas für uns gekocht hat?*, VL-Sätze mit einer w-Phrase bzw. mit *ob* an der Spitze, mit denen man zum Ausdruck bringt, dass man gerne etwas Bestimmtes wüsste, ohne dass man den Adressaten direkt danach fragt. Daneben gibt es aber auch noch den Echo-W-Fragesatz *(Du bist wohin gegangen?* als (ungläubige) Reaktion auf die Bemerkung *Ich bin zum Elchtest gegangen*) und den assertiven Fragesatz (*Du bist zum See gegangen?* als Reaktion auf die Bemerkung *Ich bin zum See gegangen*).

3. Bei den **Imperativsätzen** ist der Standardfall der V1-Imperativsatz mit dem finiten Verb im Imperativ (*Dreh endlich die Musik leiser!*), es gibt aber auch den

V2-Imperativsatz mit dem finiten Verb im Imperativ *(Jetzt sag doch auch mal was!)*. Daneben gibt es noch Adhortativsätze wie *Gehen wir doch zum See!* und *Sie-* oder Höflichkeitsimperative wie *Gehen Sie zum See!*, die man, was aber nicht unumstritten ist, als V1-Imperativsätze mit dem finiten Verb in der ersten oder dritten Person Konjunktiv Präsens bezeichnen kann. Und es gibt den *dass*-VL-Imperativsatz *(Dass du mir ja rechtzeitig wieder zuhause bist!)* und den infiniten Imperativsatz *(Rasen nicht betreten!, Fahrgäste bitte alle aussteigen!)*. Mit Imperativsätzen können Aufforderungen, Bitten, Befehle realisiert werden, aber auch Vorschläge gemacht *(Geh doch ins Kino!)* oder eine Erlaubnis ausgesprochen werden *(Okay, okay. Fahr in die Stadt und vergnüg dich in der Disco!)*.

4. Auch bei den **Wunschsätzen** (Optativsätzen) kann man zumindest drei Typen unterscheiden: den V1-Wunschsatz *(Wäre ich nur nicht in das Boot gestiegen!, Möge diesem Land Glück und Frieden beschieden sein!, Schlaf gut!)*, den *dass*- bzw. wenn-VL-Wunschsatz *(Oh dass ich doch vorsichtiger gewesen wäre! Oh wenn ich doch nur vorsichtiger gewesen wäre!)* und den infiniten Wunschsatz *(Noch einmal Venedig sehen!)*. Sie dienen – wie ihr Name sagt – typischerweise dazu, zum Ausdruck zu bringen, dass der Sprecher sich etwas Bestimmtes wünscht.

5. Schließlich gibt es noch die **Exklamativsätze**: *Hat der aber eine große Nase!* (V1-Exklamativsatz), *Der hat aber eine große Nase!* (V2-Exklamativsatz), *Wie groß dessen Nase ist!* (w-VL-Exklamativsatz), *Was hat der aber für eine große Nase!* (w-V2-Exklamativsatz), *Dass der aber auch so eine große Nase haben muss!* (*dass*-VL-Exklamativsatz). Exklamativsätze haben die illokutive Funktion, zum Ausdruck zu bringen, dass der Sprecher etwas Bestimmtes für ›erstaunlich‹ hält.

Es herrscht in der Debatte über das Verhältnis von Satztyp und Illokution noch keine Einigkeit darüber, wie genau das Verhältnis zwischen beiden aussieht. Es ist auch strittig, was ein Satztyp überhaupt ist. Ist er eine bestimmte Art von Konstruktion mit formalen und inhaltlichen Aspekten (wie bei Altmann) oder eine Konfiguration bestimmter Formelemente (wie bei Brandt et al. 1992 und Reis 1999)? Zu dieser Diskussion vgl. Finkbeiner/Meibauer (2015). Mit Meibauer et al. (2013) liegt ein umfassendes Handbuch zu den Satztypen im Deutschen vor.

Fragen wir uns noch, welches Verhältnis diese Aufteilung von Sätzen in Satztypen zu der Klassifikation von Sprechakten hat, die wir in Kapitel 6.5.4 kennen gelernt haben – also zu der Unterscheidung in Assertive, Direktive, Kommissive, Expressive und Deklarationen. Assertive und Aussagesätze scheinen einander weitgehend zu entsprechen, aber wir haben ja erwähnt, dass explizit performative Äußerungen die Form von Aussagesätzen haben und somit mit Aussagesätzen nahezu beliebige Sprechakte vollzogen werden können (und nicht nur Assertive). Schwierigkeiten gibt es auch bei den Frage- und Befehlssätzen: Bei Searle werden Fragen zu den Direktiven gerechnet, Frage- und Befehlssätze realisieren danach Sprechakte desselben Typs. Für Kommissive und Deklarationen gibt es keinen eigenen Satztyp im Deutschen, Expressive jedoch kann man mit Exklamativsätzen in Zusammenhang bringen. Die beiden Klassifikationen fallen also sehr auseinander und zwar nicht nur im Deutschen: Zum Beispiel werden Interrogativ- und Imperativsätze in allen Sprachen satztypmäßig unterschieden, von keiner Sprache ist bekannt, dass sie für Deklarationen einen eigenen Satztyp bereitstellen würde (vgl. Sadock/Zwicky 1985, Sadock 1990).

6.7 | Fokus-Hintergrund-Gliederung

Die Information, die in einer Äußerung geliefert wird, wird auf eine bestimmte Art und Weise dargeboten. So kann ein Teil der Information als »Thema« oder »Topik« ausgezeichnet sein, so dass die Äußerung als ein »Kommentar« zu diesem Thema bzw. Topik verstanden wird. Die gelieferte Information kann aber auch nach »alt« und »neu« gegliedert sein, nach »Hintergrund« und »Fokus«. Die Topik-Kommentar-Gliederung und die Fokus-Hintergrund-Gliederung sind zwei Formen der Informationsgliederung von Sätzen. Auf die Fokus-Hintergrund-Gliederung wollen wir hier etwas genauer eingehen (zur Topik-Kommentar-Gliederung vgl. einführend Musan 2010).

Betrachten wir die folgenden drei Frage-Antwort-Paare, bei denen in der Antwort durch Großbuchstaben angezeigt wird, welches Wort einen besonders starken Akzent trägt (oft wird nur die akzenttragende Silbe des Wortes groß geschrieben):

(37)   A: Wer hat das Unglück beobachtet?
           B: CharLOTte hat das Unglück beobachtet.
(38)   A: Wer hat das Unglück beobachtet?
           B: *Charlotte hat das UNglück beobachtet.
(39)   A: Wer hat das Unglück beobachtet?
           B: *Charlotte hat das Unglück beObachtet.

In Satz (37) bekommt *Charlotte* den stärksten Akzent, in (38) ist dies *Unglück* und in (39) *beobachtet*. Intuitiv ist klar, dass nur (37) ein stimmiges Frage-Antwort-Paar ist (deshalb ist der Antwortsatz in (38) und (39) mit einem Stern versehen als Zeichen dafür, dass er im Kontext der Frage unakzeptabel ist – der Satz für sich genommen ist natürlich völlig in Ordnung).

Anders verhält es sich, wenn die Frage lautet *Was hat Charlotte beobachtet?* oder *Hat Charlotte von dem Unglück gehört?* In der Antwort auf die erste Frage muss der Satzakzent auf *Unglück* liegen (*Charlotte hat das UNglück beobachtet*), in der Antwort auf die zweite Frage auf *beobachtet* (*Charlotte hat das Unglück beObachtet*).

Es ist nicht schwer, sich einen ersten Reim auf diese Verhältnisse zu machen. Das, nach dem gefragt wird, muss in der Antwort intonatorisch hervorgehoben werden. Ist dies nicht der Fall, passt die Antwort nicht zu der Frage. Durch die intonatorische Hervorhebung wird der **Fokus** des Satzes markiert. Diesen kennzeichnet man in der linguistischen Literatur oft durch eckige Klammern mit dem Index F (für Fokus).

(40)   a. [CharLOTte]$_F$ hat das Unglück beobachtet.
        b. Charlotte hat [das UNglück]$_F$ beobachtet.
        c. Charlotte hat das Unglück [beObachtet]$_F$.

In (a) und (c) besteht der Fokus nur aus dem intonatorisch hervorgehobenen Wort. In (b) jedoch umfasst der Fokus neben dem intonatorisch hervorgehobenen Wort auch noch den Artikel, d. h. die ganze Nominalphrase ist Fokus. Doch auch noch größere Einheiten können fokussiert sein – eine Verbalphrase oder ein ganzer Satz etwa:

(41)   Was hat Charlotte gemacht? Charlotte hat [ein UNglück beobachtet]$_F$.
(42)   Was war los? [Charlotte hat ein UNglück beobachtet]$_F$.

Wenn mehr als nur das akzentuierte Wort fokussiert ist, spricht man von »Fokusprojektion«, das Wort, das dabei den Akzent trägt, heißt »Fokusexponent«. Das, was nicht Fokus des Satzes ist, wird »Hintergrund« genannt. So kommt es zu der Redeweise von der **Fokus-Hintergrund-Gliederung**, die wir schon kennen.

Es ist eine traditionelle Sichtweise, dass die durch die Akzentuierung erreichte Aufgliederung eines Satzes in Fokus und Hintergrund den semantischen Gehalt des Satzes in neue und alte Information aufteilt. Dem Fokus entspricht die (relativ zum Kontext) **neue** Information, dem Hintergrund entspricht die (relativ zum Kontext) **alte** Information. Betrachten wir dazu (43).

(43)   Was hat Charlotte beobachtet?
        Charlotte hat [das UNglück]$_F$ beobachtet.

Mit der Frage wird präsupponiert (oder: implikatiert; s. Kap. 6.4.1), dass Charlotte etwas beobachtet hat. Der Fokus in der Antwort ist ›das Unglück‹, der Hintergrund ist ›Charlotte hat etwas beobachtet‹. (Der semantische Gehalt des Hintergrunds ergibt sich aus dem Gehalt des Satzes, wenn ein passendes Indefinitpronomen an die Stelle des Fokus gesetzt wird.) Das Frage-Antwort-Paar (43) ist in dem Sinne ein stimmiges Frage-Antwort-Paar, als der Hintergrund der Antwort als alte Information zur Präsupposition der Frage passt (mit ihr sogar identisch ist) und der Fokus ›das Unglück‹ die neue Information darstellt. Anders ist dies in (44):

(44)   Was hat Charlotte beobachtet?
        *[CharLOTte]$_F$ hat das Unglück beobachtet.

Hier passt der Hintergrund der Antwort (›Jemand hat das Unglück beobachtet‹) nicht zur Präsupposition der Frage (›Charlotte hat etwas beobachtet‹), der Hintergrund kann in diesem Kontext nicht als alte Information gelten und der Fokus nicht als neue.

Ein großes Problem für die traditionelle Sichtweise ist, dass der Fokus nicht immer neue Information darstellt. In den beiden Äußerungen von B stellt der Fokus keine neue Information dar, da vom Kanzler ja bereits die Rede war.

(45)   A: Die Schwester des Kanzlers hat der Opposition ihre Stimme gegeben.
        B: Nein, sie hat ihre Stimme dem KANzler gegeben.
(46)   A: Wem hat die Schwester des Kanzlers ihre Stimme gegeben?
        B: Sie hat ihre Stimme dem KANzler gegeben.

Es ist eine Modifikation der traditionellen Sichtweise vorgeschlagen worden, derzufolge vom Hintergrund einer Äußerung gefordert werden muss, dass er »gegeben« ist, d. h. Information darstellt, die sich aus dem Kontext ableiten lässt, aber nicht gefordert wird, dass der Fokus neue Information darstellt (vgl. Schwarzschild 1999).

Ein ganz anderes Vorgehen wird in der sogenannten **Alternativensemantik** favorisiert, deren Grundgedanke es ist, dass durch den Fokus eine Alternativenmenge ins Spiel gebracht wird (vgl. Jacobs 1988, Rooth 1992, 1996). Die Idee lässt sich gut an den Fokuspartikeln veranschaulichen. Wir erinnern uns, dass der Satz *Nur Eduard ist abgereist* zwei Bedeutungsbestandteile hat (siehe (17) oben).

(47)   Nur [Eduard]$_F$ ist abgereist
        Präsupposition: Eduard ist abgereist.
        Aussage: Die anderen (also: Ottilie, Charlotte und der Hauptmann) sind nicht
                           abgereist.

Durch die von der Fokuspartikel induzierte Fokussierung von *Eduard* werden die anderen in Frage kommenden Personen ins Spiel gebracht, also Ottilie, Charlotte und der Hauptmann; und von diesen ›Alternativen‹ zu Eduard wird in dem Satz ausgesagt, dass sie nicht abgereist sind.

Eine andere Fragestellung bei der Fokus-Hintergrund-Gliederung ist, welches Wort bei Fokusprojektion den Akzent zu tragen hat, also was Fokusexponent sein kann und was nicht. Während etwa (48a) eine akzeptable Sequenz darstellt, tut dies (48b) nicht.

(48)   a. Was hat Charlotte gemacht? Sie hat [ein UNglück beobachtet]$_F$.
        b. *Was hat Charlotte gemacht? Sie hat [ein Unglück beObachtet]$_F$.

Unglück ist ein möglicher Fokusexponent für die Phrase *ein Unglück beobachtet*, aber *beobachtet* ist kein möglicher Fokusexponent für die Phrase *ein Unglück beobachtet*. Es sind ganz bestimmte Regeln, die für die richtige Platzierung des Akzents sorgen (vgl. Uhmann 1991, § 5; Féry 1993, § 1.3; Korth 2014, § 4).

Wir haben es bei der Fokus-Hintergrund-Gliederung mit einem Phänomen zu tun, bei dem Intonation, Syntax, Semantik und Pragmatik sehr eng miteinander verwoben sind. In der Syntax erhält ein Satz eine Fokus-Hintergrund-Gliederung dadurch, dass ein Teil des Satzes als Fokus ausgezeichnet wird. Davon ausgehend gibt es einerseits Regeln, die festlegen, wo der Akzent in der fokussierten Phrase platziert sein muss, und andererseits Regeln, die festlegen, wie der Kontext aussehen muss, damit die Fokus-Hintergrund-Gliederung des Satzes zu dem Kontext passt (nämlich die Regeln, die fordern, dass der Hintergrund sich aus dem Kontext ableiten lässt). Wegen Letzterem ist es gerechtfertigt, die Fokus-Hintergrund-Gliederung mit in der Pragmatik abzuhandeln. Einen breiten Überblick über die verschiedenen Aspekte und theoretischen Ansätze zur Fokusproblematik bietet Kadmon (2001, §§ 12–21).

6.8 | Konversationsstruktur

Die Konversationsanalyse (auch Gesprächs-, Diskurs- bzw. Dialoganalyse genannt) befasst sich mit der Aufzeichnung, Transkription und Analyse von Gesprächen (unterschiedlichster Art). Es wird anders als in anderen Bereichen der Linguistik größter Wert darauf gelegt, authentisches sprachliches Material zu untersuchen, und sich nicht auf Intuitionen und Erinnerungen zu verlassen. Dazu wurden verschiedene Konventionen der Transkription (Verschriftlichung) von Gesprächen entwickelt (vgl. Brinker et al. 2001, XV). Wir greifen im Folgenden einen Aspekt von Gesprächen heraus und zwar ihre hochkomplexe ›sequentielle Organisation‹. Die Pionierarbeit auf diesem Gebiet wurde in den 1970er Jahren von einer Gruppe von Soziologen um Harvey Sacks und Emanuel A. Schegloff geleistet.

Stellen wir uns vor, A befindet sich auf einer Autofahrt, als ihm plötzlich das Benzin ausgeht und er am Straßenrand anhalten muss. Glücklicherweise befindet er sich in einer größeren Stadt und nicht auf dem platten Land. Und glücklicherweise kommt auch gerade jemand vorbei, nämlich B. Es entwickelt sich folgender kleiner Dialog:

(49) A: Entschuldigen Sie.
　　　B: Ja?
　　　A: Mir ist das Benzin ausgegangen.
　　　B: Kein Problem. Beim Postamt, äh, gleich hier um die Ecke gibt es eine Tankstelle.
　　　A: Oh, da habe ich ja nochmal Glück gehabt. Vielen Dank!
　　　B: Keine Ursache. Auf Wiedersehen.
　　　A: Auf Wiedersehen.

Aufgabe 6: (a) Identifizieren Sie in diesem Dialog die deiktischen Ausdrücke sowie jeweils die Art und den Modus der Deixis. (b) Identifizieren Sie einen indirekten Sprechakt und eine konversationelle Implikatur. (c) Geben sie die Fokus-Hintergrund-Gliederung des Satzes »Mir ist das Benzin ausgegangen« an. (d) Versuchen Sie alle illokutionären Akte zu identifizieren, die in (49) ausgeführt werden.

6.8.1 | Sprecherwechsel

Bei dem Dialog in (49) kommen die beiden Sprecher, A und B, abwechselnd zum Zuge: A-B-A-B-A-B-A. Dieser Dialog, wie ein Gespräch allgemein, ist eine Abfolge von aufeinander abgestimmten Redezügen der verschiedenen Gesprächsteilnehmer. Unter einem **Redezug** (engl. ›turn‹) versteht man die Gesamtheit der Äußerungen eines Sprechers in einem Gespräch, während deren es zu keinem **Sprecherwechsel** (engl. ›turn-taking‹) kommt. Der Sprecherwechsel, d. h. der Übergang vom Redezug des einen Gesprächsteilnehmers zum Redezug des anderen, geschieht oft in Sekundenbruchteilen und ohne Überlappung – kommen Überlappungen vor, so sind sie meist sehr kurz gehalten. Dass der Sprecherwechsel so reibungslos funktionieren kann, ist umso erstaunlicher, als in informellen Gesprächen die Abfolge wie die Länge der einzelnen Redezüge nicht von vornherein fixiert ist, ebenso wenig die Länge und der Inhalt des gesamten Gesprächs oder die Anzahl der Gesprächsteilnehmer.

Harvey Sacks, Emanuel A. Schegloff und Gail Jefferson haben in »A Simplest Systematics for the Organization of Turn-Taking for Conversation« (1974 [1978]) die Regeln herausgearbeitet, die dafür sorgen, dass der Sprecherwechsel so reibungslos vonstatten gehen kann: An bestimmten Stellen des Gesprächs kann der Sprecher den nächsten Sprecher auswählen, geschieht dies nicht, kann sich der nächste Sprecher selbst auswählen, indem er seinen Beitrag beginnt, geschieht auch dies nicht, kann der Sprecher seinen Redezug einfach fortsetzen.

An welchen ›Stellen‹ kann ein Sprecherwechsel stattfinden? Offensichtlich wissen die Gesprächsteilnehmer gut, wann dies möglich ist, und wann nicht (sonst würde es viel öfter zu Überlappungen und langen Pausen kommen). Denn sie wissen, mit welchen sprachlichen Einheiten man einen vollständigen Redezug realisieren kann. Diese sprachlichen Einheiten können ganze Sätze sein (wie *Entschuldigen Sie!*), aber auch kleinere Einheiten bis hin zu einfachen Worten wie *Ja?* Solche sprachlichen Einheiten werden **(rede)zugbildende Einheiten** genannt. Da die Gesprächsteilnehmer wissen, was eine zugbildende Einheit ist, wissen sie auch, wann diese zu Ende ist. Dieses Ende ist eine Stelle, an der ein Sprecherwechsel stattfinden kann, d. h. eine **übergaberelevante Stelle**. Die Regeln für den Sprecherwechsel – bzw. die Regeln für die Zuweisung des Rederechts – nehmen auf diese übergaberelevanten Stellen Bezug (Sacks/Schegloff/Jefferson 1974, 704 [1978, 12 f.]):

Regel 1   Ist bei einem Redezug die erste Stelle erreicht, wo ein Sprecherwechsel möglich ist, d.h., ist die erste übergaberelevante Stelle erreicht, dann gibt es folgende Möglichkeiten:

a. Wenn der Redezug so gestaltet ist, dass der gegenwärtige Sprecher bereits einen nächsten Sprecher ausgewählt hat, dann hat nur dieser Sprecher das Recht und die Pflicht, an dieser Stelle den nächsten Redezug zu übernehmen (=Fremdwahl).

b. Wenn in dem Redezug keine Fremdwahl erfolgt ist, dann kann sich der nächste Sprecher selbst auswählen. Das Rederecht erhält der Sprecher, der zuerst den neuen Redezug beginnt (=Selbstwahl).

c. Wenn keine Fremdwahl erfolgt ist, dann kann der Sprecher seinen Redezug auch fortsetzen, sofern keine Selbstwahl durch einen anderen Sprecher erfolgt.

Regel 2   Wenn es an der ersten übergaberelevanten Stelle des Redezugs nicht durch (1a) oder (1b) zu einem Sprecherwechsel gekommen ist, und der Sprecher aufgrund von (1c) seinen Redezug fortsetzt, dann kommen an der nächsten übergaberelevanten Stelle die Regeln (1a) bis (c) erneut zur Anwendung. Erfolgt auch da kein Sprecherwechsel, dann kommen die Regeln an jeder weiteren übergaberelevanten Stelle zur Anwendung und zwar solange, bis ein Sprecherwechsel erfolgt.

Wenden wir nun dies alles auf den Dialog in (49) an. Der Dialog besteht aus sieben Redezügen – vier von A und drei von B. Wie man an den Redezügen 4 bis 6 sieht, kann ein Redezug aus mehreren illokutionären Akten bestehen. In Redezug 5 etwa macht A erst eine Feststellung, dann bedankt er sich. In Gang gesetzt wird der Dialog durch die Anrede *Entschuldigen Sie*, auf die B mit *Ja?* antwortet. Bei dem Sprecherwechsel, der hier vor sich geht, handelt es sich um Fremdwahl (Regel 1a) – der Sprecher wählt den nächsten Sprecher aus –, denn A hat eine Äußerung getan, bei der vom Angesprochenen erwartet wird, dass dieser sprachlich darauf reagiert. Ebenso verhält es sich bei *Vielen Dank! – Keine Ursache* und *Auf Wiedersehen – Auf Wiedersehen*. Da *Mir ist das Benzin ausgegangen* eine indirekte Frage an B ist, auf die A von B eine Antwort erwartet, liegt bei diesem Redezug auch eine Fremdwahl vor. Einzig beim Übergang zu Redezug 5 *Oh, da habe ich ja nochmal Glück gehabt. Vielen Dank!* liegt Selbstwahl (Regel 1b) vor. Dieser Redezug gibt auch ein Beispiel für Regel 1c, die Fortsetzung des Redezugs durch den Sprecher, da kein Sprecherwechsel durch Fremd- oder Selbstwahl erfolgt. Nach *Glück gehabt* ist ein Satz zu Ende, der alleine einen Redezug darstellen kann (d.h. der eine zugbildende Einheit ist), eine übergaberelevante Stelle ist erreicht. Da A durch diese Feststellung B nicht als nächsten Sprecher auswählt und dieser sich an dieser Stelle nicht das Rederecht nimmt, was möglich wäre, führt A seinen Redezug fort. Erst an der nächsten übergaberelevanten Stelle und zwar am Ende der Dankesformel kommt es (nach Regel 2) zu einem Sprecherwechsel. (Zum Sprecherwechsel von Redezug 2 zu 3 siehe unten.)

Eine der wichtigsten offenen Fragen auf diesem Gebiet ist die Frage, was genau eine (rede)zugbildende Einheit ist (vgl. die Diskussion in Ochs et al. 1996).

6.8.2 | Paarsequenzen

Den Dialog (49) kann man in eine Reihe von sogenannten Paarsequenzen zerlegen: Die Anrede *Entschuldigen Sie* und die Antwort *Ja?* bilden eine solche zusammengehörige Sequenz aus zwei Teilen, mit der das Gespräch begonnen wird. *Auf Wiedersehen – Auf Wiedersehen* bildet eine Sequenz aus Abschiedsgruß und Erwiderung des

Grußes, mit der das Gespräch beendet wird. *Vielen Dank!* und *Keine Ursache* bilden eine Sequenz aus Dank und Erwiderung des Dankes. Schließlich gibt es noch eine Sequenz aus Frage und Antwort: *Mir ist das Benzin ausgegangen* ist eine indirekte Frage danach, wo A Benzin bekommen kann, *Gleich hier um die Ecke gibt es eine Tankstelle* ist die Antwort auf diese Frage. Mit *Oh, da habe ich ja nochmal Glück gehabt* kommentiert A diese Antwort – man kann also von einer Paarsequenz aus Antwort und Kommentierung der Antwort reden.

Man kann diesen kleinen Dialog nicht nur fast vollständig in Paarsequenzen zerlegen, die Sequenzen sind ineinander verwoben, insofern Äußerungen gleichzeitig zu mehreren Paarsequenzen gehören können. Dies zeigt sich gut an *Ja?* in der zweiten Zeile. Dies ist einmal die Antwort auf die Anrede, zum anderen ist es als Frage nach dem Grund der Anrede zu verstehen. Diesen Grund nennt A dann auch in der folgenden Äußerung (*Mir ist das Benzin ausgegangen*). Diese ist selbst aber auch wieder eine indirekte Frage danach, wo man hier Benzin bekommen könnte.

Die Paarsequenzen selbst geben dem Gespräch eine »lokale Organisation«, die Art der Sequenzen und ihr Aufeinanderfolgen können dem ganzen Gespräch aber auch eine ganz bestimmte »globale Organisation« geben: Eröffnungsphase – Entfaltung der Gesprächsthemen – Beendigungsphase. Für Eröffnungsphasen typisch sind sogenannte **Aufruf-Antwort-Sequenzen**: *Entschuldigen Sie – Ja?*; *Eduard? – Ja?*; *Mami! – Was gibt's?*; es klopft an der Tür – *Herein!*; es klingelt das Telefon – *Weinhaus Schmidt. Sie wünschen?* (Das heißt, das Anklopfen und das Anrufen gelten als ›Aufrufe‹, die eine Antwort erwarten.) Charakteristisch für Aufruf-Antwort-Sequenzen ist, dass sie zu etwas überleiten, normalerweise zum Grund für den Aufruf. Mit der Einführung des (ersten) Themas beginnt der Hauptteil des Gesprächs, bei dem es zu mehreren Themenwechseln kommen kann. Der Abschluss des (letzten) Themas leitet zur Beendigungsphase über. In unserem Minidialog gehört zur Beendigungsphase die Sequenz aus Dank (der sich auf den Anfang des Gesprächs bezieht, insofern er ihn als eine Bitte um Information darstellt) und Erwiderung des Dankes sowie die Verabschiedungssequenz.

Uhmann (1997, 77 f.) definiert: »Bei der **Paarsequenzorganisation** handelt es sich um zwei zu einem Äußerungsformat fest verbundene, von zwei verschiedenen Sprechern produzierte Äußerungen, wobei ein erstes Paarglied einem ganz bestimmten zweiten vorangeht und dieses *konditionell relevant* (›conditionally relevant‹) macht, d. h. für den Rezipienten obligatorisch und für den Produzenten erwartbar. Sobald ein erstes Paarglied für den Rezipienten erkennbar produziert wurde, sollte der Sprecher an der ersten übergaberelevanten Stelle seinen Redezug beenden, um dem Rezipienten in dem vordeterminierten Raum Gelegenheit zur unmittelbaren Produktion des zweiten Paarglieds zu bieten.«

6.8.3 | Reparatursequenzen

Wir sind noch nicht darauf eingegangen, dass B sich in unserem kleinen Dialog (49) selbst unterbricht und sich korrigierend fortfährt: *Beim Postamt, äh, gleich hier um die Ecke gibt es eine Tankstelle.* Der Grund liegt auf der Hand. B realisiert, dass es sich bei A um einen Ortsunkundigen handeln muss, denn sonst hätte A nicht so gefragt, wie er gefragt hat. Aber das heißt, dass A natürlich auch nicht wissen kann, wo das Postamt liegt. Also würde A die Information, dass es beim Postamt eine Tankstelle gibt, nichts nutzen. Dies realisierend unterbricht B seinen Satz und setzt neu an. Hier haben wir es mit etwas zu tun, was in der Konversationsanalyse **Reparatur** bzw. **Reparatursequenz** genannt wird, nämlich um Aktivitäten, »in denen Konversationsteilnehmer Probleme des Sprechens, Hörens oder Verstehens in vorausgegangenen oder im Vollzug befindlichen Redezügen bearbeiten« (Uhmann 1997, 77). Die Reparatur bezieht sich in unserem Fall auf die Präpositionalphrase *beim Postamt*. Initiiert wird sie durch die Reparaturpartikel *äh* und sie besteht in der Ersetzung der PP durch die Phrase *gleich hier um die Ecke*.

Man unterscheidet **Selbstreparaturen** und **Fremdreparaturen** je nachdem, ob der Sprecher des zu reparierenden Redezugs selbst oder aber der Adressat dieses Redezugs die Reparatur vornimmt. Eine Reparatur ist selbstinitiiert oder fremdinitiiert je nachdem, ob der Sprecher des zu reparierenden Redezugs oder aber der Adressat die Reparatur initiiert. Unser Beispiel in (49) ist eine selbstinitiierte Selbstreparatur. In der Sequenz A: *Ich habe die linke Seite freigelassen.* B: *Die LINke?* A: *Ich meine natürlich die RECHte.* liegt eine fremdinitiierte Selbstreparatur vor, in A: *Ich habe die linke Seite freigelassen.* B: *Halt! Du hast die RECHte Seite freigelassen.* A: *Ja, klar.* eine fremdinitiierte Fremdreparatur und in A: *Dies ist ein – wie heißt das nochmal?* B: *Ein Ergometer.* eine selbstinitiierte Fremdreparatur. Der Begriff der Reparatur(sequenz) ist so weit gefasst, dass er über die Korrektur von offensichtlichen Fehlern hinausgeht, wie die Wortfindungsstörung in dem Beispiel für selbstinitiierte Fremdreparatur zeigt (vgl. Schegloff/Jefferson/Sacks 1977, die grundlegende Arbeit zu Reparatursequenzen).

Literatur

Grundlegende Literatur

Altmann, Hans (1987): Zur Problematik der Konstitution von Satzmodi als Formtypen. In: Meibauer, Jörg (Hg.): Satzmodus zwischen Grammatik und Pragmatik. Referate anläßlich der 8. Jahrestagung der Deutschen Gesellschaft für Sprachwissenschaft, Heidelberg 1986. Tübingen: Niemeyer, 22–56.

Altmann, Hans (1993): Satzmodus. In: Jacobs, Joachim et al. (Hgg.): Syntax. Ein internationales Handbuch der zeitgenössischen Forschung. Berlin/New York: de Gruyter, 1006–1029.

Austin, John L. ([1961] 1979[3]): Performative Utterances. In: Austin: Philosophical Papers. Oxford: Oxford University Press, 233–252 (dt. in: Austin: Gesammelte philosophische Aufsätze. Stuttgart: Reclam 1986).

Austin, John L. ([1962] 1975[2]): How to do Things with Words. Cambridge, Mass.: Harvard University Press (dt. Zur Theorie der Sprechakte (How to do things with words). Stuttgart: Reclam 1976).

Brandt, Margareta et al. (1992): Satztyp, Satzmodus und Illokution. In: Rosengren, Inger (Hg.): Satz und Illokution. Band 1. Tübingen: Niemeyer, 1–90.

Bühler, Karl (1934): Sprachtheorie. Die Darstellungsfunktion der Sprache. Jena: G. Fischer.

Ehlich, Konrad (1982): Anaphora and Deixis: Same, Similar or Different? In: Jarvella, Robert J./ Klein, Wolfgang (Hg.): Speech, Place, and Action. Studies in Deixis and Related Topics. Chichester: J. Wiley & Sons, 315–338.

Fillmore, Charles J. (1997): Lectures on Deixis. Stanford: CSLI.

Gazdar, Gerald (1979): Pragmatics: Implicature, Presupposition and Logical Form. New York: Academic Press.

Grice, Paul (1989): Logic and Conversation (1967, 1987). In: Grice: Studies in the Way of Words. Cambridge, Mass.: Harvard University Press, 1–143 (Teilübersetzung in Meggle, George (Hg.): Handlung, Kommunikation, Bedeutung. Frankfurt a.M.: Suhrkamp 1979).

Horn, Laurence R. (1984): Toward a New Taxonomy for Pragmatic Inference: Q- and R-Based Implicature. In: Schiffrin, Deborah (Hg.): Meaning, Form, and Use in Context. Linguistic Applications. Washington, DC: Georgetown University Press, 11–42.

Jacobs, Joachim (1988): Fokus-Hintergrund-Gliederung und Grammatik. In: Altmann, Hans (Hg.): Intonationsforschungen. Tübingen: Niemeyer, 89–134.

Karttunen, Lauri (1973): Presuppositions of Compound Sentences. In: Linguistic Inquiry 4, 169–193.

Levinson, Stephen C. (2000b): Presumptive Meanings. The Theory of Generalized Conversational Implicatures. Cambridge, Mass.: MIT Press.

Reis, Marga (1999): On Sentence Types in German: An Enquiry into the Relationship between Grammar and Pragmatics. In: Interdisciplinary Journal for Germanic Linguistics and Semiotic Analyses 4.2, 195–236.

Rooth, Mats (1992): A Theory of Focus Interpretation. In: Natural Language Semantics 1, 75–116.

Sacks, Harvey/Schegloff, Emanuel A./Jefferson, Gail (1974 [1978]): A Simplest Systematics for the Organization of Turn-Taking for Conversation. In: Language 50, 696–755. Revidierte Fassung in Schenkein, Jim (Hg.): Studies in the Organization of Conversational Interaction. New York: Academic Press 1978, 7–55.

Sadock, Jerrold M./Zwicky, Arnold M. (1985): Speech Act Distinctions in Syntax. In: Shopen, Timothy (Hg.): Language Typology and Syntactic Description. Volume 1: Clause Structure. Cambridge: Cambridge University Press, 155–196.

Schegloff, Emanuel A./Jefferson, Gail/Sacks, Harvey (1977): The Preference for Self-Correction in the Organization of Repair in Conversation. In: Language 53, 361–382.

Schwarzschild, Roger (1999): GIVENness, AvoidF and Other Constraints on the Placement of Accent. In: Natural Language Semantics 7, 141–177.

Searle, John R. (1969): Speech Acts. Cambridge: Cambridge University Press. Dt.: Sprechakte. Frankfurt a.M.: Suhrkamp 1971.

Searle, John R. (1975a): A Taxonomy of Illocutionary Acts. In: Gunderson, Keith (Hg.): Language, Mind and Knowledge. Minneapolis: University of Minnesota Press, 344–369. Abdruck in Searle (1979). Dt. in Searle (1982), 17–50.

Searle, John R. (1975b): Indirect Speech Acts. In: Cole, Peter/Morgan, Jerry L. (Hgg.): Syntax and Semantics 3: Speech Acts. New York: Academic Press, 59–82. Abdruck in Searle (1979). Dt. in Searle (1982), 51–79.

Searle, John R. (1979): Expression and Meaning. Studies in the Theory of Speech Acts. Cambridge: Cambridge University Press.

Searle, John R. (1982): Ausdruck und Bedeutung. Untersuchungen zur Sprechakttheorie. Frankfurt a.M.: Suhrkamp. (= Dt. Übers. von Searle 1979).

Sperber, Dan/Wilson, Deirdre ([1986] 1995²): Relevance: Communication and Cognition. Cambridge, Mass.: Harvard University Press.

Stalnaker, Robert (1974): Pragmatic Presuppositions. In: Munitz, Milton K./Unger, Peter K. (Hg.): Semantics and Philosophy. New York: New York University Press, NY.

Strawson, Peter F. (1950): On Referring. In: Mind 59, 320–344.

Weitere Literatur

Allan, Keith/Jaszczolt, Kasia M. (Hgg.) (2012): The Cambridge Handbook of Pragmatics. Cambridge: Cambridge University Press.

Bach, Kent (1999): The Myth of Conventional Implicature. In: Linguistics and Philosophy 22, 327–366.

Bach, Kent/Harnish, Robert M. (1979): Linguistic Communication and Speech Acts. Cambridge, Mass.: MIT-Press.

Beaver, David/Geurts, Bart (2010): Presuppositions. In: Zalta, Edward N. (Hg.): The Stanford Encyclopedia of Philosophy (Winter 2014 Edition). URL = <http://plato.stanford.edu/archives/win2014/entries/presupposition/>.

Bertolet, Rod (1994): Are there Indirect Speech Acts? In: Tsohatzidis, Savas L. (Hg.): Foundations of Speech Act Theory. London/New York: Routledge, 335–349.

Bianchi, Claudia (Hg.) (2004): The Semantics/Pragmatics Distinction. Stanford: CSLI Publications.

Birner, Betty J. (2013): Introduction to Pragmatics. Chichester: Wiley-Blackwell.

Blakemore, Diane (1992): Understanding Utterances. An Introduction to Pragmatics. Oxford: Blackwell.

Bosch, Peter (1983): Agreement and Anaphora. A Study of the Role of Pronouns in Syntax and Discourse. London: Academic Press.

Brinker, Klaus et al. (Hg.) (2001): Text- und Gesprächslinguistik. Ein internationales Handbuch der zeitgenössischen Forschung. 2. Halbband. Berlin/New York: de Gruyter.

Brown, Penelope/Levinson, Stephen C. (1987[2]): Politeness: Some Universals in Language Usage. Cambridge: Cambridge University Press.

Carston, Robyn (2002): Thought and Utterances: The Pragmatics of Explicit Communication. Oxford: Blackwell.

Chierchia, Gennaro/McConnell-Ginet, Sally (1990): Meaning and Grammar. An Introduction to Semantics. Cambridge, Mass.: MIT-Press.

Cummings, Louise (Hg.) (2010): The Pragmatics Encyclopedia. London: Routledge.

Davis, Wayne A. (1998): Implicature. Intention, Convention, and Principle in the Failure of Gricean Theory. Cambridge: Cambridge University Press.

Diessel, Holger (1999): Demonstratives. Form, Function, and Grammaticalization. Amsterdam/Philadelphia: Benjamins.

Ehrich, Veronika (1992): Hier und Jetzt. Studien zur lokalen und temporalen Deixis im Deutschen. Tübingen: Niemeyer.

Falkenberg, Gabriel (1984): Unaufrichtigkeit und Unredlichkeit. In: Mitteilungen des Deutschen Germanistenverbandes 31/3/4, 15–19. Auch als L.A.U.T. Papier Nr. 103.

Féry, Caroline (1993): German Intonational Patterns. Tübingen: Niemeyer.

Finkbeiner, Rita (2015): Einführung in die Pragmatik. Darmstadt: Wissenschaftliche Buchgesellschaft.

Finkbeiner, Rita/Meibauer, Jörg (Hgg.) (2015): Satztypen und Konstruktionen. Berlin: de Gruyter.

Himmelmann, Nikolaus P. (1997): Deiktikon, Artikel, Nominalphrase: Zur Emergenz syntaktischer Struktur. Tübingen: Niemeyer.

Horn, Laurence R. (1996): Exclusive company: *Only* and the dynamics of vertical inference. In: Journal of Semantics 13, 10–40.

Horn, Laurence R./Ward, Gregory (Hgg.) (2004): The Handbook of Pragmatics. Oxford: Blackwell.

Huang, Yan (2012): The Oxford Dictionary of Pragmatics. Oxford: Oxford University Press.

Huang, Yan (2014[2]): Pragmatics. Oxford: Oxford University Press.

Kadmon, Nirit (2001): Formal Pragmatics. Malden, Mass./Oxford: Blackwell.

Kasher, Asa (Hg.) (1998): Pragmatics: Critical Concepts. London: Routledge.

Klein, Wolfgang (1978): Wo ist *hier*? Präliminarien zu einer Untersuchung der lokalen Deixis. In: Linguistische Berichte 58, 18–40.

Korth, Manuela (2014): Von der Syntax zur Prosodie. Über das strukturelle Verhältnis zweier Komponenten der Grammatik im Deutschen. Tübingen: Stauffenburg.

Leech, Geoffrey N. (2014): The Pragmatics of Politeness. Oxford: Oxford University Press.

Levinson, Stephen C. (2000[3]a): Pragmatik. Tübingen: Niemeyer (Orig.: Pragmatics. Cambridge: Cambridge University Press 1983).

Matsumoto, Yo (1995): The Conversational Condition on Horn Scales. In: Linguistics and Philosophy 18, 21–60.

Meibauer, Jörg (2001[2]): Pragmatik. Eine Einführung. Tübingen: Stauffenburg.

Meibauer, Jörg/Steinbach, Markus (Hgg.) (2011): Experimental Pragmatics/Semantics. Amsterdam: Benjamins.

Meibauer, Jörg/Steinbach, Markus/Altmann, Hans (Hgg.) (2013): Satztypen des Deutschen. Berlin: de Gruyter.

Mey, Jacob L. (2001[2]): Pragmatics. An Introduction. Oxford: Blackwell.

Mey, Jacob L. (Hg.) (2009[2]): Concise Encyclopedia of Pragmatics. Amsterdam: Elsevier.

Musan, Renate (2010): Informationsstruktur. Heidelberg: Winter.

Noveck, Ira A./Sperber, Dan (Hgg.) (2005): Experimental Pragmatics. Basingstoke: Palgrave Macmillan.

Ochs, Elinor/Schegloff, Emanuel A./Thompson, Sandra A. (Hg.) (1996): Interaction and Grammar. Cambridge: Cambridge University Press.

Pafel, Jürgen (2015): Satztyp und kommunikative Intention. In: Finkbeiner, Rita/Meibauer, Jörg (Hgg.) (2015): Satztypen und Konstruktionen im Deutschen. Berlin: de Gruyter.

Posner, Roland (1979): Bedeutung und Gebrauch der Satzverknüpfer in den natürlichen Sprachen. In: Grewendorf, Günther (Hg.): Sprechakttheorie und Semantik. Frankfurt a.M.: Suhrkamp, 345–385.

Potts, Christopher (2005): The Logic of Conventional Implicatures. Oxford: Oxford University Press.

Reis, Marga (1977): Präsuppositionen und Syntax. Tübingen: Niemeyer.

Rooth, Mats (1996): Focus. In: Lappin, Shalom (Hg.): The Handbook of Contemporary Semantic Theory. Oxford: Blackwell, 271–297.

Sadock, Jerrold M. (1990): Comments on Vanderveken and on Cohen and Levesque. In: Cohen, Philip R./Morgan, Jerry/Pollack, Martha E. (Hgg.): Intentions in Communication. Cambridge, Mass.: MIT Press, 257–270.

Sauerland, Uli/Yatsushiro, Kazuko (Hgg.) (2009): Semantics and Pragmatics: From Experiment to Theory. Basingstoke: Palgrave Macmillan.

Saul, Jennifer (2002): What is Said and Psychological Reality: Grice's Project and Relevance Theorists' Criticisms. In: Linguistics and Philosophy 25, 347–372.

Sbisà, Marina/Turner, Ken (Hgg.) (2013): Pragmatics of Speech Actions. Berlin: de Gruyter Mouton.

Schiffrin, Deborah/Tannen, Deborah/Hamilton, Heidi E. (Hgg.) (2001): Handbook of Discourse Analysis. Oxford: Blackwell.

Schwarz, Florian (Hg.) (2015): Experimental Perspectives on Presuppositions. Heidelberg: Springer.

Seuren, Pieter A.M. (1991): Präsuppositionen. In: Stechow, Arnim von/Wunderlich, Dieter (Hgg.): Semantik. Ein internationales Handbuch der zeitgenössischen Forschung. Berlin/New York: de Gruyter, 286–318.

Simons, Mandy (2004): Presupposition and Relevance. In: Szabó, Zoltán Gendler (Hg.): Semantics vs. Pragmatics. Oxford: Oxford University Press, 329–355.

Simons, Mandy (2013): Presupposing. In: Sbisà, Marina/Turner, Ken (Hgg.) (2013): Pragmatics of Speech Actions. Berlin: de Gruyter Mouton 143–172.

Sitta, Georg (1991): Deixis am Phantasma. Versuch einer Neubestimmung. Bochum: Brockmeyer.

Sperber, Dan/Deirdre Wilson (1987): Précis of »Relevance: Communication and Cognition«. In: Behavioral and Brain Sciences 10, 697–710.

Szabó, Z. Gendler (Hg.) (2005): Semantics vs. Pragmatics. Oxford: Clarendon Press.

Tonhauser, Judith/Beaver, David/Roberts, Craige/Simons, Mandy (2013): Toward a Taxonomy of Projective Content. In: Language 89, 66–109.

Uhmann, Susanne (1991): Fokusphonologie. Eine Analyse deutscher Intonationskonturen im Rahmen der nicht-linearen Phonologie. Tübingen: Niemeyer.

Uhmann, Susanne (1997): Grammatische Regeln und konversationelle Strategien. Fallstudien aus Syntax und Phonologie. Tübingen: Niemeyer.

Van der Sandt, Rob A. (1988): Context and Presupposition. London: Routledge.

Verschueren, Jef et al. (Hgg.) (2000): Handbook of Pragmatics. Amsterdam/Philadelphia: Benjamins.

Wilson, Deirdre/Sperber, Dan (2004): Relevance Theory. In: Horn/Ward (2004), 607–632.

Zifonun, Gisela et al. (1997): Grammatik der deutschen Sprache. 3 Bände. Berlin/New York: de Gruyter [= IdS-Grammatik].

Jürgen Pafel

7 | Spracherwerb

7.1 | Was versteht man unter Spracherwerb?

Den Begriff ›Spracherwerb‹ verbinden viele Menschen mit kleinen Kindern, die gerade ihre Muttersprache erwerben. Andere denken als erstes an den Fremdsprachenunterricht, den sie in der Schule genossen haben. Wieder andere assoziieren damit Ferienkurse in Italien, in denen sie ihre Italienischkenntnisse erweitern können. Und es gibt sicherlich noch andere Vorstellungen, die Menschen beim Wort ›Spracherwerb‹ in den Sinn kommen.

Spracherwerb ist also ein vieldeutiger Begriff. Wir können eine Reihe von **Spracherwerbstypen** bestimmen, die sich danach unterscheiden, unter welchen Bedingungen der Spracherwerb erfolgt. Der wichtigste Aspekt dabei ist, welche Voraussetzungen jeweils bei dem Menschen vorliegen, der eine Sprache erwirbt. Bei Kindern unterscheiden wir zunächst zwischen primärem Spracherwerb einer Muttersprache (L1-Erwerb (= first language)) und bilingualem oder doppeltem Erstspracherwerb, d. h. dem Erwerb zweier (oder mehrerer) Muttersprachen, die im Idealfall gleich gut erworben werden. Wir sprechen von einem frühen Zweitspracherwerb (L2-Erwerb (= second language)), wenn das Kind erst im Alter von drei bis fünf oder sechs Jahren mit einer zweiten Sprache konfrontiert wird. Diese Konstellation kommt häufig bei Migrantenkindern vor.

Der **kindliche Spracherwerb** verläuft nicht bei allen Kindern problemlos. Er kann beeinträchtigt sein, wenn es Defizite in den Voraussetzungen für den Spracherwerb gibt. So ist der Erwerb der Lautsprache bei hochgradig hörgeschädigten Kindern erschwert, nicht aber die Fähigkeit, eine Sprache zu erwerben. Viele dieser Kinder erwerben als erste Sprache eine **Gebärdensprache**, die dann die Muttersprache (L1) ist. Dieses Beispiel macht deutlich, dass der Begriff des Spracherwerbs nicht allein auf Lautsprache anzuwenden ist, sondern auch auf den Erwerb der Gebärdensprache ausgedehnt werden kann, also auf den Erwerb eines Symbolsystems, das nicht laut-basiert ist.

Der Spracherwerb kann auch durch andere Faktoren beeinträchtigt sein. So gibt es Kinder, die das Sprachsystem ihrer Muttersprache abweichend und nicht altersgerecht aufbauen, ohne dass diese Sprachentwicklungsstörung auf andere kognitive oder sensorische Defizite zurückgeführt werden könnte. Wir sprechen dann von einer spezifischen Sprachentwicklungsstörung, was nichts anderes bedeutet, als dass angenommen wird, dass spezifische Voraussetzungen beeinträchtigt sind, die die Sprachfähigkeit und den Spracherwerb an sich betreffen. Die Erwerbsprobleme können dann durchaus verschiedene sprachliche Bereiche betreffen, z. B. den phonologischen Erwerb oder die Grammatik.

Der Begriff des **Zweitspracherwerbs** (L2) wird meist auf Jugendliche oder Erwachsene bezogen. Beim L2-Erwerb (das kann auch eine dritte oder vierte Sprache sein) wird zwischen gesteuertem und ungesteuertem Zweitspracherwerb unterschieden. In der Schule und in Kursen findet ein gesteuerter Zweit- oder Fremdsprachen-erwerb statt, d.h. die Aneignung der neuen Sprache erfolgt unter Anleitung. Von ungesteuertem Zweitspracherwerb sprechen wir, wenn keine systematische Unter-stützung durch Unterricht erfolgt. So haben viele der Gastarbeiter, die in den 60er und 70er Jahren nach Deutschland kamen, ihre Deutschkenntnisse ohne Anleitung erworben. Wie erfolgreich der Erwerb einer zweiten Sprache verläuft, wird von einer Reihe von Aspekten beeinflusst, z. B. davon, in welchem Alter der L2-Erwerb beginnt. Die kindliche Spracherwerbsfähigkeit ist dem Vermögen eines Erwachsenen, eine Fremdsprache zu lernen, weit überlegen. Allerdings gibt es keine Einigkeit darüber, wie lange Kinder diese Fähigkeit haben. Ändert sie sich schon mit fünf bis sechs Jahren, also mit dem beginnenden Grundschulalter? Am Ende der Grundschulzeit? Oder ist die Pubertät die kritische Entwicklungsperiode? Für Erwachsene gilt auf jeden Fall, dass Faktoren wie der allgemeine Bildungsgrad, die persönliche Motivation, das Beherrschen einer anderen Fremdsprache, die sozialen Kontexte, in denen die neue Sprache gefordert und angeboten wird, und vieles andere mehr mitbestimmen, wie gut eine Fremdsprache erworben wird.

Einen besonderen Fall des Spracherwerbs stellt der Wieder-Erwerb von Sprache bei Menschen mit einer **Aphasie** dar. Unter Aphasie versteht man einen neurologisch bedingten Verlust von sprachlichen Fähigkeiten (z. B. aufgrund eines Schlaganfalls oder eines Hirntumors). Es gibt verschiedene Formen und Schweregrade von Apha-sie. Allen gemeinsam ist, dass ein Teil des sprachlichen Wissens und meist auch der Sprechfertigkeiten verlorengegangen ist und wieder erlernt werden muss. Der Sprach-erwerb vollzieht sich hier anders als beim Kind, denn Aphasiker sind in der Regel Erwachsene, die schon einmal eine Sprache erworben haben. Und er vollzieht sich anders als der Erwerb einer Fremdsprache, weil zum einen der oder die Betroffene nicht mehr über eine vollständig ausgebildete Erstsprachkompetenz verfügt, und weil zum anderen die neurologische Schädigung meist nicht aufgehoben, sondern nur gemildert und kompensiert werden kann.

Im weiteren Verlauf dieses Kapitels wird der Begriff ›Spracherwerb‹ ausschließ-lich auf den kindlichen Erwerb der Muttersprache bezogen, denn jede der genannten besonderen Formen von Spracherwerb wäre ein Kapitel für sich wert.

Ausgangspunkt für alle unsere Überlegungen zum kindlichen Spracherwerb sollte die Beobachtung sein, dass Kinder Sprache ohne besondere Anstrengung und ohne besondere Anleitung erwerben. Doch – auch wenn die meisten Kinder Sprache außerdem ohne Schwierigkeiten erwerben, dürfen wir die Komplexität der Erwerbs-aufgabe nicht übersehen.

Aufgabe 1: Überlegen Sie, mit welchen Voraussetzungen ein Kind in den Sprach-erwerb einsteigt im Unterschied zu einem Erwachsenen, der eine Fremdsprache lernen will.

Schauen wir uns diese Aufgabe genauer an, erkennen wir, wie viele Teilaspekte zum Spracherwerb dazugehören. Einige, mit Sicherheit nicht alle, sind die folgenden:

Das Kind muss erkennen, dass die lautlichen Äußerungen seiner Umgebung absichtsvoll und bedeutungsvoll sind. Das Kind muss den akustischen Lautstrom segmentieren und analysieren, um darin sprachrelevante Einheiten wie Phoneme, Morpheme, Wörter und Sätze zu identifizieren. Es muss die komplexen artikulatorischen Pläne zur Lautproduktion erwerben. Es muss grammatische Regularitäten auf der phonologischen, morphologischen und syntaktischen Ebene erwerben. Es muss eine ungeheure Menge an Wörtern und Morphemen in sein Lexikon aufnehmen und dabei Wortformen mit den dazugehörigen Bedeutungen assoziieren. Es muss lernen, wie sich die Bedeutung komplexer sprachlicher Ausdrücke aus ihren Bestandteilen und weiteren kontextuellen Faktoren ergibt. Es muss all die verschiedenen kommunikativen Funktionen durchschauen, die Sprache haben kann, und erkennen, dass es grundsätzlich viele sprachliche Realisierungsformen für diese Funktionen gibt, deren angemessene Anwendung vom Kontext bestimmt wird. Und es muss lernen, nach welchen Mustern Gespräche strukturiert sind.

Eine viel diskutierte Frage ist, in welchem Zeitraum ein Kind seine Muttersprache erwirbt. Tatsächlich findet man in der Literatur selten Altersangaben, die über die vage Aussage ›in einem bemerkenswert kurzen Zeitraum‹ hinausgehen. Das hat gute Gründe. Zum einen werden die Altersangaben für einige markante Erwerbsschritte wie beispielsweise das Auftreten der ersten Wörter wohl als allgemein bekannt vorausgesetzt. Zum zweiten gibt es eine große interindividuelle Variabilität, d. h. Beginn und Dauer des Spracherwerbs variieren von Kind zu Kind. Zum dritten – und das könnte der wichtigste Grund zu sein – wissen wir noch viel zu wenig über das Zusammenspiel im Erwerb verschiedener sprachlicher Aspekte und Erwerbsabläufe insgesamt. Es gibt viele Beobachtungen zum Aufbau des lautlichen Systems, es gibt eine umfangreiche Forschung zum Grammatikerwerb, es gibt viele interessante Arbeiten zum morphologischen und lexikalischen Erwerb, es gibt Untersuchungen, die sich auf den Aufbau des Sprachverständnisses konzentrieren und noch viel mehr Arbeiten, die die Sprachproduktion bei Kindern untersucht haben. Was bisher aber viel zu wenig und kaum gezielt untersucht wurde, ist, wie im frühen Spracherwerb der Aufbau der phonologischen, morphologischen, lexikalischen, syntaktischen Systeme und die Aneignung pragmatischer Regularitäten miteinander interagieren. Wir wissen noch zu wenig, um ein übergreifendes Erwerbsmodell aufzustellen. Erst auf der Basis eines umfassenden Erwerbsmodells könnten wir festlegen, wann – genaugenommen, mit dem Erreichen welchen sprachlichen Entwicklungsstandes – der Spracherwerb in seinen wesentlichen Grundzügen vollzogen ist.

Also sollten wir nur fragen: Was können wir aus den bisher vorliegenden Beobachtungen und Untersuchungsergebnissen über die Dauer und den Ablauf des kindlichen Spracherwerbs schließen? Die sprachliche Entwicklung beginnt im ersten Lebensjahr. Markant sind die ersten Wörter, die die meisten Kinder um den Abschluss des ersten Lebensjahres herum produzieren. Aber schon in dieser frühen Phase ist die Variabilität groß. Es gibt Kinder, die schon mit neun Monaten ihre ersten Wörter produzieren, und es gibt andere, die das mit fünfzehn Monaten noch nicht getan haben, ohne dass sie im weiteren Erwerbsverlauf eine Sprachentwicklungsstörung zeigten. Mit anderthalb bis zwei Jahren werden die ersten Wörter zu kleinen Sätzen verknüpft: Der Einstieg in die Syntax ist getan. In dieser Phase beginnt das Kind, seinen Wortschatz sehr rasch zu erweitern, und sein phonologisches System differenziert sich aus. Für den Erwerb des Deutschen können wir sagen, dass die meisten Kinder am Ende des vierten Lebensjahres das phonologische System und die grammatische Struktur deutscher Sätze und damit zentrale Aspekte des Deutschen im Wesentlichen erworben haben. Auf dieses Erwerbsniveau beziehen sich Spracherwerbsforscherinnen, die die besondere Geschwindigkeit des kindlichen Spracherwerbs hervorheben.

Andererseits wird das phonologische System, besonders im intonatorischen Bereich, noch jahrelang ausgefeilt. In diesem Alter verfügen Kinder über einen produktiven Wortschatz von etwa ein- bis zweitausend Wörtern; der Ausbau des Lexikons wird also noch viele Jahre andauern. Bei der Bildung flektierter Formen kann es noch lange zu Übergeneralisierungen kommen (z. B. die Pluralform *Wurmen* statt *Würmer*; s. Kap. 7.2.5). Grammatische Konstruktionen, die Konjunktivformen oder komplexe Infinitivphrasen verlangen, treten erst allmählich auf. Der Aufbau argumentativer Strukturen und die dafür notwendige Verwendung komplexer Sätze und Satzketten, die Diskursregeln für die verschiedenen Gesprächstypen, all das wird in den darauf folgenden Jahren erworben, erprobt und ausdifferenziert.

Im Grunde ist der Erwerb von Sprache ein lebenslanger Prozess. Ein Kleinkind erwirbt andere Aspekte von Sprache als ein Erwachsener, aber auch wir erweitern unser sprachliches System fortwährend. Ein grundsätzlicher Unterschied besteht darin, dass ein Kind – anders als ein Erwachsener – zu Beginn des Spracherwerbs vor der Aufgabe steht, den ›linguistischen Code‹ zu knacken und nicht vor der Aufgabe, in ein bestehendes, ausdifferenziertes Sprachsystem ein paar neue Einheiten zu integrieren. Es ist ein zentrales Erkenntnisinteresse der Spracherwerbsforschung, die Frage zu beantworten, wie es Kindern gelingt, das System ›Sprache‹ zu erwerben. Verfügt das Kind über sprachspezifische Strategien, um diese Aufgabe zu lösen? Oder ist Spracherwerb nur eine Instanz von generellem Lernen, so dass allgemeine kognitive Strategien ausreichen? Welchen Einfluss haben soziale Faktoren, und speziell, welchen Einfluss hat die Sprache, die das Kind hört, auf seinen Spracherwerb? Ist der sprachliche Input, den Eltern ihren Kindern anbieten, spezifisch auf das spracherwerbende Kind abgestimmt? Und hat das – wenn es so ist – einen Einfluss auf den Spracherwerb?

Und weiter: Was untersuchen wir, wenn wir den Spracherwerb von Kindern erforschen? Das, was sie verstehen? Oder das, was sie produzieren? Oder interessiert uns nicht sogar am meisten das, was sie wissen? Sprachverständnis und Sprachproduktion sind unseren Forschungsmethoden direkt zugänglich, aber wie können wir ermitteln, über welches sprachliche Wissen, über welche sprachliche Kompetenz also, ein Kind verfügt?

All diese Fragen sind forschungsleitend. Es gibt viele Forschungsergebnisse und noch weit mehr Interpretationen dieser Ergebnisse. Die meisten dieser Fragen sind nicht endgültig beantwortet und werden es in absehbarer Zeit auch nicht sein. Wir können aber festhalten,

- dass es einen Zeitpunkt gibt, in dem vor allem im grammatischen Bereich wesentliche Grundstrukturen als erworben gelten können, und
- dass es keinen Zeitpunkt gibt, zu dem der Spracherwerb tatsächlich abgeschlossen ist, und
- dass wir auf eine übergreifende Theorie des Spracherwerbs, die alle sprachlichen Modalitäten und Teilsysteme integriert, noch warten.

Im folgenden Abschnitt 7.2 wird zunächst skizziert, wie der kindliche Spracherwerb im Deutschen verläuft. Dabei sollen auch verschiedene Untersuchungsmethoden vorgestellt werden, die in der Spracherwerbsforschung genutzt werden. Sowohl die Fragestellung einer Untersuchung wie die Wahl eines Untersuchungsdesigns sind eng verknüpft mit dem theoretischen Erwerbsmodell, in dem die empirisch gewonnenen Daten interpretiert werden. Solche Erwerbsmodelle und Erklärungsansätze und ihre

Geschichte werden in Abschnitt 7.3 vorgestellt, aber sie spielen auch in der Darstellung des Erwerbsverlaufs immer wieder eine Rolle.

7.2 | Der Verlauf des Spracherwerbs

Der Beginn des Spracherwerbs wird oft mit der Äußerung der ersten verständlichen oder interpretierbaren Wörter gleichgesetzt. Das Kind verwendet lautliche Einheiten, Wörter, mit einer festen Bedeutung. Mit dieser Leistung überschreitet das Kind eine Schwelle: Es kann sich nun mit zentralen sprachlichen Elementen, mit Wörtern, produktiv an der sprachlichen Kommunikation beteiligen. In diesem Sinn ist die Aussage richtig, dass die ersten Wörter den Beginn des Spracherwerbs anzeigen. Aber schon Monate zuvor verstehen Kinder viel von dem, was man zu ihnen sagt, sie verstehen Aufforderungen oder zeigen auf Objekte, die von uns benannt werden. Wenn das Kind aber sprachliche Äußerungen versteht, dann muss es auch erstes sprachliches Wissen haben. Das Sprachverständnis geht der Sprachproduktion voraus, aber dieses Verhältnis dreht sich im späteren Spracherwerb um, wenn es um die Interpretation komplexer grammatischer Strukturen wie Passiv, w-Fragen oder Satznegation geht.

Auch wenn im Folgenden vor allem die produktive Seite des Spracherwerbs ab dem zweiten Lebensjahr, also ab der Produktion erster Wörter, beschrieben werden soll, wird der nächste Abschnitt einige Aspekte der vorsprachlichen Sprachwahrnehmung und Lautentwicklung zusammenstellen. Diese Entwicklung führt in den Spracherwerb hinein und schafft wichtige Voraussetzungen für den Schritt in die Welt der Wörter.

7.2.1 | Sprachwahrnehmung und früher Lauterwerb

7.2.1.1 | Sprachwahrnehmung im ersten Lebensjahr

Den ersten Zugang zu ihrer Muttersprache haben Kinder über die Laute der Sprache. Der allererste Kontakt mit Sprachlauten findet sogar schon vor der Geburt statt: Das Innenohr ist früh entwickelt, und das Kind kann Stimmen hören, besonders die Stimme der Mutter. Schon in den ersten Lebenstagen können Kinder die wesentlichen rhythmischen Eigenschaften ihrer Umgebungssprache von denen anderer Sprachen unterscheiden (Jusczyk 1997). Die Entwicklung der Sprachwahrnehmung beginnt also sehr früh, und von Anfang an kann das Kind sprachliche Laute von anderen Geräuschen und Klängen unterscheiden, beispielsweise Musik von Stimmen, und dabei werden Stimmen bevorzugt. Schon drei bis vier Wochen alte Säuglinge sind in der Lage, die Stimme der Mutter zu erkennen, und mit zwei Monaten unterscheiden Kinder bekannte von unbekannten Stimmen. Man schließt das z. B. daraus, dass sich Kinder Stimmen selektiv zuwenden. Diese Beobachtungen zeigen vor allem, dass der Mensch von Anfang an eine besondere Vorliebe für Stimmen und Sprache hat. Nun wird man dem Säugling nicht unterstellen wollen, dass er sprachliche Äußerungen versteht. Der besondere Reiz in Stimmen und Sprache liegt für den Säugling wohl eher darin, dass die an ihn gerichtete Sprache vertraut und damit affektiv positiv ›geladen‹ ist. Das dem Kind zugewandte Sprechen hat eine soziale Funktion. Tonfall, Lautstärke und Tonhöhe vermitteln Zuwendung und Aufmerksamkeit, und nur gelegentlich Missbilligung und Tadel. Diese emotionale Färbung von Gesprochenem erkennt der Säugling schon früh, wohl instinktiv. So wichtig diese Funktion aber auch ist, wir wissen mittlerweile, dass sie allein noch nicht diese klare Bevorzugung von Sprachlauten begründet, die sich beim Säugling beobachten lässt.

Tatsächlich ist das kindliche Gehirn neuronal auf Sprache ›gepolt‹. So reagieren schon bei Säuglingen das rechte Ohr und die linke Großhirnhälfte stärker auf Sprachlaute als auf andere Geräusche, beim linken Ohr ist es umgekehrt. Das entspricht der Tatsache, dass sich bei den meisten Menschen die Sprachzentren in der linken Großhirnrinde befinden. Die Wahrnehmung von Sprachlauten ist schon bei Säuglingen auf phonematische Unterschiede ausgerichtet, während Unterschiede zwischen Lauten, die nicht zu zwei verschiedenen Phonemen führen, uninteressanter sind – selbst dann wenn die akustisch messbaren Unterschiede im ersten Fall viel geringer sind als im zweiten (zum Phonembegriff s. Kap. 3.3.1). Das /k/ in *Kiste* wird beispielsweise wesentlich weiter vorne im Mundraum artikuliert als in *Kaste*, weil die Artikulationsstelle des folgenden Vokals schon auf die Verschlussbildung einwirkt. Daraus kann man schließen, dass es in der auditiven Wahrnehmung von Lauten gar nicht so sehr um alle akustischen Unterschiede gehen kann. Im Gegenteil, ziemlich viele Aussprachevarianten müssen zu einer Phonem-Kategorie zusammengefasst werden und als Realisierungen eines bestimmten Phonems akzeptiert werden. Unwichtige Unterschiede werden ignoriert.

Interessanterweise funktioniert nun die Sprachwahrnehmung von Säuglingen schon genau auf diese Weise und ist auf die Wahrnehmung von Phonemen vorbereitet. Schon mit einem Monat reagieren Kinder zum Beispiel auf den Unterschied zwischen /b/ und /p/; also auf einen Unterschied, der ausschließlich auf einer Differenz der Stimmeinsatzzeit beruht (die dafür verantwortlich ist, dass wir /b/ als stimmhafte Variante von /p/ wahrnehmen). Im Lauf der nächsten Monate werden weitere minimale phonematische Kontraste im konsonantischen Phoneminventar identifiziert, z. B. Unterschiede in der Artikulationsstelle wie sie zwischen /p/ und /t/ bestehen. Bemerkenswerterweise reagieren Kinder in dieser Phase auch auf akustische Unterschiede, die zwar prinzipiell zu phonematischen Unterschieden in menschlichen Sprachen führen können, die in ihrer Muttersprache aber nicht distinktiv sind. Diese Beobachtung macht deutlich, dass Kinder eine besondere, von Geburt an angelegte Aufmerksamkeit für Sprache haben, aber nicht für eine bestimmte Sprache, auch wenn sie sehr früh schon die Umgebungssprache anderen Sprachen vorziehen.

Woher weiß man das? Wie kann man Sprachwahrnehmung bei Säuglingen untersuchen? Es gibt verschiedene Untersuchungsmethoden, um mit Säuglingen zu arbeiten. Eine davon, das ›Nuckelexperiment‹, soll hier kurz vorgestellt werden.

In diesem Design werden die Saugreflexe des Kindes kontrolliert. Das Kind bekommt einen Schnuller, der mit einer Elektrode versehen ist, so dass die Saugfrequenz gemessen werden kann. Säuglinge reagieren auf etwas, was sie interessant finden, durch verstärktes Saugen. Wenn also etwas die Aufmerksamkeit des Säuglings erregt, beispielsweise ein neuer Laut oder eine neue Lautkombination, steigt die Nuckelfrequenz. Wird etwas langweilig, weil bekannt, dann nimmt die Rate ab. Es gibt so etwas wie eine Grundsaugrate, und die davon abweichenden Werte sagen etwas über den Grad der Aufmerksamkeit des Säuglings aus. Dieser Experimenttyp kann bei Säuglingen vom ersten Lebensmonat an durchgeführt werden.

Untersuchungen zur Sprachwahrnehmung von Säuglingen gibt es seit den 70er Jahren, wobei der Wissenschaftler Peter Eimas führend war. In dem bekanntesten Experiment wurde die Reaktion der Kinder auf die Stimmeinsatzzeiten bei künstlich, d. h. mit dem Computer erzeugten Plosiven untersucht (Eimas 1985). Man weiß, dass für Erwachsene der kritische Wert zur Unterscheidung der Plosive /p/ und /b/ bei 30 Millisekunden nach Lösung des Verschlusses liegt. Erfolgt der Stimmeinsatz vor diesem Wert, beispielsweise nach 20 Millisekunden, hört die Versuchsperson ein /b/. Setzt die Stimmgebung nach mehr als 30 Millisekunden ein, hört sie ein /p/. Interessant ist, dass der Übergang von /b/ zu /p/ nicht graduell erfolgt, sondern abrupt bei 30 Millisekunden. Man spricht von kategorialer Wahrnehmung. Das Intervall, in dem es unsichere Entscheidungen gibt, ist sehr klein, während die Intervalle, in denen Versuchspersonen sich eindeutig für /b/ oder /p/ entscheiden, recht groß sind. Wie Erwachsene reagieren schon viermonatige Säuglinge auf einen akustischen Unterschied, der sprachrelevant ist; und wie bei Erwachsenen ist die Unterscheidung kategorial und nicht graduell.

Die Sprachwahrnehmung wird in der zweiten Hälfte des ersten Lebensjahres zunehmend differenzierter. Gesprochene Sprache ist ein Kontinuum, was bedeutet, dass Wörter im Lautstrom meist nicht voneinander getrennt werden. Wichtig ist also, dass das Kind lernt, wie in seiner Sprache Wortgrenzen markiert werden. Dazu gehört auch das Wissen um die Kombinierbarkeit von Lauten in Wörtern sowie prosodische und phonotaktische Besonderheiten der Zielsprache. So können Kinder schon mit sechs Monaten das für das Deutsche typische trochäische Betonungsmuster von dem für das Französische typische jambische Muster unterscheiden (Höhle et al. 2009). Die Wahrnehmung solcher Eigenschaften differenziert sich in der zweiten Hälfte des ersten Lebensjahres immer weiter aus, so dass Kinder in dieser Phase schon eine Reihe von Wörtern eindeutig erkennen können (Penner 2000).

Eine ›Wende in der Art der Sprachwahrnehmung‹ markiert der Verlust der Fähigkeit, generell auf distinktive Lautunterschiede zu reagieren (Klann-Delius 1999, 30). Wie erwähnt, kann auch ein Kind, das in einer deutschsprachigen Umgebung lebt, auf Lautunterschiede reagieren, die in anderen Sprachen, aber nicht im Deutschen distinktiv sind. In den letzten Monaten des ersten Lebensjahres wird diese generelle Unterscheidungsfähigkeit abgebaut und auf die Zielsprache eingeschränkt. Zur gleichen Zeit beginnen Kinder, sprachliche Bedeutungen zu verstehen. Ab dem siebten Monat werden erste stabile, referentielle Beziehungen zwischen Lautgestalt und Bedeutung hergestellt. Bis zum Abschluss des ersten Lebensjahres verstehen Kinder dann schon eine Reihe von Wörtern und Äußerungen (s. Kap. 7.2.3). Der weitere Ausbau des phonologischen Systems dauert aber auch auf der Wahrnehmungsseite noch über das zweite Lebensjahr hinaus an.

7.2.1.2 | Vorsprachliche Lautproduktion

Das Wissen über die phonologische Struktur der Sprache ist am Ende des ersten Lebensjahres zwar unvollständig, doch zeigen die Ergebnisse zur Sprachwahrnehmung, dass das Kind nicht bei Null beginnt, wenn es im Alter von zehn bis vierzehn Monaten seine ersten Wörter produziert. Allerdings ist phonologisches Wissen die eine Seite, dieses Wissen in Artikulation umzusetzen, ist eine andere Aufgabe. Damit das Kind verstanden werden kann, müssen die ersten kindlichen Wörter immerhin soviel lautliche Ähnlichkeit mit zielsprachlichen Wörtern haben, dass sie interpretiert werden können. Um dies erreichen zu können, muss das Kind schon vor der Produktion erster Wörter seinen Artikulationsapparat und die neuronale Steuerung der geforderten hochkomplexen Bewegungsabläufe ›trainieren‹.

Dieses ›Trainingsprogramm‹ beginnt mit dem ersten Schrei. Zunächst hat der Säugling noch mit einem anatomischen Handicap zu ringen. So ist eine andauernde Phonation nicht möglich, weil das Kind noch nicht zu einem längeren kontrollierten Ausatmen mit konstantem Luftdruck in der Lage ist. Die erhöhte Lage des Kehlkopfes direkt am Ende des weichen Gaumens verhindert die separate Nutzung von Mund- und Nasenraum, so dass die Bildung rein oraler Laute noch nicht gelingt und alle Laute zunächst nasaliert sind. Die Zunge füllt fast den gesamten Mundraum, so dass eine exakte Zungenpositionierung nicht möglich ist. Und die Zähne fehlen auch noch. In den ersten Wochen kann das Kind zunächst nur schreien. Dann produziert es allmählich verschiedene Laute, vor allem zentrale Vokale und velare Konsonanten. Diese Lautproduktionen werden als Gurren bezeichnet. Zu Beginn des Aufbaus artikulatorischer Fertigkeiten dominieren Vokale – es werden mehr als viermal häufiger Vokale als Konsonanten produziert – und selbst am Ende des ersten Lebensjahres ist das Verhältnis noch 2:1 (Kent/Miolo 1995).

Erst um den dritten Lebensmonat herum haben sich die physischen Bedingungen so weit entwickelt, dass die notwendigen feinmotorischen Bewegungsabläufe, die die Artikulationsorgane, also Zunge, Lippen, Kiefer usw. in Koordination miteinander ausführen müssen, erworben werden können. Die Steuerung komplexer Bewegungen, wie sie für die Artikulation von Lauten, aber erst recht für die Artikulation von Lautketten, also von Wörtern und Äußerungen, notwendig ist, erwirbt das Kind durch Übung. Wie für andere Bewegungsabläufe, z. B. Krabbeln, Greifen, Laufen müssen neuronale Netze geknüpft werden. Solche neuronalen Netze entstehen nur, wenn das Kind aktiv ist, wenn es die Bewegungsabläufe ausprobiert und ›Sprechen übt‹.

Ab dem dritten bis vierten Monat beginnt das Kind, Laute der Mutter nachzuahmen und mit seiner Stimme zu spielen. Die Mutter sagt *Guck-guck*, und das Kind ahmt den Tonfall dieser Äußerung mit den eigenen Lauten nach. Als die wichtigste Phase in dieser vorsprachlichen Lautentwicklung gilt die **Lallphase**, die meist nach dem sechsten Monat einsetzt und mehrere Monate andauert. Typisch sind einfache, wiederholte Silben mit einer CV-Struktur wie *bababa* oder *dadada*, mit einem Verschlusslaut und einem zentralen Vokal. Dieses reduplizierende Lallen dauert bis zum zehnten Monat und wird dann von dem sogenannten ›bunten‹ Lallen abgelöst, in dem mehrsilbige Lautketten mit Variation in der Artikulationsstelle auftreten (z. B. *daba*) (Penner 2000).

Zu Beginn der Lallphase produziert das Kind ein Inventar an Lauten, das weit über das der zu erwerbenden Sprache hinausgeht. Allerdings wird nur eine begrenzte Menge davon häufig produziert. Im Sprachvergleich zeigt sich eine große Übereinstimmung, welche Laute besonders häufig auftreten. Bei den Konsonanten sind das [b], [m], [p], [d], [h], [n], [t], [g], [k], [j], [w] und [s], die im Alter von zehn Monaten mehr als 90 % aller Laute ausmachen (Locke 1983). Bei den Vokalen dominieren Vokale wie [ə] und [ɑ], während [i], [i:], [u], [u:] selten vorkommen. Im Erwerb des Deutschen folgen dann bei den Konsonanten zwischen dem achten und vierzehnten Lebensmonat Alveolare, dann Labiale und Velare. Hinsichtlich der Artikulationsart dominieren Plosive, auch Frikative kommen häufig vor. Bis zum zehnten Monat etwa hat das Kind seine Lautprodukte so weit dem Deutschen angepasst, dass man an der Sprachmelodie und den verwendeten Lauten schon die Muttersprache erkennen kann. Man kann sagen, das Kind lallt mit Akzent. Das ist die Phase, in der Kindern zu ›schwätzeln‹ beginnen, d. h. Eltern berichten dann: ›Das hört sich schon an, als würde sie mit uns sprechen, aber verstehen tun wir nichts davon.‹

7.2.2 | Einige Aspekte des phonologischen Erwerbs

7.2.2.1 | Die Phase der ersten 50 Wörter

Die ersten Protowörter erscheinen bei vielen Kindern vor Abschluss des ersten Lebensjahres. Diese **Protowörter** unterscheiden sich lautlich nicht von Lall-Produkten wie *dada*, aber sie werden absichtsvoll geäußert, und das Kind verbindet damit eine konstante Bedeutung. Ob die Bedeutungsbelegung vom Kind ausgeht oder von Erwachsenen, die das kindliche *dada* aufnehmen und in der Kommunikation mit ihm nutzen, ist nicht zu bestimmen. Wahrscheinlich findet beides statt. Kurz darauf, mit etwa zwölf Monaten, werden die ersten Wörter verwendet, die das Kind aus der Umgebungssprache übernommen hat.

Der Übergang von der Lallphase, also von der Phase des phonetischen Erwerbs, in den Erwerb des phonologischen Systems ist kontinuierlich. Die in der Lallphase typischen und häufigen Laute, Lautkombinationen und Silbenstrukturen sind dieselben, die in den ersten Wörtern verwendet werden. Auch endet mit dem Auftreten erster Wörter zwischen neun und fünfzehn Monaten die Lallphase nicht plötzlich, sondern sie wird überlagert von der Phase der ersten 50 Wörter. Diese Phase dauert wenige Monate und wird von den meisten Kindern in der ersten Hälfte des zweiten Lebensjahres durchlaufen, mit großer interindividueller Variation.

In dieser Phase baut das Kind ganz allmählich ein kleines Lexikon auf. Diese Wörter sind phonetisch einfach und im Vergleich zu den Wörtern aus der Zielsprache systematisch vereinfacht. Dem Kind stehen zur Produktion eines Wortes nur begrenzte Fähigkeiten zur Verfügung. Entspricht ein Wort in der phonetischen Form in Lautfolge und Silbenstruktur den kanonischen Formen, die es bilden kann, dann wird es dieses Wort korrekt aussprechen. Wenn das nicht der Fall ist, dann wird das Kind das Wort in seiner phonetischen Form vereinfachen oder – in einzelnen Fällen – ein Wort korrekt produzieren, das eigentlich über sein phonetisches Repertoire hinausgeht. Mit dem Begriff **kanonische Formen** (Menn/Stoel-Gammon 1995) wird der Umstand erfasst, dass die phonetischen Formen der meisten Wörter in dieser frühen Phase wenigen, festen Mustern entsprechen. Es gibt nur ein begrenztes Inventar an Silbenstrukturen, meist CV und CVC, und Wortstrukturen beschränken sich auf CVCV-Wörter und auf einsilbige Wörter. Ingram (1999) spricht vom *minimal word stage*. Die phonetische Variation kann noch weiter beschränkt sein, so dass ein Kind kanonische Formen hat, in denen beispielsweise alle CVCV-Wörter denselben Verschlusslaut haben und alle CV-Wörter mit einem Nasal beginnen. Trotz vieler Übereinstimmungen ist hier durchaus interindividuelle Variation zu beobachten. Die Beispiele unter (1), die zu den ersten Wörtern von Hilde, der Tochter von Clara und William Stern, gehören, demonstrieren solche kanonischen Formen (Stern/Stern 1928, 19 ff.).

(1)	didda	(Ticktack = Uhr)	10 Monate
	hilde		11 Monate
	dedda	(= Berta)	11 Monate
	puppe		11 Monate
	papa		12 Monate
	mama		12 Monate
	wauwau	(= Hund)	14 Monate
	ala	(= Paula)	15 Monate
	muh	(= Kuh)	15 Monate
	assä, essä	(= essen)	15 Monate
	pip-pip	(= Vogel)	16 Monate
	kikiki	(= Hahn)	16 Monate
	gagack	(= Gänse)	16 Monate
	mamau	(= Baum)	17 Monate
	mitze	(= Katze)	17 Monate
	putput	(= Hühner)	17 Monate
	änte	(= Hände)	17 Monate
	auge		17 Monate
	bildä	(= Bild)	17 Monate

Aufgabe 2: Welche Wort- und Silbenstrukturen produziert Hilde? Finden Sie Regularitäten, die den oben beschriebenen entsprechen? Können Sie eine Entwicklung entdecken? Und welche Schlüsse können Sie aus den Beispielen über den Input ziehen, den Hilde von ihren Eltern bekommt?

Der phonologische Erwerb, also der Aufbau des phonologischen Systems, vollzieht sich zunächst im Rahmen der Produktionsbeschränkungen, die die oben beschriebenen kanonischen Formen vorgeben. Die Form eines möglichen Wortes ist beschränkt – aber das ist sie in jeder vollständig entwickelten Sprache auch (s. dazu Fikkert/de Hoop 2009). Es scheint plausibel, dass das phonologische System des Kindes zunächst sehr rudimentär ist.

Ist es eine phonetische oder eine phonologische Beschränkung, die Hilde dazu bringt, den Namen Paula als *ala* auszusprechen? Gegen die phonetische Erklärung spricht, dass Hilde das [p] sprechen kann (s. (1)). Hat sie in ihrem mentalen Lexikon die korrekte zielsprachliche phonologische Repräsentation gespeichert? Oder entspricht die Form *ala* der mentalen Repräsentation, d. h. der phonologischen Form, die im Lexikon gespeichert ist? Spiegelt sich also in dieser Form ihr phonologisches Inventar und Regelwissen? Wenn das zweite der Fall ist, wie oder woran erkennt das Kind, dass das Wort *Paula*, das es hört, und das Wort *ala* in seinem Lexikon zusammengehören? Oder nimmt es Paula auch im Input als *ala* wahr? Gegen Letzteres sprechen allerdings viele Beobachtungen über die kindliche Sprachwahrnehmung.

Diese Fragen sind bei weitem noch nicht geklärt, und sie betreffen nicht nur die Phase der ersten 50 Wörter, sondern den gesamten phonologischen Erwerb. Es ist davon auszugehen, dass es in den frühen Erwerbsphasen, also im zweiten und sicher auch noch im dritten Lebensjahr, eine Interaktion zwischen phonetisch-artikulatorischen Fähigkeiten und phonologischem Wissen gibt. Auch ist sicher – das zeigen die Untersuchungen zur Wahrnehmung – dass dieses Wissen im frühen Phonologieerwerb weiter entwickelt ist als das artikulatorische Vermögen. Offen ist, wie viel weiter.

7.2.2.2 | Phonologischer Erwerb und phonologische Prozesse

Der Phonologieerwerb umfasst verschiedene phonologische Teilaspekte wie Aufbau des Phoneminventars im Zusammenhang mit den phonologisch distinktiven Merkmalen, Silben- und Wortstrukturen, phonotaktische Regeln und prosodische Aspekte wie Wortakzent und Satzintonation.

Mit dem rapiden Anstieg von Wörtern im kindlichen Lexikon, der mit dem Wortschatzspurt einsetzt, verfügt das Kind über immer mehr Wortformen, die es zur phonetisch-phonologischen Analyse und damit zum Aufbau seines phonologischen Systems nutzen kann. Zugleich werden die neuromotorischen Fertigkeiten immer weiter verfeinert und artikulatorische Muster erweitert (Piske 2001). Nach der Phase der 50 Wörter treten dann auch erste syntaktische Strukturen auf, Zwei-Wort-Äußerungen und bald auch längere Sätze, die für die Entwicklung der prosodischen Eigenschaften, vor allem für die Satzintonation eine wesentliche Voraussetzung sind.

Der Aufbau des Phoneminventars beginnt mit Plosiven, Nasalen und natürlich Vokalen. Es folgen Halbvokale und Liquide. Erst danach treten Frikative und Affrikaten auf, gefolgt von den restlichen Konsonanten und von Konsonantenclustern. Bei den Vokalen beginnt es bei den zentralen Vokalen /ə/ /a/ /ɑ/, dann treten /e/ /i/ /ɛ/ auf und zuletzt gerundete Vokale (Fox-Boyer 2009). Schon bald nach Auftreten der typischen ersten Konsonanten und zentralen Vokale können wir große Variation zwischen verschiedenen Kindern beobachten.

Die nun einsetzende Erwerbsphase ist geprägt durch Vereinfachungen und Ersetzungen. Es gibt jeweils systematische Ähnlichkeiten zwischen dem Zielwort aus der Erwachsenensprache und dem vom Kind produzierten Wort, die als **phonologische Prozesse** beschrieben werden können. Diese phonologischen Prozesse haben keine psychische Realität, denn das würde voraussetzen, dass das Kind die zielsprachliche phonologische Repräsentation schon hat. Was also ist mit phonologischen Prozessen im Erwerb gemeint? Ein häufig beobachtetes Phänomen im phonologischen Erwerb ist die Auslassung von unbetonten Silben am Wortanfang. Kinder produzieren ,nane für Banane, ,put für kaputt und ,lade für Schokolade. Es handelt sich um die Auslassung einer sogenannten ungefußten Silbe (unfooted syllable), d. h. einer unbetonten Silbe in initialer Position, die einer betonten Silbe vorangeht. Dieses Auslassungsphänomen wurde in verschiedenen Sprachen beobachtet (Demuth 2009).

Phonologische Prozesse sind zunächst nur als Mittel der Beschreibung zu verstehen: Sie verdeutlichen in Form regelhafter Relationen den Unterschied zwischen kindlicher und zielsprachgemäßer Aussprache. Bleiben wir zunächst auf dieser deskriptiven Ebene. Es lassen sich zwei Haupttypen von phonologischen Abweichungen unterscheiden. Der erste Typ von Prozessen, die **Silbenstrukturprozesse**, betrifft die Silbe und das Wort. Zu den Silbenstrukturprozessen zählen Reduplikationen von Silben wie *baba* für ›Ball‹, und die Auslassung unbetonter Silben, wie in den soeben besprochenen Beispielen. Beide Prozesse betreffen die Wortstruktur.

Meist geht es um die Struktur der Silbe. Wir finden Reduktion von Mehrfachkonsonanz oder Auslassung finaler Konsonanten, wie die Beispiele unter (2) zeigen.

(2) [katə]   Katze   ˈ[də]   Fliege
     [apə]   Apfel

Die häufigste Form von Reduktion von Mehrfachkonsonanz ist die Reduktion von Zweierkombinationen auf einen Konsonanten (s. Kap. 3.3.4). Dabei wird bevorzugt der Konsonant ausgelassen, der auch entwicklungsmäßig als Einzelkonsonant der später erworbene ist. Im Beispiel (2) sind das die Frikative /s/ und /f/ im Gegensatz zu den Plosiven /t/ und /p/, sowie der Lateral /l/ im Gegensatz zum Frikativ /f/.

Der zweite Haupttyp sind die **Substitutionsprozesse**, bei denen ein Laut durch einen anderen ersetzt wird, und die **Harmonisierungsprozesse**, bei denen Laute hinsichtlich bestimmter Merkmale aneinander angeglichen werden. Substitution und Harmonisierung sind nicht immer deutlich zu unterscheiden, weil letztendlich in beiden Fällen Laute durch andere Laute ersetzt werden. Bei Harmonisierungsprozessen wirken immer Lautmerkmale von vorangehenden oder folgenden Lauten im selben Wort auf den betroffenen Laut ein, so dass sie hinsichtlich eines oder mehrerer Merkmale angeglichen werden. Unter (3) sind zunächst drei häufig beobachtete Harmonisierungsprozesse aufgeführt, gefolgt von einer Reihe typischer Substitutionsprozesse. Im ersten Beispiel unter (3) wird der zweite Plosiv in *Pudel* hinsichtlich der Artikulationsstelle an den ersten Plosiv [p] assimiliert. Im vierten Beispiel wird der velare Plosiv [g] durch den alveolaren Plosiv [d] ersetzt, die Artikulationsstelle wird vorverlagert. Allerdings ist es durchaus möglich, dass der nächste Plosiv, nämlich das weit vorn gebildete [b] in *Gabel* diese Substitution beeinflusst, und damit letztendlich die Vorverlagerung bedingt und eine Harmonisierung vorliegt.

(3) | Labialassimilation | [pu:bəl] | Pudel |
	Prävokalische Stimmgebung	[dɔp]	Topf
	Nasalassimilation	[nɑnəl]	Nabel
	Alveolarisierung	[dɑbəl]	Gabel
	Velarisierung	[bɛk]	Bett
	Labialisierung	[vak]	Sack
	Plosivierung	[dak]	Dach
	Frikativierung	[saŋə]	Zange
	Affrizierung	[buts]	Busch

Unter Plosivierung versteht man die Ersetzung von Affrikaten und Frikativen durch Plosive. Frikativierung bedeutet Ersetzung von Affrikaten durch Frikative und Affrizierung Ersetzung von Frikativen durch Affrikaten.

Mit dem Ausbau des phonologischen Systems gibt es immer weniger Abweichungen vom zielsprachlichen System, die in Form solcher phonologischer Prozesse zu beschreiben sind. Zunächst verschwinden Reduplikationen und Auslassung finaler Konsonanten. Oft ist es so, dass neue Wörter schon korrekt artikuliert werden, und in alten Wörtern Abweichungen weiterhin bestehen bleiben. Besonders die Reduktion von Mehrfachkonsonanz hält sich vergleichsweise lange, ebenso Vorverlagerungen, besonders die Ersetzung von [k] und [g] durch [t] und [d]. Der allmähliche Aufbau von Konsonantenverbindungen, die im Deutschen sowohl im Silbenonset wie in der Silbenkoda vorkommen, wird als Folge von KV – KVK – KVKK – KKVKK beschrieben (Kauschke 2012).

Welche Repräsentationen den beschriebenen phonologischen Prozessen tatsächlich zugrunde liegen könnten, wird seit den 90er Jahren ausführlich untersucht und diskutiert. Ingram (1999) stellt verschiedene Modelle vor, in denen der Erwerb von Phonemen über den Erwerb von distinktiven Merkmalen erklärt wird, die nach und nach erworben werden. Der allmähliche Aufbau des Systems gilt für die phonologische Repräsentation und zeigt sich in der Produktion. Solange das Kind nur über einen Teil der zielsprachlich relevanten Merkmale verfügt, sind viele seiner Phoneme, aber nicht alle, unterspezifiziert, was dazu führt, dass mehrere Phoneme, die im zielsprachlichen System distinkt sind wie /k/ und /t/, im kindlichen System zu einem unterspezifizierten Phonem zusammenfallen. In dem /k/ –> /t/-Beispiel wären die Merkmale für Plosion erworben, für die Artikulationsstelle noch nicht. Zusätzlich wird in solchen Modellen angenommen, dass es Phoneme gibt, die grundsätzlich weitgehend unmarkiert sind, d.h. ihre Merkmale ergeben sich durch generelle Redundanzregeln. /t/ gilt als ein solches Phonem. /t/ muss also /k/ ersetzen, solange das Kind das Merkmal [+dorsal] für /k/ noch nicht erworben hat. Dieser Zusammenhang zeigt sich in (4) im Kontrast zur zielsprachlichen Repräsentation.

(4)	kindliche Repräsentation		zielsprachliche Repräsentation	
	/ Protophonem /		/ t /	/ k /
	[Plosiv]		[Plosiv]	[Plosiv, +dorsal]
	Redundanzregel		Redundanzregel	
	–> [t]		–> [t]	–> [k]

Aber auch in diesen Unterspezifikationsmodellen sind noch viele Fragen ungeklärt. Unterspezifizierte Repräsentationen führen dazu, dass viele Wörter (wie *Tasse* und *Kasse*) für das Kind homophon und identisch repräsentiert sind. Dass das bis zu einem bestimmten Grad der Fall ist, erscheint plausibel. Es bleibt zu fragen, ob dann in Gesprächen mit kleinen Kindern nicht mehr Missverständnisse auftreten sollten, als wir tatsächlich beobachten.

Die Frage der Repräsentation stellt sich auf andere Weise wieder beim so-genannten *fish phenomenon* (›Fisch-Phänomen‹). Dieses Phänomen kann man bei zwei- und dreijährigen Kindern beobachten, bei denen die Aussprache einzelner Laute noch nicht zielsprachlich korrekt gelingt. Das Kind spricht das Wort *fish* oder im Deutschen *Fisch* als [fis] aus. Wenn der Erwachsene diese Fehlaussprache in seine Äußerung übernimmt, reagiert das Kind verstimmt und weist den Erwachsenen darauf hin, dass es [fis] gesagt habe, und nicht [fiʃ]. Das Fisch-Phänomen soll illustrieren, dass das phonologische Wissen des Kindes weiter entwickelt ist als seine artikulatorischen Fähigkeiten. Da das Kind den Unterschied zwischen ˥s] und ˥ʃ] wahrnimmt, können wir annehmen, dass es für das Phonem /ʃ/ eine mentale Repräsentation hat und damit auch für das Wort *fish* oder *Fisch* die Repräsentation ˥ʃ/. Das Beispiel ist direkt auf das Deutsche übertragbar.

Letztendlich ist es eine theorieabhängige Frage, ob man phonologischen Erwerb als Erwerb phonologischer Regeln und Repräsentationen erklärt oder als Ergebnis des Abbaus phonetischer Produktionsbeschränkungen.

7.2.3 | Der Aufbau des kindlichen Lexikons

Der Erwerb von Wörtern und Morphemen bedeutet das Erkennen und Speichern von Wörtern und Morphemen. Der Speicher für diese lexikalischen Einheiten ist das mentale Lexikon. Der aktive Wortschatz eines erwachsenen Sprechers des Deutschen liegt bei 20.000 bis 50.000 Wörtern. Der passive Wortschatz eines Erwachsenen umfasst zwischen 50.000 und 250.000 Wörtern (s. Kap. 2.1.1).

Der Begriff des mentalen Lexikons beschreibt ein aktives mentales Modul, in dem sprachliche Informationen nicht nur abgelegt, sondern verarbeitet und fortlaufend überarbeitet werden. Der Inhalt des Lexikons ist der Wortschatz. Zu jedem

Wort werden eine Reihe von Informationen gespeichert, die in ihrer Gesamtheit als Lexikoneintrag bezeichnet werden. Zu den Informationen, die mit einem Wort gelernt und gespeichert werden müssen, gehören die phonetisch-phonologische Form, Informationen zur Wortstruktur und Flexionsklasse, zur Wortart und vor allem die Bedeutung (s. Kap. 2.1, 3.1, 4.3 und 5.2).

Allein diese wenigen Anmerkungen zum mentalen Lexikon sollten deutlich machen, dass Kinder, wenn sie Wörter erwerben, mehr leisten müssen, als eine Liste von Wörtern zu speichern. Indem ein Kind ein neues Wort lernt, muss es vielschichtige Informationen über dieses Wort entdecken und aufnehmen, diese Informationen miteinander verknüpfen und Assoziationen zu schon bestehenden Lexikoneinträgen aufbauen.

7.2.3.1 | Erste Wörter

Im Alter von 12 bis 18 Monaten etwa erwirbt das Kind die ersten Wörter. Das bedeutet, das Kind produziert die ersten Wörter; das Verständnis von Wörtern setzt schon Monate früher ein (s. Kap. 7.2.1). Im Lauf weniger Monate produziert das Kind etwa 30 bis 50 Wörter. So wie die Phase der ersten 50 Wörter im phonologischen Erwerb eine besondere Rolle spielt, gilt dasselbe auch für den lexikalischen Erwerb. In dieser ersten Phase wächst der Wortschatz nur sehr langsam. Es kommen nur drei bis fünf neue Wörter in der Woche dazu. Nach mehreren Wochen oder Monaten endet diese Phase, meist vor Ablauf des zweiten Lebensjahres, und eine Phase des raschen lexikalischen Erwerbs setzt ein, der sogenannte **Wortschatzspurt** (s. u.).

Die ersten Wörter unterscheiden sich in vieler Hinsicht von Wörtern in der Erwachsenensprache. Viele von ihnen sind keine Symbole, wie das Wörter in der Zielsprache sind, sondern sie begleiten Situationen und Handlungen. Den Status oder die Funktion dieser Wörter kann man als nicht-referentiell oder kontextgebunden charakterisieren. Von solch einem kontextgebundenen Gebrauch spricht man, wenn ein Kind beispielsweise *gackgack* zunächst ausschließlich in einer Badesituation äußert, in der eine bestimmte Plastikente auftritt. Erst im weiteren Verlauf des Bedeutungserwerbs wird *gackgack* dann aus der Situation gelöst und zum Beispiel referentiell für Plastikenten oder Enten überhaupt verwendet.

Daneben produzieren viele Kinder zunächst eine Reihe von sozial-pragmatischen Wörtern wie *mehr*, *nein, da* oder *kuma* (für *guck mal*). Es folgen erste Nomen, also Wörter mit eindeutig referentiellem Bezug. *Ball* bezeichnet dann wie in der Zielsprache eine Klasse von Objekten. Es folgen Verben und Wörter für Eigenschaften wie *heiß*. Es ist nicht so ganz einfach, in dieser frühen Phase festzulegen, welcher Wortart ein Wort angehört, da das Kind überwiegend Ein-Wort-Äußerungen produziert. In Beispiel (1) kommt das Wort *änte* (= Hände) vor, das Hilde mit 17 Monaten produziert. Stern/Stern (1928, 22) kommentieren dieses Wort folgendermaßen: ›Das Wort wurde merkwürdigerweise lange Zeit nur gebraucht als Ausdruck für: auf den Arm genommen werden.‹ Ist das Wort *änte* für Hilde schon ein Nomen? Bezeichnet es *Hände*? Der Kommentar der Eltern macht deutlich, dass das nicht so sein kann. Dieses Beispiel zeigt vielmehr, dass *änte* in Hildes Lexikon ein typisch kontextgebundenes, nicht-referentielles Wort ist.

Wie und wann aber können Kinder Wortarten identifizieren? Ein Erklärungsversuch ist die **semantic bootstrapping**-Hypothese (Pinker 1988). Kinder bauen früh ein Wissen über Objekte, Lebewesen, Ereignisse und Handlungen und über Eigenschaften auf. Vertreter dieser Kategorien sind nun in der Sprache häufig, wenn auch nicht absolut und eindeutig, mit bestimmten grammatischen Kategorien verbunden: Objektkategorien mit Nomen, Ereignis- und Aktionskategorien mit Verben und Eigenschaftskategorien mit Adjektiven. Die *semantic bootstrapping*-Hypothese besagt, dass Kinder diesen Zusammenhang nutzen und die semantischen Kategorien auf die mit ihnen verbundenen Wortarten beziehen. Mit dieser Hypothese gibt es allerdings ein Problem: Woran erkennt das Kind die Wortarten? Und woran erkennen wir, welcher Wortart das Kinderwort angehört? Eigentlich können Wörter erst in ihrer Verwendung im Satz, also an ihrer Stellung im Satz und an ihren morphologischen Markierungen sicher als Nomen, Verben oder Adjektive erkannt und eindeutig verwendet werden (sowohl von uns in der Analyse als auch vom Kind in der Sprachverarbeitung). Und damit ergibt sich als entscheidender Entwicklungsschritt für den Erwerb von Wortarten der Einstieg in den syntaktischen Erwerb. Dieser Schritt findet am Ende der 50-Wort-Phase statt, wenn mit den Zwei-Wort-Äußerungen die ersten syntaktischen Strukturen auftreten.

Zudem macht das Kind im Lauf des zweiten Lebensjahres auch in der kognitiven Entwicklung entscheidende Fortschritte. Die meisten Kinder erkennen vor dem Ende des zweiten Lebensjahres, dass Wörter Symbole sind; das heißt, sie erkennen, dass Wörter Benennfunktion haben und als Symbole für Kategorien oder für Klassen von Einheiten stehen. Es scheint, dass die Fortschritte im phonologischen und syntaktischen Erwerb sowie in der kognitiven Entwicklung zusammenwirken und dazu führen, dass Kinder nun in ein neues Stadium der Sprachentwicklung eintreten, in den sogenannten Wortschatzspurt.

7.2.3.2 | Der weitere Ausbau des kindlichen Lexikons

Mit dem Beginn des Wortschatzspurts steigt die Erwerbsrate deutlich an (Kauschke 2007). Generell geht der Ausbau des rezeptiven Wortschatzes dem des produktiven (oder aktiven) Wortschatzes deutlich voraus, so dass der rezeptive Wortschatz immer größer ist. Außerdem gibt es große individuelle Variation. So variiert der Umfang des aktiven Wortschatzes eines zweijährigen Kindes von 50 bis 500 Wörtern. Ein dreijähriges Kind verfügt aktiv über mindestens 1.000 Wörter. Ein fünf- bis sechsjähriges Kind verfügt aktiv über etwa 3.000 bis 5.000 Wörter und über etwa 14.000 Wörter im passiven Wortschatz.

Bei manchen Kindern zeigt sich der Wortschatzspurt tatsächlich in einer plötzlichen Steigerung der Erwerbsrate. Bei anderen Kindern erfolgt der Erwerb sehr kontinuierlich und die Steigerung der Erwerbsrate ist nicht sprunghaft, sondern allmählich, und wieder andere durchlaufen eher eine stufenförmige Entwicklung, in der sich kurze Beschleunigungsphasen mit konstanten Phasen ohne deutliches Wachstum abwechseln (vgl. dazu Ganger/Brent 2004, Kauschke 2000).

Eine Besonderheit beim Erwerb von referentiellen Wörtern, die schon lange und immer wieder beobachtet wird, sind **Über- und Unterdehnungen** (manchmal auch Über- und Untergeneralisierungen genannt), d.h. die Bedeutung eines Wortes ist nicht identisch mit der Bedeutung dieses Wortes in der Zielsprache. Die Bedeutung ist zu weit oder zu eng. Bei einer Unterdehnung bezieht sich das Kinderwort auf eine Untergruppe der Referenten, die das Wort in der Zielsprache umfasst. So kann es vorkommen, dass ein Kind das Wort *Hund* nur auf Dackel bezieht. Es ist in dieser Verwendung nicht falsch, auch ein Dackel ist ein Hund. Logischerweise fallen Unterdehnungen oft gar nicht auf. Überdehnungen kommen wahrscheinlich seltener vor, aber sie fallen auf, weil eine Überdehnung eher als Fehler wahrgenommen wird. Steht *Hund* für ›vierbeinige Haustiere‹, dann nutzt das Kind das Wort auch zur Bezeichnung von Katzen und Meerschweinchen.

> **Aufgabe 3:** In den unter (1) genannten Beispielen finden Sie *wauwau*, das Hilde im Alter von 14 bis 15 Monaten benutzt. Stern/Stern (1928, 22) geben den folgenden Kommentar dazu: ›Zuerst für grauen Stoffhund, darauf für graue Stoffkatze und für kleinen Gummihund. Bald auch zu lebendigen Hunden, seit 1;3 auch beim bloßen Hören von Hundegebell und beim Anblick abgebildeter Hunde.‹ Interpretieren Sie dieses Beispiel im Hinblick auf Unter- und Überdehnung.

Über- und Unterdehnungen sind typisch für den frühen Wortschatzspurt bis etwa zu einem Alter von 30 Monaten. Sie zeigen, dass die Bedeutung eines neuen Wortes nicht von der ersten Verwendung an vollständig erworben ist.

7.2.3.3 | Lexikalische Erwerbsstrategien

Spracherwerbsforschung befasst sich mit der Beschreibung und der Erklärung des Erwerbs und der Erwerbsfortschritte. Dazu ist die genaue Beschreibung des Sprachentwicklungsstandes zu einem gegebenen Zeitpunkt und des Fortschreitens der Sprachentwicklung wichtig. Auf dieser Basis versuchen dann Erklärungsmodelle die innere Logik des Spracherwerbs zu erklären.

Im Bereich des lexikalischen Erwerbs gibt es eine Reihe von – durchaus konkurrierenden – Modellen, die versuchen, die Aufnahme eines Wortes in das kindliche Lexikon und die dabei ablaufenden Sprachverarbeitungsprozesse zu beschreiben und zu erklären. Ein ›Mehrkomponenten‹-Modell soll im Folgenden vorgestellt werden (vgl. Rothweiler 2001).

Wenn ein Kind ein neues Wort aus seiner sprachlichen Umgebung in sein Lexikon übernimmt, dann vollzieht es dabei mehrere Teiloperationen. Einerseits muss eine Wortform isoliert werden, d. h. als Einheit erkannt werden, andererseits muss ein passender Referent oder eine Bedeutung festgelegt werden. Als Drittes müssen Referenz und Bedeutung auf die entdeckten Wortformen abgebildet werden, also beides miteinander verknüpft werden. Kinder sind nun in der Lage, Wörter, die sie nur wenige Male gehört haben, im Extremfall sogar nur einmal, in ihr Lexikon zu übernehmen. Carey (1978) nannte diesen Prozess *fast mapping*. Das Konzept von **fast mapping** trägt wesentlich zur Erklärung des schnellen Ausbaus des kindlichen Lexikons bei. Das Kind übernimmt markante Wortformmerkmale (z. B. Silbenzahl, Anlaut usw.) und bildet rasch grobe Hypothesen über die Wortbedeutung. Dabei entsteht eine erste lexikalische Repräsentation, die unvollständig und ungenau ist. Meist reichen die phonetisch-phonologischen Informationen nicht aus, um das Wort produzieren zu können. Aber das Kind kann das Wort wieder erkennen, auf die Repräsentation zugreifen und sie ergänzen, sobald das Wort in neuen Kontexten wieder auftritt. Auf diese Weise werden Wörter zunächst in den passiven Wortschatz aufgenommen. Der neue Lexikoneintrag ist unvollkommen und vage und verschwindet wieder, wenn es keine Wiederholungen gibt. Der Erwerb eines Wortes dehnt sich also auf mindestens zwei Phasen aus. Der ersten Phase, dem *fast mapping*, folgt eine weitaus länger andauernde Phase, in der die erste unvollständige Repräsentation immer weiter ausdifferenziert wird.

Man kann das *fast mapping*-Phänomen in vielen verschiedenen experimentellen Anordnungen untersuchen. Eine Methode geht auf Rice/Woodsmall (1988) zurück. Rice/Woodsmall nutzten dialogfreie Zeichentrickfilme, die sie mit einem dem Film entsprechenden Text unterlegten, der eine Reihe seltener, für die Kinder unbekannter Wörter enthielt. Diese Filme dienten als Input, in dem den Kindern neue Wörter präsentiert wurden, die *fast mapping*-Prozesse anregen sollten. Andere Untersuchungen arbeiten nur mit einem oder zwei neuen Wörtern, die einem künstlichen Gegenstand zugeordnet werden. Die Fähigkeit, aus solchen Kontexten neue Wörter zu übernehmen, lässt sich schon bei zweijährigen Kindern nachweisen.

Besonders zu Beginn des Lexikonaufbaus, also wenn sie erst wenige Wörter kennen, stehen Kinder vor dem Problem, dass für ein neues Wort eine Vielzahl von Referenten in Frage kommt. In der Interaktion zwischen Erwachsenem und Kind ist in diesen Situationen wichtig, dass sie einen gemeinsamen Aufmerksamkeitsfokus haben (*joint attention*). Damit ist gemeint, dass sich die Aufmerksamkeit des Erwachsenen und des Kindes auf dasselbe Objekt richten muss, damit referentielles Lernen gelingt. Erwachsene achten darauf, dass das, was sie benennen oder kommentieren, im Aufmerksamkeitsfokus des Kindes liegt. Das alleine reicht aber oft nicht. Zeigt ein Erwachsener auf eine Tasse und nennt dieses Objekt *Tasse*, so – denkt man vielleicht – sollte der Bezug, also die Referenz, und damit ein wichtiger Aspekt der Bedeutung von *Tasse* dem Kind unmittelbar deutlich sein. Aber so einfach ist es nicht. Obwohl wir davon ausgehen können, dass Zweijährige die Benennfunktion von Wörtern erschlossen haben, folgt daraus nicht, dass dem Kind klar sein muss, dass sich das Wort *Tasse* in unserem Beispiel auf den Gegenstand als Ganzes bezieht. Woher soll das Kind wissen, dass sich das Wort nicht auf die Farbe des Gegenstandes bezieht? Oder auf einen Teil des Gegenstandes, den Henkel beispielsweise? Und könnte nicht auch die mit dem Gegenstand typischerweise verbundene Handlung des Trinkens mit dem Wort gemeint sein?

Mit anderen Worten: Selbst, wenn es aus der Erwachsenensicht um einen einfachen Fall von Zuordnung zwischen Objekt und Wort geht, muss die Art der Beziehung für ein Kind zu Beginn des Lexikonerwerbs nicht so selbstverständlich klar sein. Daher nehmen viele Spracherwerbsforscherinnen an, dass besonders im frühen Spracherwerb lexikalische Prinzipien wirksam sind, die die möglichen Hypothesen über den Bezug und die Bedeutung eines Wortes beschränken und steuern. Man kann diese Prinzipien auch als unbewusste **Erwerbsstrategien** verstehen. Wie diese Prinzipien zu formulieren sind, wieviele es gibt und zu welchem Zeitpunkt sie wirksam sind, wird noch diskutiert (vgl. Clark 1993, Rothweiler 2001). Es gibt auch eine Reihe von Autorinnen und Autoren, die die Annahme solcher Strategien für überflüssig und generelle Lernmechanismen zur Erklärung des lexikalischen Erwerbs für ausreichend halten (z. B. Bloom 2000).

Die grundlegendste Strategie, die *whole object assumption* (Markman 1989), besagt, dass sich ein Wort immer nur auf ein Objekt als Ganzes bezieht, und nicht auf Teile oder Eigenschaften von Objekten, wie das eben am Beispiel *Tasse* diskutiert wurde. Diese Strategie hilft also, die Hypothesen über mögliche Bezüge und Bedeutungen zu beschränken. Diese Strategie wirkt besonders im frühen Spracherwerb.

Lexikalische Strategien sind unterschiedlich lange wirksam. Die Objektannahme wird früh aufgegeben. Die Funktion dieser Strategien aber wird deutlich, wenn wir daran denken, wie Erwachsene die Bedeutung eines neuen, unbekannten Wortes herausfinden. Wir nutzen den sprachlichen Kontext und kennen in der Regel alle anderen Wörter im Satz oder Text, so dass wir daraus die Bedeutung erschließen können. Solange das Kind aber nur über ein sehr begrenztes Lexikon verfügt und in der Inputsprache mehr unbekannte als bekannte Wörter vorkommen, solange die syntaktischen Kenntnisse beschränkt sind, solange steuern lexikalische Strategien die Hypothesen, die ein Kind über die Bedeutung eines neuen Wortes bilden kann.

Mit dem Ausbau des Lexikons kennt das Kind immer mehr Wörter, und es wird immer leichter, die Bedeutung eines unbekannten Wortes aus dem Kontext abzuleiten. Auch grammatische Hinweise im Satz nutzt das Kind im Lauf der sprachlichen Entwicklung immer mehr. Damit werden lexikalische Erwerbsstrategien überflüssig.

Ab dem vierten, fünften Lebensjahr werden Aspekte wie die Verknüpfung lexikalischer Einträge innerhalb von Wortfeldern immer wichtiger, was sich in der Etablierung relationaler Ausdrücke (wie Verwandtschaftsnamen) und hierarchischer Beziehungen zwischen über- und untergeordneten Begriffen niederschlägt. Ein großer Teil dieser Wörter ist morphologisch komplex, und die Kinder erschließen ihre Bedeutung durch morphologische Analyse. Der Erwerb morphologischer Zusammenhänge und Regularitäten trägt also im fortschreitenden Lexikonausbau wesentlich zu seiner Erweiterung bei.

7.2.3.4 | Wörter und ihre Bedeutungen

Lexikalische Erwerbsstrategien haben den Anspruch zu erklären, wie Kinder Wortbedeutung und Wortform entdecken und aufeinander beziehen. In diesem Zusammenhang ist mit Bedeutung eher Extension gemeint, also: worauf bezieht sich die neue Wortform?, nicht Intension, also Bedeutung im engen Sinn (s. Kap. 5.3).

Die Frage, wie Kinder die Intension von Wörtern erschließen, ist eine der schwierigsten Fragen in der Spracherwerbsforschung überhaupt. Selbst wenn man sich auf die lexikalische Semantik beschränkt, also auf den Erwerb von Wortbedeutungen, und Satz- und Textsemantik vernachlässigt, geht es um einen Bereich, in dem die kognitive Entwicklung des Kindes mit der sprachlichen Entwicklung besonders eng verwoben ist. Der Erwerb von Wörtern und ihren intensionalen Bedeutungen setzt Symbolfähigkeit, kategoriales Denken und Begriffsbildung voraus. Wortbedeutungen sind einerseits an das Weltwissen und an Handlungserfahrungen gebunden. Andererseits sind Wortbedeutungen Teil von Bedeutungsnetzen, d.h. die Bedeutung eines Wortes X ergibt sich zumindest teilweise aus den Verknüpfungen zu Bedeutungen anderer Wörter. Die Frage danach, wie die Bedeutung von Wörtern erworben wird, setzt eine Antwort auf die Frage voraus, was die Bedeutung von Wörtern eigentlich ist. Es gibt sehr verschiedene Ansichten dazu, die im 5. Kapitel vorgestellt werden und die sich in Modellen zum Bedeutungserwerb wiederfinden.

Es gibt semantische Theorien, in denen Begriff und Wortbedeutung gleich gesetzt werden. Der Erwerb von Wortbedeutungen ist dann identisch mit Begriffsentwicklung. Piaget (1978) untersucht beispielsweise, wie sich abstrakte Begriffe wie *Leben* entwickeln. Der Begriffsinhalt ist abhängig von der kognitiven Entwicklung und verändert sich über einen langen Zeitraum hinweg, vom dritten Lebensjahr bis zum Alter von 12 bis 15 Jahren, und er durchläuft dabei verschiedene Stadien, wie auch Szagun (1983) für *Mut* und andere Begriffe zeigen konnte.

Die Bedeutung und der Bedeutungserwerb von Objektwörtern wie *Stuhl* oder *Hund* wird oft im Rahmen des Prototypenansatzes beschrieben. Der **Prototypenansatz** stammt aus der Psychologie und besagt im Kern, dass viele unserer konzeptuellen Kategorien (oder Begriffe) prototypisch strukturiert sind. Dabei vereint ein prototypischer Kategorievertreter mehr und typischere Merkmale der Kategorie auf sich als ein untypischer Vertreter. Eine klare Trennung zwischen sprachlicher Bedeutung und konzeptueller Kategorie wird in diesem Ansatz nicht vorgenommen, und der Erwerb von beidem ist eng miteinander verknüpft (zu Prototypen s. auch Kap. 5.2.4). Besonders zur Erklärung von Über- und Unterdehnungen wird der Ansatz genutzt (s. o.). Ein bekanntes Beispiel ist das folgende. Ein Kind hat als prototypischen Vertreter von *Mond* die Vorstellung einer gelben Mondsichel. Aufgrund der Ähnlichkeit in Form und/oder Farbe werden nun Croissants, Kuhhörner und Zitronenschnitze mit dem Wort *Mond* bezeichnet, denn diese Objekte teilen visuell wahrnehmbare Merkmale mit dem Prototyp *Mond* (Bowerman 1978). Der Auf- und Umbau der zielsprachlichen Kategorie *Mond* und damit der Wortbedeutung erfolgt allmählich über die Aufnahme von Kategorievertretern in die Kategorie (Extension) und über die Erschließung von prototypischen Merkmalen (Intension). Falsche Kategorieexemplare wie Croissants, Kuhhörner und Zitronenschnitze werden ausgeschlossen, sobald genügend Kategoriemerkmale erworben sind, die auf diese Objekte nicht mehr passen, oder wenn für diese Exemplare eigene Kategorien und Kategorienamen erworben sind.

Semantische Theorien, die Bedeutung als rein sprachliches Wissen fassen und von konzeptuellem Wissen trennen, wie z. B. semantische Merkmalstheorien, spielen in der aktuellen Diskussion zum Bedeutungserwerb vor allem im Bereich der Verbbedeutungen eine Rolle. So lässt sich beispielsweise bei Zustandsveränderungsverben wie *füllen* sehr einfach eine Bedeutungskomponente ›Endzustand erreicht‹ ermitteln, die diese Verben von reinen Handlungsverben wie *schütten* unterscheidet. Obwohl diese Komponente relevant ist, ist sie selbst für viele achtjährige Kinder noch keine notwendige Bedeutungskomponente. Die im Verb beschriebene Handlung steht im Vordergrund, die Erreichung des Endzustands wird vernachlässigt (Wittek 1999).

In vielen Fällen verwenden Kinder Wörter, ohne dass sie ihre Bedeutung vollständig erworben haben. So konnte Bryant (2012) zeigen, dass die Konzepte AUF, IN, UNTER und ÜBER in einer ansteigenden Komplexitätsfolge stehen. Diese Konzepte schlagen sich sowohl in den entsprechenden Präpositionen, aber auch in anderen Lokalisationsausdrücken nieder und werden in der genannten Reihenfolge erworben, wobei AUF, IN und UNTER noch im Lauf des vierten Lebensjahrs erworben werden, aber selbst Fünfjährige noch Fehler mit AN und ÜBER produzieren.

Trotz vieler interessanter Einzelbefunde müssen wir mit Bloom (2000, 262) sagen: Niemand weiß, wie Kinder die Bedeutung von Wörtern lernen. Insgesamt wissen wir noch sehr wenig darüber, ob es verschiedene Erwerbswege gibt, wie sich der Bedeutungserwerb von Wortart zu Wortart unterscheidet, inwieweit explizite Definitionen durch Erwachsene eine Rolle spielen oder ab welchem Alter Definitionen eine Erwerbsquelle sein können, und wie genau Kategorie- und Konzeptbildung einerseits und Wortbedeutungserwerb andererseits in Beziehung zueinander stehen.

Im Bereich der Satzsemantik befassen sich Erwerbsforscherinnen damit, wie Kinder semantisch komplexe Strukturen interpretieren. Die folgende Aufzählung bezieht sich zwar auf Wörter, meist Funktionswörter, die aber jeweils auf die Interpretation des gesamten Satzes einen entscheidenden Einfluss haben. Zur Illustration wird gerne auf die unterschiedliche Satzbedeutung von ›alle Kinder reiten auf einem Pferd‹ im Gegensatz zu ›jedes Kind reitet auf einem Pferd‹ verwiesen. Im ersten Fall sind zwei Lesarten möglich (ein Pferd für alle vs. jedem sein Pferd), im zweiten Fall nur eine (jedem sein Pferd). Zu den für Satzbedeutungen wichtigen Strukturen gehören beispielsweise die Satznegation, w-Fragen, quantifizierende Ausdrücke wie *jede/r, alle, einige, die meisten*, Fokuspartikeln wie *auch* und *nur* (Berger/Höhle 2012), Konjunktionen wie *sondern* und *aber*, der Bedeutungskontrast von definiten vs. indefiniten Artikeln, anaphorisch gebrauchte Personalpronomen (Bittner/Kühnast 2011) und anderes mehr. Viele dieser semantisch-pragmatisch bedeutsamen Elemente werden erst spät vollständig beherrscht, manche erst im Grundschulalter. So verstehen Kinder erst im Alter von sechs Jahren Exhaustivität gepaarter w-Fragen wie ›Wer kann wo malen?‹ so, dass sie die Frage mit einer vollständigen Liste der Subjekte und Ortsangaben beantworten (Schulz/Roeper 2011). Zum Erwerb der Satznegation finden Wojtecka et al. (2011), dass bereits Dreijährige korrekt negierte Sätze produzieren, aber dass noch Vierjährige mit dem Verstehen solcher Sätze Schwierigkeiten haben.

7.2.4 | Der Erwerb von Wortbildungsmustern

Kinder erweitern ihren Wortschatz, indem sie neue Wörter aus dem Input übernehmen. Kinder erweitern ihren Wortschatz aber auch, indem sie selbst neue Wörter bilden. Zum lexikalischen Erwerb in einem weiteren Sinn gehört also auch die Wortbildung.

(5)	*Müller* (Müllfahrer, Müllmann)	Gustav (2;5)
	Brennlicht (H. meint damit Sterne am Himmel.)	Hilde (2;5)
	Steinmann (Denkmal eines Mannes, aus Stein)	Hilde (3;2)
	Der macht aber eine *Nasserei*. (Plantscherei)	Hilde (3;3)
	Ich bin ein *Plattmacher*. (G. macht die Sandburg platt.)	Gustav (3;6)
	einblättern (Einpacken welker Blätter in eine Tüte)	Hilde (3;6)
	Hat der Baum jetzt seine *Stabiligkeit* verloren?	David (3;7)
	(In der Nacht hat der Sturm einen großen Ast vom Baum gerissen.)	
	Du machst ja solche *Komischheit*.	Hilde (3;9)
	(Mutter hat einen komischen Vers aufgesagt)	
	Das ist nicht *zutraulich*.	Jakob (4;1)
	(J. gebraucht das Wort im Sinn von: das kann man uns nicht zutrauen.)	

Die Beispiele von Hilde stammen aus Stern/Stern (1928), das Beispiel von Jakob von Geilfuß-Wolfgang (mdl. Mitteilung), die Beispiele von Gustav sind aus Meibauer (1995) entnommen, und das Beispiel von David stammt aus meinen Daten.

Diese Beispiele zeigen vor allem den kreativen Umgang mit Wortbildungsmustern des Deutschen, mit Komposition und Derivation (s. Kap. 2.3). Diese Neubildungen wirken ungewöhnlich und irgendwie abweichend. Keines dieser Wörter kommt in unserem ›Erwachsenen‹-Lexikon vor, zumindest nicht in der vom Kind intendierten Bedeutung. Kinder nutzen – wie Erwachsene – Komposition und Derivation, um lexikalische Lücken zu füllen (Clark 1993). Da diese Lücken bei Kindern bedeutend größer sind als bei Erwachsenen, bilden sie häufig Wörter, die uns ungewöhnlich vorkommen, weil wir in unserem Wortschatz bereits ein passendes Lexem haben. Das Kompositum *Brennlicht* ist völlig regelhaft gebildet (wie das Wort *Lauffeuer*), aber es konkurriert mit *Stern*. *Stabiligkeit* und *Müller* kommen uns – unter anderem – deshalb ungewöhnlich vor, weil es *Stabilität* und *Müllmann* gibt. Wahrscheinlich sind Kinder in ihrer Wortbildungsleistung noch weit kreativer, als wir denken. Wir können davon ausgehen, dass viele Wörter, die sie neu bilden, gar nicht als neugebildet, höchstens als neuerworben gewertet werden, weil es sich um Wörter der Zielsprache handelt. Können Sie an Wörtern wie *Gartenweg*, *Hundefloh* oder *wegpusten* erkennen, ob es sich um kindliche Neubildungen handelt? Nein, aber sie können es auch nicht ausschließen.

Es gibt drei Typen von Neubildungen, die als solche zu identifizieren sind:

- Wörter wie *Brennlicht*, die korrekt gebildet sind, aber nicht im zielsprachlichen Lexikon vorkommen;
- Wörter, die es gibt, die das Kind vielleicht neu gebildet hat und mit abweichender Bedeutung nutzt wie das abgeleitete Wort *Müller*;
- Wörter, die gegen zielsprachliche Bedingungen und Beschränkungen des verwendeten Wortbildungsmusters verstoßen.

Offensichtlich hat das Kind in diesen Fällen noch nicht alle Bedingungen für den jeweiligen Wortbildungsprozess aus dem Input durchschaut, sondern nur einen Teil. In dem Beispiel *Stabiligkeit* hat das Kind bestimmte morphologische Regeln oder Restriktionen zu Regeln noch nicht erworben. Wenn ein Kind also mit drei Jahren eine Form wie *Stabiligkeit* bildet, kann man Folgendes daraus ablesen:

1. Das Kind bildet produktiv neue Wörter auf der Basis von bereits erworbenen Wortbildungsregeln.
2. Das Kind hat erworben, dass mit dem Suffix *-igkeit* aus Adjektiven abstrakte Nomen gebildet werden können.
3. Das Kind hat den besonderen Status von Adjektiven wie *stabil*, *labil*, *fertil* noch nicht erkannt, sondern es behandelt diese Adjektive wie »deutsche« Adjektive.
4. Das Kind hat – möglicherweise – das Suffix *-ität* noch nicht erworben.

Zu den relevanten phonologischen und morphologischen Kriterien, die den Status von Stämmen wie *labil* eindeutig machen, gelangt das Kind erst, wenn es auf der Basis einer Menge von unanalysiert gelernten Einträgen (*Flexibilität, Labilität, Fragilität, Senilität*) Analysen macht und dabei zu Mustern kommt.

Das Beispiel *einblättern* kommt uns seltsam vor, weil das passende Derivationsmuster vom Nomen ausgeht, das das Behältnis darstellt wie in *eintüten* oder *einsacken*, und nicht vom Nomen, das Objekte oder Substanzen bezeichnet, die in ein Behältnis hineingetan werden. Mit *einblättern* vergleichbare Formen gibt es aber, wie das Beispiel *einbrocken* zeigt. Möglicherweise spielt auch eine Rolle, dass die Bedeutung von *blättern* so lexikalisiert ist, dass wir als Ableitungsbasis nur noch ein Blatt aus Papier akzeptieren.

Die ersten selbstgebildeten Wörter formen Kinder mit etwa zwei Jahren. Das gilt besonders für Sprachen, in denen Wortbildung eine große Rolle spielt wie im Deutschen. Vor allem Komposition ist im Deutschen sehr produktiv und ebenso einige Derivationsmuster. Der größte Teil der neugebildeten Wörter von Kindern im zweiten und dritten Lebensjahr sind Komposita, vorwiegend N+N-Komposita (Clark 1993). Ab dem vierten Lebensjahr kommen dann auch V+N-Komposita vor. Komposition bleibt das bevorzugte Wortbildungsmuster auch noch bei fünf- und sechsjährigen Kindern.

Erste Ableitungen werden im dritten Lebensjahr beobachtet. Meist ist es das -er-Suffix, das im Deutschen hochproduktiv ist. Es kommt in drei Lesarten vor, von denen besonders die Person-Lesart (Fahr+er) und die Gerät-Lesart (Steck+er) häufig sind. Gustav nutzt von Anfang an beide Lesarten, mit einer deutlichen Bevorzugung der Person-Lesart. Beide Lesarten können als Basis ein Verb oder ein Nomen haben, wobei deverbale Bildungen häufiger und produktiver sind. Meibauer (1995, 1999) sammelte drei Jahre lang Neubildungen mit -er, die sein Sohn Gustav ab zwei Jahren bildete und wertete sie nach Bildungstypen aus. Von Anfang an bildet Gustav denominale und deverbale -er-Wörter, und zwar in einer ersten Phase beide Muster gleich häufig. Im Lauf eines Jahres nehmen denominale Neubildungen zugunsten deverbaler Bildungen immer mehr ab, d. h. Gustav erwirbt in diesem Zeitraum die zielsprachlichen Produktionsbeschränkungen hinsichtlich nominaler Basen. Der Erwerb vollzieht sich so, dass zunächst fast ausschließlich einfache Morpheme als Ableitungsbasis vorkommen. Erst Mitte des vierten Lebensjahres treten mehr -er-Ableitungen mit komplexen Basen wie *Oberknöpfer* (3;10) auf. Der Musterausbau schreitet auch im fünften Lebensjahr noch fort, doch sind die wesentlichen Produktionsverhältnisse und -beschränkungen für -er im Deutschen schon erworben.

Meibauer vergleicht Gustavs Daten mit **Tagebuchaufzeichnungen** von Neugebauer-Kostenblut (1914) und findet große interindividuelle Variation neben einigen Übereinstimmungen in der Erwerbsfolge. Es wird deutlich, dass erst der Vergleich der Daten vieler Kinder generalisierbare Schlüsse erlauben wird. Der Erwerb von Wortbildungsmustern ist im Deutschen allerdings bisher wenig untersucht worden. Trotzdem lässt sich in einigen Aspekten die Wirksamkeit der von Clark (1993) vorgeschlagenen morphologischen **Prinzipien** für die Bildung neuer Wörter nachvollziehen. Diese Prinzipien sollen von Beginn an den Erwerb von Wortbildungsmustern steuern.

Diese drei Prinzipien sind Einfachheit der Form (*simplicity of form*), Transparenz von Bedeutung (*transparency of meaning*) und Produktivität. Je einfacher eine Form in der morphologischen Bildung ist, je eindeutiger sich die Bedeutung des neuen Wortes aus den Bestandteilen ergibt und je produktiver das Muster in der Zielsprache ist, um so eher und sicherer wird das Muster von Kindern übernommen und verwendet. Es lässt sich leicht nachvollziehen, dass Kinder, die Deutsch erwerben, auf der Basis dieser drei Prinzipien eine frühe Vorliebe für N+N-Komposita haben.

Aufgabe 4: Überlegen Sie zu den unter (5) genannten Beispielen *zutraulich, Nasserei, Plattmacher, Komischheit* und *Steinmann*, wie diese Formen gebildet sind und welche zielsprachlichen Bedingungen möglicherweise nicht beachtet wurden.

7.2.5 | Flexionserwerb

Wortbildung und Flexion sind Teilbereiche der Morphologie. Beide beschreiben die Bildung neuer Wörter: In der Wortbildung geht es um die Bildung neuer Lexeme. Wenn wir von Flexion sprechen, meinen wir die Bildung von grammatischen Wortformen für die Verwendung im Satz. Ein Schwerpunkt in Untersuchungen zum Flexionserwerb ist der Zusammenhang zwischen morphologischer Markierung grammatischer Relationen und syntaktischer Entwicklung (z. B. Clahsen 1988, Tracy 1991). In diesen Arbeiten wird der morphologische Erwerb, d. h. der Erwerb der Flexionsformen, in engem Zusammenhang mit der grammatischen Funktion dieser Formen untersucht. Das gilt beispielsweise für die Studien zum Kasuserwerb von Clahsen und von Tracy (Clahsen 1984, Tracy 1986). Das gilt auch für den Aufbau des Flexionsparadigmas zur Kodierung von Subjekt-Verb-Kongruenz, der im Zusammenhang mit dem Erwerb der Verbstellungsregularitäten im Deutschen im nächsten Abschnitt vorgestellt wird. In diesen Studien stehen die grammatischen Merkmale wie Person, Numerus, Tempus bei Verben oder Genus, Numerus, Kasus in der Nominalphrase und ihre Rolle im Erwerb syntaktischer Strukturen im Vordergrund. Wird Flexion unter diesem syntaktischen Aspekt betrachtet, sprechen wir von Morphosyntax. Dabei sind die Flexive, die diese grammatischen Merkmale tragen, im Wesentlichen als morphologische Anzeiger dieser Merkmale interessant.

Der Erwerb von Flexion ist aber auch unabhängig von ihrer syntaktischen Funktion ein Thema für die Spracherwerbsforschung. Viel diskutierte und in vielerlei Hinsicht noch offene Fragen sind: Wie isolieren Kinder Flexive? Wie erschließen sie ihre abstrakte grammatische Bedeutung? Wie bauen sie Flexionsparadigmen auf? Wie wird Flexion mental repräsentiert?

Die prominenteste empirische Methode, Flexionserwerb zu untersuchen, ist das **wug-Experiment**, das auf Berko (1958) zurückgeht. Berko testete den Erwerb des Pluralflexivs -s im Englischen, des Past Tense -ed usw., indem sie Kinder Kunstwörter wie *wug* in die entsprechende grammatische Form bringen ließ. Diese Art von Test gehört zu den **Elizitationsverfahren**. Dabei handelt es sich um einen Experimenttyp, in dem das Kind einem sprachlichen Kontext ausgesetzt wird, der bestimmte sprachliche Formen herausfordert. Die Reaktion des Kindes zeigt dann, ob und inwieweit es diese sprachliche Formen erworben hat. Am Beispiel der Pluralflexion ist das leicht zu demonstrieren. Man zeigt dem Kind eine Abbildung mit einer Kuh und sagt dazu: ›Was ist das?‹ oder auch ›Schau mal. Das ist eine Kuh.‹ Dann zeigt man eine Abbildung mit zwei oder drei Kühen und fragt: ›Und hier? Was siehst du hier?‹ Erwartet wird, dass das Kind mit ›Zwei/drei Kühe.‹ antwortet, was in der Regel auch gelingt. Danach wird der Test mit Abbildungen von Kunstobjekten und mit Kunstwörtern fortgeführt. ›Schau mal. Das ist eine Tinde.‹ Erwartet wird nun, dass das Kind wie im Übungsset antwortet und dabei spontan eine Pluralform bildet. Da es diese Pluralform nicht als ganze Form gelernt haben kann, denn das Kunstwort ist ja neu, können aus den Ergebnissen Schlüsse auf das kindliche Flexionssystem gezogen werden. Dieser Experimenttyp wird seit den 70er Jahren in vielen Varianten in Untersuchungen zum Flexionserwerb, und im Deutschen besonders zum Pluralerwerb, genutzt.

Plural- und Partizipformen fanden schon in den frühen Tagebuchstudien Beachtung, weil es besondere Fehler gibt, die immer wieder beobachtet werden und auch im alltäglichen Umgang mit dem kindlichen Spracherwerb immer wieder genannt werden. Es geht um übergeneralisierte Formen wie *anezieht* für angezogen (Stern/Stern 1928) und *kabels* für Kabel oder *tuchen* für Tücher (Bartke 1998). Unter einer übergeneralisierten Form versteht man die fehlerhafte Markierung nach dem regulären Muster, anstatt der korrekten Verwendung einer irregulären Form. Daher findet man neben dem älteren Begriff ›Übergeneralisierung‹ heute häufiger den Begriff **Überregularisierung**. Typische Überregularisierungen bei Partizipien sind unter (6) zusammengestellt. Die ersten vier Beispiele produzierte Hilde mit etwa 2;6 Jahren (Stern/Stern 1928). Die beiden anderen Beispiele stammen von Simone im Alter von 2;0 bis 2;5 Jahren (Miller 1976).

(6)	*eseht*	(= gesehen)
	etinkt	(= getrunken)
	aneziebt	(= angezogen)
	weggelauft	(= weglaufen)
	ausgetrinkt	(= ausgetrunken)
	abereißt	(= abgerissen)

In den Beispielen unter (6) handelt es sich um Partizipien zu irregulären, sogenannten starken Verben im Deutschen. Anders als bei regulären, schwachen Verben ist die Partizipform nicht mehr vollständig vorhersagbar. Bei schwachen Verben wird zur Partizipbildung das Präfix *ge-* vorangestellt und an den Verbstamm das Suffix *-t* angefügt. So entstehen Partizipien wie *gekauft* und *geliebt*. Bei starken Verben wird ebenfalls das Präfix *ge-* vorangestellt, der Verbstamm wird aber mit *-en* suffigiert. Weitgehend unvorhersagbar ist der Partizipstamm. Bei allen Partiziptypen fehlt das *ge-*, wenn bestimmte prosodische Bedingungen vorliegen, wie z.B. bei *spazieren – spaziert* oder *verlieben – verliebt*.

Partizipien treten früh im Erwerb auf. Erste Formen sind schon vor Abschluss des zweiten Lebensjahres belegt. Diese ersten, seltenen Partizipien sind oft korrekte Formen, unabhängig davon, ob es reguläre oder irreguläre Formen sind. Man nimmt an, dass sie als unanalysierte Einheiten aus dem Input übernommen werden. Allmählich treten dann fehlerhafte Formen auf. Typische Fehler sind die Auslassung des *ge*-Präfixes oder die Auslassung des Suffixes. Die Präfixauslassung hat phonologische Gründe (s. Kap. 2.2.2) und wird wie die Auslassung anderer unbetonter Silben rasch abgebaut. Suffixauslassungen werden noch bis ins dritte Lebensjahr hinein beobachtet und können bis etwa 20 % der Partizipien betreffen (Clahsen/Rothweiler 1993).

Überregularisierungen sind der zweite Fehlertyp, der noch bei drei- bis vierjährigen Kindern beobachtet wird. Nur das Suffix *-t* wird als reguläres Flexiv verwendet, obwohl auch das *-n* im Input häufig vorkommt. Dabei wird der Präsensstamm regulär flektiert, so dass Formen wie in (6) entstehen. Obwohl in der Literatur Überregularisierungen viel diskutiert werden, sind maximal 10 % aller Partizipien mit Partizipendung überregularisierte Formen. Die Auslassung der Partizipendung wird – obwohl dieser Fehlertyp häufiger vorkommt – nicht besonders beachtet. Der Grund dafür liegt darin, dass Überregularisierungen besonders interessant sind im Hinblick auf die Frage, wie reguläre und irreguläre Flexion mental repräsentiert sind. Die folgende Darstellung konzentriert sich auf Partizipien. Die vorgestellten Modelle gelten aber auch für den Erwerb der Pluralflexion, deren Erwerb in vielen Aspekten dem Erwerb von Partizipien gleicht, obwohl das Pluralsystem weit komplexer ist (Clahsen et al. 1992, Bartke 1998, Kauschke 2012).

Im Prinzip gibt es in der Literatur zwei Ansätze zur mentalen Repräsentation von Flexion, die sowohl Aussagen über den Erwerb als auch über Flexion bei Erwachsenen machen. Im konnektionistischen Modell werden reguläre und irreguläre Flexionsmorphologie einheitlich in einem assoziativen Netzwerk repräsentiert (Rumelhart/McClelland 1986). Reguläre und irreguläre Flexion unterscheiden sich in diesem Ansatz überhaupt nicht. In einem assoziativen Netzwerk gibt es keine Regel oder besondere Repräsentation für reguläre Affixe, sondern reguläre Flexive sind Teile des Netzwerks wie jedes irreguläre Affix auch. Unterschiede zwischen Flexiven, z.B. in der Produktivität oder im Zusammenhang mit Überregularisierungen, werden ausschließlich auf Häufigkeitseffekte zurückgeführt. Auf diese Weise entstehen sowohl korrekte Formen, wenn das neue Verb ein reguläres Verb ist, und überregularisierte Formen, wenn das neue Verb ein irreguläres Verb ist, zu dem das Kind die irreguläre Partizipform noch nicht aus dem Input übernommen hat (vgl. aber Szagun 2011).

Im Kontrast dazu steht ein Modell mit zwei unterschiedlichen Flexionsmechanismen (Pinker/Prince 1988). In diesem Modell nimmt man an, dass schon Kinder über zwei qualitativ unterschiedliche Flexionsmechanismen verfügen, wobei in der regulären Flexion Regeln über symbolische Repräsentationen operieren. Das bedeutet, dass eine reguläre Partizipform über eine Regelanwendung, die das Präfix *ge-* und das Flexiv *-t* an den regulären Stamm anfügt, gebildet wird. Irreguläre Formen werden in diesem Modell ähnlich behandelt wie im konnektionistischen Modell. Irreguläre Formen werden als lexikalische Einträge beschrieben, die je einzeln gelernt werden müssen. Der wesentliche Unterschied zwischen beiden Ansätzen ist die Frage nach der mentalen Repräsentation regulärer Flexion. Analogiebildung zu irregulären Partizipformen wird in beiden Modellen möglich, sobald die Repräsentationen dafür stark genug sind, d. h. sobald eine bestimmte Menge solcher Formen gelernt worden ist. Das ist erst bei älteren Kindern der Fall.

Die Darstellung dieser beiden Modelle ist hier stark vereinfacht. Im Englischen sind die Häufigkeitsverhältnisse so, dass beide Modelle die Spracherwerbsdaten angemessen erfassen. Im Deutschen sieht das etwas anders aus. Es gibt zwar viel mehr reguläre Verben als irreguläre, aber die irregulären gehören zu den am häufigsten gebrauchten. Außerdem wird das Flexiv *-en* bei irregulären Verben durchgängig verwendet. Nach dem konnektionistischen Modell müssten Kinder im Deutschen auf jeden Fall auch Überregularisierungen mit *-en* machen. Solche Formen kommen aber nur sehr selten vor. Das Pinker/Prince-Modell hingegen besagt, dass Kinder für den Status regulärer Flexive sensitiv sind und diese rasch im Input identifizieren, um damit die Regel zu bilden, mit der sie dann reguläre Formen und eben auch Überregularisierungen generieren. Reguläre Flexive haben eine Reihe von Eigenschaften, die sie von irregulären unterscheiden (vgl. dazu auch Clahsen/Fleischhauer 2014).

Aufgabe 5: In einem *wug*-Experiment zum Erwerb der Pluralflexion mit dreijährigen Kindern werden neun Wörter verwendet:
Blume, Hund, Brett, Pflaster, Auto, Spert, Kall, Lisch, Piegel.
Das konstruierte Ergebnis sieht wie folgt aus:

Kind 1	Kind 2	Kind 3
Blumen	Blumen	Blumen
Hunden	Hunde	Hunde
Bretter	Bretter	Bretter
Pflaster	Pflasters	Pflaster
Autos	Autos	Autos
Sperten	Sperts	Sperte
Kallen	Kalls	Kalle
Lischen	Lisch	Lische
Piegeln	Piegels	Piegel

Versuchen Sie, das Ergebnis zu deuten und auf die Pluralsysteme der Kinder zu schließen. Es könnte hilfreich sein, sich das Pluralsystem im Deutschen zunächst zu vergegenwärtigen.

7.2.6 | Ein kurzer Einblick in den Syntaxerwerb

Der Erwerb syntaktischer Strukturen gehört zu den am besten untersuchten Phänomenen im Spracherwerb, auch im Deutschen. Das hat verschiedene Gründe. Die Syntax einer Sprache und der Erwerb dieses Systems sind – zumindest auf der Ebene der Beschreibung – leicht zugänglich. Es ist wesentlich schwieriger zu erfassen, wie ein Kind Bedeutungen in einem lexikalischen Feld aufbaut, als zu beschreiben, wie ein Kind die Wortstellungsregularitäten erwirbt. Ein zweiter Grund ist, dass die strukturelle Seite von Sprache – und im Zentrum davon steht die Syntax – der Aspekt von Sprache ist, der den höchsten Grad von Autonomie aufweist. Damit ist gemeint, dass syntaktische Strukturen weitgehend unabhängig sind von anderen mentalen Strukturen und kognitiven Fähigkeiten. Eine Reihe von sprachlichen Domänen wie Lexikon und Pragmatik sind wesentlich stärker beeinflusst von kognitiver Leistungsfähigkeit und sozialen Bedingungen. Einen SVX-Satz produzieren zu können wie ›Jörg arbeitet in der Uni.‹ und dabei die Wortstellungsregeln (also die Verb-Zweit-Stellung) und die Phrasenstrukturregeln (z. B. für den Aufbau der VP) zu beachten, beruht auf syntaktischem Wissen. Diesen Satz zu verstehen als eine Aussage darüber, wo sich Jörg gerade aufhält, oder als eine Aussage darüber, bei welcher ›Firma‹ Jörg arbeitet, oder ihn gar als eine abwertende oder lobende Bemerkung über Jörg zu verstehen, setzt voraus, dass der sprachliche und außersprachliche Kontext dieses Satzes mit verstanden wird und dass intonatorische Besonderheiten interpretiert werden können. Es wird Weltwissen und pragmatisches Wissen benötigt. Die Syntax aber bleibt in allen drei Fällen gleich.

Ein dritter Grund, wieso der Syntaxerwerb so gut erforscht ist, liegt darin, dass es eine Syntaxtheorie gibt, die generative Syntax, die auch Vorhersagen über den Erwerb syntaktischer Strukturen macht und seit den 70er Jahren eine beachtliche Menge an Erwerbsstudien provoziert hat. Dieser Ansatz gehört zu den nativistischen Spracherwerbstheorien (s. Kap. 7.3). Den größten Einfluss hatte der **Prinzipien-und-Parameter-Ansatz** (Chomsky 1981), der in vielen Arbeiten zum Syntaxerwerb auch heute noch als theoretischer Ausgangspunkt dient. Im Kern besagt dieser Ansatz, dass es strukturelle, für die Grammatiken aller Sprachen gültige Prinzipien gibt (wie z. B. das X-Bar-Schema, das den Aufbau einer Phrase festlegt). Eine Reihe dieser Prinzipien ist parametrisiert, d. h. es gibt mehrere Optionen, die das Kind im Erwerb auf der Basis des Inputs auswählen muss, z. B. ob die Phrase XP in der gegebenen Sprache links- oder rechtsköpfig ist.

Besonders der Erwerb der Verbstellung und Satzstruktur wurde im Prinzipien-und Parameteransatz untersucht (z. B. Clahsen 1988), Gawlitzek-Maiwald 1997, Müller 1993, Rothweiler 1993, Tracy 1991, Weissenborn 2000).

Neben den zahlreichen Arbeiten zum Syntaxerwerb im generativen Rahmen (vgl. Eisenbeiß 2009) wird der Erwerb grammatischer Formen und Strukturen auch in sogenannten usage based- und Emergenzmodellen bearbeitet (vgl. Behrens 2009). Da diese Ansätze sehr verschiedene Annahmen über das Vorwissen zum Grammatikerwerb machen, werden die zentralen erste Schritte des Syntaxerwerbs im Deutschen im Folgenden deskriptiv dargestellt. Mit den verschiedenen Erwerbsmodellen befasst sich Kapitel 7.3.

7.2.6.1 | Beginn des Syntaxerwerbs

Die Phase der ersten 50 Wörter spielt eine besondere Rolle im phonologischen und lexikalischen Erwerb. In dieser Phase produzieren Kinder überwiegend Äußerungen, die aus einem Wort bestehen. Beispiel (7) zeigt eine Reihung von Einwortäußerungen von Simone im Alter von 1;9 (Miller 1976, 244; M = Mutter; Ma = Max Miller).

(7)		Vorbereitung für einen Spaziergang.
		Simone gibt einen Unmutslaut von sich.
	schuhe an	Simones Tonfall ist klagend; sie nimmt einen Schuh.
		M: *Ja, zieh dir doch die Schuhe an, Simone! Das kannst du ganz alleine.*
	schuhe	Simones Tonfall ist klagend. Ma: (gähnt) *Maxe setzt sich daneben.*
	schuhe	Simones Tonfall ist klagend, sie rückt zu Ma hin und streckt ihm den Schuh hin.
	schuhe	Simones Tonfall ist weinerlich.
		Ma: *Ja, mach's doch mal alleine, Simone! Zieh'n dir mal alleine an, den Schuh! Probier's mal alleine! Hm?*
	nein	Simones Tonfall ist klagend.
		Ma: *Soll dir Maxe die Schuhe anziehn?*
	schuhe	Simones Tonfall ist klagend und ungeduldig.
		M: *Na ja, Maxe soll dir mal'n bisschen helfen! Nich.*

Man findet in dieser Phase Wörter aus allen lexikalischen Klassen, allerdings kaum grammatische Funktionswörter wie Artikel, Konjunktionen, Auxiliare, Präpositionen usw. und auch wenig Verben, eher Verbpartikeln wie *auf* oder *weg*. Es gibt erste Negationen (*nein! nicht!*) und Einwortfragen, die nur intonatorisch markiert sind. Das Ende dieser Erwerbsphase wird einerseits durch den Beginn des Wortschatzspurts markiert, und andererseits dadurch, dass das Kind beginnt, zwei und gelegentlich auch mehr Wörter miteinander zu kombinieren. Damit ist der Einstieg in das syntaktische Prinzip gelungen. Ein typisches Beispiel ist der unter (8) wiedergegebene Text aus Miller (1976, 246), ein Dialog zwischen Meike (1;10) und ihrer Mutter.

(8)		Meike spielt mit einer Milchdose.
	kipp um kippen	
	mam ummache	Meike gibt der Mutter die Dose.
		M: *Nee. Mama will nichts umkippen.*
	leine mache	Meike nimmt selbst wieder die Dose, will Milch in eine Tasse gießen. (*leine* = alleine)
		Es kommt nichts aus der Dose heraus.
	geht nich	Meike hält der Mutter die Dose hin.
		M: *Geht nicht?*
	mama suchen	An die Mutter gerichtet. (*suchen* = versuchen)
		M: *Mama versucht's. Na ja!*

In diesen Äußerungen fehlen so gut wie immer obligatorische Elemente, oft das Subjekt, und nach wie vor die meisten Funktionswörter. Die Beziehung zwischen den Elementen in **Zweiwortsätzen** ist in manchen Kombinationen eher semantisch, in anderen eher syntaktisch-funktional beschreibbar. Es sind Relationen wie Benennung von Objekten, Vorhandensein und Nicht-Vorhandensein von Objekten, Aktion und Agens oder Aktion und Objekt, Besitzer und Objekt, Lokalisation von Objekt oder Handlung. Viele dieser Relationen lassen eine Verbindung zur kognitiven Entwicklung des Kindes erkennen, beispielsweise zur Entdeckung der Symbolfunktion von Wörtern und zur Kategoriebildung. Worüber noch Unklarheit besteht, ist die Frage, ob Kinder in diesem Stadium schon verschiedene Wortarten grammatisch unterscheiden, also sprachliche Kategorien wie Nomen, Verb und Adjektiv (s. Kap. 7.2.3).

7.2.6.2 | Der Erwerb der Verbstellung im Deutschen

Clahsen (1986) hat alle Anfang der 80er Jahre verfügbaren Studien zum Grammatikerwerb des Deutschen ausgewertet und auf der Grundlage dieser Daten ein Profil des Grammatikerwerbs im Deutschen erstellt. Dieses Profil ist als eine Art Raster zu verstehen, in dem grammatische Formen und Strukturen in der Abfolge ihres Auftretens im Spracherwerb geordnet sind. Dabei hat Clahsen fünf Phasen ermittelt, die sich durch qualitative Entwicklungssprünge voneinander unterscheiden. Die erste Phase markiert den Anfang der syntaktischen Entwicklung und erfasst Einwortäußerungen. Mit Erreichen der fünften Phase sind die grundlegenden grammatischen Formen und Strukturen des Deutschen erworben: Diese Phase wird durch den Erwerb des Kasussystems und von Nebensätzen bestimmt.

Diese Phasen können auch quantitativ bestimmt werden, wie sich aus (9) ergibt. Altersangaben sind immer problematisch, weil es große Unterschiede zwischen Kindern gibt. In der Tabelle (9) ist für die ersten Phasen schon jeweils ein halbes Jahr Variabilität für den Eintritt in eine Phase angegeben; dieses Maß vergrößert sich mit zunehmendem Alter. Ein etwas verlässlicheres Maß als das Alter ist der MLU-Wert. MLU steht für *mean length of utterance* und bezeichnet die durchschnittliche Äußerungslänge. Man legt im Idealfall alle Äußerungen des Kindes aus einer Sprachaufnahme zugrunde (mindestens aber 100 aufeinander folgende Äußerungen), zählt die Wörter in diesen Äußerungen zusammen und teilt die Summe durch die Anzahl der Äußerungen. Brown (1973) stellte fest, dass die grammatische Entwicklung – besonders in frühen Phasen des Spracherwerbs – mit der durchschnittlichen Äußerungslänge korreliert. Je weiter der Grammatikerwerb fortschreitet, umso mehr verliert der MLU-Wert seine Aussagekraft, weil Kontextanforderungen die Äußerungslänge mehr beeinflussen als die grammatische Fähigkeit eines Kindes.

Der Überblick in (9) macht deutlich, dass die Phase der Einwortäußerungen und die Phase der Zweiwortäußerungen den Phasen I und II nach Clahsen entsprechen.

(9) **Fünf Phasen der Grammatikentwicklung** (angelehnt an Clahsen 1986)

Phase	MLU	Alter	Äußerungsart
I	etwa 1	ab ca. 1;0–1;6 Jahre	Einwortäußerungen dominant
II	1–2	ab ca. 1;6–2;0 Jahre	Ein-, Zwei- und Mehrwortäußerungen
III	2–3	ab ca. 1;9–2;6 Jahre	Mehrwortäußerungen dominant
IV	3–4	ab ca. 2;0–3;0 Jahre	Mehrwortäußerungen dominant
V	>4	ab ca. 2;6–3;6 Jahre	Mehrwortäußerungen dominant

Die qualitative Bestimmung der Phasen orientiert sich am Auftreten neuer morphosyntaktischer Formen und Satzstrukturen. In den Phasen II und III ist Verbendstellung dominant, Verben kommen überwiegend in der Stamm- oder Infinitivform vor und Subjekte, Auxiliare, Verben, Artikel und Präpositionen werden häufig ausgelassen. Gegen Ende der Phase III tritt das Flexiv -*t* dazu, und Modalverben treten auch schon mit einem Vollverb zusammen auf, d. h. in Phase III gibt es Belege dafür, dass das Kind zwischen zwei verschiedenen Verbpositionen im Satz unterscheiden kann (s. Kap. 4.2). Typische Äußerungen der Phase III sind unter (10) zusammengestellt. Die Sätze stammen von Mathias und Daniel im Alter von 2;9 und 2;10 (Clahsen 1982, Clahsen 1988) und von Hilde im Alter von 2;0 und 2;2 (Stern/Stern 1928, 46 f.).

(10) Mathias 2;9
 auto umkipp
 die auto kipp. die auto hier (boot) umkipp
 ich jetzt hab   (= eine Mundharmonika)
 julia schere nich darf
 diese scharfe scher
 scharf
 nur pier   (= die ist nur für Papier)
 julia nein
 julia kann nich papp neiden   (= Pappe zerschneiden)

 Daniel 2;10
 ich schaufel haben

 Hilde 2;0
 hommt da?   (= wer kommt da?)
 mama, zeig doch die bilder!
 ball pieln! mama ball suchen! homm doch!
 leich ba gehn un sand spieln, ja?   (= gleich spazieren gehen …)

 Hilde 2;2
 keine trümpfe an!   (= ich hab keine Strümpfe an.)
 sieh doch! hab de trümpfe.

In Phase III richtet sich die Verbform nicht durchgängig nach den Merkmalen des Subjekts, also nach Numerus und Person. Vor allem das Verbflexiv *-n* wird noch nicht zur Markierung von Subjekt-Verb-Kongruenz verwendet (z. B. *mama ball suchen*), während *-t* meist mit 3. Ps. Sg.-Subjekten vorkommt. Viele Verbformen sind nicht-finit, d. h. sie werden entweder unflektiert in der Stammform verwendet (*umkipp*) oder sind Infinitive. Diese Formen stehen am Satzende in der Position für nicht-finite Verben, in der rechten Satzklammer. Schon in dieser Phase werden also zielsprachliche Verbstellungsrestriktionen beachtet. Mit *-t* flektierte Verben oder Imperative hingegen besetzen eher die linke Satzklammer, so dass (S)VX-Sätze gebildet werden.

Clahsen (1988) beobachtet in seinen Daten in der folgenden Phase IV zwei miteinander verbundene Entwicklungen. Als letztes Flexiv des Verbflexionsparadigmas tritt das *-st* auf. Dieses Flexiv wird von Beginn an korrekt eingesetzt und kommt nur mit *du*-Subjekten bzw. in *du*-Kontexten vor. Alle Verben werden nun überwiegend richtig flektiert, d. h. das Kind markiert Subjekt-Verb-Kongruenz.

Dass *-st* als letztes der SVK-Flexive auftritt, mag damit zusammenhängen, dass es die höchste phonologische Komplexität hat, da es als einziges Flexiv aus einem Konsonantencluster besteht und damit den Silbenauslaut der Silbe, an die es anschließt, sehr komplex werden lässt. Der Erwerb der Silbenstruktur muss also soweit vorangeschritten sein, dass solche komplexen Auslautstrukturen möglich sind. Der Erwerb von *-st* als Flexiv mit der grammatischen Bedeutung 2. Ps. Sg. führt zum Erwerb der morphosyntaktischen Dimension PERSON, und löst so die korrekte Belegung der Flexive für die 1. und 3. Ps. Sg. aus. Der Kontrast zwischen den Personmarkierungen im Singular und Plural dann ermöglicht es, dass auch das Flexiv -*n* über die Dimension PLURAL hinaus mit der Information für PERSON belegt wird. So kann man einerseits beobachten, dass die Flexive im Erwerb in der Abfolge -*n*/-*0* < -*t* < -st auftreten, dass aber andererseits für den Erwerb der SVK-Bedeutung der Flexive die Abfolge 2. Ps. Sg. -*st* < 3. Ps. Sg. -*t* < 1./3.Ps.Pl. -*n* gilt (Clahsen/Penke 1992, Grijzenhout/Penke 2005).

Der Anteil von Sätzen mit korrekter Verbstellung steigt auf 90 % und mehr an, so dass fast keine Verbstellungsfehler mehr auftreten. Fragen und Sätze mit Satznegation werden mit der zielsprachlichen Wortstellung gebildet; in vielen Fällen liegt dann Subjekt-Verb-Inversion vor. Vor allem die Distanzstellung verbaler Elemente im Satz wird nun durchgängig vollzogen: in Modalverbkonstruktionen, in Perfektsätzen, in Sätzen mit Kopula und prädikativem Adjektiv und in der Trennung von Partikelverben. Unter (11) sind Sätze von Mathias im Übergang zur Phase IV (3;1) und unter (12) aus der Phase IV (3;6) zusammengestellt (Clahsen 1982).

(11) <u>Mathias 3;1</u>
du sollst nich kochen
das geht doch kaputt. das schiff
hat ein hund
ich bau ein mast
ich kann ein tier mach(en)
wo is daniels messer?
ich baun für julia ein schiff

(12) <u>Mathias 3;6</u>

	HC = Wo is denn die Mama?
die is weg. in der praxis	HC = Heute nachmittag?
nein. heute	HC = Wart ihr heute morgen auch weg?
wir waren aber bei dörke	HC = Wo wart ihr?
bei dörke	HC = Wo ist das denn?
ganz weit weg	
da kann man mit den auto hinfahrn	

Die letzte von Clahsen (1986) beschriebene Phase im Grammatikerwerb ist die Phase V. In dieser Phase treten die ersten Nebensätze auf. Bei einer Reihe von Kindern findet man eine kurze Übergangsphase, in der zwar finite Verben schon am Satzende stehen, die einleitende Partikel aber oft noch fehlt (Rothweiler 1993); (s. (13), Beispiele aus Rothweiler 1993, 34; Hilde aus Stern/Stern 1928).

(13) papa sieh mal __ hilde macht hat   (__ was; Hilde 2;6)
du solls die mama sang __ ich immer einen umfall mach   (__ dass; Daniel 3;2)
__ ich geburtstag hab   (__ weil; Antwort auf Warum-Frage; Marianne 3;3)

(14) de puppe lacht immer, wenn de hilde kommt   (Hilde 2;11)
ma sehn, ob da eine stadt drin is   (Daniel 3;6)
ja, bis e mami kommt, ja?   (Marianne 3;4)

Kurze Zeit später, bei vielen Kindern auch zur selben Zeit, treten die einleitenden Partikeln auf: subordinierende Konjunktionen wie *weil*, *wenn*, *dass* und *ob*, und w-Elemente (s. Beispiel (14)). Wenig später werden dann auch Relativsätze gebildet. Damit ist der Erwerb des deutschen Verbstellungssystems im Wesentlichen vollzogen.

Mit den Strukturen, die Kinder in diesen ersten fünf Phasen des Grammatikerwerbs aufgebaut haben, haben sie die Grammatik des Deutschen in den Grundzügen erworben. Das Kasussystem gehört neben den Nebensätzen zu den grammatischen Phänomenen, die in dieser Phase im Zentrum des Erwerbs stehen. Schon die frühen Studien zum Kasuserwerb (Clahsen 1984, Tracy 1986) belegten eine eindeutige Erwerbsfolge von Nominativ über Akkusativ zu Dativ, wobei Nominativformen zeitweise auf Akkusativ- und Dativkontexte übergeneralisiert werden, und sobald der Akkusativ erworben ist, auch Akkusativformen Dativformen ersetzen können. Es sah zunächst so aus, als wäre der Erwerb des Kasussystems dann mit Ende des vierten Lebensjahres abgeschlossen. Spätere Studien aber kommen zu dem Ergebnis, dass insbesondere die Verwendung des Dativs bei indirekten Objekten noch über das fünfte Lebensjahr hinaus schwierig sein kann (Eisenbeiß et al. 2006, Schönenberger et al. 2012, Szagun 2004). Im Bereich der Genus- und Numerusflexion und Kongruenz innerhalb der Nominalphrase kommen noch geraume Zeit Fehler vor. Auch in anderen grammatischen Bereichen gibt es noch Unsicherheiten. Sätze mit Konjunktivformen, Passivsätze, satzwertige Infinitive werden erst später sicher produziert, zum Teil erst im Grundschulalter.

Die in diesem Abschnitt vorgestellten Daten und Ergebnisse basieren vorwiegend auf Studien, die mit **Spontansprachdaten** arbeiten. Das gilt für einen bedeutenden Teil der Studien zum Syntaxerwerb. Zur Erhebung von Spontansprachdaten wird ein Kind über einen Zeitraum von einer halben Stunde bis zu mehreren Stunden beobachtet und sein Sprechen und sein Verhalten über Audio- oder Videoaufnahmen dokumentiert. Viele Studien arbeiten mit longitudinalen Daten. Das bedeutet, dass die Sprachentwicklung eines Kindes über einen längeren Zeitraum hinweg beobachtet und dokumentiert wird. Arbeitet man mit mehreren Kindern vergleichend, dann werden zu den Longitudinaldaten auch Querschnittsdaten erhoben. In Spontansprachdaten spiegelt sich das sprachlich-produktive Wissen eines Kindes. Allerdings können wir über Formen und Strukturen, die spontan nicht produziert werden, nur dann eine Aussage machen, wenn in den Daten **obligatorische Kontexte** für diese Formen und Strukturen vorliegen. Ist es in einem bestimmten Kontext nicht grammatisch notwendig, eine bestimmte Konstruktion zu verwenden, kann man aus dem Fehlen dieser Konstruktion nicht schließen, dass das Kind diese Konstruktion noch nicht beherrscht. Aus diesem Grund werden Spontanspracherhebungen häufig durch Elizitationsverfahren ergänzt, wie sie z. B. oben im Zusammenhang mit der Pluralflexion beschrieben wurden. Andere Verfahren, um Einblicke in die grammatische Kompetenz eines Kindes zu bekommen, sind **Verständnistests**, **Grammatikalitätsbeurteilungen** und **Nachsprechtests**. So kann man aus Nachsprechleistungen, besonders aus kindlichen Reformulierungen beim Nachsprechen, Rückschlüsse über die sprachliche Kompetenz ziehen. Empirische Erwerbsstudien mit traditionellen Verfahren werden schon seit Längerem durch experimentelle Studien mit Reaktionszeitmessungen, elektrophysiologischen Verfahren (EEG und EKP = ereigniskorrelierte Potentiale) oder bildgebende Verfahren (fMRT = funktionelle Magnetresonanztomographie) ergänzt.

Aufgabe 6:

a. Berechnen Sie in den Beispielen (7) und (8) jeweils den MLU-Wert.

b. Stellen Sie sich eine Situation vor, in der Sie mit einem fünfjährigen Kind ein Bilderbuch anschauen. Was erwarten Sie in Bezug auf den MLU-Wert der kindlichen Äußerungen?

Aufgabe 7: Schauen Sie sich die Beispielsätze unter (10), (11) und (12) genau an und überprüfen Sie sie hinsichtlich Verbflexion und Verbstellung, sowie hinsichtlich der Auslassung von Subjekten und Artikeln. Beschreiben Sie die grammatischen Fortschritte, die Sie entdecken. Können Sie etwas über Kasusmarkierungen sagen?

7.2.7 | Spracherwerb und Pragmatik

Sprache hat Struktur, die ein Kind im Lauf des Spracherwerbs erschließen muss. Sprache hat aber vor allem auch Funktion. Menschen nutzen Sprache zur Informationsübermittlung und zur Meinungsäußerung, zum Liebeswerben und zum Beleidigen, zum Betrügen und zum Überzeugen. Sprache ist ein Mittel zur Kommunikation, und diese Kommunikation findet in der sprachlichen Interaktion, im Gespräch statt. Gespräche sind strukturiert und unterliegen bestimmten Regeln (s. Kap. 6).

Kinder müssen Sprache auch auf dieser Ebene beherrschen lernen. Die pragmatischen Regeln einer Sprache sind für den sozial adäquaten Gebrauch von Sprache mindestens so wichtig wie eine verständliche Aussprache, korrekte Grammatik und ein angemessener Wortschatz. Wie nervtötend sind Mitmenschen, die nicht zuhören, nicht auf das eingehen, was wir sagen, die sich ständig wiederholen oder uns immer wieder unterbrechen, die nicht beim Thema bleiben oder mitten im Gespräch unvermittelt den Telefonhörer auflegen.

Das Kind muss lernen, wie ein Gespräch aufgebaut ist, wer wann spricht, wie das Thema festgelegt wird. Es muss lernen, eine Rolle im Gespräch zu übernehmen und die Rolle des Gegenübers zu berücksichtigen. Es muss Sprechakttypen erwerben: Behauptungen, Fragen, Bitten, Versprechen und es muss – ganz wichtig – die Bedingungen für Lügen herausfinden. Es muss lernen, dass es mit ein und derselben Äußerung sehr verschiedene Sprechakte ausführen kann und dass Äußerungen sehr unterschiedlich verstanden werden, je nachdem, mit welcher Intonation und in welchem Kontext sie produziert werden. Das Kind muss lernen zu entscheiden, welche Informationen neu sind, also mitgeteilt werden müssen, und welche Informationen der Gesprächspartner mit ihm teilt. Es muss lernen, welche Information in den Vordergrund und welche in den Hintergrund gehört, und es muss lernen, wie man Information sprachlich in den Vordergrund holt und wie man sie in den Hintergrund stellt. Irgendwann muss das Kind lernen, wie eine Geschichte aufgebaut wird, wie ein Witz funktioniert oder wie man Spielregeln erklärt. Auch Höflichkeitsregeln und die Wahl des passenden Registers gehören zu den pragmatischen Fähigkeiten, die sich ein Kind aneignen muss. Für alle genannten pragmatischen Funktionen muss es die geeigneten sprachlichen Mittel erwerben. Dazu gehört die Deixis zur Verortung des Gesagten in Raum und Zeit und die Bindung an eine Person, dazu gehören anaphorische und kataphorische Ausdrücke. Und dazu gehören – wie bereits erwähnt – eine Menge von strukturierenden Abfolgeregeln.

Es beginnt beim ***turn-taking***, das wohl schon in den interaktiven Spielen mit den Bezugspersonen geübt wird. Das ›Abwechselnd-Sprechen‹ gelingt sehr früh im Spracherwerb. Gesprächscharakter bekommt das ›Abwechselnd-Sprechen‹, wenn das Kind inhaltlich auf die Gesprächsbeiträge seines Gegenübers eingeht und beim Thema bleibt. Auch das gelingt schon in vielen Interaktionen mit Kindern im zweiten und dritten Lebensjahr, und das Kind wird in den nächsten ein, zwei Jahren ein immer zuverlässigerer Dialogpartner. Wir dürfen aber nicht übersehen, dass die Bezugspersonen darauf achten, dass das Kind angemessen ›zu Wort kommt‹. Da kleine Kinder noch nicht besonders kompetente und kooperative Gesprächspartner sind, sind sie in der Interaktion mit Gleichaltrigen wesentlich weniger erfolgreich als mit Erwachsenen. Ihre Versuche, miteinander ins Gespräch zu kommen, enden häufiger einmal im Monolog anstatt im Dialog.

Ebenfalls sehr früh entwickelt sich die Fähigkeit, verschiedene Sprechakte auszuführen. Pan/Snow (1999) beschreiben, dass Zweijährige etwa zwölf verschiedene Sprechakte nutzen, vor allem Aufforderungen (zu einer Aktion), z. B. *geh weg!*, Zurückweisung oder Zustimmung zu Aufforderungen, die an sie gerichtet sind (ja/nein), Feststellungen und Absichtserklärungen sowie Antworten auf Fragen. Diese Sprechakte beziehen sich zunächst nur auf die konkrete Situation, d. h. auf Aktionen und Objekte in der unmittelbaren Umgebung. Nach und nach erweitert das Kind seine kommunikativen Aktivitäten auf Nicht-Präsentes. Sprache und Sprachhandeln wird dekontextualisiert. Erst damit werden Sprechakte wie Drohen und Versprechen möglich.

Das Erzählen von Geschichten oder Witzen gelingt Kindern erst im Grundschulalter in einer erwachsenensprachlichen Form. Es ist ein langwährender Erwerbsprozess, bis Kinder den Aufbau einer Geschichte und die Integration von einzelnen Ereignissen in einen Gesamtrahmen beherrschen. Dazu gehören auch grammatische Mittel, wie der angemessene Einsatz von direkter und indirekter Rede. Hier spielt komplexe (Morpho-)Syntax in subordinierten Sätzen, in Passivkonstruktionen und Konjunktivformen eine wichtige Rolle. Um eine Geschichte kohärent erzählen zu können, muss das Kind die Perspektive des Zuhörers übernehmen können. Dazu müssen deiktische Ausdrücke, wie *hier* und *dort*, *davor* und *danach*, verwendet werden, die voraussetzen, dass die notwendigen räumlichen und zeitlichen Konzepte erworben sind. Zudem müssen Personalpronomen, aber auch Verben wie *kommen* und *gehen* richtig eingesetzt werden. Auch die Verwendung des unbestimmten Artikels bei Einführung eines neuen Referenten, im Gegensatz zur Verwendung des bestimmten Artikels zur Aufrechterhaltung des Bezugs, gehört zu dieser Fähigkeit. Ist ein neuer Referent nicht sichtbar oder dem Zuhörer nicht bekannt, dann tun sich fünfjährige Kinder schwer zu entscheiden, ob sie den definiten oder den indefiniten Artikel verwenden sollen. Erst Neunjährigen gelingt es, die Referenz eindeutig herzustellen (vgl. Hickmann 1995, 2000; Pan/Snow 1999; für weitere Details vgl. Matthews 2014).

Dass der Aufbau pragmatischen Wissens die Verknüpfung sozialer, kognitiver und sprachlicher Fähigkeiten beinhaltet, sollte deutlich geworden sein. Das zeigt sich besonders auch in der Entwicklung des Verstehens und Produzierens von indirekten Sprechakten, Ironie und Witzen, aber auch im Zugang zu Phantasiegeschichten und in der Fähigkeit zur ad hoc-Übernahme einer Rolle in einer Spielsituation, wobei vielleicht sogar die Stimme verstellt wird. Viele dieser Teilfertigkeiten beinhalten die Fähigkeit, über Sprache an sich nachzudenken, also metasprachliches Wissen. All diese Fähigkeiten entwickeln sich im Vorschulalter, und sie werden im Lauf der Grundschulzeit und bis ins Erwachsenenalter hinein weiter ausgefeilt. Die individuelle Variation in diesem sprachlichen Bereich ist groß; so groß, dass selbst viele Erwachsene erstaunlich unfähig sind, Zusammenhänge darzustellen, eine Geschichte kohärent wiederzugeben oder die Regeln eines Gesellschaftsspiels zu erklären.

Aufgabe 8: Analysieren Sie den kleinen Dialog unter (8) zwischen Meike (1;10) und ihrer Mutter hinsichtlich der Sprechakte, die Meike ausführt.

7.3 | Erklärungsansätze in der Spracherwerbsforschung

Die Spracherwerbsforschung hat – im Gegensatz zur Sprachwissenschaft insgesamt – eine kurze Geschichte. Es gibt zwar anekdotenhafte Berichte über frühe, eher abschreckende Versuche, Einblicke in den kindlichen Spracherwerb zu gewinnen. In diesen Experimenten ließ man Kinder in sprachlicher und damit in der Regel auch in sozialer Isolation aufwachsen, um die Frage beantworten zu können, welche Sprache ihnen denn angeboren sei (z. B. Pharao Psammetich I. im 7. Jh. v. Chr. oder Kaiser Friedrich II. im 13. Jh. n. Chr.). In den Fällen, in denen die Kinder diese Experimente überhaupt überlebten, sagt die Ergebnisdeutung weit mehr über die interpretatorischen Fähigkeiten der Versuchsleiter aus, als über den kindlichen Spracherwerb. So produzierten die bei einem Ziegenhirten versorgten Kinder im Psammetich-Experiment als ›erstes Wort‹ nach zwei Jahren BEKBEK, was dem phrygischen Wort für Brot ähnelte. Daraus schloss man, dass Phrygisch die Ursprache des Menschen sei.

Ein eigentliches Interesse an der kindlichen Sprachfähigkeit und Sprachentwicklung erwachte erst im späten 18. und beginnenden 19. Jahrhundert, sicherlich im Zusammenhang mit Ideen der Aufklärung und einem wachsenden Interesse an der kindlichen Entwicklung und Bildung überhaupt, wie sie sich in Rousseaus *Emile* (1762) oder in Bildungsromanen wie Goethes *Wilhelm Meisters Lehrjahre* (1795/96) niederschlagen.

Die ersten wichtigen Arbeiten zum kindlichen Spracherwerb sind Tagebuchstudien, in denen die sprachliche Entwicklung und oft auch die allgemeine kognitive oder auch motorische und musische Entwicklung eines Kindes dokumentiert wurde. Meist handelt es sich um die eigenen Kinder der Autoren. Dazu zählen u. a. die Arbeiten von Tiedemann (1787) (einem Biologen), von Preyer (1882) (einem Physiologen) und vor allem das Werk des Ehepaars Clara und William Stern *Die Kindersprache* (1907/1928) (beides Psychologen), deren Tochter Hilde im vorangehenden Abschnitt schon einige Beispiele lieferte. Auch wenn der Schwerpunkt solcher Studien vor allem in der deskriptiven Erfassung des Erwerbsverlaufs lag, sind manche der noch heute diskutierten Ideen zur Begründung und Erklärung des Spracherwerbs schon zu dieser Zeit aufgekommen. Die Erkenntnis beispielsweise, dass der Spracherwerb einem über-individuellen Muster folgt und in Erwerbsstadien zu fassen ist, haben schon die Sterns formuliert. Und sowohl die Ansicht, dass der sprachliche Input und die sozialen Bedingungen des kindlichen Umfelds den kindlichen Spracherwerb wesentlich bestimmen, als auch die Ansicht, dass der Spracherwerb von der intellektuellen Entwicklung abhängig sei und dass Sprache auf der Basis allgemeiner kognitiver Fähigkeiten erworben werde (z. B. Preyer), als letztendlich sogar die Idee, dass eine spezifische Fähigkeit für den Spracherwerb angeboren sei und sogar ohne Input das Kind zur ›Erfindung‹ einer Sprache führen könne (Taine 1877), wurden in dieser Zeit schon vertreten, auch wenn sie in anderen Begrifflichkeiten ausgedrückt wurden.

Ab 1920 wurde die Spracherwerbsforschung einerseits geprägt durch Entwicklungspsychologen wie Piaget und Wygotski, und andererseits durch die behavioristische Verhaltenstheorie. Die Arbeiten von Chomsky (z. B. Chomsky 1965, 1981) hatten entscheidenden Einfluss auf die Erwerbstheorie des Nativismus.

Schon Kinder gehen mit Sprache nicht imitativ um, sondern kreativ. Von Beginn des Spracherwerbs an konstruiert das Kind sein eigenes grammatisches System, das es nach und nach erweitert und modifiziert. Auf der Basis dieser Grammatiken generiert das Kind eigene Formen, eigene Strukturen, eigene Sätze. Um diese Grammatiken zu konstruieren, muss das Kind den sprachlichen Input ›analysieren‹. Nun ist es schon schwierig genug, grammatische Analysen durchzuführen, wenn man eine Sprache beherrscht. Wie soll ein zweijähriges Kind das tun, das noch keine Sprache beherrscht? Die nativistische Vorstellung zum Spracherwerb, und das heißt im engeren Sinn zum Grammatikerwerb, nimmt an, dass die Fähigkeit, eine Sprache zu erwerben, zur besonderen Ausstattung des Menschen gehört. Im **Nativismus** geht man davon aus, dass jeder Mensch von Geburt an mit einem grammatischen Programm ausgestattet ist. Vieles in diesem Programm ist nicht spezifiziert, sondern muss einzelsprachlich auf der Grundlage des Inputs festgelegt werden.

Ein zentrales Argument der Nativisten (oder auch Mentalisten) für die Annahme angeborenen sprachstrukturellen Wissens stammt von Chomsky und wird das *poverty of stimulus*-Argument genannt. Die Idee dahinter ist, dass die Inputinformationen, die das Kind erhält, einerseits fehlerhaft sind, und andererseits nicht eindeutig, so dass zu viele Interpretationen möglich sind. Als Beispiel werden oft strukturell mehrdeutige Sätze angeführt (*Hans ist schwierig zu zeichnen – Hans ist begierig zu zeichnen*). Diese beiden Sätze wirken oberflächlich gleich; strukturell aber sind sie sehr verschieden, denn im ersten Satz ist das Subjekt *Hans* in der *zu*-Phrase das Objekt, im zweiten Satz aber das Subjekt der *zu*-Phrase. Ohne leitende universale Sprachprinzipien sei auf dieser Basis der Grammatikerwerb nicht möglich. Besonders gegen dieses nativistische Argument gab und gibt es heftigsten Widerspruch, besonders hinsichtlich der Rolle des sprachlichen Inputs.

Zu diesen Kritikpunkten gehört z.B. die Beobachtung, dass die sprachlichen Äußerungen, die an kleine Kinder gerichtet werden, syntaktisch stark vereinfacht sind, wenig Fehler enthalten und prosodisch markant sind, so dass wichtige Informationen wie Konstituenten- und Wortgrenzen hervorgehoben werden (s.u.). Auch wenn diese Beobachtungen anerkannt werden, bleibt aus nativistischer Sicht das logische Problem des Spracherwerbs ungelöst, nämlich dass der sprachliche Input inhaltlich zu zufällig und im Umfang zu begrenzt sei, um auf dieser Basis eine zielsprachliche Kompetenz aufzubauen. Dazu wird ein *language acquisition device* (LAD) angenommen, der über formale Universalien (in der Phonologie, Morphologie, Syntax und Semantik) mögliche grammatische Repräsentationen begrenzt. Mit anderen Worten: In nativistischen oder generativen Ansätzen zum Spracherwerb geht man davon aus, dass das kognitive System des Kindes domänenspezifisch den Hypothesenraum für sprachliche Strukturen begrenzt. Dahinter steht ein modulares Modell für Kognition, in dem linguistische Fähigkeiten von anderen kognitiven Fähigkeiten getrennt sind.

Gegen die nativistische Position formierten sich vor allem die Vertreter kognitivistischer Ansätze (die oft auch konstruktivistische Ansätze genannt werden) und interaktionistischer Ansätze. Der **Kognitivismus** geht auf Piaget und die Genfer Schule zurück (vgl. dazu Piatelli-Palmarini 1980; im Deutschen Szagun 1983). In kognitiven Ansätzen nimmt man an, dass das Kind Sprache erwirbt, indem es auf der Basis kognitiver Strategien Schlüsse über Formen und Strukturen zieht. Der zentrale Punkt im Kognitivismus ist, dass der Spracherwerb allein auf der generellen Symbolisierungsfähigkeit und der allgemeinen kognitiven Entwicklung des Kindes gründet. Die Annahme einer spezifischen, angeborenen Sprach(erwerbs)fähigkeit wird abgelehnt. Vielmehr soll das Kind sprachliche Verarbeitungsstrategien aus generellen kognitiven Prozessen ableiten und so Strategien formulieren, die zur Entdeckung struktureller Regularitäten führen. Der Zugang zur Sprache erfolgt über die Bedeutungsseite. Der Zugang zur Grammatik basiert darauf, dass zwischen semantischen Konzepten wie Agens und Aktion einerseits und grammatischen Relationen wie Subjekt und Verb andererseits eine Beziehung besteht. Diesen Zusammenhang nutzt das Kind mithilfe einer besonderen Verarbeitungsstrategie, dem sogenannten *semantic bootstrapping* (s. Kap. 7.2.3), um die Sprachstruktur zu erschließen. Das kann nur funktionieren, wenn es in Sprachen tatsächlich eine Korrelation zwischen thematischen Rollen wie Agens und grammatischen Funktionen wie Subjekt gibt. Tatsächlich bestehen solche Beziehungen, aber es sind keine 1:1-Beziehungen, und sie sind vor allen Dingen nicht in allen Sprachen gleich. So ist dieses Konstrukt *semantic bootstrapping* sehr umstritten und bisher in den Erwerbsdaten nicht eindeutig nachgewiesen (vgl. Behrens 2009a, b).

Kognitivistische Ansätze sagen wenig über die Form kindlicher Spracherwerbsmechanismen aus. Auch wenn eine Beziehung zwischen nicht-sprachlicher kognitiver Entwicklung und Spracherwerb intuitiv sinnvoll erscheint, dürfen wir nicht übersehen, dass es einerseits Kinder gibt, die trotz unauffälliger kognitiver Fähigkeiten Probleme im Spracherwerb haben, und dass es andererseits auch Kinder mit deutlich beschränkten kognitiven Fähigkeiten gibt, die das sprachliche System vergleichsweise problemlos erwerben. Diese sogenannte doppelte Dissoziation zwischen kognitiver Leistung einerseits und sprachlicher Leistung andererseits, also die Beobachtung, dass gute kognitive Leistungen nicht mit guten Sprachleistungen bzw. schwache kognitive Leistungen nicht mit Spracherwerbsproblemen verbunden sein müssen, wird von Vertreterinnen eines modularen kognitiven Ansatzes als wichtiges Indiz für die Existenz eines sprachspezifischen Verarbeitungsmoduls gewertet. Sicherlich müssen wir zwischen verschiedenen sprachlichen Dimensionen unterscheiden. Die semantische und damit die konzeptuell gebundene Seite von Sprache, bestimmte pragmatische Aspekte, die Vermittlung logisch komplexer Sachverhalte mit Hilfe komplexer syntaktischer Konstruktionen sind an kognitive Fähigkeiten geknüpft. Der Erwerb und die Beherrschung von Grammatik, also der strukturellen Aspekte von Sprache, sind weit unabhängiger von allgemeiner Kognition, also weitgehend autonom.

Spielt im Kognitivismus die kognitive Entwicklung die zentrale Rolle für den Spracherwerb, spielen im Interaktionismus der Input und die Interaktion zwischen Kind und Bezugspersonen eine entscheidende Rolle, und die kognitive Entwicklung gibt den Rahmen für die sprachliche Entwicklung vor.

Interaktionistische Ansätze sind pragmatisch orientiert: Im Vordergrund stehen Funktion und Gebrauch von Sprache und ihre sozialen Aspekte. Der **Interaktionismus** wird seit den 70er Jahren z. B. von Bruner (1983) und Snow vertreten (Snow/Ferguson 1977, Snow 1995). Zentral ist die Annahme, dass die an das Kind gerichtete Sprache ganz auf die Bedürfnisse und Fähigkeiten des Kindes ausgerichtet ist. Sie ist semantisch und strukturell vereinfacht und prosodisch markiert. So soll der vorstrukturierte

Input das Kind in die Lage versetzen, dem Input alle wichtigen Informationen für den Erwerb (auch der Grammatik) zu entnehmen. Wichtig ist in diesem Ansatz der Begriff **motherese** (›Mutterisch‹, auch *baby talk*, *child directed speech*). Die Existenz dieser ›an das Kind gerichteten Sprache‹ wird als Gegenargument gegen das *poverty of stimulus*-Argument genutzt (s. o.). Tatsächlich unterscheidet sich die an das Kind gerichtete Sprache in Komplexität und Prosodie von Sprache, die an Erwachsene gerichtet ist. Sie ist u. a. gekennzeichnet durch eine langsamere und flüssigere Sprechweise, durch eine stark übertriebene Sprachmelodie und Betonung und durch eine hohe Stimmlage. Wir finden außerdem syntaktische und semantische Vereinfachungen, d. h. einfache, kurze Frage- und Hauptsätze mit wenigen Funktionswörtern und vielen konkreten Nomen, viele Imperative, Rückfragen und Wiederholungen, viele expandierende Wiederholungen sowie inhaltliche Wiederholungen (= Reformulierungen), thematische Weiterführungen der kindlichen Äußerungen und anderes mehr. Auch die Verwendung von Formen in verschiedenen Sätzen kann helfen, die Struktur zu durchschauen. So erschließt sich z. B. über verschiedene Verwendungen eines Verbs die Verbsyntax, wozu die Anzahl und Art der Verbargumente zählen. Damit wiederum hat das Kind Zugang zur Verbbedeutung. Dieser Aspekt der kindlichen Sprachanalyse wird **syntactic bootstrapping** genannt, d. h. ausgehend von der syntaktischen Struktur wird auf die Bedeutung geschlossen (Gleitman 1990).

Die sprachliche Interaktion ist also so ausgeklügelt, dass die Bezugspersonen ihre Sprache immer genau den Fähigkeiten des Kindes anpassen. Man spricht von Feinabstimmung. Die prosodischen und syntaktischen Merkmale der Sprache, die an ein fünfjähriges Kind gerichtet wird, unterscheidet sich von der, die an ein zweijähriges Kind gerichtet wird. Darüber hinaus hat diese Art zu sprechen vor allem affektive und soziale Funktion (Snow 1995).

Nun wird aber nicht nur mit kleinen Kindern so gesprochen, sondern – und das scheint der gemeinsame Nenner zu sein – mit allen Lebewesen, von denen man annimmt, dass sie schlecht verstehen können, was wir ihnen sagen. So finden wir Aspekte des *motherese* sowohl in Sprache, die an Kinder gerichtet ist, aber auch in Sprache, die an Schwerhörige oder an Ausländer gerichtet ist. Die Forschungslage zum *motherese* ist sehr widersprüchlich. Die wichtigste Frage ist, ob diese Aufbereitung des Inputs eine notwendige Bedingung für den Spracherwerb ist oder vor allem ein unterstützender Faktor. Dient die Feinabstimmung der sprachlichen Förderung oder der optimalen Kommunikation?

Letztendlich gibt es keine Belege für einen unmittelbaren, ursächlichen und notwendigen Zusammenhang zwischen *motherese* und Grammatikentwicklung oder gar der Form grammatischer Regeln. Mit Sicherheit aber dient das *motherese* der Verständlichkeit und damit der Interaktion zwischen Bezugsperson und Kind und liefert so einen günstigen Hintergrund für den Spracherwerb.

Es gibt viele Varianten der hier vorgestellten Ansätze, eine Reihe weiterer Ansätze, und insgesamt sind die Grenzen zwischen den verschiedenen Positionen fließend. Der Interaktionismus beispielsweise, wie ihn Bruner (1983) vertritt, konzentriert sich auf den ganz frühen Spracherwerb (bis zum Alter von zwei Jahren etwa). Dieser Ansatz ist eine ausführliche Beschreibung der Bedingungen, unter denen Spracherwerb normalerweise abläuft. Eine Erklärung für den Erwerb von Sprache insgesamt und besonders für den Erwerb der Grammatik kann der Ansatz nicht liefern. Bruner selbst erhebt aber auch gar nicht diesen Anspruch. Er möchte das System erfassen, das den frühkindlichen Spracherwerb unterstützt, und Bruner schließt dabei die Existenz einer Universalgrammatik, die den Grammatikerwerb steuert, explizit nicht aus.

Andere Ansätze stellen besonders den Form-Funktions-Zusammenhang der Sprache in den Vordergrund, so dass man von **funktionalistischen Ansätzen** spricht. Dabei werden meist Merkmale des Interaktionismus und kognitiver Ansätze miteinander verbunden. Zu den funktionalistischen Ansätzen zählt das *Competition*-Modell von Bates und MacWhinney (1987), in dem Sprachverarbeitung und auch Spracherwerb über ein konnektionistisches Netzwerkmodell erklärt werden, d. h. im Rahmen einer Kognitionstheorie, die von Piagets entwicklungspsychologischer Theorie deutlich abweicht.

Aspekte der kognitivistischen, funktionalistischen und interaktionischen Modelle werden in den aktuelleren *usage based*- und Konstruktions-Ansätzen oder Emergenzmodellen zusammengeführt (Behrens 2009a,b, Tomasello 2005). Generelle kognitive Erwerbsmechanismen und soziale und kommunikative Fähigkeiten allein sind in diesem Ansatz für den Spracherwerb ausreichend. Konstruktionen (hier schließt sich der Ansatz an die Konstruktionsgrammatik an) werden als Form-Funktions-Paare verstanden, so dass sich das Kind u. a. über *bootstrapping*-Mechanismen auch sprachstrukturelle Eigenschaften erschließen kann. Über Hypothesenbildung, die aber anders als in generativ-nativistischen Ansätzen nicht durch sprachspezifische Universalien gesteuert wird, nähert sich das Kind allmählich der zielsprachlichen Kompetenz an. In diesen Modellen kommt einerseits Imitation, d. h. die Übernahme und Verwendung von unanalysierten Einheiten (Wörtern oder Teilen von Sätzen) aus der Erwachsenensprache zum Tragen, als auch andererseits die Analyse von Konstruktionen (auf Morphem-, Wort- oder Satzebene), was wiederum zu Konstruktionen in der Kindersprache führt. Die vom Kind erstellten Analysen und Hypothesen werden auf der Basis von positiver und indirekter negativer Evidenz, mit Hilfe von pragmatischen und semantischen Hinweisen, über das Nutzen von Frequenzeffekten (Lieven 2010) und weiterer Eigenschaften der Inputsprache, d.h. gebrauchsbasiert (*usage based*), nach und nach weiterentwickelt.

Bisher wurde bewusst der Begriff ›Spracherwerbstheorie‹ vermieden. In den einzelnen Abschnitten unter 7.2 wurde neben der Beschreibung von Erwerbsdaten und Erwerbsverlauf auch immer wieder gezeigt, wie Aspekte des Spracherwerbs in linguistischen Modellen erfasst werden können, und zwar sowohl deskriptiv als auch explanativ. Eine stimmige Theorie aber, die den kindlichen Spracherwerb insgesamt erklärt, gibt es nicht. Vielleicht wäre die beste Theorie eine, die zentrale und besonders erklärungsstarke Elemente aus verschiedenen Ansätzen wie Bausteine zu einer übergreifenden Theorie zusammenträgt. Fast jeder Ansatz, der bisher hier vorgestellt wurde, hat Erklärungskraft für bestimmte Aspekte des Spracherwerbs, aber jeder scheitert an der Erklärung bestimmter anderer Aspekte. Das Problem, eine solche Patchwork-Theorie aufzustellen, liegt darin, dass die verschiedenen Ansätze Grundannahmen über den kindlichen Spracherwerb machen, die sich zum Teil gegenseitig ausschließen.

Wenn wir schon keine Spracherwerbstheorie ›basteln‹ können, dann kann man zumindest formulieren, welche Bedingungen ein Erklärungsansatz und vielleicht letztendlich eine übergreifende Spracherwerbstheorie erfüllen müsste. Jeder Ansatz macht Annahmen über die Rolle der kognitiven Entwicklung, über die Funktion des Inputs und über die Art der Sprachverarbeitung und den Umfang und die Reichweite sprachspezifischer Verarbeitungsstrategien. Erklärungen zu finden für Phänomene, die wir im Spracherwerb beobachten, ist zugleich theorieabhängig wie auch theoriebildend. Es ist in diesem Zusammenhang wichtig zu unterscheiden, ob wir Erwerbsphänomene in Bezug auf die kindliche Entwicklung insgesamt beschreiben und erklären, oder ob wir Spracherwerbsprozesse rein linguistisch, also innerhalb des Sprachsystems beschreiben und erklären. Der Erklärungsanspruch, der jeweils formuliert wird, hat dann eine unterschiedliche Reichweite. All diese Annahmen und Voraussetzungen müssen explizit gemacht werden. Außerdem sollte in jedem Ansatz deutlich gemacht werden, für welchen sprachlichen Bereich oder Aspekt Gültigkeit beansprucht wird. Diese eigentlich minimalen und selbstverständlichen Forderungen werden nicht immer erfüllt, und so entstehen Missverständnisse.

Eine umfassende **Spracherwerbstheorie** sollte ein Erklärungspotential haben, das die folgenden prinzipiell gegensätzlichen Pole erfasst. Spracherwerb verläuft geordnet, es gibt so etwas wie einen generellen Erwerbsverlauf. Ohne die Beobachtung eines typischen Erwerbsverlaufs wären Abweichungen im Spracherwerb gar nicht identifizierbar. Dagegen stehen viele Beobachtungen, die zeigen, dass Kinder Sprache durchaus individuell erwerben. Dazu kommt, dass die Bedingungen, unter denen der Spracherwerb vollzogen wird, von Kind zu Kind variieren: Erwerbsstile, kulturelle und soziale Hintergründe, Elternverhalten usw. sind Faktoren, die den Spracherwerb beeinflussen. Eine Spracherwerbstheorie muss vor allem das Generelle erfassen und erklären, aber zugleich Interpretationsspielraum lassen für das Individuelle, und eine Spracherwerbstheorie muss die internen und externen Faktoren im Spracherwerb berücksichtigen und ihren Stellenwert bestimmen. Außerdem müsste eine Spracherwerbstheorie die Interaktion von Fortschritten im Erwerb verschiedener sprachlicher Module oder Bereiche miteinander explanativ in Beziehung setzen. Wenn dann eine Spracherwerbstheorie noch zugleich Bestandteil einer Theorie über Sprache und einer Theorie über kognitive Entwicklung wäre, wäre sie perfekt.

Literatur

Grundlegende Literatur

Barrett, Martyn (Hg.) (1999): The Development of Language. Hove: Psychology Press.
Bavin, Edith L. (Hg.) (2009): *Cambridge Handbook on Child Language*. Cambridge: Cambridge University Press.
Behrens, Heike (2009a): Usage-based and emergentist approaches to language acquisition. In: Linguistics 47, 383–411.
Bernhardt, Barbara H./Stemberger, Joseph P. (1998): Handbook of Phonological Development. From the Perspective of Constraint-Based Nonlinear Phonology. San Diego: Academic Press.
Bloom, Paul (2000): How Children Learn the Meanings of Words. Cambridge, Mass./London: MIT Press.
Bowerman, Melissa/Levinson, Stephen C. (Hgg.) (2001): Language Acquisition and Conceptual Development. Cambridge: Cambridge University Press.
Boysson-Bardies, Bénédicte de (1999): How Language Comes to Children. Cambridge, Mass./London: MIT Press.
Bruner, Jerome (1983): Child's Talk: Learning to Use Language. New York: Norton/Company.
Clark, Eve (1993): The Lexicon in Acquisition. Cambridge: Cambridge University Press.
Clahsen, Harald (1988): Normale und gestörte Kindersprache. Linguistische Untersuchungen zum Erwerb von Syntax und Morphologie. Amsterdam/Philadelphia: Benjamins.
Eisenbeiß, Sonja (2009): Generative approaches to language learning. In: Linguistics 47, 273–310.
Fletcher, Paul/MacWhinney, Brian (Hgg.) (1995): The Handbook of Child Language. Oxford: Blackwell.

Gentner, Dedre/Goldin-Meadow, Susan (Hgg.) (2003): Language in Mind. Advances in the Study of Language and Thought. Cambridge: MIT Press.

Grimm, Hannelore (Hg.) (2000): Sprachentwicklung. Göttingen: Hogrefe.

Hirsh-Pasek, Kathy/Golinkoff, Roberta Michnick (1996): The Origins of Grammar. Evidence from Early Language Comprehension. Cambridge, Mass.: MIT Press.

Jusczyk, Peter W. (1997): The Discovery of Spoken Language. Cambridge, Mass./London: MIT Press.

Kauschke, Christina (2012): Kindlicher Spracherwerb im Deutschen. Verläufe, Forschungsmethoden, Erklärungsansätze. Berlin/Boston: de Gruyter.

Klann-Delius, Gisela (1999): Spracherwerb. Stuttgart/Weimar: Metzler (Sammlung Metzler, 321).

Lust, Barbara/Foley, Claire (Hgg.) (2003): First Language Acquisition: The Essential Readings. Oxford, Cambridge: Blackwell.

Meibauer, Jörg/Rothweiler, Monika (Hg.) (1999). Das Lexikon im Spracherwerb. Tübingen: A. Francke.

Papoušek, Mechtild (1994): Vom ersten Schrei zum ersten Wort: Anfänge der Sprachentwicklung in der vorsprachlichen Kommunikation. Bern: Hans Huber.

Piatelli-Palmerini, Massimo (Hg.) (1980): Language and Learning: The Debate Between Jean Piaget and Noam Chomsky. Cambridge, Mass.: Harvard University Press.

Rothweiler, Monika (Hg.) (1990): Spracherwerb und Grammatik. Linguistische Untersuchungen zum Erwerb von Syntax und Morphologie. Opladen: Westdeutscher Verlag.

Schulz, Petra/Grimm, Angela (2012): Spracherwerb. In: Drügh, Heinz/Komfort-Hein, Susanne/Kraß, Andreas/Meier, Cécile/Rohowski, Gabriele/Seidel, Robert/Weiß, Helmut (Hgg.): Germanistik. Sprachwissenschaft - Literaturwissenschaft Schlüsselkompetenzen. Stuttgart/Weimar: J.B. Metzler, 155–172.

Stern, Clara/Stern, William (1907/1928[4]): Die Kindersprache: Eine psychologische und sprachtheoretische Untersuchung. Leipzig: Barth. (Nachdruck: 1975, Darmstadt: Wissenschaftliche Buchgesellschaft).

Szagun, Gisela (1996[6]): Sprachentwicklung beim Kind. Eine Einführung. München: Beltz.

Szagun, Gisela (2001): Wie Sprache entsteht. Spracherwerb bei Kindern mit beeinträchtigtem und normalem Hören. Weinheim, Basel: Beltz.

Tomasello, Michael (2005): Constructing a Language: A Usage-Based Theory of Language Acquisition. Harvard: University Press.

Tracy, Rosemarie (2000): Sprache und Sprachentwicklung: Was wird erworben? In: Grimm, Hannelore (Hg.): 3–40.

Weissenborn, Jürgen/Höhle, Barbara (Hgg.) (2001a): Approaches to Bootstrapping. Phonological, Lexical, Syntactic and Neurophysiological Aspects of Early Language Acquisition. Vol. 1. Amsterdam, Philadelphia: Benjamins.

Weissenborn, Jürgen/Höhle, Barbara (Hgg.) (2001b): Approaches to Bootstrapping. Phonological, Lexical, Syntactic and Neurophysiological Aspects of Early Language Acquisition. Vol. 2. Amsterdam, Philadelphia: Benjamins.

Weitere Literatur

Bartke, Susanne (1998): Experimentelle Studien zur Flexion und Wortbildung. Pluralmorphologie und lexikalische Komposition im unauffälligen Spracherwerb und im Dysgrammatismus. Tübingen: Niemeyer.

Bates, Elisabeth/MacWhinney, Brian (1987): Language universals, individual variation, and the competition model. In: MacWhinney, Brian (Hg.): Mechanisms of Language Acquisition. Hillsdale, N.J.: Lawrence Erlbaum, 157–194.

Behrens, Heike (2009b): Konstruktionen im Spracherwerb. In: Zeitschrift für Germanistische Linguistik (ZGL), 20, 427-444.

Berger, Frauke/Höhle, Barbara (2012): Restrictions on addition: children's interpretation of the focus particles auch ›also‹ and nur ›only‹ in German. In: Journal of Child Language 39, 383–410.

Berko, Jean (1958): The child's learning of English morphology. In: Word 14, 150–177.

Bittner Dagmar/Kühnast, Milena (2011): Comprehension of intersentential pronouns in child German and child Bulgarian. In: First Language 32, 176–204.

Bowerman, Melissa (1978): Systematizing semantic knowledge: Changes over time in the child's organization of meaning. In: Child Development 49, 977–987.

Brown, Roger (1973): A First Language. The Early Stages. Cambridge, Mass.: Harvard University Press.

Bryant, Doreen (2012): Lokalisierungsausdrücke im Erst- und Zweitspracherwerb. Typologische, ontogenetische und kognitionspsychologische Überlegungen zur Sprachförderung in DaZ. Baltmannsweiler: Schneider Verlag Hohengehren.

Carey, Susan (1978): The child as word learner. In: Morris, Halle/Bresnan, Joan/Miller, George A. (Hgg.): Linguistic Theory and Psychological Reality. Cambridge, Mass.: MIT Press, 264–293.

Chomsky, Noam (1965): Aspects of the Theory of Syntax. Cambridge, Mass.: MIT Press (dt. Aspekte der Syntaxtheorie. Berlin: Akademie-Verlag/Frankfurt a.M.: Suhrkamp 1969).

Chomsky, Noam (1981): Lectures on Government and Binding. The Pisa Lectures. Dordrecht: Foris.

Clahsen, Harald (1982): Spracherwerb in der Kindheit. Tübingen: Narr.

Clahsen, Harald (1984): Der Erwerb von Kasusmarkierungen in der deutschen Kindersprache. In: Linguistische Berichte 89, 1–31.

Clahsen, Harald (1986): Die Profilanalyse. Ein linguistisches Verfahren für die Sprachdiagnose im Vorschulalter. Berlin: Marhold.

Clahsen, Harald/Fleischhauer, Elisabeth (2014): Morphological priming in child German. In: Journal of Child Language 41, 1305–1333.

Clahsen, Harald/Penke, Martina (1992): The acquisition of agreement morphology and its syntactic consequences. In: Meisel, Jürgen M. (Hg.): The Acquisition of Verb Placement. Functional Categories and V2 Phenomena in Language Acquisition. Dordrecht: Kluwer,181–223.

Clahsen, Harald/Rothweiler, Monika (1993): Inflectional rules in children's grammars: Evidence from German participles. In: Booij, Geert/van Marle, Jaap (Hgg.): Yearbook of Morphology 1992. Dordrecht: Kluwer Academic Publishers, 1–34.

Clahsen, Harald/Rothweiler, Monika/Woest, Andreas/Marcus, Gary (1992): Regular and irregular inflection in the acquisition of German noun plurals. In: Cognition 45, 225–255.

Demuth, Katherine (2009): The prosody of syllables, words and morphemes. In: Bavin, Edith L. (Hg.): Cambridge Handbook on Child Language. Cambridge: Cambridge University Press, 183-198.

Eimas, Peter (1985): Sprachwahrnehmung beim Säugling. In: Spektrum der Wissenschaft 3, 76–83.

Eisenbeiß, Sonja/Bartke, Susanne/Clahsen, Harald (2006): Structural and lexical case in child German: evidence from language-impaired and typically developing children. In: Language Acquisition 13, 3–32.

Fikkert, Paula/de Hoop, Helen (2009): Language acquisition in optimality theory. In: Linguistics 47, 311–357.

Fox-Boyer, Annette (2009): Kindliche Aussprachestörungen: phonologischer Erwerb, Differenzialdiagnostik, Therapie. Idstein: Schulz-Kirchner.

Ganger, Jennifer/Brent, Michael R. (2004): Reexamining the vocabulary spurt. In: Developmental Psychology 40, 621–632.

Gawlitzek-Maiwald, Ira (1997): Der monolinguale und bilinguale Erwerb von Infinitivkonstruktionen. Ein Vergleich von Deutsch und Englisch. Tübingen: Niemeyer.

Gleitman, Lila R. (1990): The structural sources of verb meanings. In: Language Acquisition 1, 3–55.

Grijzenhout, Janet/Penke, Martina (2005): On the interaction of phonology and morphology in language acquisition and German and Dutch Broca's aphasia. In: Yearbook of Morphology 2005, 49-81.

Hickmann, Maya (1995): Discourse organization and the development of reference to person, space, and time. In: Fletcher/MacWhinney (1995): 194–218.

Hickmann, Maya (2000): Pragmatische Entwicklung. In: Grimm (2000), 193–227.

Höhle, Barbara/Bijeljac-Babic, Ranka/Herold, Birgit/Weissenborn, Jürgen/Nazzi, Thierry (2009): Language specific prosodic preferences during the first year of life: Evidence from German and French infants. In: Infant Behavior and Development 32, 262-274.

Ingram, David (1999): Phonological acquisition. In: Barrett (1999), 73–98.

Kauschke, Christina (2000): Der Erwerb des frühkindlichen Lexikons. Eine empirische Studie zur Entwicklung des Wortschatzes im Deutschen. Tübingen: Narr.

Kauschke, Christina (2007): Erwerb und Verarbeitung von Nomen und Verben. Tübingen: Niemeyer.

Kent, Ray D./Miolo, Giuliana (1995): Phonetic abilities in the first year of life. In: Fletcher/MacWhinney (1995), 303–334.

Lieven, Elena (2010): Input and first language acquisition: Evaluating the role of frequency. In: Lingua 120, 2546–2556.

Locke, John L. (1983): Phonological Acquisition and Change. New York: Academic Press.

Markman, Ellen (1989): Categorization and Naming in Children: Problems of Induction. Cambridge, Mass.: MIT Press.

Matthews, Danielle (Hg.) (2011): Pragmatic Development in First Language Acquisition. Amsterdam/Philadelphia: Benjamins.

Meibauer, Jörg (1995): Neugebildete er-Derivate im Spracherwerb. Ergebnisse einer Langzeitstudie. In: Sprache und Kognition 14, 138–160.

Meibauer, Jörg (1999): Über Nomen-Verb-Beziehungen im frühen Wortbildungserwerb. In: Meibauer/Rothweiler (1999), 184–205.

Menn, Lise/Stoel-Gammon, Carol (1995): Phonological development. In: Fletcher/MacWhinney (1995), 335–60.

Miller, Max (1976): Zur Logik der frühkindlichen Sprachentwicklung. Stuttgart: Klett.

Müller, Natascha (1993): Komplexe Sätze: der Erwerb von COMP und von Wortstellungsmustern bei bilingualen Kindern (französisch – deutsch). Tübingen: Narr.

Neugebauer-Kostenblut, Hanna (1914): Sprachliche Eigenbildungen meines Sohnes. In: Zeitschrift für Kinderforschung 19, 174–181; 242–246, 362–370.

Pan, Barbara A./Snow, Catherine E. (1999): The development of conversational and discourse skills. In: Barrett (1999), 229–250.

Penner, Zvi (2000): Phonologische Entwicklung: Eine Übersicht. In: Grimm (2000), 105–139.

Piaget, Jean (1978): Das Weltbild des Kindes. Stuttgart: Cotta.

Pinker, Steven/Prince, Alan (1988): On language and connectionism: analysis of a parallel distributed processing model of language acquisition. In: Cognition 29, 73–193.

Piske, Thorsten (2001): Artikulatorische Muster im frühen Laut- und Lexikonerwerb. Tübingen: Narr.

Preyer, William (1882, 1900[5]): Die Seele des Kindes. Beobachtungen über die geistige Entwicklung des Menschen in den ersten Lebensjahren. Leipzig: Th. Griebens Verlag.

Rice, Mabel L./Woodsmall, Linda (1988): Lessons from television: Children's word learning when viewing. In: Child Development 59, 420–429.

Rothweiler, Monika (1993): Der Erwerb von Nebensätzen im Deutschen. Tübingen: Niemeyer.

Rothweiler, Monika (2001): Wortschatz und Störungen des lexikalischen Erwerbs bei spezifisch sprachentwicklungsgestörten Kindern. Heidelberg: C. Winter.

Rumelhart, David E./McClelland, James L. (1986): On learning the past tenses of English verbs. Implicit rules or parallel distributed processing? In: McClelland, James/ Rumelhart, David/the PDP research group (Hgg.): Parallel Distributed Processing: Explorations in the Microstructure of Cognition, Vol. 2, Psychological and Biological Methods. Cambridge, Mass.: MIT Press. 216–271.

Schönenberger, Manuela/Rothweiler, Monika/Sterner, Franziska (2012): Case marking in child L1 and early child L2 German. In: Gabriel, Christoph/Braunmüller, Kurt (Hgg.): Multilingual Individuals and Multilingual Societies. Amsterdam: Benjamins, 3-21.

Schulz, Petra/Tom Roeper (2011): Acquisition of exhaustivity in wh-questions: A semantic dimension of SLI? In: Lingua 121, 383-407.

Snow, Catherine (1995): Issues in the study of input: finetuning, universality, individual and developmental differences, and necessary causes. In: Fletcher/MacWhinney (1995), 180–193.

Snow, Catherine E./Ferguson, Charles A. (1977): Talking to Children: Language Input and Language Acquisition. Cambridge: Cambridge University Press.

Szagun, Gisela (1983): Bedeutungsentwicklung beim Kind: Wie Kinder Wörter entdecken. München: Urban/Schwarzenberg.

Szagun, Gisela (2004): Learning by ear: On the acquisition of case and gender marking by German-speaking children with cochlear implants and with normal hearing. In: Journal of Child Language 31, 1–30.

Szagun, Gisela (2011): Regular/irregular is not the whole story: the role of frequency and generalization in the acquisition of German past participle inflection. In: Journal of Child Language 38, 731–762.

Taine, Hippolyte (1877): On the acquisition of language by children. In: Mind 2, 252–259.

Tiedemann, Dieterich (1787): Beobachtungen über die Entwicklung der Seelenfähigkeit bei Kindern. Altenburg.

Tracy, Rosemarie (1986): The acquisition of case mophology in German. In: Linguistics 24, 47–78.

Tracy, Rosemarie (1991): Sprachliche Strukturentwicklung. Linguistische und kognitionspsychologische Aspekte einer Theorie des Erstspracherwerbs. Tübingen: Narr.

Weissenborn, Jürgen (2000). Der Erwerb von Morphologie und Syntax. In: Grimm (2000), 141–170.

Wittek, Angela (1999): Zustandsveränderungsverben im Deutschen. Wie lernt das Kind die komplexe Semantik? In: Meibauer/Rothweiler (1999), 278–295.

Wojtecka, Magdalena/Koch, Corinna/Grimm, Angela/Schulz, Petra (2011): Production and comprehension of sentence negation in child German. In: Grimm, Angela/Müller, Anja/Hamann, Cornelia/Ruigendijk, Esther (Hgg.): Production-Comprehension Asymmetries in Child Language. Berlin/Boston: de Gruyter, 217-245.

Monika Rothweiler

8 | Sprachwandel

8.1 | Einleitung

Unsere Sprache wandelt sich unablässig. Beispiele dafür lassen sich in der Alltagssprache täglich aufs Neue entdecken. Meistens handelt es sich um Fälle lexikalischen Wandels, wie die Entlehnung von Wörtern aus einer anderen Sprache in das Deutsche. Eine besondere Rolle spielt hier in den letzten Jahren das Englische. Bekannte Beispiele solcher Entlehnungen sind Wörter aus der Computersprache wie *scannen*, *e-mailen*, *chatten*, aber auch *Punk* oder *Hooligan* sind aus dem Englischen entlehnt. Aus anderen Sprachen sind Lexeme wie *Plateau* (aus dem Französischen), *Cello* (aus dem Italienischen) oder *Fatzke* (aus dem Polnischen) übernommen worden. Informationen über die Geschichte einzelner Wörter lassen sich aus etymologischen Wörterbüchern beziehen.

Mehr oder weniger bewusst sind den Sprechern einer Sprache oft auch Beispiele für den Wandel von Wortbedeutungen: Um beispielsweise den hohen Grad einer Eigenschaft auszudrücken, verwenden wir umgangssprachlich Wörter wie *echt*, *irre*, *schrecklich*, *tierisch* oder *wahnsinnig*, wie in

(1)   Paula hat einen tierisch interessanten Typen getroffen.

Mit einer Äußerung wie (1) meinen wir sicher nicht, dass der Mann, von dem hier die Rede ist, der Tierwelt nahe steht, sondern dass es sich um einen ausgesprochen interessanten Menschen handelt. Adjektive wie *tierisch* haben im heutigen Deutsch Verwendungen, die in früheren Perioden der deutschen Sprachgeschichte nicht belegt sind.

Sprachwandel beschränkt sich jedoch nicht auf den Bereich des Lexikons als Teil unserer sprachlichen Kompetenz, sondern erfasst verschiedene Aspekte unserer Sprache. Um zu sehen, wie stark sich die deutsche Sprache bereits in einem Zeitraum von gut 500 Jahren verändert hat, betrachten wir einen kurzen Ausschnitt aus einer Veröffentlichung des Jahres 1472, *Ob einem manne sey zunemen ein eelichs weyb oder nicht* von Albrecht von Eyb:

(2)   Socrates phylosophus Ein natürlich meister zu Athenas der do ist gewest   1
        zu den zeytten Assweri des kůnigs ward von einem Jůngling gefragt Ob
        er ein weyb nemen solt oder nit Antwurt der meister vnd sprach zu im .   3
        Wellichs du tust das wirt dich reůen Wann nymstu ein weyb so bistu
        allezeyt in sorgē vnd angsten In stetem kriege mit dem weybe mit der   5
        schwiger mit iren freůntten mit auffhebung des heirat guts In
        verdechtlichkeit mit anndern mennern vnd in vngewisheit der kinder .   7

   ›Der Philosoph Sokrates, ein natürlicher Meister zu Athen, der dort zu den
   Zeiten des Königs Assweri lebte, wurde von einem Jüngling gefragt, ob er
   eine Frau nehmen solle oder nicht. Da antwortete der Meister und sprach zu
   ihm: Was auch immer du tust, wird dich reuen. Denn nimmst du eine Frau, so

bist du allezeit in Sorgen und Ängsten, in dauerndem Streit mit deiner Frau, der Schwiegermutter und ihren Freunden, was den Erhalt des Heiratsgutes betrifft, hast Argwohn gegenüber anderen Männern und bist in Ungewissheit in Bezug auf die Vaterschaft deiner Kinder.‹

Eine genauere Betrachtung des frühneuhochdeutschen Textes zeigt, welche Aspekte eines Textes von Veränderungen betroffen sein können. Zunächst fällt auf, dass Satzzeichen und Groß- und Kleinschreibung nicht immer eindeutige Hinweise auf die Abgrenzung von Satzgefügen geben. So wird die Großschreibung an vier Stellen im Text verwendet, an denen offensichtlich eine Satzeinheit abgeschlossen ist (Zeile 1: *Ein*, 2: *Ob*, 3: *Antwurt*, 4: *Wellichs*, *Wann*, 5: *In*, 6: *In*). Nur in einem Fall geht der Majuskel jedoch auch ein Punkt voraus (Z 4: *Wellichs*). Großschreibung scheint jedoch kein eindeutiges Indiz für einen Satzanfang zu sein, denn in den Zeilen 1, 2, 5 und 6 kann es sich nur um den Anfang von Teilsätzen in einem Satzgefüge handeln. Erschwerend für das Verständnis des Textes kommt die vom heutigen Deutsch abweichende Graphematik hinzu, wie beispielsweise die Verschriftung des Lautes /u/ als <v> oder die Zusammenziehung von Verben und folgenden Pronomina wie in *nymstu* ›nimmst du‹ oder *bistu* ›bist du‹. Was die Flexionsmorphologie angeht, so fällt die Form *gewest* (Z 1) auf, die anstelle von *gewesen* verwendet wird, das Präteritum *ward* (Z 2) von *werden* ist uns heute ebenfalls nicht mehr geläufig (stattdessen *wurde*). Und obwohl wir das Wortbildungsprodukt *verdechtlichkeit* (Z 7) heute noch verstehen, würden wir an seiner Stelle eher eine nominale Bildung wie *Verdacht* oder das Verb *verdächtigen* gebrauchen. Hinsichtlich der Wortstellung fällt die Abfolge von finitem Verb und Partizip in *ist gewest* (Z 1) auf, die in einem Verb-letzt-Satz des Gegenwartsdeutschen nur in umgekehrter Reihenfolge (*gewesen ist*) möglich ist.

Sprachwandel beschränkt sich entgegen unseren ersten Überlegungen also nicht auf die Erweiterung unseres Wortschatzes im Sprachkontakt und den allmählichen Wandel von Wortbedeutungen, sondern betrifft neben den jeweils gültigen Schreibkonventionen (Zeichensetzung, Groß- und Kleinschreibung) alle Komponenten unserer Grammatik. Die beobachtbaren Veränderungen einer Sprache sind Gegenstand der historischen Sprachwissenschaft. Die historische Sprachwissenschaft beschränkt sich jedoch nicht auf die Beschreibung beobachtbarer Veränderungen in der Geschichte einer Sprache: Ausgehend von den ältesten erhaltenen Textquellen versucht sie auch, nicht mehr belegbare Vorläufersprachen zu rekonstruieren, wenn beispielsweise aus sprachlichen Eigenschaften westgermanischer Sprachen wie dem Althochdeutschen, Altenglischen und Altsächsischen einerseits und einer ostgermanischen Sprache wie dem Gotischen andererseits auf das Proto-Germanische geschlossen wird, das diesen altgermanischen Sprachen zugrunde liegen soll.

In diesem Kapitel werden wir uns auf denjenigen Teil der historischen Sprachwissenschaft beschränken, der sich mit beobachtbaren Veränderungen im Verlauf der deutschen Sprachgeschichte beschäftigt. Wir fragen also danach, welche sprachlichen Eigenschaften sich im Verlauf der Geschichte einer Sprache verändern, während andere stabil bleiben. Richtet sich unser Interesse beispielsweise auf Veränderungen in der Wortbildung, wie sie in der Ersetzung eines Lexems wie *verdechtlichkeit* durch *Verdacht* zum Ausdruck kommen, so stellt sich die Frage, ob es sich hier um zufällige Veränderungen in der Entwicklung eines individuellen Lexems handelt, oder ob dieser Beleg auf systematische Veränderungen innerhalb der Wortbildungskomponente der Grammatik hinweist. Unser nächster Schritt wird deshalb sein, uns Informationen über die bei der Ableitung der Bildung beteiligten Wortbildungsmuster, also *keit-* und *lich*-Bildungen im Gegenwartsdeutschen zu verschaffen, um auf dieser Grundlage die entsprechenden historischen Daten sammeln und interpretieren zu können. Da unser erstes Beispiel aus einem Text des 15. Jahrhunderts stammt, liegt es nahe, andere Texte aus der Zeit des Frühneuhochdeutschen zur Basis unserer Belegsammlung zu machen. Denn erst eine größere Zahl von Belegen zu einem ausgewählten Phänomen erlaubt zuverlässige Aussagen über Veränderungen, die nicht zufälliger Natur sind, sondern einen Teil unseres Sprachsystems betreffen. Bei der Zusammenstellung eines solchen repräsentativen Textkorpus gilt es, verschiedene Punkte zu beachten. So sollten die Texte verschiedenen Textsorten angehören, um auszuschließen, dass es sich bei dem vermeintlichen Sprachwandel allein um ein stilistisches Phänomen handelt. Gleichfalls ist sicherzustellen, dass die ausgewählten Texte von Autoren aus unterschiedlichen Dialektgebieten stammen, denn auch die Präferenzen von Dialektsprechern für bestimmte Formen können einen vermeintlichen Sprachwandel suggerieren. Neben der Erhebung von Belegen durch die eigene Textlektüre kann die Verwendung von Glossaren und Konkordanzen das Auffinden von einschlägigem Material ergänzen: In Glossaren werden die in einem historischen Text verwendeten Lexeme aufgelistet (teilweise mit Belegstelle), so dass bestimmte Lexeme im Text rasch aufzufinden sind. Es folgt ein Beispiel aus dem Glossar, das der althochdeutschen Tatianausgabe von Eduard Sievers (1892) beigegeben ist:

(3)   **oli** *st. n. oleum: acc. sg.* 128,9. 148,2 (2). *gen.* oles 108,3. *dat.* ole 148,5. *instr.* olu 44,29. oliu 138,12.

In diesem Glossar erscheint das althochdeutsche Lexem *oli* ›Öl‹ mit der Angabe von Wortart und Flexionsklasse sowie der lateinischen Übersetzung. Des Weiteren werden nicht nur die auftretenden Flexionsformen, sondern auch deren Belegstellen angegeben. Anders als Glossare bestehen Wortkonkordanzen zu bestimmten historischen Texten aus Listen von Belegstellen für einzelne Lexeme, so dass der fragliche Kontext unmittelbar zur Verfügung steht und nicht mehr in einem zusätzlichen Arbeitsschritt zu ermitteln ist.

Auf der Grundlage einer repräsentativen Zahl von Belegen können dann nicht nur der Befund des Gegenwartsdeutschen und der historische Befund, sondern auch die zu beobachtenden Veränderungen beschrieben werden. Indem wir eine Beziehung zwischen ausgewählten Wortbildungsmustern in zwei zeitlich aufeinanderfolgenden Sprachzuständen herstellen, betrachten wir Sprache aus einer **diachronen** Perspektive. Davon zu unterscheiden ist der **synchrone** Zugang zu ausgewählten sprachlichen Phänomenen, wobei das Interesse sich in diesem Fall auf ausgesuchte sprachliche Eigenschaften in einem historischen Moment richtet (de Saussure 1967).

Der Beschreibung dessen, was sich ändert, folgt die Frage, warum sich etwas ändert. Welche Faktoren lösen bestimmte sprachliche Veränderungen aus? Für die Beantwortung dieser Frage werden innersprachliche von außersprachlichen Faktoren unterschieden. Im ersten Fall ist der fragliche Wandel durch Veränderungen in anderen Teilen der Grammatik bedingt, im zweiten Fall sind es Veränderungen in den historisch-sozialen Rahmenbedingungen, die einen bestimmten Wandel auslösen.

Die Untersuchung eines sprachlichen Wandels im Verlauf der Geschichte einer Sprache beruht auf dem Vergleich von mindestens zwei verschiedenen Sprachperioden, so wie wir in unserem Beispiel das Frühneuhochdeutsche und das Gegenwartsdeutsche einander gegenübergestellt haben. Damit wir uns eindeutig auf bestimmte zeitliche Abschnitte der deutschen Sprachgeschichte beziehen können, ist es sinnvoll, sich auf eine **chronologische Gliederung des Deutschen** zu beziehen. Aufgrund sprachinterner und sprachexterner Kriterien werden für die deutsche Sprache vier Perioden gegeneinander abgegrenzt:

(4)

Zeitraum	Sprachperiode
ca. 7. Jh. bis 1050	Althochdeutsch
1050 bis 1350	Mittelhochdeutsch
1350 bis 1650	Frühneuhochdeutsch
ab 1650	Neuhochdeutsch

Die angegebenen Daten verstehen sich ausschließlich als Richtlinien für eine grobe Orientierung in der Sprachgeschichte des Deutschen (für eine Übersicht verschiedener Schematisierungsvorschläge vgl. Hartweg/Wegera 1989).

Im Folgenden geht es um Typen sprachlicher Veränderungen in den verschiedenen Komponenten unserer Grammatik, die an Beispielen aus der Geschichte des Deutschen illustriert werden. Exemplarisch wird außerdem auf mögliche Erklärungsmuster eingegangen.

Aufgabe 1: Übersetzen Sie den folgenden frühneuhochdeutschen Text ins Gegenwartsdeutsche. Beschreiben Sie, in welchen Eigenschaften sich der historische Text von seinem gegenwartssprachlichen Pendant unterscheidet:

wo die schöne des amplicks wirt geliebt als balde die runtzeln komen vnd
die hawtt dürre vnd weytt wirt die zene schwartz die augen klein vnd die nasen
trieffende so wirt die fraw verschmecht vnd ist die lieb auß   (EB 19.27)

8.2 | Lautwandel

Veränderungen in der phonologischen Komponente der Grammatik betreffen neben Einzelsegmenten und Folgen von Lautsegmenten auch die Silbenstruktur und die Akzentverhältnisse in einer Sprache. Wir werden uns auf diejenigen Veränderungen konzentrieren, die mit Abfolgen von Segmenten sowie Einzelsegmenten zu tun haben.

8.2.1 | Sequenzielle Vereinfachungen

Der am weitesten verbreitete Typ sequenziellen Wandels ist die **Assimilation**, die Angleichung von Lautsegmenten in einer Folge von Lauten (s. Kap. 3.3.4.3). Diese Angleichung kann sich entweder nur auf ein Merkmal oder auf alle Merkmale eines Lautes beziehen. Wir sprechen von **partieller Assimilation**, wenn sich zwei Lautsegmente im Hinblick auf den Artikulationsort oder die Artikulationsart angleichen. Eine Assimilation hinsichtlich des Artikulationsortes illustrieren die Beispiele in (5), wo der Artikulationsort des alveolaren Nasals an den folgenden Verschlusslaut angepasst wird:

(5) *Mittelhochdeutsch*   *Neuhochdeutsch*
   enbore   empor
   hintber   Himbeere
   wintbrâ   Wimper

Dass es sich hier um eine artikulatorische Vereinfachung handelt, kann an ähnlichen Beispielen aus der Gegenwartssprache gezeigt werden: Bei schnellem Sprechen wird der alveolare Nasal /n/ bei Wörtern wie *Senf* und *fünf* an den folgenden Reibelaut angeglichen, d. h. wir artikulieren [zEmf] respektive [fymf] und verlagern auf diese Weise den Artikulationsort des Nasals im Artikulationsraum nach vorne, wo auch das /f/ artikuliert wird.

Beispiele für die **totale Assimilation**, die vollständige Angleichung zweier Lautsegmente, sind:

(6) *Mittelhochdeutsch*   *Neuhochdeutsch*
   tump   dumm
   zimber   Zimmer
   lamp   Lamm
   wambes   Wams

In der Sprachgeschichte des Deutschen spielen neben diesen Fällen sporadischer Assimilation zwei Assimilationsvorgänge systematischer Natur eine wichtige Rolle. Das ist zum einen das Phänomen des **Umlauts**, auch **Palatalisierung** genannt. Hier motiviert ein Vokal oder Gleitlaut die teilweise Assimilation eines velaren Vokals in der Haupttonsilbe an die folgende, schwach betonte Silbe, wie im Fall der Hebung von /a/ zu /e/. Dieser Primärumlaut erscheint zum Beispiel in den althochdeutschen Derivationsbildungen in

(7) alt$_A$ elt-î$_N$ ›Alter‹
   starch$_A$ sterch-î$_N$ ›Stärke‹
   kraft$_N$ kreft-îg$_A$ ›kräftig‹,

wo durch das *î*- respektive *îg*-Suffix der Vokal der Haupttonsilbe angehoben (= palatalisiert) wird. Im Mittelhochdeutschen werden außerdem die folgenden Vokale umgelautet (Sekundärumlaut):

(8)		*Althochdeutsch*	*Mittelhochdeutsch*	
a.	a > ä	mahtig	mähtec	›mächtig‹
	o > ö	tohti	töhte	›taugte‹
	u > ü	kunni	künne	›Geschlecht‹
b.	â > æ	mâri	mære	›Märe‹
	ô > œ	skôni	schœne	›Schönheit‹
	û > iu	hûsir	hiuser	›Häuser‹
c.	iu > iu	liuti	liute	›Leute‹
	ou > öu	troumen	tröumen	›träumen‹
	uo > üe	kuoni	küene	›kühn‹

Wir unterscheiden die **Fernassimilation**, wie sie beim Umlaut vorliegt, von der **Kontaktassimilation**, in der sich die Angleichung der Lautsegmente auf unmittelbar benachbarte Lautsegmente bezieht (vgl. dazu die Beispiele unter (6)).

Der zweite systematische Assimilationsvorgang in der deutschen Sprachgeschichte ist der Prozess der Auslautverhärtung, der sich im Übergang vom Althochdeutschen zum Mittelhochdeutschen vollzieht. Aus stimmhaften Verschluss-lauten (/b/, /d/, /g/) werden im Silbenendrand stimmlose Verschlusslaute (/p/, /t/, /k/; zu einer phonologischen Regel für diesen Prozess s. Kap. 3.3.4.4).

(9) *Althochdeutsch*   *Mittelhochdeutsch*
    wîb wîp
    kind kint
    tag tac

Obwohl die fraglichen Verschlusslaute auch im Gegenwartsdeutschen noch stimm-los artikuliert werden, wird im Unterschied zum Mittelhochdeutschen der lautliche Kontrast zwischen individuellen Wortformen grafisch nicht mehr gekennzeichnet (Prinzip der Morphemkonstanz):

(10) lîbes – lîp vs. Leib – Leibes
     râdes – rât vs. Rad – Rades
     tages – tac vs. Tag – Tages

Wenn ein Lautsegment einem anderen weniger ähnlich wird (partiell oder total), sprechen wir von **Dissimilation**, ein Wandel, der deutlich seltener als die Assimilation zu beobachten ist. Obwohl prinzipiell Kontaktdissimilation und Ferndissimilation möglich sind, finden sich vor allem Beispiele für die Ferndissimilation, wie in den folgenden mittelhochdeutschen Beispielen, in denen die Nähe von zwei identischen oralen Konsonanten vermieden wird:

(11) *Mittelhochdeutsch* *Neuhochdeutsch*
     kliuwel kniuwel ›Knäuel‹
     klobelouch knobelouch ›Knoblauch‹
     mûrbere mûlbere ›Maulbeere‹

Ein anderes Beispiel ist die mittelhochdeutsche *tartuffel*, aus der im 17. Jahrhundert durch Dissimilation das heutige *Kartoffel* wird. Die Dissimilation unterscheidet sich von der Assimilation auch darin, dass die Dissimilation vor allem sporadisch erfolgt, sich folglich auf einzelne Lexeme beschränkt, während Assimilationsphänomene häufiger regelhaften Charakter haben (vgl. Umlaut und Auslautverhärtung).

    Unter **Epenthese** versteht man einen Lautwandel, bei dem in einer spezifischen Umgebung ein Konsonant oder Vokal eingeschoben wird, um die Artikulation einer Lautkette zu erleichtern. Das zusätzliche Lautsegment kann vor, hinter oder zwischen anderen Lauten eingefügt werden. Häufig findet sich ein angefügter alveolarer Verschlusslaut:

(12) *Mittelhochdeutsch* *Neuhochdeutsch*
     a. ieman jemand
        spinnel Spindel
     b. obez Obst
        palas Palast
     c. habech Habicht
        dornach Dornicht
     d. enkleiden entkleiden
        offenlich öffentlich

Auch Vokale können eingeschoben werden, wenn eine Abfolge von Lauten schwierig zu artikulieren ist. Das betrifft beispielsweise solche Lexeme, in denen durch Diphthongierungsvorgänge die Abfolge aus Diphthong und Sonorant (/ʀ/) entsteht:

(13) *Mittelhochdeutsch*   *Neuhochdeutsch*
    vîre   Feier
    gîr   Geier
    lîre   Leier
    sûr   sauer
    schiure   Scheuer

In unbetonten Nebensilben kann die **Abschwächung** und **Tilgung** von Vokalen zu segmentalen Vereinfachungen führen. Motiviert durch die Festlegung des lexikalischen Wortakzents auf die Stammsilbe, kommt es im Übergang vom Alt- zum Mittelhochdeutschen zu weitreichenden Abschwächungsvorgängen von vollen Nebensilbenvokalen zu Schwa, wie sie im Folgenden für Endsilben ebenso wie Präfixe illustriert wird:

(14) *Althochdeutsch*   *Mittelhochdeutsch*
    gcban   geben   ›geben‹
    taga   tage   ›Tage‹
    rafsunga   refsunge   ›Tadel‹
    lobôn   loben   ›loben‹
    wârûn   wâren   ›waren‹
    enti   ende   ›und‹
    gibirgi   gebirge   ›Gebirge‹
    gilimpflîh   gelimpflich ›glimpflich‹

Infolge der Abschwächungsvorgänge sind dann seit dem 13. Jahrhundert Tilgungen von Mittelsilben (**Synkope**) und Endsilben (**Apokope**) zu beobachten. So wird das unbetonte Schwa zwischen haupt- und schwachbetonter Silbe synkopiert, wie in den genitivischen Formen aus dem Mittelhochdeutschen. Später wird diese Tilgung auf die Nominativform übertragen:

(15) abbet, abbtes   >   Abt, Abtes
    market, marktes   >   Markt, Marktes
    dienest, dienstes   >   Dienst, Dienstes

Apokopiert wird Schwa im Mittelhochdeutschen auch bei den ursprünglich zweisilbigen Präpositionen:

(16) ane – an, abe – ab, mite – mit, obe – ob

Tilgungsvorgänge sind auch bei Konsonanten zu beobachten, wenn etwa der alveolare Verschlusslaut /t/ zwischen zwei Konsonanten ausfällt, wie die mittelhochdeutschen Varianten *lustsam* und *lussam* ›lieblich‹ zeigen, oder das Nebeneinander von *wintbrâ* neben *winbrâ* ›Wimper‹.

    Lautwandel umfasst nicht nur qualitative Veränderungen von Lautsegmenten wie bei Assimilation und Dissimilation oder quantitative Veränderungen wie das Einschieben und Tilgen von Segmenten, sondern auch die Umstellung von Lautsegmenten innerhalb einer Silbe oder über eine Silbengrenze hinweg. Dieses Phänomen bezeichnet man als **Metathese**. Beispiele hierfür liefern das althochdeutsche Verb *brestan*, aus dem sich das heutige *bersten* entwickelt, sowie das nieder- und mitteldeutsche *Born* für *Brunnen*, das sich bis heute in Ortsnamen wie etwa *Kühlungsborn* erhalten hat. Ein bekanntes Beispiel liefert schließlich der offensichtliche etymologische Zusammenhang zwischen dem deutschen *Ross* und dem englischen *horse*.

8.2.2 | Segmentvereinfachungen

Lautsegmente werden auch unabhängig von ihrem Kontext vereinfacht. Zu solchen Vereinfachungen gehört die **Denasalisierung** von Nasalvokalen, weil es durch den Wegfall der zusätzlichen Senkung des Gaumensegels bei der Vokalproduktion zu einer artikulatorischen Vereinfachung kommt. Beispiele für die Denasalisierung liefert die lautliche Integration französischer Lehnwörter in das Deutsche:

(17) Balkon   [balˈkoːn] oder [balˈkoŋ]
      Parfum   [paʀfyːm]
      Sortiment   [zɔʀtɪˈment]

Eine in der deutschen Sprachgeschichte ungleich häufiger belegte Segmentvereinfachung ist die **Entrundung** der durch den Umlaut entstandenen gerundeten Vordervokale. Dieser Wandel ist ebenfalls artikulatorisch bedingt.

(18)   *Mittelhochdeutsch*   *Neuhochdeutsch*
      a. ü > i   bümez   Bimsstein
                    gümpel   Gimpel
      b. öu > ei   slöufe   Schleife
                    zöugen   zeigen
      c. iu > ei   kriusel   Kreisel
                    spriuzen   spreizen
      d. ö > e   nörz   Nerz

8.2.3 | Die Interpretation lautlicher Veränderungen

Lautwandel, wie wir ihn bis jetzt kennengelernt haben, ist phonetisch motiviert. Vergleichsweise schwierig zu artikulierende Lautsegmente oder Folgen von Lautsegmenten werden durch verschiedene phonologische Prozesse vereinfacht. Diese Beobachtung beschränkt sich nicht auf eine Einzelsprache wie das Deutsche, sie lässt sich vielmehr in vielen Sprachen machen. Darauf baut die **Natürlichkeitstheorie** auf, indem sie phonetisch basierte **Markiertheitsprinzipien** formuliert, die übereinzelsprachliche Gültigkeit haben sollen (vgl. unter anderen Wurzel 1994). Als markiert oder weniger natürlich werden solche Laute oder Lautverbindungen aufgefasst, die artikulatorisch oder auch perzeptiv komplex sind. Die Richtung lautlichen Wandels wird durch das Prinzip des natürlichen grammatischen Wandels vorhergesagt (aus Wurzel 1994):

(19) **Prinzip des natürlichen grammatischen Wandels**
      Natürlicher grammatischer Wandel verläuft in Richtung der Ersetzung von hinsichtlich eines Markiertheitsparameters M_i stärker markierten grammatischen Erscheinungen durch hinsichtlich M_i schwächer markierte grammatische Erscheinungen.

Am Beispiel bereits eingeführter Lautwandelphänomene aus der Sprachgeschichte des Deutschen soll die Wirkung individueller phonologischer Markiertheitsprinzipien auf der Grundlage von Wurzel (1994) präsentiert werden:

(20) **Artikulationsstelle von Nasalen in Nasal-Obstruent-Verbindungen**
      In Nasal-Obstruent-Verbindungen ist der Nasal hinsichtlich der Artikulationsstelle unmarkiert, wenn er in dieser mit dem Obstruenten übereinstimmt, und markiert, wenn er in dieser nicht mit dem Obstruenten übereinstimmt.

Die phonetische Grundlage dieses Markiertheitsprinzips ist artikulatorisch, insofern sich Nasal-Obstruent-Verbindungen mit einheitlicher Artikulationsstelle mit weniger Aufwand bilden lassen als solche mit zwei verschiedenen Artikulationsstellen. Beispiele für solche Assimilationsprozesse haben wir in der deutschen Sprachgeschichte tatsächlich beobachtet (vgl. die Beispiele unter (5)).

   Geringeren artikulatorischen Aufwand erfordert offensichtlich auch die Artikulation von vorderen nichtrunden Vokalen gegenüber vorderen runden Vokalen. Dem trägt das folgende phonologische Markiertheitsprinzip Rechnung:

(21) **Rundung vorderer Vokale**
      Ein vorderer Vokal ist hinsichtlich der Rundung unmarkiert, wenn er nichtrund ist, und markiert, wenn er rund ist.

Auf der Grundlage dieses Markiertheitsprinzips werden die Entrundungsvorgänge in der deutschen Sprachgeschichte gedeutet, die wir bereits beobachtet haben (vgl. (18)). Einige weitere Beispiele sind:

(22) vündelinc > Findeling
      stiuz   > Steiß

Phonologische Markiertheitsprinzipien beziehen sich nicht nur auf Folgen von Lautsegmenten oder Einzelsegmente, sondern auch auf den Aufbau von suprasegmentalen Einheiten wie den Silben:

(23) **Einheitlichkeit des Silbenkerns**
      Eine Silbe ist hinsichtlich ihres Silbenkerns um so weniger markiert, je einheitlicher dieser ist (um so weniger verschiedene Segmente diesen bilden).

Wir können auch stellvertretend sagen, dass Silben mit einem Monophthong im Silbenkern weniger markiert sind als Silben mit einem Diphthong. In der deutschen Sprachgeschichte liefert die **neuhochdeutsche Monophthongierung** ein Beispiel für dieses phonologische Markiertheitsprinzip.

(24)

	Mittelhochdeutsch	*Neuhochdeutsch*
ie > î	liebe	Liebe
uo > û	guot	gut
üe > ü	brüeder	Brüder

Bisher haben wir ausschließlich phonetisch motivierbaren Lautwandel betrachtet. Auch phonologisch begründbare Lautveränderungen sind zu beobachten, wie im Fall der Umordnungen im Phonemsystem einer Sprache, sog. **Lautverschiebungen**. Unter der **ersten Lautverschiebung** werden drei lautliche Veränderungen zusammengefasst, die im Übergang vom Proto-Indoeuropäischen zum Proto-Germanischen stattgefunden haben und die germanischen Sprachen von den übrigen indoeuropäischen Sprachfamilien absetzen:

(25)   a. stimmlose Plosive > Frikative   p > f, t > θ , k > h
       b. stimmhafte Plosive > stimmlose Plosive   b> p, d > t, g > k
       c. stimmhafte behauchte Plosive > stimmhafte Plosive   bh > b, dh > d, gh > g

Reflexe dieser Veränderungen lassen sich heute noch im Vergleich von germanischen und romanischen Sprachen feststellen:

(26)   *Spanisch*   *Französisch*   *Deutsch*
       a. *p > f   pie   pied   Fuß
                   padre   père   Vater
                   por   pour   für
       b. *k > h   ciento   cent   hundert
                   corazón   cœur   Herz
       c. *g > k   grano   grain   Korn
                   genu   genou   Knie

Die erste Lautverschiebung wird im Rahmen eines phonemischen Systems erklärt. Damit die phonologischen Distinktionen zwischen einzelnen Phonemen erhalten bleiben, löst der Wandel eines Phonems weitere Veränderungen im System aus, die als Systemdruck oder Systemsog beschrieben werden:

(27)   bh > b →   b > p   →   p > f
       dh > d →   d > t   →   t > θ
       gh > g →   g > k   →   k > h

Auf ähnliche Weise werden Veränderungen im System der Vokale erklärt. Dabei wird das Vokaltrapez als phonologischer Raum verstanden, der von Vokalen besetzt wird. Offensichtlich besteht die Tendenz, die Verwendung des Raumes zu maximieren, da Sprachen mit drei Vokalen in der Regel über die Vokale /i/, /a/ sowie /u/ oder /o/ und nicht über die Vokale /i/, /e/ und /ε/ verfügen. Entsprechend werden die fünf Vokale einer Sprache im phonologischen Raum verteilt sein:

(28)   a. /i/, /e/, /a/, /o/, /u/
       b. */u/, /ʊ/, /a/, /o/, /ɔ/

In Sprachen mit einer großen Anzahl von Vokalen kann man als Reaktion auf die Überladung des phonologischen Raumes Diphthongierungsprozesse beobachten. Im Althochdeutschen sind es die mittleren Vokale, die durch Diphthonge ersetzt werden:

(29)   a. **Althochdeutsche Diphthongierung**

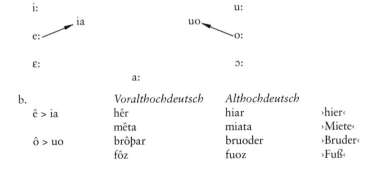

       b.   *Voralthochdeutsch*   *Althochdeutsch*
          ê > ia   hêr   hiar   ›hier‹
                        mêta   miata   ›Miete‹
          ô > uo   brôþar   bruoder   ›Bruder‹
                        fôz   fuoz   ›Fuß‹

8.2.4 | Zusammenfassung

Lautliche Veränderungen können phonetisch wie auch phonologisch motiviert sein. Da Lautwandel sowohl individuelle Lautsegmente als auch Folgen von Lauten betrifft, spielt die Kontextabhängigkeit von Lautwandel eine wichtige Rolle bei der Untersuchung lautlicher Veränderungen. Ein dritter Aspekt von Lautwandel bezieht sich auf seine jeweilige Reichweite: Sind nur wenige Wörter betroffen, spricht man von sporadischem Wandel. Von regelmäßigem Lautwandel wird gesprochen, wenn der Wandel ein Lautsegment ausnahmslos betrifft.

Aufgabe 2: Vergleichen Sie die althochdeutschen Formen mit ihren mittelhochdeutschen Gegenstücken.
a. Welche lautlichen Veränderungen sind hinsichtlich der Vokale vom Althochdeutschen zum Mittelhochdeutschen zu beobachten?
b. Um welche phonologischen Prozesse handelt es sich im Einzelnen?

Althochdeutsch	Mittelhochdeutsch	
anagin	anegin	›Anfang‹
faterlîh	veterlich	›väterlich‹
lîra	lîre	›Leier‹
gibârida	gebærde	›Gebärde‹
buliz	bülez	›Pilz‹

Aufgabe 3: Wie lauten die mittelhochdeutschen Übersetzungen für die Verben *empfinden* und *empfangen* (konsultieren Sie entsprechende Wörterbücher)? Welche lautlichen Veränderungen lassen sich seit dem Mittelhochdeutschen belegen?

8.3 | Morphologischer Wandel

Auch in der morphologischen Komponente unserer Grammatik sind im Verlauf der Sprachgeschichte Veränderungen zu beobachten, Veränderungen, die sich im Verlust, Gewinn oder in formalen wie inhaltlichen Veränderungen von Morphemen niederschlagen. Wir unterscheiden im Folgenden analogischen Wandel als internen morphologischen Wandel von externem morphologischen Wandel, der lautlich motiviert ist oder die Morphologisierung syntaktischer Strukturen meint (für Entlehnungsprozesse, die für die sprachliche Einheit des Wortes ebenfalls eine wichtige Rolle spielen, s. Kap. 8.6). Morphologischer Wandel betrifft Flexionsmorphologie und Wortbildungsmorphologie gleichermaßen.

8.3.1 | Morphemabbau

Die Abschwächung und anschließende Tilgung von Nebensilbenvokalen ist eine artikulatorische Vereinfachung, die weitreichende Konsequenzen vor allem für die Flexionsmorphologie hat. Denn durch diese lautlichen Prozesse verliert eine flektierende Sprache wie das Deutsche ein wichtiges Mittel zum Ausdruck grammatischer Informationen. Betrachten wir die Deklination von Nomina, indem wir die althochdeutschen und neuhochdeutschen Formen am Beispiel von *Tag* vergleichen, das nach der *a*-Deklination stark flektiert:

(30)

	Althochdeutsch		*Neuhochdeutsch*	
	Singular	Plural	Singular	Plural
Nominativ/Akkusativ	tag	tag-a	Tag	Tag-e
Genitiv	tag-es	tag-o	Tag-es	Tag-e
Dativ	tag-e	tag-um	Tag(e)	Tag-e-n
Instrumental	tag-u			

Wie die beiden Flexionsparadigmen zeigen, verfügt das Lexem *Tag* im Althochdeutschen noch über sieben verschiedene Wortformen in seinem Flexionsparadigma, während es im Gegenwartsdeutschen nur noch vier verschiedene Formen sind. Bereits im Althochdeutschen fallen die Formen von Nominativ und Akkusativ im Singular und Plural zusammen, im heutigen Deutsch ist auch die Form des Dativs im Singular nicht mehr von Nominativ und Akkusativ zu unterscheiden, erscheint doch die dativische Form *Tage* heute ausschließlich in stilistisch markierten Kontexten. Im Plural fällt die Form des Genitivs mit den Formen von Nominativ und Akkusativ zusammen. Den formalen Zusammenfall von Wortformen nennt man **Synkretismus**. Schließlich erscheint im Flexionsparadigma des althochdeutschen *tag* ein Kasus, über den das Gegenwartsdeutsche nicht mehr verfügt: der Instrumental.

    Sprachen mit reicher Flexionsmorphologie wie das Althochdeutsche heißen **synthetisch gebaute Sprachen,** weil sie grammatische Relationen in erster Linie durch morphologische Mittel ausdrücken. Durch den lautlich bedingten Abbau dieser Mittel entwickelt eine Sprache einen stärker **analytischen** Charakter. Kasusrelationen werden ersatzweise durch die Verbindung einer Nominalphrase mit einer Präposition ausgedrückt, wie im Fall des verlorenen Instrumental. In (31) bezeichnen die Präpositionen *durch* und *mit* die ursprünglich durch den Instrumental ausgedrückte Bedeutung:

(31)   a. Durch eine einzige Schraube hielt das Gestell zusammen.
          b. Mit einer Säge teilte er das alte Brot.

Schwächungs- und Tilgungsvorgänge von Endsilbenvokalen bleiben in ihren Auswirkungen nicht auf die Flexionsmorphologie beschränkt, sondern beeinflussen auch die Wortbildungsmorphologie. Das althochdeutsche Derivationssuffix *-i* zur Ableitung von Eigenschaftsabstrakta aus Adjektiven (32a) sowie zur Ableitung von Adjektiven mit nominaler Basis (32b) wird im Mhd. zu *-e* abgeschwächt wie viele Flexionssuffixe auch. Seit dem Mittelhochdeutschen lässt sich für beide Wortbildungsmuster die zunehmende Ersetzung der *e*-Ableitungen durch konkurrierende Wortbildungsmuster mit einem Mehr an phonologischer Substanz beobachten, wie die *heit*- und *lich*-Bildungen illustrieren:

(32)

	Althochdeutsch	*Mittelhochdeutsch*	*Neuhochdeutsch*
a.	blint-î	blind-e	Blind-heit
	skôn-î	schoen-e	Schön-heit
b.	zier-î	zier-e	zier-lich
	smah-î	smaeh-e	schmäh-lich

Der Verlust an lautlicher Substanz kann des Weiteren dazu führen, dass Produkte von Wortbildungsprozessen nicht mehr als solche erkennbar sind. So ist die morphologische Struktur vieler Kompositionsbildungen aus früheren Perioden der deutschen Sprachgeschichte heute nicht mehr transparent, weshalb hier von **verdunkelten Komposita** gesprochen wird (Harnisch 2000):

(33)	ahd.	elilenti	>	Elend
		(*alja-landja- ›außer Landes seiend‹)		
		weralt	>	Welt
		(*wera- ›Mensch, Mann‹)		
		mezzi-sahs	>	Messer
		(›Speise‹ + ›Schwert‹)		
		wîn-garto	>	Wingert
	mhd.	kirch-messe	>	Kirmes
		junc-herre	>	Junker

Ein letztes Beispiel für die Auswirkungen lautlicher Veränderungen betrifft die Morphologisierung einer phonologischen Regel: In einem bestimmten phonetischen Kontext wird der Vokal der Haupttonsilbe palatalisiert (s. oben, totale Assimilation). Mit dem Verlust des Nebensilbenvokals entfällt dann die phonetische Motivierung für den Umlaut, der als grammatischer Marker zum Ausdruck von Plural reinterpretiert wird. Das lässt sich unter anderem daran ablesen, dass der Umlaut nun auch in Kontexten verwendet wird, in denen eine lautliche Herleitung ausgeschlossen ist:

(34)

Mittelhochdeutsch	*Neuhochdeutsch*
der garte – die garten	der Garten – die Gärten
das clôster – diu clôster	das Kloster – die Klöster
der bruoder – die bruoder	der Bruder – die Brüder

8.3.2 | Analogischer Wandel

Der erste Typ analogischen Wandels ist der **analogische Ausgleich**, der zu einer Reduktion der Zahl von Allomorphen in einem Flexionsparadigma führt und dieses dadurch regelmäßiger macht. In verbalen Flexionsparadigmen sind vor allem die stark flektierenden Verben mit ihren systematischen qualitativen Veränderungen des Stammvokals von solchen Ausgleichsvorgängen betroffen (Theobald 1992, Bittner 1996). Im Extremfall heißt das, ein stark flektierendes Verb tritt vollständig in die Flexionsklasse der schwach flektierenden Verben über, wie exemplarisch für drei einstmals stark flektierende Verben gezeigt:

(35)

Althochdeutsch	*Neuhochdeutsch*
bellan, bal, bullun, gibollan	bellen, bellte(n), gebellt
scellan, scal, scullun, giscollan	schallen, schallte(n), geschallt
hinkan, hank, hunkun, gihunkan	hinken, hinkte(n), gehinkt

Andere stark flektierende Verben gehören weiterhin zu diesem Flexionstyp. Hier ist im Frühneuhochdeutschen ein Ausgleich im Ablautsystem zu beobachten. An die Stelle eines vierstufigen Ablautsystems tritt ein dreistufiges System, wie sich an den folgenden Beispielen von Verben der Ablautreihen I bis III ablesen lässt.

(36) Ablautreihe   *Mittelhochdeutsch*   *Neuhochdeutsch*
 I: î, î – ei, i   grîfen, <u>greif</u> – griffen, gegriffen   greifen, <u>griff(en)</u>, gegriffen
 II: ie, iu -ô, u -o   bieten, bôt – <u>buten</u>, geboten   bieten, <u>bot(en)</u>, geboten
 III: i, ia – a , u – u   singen, sanc – <u>sungen</u>, gesungen   singen, <u>sang(en)</u>, gesungen

Während in den mittelhochdeutschen Formen des Präteritums noch zwischen zwei verschiedenen Stammvokalen für den Singular und Plural unterschieden wird (*er greif – sie griffen*), hat sich zum Neuhochdeutschen hin einer der beiden Vokale für die Form des Präteritums durchgesetzt. Im heutigen Deutschen bezeichnet der Ablaut folglich nur noch die grammatische Kategorie Tempus, nicht mehr die Kategorie Numerus (sieht man von den Präterito-Präsentien ab).

Stark flektierende Verben zeichnen sich nicht nur durch systematische Veränderungen ihres Stammvokals aus, auch der wurzelschließende Konsonant kann im Althochdeutschen systematisch verändert werden. Wir sprechen dann von **grammatischem Wechsel**:

(37)   h – g   slahan   slahu   sluog   sluogun   gislagan   ›schlagen‹
      d – t   lîdan   lîdu   leid   lîtun   gilîtan   ›leiden‹
      s – r   kiosan   kiusu   kôs   kurun   gikoran   ›wählen‹
      f – b   heffen   heffu   huob   huobun   gihaban   ›heben‹

Auch hier kommt es zu analogischem Ausgleich, insofern der grammatische Wechsel im Paradigma der stark flektierenden Verben seit dem Althochdeutschen zunehmend abgebaut wird:

(38)   *Althochdeutsch*   *Neuhochdeutsch*
      a. firliosan, firlôs, firlurun, firloran   verlieren, verlor(en), verloren
      b. findan, fand, funtun, funtan   finden, fand(en), gefunden

Andere Verben reflektieren noch heute grammatischen Wechsel, vgl. *leiden – gelitten*, *ziehen – gezogen*.

In der nominalen Flexion wird im Althochdeutschen noch zwischen verschiedenen Flexionsklassen unterschieden. Unterscheidungskriterium sind die Stammbildungselemente, die allerdings im Althochdeutschen nur noch resthaft erhalten sind. Während das Gotische also noch Formen wie *dag-a-ns* aufweist, die eine Identifikation von Wurzel, Stammbildungselement und Flexionssuffix (= Akkusativ Plural) problemlos zulassen, erscheint im Althochdeutschen die entsprechende Form als *tag-a*. Das einstige Stammbildungselement ist als Flexionssuffix umgedeutet worden. Eine Unterklasse dieser *a*-Deklination sind die Nomina mit dem Stammbildungselement *-ir/-ar*. Dieses Stammbildungselement geht infolge von Abschwächungs- und Tilgungsvorgängen im Auslaut (Nominativ/Akkusativ Singular) verloren:

(39)   rind   vs.   rind-ar-es
      Rind$_{NOM/AKK}$ Rindes$_{GEN}$

Durch den Verlust des stammbildenden Elements werden die Formen von Nominativ/Akkusativ Singular identisch mit den entsprechenden Formen der Neutra der *a*-Deklination, zu denen beispielsweise *wort* ›Wort‹ gehört. Durch analogischen Ausgleich verlieren Lexeme wie *Rind* ihr stammbildendes Element schließlich in allen Singularformen des Paradigmas. In der Flexion von *lamb* ›Lamm‹ und *wort* ›Wort‹ sind die beiden althochdeutschen Flexionsparadigmen im Singular nebeneinander gestellt:

(40)   *Singular*   *Plural*

Nominativ/Akkusativ	lamb	wort	lemb-ir	wort
Genitiv	lamb-es	wort-es	lemb-ir-o	wort-o
Dativ	lamb-e	wort-e	lemb-ir-um	wort-um

Das stammbildende Element *-ir* wird als Pluralmarker, also als ein Flexionssuffix reinterpretiert. Dieses Flexionssuffix bedingt im Plural auch den Umlaut des Wurzelvokals, wie die Anhebung des Wurzelvokals in *lamb – lembir* zeigt.

Ein zweiter Typ analogischen Wandels ist die **proportionale Analogie**, die Ausdehnung einer Regel auf neue Formen. Dieser Typ internen morphologischen Wandels kann ebenfalls am Beispiel der gerade behandelten Neutra der *a*-Deklination illustriert werden. Nur für eine Teilklasse dieser Nomina gilt, dass sie ihren Plural im Althochdeutschen mittels *-ir*, im Mittelhochdeutschen mittels *-er* bilden:

(41) *Mittelhochdeutsch*

Singular	Plural	
lamp	lember	›Lämmer‹
blat	bleter	›Blätter‹
huon	hüener	›Hühner‹
kalp	kelber	›Kälber‹
rint	rinder	›Rinder‹
tal	teler	›Täler‹

Von dieser Teilklasse der Neutra wird die Pluralmarkierung allmählich auf die anderen Neutra der *a*-Deklination ausgedehnt. Seit dem Spätmittelhochdeutschen findet sich immer häufiger die Pluralbildung mittels *-er*, einschließlich der Umlautung des Wurzelvokals:

(42) a. *Pluralformen*

Mittelhochdeutsch	*Frühneuhochdeutsch*
wort	wörter
kint	kinder
kleit	kleider

      b. der wirt het an im warmiu **kleit** (Parzival 231.1)

Ein weiterer Typ von analogischem Wandel ist die **Volksetymologie**: Ein komplexes Wort mit opaker Struktur wird nach dem Vorbild vergleichbarer Wortbildungsmuster reinterpretiert, wobei eine falsche Etymologie zugrunde gelegt wird. Die folgende Textpassage stammt aus der Wettinischen Kleiderordnung von 1482 (Quelle aus Wolff 1986):

(43)   Die frawen in den cleynen stettin vnd merckten, der menner in reten sind, die mogen sleyer von <u>leynwat</u> tragen, der man vier eln umb eynen guldenn kauft.

Aus dem frühneuhochdeutschen Kompositum *leynwat* wird im Gegenwartsdeutschen *Leinwand* in Anlehnung an das Wort *Gewand*, das im Frühneuhochdeutschen mit *Wat* ›Gewand‹ konkurriert, dieses aber allmählich verdrängt. Deshalb wird im Kompositum die zweite Konstituente im Sinne des häufigeren *Gewand* reinterpretiert.

Auch das Wort *Hängematte* ist als Volksetymologie zu erklären: Ursprung ist das karibische Wort *hamaka*, das als *hamaco* im 16. Jahrhundert in die deutsche Sprache entlehnt wird. Während die englische Sprache das entlehnte Wort *hammock* behält, wird die Entlehnung im Deutschen als *Hängematte* reinterpretiert. Ein oft zitiertes Beispiel für eine Volksetymologie aus dem Englischen ist die Umdeutung von *Hamburger*, das eigentlich Wortbildungsprodukt einer *er*-Ableitung aus *Hamburg* ist. Obwohl Hamburger nicht aus »Ham« ›Schinken‹ gemacht werden, wurde *Hamburger* umgedeutet als *Ham + Burger*, mit der Folge, dass *Burger* als Basiswort in eine Reihe entsprechender neuer Bildungen eingegangen ist: *Cheeseburger, Chickenburger, Fishburger, Texasburger*.

Wie die Beispiele in diesem Abschnitt gezeigt haben, spielen analogische Prozesse vor allem für flexionsmorphologische Veränderungen eine wichtige Rolle. Analogie ist jedoch nicht auf den Wandel von Wortstrukturen beschränkt, sondern lässt sich in allen Teilen der Grammatik beobachten.

8.3.3 | Wortbildungswandel

In diesem Abschnitt geht es noch einmal um internen morphologischen Wandel. Am Beispiel von Wortbildungsprozessen werden zwei weitere Typen morphologischen Wandels präsentiert. Der erste Typ von Wandel betrifft den diachron veränderbaren Status von Morphemen, und lässt sich an den gegenwartssprachlichen Derivationssuffixen *-heit*, *-schaft* und *-tum* zur Ableitung von Nomina vorführen. Diese Suffixe werden im Althochdeutschen noch als ungebundene Morpheme in den folgenden Bedeutungen verwendet:

(44) heit   ›Person, Persönlichkeit‹
      scaf   ›Beschaffenheit‹
      scaft   ›Schöpfung‹
      tuom   ›Urteil‹

Diese ungebundenen Morpheme erscheinen nicht nur als selbstständige Wörter im Satzkontext (45a), sondern sie treten auch als Erstglieder von Kompositionsbildungen (45b) sowie als Basismorpheme für Derivationen auf (45c), wie am Beispiel des althochdeutschen *tuom* gezeigt:

(45) a. inti giuualt gab imo **tuom** tuon   (T138.1)
         ›und Macht gab er ihm, ein Urteil zu fällen‹
      b. tuom-tac   ›Tag des Gerichts‹
      c. tuom-ida   ›Gerechtigkeit‹

Gleichzeitig sind die genannten Morpheme bereits im Althochdeutschen reihenhaft als Zweitglieder von Komposita belegt:

(46) a. got-heit   ›Gottheit‹
         dieb-heit   ›Diebstahl‹
         trunkan-heit   ›Trunkenheit‹
      b. bruader-scaf   ›Bruderschaft‹
         lant-scaf   ›Landschaft‹
         friunt-scaf   ›Freundschaft‹

Auf der Grundlage von Bildungen wie unter (46) entwickeln sich die gebundenen Morpheme des Gegenwartsdeutschen, zu denen neben den schon genannten Beispielen auch die adjektivbildenden Suffixe *-haft* und *-lich* gehören. Im heutigen Deutschen treten diese Morpheme nur noch in gebundener Form auf:

(47) a. Klugheit, Frechheit
      b. Ortschaft, Mannschaft
      c. Altertum, Heiligtum

Diese Form des morphologischen Wandels wird als **Grammatikalisierung** bezeichnet, weil sich der morphologische Status von *heit*, *scaf/scaft* und *tuom* verändert: Aus einem ungebundenen wird ein gebundenes Morphem (zu Grammatikalisierung vgl. Diewald 1997, Szczepaniak 2011).

Ein zweiter Typ von Wortbildungswandel betrifft Veränderungen in der Anwendungsdomäne einer Wortbildungsregel. Im Frühneuhochdeutschen konnte sich das Suffix *-heit* zur Ableitung von Nomina mit weitaus mehr Adjektiven verbinden als im heutigen Deutschen. Wenn die Betonung nicht auf der letzten Silbe des Adjektivs liegt, wird im heutigen Deutschen *-keit* anstelle von *-heit* verwendet (Wegera/Prell 2000):

(48) *Frühneuhochdeutsch*   *Neuhochdeutsch*
      bitter-heit   Bitter-keit
      dancber-heyt   Dankbar-keit
      eitel-heit   Eitel-keit
      möchlich-heit   Möglich-keit
      unlauter-heit   Unlauter-keit

Ein weiteres Beispiel für die Veränderung der Anwendungsdomäne einer Wortbildungsregel liefern die im heutigen Deutschen sehr produktiven *ung*-Bildungen. Der Vergleich möglicher Bildungen im Gegenwartsdeutschen und Frühneuhochdeutschen zeigt, dass bestimmte Verbklassen im Gegenwartsdeutschen keine möglichen Basen für *ung*-Ableitungen sind. Andererseits finden sich im Mittelhochdeutschen und Frühneuhochdeutschen deverbale Nomina auf *-ung* auf der Basis von Wahrnehmungsverben und anderen stativen Verben (dazu ausführlich Demske 2000).

(49)   *Mittelhochdeutsch*   *Neuhochdeutsch*
     a. hoerunge   –   *Hörung
         sehunge   –   *Sehung
         schouwunge   –   *Schauung
     b. harrunge   –   *Harrung
         vurhtunge   –   *Fürchtung
         wünschunge   –   *Wünschung

8.3.4 | Univerbierung

> Die Teutschen haben die Freiheit, alle Tage neue zusammengesetzte Wörter zu machen
> (C.F. Aichinger: Versuch einer teutschen Sprachlehre, 1754)

Ein häufig zu beobachtendes Phänomen in der deutschen Sprachgeschichte ist die Zusammenziehung einer syntaktischen Phrase zu einem komplexen Wort, die **Univerbierung** genannt wird. Prominentes Beispiel ist die Entstehung eines neuen Kompositionsmusters im Deutschen, dessen Wortbildungsprodukte oft auch als uneigentliche oder Kasuskomposita bezeichnet werden. Diese Kompositionsbildungen zeichnen sich gegenüber den im Deutschen bislang gebildeten Nominalkomposita dadurch aus, dass die erste Konstituente des Kompositums ein Flexionsmorphem trägt, das den Kasus anzeigt, der dieser Konstituente in der entsprechenden syntaktischen Phrase zukommt, aus der das Kompositum entstanden ist. Dieser Kasus ist typischerweise der Genitiv.

(50) landes~gen~ werung   >   Landeswährung
      sonnen~gen~ auffgang   >   Sonnenaufgang

Mit der Etablierung dieses Kompositionsmusters verliert das Flexionsmorphem seine Funktion als Träger grammatischer Informationen und wird zum reinen Fugenelement, dessen Auftreten in erster Linie lautlich bedingt ist. Das lässt sich an solchen Beispielen ablesen, in denen die erste Konstituente entweder morphologisch unverträglich mit einer Interpretation als Form des Genitiv Singular ist, weil die erste Konstituente zu einer Flexionsklasse gehört, die den Genitiv nicht durch das s-Suffix anzeigt, wie die Feminina auf -*ung* (51a), oder weil die erste Konstituente eine Genitivform aufweist, die dieses Lexem durch Übertritt in eine andere Flexionsklasse inzwischen aufgegeben hat (51b):

(51) a. Erfahrungswert, Universitätszeitung
      b. Hahnenschrei, Schwanengesang

Die beiden Nomina *Hahn* und *Schwan* wurden im Mhd. schwach flektiert, im heutigen Deutschen flektieren sie dagegen stark (*hanen > Hahns*), vgl. Demske (1999) für Einzelheiten dieser Entwicklung.

8.3.5 | Natürlicher morphologischer Wandel

Vertreter der Natürlichkeitstheorie interpretieren nicht nur phonologische, sondern auch morphologische Veränderungen als Abbau von Markiertheit (vgl. Wurzel 1994). Morphologische **Markiertheitsprinzipien** sind semiotisch motiviert, insofern formal identische Zeichen idealerweise eine identische Semantik, formal unterschiedliche Zeichen aber eine unterschiedliche Semantik repräsentieren. Des Weiteren sollten komplexe Zeichen gut analysierbar und in einfache Zeichen zerlegbar sein, und einfache Zeichen sollten für eine einfache Semantik, komplexe Zeichen sollten für eine komplexe Semantik stehen. Die Wirkung morphologischer Markiertheitsprinzipien wird exemplarisch für zwei dieser Prinzipien vorgeführt (aus Wurzel 1994):

(52) *Markiertheitsprinzip der morphosemantischen Transparenz*
      Eine morphologische Form ist hinsichtlich der morphosemantischen Transparenz umso
      weniger markiert, in je stärkerem Grade sie so aufgebaut ist, dass eine Kombination von
      semantischen Einheiten durch eine entsprechende Aneinanderreihung der ihnen jeweils
      entsprechenden morphologischen Einheiten symbolisiert wird.

Grade morphosemantischer Transparenz zeigen sich bei der Bildung von Komparativformen. Die folgenden Formen zeichnen sich durch eine sinkende Transparenz aus:

(53) **Grade der Transparenz**   **Beispiel**
      einfache Aneinanderreihungen   schlecht – schlecht-**er**
      reguläre morphologische Alternationen   kalt – kält-**er**
      irreguläre morphologische Alternationen (schwach suppletiv)   hoch – höh-**er**
      irreguläre morphologische Alternationen (stark suppletiv)   gut – bess-**er**
      stark suppletive Basis + fehlendes Flexionssuffix   bad – worse

Eine Komparativform wie *schlechter*, in der das Adjektiv unverändert mit dem Komparativsuffix -*er* verbunden wird, ist transparenter als eine Komparativform, in der sich das Komparativsuffix mit einer suppletiven Form des Adjektivs verbindet wie in *höher* oder *besser*. Das Prinzip der morphosemantischen Transparenz sagt nun voraus, dass sich sprachlicher Wandel von eher opaken Formen zu transparenteren Formen hin vollzieht. Markiertheit wird dabei unterschiedlich stark abgebaut:

(54) ahd.   guot – baz   >   guot – bess-**er**
      mhd.   übel – wirser   >   übel – übl-**er**
      frnhd. rauch – rauher   >   rau – rau-**er**
      nhd.   krank – kränker >   krank – krank-**er**

Die Bildung der Komparativform ist für das Adjektiv *gut* im Althochdeutschen maximal komplex, denn die Basis ist stark suppletiv, und die Steigerungsform weist kein Komparationsaffix auf. Obwohl auch im Gegenwartsdeutschen eine suppletive Form des Adjektivs verwendet wird, hat die Form insgesamt an Transparenz gewonnen, weil nun *-er* als Komparationsmarker erscheint. Beim Adjektiv *krank* wird in jüngerer Zeit die morphologische Alternation des Adjektivs aufgegeben und die Form dadurch maximal transparent.

Ein zweites morphologisches Markiertheitsprinzip soll den Übertritt stark flektierender Verben zum schwach flektierenden Flexionstyp erklären:

(55) **Konstruktioneller Ikonismus**
      Eine semantisch komplexere, abgeleitete morphologische Form ist hinsichtlich des konstruktionellen Ikonismus unmarkiert, wenn sie formal aufwändiger symbolisiert wird als ihre semantisch weniger komplexe Grundform. Sie ist umso markierter, je stärker ihre Symbolisierung davon abweicht.

Im verbalen Paradigma wird das Präteritum im Vergleich zum Präsens als semantisch komplexer verstanden. Aus diesem Grund sollte das Präteritum formal aufwändiger gebildet werden als das Präsens. Die schwach flektierenden Verben entsprechen diesem konstruktionellen Ikonismus, indem sie ein Dentalsuffix zur Bildung des Präteritums verwenden, wie der Vergleich von *sie malen* vs. *sie malten* zeigt. Die stark flektierenden Verben entsprechen diesem morphologischen Markiertheitsprinzip dagegen nicht: Die Bildung des Präteritums mittels Ablaut führt nicht zu einem Mehr an lautlicher Substanz. Das Prinzip des natürlichen grammatischen Wandels sagt demzufolge den Übertritt vom stark zum schwach flektierenden Flexionstyp wie bei den folgenden Verben voraus:

(56) sie molk > melk-t-e
      sie sog   > saug-t-e
      sie buk   > back-t-e

Auch analogischer Wandel in nominalen Flexionsparadigmen kann durch das Prinzip des konstruktionellen Ikonismus gedeutet werden. Da der Plural im Vergleich zum Singular ebenfalls als semantisch komplexer gilt, sollten Pluralformen ein Mehr an lautlicher Substanz aufweisen. Die Ausbreitung des *er*-Plurals bei den Neutra der *a*-Deklination lässt sich folglich auf dieses morphologische Markiertheitsprinzip beziehen. Der Übersichtlichkeit halber werden hier einige Formen wiederholt (vgl. auch (42)).

(57) lant > lender ›Länder‹
      wort > wörter   ›Wörter‹
      kint > kinder   ›Kinder‹

8.3.6 | Zusammenfassung

Veränderungen in der morphologischen Komponente der Grammatik zeigen sich im Inventar gebundener Morpheme, das vermindert, angereichert oder modifiziert wird. Durch analogische Prozesse werden Flexionsparadigmen ebenso wie individuelle Wörter an bestehende Muster angeglichen. Auslöser für analogische Prozesse sind häufig Schwächungs- und Tilgungsprozesse von Nebensilbenvokalen. Neue Kompositionsmuster können durch die Usualisierung syntaktischer Verbindungen entstehen, neue Derivationsmuster durch die Reinterpretation freier Morpheme als gebundene Morpheme. Auch die Anwendungsdomäne von Wortbildungsregeln ist im Verlauf der Sprachgeschichte Veränderungen unterworfen.

Aufgabe 4: Rekapitulieren Sie die Geschichte des Wortes *mûlwerf* seit dem Mittelhochdeutschen in einem einschlägigen Wörterbuch. Beschreiben Sie die Veränderungen im Einzelnen. Welcher Typ von morphologischem Wandel liegt vor?

Mittelhochdeutsch		*Neuhochdeutsch*
mûlwerf	>	Maulwurf

Aufgabe 5: Das Althochdeutsche weist morphologisch große Gemeinsamkeiten mit dem Altenglischen auf. Das gilt beispielsweise für die Flexion der starken Verben mittels Ablaut und grammatischem Wechsel, wie sich am ahd. Verb *friosan* ›frieren‹ und seiner altenglischen Entsprechung zeigen lässt:

Deutsch	*Englisch*
friosan, frôs, frurun, gifroran	fréosan, fréas, fruron, gefroren
frieren, fror(en), gefroren	freeze, froze, frozen

Bestimmen Sie, welcher Typ von analogischem Wandel in den beiden Sprachen stattgefunden hat. Wie könnten die unterschiedlichen Formen im Gegenwartsdeutschen und im heutigen Englisch erklärt werden?

Aufgabe 6: Die regelmäßigen Formen des Verbs *sein* im Althochdeutschen im Indikativ Präsens lauten:

	Singular	*Plural*
1. Ps.	bim, bin	birum, birun
2. Ps.	bist	birut
3. Ps.	ist	sint

a. Vergleichen Sie die althochdeutschen Formen mit den Formen des Gegenwartsdeutschen. Welche Veränderungen sind zu beobachten?
b. Welcher Typ morphologischen Wandels liegt vor?

8.4 | Syntaktischer Wandel

Auch die syntaktische Komponente der Grammatik unterliegt Veränderungen in der Zeit. Wir unterscheiden Veränderungen, die Beziehungen zwischen syntaktischen Einheiten betreffen, und Veränderungen in der relativen Abfolge von Konstituenten.

8.4.1 | Wortstellungswandel

Wie wir im 4. Kapitel gesehen haben, lässt sich die Struktur von Sätzen durch die Annahme aufeinander folgender Felder beschreiben. Übertragen wir dieses Feldermodell auf das Althochdeutsche, finden wir genau wie im Gegenwartsdeutschen V1-, V2- und VL-Sätze:

(58)   a. <u>uuas</u> thar ouh sum uuitua In thero burgi   (T 201.2)
          ›es war dort auch eine Witwe in dieser Stadt‹
       b. guot hirti <u>tuot</u> sina sela furi siniu scaph   (T 225.16)
          ›ein guter Hirte gibt seine Seele für seine Schafe‹
       c. ther the sunnun <u>úfgangen tuot</u>   (T 65.28)
          ›der die Sonne aufgehen lässt‹

Dennoch lassen sich in der Satzstruktur des Althochdeutschen offensichtliche Unterschiede zum heutigen Deutsch entdecken: Es ist eine Eigenschaft des Nachfelds im heutigen Deutschen, dass außer Präpositionalphrasen (59a) und eingebetteten Sätzen (59b) Nominalphrasen in der Funktion von Komplementen nur dann in diesem Feld erscheinen können, wenn eine Rechtsversetzungs-Konstruktion vorliegt (59c):

(59) | *LK* | *MF* | *RK* | *NF* |
       |------|------|------|------|
       | a. weil | sie längst | verschwunden sind | [$_{PP}$ in der Tiefe des Weltalls] |
       | b. weil | Lotta allmählich | glaubt | [$_{CP}$ dass es wieder schneit] |
       | c. Hat | Paul <u>es</u> tatsächlich | gesehen | [$_{NP}$ das Monster von Loch Ness] |

Im Althochdeutschen ist die Besetzung des Nachfelds offensichtlich nicht in derselben Weise beschränkt wie im heutigen Deutsch: NP-Komplemente erscheinen im Nachfeld, ohne dass im Mittelfeld ein Pronomen erscheint, das die rechtsversetzte Konstituente vorwegnimmt:

(60)   a. dhazs ir chihoric   uuari   <u>gote</u>   (I 491)
          dass   er gehorsam   war   Gott
          ›dass er gegenüber Gott gehorsam war‹
       b. thaz sin gioffonot <u>unsariu óugun</u>   (T 188.16)
          dass seien geöffnet unsere Augen
          ›dass sich unsere Augen öffnen‹

Ein weiterer Unterschied in der Wortstellung betrifft das Vorfeld, das im Gegenwartsdeutschen im Regelfall von genau einem Satzglied besetzt wird. Im Althochdeutschen können in diesem Feld produktiv zwei Satzglieder auftreten:

(61)   a. <u>thar dar</u> sint zuuene odo thri gisamonate in minemo namen   (T 158.6)
          ›wo nämlich zwei oder drei in meinem Namen versammelt sind‹
       b. <u>Erino portun ih</u> firchnussu   (I 157)
          eiserne Tore   ich zerstöre
          ›ich zerstöre eiserne Tore‹

Doch nicht nur die Stellung von Satzgliedern im Satz scheint in früheren Perioden der deutschen Sprachgeschichte nicht so festgelegt zu sein wie im Gegenwartsdeutschen, sondern auch die relative Abfolge von Konstituenten innerhalb von Satzgliedern ist freier als heute. Diese Beobachtung gilt zum einen für die Anordnung von Verben im Verbalkomplex, die im Standarddeutschen klar geregelt ist: In der rechten Satzklammer folgt das regierende Verb dem regierten Verb (62a). Die Abweichung von dieser Grundabfolge ist obligatorisch, wenn mindestens drei Verben in der RK erscheinen, und das finite Verb das Auxiliarverb *haben* ist, von dem seinerseits ein Modalverb abhängt (62b). Steht anstelle von *haben* das Auxiliarverb *werden* oder ein Modalverb, ist die Abweichung von der Grundreihenfolge fakultativ (62c).

(62) | *LK* | *MF* | *RK* |
| --- | --- | --- |
| weil | er diese Autobiographie | zu lesen$_3$ versuchen$_2$ will$_1$ |
| weil | er diese Autobiographie | hat$_1$ lesen$_3$ wollen$_2$ |
| weil | er diese Autobiographie | wird$_1$ lesen$_3$ müssen$_2$/lesen$_3$ müssen$_2$ wird$_1$ |

Wenn wir uns einen Text vom Ende des 15. Jahrhunderts anschauen, sehen wir schnell, dass die Abfolge von Verben in den zwei- und dreigliedrigen Verbalkomplexen des Frühneuhochdeutschen nicht so strikt geregelt ist wie heute: In zweigliedrigen Verbalkomplexen kann das regierende Verb im Unterschied zum heutigen Deutsch auch vorangehen (63b), in dreigliedrigen Verbalkomplexen sind auch die Abfolgen unter (64) möglich, die im Standarddeutschen ausgeschlossen sind (Ebert 1981, Härd 1981).

(63) a. so es dem schulmeiſter die tafeln an dem kopff [$_{VK}$ erschlagen$_2$ hat$_1$]   (EB 10a)
       b. das ſie die liebſt [$_{VK}$ ſeý$_1$ geweſt$_2$]   (EB 3a)

(64) a. das er ſoͤlliche lieb biß in den tod [$_{VK}$ hett$_1$ muͦgen$_2$ verpergen$_3$]
       b. War durch ein man nit vnbillich in zweyfel [$_{VK}$ gefuͤrt$_3$ mag$_1$ werden$_2$]

Auch innerhalb von Nominalphrasen finden sich in der deutschen Sprachgeschichte Abfolgen, die im Gegenwartsdeutschen nicht wohlgeformt sind (Demske 2001). Am deutlichsten zeigt sich das in der Stellung des Genitivattributs, das im Althochdeutschen seinem Bezugsnomen im Allgemeinen vorausgeht, im heutigen Deutsch diesem Nomen jedoch folgt. Eine Ausnahme hinsichtlich der Nachstellung im Gegenwartsdeutschen bilden die Eigennamen sowie Verwandtschaftsbezeichnungen, die als Eigennamen verwendet werden können.

(65)   *Gegenwartsdeutsch*
        a. das Haus [der Freunde]$_{GEN}$
        b. *[der Freunde]$_{GEN}$ Haus
        c. [Annas]$_{GEN}$ Teddybär

(66)   *Althochdeutsch*
        a. thaz uuirdit ginennit [gotes]$_{gen}$ barn   (T 28.30)
           ›das (dieses Kind) wird Gottes Sohn genannt‹
        b. fona [paradises]$_{gen}$ bliidhnissa   (I 29.8)
           ›von der Freude auf das Paradies‹

Über diesen Stellungswandel hinaus kann in früheren Perioden der deutschen Sprachgeschichte der Genitiv alternativ zu der Position unmittelbar vor oder nach dem Bezugsnomen in Distanzstellung auftreten. Diese Distanzstellung, die in (67) für zwei Beispiele aus dem Frühneuhochdeutschen gezeigt wird, ist im Gegenwartsdeutschen ausgeschlossen:

(67) *Frühneuhochdeutsch*
    a. <u>Diser undanckbaren leüt</u> findt man noch <u>seer vil</u>   (RB 69)
    b. <u>Der Hühner</u> waren doch <u>zwei</u>, wa ist das ein hinkumen?   (DU 34.16)

Ein Stellungswandel ist schließlich mit der Herausbildung der Negation *nicht* verbunden. Diese Negation erscheint im heutigen Deutschen typischerweise im Mittelfeld:

(68) Lotta hat heute morgen mal wieder <u>nicht</u> auf mich gewartet.

Im Althochdeutschen wird zur Verneinung eines Sachverhalts die Negationspartikel *ni* verwendet, die in der Regel dem finiten Verb unmittelbar vorausgeht, unabhängig davon, ob es sich um einen Matrixsatz oder einen Nebensatz handelt:

(69) a. Inti sie <u>ni</u>forstuontun   thaz uuort thaz her sprah zi In   (T 43.7)
        und sie NEG-verstanden das   Wort das er   sprach zu ihnen
        ›und sie verstanden nicht, was er ihnen damit sagen wollte‹
    b. íogiuuelih boum thie dar <u>ni</u>tuot   guotan uuahsmon, uuirdit furhouuan (T 46.15)
        jeglicher Baum, der   NEG-tut gute   Früchte,   wird   umgehauen
        ›jeder Baum, der keine guten Früchte trägt, wird gefällt‹

Mit dem ausgehenden Althochdeutschen muss diese Negationspartikel durch ein zweites Negationswort (*niêht* ›nicht‹) verstärkt werden

(70) Mánige <u>ne</u>-uuízzen déro   díngo   <u>niêht</u>   (N Ps 15.26)
      manche NEG-wissen diese Dinge$_{gen}$ nicht
      ›manche wissen diese Dinge nicht‹.

Im Mittelhochdeutschen setzt sich dieser Gebrauch einer doppelten Negation fort, indem sich die proklitisch oder enklitisch verwendete Negativpartikel mit einem zweiten Negationswort verbindet:

(71) a. ez <u>en</u>sulen ouch loben <u>niht</u> diu wîp   (Pz 685.16)
      ›es sollen auch die Frauen nicht loben‹
    b. <u>in</u>e bestuont <u>nie</u> einen lîp   (Pz 685.15)
      ›ich habe nie eine einzelne Person angegriffen‹
    c. e<u>rn</u> gesprichet <u>nimmer</u> mêre dehein iuwer êre   (Iw 4575.3)
      ›er sagt nie wieder etwas Gutes über euch‹

Im weiteren Verlauf der Sprachgeschichte verschwindet die Negationspartikel als Negationsanzeiger und *nicht* (*nie*, *nimmer*) entwickelt sich zum alleinigen Negationswort mit den im heutigen Deutsch geltenden Stellungseigenschaften (vgl. Gärtner/ Steinhoff 1995, Donhauser 1996).

8.4.2 | Wandel der Selektionsbeziehung

Syntaktische Veränderungen betreffen auch die Kodierung grammatischer Relationen zwischen einzelnen Konstituenten. So wird für das Gegenwartsdeutsche angenommen, dass im Lexikoneintrag eines Verbs nicht nur die Zahl der Argumente festgeschrieben wird, sondern auch, in welcher Form diese Argumente realisiert werden. Im Althochdeutschen beobachten wir, dass das Komplement eines zweistelligen Verbs sowohl im Akkusativ als auch im Genitiv realisiert werden kann, je nachdem, ob das fragliche Verb terminativ oder nicht-terminativ interpretiert wird. Wenn das Verb terminativ zu lesen ist, erscheint das Komplement im Akkusativ; dagegen wird das Verbgeschehen nicht-terminativ aufgefasst, wenn das Komplement im Genitiv erscheint. Die aktionale Interpretation kann durch das Auftreten von Temporaladverbien zusätzlich unterstützt werden. Im ersten Fall treten punktuelle Adverbien, im zweiten Fall durative Adverbien auf:

(72) a. Er tháta imo ouh in gáhi [thia mánagfaltun wíhi
       ›er dachte für sich auch plötzlich an die mannigfaltigen Weihen
       joh thia hóhun wirdi]$_{akk}$ (O I.8.13)
       und die hohen Würden‹
     b. Sie tháhtun [thes gifúares]$_{gen}$ sid tho frámmortes   (O IV.8.27)
       ›sie dachten seitdem an diese Gelegenheit‹

Im heutigen Deutsch ist ein solcher Kasuswechsel in Abhängigkeit von der aktionalen Interpretation eines Verbs nicht mehr möglich (vgl. Donhauser 1998).

Ein weiteres Beispiel für einen Wandel der Selektionsbeziehung liefert die Relation zwischen Artikelwort und attributivem Adjektiv, der sich an der unterschiedlichen Distribution der adjektivischen Flexionstypen im Althochdeutschen und im heutigen Deutschen ablesen lässt. Ob die stark oder schwach flektierte Form eines attributiven Adjektivs erscheint, hängt im Gegenwartsdeutschen von der Form des vorausgehenden Artikelworts ab: Nur in (74a) erscheint das stark flektierte Adjektiv (t = stark), weil nur hier ein unflektiertes Artikelwort dem Adjektiv vorausgeht. In allen anderen Beispielen findet sich die schwache Flexion des Adjektivs (w = schwach). Ob das Artikelwort definit ist oder nicht, spielt offensichtlich keine Rolle, da die schwache Adjektivflexion sowohl nach dem unbestimmten als auch nach dem bestimmten Artikel auftritt.

(73) a. [der alt-e$_w$ Freund]$_{nom}$
     b. [dem alt-en$_w$ Freund]$_{dat}$

(74) a. [ein alt-er$_t$ Freund]$_{nom}$
     b. [einem alt-en$_w$ Freund]$_{dat}$

Im Althochdeutschen wird die Verteilung der stark und schwach flektierten Formen nicht morphologisch gesteuert, d. h. ob das Adjektiv stark oder schwach flektiert wird, hängt nicht von der Form des vorausgehenden Artikelworts ab wie im Gegenwartsdeutschen. Die Distribution adjektivischer Flexionstypen im Althochdeutschen richtet sich allein danach, ob das Artikelwort definit oder indefinit ist: Nach dem bestimmten Artikel folgt ein schwach flektiertes Adjektiv, nach unbestimmtem Artikel ein stark flektiertes Adjektiv:

(75) a. [ther lebento$_w$ leib]$_{nom}$ (T 123.26)
       der lebendige Leib
     b. [in themo thurr-en$_w$ boume]$_{dat}$ (T 201.5)
       in dem dürren Baum

(76) d. [ein arm-az$_t$ uuîb]$_{nom}$ (O II.14.84)
       ein armes Weib
     b. [einemo diuremo$_t$ merigrioze]$_{dat}$ (T 113.10)
       einer wertvollen Perle

Aus einer semantisch motivierten Beziehung zwischen Artikel und Adjektiv im Althochdeutschen wird folglich eine im Gegenwartsdeutschen morphologisch motivierte Beziehung (Demske 2001).

Ein Wandel der Selektionsbeziehung liegt schließlich auch vor, wenn sich das Abhängigkeitsverhältnis zwischen zwei Konstituenten umkehrt. Solch einen Wandel beobachten wir im Verhältnis von Quantitätsausdrücken und partitiven Attributen. Noch im Frühneuhochdeutschen ist *viel* ein nominalisiertes Adjektiv, dessen partitives Attribut im Genitiv erscheint:

(77) es werben [$_{NP}$ vil [$_{NP}$ alter eerlicher reicher mann]$_{pl.gen}$]$_{nom}$ umb mich   (RB 76.25)

Im Gegenwartsdeutschen hängt der Quantitätsausdruck *viel* eindeutig von der Mengenbezeichnung ab: Wie das attributive Adjektiv *reich* kongruiert *viel* in Numerus und Kasus mit dem Kopfnomen *Männer*.

(78) Es werben [$_{NP}$ viel-e reich-e Männer]$_{pl.nom}$ um mich.

8.4.3 | Das Prinzip der natürlichen Serialisierung

Auch syntaktische Veränderungen werden im Rahmen des natürlichen grammatischen Wandels behandelt (Vennemann 1974). Sprachen werden danach klassifiziert, ob die regierende Konstituente der regierten Konstituente im Satz vorausgeht oder nachfolgt:

(79) a. Verb – Komplement   Adposition – Komplement   Nomen – Komplement
      b. Komplement – Verb   Komplement – Adposition   Komplement – Nomen

Sprachen, in denen die Komplemente dem verbalen, nominalen oder präpositionalen Kopf entweder gleichermaßen folgen oder vorausgehen, werden als konsistent bezeichnet. Wenn sich die relative Abfolge an einer Stelle im System ändert, werden Sprachen inkonsistent: Folge ist eine Kette von Wortstellungsveränderungen, die den Zustand der Konsistenz, also die Symmetrie zwischen Operator (regierende Konstituente) – Operand (regierte Konstituente) wieder herstellen. Dieser Idealzustand wird im Prinzip der natürlichen Serialisierung folgendermaßen formuliert (Vennemann 1974):

(80) **Prinzip der natürlichen Serialisierung**

                                                    [Operator [Operand]] in VO-Sprachen
      {Operator (Operand)} →
                                                    [[Operand] Operator] in OV-Sprachen

In konsistenten Sprachen, in denen das Objekt (oder Komplement) dem Verb nachfolgt, erscheinen auch die Komplemente von Adpositionen, Nomina und Adjektiven als rechte Erweiterungen des Kopfes. Geht das Objekt dem Verb dagegen voraus, dann treten die Komplemente anderer syntaktischer Kategorien ebenfalls linksseitig auf.

Hier begegnen wir einem strukturalistisch geprägten Erklärungsmodell wieder, das auch in der Erklärung von Lautverschiebungen eine Rolle spielt. Die fragliche Sprache wandelt sich von einem konsistenten Typ zum anderen. Gestört wird die Symmetrie durch den Wandel in der relativen Abfolge einer einzigen Kopf-Komplement-Beziehung. Die Motivation für diesen initialen Wandel wird im Abbau von Flexionsmorphologie gesehen.

8.4.4 | Syntaktischer Wandel und Flexionsmorphologie

Flexionsaffixe liefern wichtige Informationen zu den syntaktischen Funktionen von Konstituenten. Das Subjekt eines Satzes ist diejenige Konstituente, die mit dem finiten Verb in der Markierung von Numerus und Person kongruiert und im Nominativ steht. Das indirekte Objekt ist dagegen am Dativ erkennbar:

(81)   a. Ihr kommt auch immer zu spät!
       b. Der scheidende Minister überreicht der Präsidentin seine Abdankungsurkunde.

Wie das Beispiel (81b) zeigt, ist am Nomen in den meisten Fällen nicht erkennbar, welcher Kasus im Einzelfall vorliegt. Diese Funktion kann von Funktionswörtern wie den Artikelwörtern übernommen werden, die in dem gegebenen Kontext den *Minister* als Nomen im Nominativ, die *Präsidentin* aber als Nomen im Dativ ausweisen.

Mit der Endsilbenabschwächung und dem anschließenden Verlust von Flexionssuffixen geht der deutschen Sprache ein wichtiger Träger grammatischer Informationen verloren, ein Verlust, der tiefgreifende Auswirkungen auf die Syntax der Sprache hat. Auf diesen wichtigen Zusammenhang zwischen Flexionsmorphologie und Wortstellung wird bereits von Johann Gottfried Herder hingewiesen:

(82)   Man muß die Worte so ordnen, dass sie bei aller möglichen Kürze keine doppelte Beziehung der Abhängigkeit leiden: Diese Zweideutigkeit ist am ersten in Sprachen zu besorgen, die wenige Casus z. E. den Nominativ und Accusativ gleich haben.
       (J.G. Herder: *Fragmente über die neuere deutsche Literatur*, 1766/67, 234)

Sprachen, die wie das Deutsche durch lautlichen Wandel eine maßgebliche Schwächung ihrer Flexionsmorphologie erfahren, müssen andere Mittel bereitstellen, um die notwendigen grammatischen Informationen zu liefern. Eine Option besteht darin, grammatische Informationen an bestimmte Positionen im Satz zu knüpfen, so dass aus der Abfolge von Konstituenten ihre Funktion im Satz abgeleitet werden kann. Es ist deshalb zu erwarten, dass Sprachen mit einer relativ armen Flexionsmorphologie eine festere Wortstellung haben als Sprachen mit einer reicheren Flexionsmorphologie.

Möglicherweise kann die Einschränkung in der Stellungsfreiheit genitivischer Attribute seit dem Frühneuhochdeutschen damit erklärt werden, dass der Genitiv als Kasus für Attribute zunehmend durch andere Attributformen wie *von*-Phrasen sowie Nominalphrasen mit Kongruenzkasus ersetzt wird. Noch im Frühneuhochdeutschen können genitivische Attribute in Distanzstellung zu ihrem Bezugsnomen auftreten, eine Serialisierung, die im heutigen Deutsch vollkommen ausgeschlossen ist:

(83)   a. [$_{NP}$ Der heiden]$_{gen}$ ward wol [$_{NP}$ hundert mal tusent __]$_{nom}$ erschlagen
       b. *[$_{NP}$ Giftige-r Pilze]$_{gen}$ hat sie [$_{NP}$ zwei Dutzend __]$_{akk}$ gesammelt

Auch der Wandel von Selektionsbeziehungen kann durch den Abbau von Flexionsmorphologie motiviert sein. So lässt sich die Umkehr im Abhängigkeitsverhältnis von Quantitätsausdruck und Mengenbezeichnung darauf zurückführen, dass durch Schwächungsprozesse seit dem Althochdeutschen der Genitiv im Frühneuhochdeutschen nur noch bei den stark flektierenden Maskulina und Neutra im Singular von den anderen Kasus formal distinkt ist. Bei allen anderen Nomina fällt die Form des Genitivs mit den Formen anderer Kasus im Singular und Plural zusammen:

(84) *Frühneuhochdeutsch*
Singular

Nom	tag	bild	farbe	has(e)	nas(e)
Gen	tag(e)s	bild(e)s	farbe	hasen	nasen
Dat	tag(e)	bild(e)	farbe	hasen	nasen
Akk	tag	bild	farbe	hasen	nasen

Plural

Nom	tag(e)	bilder	farb(e)/farben	hasen	nasen
Gen	tag(e)	bilder	farb(e)/farben	hasen	nasen
Dat	tagen	bildern	farben	hasen	nasen
Akk	tag(e)	bilder	farb(e)/farben	hasen	nasen

Wenn aber in einer Nominalphrase formal nicht mehr zwischen Kopf und Komplement unterschieden werden kann, wird die Nominalphrase strukturell mehrdeutig: In (85) ist *viel* entweder der Kopf der Phrase und *Personen* ein partitives Attribut im Genitiv, oder *Personen* ist der Kopf der Phrase mit *viel* als attributivem Quantitätsadjektiv.

(85)   in welchem Scharmützel auch [$_{NP}$ viel Personen] vmbkommen   (A 23.27)
  a. (...) in welchem Scharmützel auch [$_{NP}$ viel [$_{NP}$ Personen]$_{gen}$]$_{nom}$ vmbkommen
  b. (...) in welchem Scharmützel auch [$_{NP}$ viel Personen]$_{nom}$ vmbkommen

Wie die Flexionsparadigmen in (84) exemplarisch zeigen, gilt diese Mehrdeutigkeit für die Mehrzahl der Nomina. Da es sich um Mengenbezeichnungen handelt, fehlt außerdem der Artikel als möglicher Kasusanzeiger und auch disambiguierende Adjektive sind eher selten: Die Adjektive *edle/vnedle* können aufgrund ihrer Flexionsendungen nur Nominativ, nicht aber Genitiv sein.

(86)   welches viel Edle vnd Vnedle Personen gesehen   (A 31.10)

Dass diese strukturelle Mehrdeutigkeit im Frühneuhochdeutschen tatsächlich besteht, zeigt sich daran, dass bei stark flektierenden Maskulina und Neutra beide Strukturen nebeneinander vorkommen:

(87)   a. welche neben jhrer Fraw Schwiger teglich zur Gutschen spacirn fahren/ vnd
      <u>viel Geldes</u> vnter die Armen spendirn.   (A 303.28)
     b. Jhr Kön. Mayst. hetten gern von den Mären <u>viel Geldt</u>   (A 85.27)

In beiden Fällen liegt eine Nominalphrase im Akkusativ vor, deren Kopf in (87a) das nominalisierte Quantitätsadjektiv *viel* ist, in (87b) aber die Mengenbezeichnung *Geld*. Im Fall der nominalisierten Quantitätsadjektive *viel, mehr, lützel, genug, wenig, minder* wird die Umdeutung der strukturellen Beziehungen im Sinne von (85b) durch die Wortart des Quantitätsausdrucks unterstützt: Sie werden dann nicht mehr als nominalisierter Kopf, sondern als attributives Adjektiv aufgefasst.

Ein weiteres Beispiel dafür, welche Rolle der Abbau von Flexionsmorphologie beim Wandel der Selektionsbeziehungen spielen kann, liefert der bereits besprochene Wandel in der Steuerung der Adjektivflexion: Im Althochdeutschen hängt die Verteilung von starker und schwacher Adjektivflexion von der Definitheit der Nominalphrase ab, im heutigen Deutsch dagegen entscheidet die Form des Artikelworts über den Flexionstyp des Adjektivs. Voraussetzung für die systematische Verteilung der schwachen und starken Adjektivflexion ist aber die mögliche Differenzierung beider Typen. Die Endsilbenabschwächung ist im Frühneuhochdeutschen jedoch so weit fortgeschritten, dass diese Differenzierung in zahlreichen Fällen kaum noch zu leisten ist (vgl. Philipp 1980, Ebert et al. 1993).

(88)   *Frühneuhochdeutsch*
     stark   *Singular*   *Plural*

	Maskulinum	Neutrum	Femininum	
Nom	klein-er	klein-(e)s	klein-(e)	klein-(e)
Gen	klein-(e)s >-en	klein-(e)s > -en	klein-er	klein-er
Dat	klein-em	klein-em	klein-er	klein-en
Akk	klein-en	klein-(e)s	klein-(e)	klein-(e)

schwach

Nom	klein-(e)	klein-(e)	klein-(e)	klein-en
Gen	klein-en	klein-en	klein-en	klein-en
Dat	klein-en	klein-en	klein-en	klein-en
Akk	klein-en	klein-(e)	klein-en > (-e)	klein-en

Das Problem der Differenzierung von adjektivischen Flexionstypen betrifft einerseits die Formen im Nominativ Singular des Femininums sowie Akkusativ Singular des Maskulinums und den Dativ Plural aller Genera. Andererseits betrifft dieses Problem alle Formen mit auslautendem Schwa, das im Frühneuhochdeutschen häufig entfällt. Auch diese durch Apokopierung von Flexionssuffixen entstandenen unflektierten Formen lassen sich sowohl dem schwachen wie dem starken Flexionstyp zurechnen.

Die Schwierigkeit, zwischen beiden Flexionstypen zu differenzieren, zeigt sich auch in der wechselseitigen Übernahme von Formen: Der schwache Flexionstyp übernimmt im Akkusativ Singular des Femininums das Flexionssuffix *-e* der starken Form, während der starke Flexionstyp im Genitiv Singular des Maskulinums und Neutrums das Flexionssuffix *-en* der schwachen Flexion übernimmt. Den Übergang belegen die folgenden Beispiele:

(89)   a.   von euch bin ich freudenreich-<u>es</u> wesens beraubt   (AB III.12)
       a'. 6. Eymer rot-<u>en</u> Wein   (A 294.16)
       b.   darnach sein sie die ganntz-<u>en</u> nacht schwetzig   (EB 6.27)
       b'. in die gemeldt-<u>e</u> Landsart   (LB 12.19)

Nach einer Zeit der Unsicherheit im Gebrauch der beiden Flexionstypen im Frühneuhochdeutschen etabliert sich im Verlauf des 17. Jahrhunderts die Relation zwischen Artikelwort und adjektivischen Flexionstypen als eine morphologisch begründete Relation (vgl. Demske 2001).

Aufgabe 7:

Beschreiben Sie die Struktur der markierten Verbalkomplexe in den folgenden Teilsätzen, indem Sie die Abhängigkeitsverhältnisse zwischen den Verben durch Indizierung anzeigen.

a. Der ander Articul/ damit die Restanten zu abzahlung des Kriegßvolcks in Berckstätten/ zu des Landtags beschluß/ vnverzogenlich <u>eyngefordert sollen werden</u>.

b. Von den gefangnen Türcken/ wie dann solches auch von andern mehr orthen bestettiget worden/ haben sie vernommen/ das in gantz Türckey grosser Sterbend vnd Thewrung seye/ vnd alles/ doch nit wol zubekommen/ vmb dryfach Gelt <u>bezahlt werden müsse</u>.

c. daß es vast 14. tag aneinander geregnet/ dahero das Wasser Themis/ zweymal dermassen angelauffen/ daß man im Läger das Wasser auß den Gräben <u>hat führen müssen</u>.

Aufgabe 8: Bestimmen Sie für das neuhochdeutsche Verb *sehen* die Argumentstruktur (kategoriale und semantische Charakterisierung; s. Kap. 4).

a. Welche Unterschiede beobachten Sie zu der Verwendung dieses Verbs im Althochdeutschen in den folgenden Sätzen?

b. Wie können die althochdeutschen Verhältnisse erklärt werden?

    a. [Then jamar allan]$_{AKK}$ sahun thi mithont quamun gahun   (O III.24.69)
       ›den ganzen Jammer sahen die, die soeben gekommen waren, sofort‹

    b. So er tho zi einen duron quam [...] zi imo harto thar tho sprah thaz wib
       ›als er zu einem Tor kam, sprach da dort zu ihm die Frau

       thaz [thero duro]$_{GEN}$ sah   (O IV.18.6)
       die das Tor beobachtete‹

8.5 | Semantischer Wandel

Der Wandel von Wortbedeutungen gehört zu den sprachlichen Veränderungen, die von vielen Sprechern einer Sprache bewusst wahrgenommen werden (vgl. die Adjektive am Beginn dieses Kapitels). Erfasst wird die Geschichte von Einzellexemen in etymologischen Wörterbüchern, die aufgrund der gravierenden Unterschiede individueller Wortgeschichten zunächst Willkürlichkeit suggerieren mögen. Wie im Folgenden gezeigt, verläuft semantischer Wandel aber keineswegs willkürlich, sondern lässt sich wenigen Typen zuordnen.

8.5.1 | Bedeutungsverengung vs. Bedeutungserweiterung

Bedeutungsänderungen können sich auf den Bedeutungsumfang eines Lexems beziehen. Wir unterscheiden die Bedeutungsverengung von der Bedeutungserweiterung, um zu sagen, dass die Kontexte, in denen bestimmte Lexeme auftreten, entweder eingeschränkt oder ausgeweitet werden.

    Eine **Bedeutungserweiterung** beobachten wir beispielsweise bei dem Nomen *tior* ›Tier‹, das sich im Althochdeutschen ausschließlich auf wilde Tiere bezieht. Erst im heutigen Deutsch meinen wir mit dem Nomen *Tier* Lebewesen, die weder menschlich noch pflanzlich sind. Die deutlich eingeschränktere althochdeutsche Bedeutung kommt in einem Beleg aus dem jüngeren Physiologus zum Ausdruck, der zwischen Tieren und Vögeln unterscheidet:

(90)   Ditze bůch redenot unde zellet michilen wistům. uon tîeren unde uon fogilen.
       ›dieses Buch bietet umfangreiche Informationen zu Tieren und Vögeln‹   (JPhys 5.1)

Mit der althochdeutschen Bedeutung von *Tier* passt auch das abgeleitete Adjektiv *tierlich* zusammen, das wörtlich übersetzt ›ungeheuer‹ meint. Diese Bedeutung hat das Adjektiv *tierisch* im heutigen Deutsch allerdings nur in der Umgangssprache (*tierischen Durst haben* im Sinne von ›ungeheuren Durst haben‹).

(91) dîe tîerlih mûot hábent   (N *BCon* 200.18)
      die tierischen Mut haben
      ›die ungeheuren Mut haben‹

Eine umgekehrte Entwicklung hat das altenglische Lexem *deor* genommen, das sich zunächst ebenfalls auf das wilde Tier bezieht, während *deer* im heutigen Englisch ›Rotwild‹ meint, also eine Bedeutungsverengung erfahren hat.

Ein weiteres Beispiel für eine Bedeutungserweiterung liefert der Stamm *hel-*, der im Althochdeutschen im Sinne von ›tönend, laut‹ ausschließlich auf akustische Eigenschaften bezogen wird, wie etwa in dem althochdeutschen Verb *hellan* ›tönen‹. Im heutigen Deutsch bezieht sich das Adjektiv *hell* neben akustischen (*mit heller Stimme*) auch auf optische Eigenschaften (*auf glänzendem Hintergrund*).

Die **Verengung einer Wortbedeutung** zeigt sich im Gebrauch des Verbs *faran*, das im Althochdeutschen für jede Art der Fortbewegung verwendet werden kann. Im Gegenwartsdeutschen bezieht sich *fahren* allein auf die Bewegung eines Fahrzeugs oder einer Person mit einem Fahrzeug im weitesten Sinne.

(92) a. Phol ende Uuodan uuorun zi holza   (MZ 31.1)
          ›Phol und Wodan ritten in den Wald‹
      b. Inti her ferit fora Inan In geiste Inti In megine heliases.   (T 27.4)
          ›und er wird jenem mit dem Geist und der Kraft des Elias vorangehen‹

Die ursprüngliche Bedeutung von *fahren* hat sich in solchen Kontexten wie *was ist denn in dich gefahren* erhalten. Ebenfalls eine Verengung der Wortbedeutung ist in der Geschichte des Lexems *hôchgezîte* zu beobachten, das sich im Mittelhochdeutschen auf kirchliche und weltliche Feste bezieht. Heute bezeichnet *Hochzeit* allein das Fest anlässlich der Eheschließung.

8.5.2 | Bedeutungsverbesserung vs. Bedeutungsverschlechterung

Qualitative Veränderungen von Wortbedeutungen sind das Ergebnis von Veränderungen in der sozialen Bewertung. Eine **Bedeutungsverbesserung** erfährt beispielsweise das Lexem *Marschall*, das im Althochdeutschen einen Pferdeknecht bezeichnet, im Mittelhochdeutschen auf höfische oder städtische Beamte bezogen wird und heute einen hohen militärischen Rang meint.

Eine **Bedeutungsverschlechterung** ist dagegen für das Wort *Knecht* zu beobachten, das im Mittelhochdeutschen die Bedeutung ›Knabe, junger Mann‹ hat. Im Gegenwartsdeutschen bezeichnet *Knecht* eine dienende männliche Person.

(93) hin zem knappen sprach si dô ›du bist Gâwânes kneht.‹   (Pz 645.8)
      ›da sagte sie zu dem Knaben: du bist Gaweins Knecht‹

Im Englischen ist dagegen eine Bedeutungsverbesserung zu beobachten, denn *knight* ist heute mit ›Ritter‹ zu übersetzen.

Bedeutungsverschlechterungen beobachten wir überdies für das Wort *Pfaffe*, das im Mittelhochdeutschen die wertfreie Bezeichnung für ›Priester‹ ist, heute aber pejorativ verwendet wird. Und das althochdeutsche Verb *stinkan* bedeutet im Althochdeutschen neben ›stinken‹ eben auch noch ›duften‹:

(94) Thar blýent thir io lília inti rósa,
dort blühen dir immer Lilien und Rosen

súazo sie thir stínkent, joh élichor nirwélkent. (O V.23.273)
süß sie dir duften, und zukünftig sie NEG-welken

›dort blühen für dich immer Lilien und Rosen,
sie duften süß für dich und welken niemals‹

Den Wandel sozialer Bewertungen und die in der Folge unterschiedlichen konnotativen Bewertungen lassen sich im Deutschen beispielhaft an den Veränderungen im Wortfeld *Frau* vorführen (nach König 1978):

(95)		*Althochdeutsch*	*Mittelhochdeutsch*	*Neuhochdeutsch*
	allgemein	wîb	wîp	Frau
	sozial hochstehend	frouwa	vrouwe	Dame
	juristisch	quena ›Ehefrau‹	hûsfrouwe/wirtin	Ehefrau/-gattin
		kebisa ›Nebenfrau‹		
	biologisch	wîb ›verheiratet‹	wîp ›verheiratet‹	Fräulein ›unver-heiratet‹
		magad ›unverheiratet‹	maget ›unverheiratet‹	Mädchen ›jung‹
		diorna ›jung‹		
	funktionell	diu ›Dienerin‹	dierne ›Dienerin‹	Magd
	moralisch	huora ›Prostituierte‹	huore/kebese	Hure/Dirne

Verschiedene Bedeutungsverschlechterungen sind zu beobachten: *Frau* meint noch im Mittelhochdeutschen ein sozial hochstehendes weibliches Lebewesen, im Gegenwartsdeutschen ist es zu einer allgemeinen Geschlechtsbezeichnung geworden, während das ältere *wîp* heute eine pejorative Bedeutung angenommen hat. Und das Wort *Dirne* bezieht sich im Althochdeutschen auf eine junge Frau, im Mittelhochdeutschen eine dienende Frau und ist gegenwärtig gleichbedeutend mit *Prostituierte*. Andere Wörter dieses Wortfelds sind im Deutschen verloren gegangen wie die althochdeutsche Bezeichnungen *quena* und *kebisa* für ›Ehefrau‹ respektive ›Nebenfrau‹. Aus dem altenglischen *cwên* ist dagegen die englische *Queen* geworden.

8.5.3 | Bedeutungsübertragung und Bedeutungsverschiebung

Die metaphorische Verwendung sprachlicher Ausdrücke beruht auf der Annahme von Bedeutungsähnlichkeiten. Eine Bedeutungsübertragung kann mit der Bedeutungserweiterung eines Lexems einhergehen, wenn die **metaphorische Bedeutung** neben der konventionellen Bedeutung erhalten bleibt. Metaphorische Verwendungsweisen können konventionelle Bedeutungen aber auch verdrängen.

Ein Beispiel für eine Bedeutungserweiterung durch die zusätzliche metaphorische Verwendung eines Lexems liefert das Adjektiv *tief*, das sich zunächst auf eine räumliche Dimension bezieht. In Verbindung mit anderen Adjektiven drückt *tief* jedoch den hohen Grad einer Eigenschaft aus; teilweise sind die Bildungen bereits lexikalisiert:

(96) a. tiefbetrübt, tiefbewegt, tiefblau (-rot, -schwarz), tiefernst, tieftraurig
b. tiefgefroren, tiefgehend, tiefgreifend, tiefgründig, tiefschürfend, tiefsinnig

Andere Beispiele sind das alte Wort *krane* ›Kranich‹, das auf das gleichnamige Hebewerkzeug übertragen wird, *Flügel* ›Vogelschwinge‹, der auch ein Musikinstrument respektive einen Gebäudeteil oder den Teil einer (politischen) Bewegung meinen kann. Auch der *Wendehals* als ›eine Person, die sich politischen Änderungen schnell anpasst‹, gehört zu diesem Typ von semantischem Wandel. Neben einzelnen Lexemen können aber auch ganze Wortfelder von einer Bedeutungsübertragung betroffen sein wie die sprachlichen Ausdrücke aus dem Bereich der Luftfahrt, die der Seefahrt entnommen worden sind:

(97)   Schiff, Navigation, Mannschaft, Kapitän, Deck, an Bord, steuern, segeln

Von **Bedeutungsverschiebung** oder **Metonymie** wird gesprochen, wenn ein sprachlicher Ausdruck durch eine sachlich verwandte Bezeichnung ersetzt wird. Im Unterschied zur Metapher beruht die Metonymie also auf der Kontiguität von Bedeutungen. Ein Beispiel hierfür ist das mittelhochdeutsche *berille* ›Beryll‹, eine Bezeichnung für einen Halbedelstein, aus dem Brillen hergestellt wurden. Im Gegenwartsdeutschen wird das Produkt als *Brille* bezeichnet. Weitere Beispiele, in denen der Name eines Ortes (98a) oder einer Person (98b) zum Namen für einen charakteristischen Gegenstand geworden ist, sind:

(98)   a. Denim < (Serge) de Nîmes   –   Stadt in Frankreich
          Gouda   –   Stadt in Holland
          Champagner   –   Region in Frankreich
       b. Sandwich   –   John Montagu, 4th Earl of Sandwich
          Guillotine   –   Joseph-Ignace Guillotin, frz. Physiker
          röntgen   –   Wilhelm Conrad Röntgen, dt. Physiker

Auch die Verbindung von Metapher und Metonymie ist belegt: Zunächst wird die Bedeutung des althochdeutschen *klawa* ›Kralle‹ auf die menschliche Hand übertragen, später kann *Klaue* metonymisch dann auch auf ›schlechte Handschrift‹ bezogen werden (vgl. Burkhardt 1996).

8.5.4 | Zusammenfassung

Semantischer Wandel verändert die Bedeutung eines Wortes in quantitativer oder qualitativer Hinsicht. Ersteres ist der Fall, wenn die Bedeutung eines Lexems erweitert oder eingeschränkt wird, Letzteres, wenn eine Verbesserung oder Verschlechterung der Bedeutung eintritt. Auch die Übertragung und Verschiebung von Wortbedeutungen kann zu Bedeutungserweiterungen führen. Semantischer Wandel lässt sich ebenso auf Einzellexeme wie auf ganze Wortfelder beziehen. Seine Ursachen liegen vor allem in sprachexternen historischen Faktoren, also Veränderungen der sozialen Rahmenbedingungen. Von semantischem Wandel zu unterscheiden ist der lexikalische Wandel, der sich auf die Vergrößerung oder Verkleinerung unseres Wortschatzes bezieht (s. Kap. 8.6.2).

Aufgabe 9: Schlagen Sie die folgenden Wörter in einem etymologischen Wörterbuch nach. Beschreiben Sie, welcher Bedeutungswandel in jedem der folgenden Wörter stattgefunden hat. Was für ein Typ semantischen Wandels liegt jeweils vor? Können Sie sich vorstellen, was diesen semantischen Wandel ausgelöst hat?
   a. Ding, Magd, Kopf, Bein, Zimmer
   b. ätzend, fromm, schnell, scharf

Aufgabe 10: Bestimmen Sie in den folgenden Beispielen den Typ semantischen Wandels:

Lexem	alte Bedeutung	neue Bedeutung
lousy (Engl.)	›mit Läusen verseucht‹	›wertlos, nichtsnutzig‹
viande (Frz.)/meat (Engl.)	›Nahrung‹	›Fleisch‹
siesta (Span.)	›Mittagshitze‹	›Mittagsschlaf‹
pariente (Span.)	›Elternteil‹	›Verwandter‹

8.6 | Sprachwandel durch Sprachkontakt

Viele der Sprachwandelphänomene, die wir bislang betrachtet haben, sind sprachintern motiviert, d.h. ihr Auslöser liegt im System der Sprache selbst. Doch Sprachwandel kann auch durch außersprachliche Faktoren motiviert sein: Die Veränderung sozialer Bewertungen kann zu Bedeutungswandel führen, und unter bestimmten außersprachlichen Bedingungen kann auch der Kontakt zwischen zwei oder mehr Sprachen das System einer Einzelsprache verändern. Der **Bilingualismus**, die Zweisprachigkeit, ist eine typische Erscheinung in Sprachkontaktsituationen.

Die Beeinflussungen, d.h. die **Interferenzen** zwischen den Kontaktsprachen können einseitig oder wechselseitig sein. Im ersten Fall besteht ein Ungleichgewicht zwischen den Kontaktsprachen, das auf linguistischer und/oder sozialer Dominanz einer der Sprachen beruht. Der **Transfer** von sprachlichem Material von der sozial dominierenden Sprache in eine zweite Sprache wird als **Entlehnung** bezeichnet. Im zweiten Fall besteht zwischen den Kontaktsprachen ein Gleichgewicht, das mit einer stabilen Zweisprachigkeit einhergeht. Beide Sprachen sind in diesem Fall spezifischen, sich nicht überschneidenden **Domänen** zugeordnet, die sich als Bündel charakteristischer Situationen und Umgebungen in variierenden Gesellschaftsformen charakterisieren lassen. Status- und prestigeträchtigen Bereichen wie öffentlichem Leben, Schule, Beruf und Massenmedien steht der private und Individualbereich gegenüber. Die Kontaktsprachen beeinflussen sich dann wechselseitig. Diese Art der Beeinflussung wird **Konvergenz** genannt. Transfer und Konvergenz betreffen unterschiedliche Komponenten der Grammatik: Während Entlehnung vor allem das Lexikon einer Sprache verändert, zeigen sich Konvergenzeffekte in erster Linie in der Entwicklung einer gemeinsamen Syntax (vgl. Louden 1988, Riehl 2013).

Bevor nun Beispiele für solche Interferenzen vorgestellt werden, sollen die wichtigsten Kontaktsituationen für das Deutsche kurz vorgestellt werden.

8.6.1 | Kontaktsituationen

Für die deutsche Sprachgeschichte lassen sich Kontaktsituationen ausmachen, in denen die deutsche Sprache unter dem Einfluss des Keltischen, Lateinischen, Französischen, Italienischen, Spanischen, Englischen und slawischer Sprachen wie dem Polnischen gestanden hat. Der folgende Überblick erfasst schlagwortartig die Kontaktsprachen

und die Kontaktsituationen, die für die Entwicklung des Deutschen eine besondere
Rolle gespielt haben oder noch spielen:

(99)

Deutsch-Latein	*Deutsch-Französisch*	*Deutsch-Englisch*
Germanenreiche, Römerzeit	hohes Mittelalter:	Angelsächsische
(6. Jh.)	Kultur des Rittertums	Mission (8. Jh.)
Christianisierung, Missionierung,		
Gründung zahlreicher Klöster,		aktuelle
Bildungsreform Karls des Großen		Globalisierungseffekte
(8.–10. Jh.)	16.–18. Jh.: Alamode-	
Humanismus (15.–16. Jh.)	wesen, Hugenottenkriege	

Neben diesen Sprachkontaktsituationen auf europäischem Boden tritt das Deutsche
auch in Übersee in Kontakt mit anderen Sprachen: Das gilt für das seit dem 17.
Jahrhundert an der Ostküste der USA gesprochene Pennsylvaniadeutsch, das in
Abhängigkeit von außersprachlichen Faktoren unterschiedlich stark vom Englischen
beeinflusst wird. Und das gilt ebenfalls für Sprachkontaktsituationen in der Folge
von deutschen Kolonialisierungsbestrebungen wie etwa auf Neuguinea, wo die auf
dem Deutschen basierende Kreolsprache Rabaul entstanden ist (Romaine 1988).

8.6.2 | Interferenzen in der deutschen Sprachgeschichte

Die einzelnen Komponenten der Grammatik sind von unterschiedlicher Resistenz gegenüber der Beeinflussung durch andere Sprachen. Am wenigsten stabil in Situationen
sprachlicher und/oder sozialer Dominanz erweist sich das Lexikon einer Sprache, wie
bereits eingangs am Beispiel verschiedener Lehnwörter gezeigt. Für den Lehnwort-
schatz einer Sprache werden die folgenden Unterscheidungen getroffen (nach Betz
1965): Lehnwörter, Lehnbildungen und Lehnbedeutungen.

Lehnwörter sind direkte Wortentlehnungen, die unterschiedlich stark in die
Ausgangssprache integriert sein können, wobei der Grad der Integration als Indikator
für die Zeit der Entlehnung genutzt werden kann: Die Entlehnung von Lexemen aus
dem Lateinischen, die Spuren der zweiten Lautverschiebung aufweisen, müssen vorher,
also im Lauf des 6. Jahrhunderts entlehnt worden sein. Wie die erste Lautverschiebung
(s. Kap. 8.2.3) betrifft auch die zweite Lautverschiebung die Verschlusslaute. Abhängig
vom lautlichen Kontext werden die stimmlosen Plosive /p/, /t/ und /k/ unterschiedlich weit verschoben: Postvokalisch entstehen die Doppelreibelaute /ff/, /ss/ und /
hh/, ansonsten entwickeln sich die Affrikaten /pf/, /ts/ und /kx/ (Meineke/Schwerdt
2001). Die folgenden Lehnwörter sind deshalb bereits seit dem 6. Jahrhundert Teil
des althochdeutschen Wortschatzes:

(100) a. menta   > Minze
      tegula   > Ziegel
  b. (malum) persicum > Pfirsich
      pilum   > Pfeil
      piper   > Pfeffer

Andere Lehnwörter aus den Bereichen Landwirtschaft, Obst- und Weinbau, Militär
und Verwaltung, Haushaltung, Handel und Bauwesen aus dieser Zeit sind

(101)	cucurbita	>	Kürbis
	sinapis	>	Senf
	vallum	>	Wall
	catillus	>	Kessel
	scutella	>	Schüssel
	fenestra	>	Fenster.

Késsel und *Fénster* zeigen die für das Deutsche charakteristische Betonung für Nomina auf der ersten Silbe, während in den lateinischen Entsprechungen die vorletzte Silbe betont ist, also *catíllus* und *fenéstra* (Bechert/Wildgen 1991).

Erst in althochdeutscher Zeit entlehnt sind solche Wörter, an denen sich keine Spuren der zweiten Lautverschiebung entdecken lassen, wie beispielsweise das Wort *Tafel* aus lateinisch *tabula*. Lehnwörter erscheinen vor allem in den Bereichen Religion und Kirche (102a), Bildungswesen (102b) und Obst- und Gartenbau (102c):

(102)	a.	abbas > abbat	›Abt‹	cella > cella	›Zelle‹
		pelegrinus > piligrîm	›Pilger‹	monasterium > munistri	›Kloster‹
	b.	schola > scuola	›Schule‹	breve > briaf	›Brief‹
		tincta > tincta	›Tinte‹	pergamentum > pergamin	›Pergament‹
	c.	lilium > lilja	›Lilie‹	caulis > côlo	›Kohl‹
		rosa > rôsa	›Rose‹	salvegia (mlat.) > salbeia	›Salbei‹

Die Entlehnung von Wörtern in die deutsche Sprache bleibt nicht auf das Lateinische beschränkt: Im Mittelhochdeutschen entlehnt das Deutsche unter dem kulturellen Einfluss des Französischen Wörter aus dem Bereich des Rittertums (aus Wolff 1986):

(103)	aventure	>	aventiure ›Abenteuer‹
	tournoi	>	turnei ›Turnier‹
	danse	>	tanz

Der Einfluss des Französischen auf das Deutsche zeigt sich insbesondere im 16. bis 18. Jahrhundert, als Frankreich zum Vorbild in fast allen Lebensbereichen stilisiert wird. Selbst die deutschen Verwandtschaftsbezeichnungen werden durch die französischen Entsprechungen ersetzt:

(104) a. Dame, Maitresse, Cavalier, Monsieur, Madame, Mademoiselle
b. Papa, Mama, Onkel, Tante, Cousin, Cousine
c. Compliment, Conversation, Plaisir, Coquetterie
d. Galerie, Balkon, Sofa, Gobelin, Möbel

Heute wird unser Lexikon vor allem durch den Einfluss der englischen Sprache verändert. Zuweilen verwenden wir sogar Wörter, die aussehen wie Entlehnungen aus dem Englischen, aber gar keine sind: So bezeichnet *Handy* im Englischen keinesfalls ein schnurloses Telefon (im Engl. *mobile*), sondern ist ein Adjektiv mit der Bedeutung ›handlich‹. Deshalb bezieht sich *Handyman* im Englischen auch nicht auf einen Mann, der ein schnurloses Telefon benutzt, sondern auf ein Mädchen für alles.

Werden Wörter nach dem Vorbild fremder Muster mit den Mitteln der eigenen Sprache neugebildet, lassen sich verschiedene Aspekte und Grade der Abhängigkeit von der dominierenden Sprache unterscheiden: Formale Abhängigkeiten zeichnen die **Lehnübersetzungen** und die **Lehnübertragungen** aus, Letztere sind gegenüber der Vorlage freier. Formal unabhängig sind dagegen die **Lehnschöpfungen**. Beispiele für solche Lehnbildungen sind im Folgenden für das Althochdeutsche aufgelistet (Sonderegger 1987, Wolff 1986):

(105) a. superfluitas > ubarfleozzida ›Überfluss‹
　　　 communio > gimeinida ›Gemeinde‹
　　　 cantor > sagâri ›Sänger‹
　　　 beneficium > wolatât ›Wohltat‹
　　 b. providere > forakisehan ›voraussehen‹
　　　 negare > fersâgen ›verneinen‹
　　　 oboediens > hôrsam ›gehorsam‹
　　　 inquietare > giunstillan ›stören‹
　　 c. experimentum > findunga ›Findung‹
　　　 philosophus > unmezwizzo ›unmäßig Wissender‹
　　　 examen > ursuahhida ›Erforschung‹

In der Zeit der Christianisierung spielt schließlich die Bedeutungsübertragung auf bestehende Formen, die Lehnbedeutung, eine wichtige Rolle. Häufig werden auch Wörter aus dem Rechtswortschatz im Sinne einer christlichen Terminologie umgedeutet (aus Sonderegger 1987):

(106)

Althochdeutsches Wort	*alte Bedeutung*	*zusätzliche neue Bedeutung*
suona	›Gericht‹, ›Versöhnung‹	›Friede‹, ›Sühne‹
triuwa	›Vertragstreue‹	›Treue gegenüber Gott‹, ›Glaube‹
truhtin	›Gefolgsherr‹	›Herr‹
heilag	›unversehrt‹	›heilig‹, ›geweiht‹
trost	›Beistand‹	›Trost‹

Am stabilsten gegenüber der Beeinflussung durch eine Kontaktsprache ist die phonologische Komponente der Grammatik. Im Deutschen zeigt sich ein solcher Einfluss in der Hinzugewinnung des Lautsegments /ʒ/, das mit französischen Lehnwörtern wie *Courage, Etage* und *Montage* Eingang in das Lautsystem des Deutschen gefunden hat. In Lehnwörtern aus dem Englischen kommt /ʒ/ in der Verbindung /dʒ/ vor wie in *Manager* und *Jeans*. Diese Lautfolge ist allerdings auf das Vorkommen in Fremdwörtern beschränkt (Bechert/Wildgen 1991).

　　In seinem Stabilitätsgrad zwischen lexikalischen und lautlichen Veränderungen angesiedelt ist der Wandel der morphologischen und der syntaktischen Komponente. Der starke französische Einfluss auf die mittelhochdeutsche Sprache schlägt sich in der Ausbildung neuer Wortbildungsmuster nieder, die aus der morphologischen Analyse entlehnter Wörter gewonnen werden. So werden aus dem Französischen Wörter wie *profêzîe* ›Prophezeiung‹ und *vilânîe* ›bäurisches Benehmen‹ übernommen, aus denen das Suffix *-îe* als neues Wortbildungsmittel abduziert wird. In der Folge sind Neubildungen zu belegen, in denen sich das Suffix mit nativen Basen verbindet wie *jegerîe* ›Jägerei‹, *wüestenîe* ›Wüstenei‹ und *zegerîe* ›Zaghaftigkeit‹. Im Verlauf des Frühneuhochdeutschen wird das mittelhochdeutsche Suffix *-îe* diphthongiert, gleichzeitig werden im 17. Jahrhundert massenhaft ie-Ableitungen aus dem Französischen entlehnt, so dass es zu einem Nebeneinander der beiden Derivationssuffixe kommt (aus Wegera/Prell 2000):

(107)　Galanterey – Galanterie
　　　Artelarey – Artellerie
　　　Courtesey – Kortoisie

Aus lateinischen Entlehnungen hat das Deutsche ein anderes Wortbildungssuffix gewonnen, das heutige Suffix *-er* zur Ableitung von Nomina agentis und Nomina instrumenti (s. Kap. 2). Die althochdeutsche Form des Suffixes lautet *-âri* entsprechend dem lateinischen Suffix *-ârius*, die feminine Form lautet *-âr(r)a*:

(108) a. lâhhan-arra ›Ärztin‹
        tympin-arra ›Paukenschlägerin‹
        hîreis-ara ›Ehestifterin‹
    b. betal-âri ›Bettler‹
        heil-âri ›Heiland‹
        mezz-âri ›Messer‹
        zoubar-âri ›Zauberer‹

Dieses entlehnte Suffix verdrängt allmählich das bereits bestehende Wortbildungsmuster zur Ableitung von Nomina agentis und Nomina instrumenti mittels *-il* wie
in *tregil* ›Träger‹, *butil* ›Diener‹, *wartil* ›Wärter‹ u. a.

Auch verbale Wortbildungsaffixe lassen sich auf spezifische Kontaktsituationen
des Deutschen mit anderen Sprachen zurückführen. Mit der seit dem 12. Jahrhundert zunehmenden Entlehnung französischer Verben wird auch das Suffix *-ieren* im
Deutschen produktiv, wie sich an vielen Beispielen aus dem 17. Jahrhundert zeigen
lässt. Einige dieser Verben sind inzwischen wieder aus dem Deutschen verschwunden:

(109) accordirn ›vereinbaren‹   bravirn ›hochmütig sein‹
      animirn ›zu etwas bewegen‹ commendirn ›befehlen‹
      arrivirn ›ankommen‹   intentionirn ›beabsichtigen‹

Trotz späterer Bildungen mit nativer Basis (*amtieren*, *buchstabieren*, *hausieren*,
stolzieren) wird das Suffix vor allem als Verbalisierer fremdsprachiger Basen verwendet.

Auch syntaktische Eigenschaften des Deutschen sind im Kontakt mit anderen
Sprachen verändert worden. Die größte Rolle spielt hier die lateinische Sprache
vor dem Hintergrund variierender politisch-sozialer Bedingungen. Starke Einflüsse
lateinischer Syntax weist etwa die interlinearartige Übersetzungsliteratur des Althochdeutschen auf: Im Vergleich des Tatian mit seiner lateinischen Vorlage zeigen sich die
Konsequenzen einer Zeile für Zeile fortschreitenden Übersetzungstechnik vor allem
im Bereich der Wortstellung:

(110) a. <u>Fuit</u> In diebus herodis regis   <u>uuar</u> In tagun herodes cuninges
        iudeę quidam sacerdos   Iudeno sumer biscof
        nomine zacharias   namen zacharias   (T 25.29)
        ›es war zur Zeit des Herodes, des Königs von Judäa, ein Bischof mit Namen Zacharias‹
    b. pro eo quod   bithiu uuanta
        non <u>credidisti</u> uerbis meis   thû ni <u>giloubtos</u> minen uuorton (T 27.19)
        ›weil du meinen Worten nicht geglaubt hast‹

Die althochdeutsche Übersetzung übernimmt in beiden Beispielen die Verbstellung
der lateinischen Vorlage, die Erststellung des finiten Verbs (110a) ebenso wie seine
Späterstellung in (110b) mit der Ausklammerung einer Nominalphrase im Dativ.
Gleichzeitig sind auch Abweichungen gegenüber der lateinischen Vorlage zu beobachten, wie die Voranstellung des Possessivpronomens in (110b) oder die im Althochdeutschen übliche Voranstellung des Genitivattributs gegenüber der Wortstellung in
der lateinischen Vorlage:

(111) a. In templum domini   In gotes tempal   (T 26.14)
        ›im Tempel des Herrn‹
    b. angelus domini   gotes engil   (T 26.18)
        ›Gottes Engel‹

Der Radius dieser Abweichungen gegenüber der lateinischen Vorlage geht jedoch kaum über die Textzeile hinaus (dazu Masser 1997). Aus diesem Grund ist auch der Vergleich mit der lateinischen Vorlage bei Untersuchungen althochdeutscher Syntax auf der Basis von Übersetzungsliteratur unabdingbar.

Sicher auf lateinischem Einfluss beruht auch das Auftreten von AcI-Konstruktionen nicht nur nach Wahrnehmungsverben wie *sehen* und *hören* (112a) oder kausativer Verben wie *heißen* und *lassen* (112b), sondern auch nach Verba Dicendi (112c). Dieser Typ von AcI-Konstruktion ist in Übersetzungsliteratur wie dem Tatian belegt, fehlt aber im althochdeutschen Otfrid, der als Umdichtung einer lateinischen Vorlage wesentlich freier gegenüber dieser Vorlage bleibt. Im heutigen Deutsch fehlt der dritte Typ von AcI-Konstruktion (Speyer 2001).

(112) a. mittiu ir gisehet abraham [...] Ingangan In gotes richi   (T 186.6)
     ›wenn ihr Abraham [...] in Gottes Reich eingehen seht‹

    b. er lâzit sunnûn sîna scînan filu blîda   (O II.19.21)
     ›er lässt seine Sonne sehr fröhlich scheinen‹

    c. únde iího   íh   iz álso   uuésen. sô   du   chîst   (I 310)
     und   zustimme ich es so   sein   wie   du   sagst
     ›und ich stimme zu, dass es so ist, wie du sagst‹

Alle bisherigen Beispiele haben das Sprachkontaktphänomen des Transfers illustriert, also die von der sprachlichen und/oder sozialen Dominanz einer Kontaktsprache motivierte Beeinflussung der deutschen Sprache in ihrem Lexikon, ihrer Phonologie, Morphologie oder Syntax. Gerade in der Syntax sind neben Transfereffekten nun auch Konvergenzeffekte zu beobachten, vorausgesetzt die Kontaktsituation zeichnet sich durch einen stabilen Bilingualismus aus. Eine solche Kontaktsituation besteht zwischen dem Deutschen und dem Englischen seit dem 17. Jahrhundert an der Ostküste der USA. Obwohl beide Sprachen ganz bestimmten Domänen zugeordnet sind, gibt es ein Gefälle im Hinblick auf die funktionale Dominanz der Sprachen, weil Englisch die Sprache der zahlenmäßig überlegenen, weitgehend monolingualen Bevölkerung ist. Auf diese Weise lassen sich Phänomene syntaktischer Konvergenz erklären wie beispielsweise die starke Zunahme der Verlaufsform im Pennsylvaniadeutschen (PD) in Anlehnung an deren Gebrauch im Englischen (Beispiele aus Louden 1988; vgl. auch van Ness 1990, Burridge 1998):

(113)

alte Form des PD	neue Form des PD	Englisch
– Er wuhnt nau in Lengeschder	– Er is in Lengeschder an wuhne nau	– He is living in Lancaster now
– Nee, ich bleib do	– Nee, ich bin do an bleiwe	– No, I'm staying here
– Er lasst den Hund los	– Er is de Hund an los lasse	– He is letting the dog loose
– Er watt genumme	– Er is an genumme warre	– He is being taken
– Ich geh marrige in die Schtadt	– Ich bin noch em Schteddel an gehe marrige	– I'm going to town tomorow

Die zunehmende Verwendung der Verlaufsform zeigt sich nicht nur qualitativ in der wachsenden Zahl von Umgebungen, in denen die Form auftreten kann (vgl. 113), sondern ist auch quantitativ nachweisbar.

8.6.3 | Zusammenfassung

Der sprachinternen Motivation sprachlichen Wandels stehen sprachliche Veränderungen gegenüber, die externen Faktoren zuzuschreiben sind. Der Einfluss anderer Sprachen unter verschiedenen politisch-sozialen und kulturellen Vorzeichen hat die deutsche Sprache in allen Komponenten ihrer Grammatik verändert. Motive für die Entlehnung liefert einerseits die Deckung sprachlicher Bedürfnisse, ein Motiv, das vor allem die Beeinflussung des Deutschen durch die lateinische Sprache während der Römerzeit und der Zeit der Christianisierung bestimmt. Andererseits wird der Einfluss anderer Sprachen auf das Deutsche durch das hohe Prestige einer Kontaktsprache motiviert: In der deutschen Sprachgeschichte ist sicher der Einfluss des Französischen im 16. bis 18. Jahrhundert Ausdruck der sozialen Dominanz dieser Sprache. Diese als Transfereffekte bezeichneten Veränderungen müssen von Konvergenzeffekten unterschieden werden, die Kontaktsituationen mit einem stabilen Bilingualismus kennzeichnen.

Aufgabe 11: Bestimmen Sie für die folgenden Lehnwörter, aus welcher Sprache und wann diese Wörter ungefähr in die deutsche Sprache entlehnt worden sind. Skizzieren sie mit Hilfe geeigneter Literatur, welche außersprachlichen Rahmenbedingungen zu diesen Entlehnungen geführt haben.
   a. ôstarûn ›Ostern‹, sunnûnâbant ›Sonnabend‹, gotspel ›Evangelium‹
   b. Schtorkipper ›Ladenbesitzer‹, Gleederschtor ›Kleiderladen‹, schuur ›sicher‹
   c. pilucare ›pflücken‹, porta ›Pforte‹, pilarium ›Pfeiler‹

Aufgabe 12: Aus welcher Sprache hat das Deutsche die folgenden Verben entliehen? Konsultieren Sie für Ihre Antwort einschlägige Wörterbücher.
   importieren, marschieren, pausieren, reparieren, rezitieren, sortieren

Aufgabe 13: Die folgenden Daten stammen aus deutschen Dialekten, die in Texas gesprochen werden (der Einfachheit halber in der Orthographie des Standarddeutschen). Beschreiben Sie ausgehend von diesen Daten das Kasussystem der Dialekte.
   a. Die Erziehung von die Kinder lässt viel zu wünschen übrig.
   b. Sie ist eine Schwester von meine erste Frau.
   c. Er trocknete ihn den Schweiß ab.
   d. Das Pferd ist ihn weggelaufen.
   e. Die Frau ihre Kinder sind groß.
   f. Das war mich sehr unangenehm.
   g. Das Bild hängt über das Bett.

8.7 | Die Ausbreitung von Sprachwandel

Wir haben uns bislang dafür interessiert, welche Mechanismen eine Sprache zur Verfügung stellt, damit die Form eines sprachlichen Ausdrucks durch eine andere Form oder die Bedeutung eines sprachlichen Ausdrucks durch eine andere Bedeutung ersetzt werden kann. Gleichzeitig haben wir nach den Gründen solcher Veränderungen gefragt. Dabei haben wir eine Reihe von notwendigen Vereinfachungen vorgenommen. Wir sind erstens davon ausgegangen, dass die **rezessive Variante** A direkt durch die **progressive Variante** B ersetzt wird, ohne uns um die Details des Übergangs zu kümmern. Wir haben uns folglich an einem Sprachwandelmodell wie dem folgenden orientiert:

(114) Stadium I: A → Stadium II: B

Tatsächlich lässt sich beim Übergang einer Form in die andere, einer Bedeutung in die andere immer ein Zwischenstadium beobachten, in dem ein sprachlicher Ausdruck formal auf zwei verschiedene Arten realisiert werden kann, genauso wie **Polysemie** ein notwendiges Zwischenstadium in semantischem Wandel darstellt:

(115) Stadium I: A → Stadium II: A/B → Stadium III: B

Semantische Veränderungen führen in jedem Fall zuerst zu einem Stadium der Polysemie, in dem ein Wort mehr als eine Bedeutung hat, so wie das Wort *gift* im Mittelhochdeutschen. *Gift* ist im Mittelhochdeutschen polysem und hat neben der gegenwartssprachlichen Bedeutung vor allem die Bedeutung ›Gabe‹, die auf die Etymologie dieses Wortes verweist: *Gift* ist ein feminines Verbalabstraktum, das aus dem Verb *geben* abgeleitet worden ist. Reste dieser Verwendungsweise finden sich im gegenwartssprachlichen *Mitgift* ›Heiratsgabe‹ sowie im englischen *gift* ›Geschenk‹. Die ursprüngliche Nebenbedeutung von *Gift* als ›Arzneigabe, Giftgabe‹ hat sich im Neuhochdeutschen als einzige Bedeutung durchgesetzt. Mit dem Bedeutungswandel ist ein Genuswandel vom Femininum zum Neutrum verbunden.

    Mit Fragen des Übergangs beschäftigt sich vor allem die **Variationslinguistik**. Ihr geht es darum aufzuzeigen, von welchen außersprachlichen Faktoren die Verteilung der Varianten A und B in einer Sprachgemeinschaft zu einer gegebenen Zeit abhängt. Das sind Faktoren wie Dialektgebiet, soziale Gruppe, Geschlecht und Sprechsituation. Von Sprachwandel ist erst dann zu sprechen, wenn eine neu entstandene Variante von der Sprachgemeinschaft akzeptiert wird und sich gegenüber anderen Varianten durchgesetzt hat. Welche Varianten sich in einer Sprache durchsetzen, hängt wiederum vom sozialen Wert dieser Variante ab, mit anderen Worten der Bewertung von Varianten durch die Mitglieder einer Sprachgemeinschaft. Dabei ist von Bedeutung, in welcher sozialen Schicht die Variante zum ersten Mal auftritt. Denn sozial und sprachlich unsichere Schichten tendieren dazu, in ihrem Sprachgebrauch die Normen der oberen sozialen Schichten zu befolgen. Zuweilen schießen sie dabei über ihr Ziel hinaus und verwenden eine bestimmte Variante in weit mehr Kontexten als erforderlich (**Hyperkorrektion**). Diese Form des **offenen Prestige** ist vom **versteckten Prestige** zu unterscheiden: Während offenes Prestige den Wandel von Sprache fördert, blockiert das versteckte Prestige jegliche Veränderung im Sprachgebrauch. Es handelt sich hier um eine Prestigeform, die innerhalb sozialer Gruppen auf die Beibehaltung sprachlicher Normen zielt. Einem versteckten Prestige folgend unterstreicht der Sprecher seine Gruppenzugehörigkeit. Informationen über die Bewertung einer Variante erhält man vorrangig auf indirektem Weg, d. h. durch die Verwendung von Varianten in der Sprachgemeinschaft.

Im Unterschied zu Fragestellungen, deren Fokus auf der Geschichte eines spezifischen Sprachwandelphänomens liegt, nimmt die Variationslinguistik folglich auch nicht an, dass eine Sprachgemeinschaft in ihrem Sprachgebrauch homogen ist. Vielmehr liegt **strukturierte Heterogenität** vor, wie sich beispielsweise an der Verteilung der Modalpartikeln *halt* und *eben* im Gebrauch der Berliner Sprachgemeinschaft in Abhängigkeit von Raum, Alter, Geschlecht und sozialer Gruppe zeigen lässt (nach Dittmar 1997).

(116) OST, männlich

		Alter	*eben*	*halt*
	Beleuchter	43	21	0
	Elektriker	26	19	17
	Altenpfleger	38	1	2
	Krankenpfleger	40	6	31
	Angestellter	30	100	0
	Musiker	33	36	0
	Schlosser	33	7	0
	Lehrer	44	13	0
OST, weiblich				
	Kindergartenleiterin	48	2	0
	Studentin	23	20	5
	Zahnarzthelferin	23	67	35
	Kinderärztin	36	15	11
	Lehrerin	38	11	0
	Sozialpsychologin	59	17	0
	Arzthelferin	27	4	28
WEST, männlich				
	Jurastudent	30	1	24
	Student	27	0	6
	Lehrer	37	14	14
	Krankenpfleger	34	8	6
	Verkäufer	28	7	2
	Erzieher	39	0	1
	Vertreter	57	3	2
WEST, weiblich				
	Sozialpsychologin	46	0	0
	Studentin	27	10	8
	Altenpflegerin	51	3	12
	Krankenpflegerin	29	5	4
	Schulleiterin	48	1	0
	Zahnärztin	50	8	10
	Erzieherin	55	2	0
	Hausfrau	41	3	0

Laut Dittmar sind beide Modalpartikeln Indikatoren der Stärke, die Schlussfolgerungen markieren, wobei stilistische Unterschiede bestehen. Aufgrund dialektaler Vermischung hat sich neben dem für den Norden typischen *eben* auch *halt* in der Berliner Sprachgemeinschaft ausgebreitet. Insgesamt benutzen deutlich mehr Westberliner als Ostberliner die Modalpartikel *halt*. Dittmar zufolge breitet sich die mit Prestige behaftete *halt*-Variante zunehmend unter Ostberliner Sprechern aus, was auch im hyperkorrekten Gebrauch dieser Variante durch eine Ostberliner Sprecherin zum Ausdruck kommt (s. o. OST, weiblich, Zahnarzthelferin): *daß man ürgendwie so abjestempelt wird denn <u>halt</u> ne* (Dittmar 1997, 300). Die Sprecherin verwendet die Modalpartikel hier über den üblichen Gebrauch hinaus als ein Feedback-Signal.

Betrachten wir abschließend ein Beispiel aus dem Frühneuhochdeutschen: In der Abfolge von Verben innerhalb der rechten Satzklammer sind in dieser Periode der deutschen Sprachgeschichte Varianten belegt, die im heutigen Standarddeutschen ausgeschlossen sind. Für den Zeitraum von 1300 bis 1600 ist die Verteilung der Stellungsvarianten für zweigliedrige Verbalkomplexe an Textzeugnissen aus der Stadt Nürnberg in Abhängigkeit von sprachlichen, sozialen und stilistischen Faktoren untersucht worden (Ebert 1981). Während sich in der Kanzleisprache bereits im 15. Jahrhundert die Normalfolge des heutigen Standarddeutschen weitgehend durchgesetzt hat, steigt die Häufigkeit dieser Abfolge bezogen auf einzelne Individuen erst im 16. Jahrhundert deutlich an. Die Häufigkeit der Abfolge Infinitum vor Finitum nach Ebert (1986) zeigt

(117) städtische Ämter, Universitätsbildung   91,7 %
      Kaufleute   78,5 %
      Handwerker   66,8 %
      geistliche Frauen   50,1 %
      weltliche Frauen   33,3 %.

Diese Zahlen vom Beginn des 16. Jahrhunderts weisen eine deutliche soziale Schichtung in Abhängigkeit von Beruf und Ausbildung auf: Am häufigsten erscheint die gegenwartssprachliche Normalfolge bei Männern in städtischen Ämtern mit Universitätsausbildung, am seltensten bei den weltlichen Frauen, die in dieser Zeit nur Zugang zu ausgesprochen kurzen Bildungsgängen haben. Gleichzeitig findet sich die Abfolge Infinitum vor Finitum häufiger in Geschäftsbriefen und amtlichen Schriften als in Privatbriefen, Chroniken, Tagebüchern und sonstigen Aufzeichnungen. Es ist spekuliert worden, dass diese Verteilung durch die Wortstellung im Lateinischen beeinflusst worden ist. Anders ausgedrückt, es wird vermutet, dass sich die progressive Variante von einer lateinkundigen sozialen Gruppe auf den Sprachgebrauch der anderen Gruppen ausweitet.

Da sich die Rekonstruktion außersprachlicher Kontexte für frühere Perioden der Sprachgeschichte allgemein schwierig gestaltet (die von Ebert untersuchten Textzeugnisse stellen einen außergewöhnlichen Glücksfall in der Überlieferungsgeschichte der Stadt Nürnberg dar), versucht die Variationslinguistik, aus der Verteilung sprachlicher Varianten in der Gegenwart und Veränderungen dieser Verteilung innerhalb eines beobachtbaren Zeitraumes in verschiedenen Altersgruppen von Probanden Rückschlüsse auf bereits abgeschlossene Sprachwandelprozesse zu ziehen, wie sie beispielsweise in der Korpusbeschreibung zum Gebrauch der Modalpartikeln in der Berliner Sprachgemeinschaft vorliegt.

Literatur

Quellen

[A] = Der Aviso des Jahres 1609. Hg. v. Walter Schöne. Faksimiledruck. Leipzig: Harrassowitz 1939.

[AB] = Johannes von Saaz: Der Ackermann aus Böhmen. Hg. v. Willy Krogmann. Wiesbaden: Brockhaus 1973[4].

[EB] = Albrecht von Eyb. Ob einem manne sei zunemen ein eelichs weyb oder nicht. Hg. v. Helmut Weinacht. Darmstadt: Wissenschaftliche Buchgesellschaft 1982.

[I] = Der althochdeutsche Isidor. Nach der Pariser Handschrift und den Monseer Fragmenten. Neu hg. v. Hans Eggers. Tübingen: Niemeyer 1964.

[Iw] = Hartmann von Aue: Iwein. Text der 7. Ausgabe von Georg Friedrich Benecke et al. Übers. u. Anmerk. v. Thomas Cramer. Berlin/New York: de Gruyter 1981[3].

[JPhys] = Der jüngere Physiologus. In: Denkmäler deutscher Prosa des 11. und 12. Jahrhunderts. Hg. v. Friedrich Wilhelm. München: Max Hueber Verlag 1960.

[LB] = Das Lalebuch. Nach dem Druck von 1597. Hg. v. Stefan Ertz. Stuttgart: Reclam 1982.

[N BCon] = Notker der Deutsche: Boethius ›De consolatione Philosophiae‹. Hg. v. Petrus W. Tax. Tübingen: Niemeyer 1986–1990 (= Die Werke Notkers des Deutschen Band 1–3).

[N Ps] = Notker der Deutsche: Der Psalter, Psalm 1–50. Hg. v. Petrus W. Tax. Tübingen: Niemeyer 1979 (= Die Werke Notkers des Deutschen Band 8).

[MZ] = Merseburger Zaubersprüche. In: Althochdeutsches Lesebuch. Hg. v. Wilhelm Braune/Ernst A. Ebbinghaus. Tübingen: Niemeyer 1979[16].

[O] = Otfrids Evangelienbuch. Hg. v. Oskar Erdmann/Ludwig Wolff. Tübingen: Niemeyer 1973.

[Pz] = Wolfram von Eschenbach: Parzival. Text der 6. Ausgabe von Karl Lachmann. Berlin/New York: de Gruyter 1965.

[T] = Die lateinisch-althochdeutsche Tatianbilingue Stiftsbibliothek St. Gallen Cod. 56. Unter Mitarbeit von Elisabeth De Felip-Jaud hg. von Achim Masser. Göttingen: Vandenhoeck u. Ruprecht 1994.

Tatian. Lateinisch und altdeutsch mit ausführlichem Glossar. Hg. v. Eduard Sievers. Paderborn: Schöningh 1892[2].

[RB] = Georg Wickram. Das Rollwagenbüchlin. Text nach der Ausgabe von Johannes Bolte [Druck Straßburg 1555]. Stuttgart: Reclam 1992.

Grundlegende Literatur

Aitchison, Jean (1991): Language Change: Process or Decay? Cambridge: Cambridge University Press.

Bach, Adolf (1970[9]): Geschichte der deutschen Sprache. Heidelberg: Quelle u. Meyer.

Baufeld, Christa (1996): Kleines frühneuhochdeutsches Wörterbuch. Tübingen: Niemeyer.

Bechert, Johannes/Wildgen, Wolfgang (1991): Einführung in die Sprachkontaktforschung. Darmstadt: Wissenschaftliche Buchgesellschaft.

Behaghel, Otto (1923–32): Deutsche Syntax. Eine geschichtliche Darstellung. Heidelberg: Winter.

Bergmann, Rolf/Pauly, Peter/Moulin-Fankhänel, Claudine (1993[4]): Alt- und Mittelhochdeutsch: Arbeitsbuch zur Grammatik der älteren deutschen Sprachstufen und zur deutschen Sprachgeschichte. Göttingen: Vandenhoeck u. Ruprecht.

Besch, Werner/Betten, Anne/Reichmann, Oskar/Sonderegger, Stefan (1998 ff.[2]): Sprachgeschichte: ein Handbuch zur Geschichte der deutschen Sprache und ihrer Erforschung. 3 Bde. Berlin/New York: de Gruyter.

Besch, Werner/Wolf, Norbert Richard (2009[16]): Geschichte der deutschen Sprache: Längsschnitte – Zeitstufen – Linguistische Studien. Berlin: Erich Schmidt.

Betten, Anne (1987): Grundzüge der Prosasyntax: stilprägende Entwicklungen vom Althochdeutschen zum Neuhochdeutschen. Tübingen: Niemeyer.

Braune, Wilhelm (2004[15]): Althochdeutsche Grammatik I: Laut- und Formenlehre. Bearbeitet von Ingo Reiffenstein. Tübingen: Niemeyer.

Diewald, Gabriele (1997): Grammatikalisierung. Eine Einführung in Sein und Werden grammatischer Formen. Tübingen: Niemeyer.

Donhauser, Karin/Fischer, Annette/Mecklenburg, Lars (2007): Moutons interaktive Einführung in die historische Linguistik des Deutschen. Berlin: de Gruyter.

Ebert, Robert Peter (1978): Historische Syntax des Deutschen. Stuttgart: Metzler.

Ebert, Robert Peter (1986): Historische Syntax des Deutschen II: 1300–1750. Bern: Lang.

Ebert, Robert Peter et al. (1993): Frühneuhochdeutsche Grammatik. Tübingen: Niemeyer.

Eggers, Hans (1986): Deutsche Sprachgeschichte. 2 Bde. Reinbek: Rowohlt.

Ernst, Peter (2005): Deutsche Sprachgeschichte: Eine Einführung in die diachrone Sprachwissenschaft des Deutschen. Wien: WUV.

Fertig, David (2013): Analogy and Morphological Change. Edinburgh: Edinburgh University Press.

Fritz, Gerd (1998): Historische Semantik. Stuttgart/Weimar: Metzler (= Sammlung Metzler 313).

Frühneuhochdeutsches Wörterbuch. Hg. v. Robert R. Anderson/U. Goebel. Berlin/New York: de Gruyter 1989 ff.

Gärtner, Kurt/Steinhoff, Hans-Hugo (1995[6]): Minimalgrammatik zur Arbeit mit mittelhochdeutschen Texten. Göppingen: Kümmerle.

Hartweg, Frédéric/Wegera, Klaus-Peter (1989): Frühneuhochdeutsch: Eine Einführung in die deutsche Sprache des Spätmittelalters und der frühen Neuzeit. Tübingen: Niemeyer.

Hennig, Beate (1995[2]): Kleines mittelhochdeutsches Wörterbuch. Tübingen: Niemeyer.

Keller, Rudi (1990): Sprachwandel: von der unsichtbaren Hand in der Sprache. Tübingen: Francke.

Keller, Rudi/Kirschbaum, Ilja (2003): Bedeutungswandel: eine Einführung. Berlin: de Gruyter.

Kluge, Friedrich (1995[23]): Etymologisches Wörterbuch der deutschen Sprache. Berlin/New York: de Gruyter.

Köbler, Gerhard (1994): Taschenwörterbuch des althochdeutschen Sprachschatzes. Paderborn: Schöningh.

König, Werner (1978): dtv-Atlas zur deutschen Sprache. München: dtv.

Lexer, M. (1872–1878): Mittelhochdeutsches Handwörterbuch. 3 Bde. Leipzig. Neudruck Stuttgart: Hirzel 1979.

Meineke, Eckhard/Schwerdt, Judith (2001): Einführung in das Althochdeutsche. Paderborn: Schöningh.

Nübling, Damaris/Dammel, Antje/Duke, Janet/Szczepaniak, Renata (2010[3]): Historische Sprachwissenschaft des Deutschen. Eine Einführung in die Prinzipien des Sprachwandels. Tübingen: Narr.

Paul, Hermann (2002[10]): Deutsches Wörterbuch. Bedeutungsgeschichte und Aufbau unseres Wortschatzes. Tübingen: Niemeyer.

Paul, Hermann (1919–1920): Deutsche Grammatik. 4 Bde. Halle an der Saale: Niemeyer.

Paul, Hermann (1975[9]): Prinzipien der Sprachgeschichte. Tübingen: Niemeyer.

Paul, Hermann (2007[25]): Mittelhochdeutsche Grammatik. Neu bearbeitet von Klein, Thomas/Solms, Hans-Joachim/Wegera, Klaus-Peter. Mit einer Syntax von Ingeborg Schröbler, bearbeitet von Heinz-Peter Prell.

Philipp, Gerhard (1980): Einführung in das Frühneuhochdeutsche: Sprachgeschichte, Grammatik, Texte. Heidelberg: Quelle und Meyer.

Polenz, Peter von (1994–2000): Deutsche Sprachgeschichte vom Spätmittelalter bis zur Gegenwart. 3 Bde. Berlin/New York: de Gruyter.

Reichmann, Oskar/Wegera, Klaus-Peter (1988): Frühneuhochdeutsches Lesebuch. Tübingen: Niemeyer.

Riehl, Claudia Maria (2013[3]): Sprachkontaktforschung: eine Einführung. Tübingen: Narr.

Roth, Christoph (2007): Kurze Einführung in die Grammatik des Frühneuhochdeutschen. Heidelberg: Winter.

Salmons, Joseph C. (2012): A History of German: What the Past Reveals about Today's Language. Oxford: Oxford University Press.

Saussure, Ferdinand de (1967[2]): Grundfragen der allgemeinen Sprachwissenschaft. Berlin/New York: de Gruyter.

Schildt, Joachim (1981): Abriß der Geschichte der deutschen Sprache. Zum Verhältnis von Gesellschafts- und Sprachgeschichte. Berlin/New York: Akademie-Verlag.

Schmid, Hans Ulrich (2013[2]): Einführung in die deutsche Sprachgeschichte. Stuttgart: J.B. Metzler.

Schmidt, Wilhelm (2013[11]): Geschichte der deutschen Sprache: Ein Lehrbuch für das germanistische Studium. 11., verb. und erw. Aufl. Hg. von Elisabeth Berner und Norbert Richard Wolf. Stuttgart: Hirzel.

Schrodt, Richard (2004): Althochdeutsche Grammatik II: Syntax. Tübingen: Niemeyer.

Schützeichel, Rudolf (1989[4]): Althochdeutsches Wörterbuch. Tübingen: Niemeyer.

Schweikle, Günther (1990[3]): Germanisch-deutsche Sprachgeschichte im Überblick. Stuttgart: Metzler.

Sonderegger, Stefan (1987): Althochdeutsche Sprache und Literatur. Berlin/New York: de Gruyter.

Wolff, Gerhart (1986): Deutsche Sprachgeschichte: ein Studienbuch. Frankfurt a.M.: Athenäum.

Speyer, Augustin (2010): Deutsche Sprachgeschichte. Göttingen: Vandenhoeck & Ruprecht.

Szczepaniak, Renata (2011[2]): Grammatikalisierung im Deutschen: eine Einführung. Tübingen: Narr.

Wegera, Klaus-Peter/Waldenburger, Sandra (2012): Deutsch diachron: Eine Einführung in den Sprachwandel des Deutschen. Berlin: Erich Schmidt.

Weitere Literatur

Betz, Werner (1965[2]): Deutsch und Lateinisch. Die Lehnbildungen der althochdeutschen Benediktinerregel. Bonn: Dümmlers.

Bittner, Andreas (1996): Starke »schwache« Verben – schwache »starke« Verben: deutsche Verbflexion und Natürlichkeit. Tübingen: Stauffenburg (= Studien zur deutschen Grammatik 51).

Burkhardt, Armin (1996): Zwischen Poesie und Ökonomie – Die Metonymie als semantisches Prinzip. In: Zeitschrift für germanistische Linguistik 24, 175–194.

Burridge, Kate (1998): Throw the baby from the window a cookie: English and Pennsylvania German in contact. In: Siewierska, Anna/Song, Jae Jung (Hgg.): Case, typology and grammar. In honour of Barry J. Blake. Amsterdam/Philadelphia: Benjamins, 71–93.

Demske, Ulrike (1999): Case Compounds in the History of German. In: Butt, Matthias/Fuhrhop, Nanna (Hgg.): Variation und Stabilität in der Wortstruktur. Germanistische Linguistik 141/142, 150–176.

Demske, Ulrike (2000): Zur Geschichte der *ung*-Nominalisierung im Deutschen: Ein Wandel morphologischer Produktivität. In: Beiträge zur Geschichte der deutschen Sprache und Literatur 122, 365–411.

Demske, Ulrike (2001): Grammatische Merkmale und Relationen. Diachrone Studien zur Nominalphrase des Deutschen. Studia Linguistica Germanica. Berlin/New York: de Gruyter.

Dittmar, Norbert (1997): Grundlagen der Soziolinguistik – Ein Arbeitsbuch mit Aufgaben. Tübingen: Niemeyer.

Donhauser, Karin (1996): Negationssyntax in der deutschen Sprachgeschichte: Grammatikalisierung oder Degrammatikalisierung? In: Lang, Ewald/Zifonun, Gisela (Hgg.): Deutsch – typologisch. Berlin/New York: de Gruyter, 201–217.

Donhauser, Karin (1998): Das Genitivproblem und (k)ein Ende? Anmerkungen zur aktuellen Diskussion um die Ursachen des Genitivschwundes im Deutschen. In: Askedal, John Ole (Hg.): Historische germanische und deutsche Syntax. Frankfurt a.M.: Lang, 69–86.

Ebert, Robert Peter (1981): Social and stylistic variation in the order of auxiliary and nonfinite verbs in dependent clauses in Early New High German. In: Beiträge zur Geschichte der deutschen Sprache und Literatur 104, 204–237.

Härd, John Evert (1981): Studien zur Struktur mehrgliedriger deutscher Nebensatzprädikate. Diachronie und Synchronie. Göteborg: Acta Universitatis Gothoburgensis.

Harnisch, Rüdiger (2000): Morphosemantische Remotivierung verdunkelter Nominalkomposita im Englischen und Deutschen. In: Arbeiten aus Anglistik und Amerikanistik 25, 71–88.

Louden, Mark L. (1988): Bilingualism and syntactic change in Pennsylvania German. Ph.D. Cornell University.

Masser, Achim (1997): Syntaxprobleme im althochdeutschen Tatian. In: Desportes, Yvon (Hg.): Semantik der syntaktischen Beziehungen. Akten des Pariser Kolloquiums zur Erforschung des Althochdeutschen 1994. Heidelberg: Winter, 123–140.

Ness, Silke van (1990): Changes in an obsolescing language: Pennsylvania German in West Virginia. Tübingen: Narr (= Tübinger Beiträge zur Linguistik 336).

Romaine, Suzanne (1988): Pidgin and Creole Languages. Longman: London.

Speyer, Augustin (2001): Ursprung und Ausbreitung der AcI-Konstruktion im Deutschen. In: Sprachwissenschaft 26, 145–187.

Theobald, Elke (1992): Sprachwandel bei deutschen Verben. Flexionsklassenschwankungen starker und schwacher Verben. Tübingen: Narr.

Vennemann, Theo (1974): Topics, Subjects, and Word Order: From SXV to SVX via TVX. In: Anderson, John/Jones, Charles (Hgg.): Historical Linguistics. Amsterdam: North Holland, 339–376.

Wegera, Klaus-Peter/Prell, Heinz-Peter (2000): Wortbildung des Frühneuhochdeutschen. In: Besch, Werner et al. (Hgg.): Sprachgeschichte, Bd. 2. Berlin/New York: de Gruyter, 1594–1605.

Wurzel, Wolfgang Ullrich (1994): Grammatisch initiierter Wandel. Bochum: Universitätsverlag Dr. N. Brockmeyer (= Sprachdynamik. Auf dem Wege zu einer Typologie sprachlichen Wandels. Bd. 1).

Ulrike Demske

9 | Allgemeine Bibliographie

9.1 | Einführungen in die Linguistik

Adamzik, Kirsten (2010³): Sprache: Wege zum Verstehen. Tübingen/Basel: Francke (UTB).

Aitchison, Jean (2000⁵): Linguistics. London: Hoddler.

Akmajian, Adrian et al. (2001⁵): Linguistics. An Introduction to Language and Communication. Cambridge, Mass.: MIT Press.

Auer, Peter (Hg.) (2013): Sprachwissenschaft: Grammatik – Interaktion – Kognition. Stuttgart/Weimar: Metzler.

Bergmann, Rolf/Pauly, Peter/Stricker, Stefanie (2010⁵): Einführung in die deutsche Sprachwissenschaft. Heidelberg: Winter.

Brandt, Patrick/Dettmer, Daniel/Dietrich, Rolf-Albert/Schön, Georg (1999): Sprachwissenschaft. Ein roter Faden für das Studium. Köln/Weimar/Wien: Böhlau.

Clément, Danièle (2000²): Linguistisches Grundwissen. Eine Einführung für zukünftige Deutschlehrer. Wiesbaden: Westdeutscher Verlag.

Crystal, David (1993): Die Cambridge-Enzyklopädie der Sprache. Übers. u. Bearb. der deutschen Ausg. v. Stefan Röhrich, Ariane Böckler u. Manfred Jansen. Frankfurt a.M.: Campus-Verlag.

Dürr, Michael/Schlobinski, Peter (2006³): Einführung in die Deskriptive Linguistik. Göttingen: Vandenhoeck & Ruprecht.

Farmer, Ann K./Demers, Richard A. (2001⁵): A Linguistics Workbook. Cambridge, Mass.: MIT Press.

Fromkin, Victoria A. (Hg.) (2000): Linguistics. An Introduction to Linguistic Theory. Oxford: Blackwell.

Fromkin, Victoria/Rodman, Robert (2014¹⁰): An Introduction to Language. Fort Worth: Harcourt Brace Jovanovich.

Grewendorf, Günther/Hamm, Fritz/Sternefeld, Wolfgang (1999¹¹): Sprachliches Wissen. Eine Einführung in moderne Theorien der grammatischen Beschreibung. Frankfurt a.M.: Suhrkamp.

Hoffmann, Ludger (Hg.) (2010³): Sprachwissenschaft: ein Reader. Berlin/New York: Mouton de Gruyter.

Lindner, Katrin (2014): Einführung in die germanistische Linguistik. München: C.H. Beck.

Linke, Angelika/Nussbaumer, Markus/Portmann, Paul R. (2004⁵): Studienbuch Linguistik. Tübingen: Niemeyer.

Lühr, Rosemarie (1993⁴): Neuhochdeutsch. Eine Einführung in die Sprachwissenschaft. München: Fink (UTB).

Meibauer, Jörg/Steinbach, Markus (Hgg.) (2005ff.): Kurze Einführungen in die germanistische Linguistik (= KEGLI). Heidelberg: Winter.

Müller, Horst M. (Hg.) (2009²): Arbeitsbuch Linguistik. Paderborn: Schöningh.

Nübling, Damaris et al. (2010³): Historische Sprachwissenschaft des Deutschen. Eine Einführung in die Prinzipien des Sprachwandels. Tübingen: Narr.

O'Grady, William et al. (Hgg.) (2001): Contemporary Linguistics. An Introduction. St. Martin's/Boston/New York: Bedford.

Pinker, Steven (1996): Der Sprachinstinkt. Wie der Geist die Sprache bildet. München: Knaur.

Pinker, Steven (2000): Wörter und Regeln. Die Natur der Sprache. Heidelberg: Spektrum.

Pittner, Karin (2013): Einführung in die germanistische Linguistik. Darmstadt: Wissenschaftliche Buchgesellschaft.

Pörings, Ralf/Schmitz, Ulrich (Hgg.) (1999): Sprache und Sprachwissenschaft. Eine kognitiv orientierte Einführung. Tübingen: Narr.

Radford, Andrew/Atkinson, Martin/Britain, David/Clahsen, Harald/Spencer, Andrew (1999): Linguistics. An Introduction. Cambridge: Cambridge University Press.

Schäfer, Roland (2015): Einführung in die grammatische Beschreibung des Deutschen. Berlin: Language Science Press [http://langsci-press.org/catalog/book/46].

Steinbach, Markus/Albert, Ruth/Girnth, Heiko/Hohenberger, Annette/Kümmerling-Meibauer, Bettina/Meibauer, Jörg/Rothweiler, Monika/Schwarz-Friesel, Monika (2007): Schnittstellen der germanistischen Linguistik. Stuttgart/Weimar: Metzler.

Vater, Heinz (2002[4]): Einführung in die Sprachwissenschaft. München: Fink (UTB).
Volmert, Johannes (Hg.) (2005[5]): Grundkurs Sprachwissenschaft: eine Einführung in die Sprachwissenschaft für Lehramtsstudiengänge. München: Fink.

9.2 | Nachschlagewerke

Abraham, Werner (1988[2]): Terminologie zur neueren Linguistik. 2 Bde. Tübingen: Niemeyer.
Althaus, Hans Peter/Henne, Helmut/Wiegand, Herbert Ernst (Hgg.) (1980[2]): Lexikon der Germanistischen Linguistik. Tübingen: Niemeyer.
Bright, William (Hg.) (1992): International Encyclopedia of Linguistics. 4 Bde. New York/Oxford: Oxford University Press.
Brown, Keith (2006[2]) (Hg.): Encyclopedia of Language and Linguistics. 10 Bde. Oxford: Elsevier.
Bussmann, Hadumod (1998): Routledge Dictionary of Language and Linguistics. Translated and edited by Gregory P. Trauth and Kerstin Kazzazi. London/New York: Routledge.
Bußmann, Hadumod (2008[4]): Lexikon der Sprachwissenschaft. Stuttgart: Kröner.
Crystal, David (1995): Die Cambridge-Enzyklopädie der Sprache. Frankfurt a.M.: Campus-Verlag.
Crystal, David (2000[2]): The Penguin Dictionary of Language. London: Penguin.
Crystal, David (2002[5]): A Dictionary of Linguistics and Phonetics. Oxford: Blackwell.
Franke, Ulrike (2008[8]): Logopädisches Handlexikon. München/Basel: Reinhardt.
Glück, Helmut (Hg.) (2010[4]): Metzler Lexikon Sprache. Stuttgart/Weimar: Metzler.
Huang, Yan (Hg.) (2012): The Oxford Dictionary of Pragmatics. Oxford: Oxford University Press.
König, Werner/Paul, Hans-Joachim (2007[15]): dtv-Atlas: Deutsche Sprache. München: dtv.
Kürschner, Wilfried (2015[6]): Grammatisches Kompendium. Systematisches Verzeichnis grammatischer Grundbegriffe. Tübingen: Francke (UTB).
Lewandowski, Theodor (1994[6]): Linguistisches Wörterbuch. 3 Bde. Heidelberg: Quelle und Meyer (UTB).
Malmkjær, Kirsten (Hg.) (2002[2]): The Linguistics Encyclopedia. London: Routledge.
Matthews, Peter Hugoe (1997): The Concise Oxford Dictionary of Linguistics. Oxford: Oxford University Press.
Newmeyer, Frederick J. (Hg.) (1988): Linguistics. The Cambridge Survey. 4 Bde Cambridge: Cambridge Universtiy Press.
Trask, Robert Lawrence (1999): Key Concepts in Language and Linguistics. London: Routledge.

9.3 | Handbücher

Ágel, Vilmos et al. (Hgg.) (2003/2006): Dependenz und Valenz. Ein internationals Handbuch der zeigenössischen Forschung. 2 Bde. Berlin/New York: de Gruyter (=HSK 25).
Allan, Keith/Jaszczolt, Kasia M. (Hgg.) (2012): The Cambridge Handbook of Pragmatics. Cambridge: Cambridge University Press.
Ammon, Ulrich/Dittmar, Norbert/Mattheier, Klaus J. (Hg.) (1987/1988): Soziolinguistik. Ein internationales Handbuch zur Wissenschaft von Sprache und Gesellschaft. 2 Bde. Berlin/New York: Mouton de Gruyter (= HSK 3).
Aronoff, Mark/Rees-Miller, Janie (Hgg.) (2000): The Handbook of Linguistics. Oxford: Blackwell.
Auroux, Sylvain et al. (Hgg.) (2000): Geschichte der Sprachwissenschaft. Berlin/New York: Mouton de Gruyter (= HSK 18).
Baltin, Mark/Collins, Chris (Hgg.) (2000): The Handbook of Contemporary Syntactic Theory. Oxford: Blackwell.
Bandle, Oscar et al. (Hgg.) (2002/2005): The Nordic Languages. An International Handbook of the History of the North Germanic Languages. 2 Bde. Berlin/New York (=HSK 22).

Bátori, István S./Lenders, Winfried/Putschke, Wolfgang (Hgg.) (1989): Computerlinguistik. Ein internationales Handbuch zur computergestützten Sprachforschung und ihrer Anwendung. Berlin/New York: Mouton de Gruyter (= HSK 4).

Besch, Werner et al. (Hgg.) (1982): Dialektologie. Ein Handbuch zur deutschen allgemeinen Dialektforschung. 2 Bde. Berlin/New York: Mouton de Gruyter (= HSK 1).

Besch, Werner et al. (Hgg.) (1998/2000): Sprachgeschichte. Ein Handbuch zur Geschichte der deutschen Sprache und ihrer Erforschung. 2 Bde. Berlin/New York: Mouton de Gruyter (= HSK 2).

Blanken, Gerhard et al. (Hgg.) (1993): Linguistic Disorders and Pathologies. An international Handbook. Berlin/New York: Mouton de Gruyter (=HSK 8).

Booij, Geert E. et al. (Hgg.) (2000): Morphologie. Ein internationales Handbuch zur Flexion und Wortbildung. Berlin/New York: Mouton de Gruyter (=HSK 17).

Brinker, Klaus et al. (Hgg.) (2000/2001): Text- und Gesprächslinguistik. Ein internationales Handbuch zeitgenössischer Forschung. 2 Bde. Berlin/New York: Mouton de Gruyter (=HSK 16).

Bublitz, Wolfram/Jucker, Andreas H./Schneider, Klaus P. (Hgg.) (2010ff.): Handbooks of Pragmatics. 9 Bde. Berlin/Boston: De Gruyter Mouton.

Burger, Harald et al. (Hgg.) (2006): Phraseologie. Ein internationals Handbuch zeitgenössischer Forschung. 2 Bde. Berlin/New York: de Gruyter (=HSK 28).

Chamber, J.K./Trudgill, Peter/Schilling-Estes, Natalie (Hgg.) (2001): The Handbook of Language Variation and Change. Oxford: Blackwell.

Comrie, Bernard (Hg.) (1990): The World's Major Languages. Oxford: Oxford University Press.

Coulmas, Florian (Hg.) (1998): The Handbook of Sociolinguistics. Oxford: Blackwell.

Cruse, Alan et al. (Hgg.) (2002): Lexikologie. Berlin/New York: Mouton de Gruyter (=HSK 21).

Cummings, Louise (Hg.) (2010): The Pragmatics Encyclopedia. London: Routledge.

Dascal, Marcelo et al. (Hgg.) (1992/1996): Sprachphilosophie. Ein internationales Handbuch zeitgenössischer Forschung. 2 Bde. Berlin/New York: Mouton de Gruyter (= HSK 7).

Dryer, Matthew et al. (Hgg.) (2003): The World Atlas of Language Structures. Oxford: Oxford University Press.

Eichler, Ernst et al. (Hgg.) (1995/1996): Namenforschung. Ein internationales Handbuch zur Onomastik. 2 Bde. Berlin/New York: Mouton de Gruyter (= HSK 11).

Enzyklopädie der Psychologie. Themenbereich C. Theorie und Forschung. Serie 3: Sprache:
– Bd. 1: Hermann, Theo/Grabowski, Joachim (Hgg.) (2003): Sprachproduktion. Göttingen: Hogrefe.
– Bd. 2: Friederici, Angela D. (Hg.) (1999): Sprachrezeption. Göttingen: Hogrefe.
– Bd. 3: Grimm, Hannelore (Hg.) (2000): Sprachentwicklung. Göttingen: Hogrefe.

Fleischer, Wolfgang/Helbig, Gerhard/Lerchner, Gotthard (Hg.) (2000): Kleine Enzyklopädie. Deutsche Sprache. Frankfurt a.M.: Lang.

Fletcher, Paul/MacWhinney, Brian (Hgg.) (1996): The Handbook of Child Language. Oxford: Blackwell.

Fritz, Gerd/Hundsnurscher, Franz (Hg.) (1994): Handbuch der Dialoganalyse. Tübingen: Niemeyer.

Goebl, Hans et al. (Hgg.) (1997): Kontaktlinguistik. Ein internationales Handbuch zeitgenössischer Forschung. Berlin/New York: Mouton de Gruyter (= HSK 12).

Goldsmith, John A. (Hg.) (1996): The Handbook of Phonological Theory. Oxford: Blackwell.

Günther, Hartmut/Ludwig, Otto (Hgg.) (1994/1996): Schrift und Schriftlichkeit. Ein interdisziplinäres Handbuch internationaler Forschung. 2 Bde. Berlin/New York: Mouton de Gruyter (=HSK 10).

Hardcastle, William, J./Laver, John (Hgg.) (1999): The Handbook of Phonetic Science. Oxford: Blackwell.

Haspelmath, Martin et al. (Hgg.) (2001): Sprachtypologie und sprachliche Universalien. Ein internationales Handbuch. Berlin/New York: Mouton de Gruyter (= HSK 20).

Hausmann, Franz Josef et al. (Hgg.) (1989/1991): Wörterbücher. Ein internationales Handbuch zur Lexikographie. 3 Bde. Berlin/New York: Mouton de Gruyter (= HSK 5).

Heine, Bernd/Narrog, Heiko (Hgg.) (2015[2]): The Oxford Handbook of Linguistic Analysis. Oxford: Oxford University Press.

Helbig, Gerhard et al. (Hgg.) (2001): Deutsch als Fremdsprache. Ein internationales Handbuch. Berlin/New York: Mouton de Gruyter (= HSK 19).

Hoffmann, Lothar/Kalverkämper, Hartwig/Wiegand, Herbert Ernst (Hgg.) (1998): Fachsprachen. Ein internationales Handbuch zur Fachsprachenforschung und Terminologiewissenschaft. Berlin/New York: Mouton de Gruyter (= HSK 14).

Horn, Laurence R./Ward, Gregory (Hgg.) (2004): The Handbook of Pragmatics. Oxford: Blackwell.

Huang, Yan (2016): The Oxford Handbook of Pragmatics. Oxford: Oxford University Press.

Jacobs, Joachim et al. (Hgg.) (1995): Syntax. Ein internationales Handbuch zeitgenössischer Forschung. 2 Bde. Berlin/New York: Mouton de Gruyter (=HSK 9).

Joseph, Brian D./Janda, Richard D. (Hgg.) (2002): The Handbook of Historical Linguistics. Oxford: Blackwell.

Kiss, Tibor/Alexiadou, Artemis (Hgg.) (2015): Syntax – Theory and Analysis. 3 Bde. Berlin/Boston: Mouton de Gruyter (= HSK 42).

Köhler, Reinhard/Altmann, Gabriel/Piotrowski, Rajmund G. (Hgg.) (2005): Quantitative Linguistik. Ein internationales Handbuch. Berlin/New York: de Gruyter (=HSK 26).

Lappin, Shalom (Hg.) (1997): The Handbook of Contemporary Semantic Theory. Oxford: Blackwell.

Leonhard, Felix et al. (Hgg.) (1999/2001): Medienwissenschaft. Ein Handbuch zur Entwicklung der Medien und Kommunikationsformen. 2 Bde. Berlin/New York: Mouton de Gruyter (= HSK 15).

Maienborn, Claudia/Heusinger, Klaus von/Portner, Paul (Hgg.) (2011/2012): Semantics. 3 Bde. Berlin/Boston: Mouton de Gruyter (= HSK 33).

Müller, Peter/Ohnheiser, Ingeborg/Olsen, Susan/Rainer, Franz (Hgg.) (2015): Word-Formation. An International Handbook of the Languages of Europe. 4 Bde. Berlin/Boston: Mouton de Gruyter (= HSK 40).

Narrog, Heiko/Heine, Bernd (Hgg.) (2011): The Oxford Handbook of Grammaticalization. Oxford: Oxford University Press.

Newmeyer, Frederick J. (Hg.) (1988): Linguistics. The Cambridge Survey. 4 Bde. Cambridge. Cambridge University Press.

Posner, Roland/Robering, Klaus/Sebeok, Thomas A. (Hgg.) (1997/1998): Semiotik. Ein Handbuch zu den zeichentheoretischen Grundlagen von Natur und Kultur. 2 Bde. Berlin/New York: Mouton de Gruyter (= HSK 13).

Rickheit, Gert/Herrmann, Theo/Deutsch, Werner (Hgg.) (2003): Psycholinguistik. Ein internationales Handbuch. Berlin/New York: de Gruyter (=HSK 24).

Schiffrin, Deborah/Tannen, Deborah/Hamilton, Heidi E. (Hgg.) (2001): The Handbook of Discourse Analysis. Oxford: Blackwell.

Schwarze, Christoph/Wunderlich, Dieter (Hg.) (1985): Handbuch der Lexikologie. Königstein, Ts.: Athenäum.

Spencer, Andrew/Zwicky, Arnold (Hgg.) (2001): The Handbook of Morphology. Oxford: Blackwell.

Štekauer, Pavol/Lieber, Rochelle (Hgg.) (2005): Handbook of Word-Formation. Dordrecht: Springer.

Stechow, Arnim von/Wunderlich, Dieter (Hgg.) (1991): Semantik. Ein internationales Handbuch zeitgenössischer Forschung. Berlin/New York: Mouton de Gruyter (= HSK 6).

Tallerman, Maggie M./Gibson, Kathleen R.K. (Hgg.) (2012): The Oxford Handbook of Language Evolution. Oxford: Oxford University Press.

Verschueren, Jef/Östman, Jan-Ola/Blommaert, Jan/Bulcaen, Chris (Hg.) (1995 ff.): Handbook of Pragmatics. Amsterdam/Philadelphia: Benjamins.

9.4 | Grammatiken des Deutschen

Behaghel, Otto (1923-32): Deutsche Syntax. Eine geschichtliche Darstellung. 4 Bde. Heidelberg: C. Winter.

Blatz, Friedrich (1896): Neuhochdeutsche Grammatik mit Berücksichtigung der historischen Entwicklung der deutschen Sprache. 2 Bde. Karlsruhe: J. Lang.

Duden 4. Die Grammatik (2009[8]): Hg. von der Dudenredaktion. Mannheim: Dudenverlag.

Ebert, Robert Peter et al. (1993): Frühneuhochdeutsche Grammatik. Tübingen: Niemeyer.

Eisenberg, Peter (2013[4]): Grundriss der deutschen Grammatik. Bd. 1: Das Wort. Stuttgart/Weimar: Metzler.

Eisenberg, Peter (2013[4]): Grundriss der deutschen Grammatik. Bd. 2: Der Satz. Stuttgart/Weimar: Metzler.

Engel, Ulrich (2004): Deutsche Grammatik. München: Iudicium.

Eroms, Hans-Werner (2000): Syntax der deutschen Sprache. Berlin/New York: Mouton de Gruyter.

Flämig, Walter (1991): Grammatik des Deutschen. Einführung in Struktur- und Wirkungs-zusammenhänge. Berlin: Akademie-Verlag.

Grewendorf, Günther (1988): Aspekte der deutschen Syntax. Eine Rektions-Bindungs-Analyse. Tübingen: Narr.

Haider, Hubert (1993): Deutsche Syntax - generativ. Vorstudien zur Theorie einer projektiven Grammatik. Tübingen: Narr.

Heidolph, Karl-Erich et al. (Hgg.) (1981): Grundzüge einer deutschen Grammatik. Berlin: Akademie-Verlag.

Helbig, Gerhard/Buscha, Joachim (2013): Deutsche Grammatik. Ein Handbuch für den Ausländerunterricht. München: Langenscheidt.

Hentschel, Elke/Weydt, Harald (2013⁴): Handbuch der deutschen Grammatik. Berlin/New York: Mouton de Gruyter.

Heringer, Hans Jürgen (1988): Lesen - lehren - lernen. Eine rezeptive Grammatik des Deutschen. Tübingen: Niemeyer.

Heringer, Hans Jürgen (1996): Deutsche Syntax - dependentiell. Tübingen: Stauffenburg.

Hoffmann, Ludger (2014): Deutsche Grammatik. Grundlagen für Lehrerausbildung, Schule, Deutsch als Zeitsprache und Deutsch als Fremdsprache. Berlin: Erich Schmidt.

Paul, Hermann (1960-1920): Deutsche Grammatik. 5 Bde. Halle: Niemeyer (unveränderter Nachdruck Tübingen 1968: Niemeyer)

Sommerfeldt, Karl Ernst/Starke, Günther (1998³): Einführung in die Grammatik der deutschen Gegenwartssprache. Tübingen: Niemeyer.

Stechow, Arnim von/Sternefeld, Wolfgang (1988): Bausteine syntaktischen Wissens. Ein Lehrbuch der generativen Grammatik. Opladen: Westdeutscher Verlag.

Sternefeld, Wolfgang (2008/2009): Syntax: Eine morphologisch motivierte generative Beschreibung des Deutschen. 2 Bde. Tübingen: Stauffenburg.

Weinrich, Harald (1993): Textgrammatik der deutschen Sprache. Mannheim: Dudenverlag.

Wilmanns, Wilhelm (1893-1909): Deutsche Grammatik. Gotisch, Alt-, Mittel- und Neuhochdeutsch. 4 Bde. Straßburg: Trübner (unveränderter Nachdruck der Ausgabe 1906-1911. Berlin 1967)

Zifonun, Gisela/Hoffmann, Ludger/Strecker, Bruno et al. (1997): Grammatik der deutschen Sprache. 3 Bde. Berlin/New York: Mouton de Gruyter.

9.5 | Wörterbücher

Augst, Gerhard/Müller, Karin (2009): Wortfamilienwörterbuch der deutschen Gegenwartssprache. Tübingen: Niemeyer.

Brockhaus/Wahrig (2012): Deutsches Wörterbuch. Gütersloh: Bertelsmann.

Duden (1993²ff.): Das große Wörterbuch der deutschen Sprache in acht Bänden. Mannheim: Dudenverlag.

Duden (2011⁷): Deutsches Universalwörterbuch. Mannheim: Dudenverlag.

Duden 7 (2013⁵): Das Herkunftswörterbuch. Etymologie der deutschen Sprache. Mannheim: Dudenverlag.

Grimm, Jacob/Grimm, Wilhelm (1854-1971): Deutsches Wörterbuch. 16 Bde. (33 Bde.). Leipzig: S. Hirzel. Neubearbeitung Bd. 1ff. Leipzig 1983ff.: S. Hirzel.

Kempcke, Günter et al. (1984): Handwörterbuch der deutschen Gegenwartssprache. Berlin: Akademie-Verlag.

Klappenbach, Ruth/Steinitz, Wolfgang (1964ff.): Wörterbuch der deutschen Gegenwartssprache. Berlin: Akademie-Verlag.

Kluge, Friedrich (2011²⁵): Etymologisches Wörterbuch der deutschen Sprache. Berlin/Boston: de Gruyter.

Muthmann, Gustav (2001³): Rückläufiges Wörterbuch der deutschen Gegenwartssprache. Handbuch der Wortausgänge im Deutschen, mit Beachtung der Wort- und Lautstruktur. Tübingen: Niemeyer.

Paul, Hermann (2002[10]): Deutsches Wörterbuch. Tübingen: Niemeyer.
Pfeifer, Wolfgang (Hg.) (1997[3]): Etymologisches Wörterbuch des Deutschen. 3 Bde. Berlin: Akademie-Verlag.
Sommerfeldt, Karl Ernst/Spiewok, Wolfgang (1989): Sachwörterbuch für die deutsche Sprache. Leipzig: Bibliographisches Institut.
Wahrig-Burfeind, Renate (Hg.) (2010[8]): WAHRIG. Deutsches Wörterbuch. Gütersloh: Bertelsmann.

9.6 | Fachzeitschriften

Listen der wichtigsten Fachzeitschriften finden sich in Bußmann (2008[4]) (s. 9.2) und Eisenberg/Wiese (1995) (s. 9.7). Zugang zu den noch nicht bibliographisch erfassten Fachzeitschriften bietet CCL (s. 9.7).

Applied Psycholinguistics
Beiträge zur Geschichte der deutschen Sprache und Literatur (PBB),
Child Development
Cognition
Cognitive Linguistics
Deutsch als Fremdsprache
Deutsche Sprache
First Language
Folia Linguistica
Folia Linguistica Historica
Intercultural Pragmatics
International Review of Pragmatics
Journal of Child Language
Journal of Linguistics
Journal of Pragmatics
Journal of Semantics
Language
Language Acquisition
Language Variation and Change
Lingua
Linguistic Compass
Linguistics
Linguistics and Philosophy
Linguistische Berichte
Morphology
Natural Language and Linguistic Theory
Semantics and Pragmatics
Sprache und Kognition
Word Structure
Zeitschrift für Dialektologie und Linguistik
Zeitschrift für Germanistische Linguistik
Zeitschrift für Literaturwissenschaft und Linguistik (LiLi)
Zeitschrift für Sprachwissenschaft

9.7 | Bibliographien

BL. Bibliographie Linguistique/Linguistic Bibliography. 1939ff. (jetzt:) Dordrecht/Boston/London: Kluwer.

BLL. Bibliographie linguistischer Literatur. Bearbeitet von Elke Suchan. 1976ff. Frankfurt a.M.: Klostermann.

CLL. Currents Contents Linguistik. Inhaltsverzeichnisse linguistischer Fachzeitschriften. 1976ff. Frankfurt a.M.: Stadt- und Universitätsbibliothek.

Eisenberg, Peter/Gusovius, Alexander (1988[2]): Bibliographie zur deutschen Grammatik 1965-1986. Tübingen: Niemeyer.

Eisenberg, Peter/Wiese, Bernd (1995): Bibliographie zur deutschen Grammatik 1984-1994. Tübingen: Stauffenburg.

Frosch, Helmut et al. (Hgg.) (2003): Bibliographie zur deutschen Grammatik. Tübingen: Stauffenburg.

GERMANISTIK. Internationales Referatenorgan mit bibliographischen Hinweisen. 1960ff. Tübingen: Niemeyer.

LLBA. Linguistics and Language Behavior Abstracts. 1966ff. San Diego, Calif.

LA. Linguistics Abstracts. 1985ff. London: Blackwell.

Munske, Horst Haider (1999[3]): Erlanger Bibliographie zur germanistischen Sprachwissenschaft. Erlangen: Palm und Enke.

Nuyts, Jan/Verschueren, Jef (1987): A Comprehensive Bibliography of Pragmatics. 4 Bde. Amsterdam/Philadelphia: John Benjamins.

9.8 | Ausgewählte Internetadressen

Childes: http://childes.psy.cmu.edu/

Deutsche Gesellschaft für Sprachwissenschaft (DGfS): http://www.dgfs-home.de

Einführung in die germanistische Linguistik: http://www.egli-online.de

Gesellschaft für Angewandte Linguistik: http://www.gal-ev.de

Gesellschaft für deutsche Sprache: http://gfds.de

Gesprächsforschung: http://www.gespraechsforschung.de

Institut für Deutsche Sprache (IDS): http://www.ids-mannheim.de

Kurze Einführungen in die germanistische Linguistik: http://www.kegli-online.de

Linguist List: http://www.linguistlist.org

Max-Planck Institut für Psycholinguistik: http://www.mpi.nl/world/index.html

Max-Planck Institut für Kognitions- und Neurowissenschaften: http://www.cns.mpg.de/index.xml

Max-Planck Institut für Anthropologie: http://www.eva.mpg.de

Zentrum für Allgemeine Sprachwissenschaft (ZAS): http://www.zas.gwz-berlin.de

10 | Glossar

Adjunkt: [Auch: Modifizierer, Angabe, Supplement] Eine Konstituente, die nicht selegiert wird.

Affix: Oberbegriff für Präfix und Suffix. Affixe kommen nicht frei vor und haben keine lexikalische Bedeutung.

Affixoid: [Auch: Halbaffix] Element, das Eigenschaften von Wörtern und Affixen aufweist, z. B. das Präfixoid *Bomben-* in *Bombenstimmung* oder das Suffixoid *-arm* in *verkehrsarm*.

Akzent: [Auch: Betonung] Hervorhebung sprachlicher Einheiten (Laute, Silben, Wörter, Wortgruppen) innerhalb einer Äußerung durch Verstärkung der Muskelaktivitäten der Sprechorgane, die zu einer Erhöhung der Lautstärke, Tonhöhe oder Quantität führt.

Allomorph: Realisierungsvariante eines Morphems.

Allophon: Realisierungsvariante eines Phonems.

Ambiguität: [Auch: Mehrdeutigkeit] Man unterscheidet zwischen lexikalischer Ambiguität, syntaktischer (struktureller) Ambiguität und Skopusambiguität (→ Homonymie, → Polysemie).

Analogie: Sprachveränderung nach dem Vorbild bestehender Muster; Analogie produziert Regelmäßigkeit z. B. in Flexionsparadigmen.

Analogiebildung: Neubildung nach dem Vorbild eines schon vorhandenen Wortes, z. B. *Hausmann* zu *Hausfrau*.

Anapher: Typischerweise ein Pronomen, das einen Gegenstand bezeichnet, auf den in der Rede schon mit einem anderen Ausdruck (dem Antezedens der Anapher) Bezug genommen wurde. Beispiel: In *Hier sehen Sie Eduard, wie er versucht, den Garten neu anzulegen.* ist *er* die Anapher und *Eduard* das Antezedens.

Antonymie: Semantische Relation des Bedeutungsgegensatzes zwischen skalierbaren lexikalischen Ausdrücken wie z. B. *kalt* und *warm* oder *jung* und *alt*. Im Gegensatz zur → Komplementarität impliziert die Negation des einen Ausdrucks nicht sein antonymes Gegenstück.

Aphasie: Erworbene zentrale Sprachstörung als Folge einer Hirnschädigung (z. B. durch Schlaganfall oder Tumor). Alle sprachlichen Bereiche und alle Modalitäten (Sprechen, Verstehen, Lesen, Schreiben) können betroffen sein.

Argument: Verben und viele Adjektive und Nomen sind semantisch gesehen Prädikate (nicht zu verwechseln mit der syntaktischen Funktion Prädikat) und bezeichnen bestimmte Personen und Dinge oder Situationen, in denen bestimmte Personen und Dinge auftauchen. Diese Personen und Dinge sind die Argumente der Prädikate. Oft werden allerdings auch die Konstituenten, die die Argumente syntaktisch realisieren, Argumente genannt. In dem Satz *Valentine zerreißt das Geschenkpapier* sind dann die beiden Konstituenten *Valentine* und *das Geschenkpapier* Argumente des Verbs *zerreißt*.

Argumentstruktur: In der Argumentstruktur sind die Anzahl, die syntaktischen Realisierungen und die semantischen Rollen der Argumente angegeben.

Artikulation: Bewegung der Sprechorgane zur Produktion von Lauten und Lautketten; die *Artikulation im weiteren Sinne* erfasst alle Sprechaktivitäten des Atemapparates, des Kehlkopfes (= Larynx) und der Organe des Rachen-, Nasen- und Mundraumes (= supraglottaler Raum), die *Artikulation im engeren Sinne* nur die Letzteren.

Assimilation: Prozess und Ergebnis der Angleichung eines Lautes in einer oder mehreren Eigenschaften an einen Laut im Äußerungskontext.

Äußerungsbedeutung: Ebene der Bedeutung, auf der unter Rückgriff auf den Äußerungskontext u. a. deiktische Variablen gefüllt werden (→ Satzbedeutung, → Sprecherbedeutung).

Basis: Element, das affigiert werden kann, z. B. Stamm oder Wurzel.

Bedeutungsrelation: → Semantische Relation.

Bewegung: Eine Konstituente wird von einer Satzposition in eine andere Satzposition umgestellt, wie zum Beispiel das finite Verb in Verberst- und Verbzweitsätzen.

Blockierung: Verhinderung der Anwendung einer Wortbildungsregel, z. B. ist *Stehler* blockiert wegen schon existierendem *Dieb*.

Deixis: (Primär) Referenz durch Bezug auf Aspekte der Äußerungssituation mit Ausdrücken wie *ich, dieser, hier, jetzt*. Man unterscheidet Personaldeixis (Referenz auf Sprecher/Adressat), Objektdeixis (Referenz auf Objekte allgemein), Lokal- und Temporaldeixis (Referenz auf Orte bzw. Zeiten).

Denotation: Relation zwischen einem sprachlichen Ausdruck und den Dingen in der Welt, die er bezeichnet.

Derivation: [Auch: Ableitung] Bildung eines Worts aus einem vorhandenen Wort und einem Derivationsaffix, z. B. *Ur+wald, wunder+bar*.

Diachrone Sprachwissenschaft: Die diachrone Sprachwissenschaft untersucht Ausschnitte eines Sprachsystems in ihrer zeitlichen Abfolge.

distinktives Merkmal (distinctive feature): Lauteigenschaft, die in einer Sprache eine bedeutungsunterscheidende Funktion erfüllt.

eingebetteter Satz: [Auch: Nebensatz] Ein Satz, der in einer anderen Konstituente enthalten ist.

Extension: Die Klasse der Elemente, die ein sprachlicher Ausdruck bezeichnet. Die beiden Ausdrücke *Morgenstern* und *Abendstern* haben dieselbe Extension (die Venus), aber unterschiedliche → Intensionen.

Flexion: Bildung der grammatischen Wortformen bei flektierbaren Wörtern (Deklination, Konjugation, Komparation).

Fokus-Hintergrund-Gliederung: Unterteilung der Information, die ein Satz liefert, in neue (=Fokus) und alte (=Hintergrund) Information (Fokus ist jedoch nicht immer mit neuer Information identisch). Beispiel: Im Kontext der Frage *Wer kam auf die Idee, Ottilie einzuladen?* kann man die Antwort *Charlotte kam auf die Idee, Ottilie einzuladen* in Fokus = ›Charlotte‹ und Hintergrund = ›Jemand kam auf die Idee, Ottilie einzuladen‹ unterteilen.

Fugenelement: Bedeutungsloses, lautlich motiviertes Element zwischen Konstituenten einer Komposition (z. B. *Arbeit+s+kraft*) oder Derivation (z. B. *hoffen+t+lich*).

Funktionswort: [Auch: Synsemantikon] Wörter wie *der, obwohl, oder* und *überaus*, die keine kontextunabhängige spezifische Bedeutung haben und nichts bezeichnen können. Funktionswörter haben eine wörtliche Bedeutung, die aber erst im Satzkontext Sinn ergibt (→ Inhaltswort).

Fuß: Prosodische Einheit, die aus genau einer betonten und beliebig vielen unbetonten Silben besteht.

Gebärdensprache: Visuell-motorische Sprache, nicht auf Lautsprache bezogen, die vor allem von gehörlosen Menschen gesprochen wird (DGS = Deutsche Gebärdensprache; ASL = American Sign Language). Nutzung manueller und nicht-manueller Ausdrucksmittel (Hände, Arme, Körperhaltung, Mimik, Mundbild, Blickrichtung). Gebärden haben arbiträren Status (obwohl der Grad an Ikonizität höher ist als bei Wörtern in der Lautsprache). Strukturiertheit auf verschiedenen Ebenen (sequenziell und simultan): sublexikalische Ebene (›primes‹), lexikalische Ebene (Wort-Gebärden, Wortbildung), grammatische Ebene (Abfolge von Gebärden, Klassifikatoren, Indexgebärden, Übereinstimmungsgebärden usw.).

Grammatikalisierung: Ein freies Morphem mit lexikalischer Bedeutung entwickelt sich zunächst zum Funktionswort und dann zu einem gebundenen Morphem mit grammatischer Bedeutung; Grammatikalisierungsprozesse reduzieren das fragliche Morphem sowohl in Form als auch in Bedeutung.

grammatisch: [Auch: wohlgeformt] Entspricht den Regeln der Grammatik.

Grammatischer Wechsel: Systematische Veränderungen des wurzelschließenden Konsonanten wie in *zîhan – gizigan* ›bezichtigen‹, *snîdan – gisnitan* ›schneiden‹; motiviert ist der Wechsel durch das Nebeneinander von stimmlosen und stimmhaften Reibelauten im Voralthochdeutschen.

Homonymie: Lexikalische Mehrdeutigkeit, die nicht auf einen gemeinsamen Bedeutungskern zurückgeführt werden kann. Homonyme Ausdrücke wie *Kiefer* (Knochen vs. Baumart) haben die gleiche Ausdrucksform, aber verschiedene Bedeutungen und eine unterschiedliche (oder nicht mehr transparente gemeinsame) etymologische Herkunft (→ Polysemie).

Hyperonym: Oberbegriff. *Blume* ist z. B. ein Hyperonym von *Rose*.

Hyperonymie/Hyponymie: Semantische Relation der Über- und Unterordnung, die lexikalische Ausdrücke hierarchisch ordnet (→ Hyperonym, → Hyponym).

Hyponym: Unterbegriff. *Rose* ist z. B. ein Hyponym von *Blume*.

Illokution: [Auch: illokutionärer Akt] Teilakt eines Sprechakts wie z. B. Versprechen, Behauptung, Frage, Aufforderung.

implikatieren: Ableitung von → Implikatur.

Implikation, semantische: Semantische Relation zwischen den Bedeutungen von zwei Sätzen. Ein Satz A impliziert einen Satz B, wenn aus A B folgt. Wenn der Satz *Oli hat den Ball aus dem Strafraum gefaustet* wahr ist, dann ist auch der Satz *Oli hat den Ball berührt* wahr. Auf der Ebene der lexikalischen Bedeutung entspricht der semantischen Implikation die → Hyponomie.

Implikatur: Terminus, der von Paul Grice geprägt wurde und der den Teil des Gesamtbedeutungsgehalts einer Äußerung bezeichnet, der nicht zu dem gehört, was mit der Äußerung »gesagt« wird, sondern zu dem, was »nahe gelegt« wird. (→ konventionelle Implikatur, → konversationelle Implikatur).

indirekter Sprechakt: Sprachliche Handlung, die über den Vollzug eines anderen → Sprechakts ausgeführt wird. Beispiel: Mit der Frage *Musst du die Musik so laut aufdrehen?* fordert der Sprecher den Adressaten auf, die Musik etwas leiser zu drehen – die Frage ist der direkte, die Aufforderung der indirekte Sprechakt.

indizierte Klammerung: Eine Notation für Konstituentenstrukturen, in der Konstituenten mit eckigen Klammern eingeschlossen werden und die Kategorien der Konstituenten als Indizes an der linken Klammer erscheinen.

Informationsstruktur: Unterteilung der Information, die ein Satz liefert, in Thema (oder: Topik) und Kommentar sowie in Fokus und Hintergrund (→ Fokus-Hintergrund-Gliederung).

Inhaltswort: [Auch: Autosemantikon] Wörter wie *Staubsauger, singen, aufgeregt* oder *lange*, die eine spezifische Bedeutung haben und etwas bezeichnen können (→ Funktionswort).

Inkompatibilität: [Auch: Heteronymie] Semantische Relation der Unverträglichkeit zwischen zwei lexikalischen Ausdrücken desselben semantischen Bereichs wie z. B. Farbwörter oder Wochentage. Zwei → Kohyponyme sind inkompatibel (→ Antonymie, → Komplementarität).

Intension: Der Inhalt oder die deskriptive Bedeutung eines Begriffs, durch den seine → Extension bestimmt wird. Die Intension eines Ausdrucks entspricht den semantischen Merkmalen, die ihn charakterisieren.

Intonation: Nicht an einzelne Segmente gebundener Tonhöhenverlauf einer Äußerung, der grammatische oder pragmatische Funktionen erfüllen kann.

Kohyponym: Zwei lexikalische Ausdrücke wie z. B. *Rose* und *Tulpe*, die dasselbe Hyperonym haben (hier: *Blume*) und nicht synonym sind, werden Kohyponyme genannt. Kohyponyme sind inkompatibel (→ Hyperonymie, → Hyponym, → Inkompatibilität, → Synonymie).

Komplement: [Auch: Ergänzung] Eine Konstituente, die seligiert wird.

komplementäre Distribution: Relation zwischen zwei Allophonen, die nie im gleichen Lautkontext vorkommen.

Komplementarität: Semantische Relation zwischen zwei sprachlichen Ausdrücken wie z. B. *tot* und *lebendig*. Komplementäre Ausdrücke sind inkompatibel und die Negation des einen Ausdrucks impliziert den anderen Ausdruck (→ Inkompatibilität).

Komposition: [Auch: Zusammensetzung] Bildung eines komplexen Worts aus zwei oder mehr vorhandenen Wörtern, z. B. *Not+arzt, dunkel+rot*.

Konfix: Wortbildungselement, das nicht frei vorkommt, aber lexikalische Bedeutung hat, z. B. *Bio-* in *Bio+bauer*.

Kongruenz: Syntaktische Beziehung zwischen Wörtern und Phrasen, bei der sich die morphologischen Merkmale des einen Ausdrucks nach den morphologischen Merkmalen des anderen Ausdrucks richten. So richten sich bei der Subjekt-Verb-Kongruenz im Deutschen Numerus und Person des finiten Verbs nach Numerus und Person des Subjekts: *Ich bin müde, *Ich ist müde, *Er bin müde, Er ist müde*.

Konnotation: Allgemeiner, sozial und kulturell festgelegter Bedeutungsaspekt, der Teil der wörtlichen Bedeutung eines lexikalischen Ausdrucks ist und oft pejorativen Charakter hat.

Konsonant: Sprachlaut, der mit einer Behinderung (Verengung oder Blockade) des Luftstroms im supraglottalen Raum gebildet wird, die beim Hörer als Geräusch wahrgenommen wird.

Konstituente: Einheiten einer morphologischen oder syntaktischen Struktur.

Konstituentenstruktur: Die Art, wie die Bestandteile eines komplexen Ausdrucks, seine Konstituenten, miteinander kombiniert sind. Konstituentenstrukturen kann man mit indizierten Klammerungen oder Baumdiagrammen beschreiben.

Konstituententest: Ein Test, mit dem man entscheiden kann, ob eine bestimmte Wortfolge eine Konstituente bildet. Beim Ersetzungstest wird die Wortfolge durch ein Wort ersetzt, beim Umstellungstest wird die Wortfolge in eine andere Satzposition bewegt und beim Koordinationstest wird die Wortfolge mit einer anderen gleichartigen Wortfolge koordiniert.

Kontradiktion: Semantische Relation zwischen den Bedeutungen von zwei Sätzen. Zwei Sätze, die kontradiktorisch sind, können nicht beide gleichzeitig wahr oder falsch sein. Wenn der Satz *Oli hat den Ball aus dem Strafraum gefaustet* wahr ist, dann ist der Satz *Oli hat den Ball nicht berührt* falsch. Auf der Ebene der lexikalischen Bedeutung entspricht der Kontradiktion die → Komplementarität.

konventionelle Implikatur: Implikatur, die zur konventionellen Bedeutung eines Ausdrucks (wie *aber, deshalb* etc.) gehört. Beispiel: In *Sie haben gut gespielt, aber nicht gewonnen* wird durch *aber* nahe gelegt (konventionell implikatiert), dass gut Spielen normalerweise mit Gewinnen einhergeht.

konversationelle Implikatur: [Auch: Konversationsimplikatur] Implikatur, die auf der Basis von Kooperationsprinzip und Konversationsmaximen entsteht. Wurde von Paul Grice für die Sprachtheorie entdeckt. Beispiel: Mit der Äußerung *Ich glaube, am Postamt gibt es eine Tankstelle* legt der Sprecher nahe (»implikatiert er konversationell«), dass er sich nicht so ganz sicher ist, ob es am Postamt eine Tankstelle gibt.

Konversion: Umkategorisierung eines Worts, z. B. *treffen* → *Treff* oder *Nerv* → *nerven*.

Kopf (morphologisch): Der morphologische Kopf ist das rechte Element einer Komposition oder Derivation. Er bestimmt die Kategorie, das Genus und die Flexionsklasse der Wortbildung.

Kopf (syntaktisch): Der lexikalische Ausdruck, der die Eigenschaften einer größeren Konstituente festlegt und nicht wegfallen kann. So ist das Adjektiv *altes* der Kopf der Konstituente *erst zwei Tage altes* und die Präposition *vor* der Kopf der Konstituente *vor der Grenze*.

Kunstwörter: [Auch: nonsense words] sind zum Zweck experimenteller Untersuchungen erfundene Wörter.

Lautverschiebung: Umordnung im Phonemsystem einer Sprache; für die Geschichte der deutschen Sprache sind die erste Lautverschiebung (Herauslösung der germanischen Sprachen aus der indoeuropäischen Sprachfamilie) und die zweite Lautverschiebung (Herauslösung des Althochdeutschen aus den germanischen Sprachen) von Bedeutung.

Lexem: Im Lexikon aufgeführte Einheit, z. B. Idiome, Wörter oder Affixe.

lexikalische Kategorie: Eine Menge oder Klasse von Wörtern, die bestimmte charakteristische Eigenschaften teilen, auch Wortart genannt. Diese Eigenschaften können morphologischer

Art sein (Flexion), syntaktischer Art (mögliche Satzpositionen, Kombinierbarkeit mit anderen Kategorien) oder auch semantischer Art. Lexikalische Kategorien werden typischerweise mit dem ersten Buchstaben ihres Namens abgekürzt, etwa N für Nomen, V für Verb, A für Adjektiv oder P für Präposition.

Lexikon: Menge von Lexikoneinträgen.

Lexikoneintrag: Informationen zu einem Lexem im Lexikon. Diese Informationen sind in der Regel phonologischer (bzw. orthographischer), morphologischer, syntaktischer, semantischer und pragmatischer Art.

Matrixsatz: Ein Satz, der einen eingebetteten Satz enthält. Matrixsätze sind nicht immer selbstständig, sondern können auch selbst eingebettet sein.

Merkmalklassen: Klassen von Flexionsmerkmalen. Zu unterscheiden sind Numerus, Genus, Person, Kasus, Tempus, Modus, Genus Verbi und Komparation.

MLU: Abkürzung für ›mean length of utterance‹, also für die durchschnittliche Äußerungslänge (berechnet aus der Anzahl von Wörtern (im Deutschen) oder Morphemen (im Englischen) geteilt durch die Anzahl der Äußerungen). Gilt für frühe Erwerbsstufen als zuverlässigeres Vergleichsmaß als das Alter.

Morphem: Kleinstes bedeutungstragendes Element einer Sprache. Komplexe Wörter bestehen aus zwei oder mehr Morphemen.

Morphologie: Lehre vom Strukturaufbau der Wörter. Die Morphologie unterteilt man in Flexionslehre und Wortbildungslehre.

Motherese: [Auch: Baby Talk, Ammensprache, child directed speech] Erwachsene modifizieren ihre an kleine Kinder gerichtete Sprache systematisch. Die Sprache ist langsamer, die Äußerungen sind hoch-toniger, mit ausgeprägter Intonation, kürzer und syntaktisch vereinfacht. Es wird diskutiert, inwieweit *motherese* eine notwendige oder nur eine förderliche Bedingung für den Spracherwerb ist.

Natürlichkeitstheorie: [Auch: Markiertheitstheorie] Theoretisches Modell zur Bewertung von sprachlichen Einheiten als mehr oder weniger natürlich; Natürlichkeit wird im Lautsystem einer Sprache mit artikulatorischer und/oder perzeptiver Einfachheit begründet, im morphologischen System mit der Einfachheit von Form-Bedeutungszusammenhang.

Neubildung: Komplexes Wort, das neu im Lexikon ist, z. B. *Elchtest*.

Paarsequenz: Zwei standardmäßig aufeinander bezogene Äußerungen zweier Sprecher. Beispiele: Frage-Antwort, Gruß-Erwiderung des Grußes, Dank-Erwiderung des Dankes.

Parameter: Ein Teil der → universalgrammatischen Prinzipien ist parametrisiert, d.h. sie beinhalten zwei Optionen, die sprachspezifisch auf einen der beiden möglichen Werte festgelegt werden (= Parameterfixierung oder -festlegung).

performative Äußerung: [Auch: explizit performative Äußerung; explizites Performativ] Eine Äußerung, durch die die Handlung vollzogen wird, die von der Äußerung bezeichnet wird. Beispiel: *Ich verspreche hiermit, meine Pflichten gewissenhaft zu erfüllen.* Die Beschäftigung mit explizit performativen Äußerungen durch John L. Austin führte zur Entwicklung der Sprechakttheorie (→ Sprechakt).

performatives Verb: Sprechaktbezeichnendes Verb, das in (explizit) performativen Äußerungen dazu verwendet werden kann, den Handlungstyp zu bezeichnen, der durch die Äußerung realisiert wird. Beispiele: *fragen, auffordern, behaupten, versprechen.*

Phonem: Kleinste segmentierbare Einheit einer Sprache mit distinktiver (= bedeutungsunterscheidender) Funktion.

Phonetik: Wissenschaftsdisziplin, die sich mit allen lautlichen Aspekten des Kommunikationsvorgangs beschäftigt. Sie untersucht die Teilprozesse der Sprachproduktion (artikulatorische Phonetik), der Übertragung der Äußerung als Schallsignal (akustische Phonetik) und der Wahrnehmung des Gesprochenen durch das Gehör (auditive/perzeptive Phonetik).

phonetische Transkription: Schriftliche Fixierung der gesprochenen Sprache mit Hilfe eines auf alle natürlichen Sprachen anwendbaren speziellen Symbolsystems. In der Regel wird zu diesem Zweck das allgemein anerkannte Alphabet der *International Phonetic Association* (= *IPA*) verwendet.

Phonologie: Teildisziplin der Linguistik, die sich mit allen Eigenschaften von Äußerungen befasst, die für das Lautsystem einer Sprache relevant sind. Die Phonologie ermittelt u. a. das Phonemsystem, die distinktiven Merkmale und die prosodischen Charakteristika einer Sprache.

phonologische Regel: Formale Repräsentation eines phonologischen Prozesses, in der ein festgelegtes Notationssystem benutzt wird. Dieses System enthält u. a. distinktive Merkmale und Symbole für Grenzen phonologischer Einheiten.

phonologischer Prozess: Alternation in der Aussprache sprachlicher Einheiten in Abhängigkeit von bestimmten Bedingungen, zu denen Lautkontext, morphologische Merkmale, Position in der Äußerung, Sprechtempo, Stil u. a. zählen.

Phonotaktik: Gesamtsystem der Abfolgeregularitäten für die Segmente einer Sprache in größeren phonologischen Einheiten wie Silbe, Morphem und Wort.

Phrase: Nach dem X'-Schema eine maximale Konstituente, wobei eine Konstituente maximal ist, wenn es keine größere Konstituente gibt, die sie enthält und denselben Kopf wie sie hat. Phrasen werden nach ihren Köpfen benannt und mit P abgekürzt. So enthält eine NP ein N als Kopf, eine AP ein A als Kopf, eine VP ein V als Kopf und so weiter. Nach dem X'-Schema sind auch Sätze Phrasen.

Phrasenkompositum: Kompositum, dessen Erstglied eine Phrase ist, z. B. *das Graue-Maus-Dasein*.

Phrasenstruktur: Die Konstituentenstruktur einer Phrase.

Phrasenstrukturbaum: Eine Notation für Phrasenstrukturen, die sowohl die lineare Abfolge der Teile als auch die hierarchische Struktur darstellt. Phrasenstrukturbäume bestehen aus Knoten, die für Konstituenten stehen und mit Kategoriennamen versehen sind, und Ästen, die die Konstituenten mit ihren Teilen verbinden.

Polysemie: Lexikalische Mehrdeutigkeit, die auf einen gemeinsamen Bedeutungskern zurückgeführt werden kann. Ein polysemer Ausdruck wie *Oper,* mit dem man u. a. ein konkretes musikalisches Bühnenwerk, eine Institution oder das Gebäude, in dem musikalische Bühnenwerke aufgeführt werden, bezeichnen kann, hat mehrere Bedeutungen, die sich aus einer unterspezifizierten Kernbedeutung systematisch durch konzeptuelle Spezifizierung ableiten lassen (→ Homonymie).

Prädikat (semantisch): In der Semantik ist ein Prädikat ein sprachlicher Ausdruck, der ein oder mehrere Argumente selegiert. Je nachdem, wie viele Argumentstellen ein Prädikat hat, unterscheidet man zwischen einstelligen Prädikaten (z. B. *schlafen*), zweistelligen Prädikaten (z. B. *lesen*) und dreistelligen Prädikaten (z. B. *geben*). Bei nicht-symmetrischen zwei- und mehrstelligen Prädikaten spielt die Reihenfolge der Argumente eine wesentliche Rolle.

Präfix: Wortbildungselement, das der Basis vorausgeht, z. B. *un-* in *unschön*.

Pragmatik: Je nach sprachwissenschaftlichem Ansatz Theorie über kontextabhängige Bedeutung, Theorie der Sprachverwendung, Theorie der pragmatischen Kompetenz. Als pragmatische Kerngebiete betrachtet man meist Deixis, Präsupposition, Implikatur, Sprechakt und Konversationsstruktur.

Präsupposition: Annahme, die der Sprecher einer Äußerung macht und die von einem bestimmten sprachlichen Element der Äußerung ausgelöst werden kann. Beispiel: Mit der Äußerung »Ottilie bedauert, dass sie einen Fehler gemacht hat« präsupponiert der Sprecher, dass Ottilie einen Fehler gemacht hat; mit der Äußerung »Ottilie glaubt, dass sie einen Fehler gemacht hat« präsupponiert der Sprecher dies nicht. Auslöser für die (faktive) Präsupposition ist das Verb *bedauern*.

Produktivität: Ausmaß der Anwendung von Wortbildungsregeln bei Neubildungen.

Proposition: [Auch: Sachverhalt] Der wahrheitsbewertungsfähige Inhalt einer Äußerung. So ist z. B. die Proposition der beiden Sätze *Hans schläft* und *Schläft Hans?* gleich, nämlich ›dass Hans schläft‹. In der wahrheitsfunktionalen Semantik entspricht die Proposition eines Satzes der Menge aller Situationen, die diesen Satz wahr machen.

prosodische Phonologie: Teilbereich der Phonologie, in dem die suprasegmentalen (= prosodischen) Eigenschaften von Äußerungen analysiert werden. Zu diesen gehören Dauer (= Quantität), Silbenstruktur, Akzent, Intonation, Rhythmus, Pausensetzung und Sprechgeschwindigkeit.

Prototyp: Zentrale Instanz einer Kategorie, die diese Kategorie als Ganzes repräsentiert. Die Amsel ist z. B. ein typischerer Vogel als der Pinguin. Die Elemente einer bestimmten Domäne können mehr oder weniger von dem entsprechenden Prototypen abweichen, so dass die Kategoriengrenzen (und damit auch die Bedeutungen lexikalischer Ausdrücke) vage werden. Prototypen entsprechen der Standardbedeutung eines lexikalischen Ausdrucks.

Redezug (engl. ›turn‹): Die Gesamtheit der Äußerungen eines Sprechers in einem Gespräch, während derer es zu keinem Sprecherwechsel kommt.

Referent: Objekt in der außersprachlichen Welt, auf das beim Sprechakt mithilfe von sprachlichen Ausdrücken Bezug genommen wird.

Referenz: Beziehung zwischen einem sprachlichen Ausdruck (Eigennamen, Nominalphrasen) und dem Objekt in der außersprachlichen Welt, auf den sich dieser Ausdruck bezieht. Die Referenz wird von Sprechern und Hörern in einem Kontext etabliert.

Register: Für einen bestimmten Kommunikationsbereich charakteristische Sprech- oder Schreibweise.

Reparatursequenz: Sequenz, in der Probleme des Sprechens, Hörens und Verstehens von gerade vollzogenen oder sich im Vollzug befindenden Redezügen bearbeitet werden. Beispiel: In *Ich möchte Sie zwei – nein: drei Dinge fragen* wird die Zahlangabe durch den Sprecher korrigiert, ›repariert‹.

Satz: Eine Phrase, die mindestens ein Verb enthält und deren Kopf entweder ein finites Verb oder eine Subjunktion ist. Finite Sätze enthalten ein finites Verb, infinite Sätze nur ein infinites Verb.

Satzbedeutung: Wörtliche Bedeutung eines Satzes, die sich aus den wörtlichen Bedeutungen seiner Teile und der Art ihrer syntaktischen Verknüpfung ergibt. In der wahrheitsfunktionalen Semantik entspricht die Satzbedeutung den Wahrheitsbedingungen eines Satzes (→ Äußerungsbedeutung, → Sprecherbedeutung).

Satzglied: Eine Konstituente, die eine Funktion innerhalb eines Satzes hat und als Subjekt, Objekt, Adverbial oder Prädikativ fungiert.

Satzgliedteil: Eine Konstituente, die eine Funktion innerhalb eines Satzglieds hat und als Attribut fungiert.

Segment: Kleinste durch das Gehör isolierbare Einheit einer mündlichen Äußerung.

selbstständiger Satz: [Auch: Hauptsatz] Ein Satz, der nicht in einer anderen Konstituente enthalten ist.

selegieren: Wenn ein lexikalischer Ausdruck nur mit bestimmten Konstituenten kombiniert werden kann oder mit bestimmten Konstituenten kombiniert werden muss, selegiert er diese Konstituenten.

Semantic Bootstrapping: Kinder nutzen semantische Kategorien wie AGENS (Handelnder), um auf syntaktische Kategorien zu schließen (in diesem Fall *Subjekt*).

Semantik: Teildisziplin der Linguistik, die sich mit der Bedeutung von Wörtern und Sätzen befasst.

semantische Implikation: → Implikation, semantische.

semantische Relation: [Auch: Bedeutungsrelation, Sinnrelation] Oberbegriff für alle Beziehungen, die zwischen den Bedeutungen von lexikalischen Ausdrücken bestehen.

semantische Rolle: [Auch: thematische Rolle] Die Argumente unterscheiden sich darin, welche Rolle sie in der vom Verb beschriebenen Situation spielen. So ist in einer Situation, auf die der Satz *Valentine zerreißt das Geschenkpapier* zutrifft, Valentine diejenige, die etwas macht, das Agens, und das Geschenkpapier das, mit dem etwas passiert, das Thema.

semantisches Merkmal: [Auch: Sem] Semantische Merkmale sind die kleinsten, nicht weiter zu analysierenden distinktiven Bedeutungskomponenten, in die sich die Bedeutung von sprachlichen Ausdrücken zerlegen lässt.

Silbe: Aus einer Lautfolge bestehende Einheit, die im Sprechvorgang eine Phase zwischen zwei Zeitpunkten bildet, zu denen der Mund- und Nasenraum den geringsten Öffnungsgrad aufweist. Dieser Phase entspricht im akustischen Bereich ein Zeitintervall zwischen zwei Minima der Schallintensität.

Sinnrelation: → Semantische Relation.

Sprechakt: [Auch: Sprechhandlung] Sprachliche Handlung, die aus einem Äußerungsakt, einem propositionalen, illokutionären und perlokutionären Akt bestehen kann. Oft versteht man unter Sprechakt auch nur den illokutionären Akt, d. h. eine Handlung wie Fragen, Auffordern, Behaupten oder Versprechen. John L. Austin ist der Begründer der Sprechakttheorie.

Sprecherbedeutung: [Auch: kommunikativer Sinn] Die Bedeutung eines Sprechaktes, die sich in einer spezifischen Interaktionssituation ergibt (→ Äußerungsbedeutung, → Satzbedeutung).

Stamm: Morphem oder Morphemkonstruktion, an die Flexionselemente treten können, z. B. *un+schön+e, schön+geist+ig+en*.

Suffix: Element, das der Basis angefügt wird, d. h. ein Flexionssuffix oder ein Derivationssuffix, z. B. *unschön+e, geist+lich*.

Synchrone Sprachwissenschaft: Die synchrone Sprachwissenschaft untersucht die Beziehungen zwischen Einzelelementen in einem Sprachsystem.

Synkretismus: Formaler Zusammenfall verschiedener Wortformen, wie z. B. der Form des Dativ Singular (*dem*) *Freunde* → (*dem*) *Freund* mit der Form des Nominativ Singular (*der*) *Freund*. Eine Form kodiert verschiedene grammatische Merkmale (→ Homonymie innerhalb eines Flexionsparadigmas).

Synonymie: [Auch: semantische Äquivalenz] Semantische Relation der Bedeutungsgleichheit zwischen sprachlichen Ausdrücken wie z. B. *beginnen* und *anfangen* oder *Briefmarke* und *Postwertzeichen*.

Syntactic Bootstrapping: Kinder nutzen syntaktische Informationen, um die Bedeutung von Wörtern zu erschließen. Aus der → Argumentstruktur eines Verbs z. B. kann das Kind Bedeutungsaspekte des Verbs entnehmen.

syntaktische Funktion: [Auch: syntaktische Relation] Syntaktische Beziehung zwischen Wörtern und Phrasen, bei der der eine Ausdruck für den anderen Ausdruck eine bestimmte Funktion hat. Syntaktische Funktionen sind unter anderem für Kongruenz, Wortstellung und Satzbedeutung relevant. Nur Wörter und Phrasen können eine syntaktische Funktion haben. So ist in dem Satz *Valentine zerreißt das Geschenkpapier* das Nomen *Valentine* das Subjekt, das Verb *zerreißt* das Prädikat und die NP *das Geschenkpapier* das Objekt.

syntaktische Kategorie: Eine Menge oder Klasse von Ausdrücken, die bestimmte syntaktische Eigenschaften teilen.

Syntax: Die Regeln der Grammatik einer Sprache, die festlegen, wie die Wörter dieser Sprache zu grammatischen Sätzen kombiniert werden können.

Überdehnung: [Auch: Übergeneralisierung] Die → Extension eines Wortes wird weiter ge-fasst als in der Zielsprache, so dass Fehler entstehen (z. B. *Hund* für alle vierbeinigen Haustiere).

Überregularisierung: [Auch: Übergeneralisierung] Kinder flektieren gelegentlich Nomen und Verben, die irregulärer Flexion unterliegen, regulär (*geschwimmt* anstelle von *geschwommen*).

ungrammatisch: Entspricht nicht den Regeln der Grammatik. Ungrammatische Sätze werden mit dem Zeichen * am Satzanfang markiert.

Universalgrammatik (UG): Begriff aus der generativen Syntaxtheorie. Umfasst die Prinzipien oder Eigenschaften, die in der Grammatik aller Sprachen gelten. So gibt es in allen Sprachen Nomen und Verben. Die Prinzipien der UG bestimmen den kindlichen Grammatikerwerb, da sie als angeborenes, abstraktes sprachliches Wissen gelten.

Unterdehnung: [Auch: Untergeneralisierung] Die Extension eines Wortes wird enger gefasst als in der Zielsprache, so dass Fehler entstehen, (z. B. *Hund* nur für Dackel oder für den eigenen Hund).

Varianten: Unterschiedliche Realisierungen sprachlicher Einheiten.

Variation: Wechsel zwischen verschiedenen lautlichen Realisierungen einer Äußerung bei konstantem Bedeutungsgehalt. Die Variation kann beim gleichen Sprecher oder bei verschiedenen Sprechern einer Sprachgemeinschaft auftreten, sie ist *kombinatorisch*, d.h. vom Lautkontext abhängig, oder *frei*.

Vokal: Sprachlaut, der ohne Behinderung des Luftstroms im supraglottalen Raum gebildet und vom Hörer als Klang wahrgenommen wird.

Wahrheitsbedingung: Die Bedingungen, die in Situationen gelten müssen, damit ein Satz in diesen Situationen wahr ist. In der wahrheitsfunktionalen Semantik wird die Bedeutung eines Satzes mit seinen Wahrheitsbedingungen gleichgesetzt.

Wahrheitswert: Sätze können semantisch mithilfe der beiden Wahrheitswerte ›wahr‹ (oder ›1‹) und ›falsch‹ (oder ›0‹) bewertet werden. Ein Satz A ist in einer Situation s wahr, wenn der durch ihn bezeichnete Sachverhalt in s zutrifft. Trifft dieser Sachverhalt nicht zu, dann ist A falsch.

Wort: Im Lexikon aufgeführte Einheit, die hinsichtlich ihrer Kategorie (Wortart) gekennzeichnet ist und auf die unter anderem phonologische (bzw. orthographische), morphologische, syntaktische und semantische Regeln Bezug nehmen.

Wortbildung: Jedes komplexe bzw. sekundäre Wort, sei es usuell oder eine Neubildung.

Wortform: Grammatische Abwandlung eines flektierbaren Worts.

Wortschatzspurt: [Auch: vocabulary spurt/explosion] bezieht sich auf eine Erwerbsphase ab Mitte des 2. Lebensjahres, in der der kindliche Wortschatz sehr schnell erweitert wird.

Wurzel: Lexikalischer Kern eines Wortes. Wörter weisen mindestens eine Wurzel auf. Bei *schön* ist die Wurzel gleich dem Stamm, in *un+schön* ist die Wurzel *schön*, der Stamm ist *unschön*.

X'-Schema: Einheitliches Schema für die Phrasenstruktur. Nach diesem Schema gehört jede syntaktische Konstituente zu einer bestimmten Art von Kategorie, X, X' oder XP, wobei jede nicht-lexikalische Kategorie X' oder XP einen Kopf hat, der zur lexikalischen Kategorie X gehört.

Zusammenbildung: Wortbildung, die nicht einfach als → Derivation oder → Komposition analysierbar ist, z.B. *Drei+mast+er*, wegen *[?Drei+mast]+er* und *[Drei]+[?mast+er]*.

11 | Internationales Phonetisches Alphabet (IPA-Stand 2005)

CONSONANTS (PULMONIC)

	Bilabial	Labiodental	Dental	Alveolar	Post alveolar	Retroflex	Palatal	Velar	Uvular	Pharyngeal	Glottal
Plosive	p b			t d		ʈ ɖ	c ɟ	k g	q ɢ		ʔ
Nasal	m	ɱ		n		ɳ	ɲ	ŋ	N		
Trill	ʙ			r					ʀ		
Tap or Flap		ⱱ		ɾ		ɽ					
Fricative	ɸ β	f v	θ ð	s z	ʃ ʒ	ʂ ʐ	ç ʝ	x ɣ	χ ʁ	ħ ʕ	h ɦ
Lateral fricative				ɬ ɮ							
Approximant		ʋ		ɹ		ɻ	j	ɰ			
Lateral approximant				l		ɭ	ʎ	L			

Where symbols appear in pairs, the one to the right represents a voiced consonant. Shaded areas denote articulations judged impossible.

CONSONANTS (NON-PULMONIC)

Clicks		Voiced implosives		Ejectives	
ʘ	Bilabial	ɓ	Bilabial	'	Examples:
ǀ	Dental	ɗ	Dental/alveolar	p'	Bilabial
ǃ	(Post)alveolar	ʄ	Palatal	t'	Dental/alveolar
ǂ	Palatoalveolar	ɠ	Velar	k'	Velar
ǁ	Alveolar lateral	ʛ	Uvular	s'	Alveolar fricative

OTHER SYMBOLS

ʍ Voiceless labial-velar fricative

w Voiced labial-velar approximant

ɥ Voiced labial-palatal approximant

ʜ Voiceless epiglottal fricative

ʢ Voiced epiglottal fricative

ʡ Epiglottal plosive

ɕ ʑ Alveolo-palatal fricatives

ɺ Voiced alveolar lateral flap

ɧ Simultaneous ʃ and x

Affricates and double articulations can be represented by two symbols joined by a tie bar if necessary.

k͡p t͡s

VOWELS

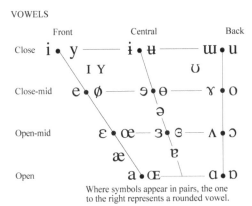

Where symbols appear in pairs, the one to the right represents a rounded vowel.

SUPRASEGMENTALS

ˈ	Primary stress	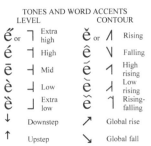
ˌ	Secondary stress	ˌfoʊnəˈtɪʃən
ː	Long	eː
ˑ	Half-long	eˑ
˘	Extra-short	ĕ
|	Minor (foot) group	
‖	Major (intonation) group	
.	Syllable break	ɹi.ækt
‿	Linking (absence of a break)	

TONES AND WORD ACCENTS

LEVEL			CONTOUR		
e̋ or ˥	Extra high		ě or ˅	Rising	
é ˦	High		ê ˆ	Falling	
ē ˧	Mid		e᷄ ˥	High rising	
è ˨	Low		e᷅ ˩	Low rising	
ȅ ˩	Extra low		e᷈ ˥	Rising-falling	
↓	Downstep		↗	Global rise	
↑	Upstep		↘	Global fall	

DIACRITICS

Diacritics may be placed above a symbol with a descender, e.g. ŋ̊

◌̥	Voiceless	n̥ d̥	◌̈	Breathy voiced	b̤ a̤	◌̪	Dental	t̪ d̪
◌̬	Voiced	s̬ t̬	◌̰	Creaky voiced	b̰ a̰	◌̺	Apical	t̺ d̺
◌ʰ	Aspirated	tʰ dʰ	◌̼	Linguolabial	t̼ d̼	◌̻	Laminal	t̻ d̻
◌̹	More rounded	ɔ̹	◌ʷ	Labialized	tʷ dʷ	◌̃	Nasalized	ẽ
◌̜	Less rounded	ɔ̜	◌ʲ	Palatalized	tʲ dʲ	◌ⁿ	Nasal release	dⁿ
◌̟	Advanced	u̟	◌ˠ	Velarized	tˠ dˠ	◌ˡ	Lateral release	dˡ
◌̠	Retracted	e̠	◌ˤ	Pharyngealized	tˤ dˤ	◌̚	No audible release	d̚
◌̈	Centralized	ë	◌̴	Velarized or pharyngealized	ɫ			
◌̽	Mid-centralized	e̽	◌̝	Raised	e̝	(ɹ̝ = voiced alveolar fricative)		
◌̩	Syllabic	n̩	◌̞	Lowered	e̞	(β̞ = voiced bilabial approximant)		
◌̯	Non-syllabic	e̯	◌̘	Advanced Tongue Root	e̘			
◌˞	Rhoticity	ɚ a˞	◌̙	Retracted Tongue Root	e̙			

Sachregister